MINISTÈRE DE L'INTÉRIEUR.

ADMINISTRATION

DES LIGNES TÉLÉGRAPHIQUES.

TARIF GÉNÉRAL DES DÉPÊCHES.

AVRIL 1874.

PARIS.
IMPRIMERIE NATIONALE.

M DCCC LXXIV.

TABLE DES MATIÈRES.

Ire PARTIE.

INSTRUCTIONS.

IIe PARTIE.

TARIFS.

IIIe PARTIE.

NOMENCLATURE.

Ire PARTIE.

INSTRUCTIONS.

I.

ÉTAT DU RÉSEAU.

1° INDICATION DES PRINCIPALES VOIES.

Le réseau télégraphique dont les lignes françaises font partie relie par des communications continues :

En Europe, tous les États ;

En Afrique, l'Algérie, la Tunisie et l'Égypte ;

En Asie, les provinces asiatiques de la Russie et de la Turquie, la Perse, les Indes britanniques, la Cochinchine, la Chine et le Japon ;

En Amérique, les îles Saint-Pierre et Miquelon, les Possessions anglaises et les États-Unis de l'Amérique du Nord, les Antilles, la Guyane anglaise, la Nouvelle-Grenade (Colon et Panama).

En Océanie, les Indes néerlandaises (Java et Sumatra) et l'Australie.

Le réseau français communique :

DIRECTEMENT,

Avec :

Les Iles Britanniques (1).	par six câbles	de Calais à Douvres. de Boulogne à Folkestone. de Dieppe à Beachy-Head. du Havre à Beachy-Head. de Coutances aux îles de la Manche et à Plymouth. de l'anse de Poulizan à Salcombe (Plymouth). (Ce câble est réservé aux correspondances d'Amérique.)
Le Danemark	par un câble	de Calais à Fanö.
La Belgique	par huit lignes	Voie de Mouscron. Voie de Tournai. Voie de Quiévrain. Voie de Jeumont. Voie de Feignies. Voie de Fourmier (Momignies). Voie de Givet. Voie de Sedan.
Le Luxembourg	par une ligne	Voie d'Arlon. Voie de Longwy.
L'Allemagne	par huit lignes	Voie d'Audun-le-Roman. Voie de Briey. Voie de Pagny. Voie de Nancy. Voie d'Avricourt. Voie de Saint-Dié (Sainte-Marie-aux-Mines). Voie de Bussang (Mulhouse). Voie de Belfort.
La Suisse	par six lignes	Voie de Delle. Voie de Pontarlier. Voie de Genève (Gex). Voie de Genève (Bellegarde). Voie de Genève (Saint-Julien). Voie de Genève (Annemasse).

(1) Les Iles Orcades, Shetland et Scilly sont reliées par des câbles aux Iles Britanniques.

L'Autriche	par une ligne	Voie de Suisse (Bregenz [Fil direct entre Paris et Bregenz, sans bureau intermédiaire en Suisse.]
L'Italie	par six lignes	France continentale. Voie du Mont-Cenis.
		Voie du Mont-Genèvre.
		Voie du col de Tende.
		Voie de Menton.
		Corse. Câble de Maccinaggio à Livourne.
		Câble de Bonifacio à Santa-Theresa (I. Sardaigne).
L'Algérie	par deux câbles	de Marseille à Bone.
		de Marseille à Alger.
L'Espagne	par quatre lignes	Voie de la Jonquière.
		Voie de Canfranc.
		Voie d'Yrun.
		Câble de Marseille à Barcelone.
Les Etats-Unis	par un câble	de Brest à St-Pierre-Miquelon et de St-Pierre-Miquelon à Duxbury (Massachusets).

PAR INTERMÉDIAIRE,

En Europe,

Avec :

Les Iles Britanniques	par la Belgique	Câbles de la Panne à Douvres et d'Ostende à Ramsgate.
	par les Pays-Bas	Câbles de Zandwoort, près de la Haye à Lowestoft et à Yarmouth.
	par l'Allemagne	Câbles d'Emden à Borkum et de Borkum à Lowestoft.
		Câbles d'Emden à Norderney et de Norderney à Lowestoft.
	par le Danemark	Câble de Hjörring à Newcastle.
		Câble de Ringkjöbing à New-Biggin.
	par la Norwége	Câble d'Ekersund à Peterhead.
	par le Portugal	Câble de Lisbonne à Falmouth.
	par l'Espagne	Câble de Vigo à Falmouth.
		Câble de Bilbao au cap Lizard.
Les Pays-Bas	par la Belgique	Voie de Rosendaal et de Maëstricht.
Le Danemark	par l'Allemagne	Voie du Sleswig (Sonderburg).
	par l'Angleterre	Câble de Newcastle à Hjörring.
		Câble de New-Biggin à Ringkjöbing.
La Norwége	par le Danemark	Câble d'Hirtshals à Arendal.
	par la Suède	Voie de Berby.
	par l'Angleterre	Câble de Peterhead à Ekersund.
La Suède	par l'Allemagne	Câble d'Arcona à Trelleborg.
	par le Danemark	Câble de Skagen à Marstrand.
		Câble d'Elseneur à Helsingborg.
	par l'Angleterre et le Danemark ou la Norwége	Câbles d'Angleterre en Danemark.
		Câbles d'Angleterre en Norwége.
	par l'Autriche et la Russie	Câble de Nystadt à Grisselhamm ou voie de Tornéa.
La Russie	par le Danemark	Câble de Fanö, Danemark, câble de Libau.
	par l'Allemagne	Voies de Polangen, Eydkuhnen, Thorn, Myslowitz.
	par l'Autriche	Voies de Granitza, Radziwilow.
	par la Roumanie	Voie de Carpinéni.
	par la Suède	Câble de Grisselhamm à Nystadt.
		Voie de Tornéa.
L'Autriche	par l'Allemagne	Voies austro-allemandes.
	par la Suisse	Voie de Bregenz.
	par l'Italie	Voies de Borghetto, Pontebba, Cormons.
Le Montenegro	par l'Autriche	
La Roumanie	par l'Autriche	Voies de Michalény, Néméritschény, Ober-Tomos, Vercsorova.
	par la Turquie	Voies de Rutschuck, Tultscha.
La Serbie	par l'Autriche	Voie de Belgrade.
	par la Turquie	Voies de Nissa, Widdin.

La Turquie	par l'Italie	Câble d'Otrante à Vallona.
	par l'Autriche	Voies de Castellastua, Metkovich, Gradisca.
	par l'Autriche et les Principautés danubiennes	Serbie : voie de Belgrade. Roumanie : voies de Michaleny, Nemeritscheny, Ober-Tomos, Vercsorova.
	par la Turquie d'Asie	Voie de Tchesme (câbles d'Otrante, Grèce, câble de Grèce à Tchesme).
La Grèce	par la Turquie	Voie de Volo.
	par l'Italie	Câbles d'Otrante à Zante (directement ou par Corfou) et de Zante en Grèce.
Malte	par l'Italie	Câble de Modica (Sicile) à Malte.
	par l'Algérie	Câble de Bône à Malte.
Gibraltar	par Malte	Câble de Malte à Gibraltar.
	par l'Espagne	Voie San Roque.
	par le Portugal	Câble de Lisbonne à Gibraltar.
L'Espagne	par Malte	Câble de Malte à Gibraltar et San Roque. Câble de Malte à Lisbonne et à Vigo ou Portugal.
	par l'Angleterre	Câble de Falmouth à Vigo. Câble de Falmouth à Lisbonne et de Lisbonne à Vigo ou Portugal. Câble de Lizard à Bilbao.
Le Portugal	par l'Espagne	Voie de Badajoz, Fregeneda, Tuy.
	par l'Angleterre	Câble de Falmouth à Lisbonne. Câbles de Falmouth a Vigo et de Vigo à Lisbonne.
	par Malte	Câbles de Malte à Gibraltar et Lisbonne.

En Afrique,

Avec :

L'Égypte	par Bône / l'Italie et Malte.	Câbles de Malte à Alexandrie.
	par la Turquie d'Asie	Voie d'El-Arich.
L'Algérie et la Tunisie	par l'Italie et Malte	Câble de Malte à Bône.

En Asie,

Avec :

La Russie d'Asie	par la Russie d'Europe.	
	par le Japon	Câble de Nagasaki à Wladiwostok.
La Turquie d'Asie	par la Turquie d'Europe.	
	par la Grèce	Voie de Corfou à Tchesme.
	par la Russie	Voie de Poti.
	par l'Égypte	Voie d'El-Arich.
Aden	par l'Égypte	Câble de Suez à Aden.
	par les Indes	Voie Faò, Bombay. Câbles de Bombay à Aden.
La Perse	par la Russie (Caucase)	Voie de Djoulfa.
	par la Turquie d'Asie	Voie de Hannequin (Kirmanchah).
	par la Turquie d'Asie	Voie de Faô (câble de Faô à Bushire).

Les Indes	Faô	par la Turquie d'Asie	Câble de Faô à Bushire	Câbles de Bushire à Kurrachee.	
	Djoulfa	par la Russie du Caucase	Voie de Djoulfa		
	Malte	par Malte, l'Égypte	Câbles de Suez à Aden et d'Aden à Bombay.		
La Cochinchine	Faô	par la Turquie d'Asie	Câble de Faô à Bushire	Câbles de Bushire à Kurrachee.	Les Indes, les câbles Madras à Penang, Penang à Singapore, Singapore au cap Saint-Jacques.
	Djoulfa	par la Russie du Caucase	Voie de Djoulfa		
	Malte	par Malte, l'Égypte	Câble de Suez à Aden et d'Aden à Bombay		
	Wladivostok	par la Russie d'Asie	Câbles de Wladivostok au Japon (Nagasaki), Nagasaki à Shanghaï, Shanghaï à Amoy, Amoy à Hong Kong, Hong-Kong au cap St-Jacques.		
La Chine	Faô	par la Turquie d'Asie	Câble de Faô à Bushire	Câbles de Bushire à Kurrachee.	Les Indes, les câbles de Madras à Penang, Penang à Singapore Singapore à Hong-Kong.
	Djoulfa	par la Russie du Caucase	Voie de Djoulfa		
	Malte	par Malte, l'Égypte	Cables de Suez à Aden et Bombay		
	Wladivostok	par la Russie d'Asie	Câbles de Wladivostok à Nagasaki, Shanghaï.		

Le Japon..	Wladivostok.	par la Russie d'Asie......	Câbles de Wladivostok à Nagasaki.	
	Faô	par la Turquie d'Asie.....	Câble de Faô à Bushire.. Câbles de Bushire à Kurrachee.	Les Indes, les câbles de Madras à Penang, Singapore, Hong-Kong, Amoy, Shanghaï, Nagasaki.
	Djoulfa.....	par la Russie du Caucase, Voie de Djoulfa.........		
	Malte......	par Malte, l'Égypte......	Câbles de Suez à Aden et à Bombay..........	

En Amérique,

Avec :

Les États-Unis.........	par l'Angleterre.........	Câbles de Valentia.
Les Possessions anglaises de l'Atlantique (1)..... du Pacifique (2)......	par les États-Unis.	
Les Antilles..........	par les États-Unis et les câbles de Punta-Rassa (Floride) à Key-West; de Key-West à la Havane; de la Havane à Batabano, par une ligne terrestre, et de Batabano par des câbles successifs touchant à Sagua et Santiago (Cuba), Kingston (Jamaïque), Porto-Rico, St-Thomas, St-Christophe (St-Kitts), Antigoa, la Guadeloupe, la Dominique, la Martinique, Sainte-Lucie, Saint-Vincent, la Barbade, Grenade, la Trinité.	
La Nouvelle-Grenade....	par les États-Unis et les Antilles...	Câble de Kingston (Jamaïque) à Colon-Aspinwal.
La Guyane anglaise......	par les États-Unis et les Antilles...	Câble de la Trinité à la Guyane.

[(1) Canada, cap Breton, Nouveau-Brunswick, Nouvelle-Écosse, île du Prince-Édouard, Terre-Neuve.]

[(2) Colombie anglaise, île de Vancouver.]

En Océanie,

Avec :

Les Indes néerlandaises, (Java et Sumatra)...	par les Indes...........	Câble de Singapore à Batavia.
	par Wladivostok.........	Câbles de Wladivostok à Singapore, Batavia.
L'Australie...........	par Java..............	Câble de Banjoewangie (Java) à Port-Darwin.

2° INDICATION DE L'HEURE AUX PRINCIPAUX POINTS DU RÉSEAU

rapportée à l'heure de Paris.

Le signe + indique l'avance sur l'heure de Paris; le signe —, le retard.

	Heures.	Min.
Aden (Aden)......................	+ 2	51
Alexandrie (Égypte)............	+ 1	50
Alger (Algérie)..................	+ 0	23
Athènes (Grèce)..................	+ 1	26
Auckland (Nouvelle-Zélande)......	+ 11	30
Bagdad (Turquie d'Asie)..........	+ 2	48
Bahia (Brésil)...................	— 2	43
Baltimore (États-Unis)...........	— 5	16
Basse-Terre (Guadeloupe)........	— 4	16
Batavia (Ile de Java)............	+ 6	58
Belgrade (Serbie)................	+ 1	13
Berlin (Allemagne)...............	+ 0	44
Berne (Suisse)...................	+ 0	20
Bombay (Indes)...................	+ 4	42
Boston (États-Unis)..............	— 4	54
Bruxelles (Belgique).............	+ 0	08
Bucharest (Roumanie)............	+ 1	35
Buénos-Ayres (Confédération Argentine)........................	— 4	3
Caire (Égypte)...................	+ 1	56
Calcutta (Indes).................	+ 5	44
Candie (Ile de Candie)............	+ 1	27

	Heures.	Min.
Cayenne (Guyane française).......	— 3	39
Chandernagor (Indes françaises)...	+ 5	44
Christiania (Norwége)............	+ 0	34
Copenhague (Danemark)..........	+ 0	41
Constantinople (Turquie d'Europe).	+ 1	47
Corfou (Ile de Corfou)...........	+ 1	10
Fort-de-France (Martinique)......	— 4	14
Gibraltar........................	— 0	31
Greenwich (Iles Britanniques).....	— 0	9
Hong-Kong (Chine)................	+ 7	27
Lahaye (Pays-Bas)................	+ 0	08
Lisbonne (Portugal)..............	— 0	46
Madras (Indes anglaises).........	+ 3	12
Madrid (Espagne).................	— 0	24
Malte....	+ 0	49
Melbourne (Australie)............	+ 9	31
Montévidéo......................	— 3	54
Munich (Bavière).................	+ 0	37
Nagasaki (Japon).................	+ 8	30
New-York (États-Unis)............	— 3	5
Padang (Sumatra).................	+ 6	32
Paris (France)...................	»	

	Heures.	Min.
Pernambuco (Brésil)..............	— 2	29
Pondichéry (Indes françaises).....	+ 5	10
Porto-Rico (Ile Porto-Rico).....	— 4	34
Rio-Janeiro (Brésil).............	— 3	2
Rome (Italie)....................	+ 0	40
Saïgon (Cochinchine)............	+ 6	57
Saint-Pétersbourg (Russie).......	+ 1	52
San Francisco (Californie)........	— 1	15
Shanghaï (Chine).................	+ 7	57
Singapore........................	+ 6	46
Suez (Égypte)....................	+ 2	1
Stockholm (Suède)................	+ 1	3
Stuttgard (Wurtemberg)..........	+ 0	27
Sydney (Australie)...............	+ 9	56
Syra (Grèce).....................	+ 1	30
Téhéran (Perse)..................	+ 3	16
Tunis (Tunisie)..................	+ 0	31
Valparaiso (Chili)...............	— 4	56
Vienne (Autriche)................	+ 0	56
Washington (États-Unis).........	— 5	17
Yedo (Japon).....................	+ 9	10

II.

RÉGIME DES CORRESPONDANCES.

(LOIS, DÉCRETS ET CONVENTIONS.)

I.

Les tarifs et les règles de la correspondance télégraphique sont déterminés, dans le service intérieur, par les lois, décrets et règlements, et, dans le service international, par des conventions avec les États étrangers et les compagnies privées.

Le régime intérieur s'applique :

1° A l'intérieur de la France (1), — de la Corse, — de l'Algérie ou de la Tunisie (2) ;

2° Entre l'Algérie et la Tunisie;

3° Entre la France et la Corse, — la France ou la Corse et l'Algérie ou la Tunisie (par les voies mixtes et lorsque les correspondances n'empruntent, sur aucune partie de leurs parcours, les lignes télégraphiques d'Italie).

Le régime international s'applique à toute correspondance échangée avec l'étranger.

Les dépêches échangées par l'Italie entre la France et la Corse, la France ou la Corse et l'Algérie ou la Tunisie, sont, comme les dépêches d'Algérie qui empruntent la voie directe, soumises à toutes les règles de la correspondance intérieure, sauf en ce qui concerne le compte des mots, qui continuera à se faire d'après les règles du service international. Ainsi, notamment, la recommandation est substituée au collationnement, et, pour les réponses payées, le prix de la réponse n'est pas remis au destinataire. Jusqu'à nouvel ordre, les bureaux d'origine qui auront effectué d'office, pour cette correspondance, des remboursements de taxes de réponses payées, dépêches de retour et accusés de réception non parvenus, en aviseront l'Administration centrale. Ils procéderont de même pour les remboursements d'office relatifs à la correspondance avec l'Algérie et la Tunisie par la voie directe.

II.

L'unité de tarif (la taxe applicable à la dépêche simple) est déterminée :

Dans le service intérieur :

Pour la France par les lois des 4 juillet 1868 et 4 avril 1872 (correspondance ordinaire); par la loi de finances du 8 mai 1869, art. 28 (sémaphores).

Pour l'Algérie, par le décret du 5 septembre 1868.

(1) Le bureau de Monaco est administré par la France et assimilé, pour les règles de service, de transmission et de taxation, aux bureaux français.

(2) Les lignes de Tunisie sont administrées par le service colonial d'Algérie.

Entre la France et l'Algérie ou la Tunisie, par les décisions des 17 octobre et 4 novembre 1864, les décrets des 9 octobre 1869, 5 février et 27 décembre 1870 et la loi du 4 avril 1872.

Dans le service international :

Pour la correspondance avec tous les pays d'Europe, à l'exception des pays limitrophes de la France et du Portugal, et hors d'Europe avec la Russie et la Turquie d'Asie, la Perse, le Golfe persique et les Indes anglaises et néerlandaises, par la convention de Paris revisée à Rome le 14 janvier 1872.

Pour la correspondance échangée par la France avec les États limitrophes et le Portugal, par les conventions et les déclarations suivantes : — Belgique, 30 novembre 1865; — Luxembourg, 2 mars 1866 et 22 décembre 1869; — Allemagne, 27 décembre 1864 (convention passée avec la Prusse seule, mais étendue à toute l'Allemagne à dater du 15 juin 1871); — Suisse, 23 décembre 1865; — Italie, 24 juin 1864; — Espagne, 30 décembre 1863; — Portugal, 10 septembre 1864; — Angleterre, convention du 23 juin 1868.

Pour la correspondance échangée avec l'Amérique, — voie de Brest : par la convention conclue avec la Compagnie du câble franco-américain, le 20 juillet 1869; — voie Valentia: par les décisions spéciales de la Compagnie du télégraphe transatlantique anglo-américain.

Pour la correspondanee échangée avec l'extrême Orient par les décisions spéciales des Compagnies qui le le desservent.

III.

Les taxes accessoires, les règles de taxation, transmission et autres, sont déterminées :

Dans le service intérieur :

Par les lois des 29 novembre 1850, 3 juillet 1861, 13 juin 1866, loi de finances du 8 mai 1869 (art. 29) et le règlement d'administration publique du 8 mai 1867 (correspondance ordinaire); par le règlement d'administration publique du 23 octobre 1866 (sémaphores).

Dans le service international :

Pour toutes les correspondances (y compris celles d'Amérique sur le parcours des États signataires), par la convention de Paris revisée à Rome le 14 janvier 1872.

Pour la correspondance avec l'Amérique (entre Brest ou Londres et le point de destination), par la convention conclue avec la Compagnie du câble franco-américain et par les dispositions spéciales adoptées par la Compagnie du câble anglais.

N. B. Les États signataires de la convention de Paris révisée à Rome sont les suivants :

L'Allemagne, l'Autriche-Hongrie, la Belgique, le Danemark, l'Espagne, la France avec l'Algérie (et la Tunisie), la Grèce, les Iles Britanniques avec les Indes anglaises et les lignes du golfe Persique, l'Italie, le Luxembourg, la Norwége, les Pays-Bas avec les Indes néerlandaises, le Portugal, la Roumanie, la Russie (d'Europe et d'Asie), la Serbie, la Suède, la Suisse, la Turquie (d'Europe et d'Asie).

Les Compagnies sous-marines qui relient ces États, soit entre eux, soit avec l'Orient, suivent aussi les règles de la convention. Les Compagnies transatlantiques et américaines suivent également le même régime, sauf de rares exceptions.

Ci-après page 11 les règles générales, et page 21 les règles spéciales à l'Amérique.

III.

RÈGLES DE SERVICE.

SERVICE ÉLECTRIQUE.

I. CORRESPONDANCE INTÉRIEURE

ET CORRESPONDANCE INTERNATIONALE RÉGIE PAR LA CONVENTION.

Règles relatives au dépôt des dépêches.

MODE DE DÉPÔT.

Les dépêches télégraphiques sont reçues au guichet des bureaux; elles sont portées au registre à souche et il en est délivré reçu.

RÉDACTION.

Les dépêches doivent être écrites lisiblement en caractères usités en France (alphabet romain, chiffres romains ou arabes).

Adresse. — L'adresse doit contenir : 1° le nom du destinataire en toutes lettres, ou sa qualité, si cette qualité suffit pour le désigner clairement; 2° le lieu de destination précisé, lorsque ce lieu porte un nom commun à plusieurs localités, par une indication complémentaire, telle que, pour la France le nom du département, pour l'étranger celui de l'État et même, s'il en est besoin, celui de la subdivision territoriale, à moins que la mention de la voie ne désigne suffisamment le lieu de destination, comme, par exemple, dans une dépêche de France : Alexandrie (voie Malte).

Pour indiquer que la dépêche doit être remise dans l'enceinte d'une gare au destinataire, l'expéditeur doit se servir exclusivement de la formule « en gare. »

En outre, l'adresse doit renfermer toutes les indications nécessaires pour que la remise au destinataire puisse avoir lieu sans recherches ni demandes de renseignements. — Exemple : la mention de la profession, le nom de la rue, le numéro de l'habitation, etc. Pour l'étranger (1), l'expéditeur doit désigner le pays destinataire et sa subdivision, non-seulement quand le lieu de destination porte un nom commun à plusieurs localités, mais encore toutes les fois qu'il ne s'agit pas d'une ville importante.

Toutefois, à défaut de ces indications, la dépêche est transmise, mais aux risques de l'expéditeur.

Texte. — Les dépêches peuvent être rédigées en langage ordinaire ou en langage secret (2).

Dépêches en langage ordinaire. Les dépêches en langage clair doivent offrir un sens compréhensible. Elles peuvent être écrites en français, en latin ou dans une des langues usitées sur les territoires des États signataires de la Convention (3). Toute dépêche rédigée dans une autre langue est traitée comme secrète.

(1) Quand le nom du lieu d'origine est commun à des villes d'États différents, le nom du pays doit être mentionné dans le *préambule* après celui du bureau du départ.

(2) L'emploi du langage secret dans les dépêches privées est provisoirement suspendu en France.

La correspondance privée secrète est admise par l'Allemagne, l'Amérique, sauf Cuba, l'Angleterre, la Belgique, Corfou, le Danemark, l'Égypte, la Grèce, les Indes, l'Italie, Malte, la Norwége, les Pays-Bas, le Portugal, la Russie, la Suède, la Suisse, la Turquie et par les compagnies de l'extrême Orient.

Elle n'est pas admise par l'Autriche et la Hongrie, le Luxembourg, l'Espagne, Cuba, la Perse, la Roumanie et la Serbie.

(3) Les langues admises dans la correspondance sont le français, le latin, l'allemand, l'anglais, l'arménien, l'espagnol, le flamand, le grec, l'hébraïque, le hollandais, l'italien, le portugais, le russe, les langues scandinaves, le hongrois, le roumain, le bohême, le polonais, le ruthène, le serbe, le croate, l'illyrien, le slave et le turc.

L'expéditeur peut être tenu de donner par écrit la traduction des dépêches non rédigées en français.

Dépêches en langage secret. — Sont considérées comme dépêches en langage secret :

1° Celles qui contiennent un texte chiffré ou en lettres secrètes;

2° Celles qui renferment des séries ou des groupes de chiffres ou de lettres dont la signification commerciale ne serait pas connue du bureau d'origine;

3° Celles qui contiennent des passages en langage convenu, incompréhensibles pour le bureau d'origine.

Le texte des dépêches privées peut être soit entièrement chiffré, soit en partie chiffré et en partie clair.

Le texte chiffré doit être composé exclusivement de lettres de l'alphabet ou exclusivement de chiffres arabes.

Service intérieur.	**Service international.**
Si le texte est divisé par groupes, ces groupes doivent être séparés par des points, virgules ou traits.	Dans les dépêches internationales, le texte chiffré doit être placé entre parenthèses.

Les dépêches d'État secrètes ne sont soumises à aucune de ces formalités.

Signature. — L'expéditeur est tenu :

1° De signer sa dépêche de son nom, si ce nom ne figure pas dans son adresse, et, s'il y figure, de son nom ou de son prénom, à volonté;

2° De mentionner sa propre adresse sur la minute, c'est-à-dire, soit son domicile habituel, soit sa demeure temporaire, ou même, pour un voyageur, le lieu où il se rend. Cette adresse n'est transmise, et, par conséquent, taxée, que si elle figure dans le texte même.

Tout interligne, renvoi, rature ou surcharge doit être approuvé par l'expéditeur ou celui qui présente la dépêche en son nom.

CONSTATATION DE L'IDENTITÉ DE L'EXPÉDITEUR.

Constatation d'office. — L'Administration peut toujours exiger que l'expéditeur justifie de son identité ou que la sincérité de la signature de la dépêche soit établie par celui qui la présente. Le Directeur apprécie.

L'identité est établie par l'attestation de deux témoins connus. Elle peut aussi l'être par la production de passe-ports, feuilles de route ou autres pièces dont l'ensemble serait jugé suffisant par le Directeur du bureau.

La sincérité de la signature est dûment constatée par le visa des autorités compétentes. Elle peut l'être aussi par une vérification contradictoire faite au bureau, ou par telle attestation ou tel autre moyen que le Directeur jugerait suffisant.

Les autorités compétentes pour le visa sont :

En général : les Préfets, Sous-Préfets, Maires, Présidents des tribunaux civils, Juges de paix, Notaires et Commissaires de police.

En outre, pour les commerçants patentés, les Présidents et Juges des tribunaux de commerce, les agents de change et les Courtiers ; pour les militaires et marins en activité, les Chefs de corps et les Fonctionnaires de l'Intendance et du Commissariat de la Marine; pour les étrangers, les Agents diplomatiques ou consulaires.

Sur l'initiative de l'expéditeur. — L'expéditeur a, de son côté, la faculté de comprendre dans sa dépêche la légalisation de sa signature.

CONTRÔLE AU DÉPART.

Le Directeur peut refuser de transmettre les dépêches qui lui paraissent contraires à l'ordre public ou aux bonnes mœurs. Dans ce cas, il inscrit sur la minute même les motifs de son refus, appose sa signature et la rend à l'expéditeur. Celui-ci a le droit d'en référer, à Paris, au Ministre de l'intérieur, et, dans les départements, au Préfet ou au Sous-Préfet, qui statue d'urgence.

RETRAIT ET ANNULATION DE DÉPÊCHES.

L'expéditeur d'une dépêche a toujours le droit de l'annuler.

La demande d'annulation est faite par écrit, si la dépêche n'est pas entièrement transmise, et la demande est annexée à la dépêche.

Si la dépêche est déjà transmise, la demande a lieu par dépêche télégraphique adressée au chef du bureau d'arrivée, et passible de la taxe.

Celui-ci informe télégraphiquement l'expéditeur de la suite donnée à sa demande, si la réponse a été affranchie; dans le cas contraire, il fait cette communication par la poste au bureau de départ, qui la transmet à l'expéditeur.

Service intérieur.

Dans le cas d'annulation, la taxe principale reste acquise au Trésor. — Les frais accessoires de poste, d'exprès, de réponse payée, sont seuls remboursés, s'il y a lieu.

//

Service international.

Lorsque la dépêche a été retirée après son inscription, mais avant sa transmission, la taxe est remboursée sous déduction d'un droit fixe d'un demi-franc.

Si la transmission est commencée, la taxe afférente au parcours effectué reste acquise aux offices intéressés. Le surplus est remboursé ultérieurement à l'expéditeur.

Règles relatives à la taxation.

BASE DE LA TAXE.

La dépêche simple à laquelle s'applique l'unité de taxe est de 20 mots. L'unité de taxe s'accroît de moitié par série ou fraction de série supplémentaire de 10 mots (1).

Tout ce que l'expéditeur écrit sur la minute pour être transmis, toutes les indications relatives aux réponses payées, aux dépêches recommandées, collationnées, multiples, ou à faire suivre, aux accusés de réception ou au mode d'envoi, entrent dans le compte des mots soumis à la taxe.

Mais le lieu de départ, la date et l'heure du dépôt, l'indication de la voie, lorsqu'il y a lieu, sont transmis d'office dans le préambule de la dépêche, et ne sont taxés que si l'expéditeur les comprend dans le texte.

Service intérieur.

//

//

//

//

Service international.

Si ces indications sont conçues dans une langue inconnue du bureau d'origine, l'expéditeur est tenu d'en donner la traduction dans une langue connue de ce bureau. Cette traduction n'est pas comprise dans les mots taxés.

Quand les mots *exprès payé* sont transmis sans autres indications, il est entendu que l'accusé de réception a été aussi payé et que le bureau d'arrivée doit agir en conséquence.

La taxe est calculée d'après la voie la moins coûteuse entre le point de départ de la dépêche et le point de destination, à moins que l'expéditeur n'en ait indiqué une autre.

L'indication de la voie n'est transmise que dans ce dernier cas, dans le préambule, et n'est point taxée.

(1) Pour l'Égypte et Aden on admet exceptionnellement des dépêches de 10 mots et au-dessous. Voir l'observation en tête de la page 33

COMPTE DES MOTS.

Dépêches en langage ordinaire.

Service intérieur (1).

Les mots composés compris à ce titre dans le dictionnaire de l'Académie française, les noms de départements, communes, rues, et les désignations relatives au numéro des habitations ne sont comptés que pour un seul mot. Exemple : *contre-ordre,* un mot; — *de Grenelle-Saint-Germain* (rue), un mot; — *Bar-sur-Seine,* un mot; — 12 *bis,* un mot; — *camp de Châlons,* un mot.

Toutes les autres expressions composées sont comptées pour le nombre des mots employés à les formuler. Exemple : *c'est-à-dire*, 4 mots; *Prince de la Tour-d'Auvergne,* 6 mots; *sept cent soixante-cinq,* 4 mots.

Service international (1).

Le maximum de longueur du mot est fixé à sept syllabes. L'excédant compte pour un mot.

Toutes les expressions réunies par un trait d'union ou séparées par une apostrophe sont comptées pour le nombre des mots employés à les former.

Les noms propres de villes et de personnes, les noms de lieux, places, boulevards, etc...., les titres, prénoms, particules et qualifications sont comptés pour le nombre de mots employés par l'expéditeur à les exprimer.

Dans tous les cas où il n'est pas certain qu'une réunion de mots employée par l'expéditeur soit contraire à l'usage de la langue, la manière d'écrire de l'expéditeur est décisive pour la taxation (2).

Les nombres écrits en chiffres et les groupes de lettres exprimant des marques de commerce ou de fabrique comptent pour autant de mots qu'ils contiennent de fois cinq caractères, plus un mot pour l'excédant, s'il y a lieu. Ex. : 785235, 2 mots; A M B, 1 mot; A 3, A 3 M, 3/A, un mot chacun; A 3 M B C/2, deux mots;

Les lettres ajoutées aux chiffres pour désigner les nombres ordinaux sont comptées chacune pour un chiffre. Exemple : 9346me, deux mots;

Tout chiffre ou lettre isolé est compté pour un mot; il en est de même du souligné.

Les signes de ponctuation, traits d'union, apostrophes, guillemets, parenthèses, alinéa, ne sont pas comptés; sont toutefois comptés pour un chiffre, les points, les virgules et les barres de division qui entrent dans la formation des nombres et des groupes de lettres. Exemple: 12,50, 1 mot; 432 1/2, 2 mots; — P. F. D/C, 2 mots.

Les expressions 3 o/o et 4 1/2 o/o, étant composées de deux nombres différents, sont comptées séparément : 3 o/o, 2 mots; 4 1/2 o/o, 2 mots.

Dépêches en langage secret.

Les groupes secrets doivent être séparés par des points, des virgules ou des traits.

(1) Pour les correspondances de la France avec la Corse ou de la France et la Corse avec l'Algérie et la Tunisie, voir page 9.

(2) Les exemples suivants déterminent l'interprétation des règles à suivre pour le compte des mots en langage clair :

Irresponsabilité (7 syllabes) ...	1 mot.	Dubois	1 mot.	2 o/o	2 mots.
Inconstitutionnalité (9 syllables)	2 mots.	De Lygne	2 mots.	2 p. o/o	3 mots.
A-t-il	3 mots.	Delygne	1 mot.	Deux cent trente-quatre	4 mots.
Aujourdhui (sans apostrophe) ..	1 mot.	44 1/2 (5 chiffres et signe) ...	1 mot.	Zweihundertvierunddreizig ...	1 mot.
C'est-à-dire	4 mots.	444 1/2 (6 chiffres et signe) ...	2 mots.	Ducentotrentaquattro	1 mot.
J'ai	2 mots.	444,5 (5 chiffres et signe)	1 mot.	Two hundred and thirty four ..	5 mots.
Aix-la-Chapelle	3 mots.	444,55 (6 chiffres et signe) ...	2 mots.	Tweehonderd vierendertig	2 mots.
Aixlachapelle	1 mot.	10 francs 50 centimes ou 10 fr. 50c. ..	4 mots.	E.	1 mot.
Aachen	1 mot.			E. M	2 mots.
New-York	2 mots.	10fr,50	3 mots.	Emvt	1 mot.
Newyork	1 mot.	fr. 10,50	2 mots.	tmrlzk	2 mots.
New-South-Wales	3 mots.	11h 30	3 mots.	L'affaire est urgente; partir sans retard (7 mots et deux soulignés)	9 mots.
Newsouthwales	1 mot.	11,30	1 mot.		
Van de Brande	3 mots.	Le 17me	2 mots.		
Vandebrande	1 mot.	Le 1529me	3 mots.		
Du Bois	2 mots.	44 /2 (pour 44 shillings 2 pence)	3 mots.		

Tous les chiffres, lettres ou signes employés dans le texte chiffré sont additionnés; le total divisé par cinq donne pour quotient le nombre de mots à taxer; l'excédant est compté pour un mot.

A cette somme on ajoute, pour obtenir le nombre total des mots de la dépêche, les mots en langage ordinaire de l'adresse, de la signature, et ceux du texte s'il y a lieu. Le compte en est fait d'après les règles applicables aux dépêches en langage ordinaire.

1 2 3 4 5 6
Exemple : M. Dubois, allées Tourny, 33, Bordeaux.
7 8 9
Recevrez prochainement 7345 — 247 — 175 — 4738. Répondrez 5373 —
10 11
2225 — 685. Demain 883 — 52. « Germain. »

Langage ordinaire, 11 mots. Texte secret... { Chiffres 30 / Traits 6 } 36/5 = 8 mots. Ensemble, 19 mots.

Service intérieur.

On ne fait aucune distinction entre les mots du langage convenu et les autres mots inintelligibles; ils sont tous taxés comme mots.

Les signes de ponctuation qui séparent les groupes et dont la transmission est obligatoire sont compris dans le calcul de la taxe.

Service international.

Les mots en langage convenu sont taxés d'après la règle précédente, mais les mots des langues non admises dans le service international sont considérés et taxés comme des assemblages de lettres.

Les signes de ponctuation destinés à séparer les groupes ne sont pas compris dans le calcul de la taxe, si l'expéditeur indique par une mention portée sur la minute qu'ils ne doivent pas être transmis.

DÉPÊCHES DE SERVICE TAXÉES.

Toute dépêche rectificative, complétive et généralement toute communication échangée avec un bureau télégraphique, à l'occasion d'une dépêche transmise ou en cours de transmission, est soumise à la taxe, à moins que cette communication n'ait été rendue nécessaire par une erreur de service.

L'expéditeur ou le destinataire peut demander la répétition des passages qui lui paraissent douteux, moyennant payement du prix : 1° d'une dépêche simple (dans le service intérieur c'est le prix de la demande, qui, en général, est une dépêche simple); 2° d'une dépêche calculée suivant la longueur du passage à répéter.

Ces taxes sont remboursées d'office par le bureau qui les a encaissées, si la répétition montre que le service télégraphique a dénaturé le sens de la dépêche. La taxe de la dépêche rectifiée reste acquise.

Le préambule des dépêches de service taxées doit être libellé comme suit : Paris de Berlin. — Service taxé. — N°, etc..... — Elles prennent rang parmi les dépêches de service ordinaire et ne comportent point, par conséquent, la signature de l'expéditeur.

Service intérieur.

Si l'expéditeur d'une dépêche recommandée constate une erreur dans le texte de la dépêche de retour et en demande la rectification, la dépêche rectificative est transmise gratuitement par le bureau d'origine, à moins que l'erreur ne provienne du fait de l'expéditeur.

Service international.

Les dépêches de service taxées doivent être dirigées par la même voie que les dépêches auxquelles elles se rattachent, à moins d'empêchement absolu.

Le destinataire d'une dépêche peut demander, dans le délai de vingt-quatre heures qui suit l'arrivée de la dépêche, la rectification des passages qui lui paraissent douteux.

La même faculté est accordée à l'expéditeur dans le délai de trois fois vingt-quatre heures qui suit le départ de la dépêche.

PERCEPTION.

Les taxes principales et accessoires sont acquittées au départ. Sont toutefois perçues sur le destinataire :

1° Les taxes de réexpédition des dépêches à faire suivre;

Service intérieur.

2° La taxe supplémentaire des réponses payées dépassant le nombre des mots affranchis;

3° Les frais d'exprès, quand l'envoi par exprès a eu lieu sur la demande préalable du destinataire.

Service international.

2° Les frais d'exprès, sauf le cas où l'expéditeur d'une dépêche portant accusé de réception désire les affranchir au départ.

//

En cas de perception sur le destinataire, la dépêche n'est jamais remise que contre payement de la taxe due.

Règles relatives aux dépêches spéciales.

RÉPONSE PAYÉE.

L'expéditeur d'une dépêche peut en affranchir la réponse; mention en est faite dans la dépêche.

Service intérieur.

La mention « réponse payée » est insérée entre le texte et la signature.

Si le nombre de mots payés reste indéterminé, la taxe est perçue pour 20 mots; le bureau où la réponse est déposée l'accepte, quelle qu'en soit l'étendue; mais elle n'est remise au destinataire que contre payement de la taxe complémentaire.

La réponse peut être dirigée sur un point autre que le lieu d'origine de la dépêche primitive. Dans ce cas, la taxe de la réponse est calculée d'après le tarif qui est applicable entre le point d'expédition et le point de destination de cette réponse.

Si la réponse n'est pas présentée dans le délai de huit jours pleins à dater de la dépêche primitive, elle est considérée comme une nouvelle dépêche et taxée comme telle.

//

//

Service international.

La mention « réponse payée » est insérée entre l'adresse et le texte. La mention « réponse payée, » sans autre indication, ne s'applique qu'à la dépêche de 20 mots. Lorsque l'expéditeur demande une réponse plus courte (10 mots ou au-dessous), même pour les pays où la dépêche de 10 mots est admise (l'Amérique exceptée), ou plus étendue (au-dessus de 20 mots), il doit insérer, après les mots « réponse payée, » le montant de la somme versée à cet effet. — Réponse payée (. . . . fr. . . . c.) L'affranchissement ne peut jamais dépasser le triple de la taxe de la dépêche primitive.

L'indication de la somme déposée est toujours obligatoire quel que soit le nombre des mots de la réponse, lorsque celle-ci doit être transmise à un bureau autre que celui d'où la dépêche primitive est partie. La mention à insérer entre l'adresse et le texte est formulée comme il suit : Réponse payée à (indiquer la localité. . .fr. . . .c.).

Le bureau d'arrivée remet au destinataire le montant de la taxe perçue pour la réponse, en lui laissant le soin de l'expédier dans un délai, à une adresse et par une voie quelconques (1).

Cette réponse est considérée et taxée comme une dépêche ordinaire.

(1) Le Gouvernement Japonais, se prévalant de la réserve de l'article 23 de la Convention, § 7, ne remet pas le montant de la taxe perçue au destinataire; il admet seulement le dépôt d'une réponse d'un prix égal à la somme payée par l'expéditeur. Par réciprocité on appliquera en France aux dépêches avec réponse payée venant du Japon les mêmes dispositions. Le Gouvernement Japonais n'a pas encore fixé le délai dans lequel la réponse pourra être admise. En France ce délai sera de 8 jours comme pour le service intérieur.

DÉPÊCHE RECOMMANDÉE ET DÉPÊCHE COLLATIONNÉE.

Dépêche recommandée.

L'expéditeur de toute dépêche a la faculté de la recommander. Mention en est faite entre le texte et la signature.

Lorsqu'une dépêche est recommandée, le bureau de destination transmet par la voie télégraphique à l'expéditeur même la reproduction intégrale de la copie envoyée au destinataire, suivie de la double indication de l'heure précise de la remise et de la personne entre les mains de laquelle cette remise a eu lieu.

Si la remise n'a pu être effectuée, ce double avis est remplacé par l'indication des circonstances qui se sont opposées à la remise et par les renseignements nécessaires pour que l'expéditeur puisse faire suivre sa dépêche, s'il y a lieu.

La transmission de la dépêche de retour s'effectue par priorité sur les autres dépêches de même rang.

L'expéditeur d'une dépêche recommandée peut se faire adresser la dépêche de retour sur un point quelconque du territoire, en fournissant les indications nécessaires.

La taxe de recommandation est égale à celle de la dépêche.

La recommandation est obligatoire pour les dépêches composées en chiffres ou en lettres secrètes.

La taxe des dépêches de retour à diriger sur un point autre que le lieu d'origine est calculée d'après le tarif applicable entre le point d'expédition et le point de destination de la dépêche de retour.

Dépêche collationnée.

Les dépêches recommandées ne sont plus admises.

L'expéditeur de toute dépêche a la faculté d'en demander le collationnement. Mention en est faite entre l'adresse et le texte. Dans ce cas, les divers bureaux qui concourent à la transmission en donnent le collationnement intégral.

//

//

//

La taxe du collationnement est égale à la moitié de celle de la dépêche, toute fraction de quart de franc étant comptée comme un quart de franc.

Par suite de la suppression de la recommandation, les dépêches secrètes ne sont plus soumises à cette formalité. Elles n'acquittent plus que la taxe simple.

ACCUSÉ DE RÉCEPTION.

L'expéditeur de toute dépêche peut demander que l'indication de l'heure à laquelle elle sera remise à son correspondant lui soit transmise par la voie télégraphique.

Mention en est faite, entre le texte et la signature, pour le service intérieur; et, entre l'adresse et le texte, pour le service international.

Si la remise de la dépêche n'a pu s'effectuer, le bureau d'arrivée en informe le bureau de départ par un avis contenant les renseignements nécessaires pour que l'expéditeur puisse faire parvenir sa dépêche au destinataire, s'il y a lieu. Lorsqu'il n'y a pas d'erreur de service à rectifier, cet avis tient lieu d'accusé de réception.

La taxe de l'accusé de réception est celle d'une dépêche simple; cette taxe est calculée d'après le tarif applicable entre le bureau d'où part l'accusé de réception et celui auquel il est destiné.

DÉPÊCHE A FAIRE SUIVRE.

1er cas: Lorsqu'une dépêche porte la mention *faire suivre*, sans autre indication, le bureau de destination, après l'avoir présentée à l'adresse indiquée, la réexpédie immédiatement, s'il y a lieu, à la nouvelle adresse qui lui est désignée au domicile du destinataire.

Si aucune indication ne lui est fournie, il garde la dépêche en dépôt. Si la dépêche est réexpédiée et que le second bureau ne trouve pas le destinataire à l'adresse nouvelle, la dépêche est conservée par ce bureau, sauf les cas d'urgence laissés à son appréciation.

2e cas : Si la mention *faire suivre* est accompagnée d'adresses successives, la dépêche est transmise à chacune des destinations indiquées, jusqu'à la dernière, s'il y a lieu, et le dernier bureau se conforme aux dispositions du paragraphe précédent.

3e cas : Toute personne peut demander, en fournissant les justifications nécessaires, que les dépêches qui arriveraient à un bureau télégraphique, pour lui être remises dans le rayon de distribution de ce bureau, lui soient réexpédiées, dans les conditions des paragraphes précédents, à l'adresse qu'elle aura indiquée.

4e cas : Quand le destinataire est absent au moment de l'arrivée d'une dépêche, et qu'en son nom une nouvelle destination est indiquée sur l'enveloppe même de la dépêche, la réexpédition télégraphique doit être faite, à la charge par le destinataire d'en payer la taxe; cette réexpédition est obligatoire dans le service intérieur et laissée à l'appréciation du Directeur dans le service international.

La taxe afférente à chaque réexpédition se calcule d'après le nombre de mots que contient cette réexpédition.

Service intérieur.	**Service international.**
La mention *faire suivre* est insérée entre le texte et la signature.	La mention *faire suivre* est insérée entre l'adresse et le texte.
//	La taxe internationale des dépêches à faire suivre est celle du premier parcours, l'adresse complète entrant dans le compte des mots.
//	Chaque réexpédition donne lieu à la perception (sur le destinataire) de la taxe intérieure de l'État réexpéditeur.
//	A partir du premier bureau indiqué dans l'adresse, les taxes à percevoir sur le destinataire pour les parcours ultérieurs doivent, à chaque réexpédition, être portées d'office dans le préambule.
//	Le service des dépêches à faire suivre n'est réellement assuré qu'en Europe.

DÉPÊCHE MULTIPLE.

1er cas : Les dépêches adressées dans une même localité à plusieurs destinataires, ou à un seul destinataire à plusieurs domiciles, acquittent :

1° La taxe principale, calculée sur le nombre total des mots du texte, y compris celui de toutes les adresses;

2° Une taxe supplémentaire de 50 centimes répétée autant de fois qu'il y a de destinataires ou de domiciles moins un.

« Exemple : Paris, de Lyon :

1 2 3 4 5 6 7 8 9 10
« Paul Lagarde, agent de change, Bourse. « Wertheimber et compagnie, banquiers.
11 12 13 14 15 16
« Goldschmidt, rue Laffitte. « Monteaux, Lunel, changeurs .... } 17 Paris.

18 19 20 21 22 23 24 25-26 27 28 29
« Bourse faible, rente, 70,25.—Mobilier, 295.—Autrichiens, 362,50.— Nord, 935. « Laurent. »

La taxe serait ainsi calculée :			
Pour 29 mots	2 fr. 10 c.	} Total.	3 fr. 60 c.
Pour 3 destinataires supplémentaires...	1 50		

Service intérieur.

2e et 3e cas : Une dépêche adressée à plusieurs destinataires ou à un même destinataire dans des localités différentes compte pour autant de dépêches qu'il y a de localités. Dans chacune de ces dépêches, la taxe s'établit sur le nombre des mots du texte et de la signature, augmenté seulement de ceux de l'adresse qu'elle comporte.

EXEMPLE : « Paris et Bordeaux de Marseille :

1 2 3
« Dubois, commissionnaire, rue
4 5
« Rambuteau, 53............ } 6 Paris.

1 2 3 4 5
« Vasseur et Cie, quai Bacalan...
6 7 8
« Wolff, rue du Chapeau-Rouge. } 9 Bordeaux.

1 2 3 4 5 6 7
« Malle des Indes arrivée. — Coton grande hausse.
8
« GAUTHIER. »

Cette dépêche serait comptée comme deux dépêches séparées :

La 1re, pour Paris, 14 mots (adresse 6, texte 8), ci........................	1 fr. 40 c.
La 2me, pour Bordeaux, 17 mots (adresse 9, texte 8), et un destinataire supplémentaire...........	1 90
Total.......	3 fr. 30 c.

Service international.

2e et 3e cas : Les dépêches adressées à plusieurs destinataires ou à un seul destinataire dans des localités d'un même État desservies par des bureaux différents sont taxées comme autant de dépêches séparées.

4e cas : Les dépêches adressées à plusieurs destinataires ou à un même destinataire dans des localités différentes doivent être écrites sur autant de feuilles spéciales qu'il y a de bureaux destinataires.

Règles relatives à la remise des dépêches à destination.

Les dépêches peuvent être adressées à domicile, poste restante ou bureau télégraphique restant.

Les dépêches adressées *Bureau télégraphique restant* sont remises au destinataire lui-même, après constatation de son identité, ou à son délégué dûment autorisé. Elles sont détruites quand elles n'ont pas été réclamées dans un délai de quarante-cinq jours, qui commence à courir le lendemain de la réception de la dépêche.

Les dépêches adressées à *domicile* ou *poste restante dans le lieu d'arrivée* y sont portées sans frais.

Le lieu d'arrivée est déterminé dans chaque État par les règles du service intérieur.

En France, on entend par lieu d'arrivée le territoire compris dans les limites de l'octroi, ou du centre de population où le bureau est situé, dans les communes qui n'ont pas d'octroi. Pour les bureaux de gare, le lieu d'arrivée est restreint à l'enceinte de la gare.

Les dépêches adressées à *domicile* ou *poste restante hors du lieu d'arrivée* sont, suivant le cas, expédiées par exprès ou par la poste.

EXPRÈS (1) (2).

La dépêche est expédiée par exprès lorsque ce mode d'envoi est demandé par l'expéditeur dans sa dépêche ou par le destinataire en vue des dépêches qu'il attend.

La taxe de l'exprès en France (50 centimes par kilomètre ou fraction de kilomètre) est calculée d'après la distance réelle, et cette distance se compte, pour les habitations agglomérées, du bureau d'arrivée au centre d'agglomération, et, pour les habitations isolées, du bureau d'arrivée au lieu même de destination.

Service intérieur.

La mention *exprès* doit être insérée entre le texte et la signature.

La taxe est perçue au départ, à moins que l'envoi n'ait été demandé par le destinataire.

Pour les gares et les localités desservies dont les frais d'exprès sont inscrits au tarif général, il n'y a pas lieu d'insérer le mot « exprès » dans la dépêche.

Lorsque le bureau n'est pas en mesure d'établir immédiatement la taxe exigible, il fait déposer des arrhes dont le chiffre varie suivant les circonstances. La liquidation s'opère dans le bureau indiqué par l'expéditeur.

Les renseignements relatifs à cette liquidation sont échangés par la poste.

Service international.

La mention *exprès* est toujours obligatoire entre l'adresse et le texte.

Les frais d'exprès sont perçus sur le destinataire. Toutefois l'expéditeur d'une dépêche portant accusé de réception peut en affranchir le transport par exprès, en versant à titre d'arrhes, sauf liquidation ultérieure, une somme qui est déterminée par le bureau d'origine. L'accusé de réception fait connaître, dans ce cas, le montant des frais déboursés.

(*Voir p. 44.*)

POSTE (2).

Les dépêches sont expédiées par la poste :

1° Lorsque l'expéditeur l'a formellement demandé;

2° Lorsque l'envoi par exprès, bien que demandé, n'est pas possible;

3° Lorsque aucun mode d'envoi spécial n'a été désigné.

Service intérieur.

Au départ, il n'est perçu aucune taxe postale pour l'affranchissement des dépêches. Le chargement seul donne lieu à une taxe invariable de 50 centimes; il est facultatif, excepté pour les dépêches recommandées, où il reste obligatoire.

A l'arrivée, la dépêche, avant d'être remise au bureau de poste, *est toujours affranchie* au moyen de *timbres postaux*, et chargée quand il y a lieu.

La taxe postale continue à être perçue sur l'expéditeur pour les dépêches intérieures à réexpédier par la poste à l'étranger et dans les colonies (l'Algérie exceptée).

(*Voir p. 45 et suivante.*)

Service international.

Les dépêches de toute nature, qui doivent être remises à destination par voie postale ou déposées poste restante, sont remises à la poste, comme lettres chargées, par le bureau télégraphique d'arrivée, sans frais pour l'expéditeur ni pour le destinataire, sauf dans les deux cas suivants :

1° Les dépêches transmises à un bureau télégraphique situé près d'une frontière, pour être expédiées par poste sur le territoire voisin, sont déposées à la boîte comme lettres non affranchies, et le port est à la charge du destinataire. Toutefois, si la communication télégraphique franchissant la frontière est matériellement interrompue, la dépêche est expédiée sous pli chargé, sans frais.

(1) Voir, pour renseignements, p. 44.

(2) Les dépêches adressées à une gare avec la mention « poste », ne sont soumises à aucune taxe d'exprès.

2° Les dépêches qui doivent traverser la mer, soit par suite d'interruption des lignes télégraphiques sous-marines, soit pour atteindre des pays qui ne sont pas reliés au réseau des États contractants, tels que l'île Maurice, le Sénégal, etc., sont, comme les précédentes, mises à la poste sous pli chargé, toutes les fois que le chargement est admis par l'Administration des Postes; dans le cas contraire, elles sont simplement affranchies. Mais, pour ces dépêches, le transport n'est pas gratuit, et le prix en est acquitté par l'expéditeur. (*Voir p. 44.*)

Lorsqu'un destinataire demande qu'en son absence les dépêches qu'il attend lui soient transmises par la poste à une adresse indiquée, la dépêche est mise à la poste sans affranchissement.

Quand une dépêche à réexpédier par la poste avec chargement arrive à un bureau télégraphique trop tard pour pouvoir être chargée avant le départ du premier courrier, mais assez tôt pour profiter de ce départ comme lettre ordinaire, elle doit être mise à la boîte non affranchie; un duplicata, sous pli chargé, est envoyé au destinataire dès que le chargement est possible.

Cette dernière prescription ne concerne pas les gares, qui n'ont jamais de chargement à effectuer.

CONTROLE DE LA CORRESPONDANCE A L'ARRIVÉE.

Si, à l'arrivée, le Directeur estime que la communication d'une dépêche peut compromettre la tranquillité publique, il en réfère à l'autorité administrative, qui a le droit de retarder ou d'interdire la remise.

COPIES.

L'expéditeur et le destinataire ont le droit de se faire délivrer des copies certifiées conformes de l'original de la dépêche qu'ils ont transmise ou reçue. Il est perçu un droit de 50 centimes par copie. Le destinataire qui, ayant refusé d'acquitter une taxe à percevoir à l'arrivée, réclamerait la copie de la dépêche à laquelle cette taxe était applicable, ne pourrait l'obtenir qu'après avoir versé la somme dont il serait resté débiteur.

II. CORRESPONDANCE SOUMISE À DES RÉGLES SPÉCIALES.

Correspondance avec l'Amérique.

1° VOIES DE BREST ET DE VALENTIA.

La correspondance franco-américaine est soumise, sur tout son parcours, aux règles de la Convention de Paris revisée, sauf les exceptions suivantes :

Rédaction (1). — Il y a trois espèces de dépêches : en langage clair, en langage convenu et en langage secret.

Les dépêches en langage clair sont celles qui offrent un sens compréhensible dans l'une quelconque des langues admises par la Convention de Paris revisée.

Les dépêches en langage convenu sont celles qui sont composées de mots connus ou figurant aux dictionnaires ordinaires ou géographiques des langues admises. Elles peuvent contenir des chiffres n'ayant pas un sens secret.

Les dépêches en langage secret sont celles qui contiennent en tout ou en partie des combinaisons de chiffres ou de lettres, ou des mots étrangers aux langues admises par la Convention.

(1) Les dépêches pour Cuba doivent être rédigées en langage ordinaire, le gouvernement espagnol n'admettant ni langage convenu ni langage secret. Les dépêches pour d'autres localités que la Havane doivent être rédigées en espagnol, autrement elles ne sont transmises qu'aux risques de l'expéditeur.

Taxation. — La dépêche simple est de dix mots; la taxe supplémentaire porte sur chaque mot additionnel.

Voie de Brest.

La taxe applicable à la dépêche simple et la taxe du mot additionnel se calculent à partir d'un bureau français jusqu'à destination. (*Voir au tarif, p. 42.*)

Voie de Valentia.

La taxe applicable à la dépêche simple et la taxe du mot additionnel se calculent à partir de Londres jusqu'à destination. Du bureau français à Londres on applique la Convention de Paris revisée. (*P. 43.*)

Le nom du lieu d'origine est seul transmis d'office.

Les expressions *twopence, threepence* jusqu'à *elevenpence,* écrites en un seul mot, ne comptent que pour un mot. Il en est de même des expressions *CIF*, et *FOB*, qui ne comptent pour trois mots que lorsque les lettres qui les composent sont séparées par des points.

Les dépêches en langage secret acquittent en plus la taxe de collationnement, soit en tout une taxe et demie. Les dépêches en langage convenu sont assimilées, pour la taxe, aux dépêches en langage clair.

La correspondance du Gouvernement avec ses agents jouit d'une réduction de moitié sur le câble de Brest.

Réponses payées. — Les réponses peuvent être entièrement payées d'avance. L'expéditeur doit déterminer, dans ce cas, le nombre de mots de la réponse, et insérer immédiatement après l'adresse du destinataire les mots *Reply .... words paid* — Réponse payée .... mots. Cette mention est soumise à la taxe.

Les réponses ne doivent contenir que le nombre de mots indiqué et payé par l'expéditeur.

Si la réponse contient plus de mots elle est taxée comme une nouvelle dépêche.

Si la dépêche originale n'a pu être remise, le bureau d'arrivée en informe l'expéditeur par un télégramme de service qui tient lieu de réponse. Ce télégramme indique le motif de la non-remise et, le cas échéant, contient les informations nécessaires pour que l'expéditeur puisse faire parvenir sa dépêche au destinataire.

Les réponses payées doivent être présentées dans le délai de huit jours à partir de la date de l'arrivée de la dépêche primitive. Après l'expiration de ce délai, elles sont payées comme une nouvelle dépêche.

Collationnement. — Les mots *Repetition paid* doivent être insérés immédiatement après l'adresse et taxés. Le collationnement est obligatoire pour les dépêches en langage secret. (V. ci-dessus : rédaction et taxation.)

Dépêches à faire suivre; dépêches multiples. — Ces dépêches ne sont pas admises.

Direction des dépêches. — A moins d'une demande formelle de l'expéditeur, les dépêches pour l'Amérique doivent être expédiées par Brest. La mention *Voie Valentia*, s'il y a lieu, est transmise dans le préambule.

2° VOIES MIXTES.
(Brésil et Amérique du Sud).

Des lignes télégraphiques sont établies dans l'Amérique du Sud :

1° Au **Brésil**, entre Rio-Janeiro et les trois ports de Bahia, Pernambouc et Para ;

2° Dans la région comprise entre **Montevideo** et **Valparaiso.**

Bien que ces lignes ne soient pas reliées directement au réseau général et que des renseignements précis fassent défaut, on peut les utiliser pour l'échange des correspondances du continent européen avec un certain nombre de stations portées d'autre part à la nomenclature.

1° **Brésil.** — Les dépêches sont expédiées : *a*) par le télégraphe jusqu'à Saint-Thomas (Antilles), par Brest ou Valentia, de Saint-Thomas à Para par la poste (1), et de Para par le télégraphe jusqu'à destination. La dépêche est de dix mots et les règles sont celles des voies de Brest et de Valentia : *b*) par le télégraphe jusqu'à Lisbonne; de Lisbonne à Pernambouc par la poste, et de Pernambouc par le télégraphe à destination. La dépêche est de 20 mots, mais au-dessus, la gradation a lieu par mot additionnel. Les règles sont d'une manière générale celles de la convention de Rome; provisoirement et jusqu'à renseignements complémentaires, on n'admettra aucune dépêche spéciale. (Réponse payée, dépêche collationnée, à faire suivre, multiple.)

(1) Les paquebots quittent Saint-Thomas le 29 de chaque mois et arrivent à Para le 7 du mois suivant.

Les dépêches doivent être libellées de la manière suivante : — Pearson, Pernambouc, poste Lisbonne, nom et adresse des destinataires, texte, signature. — La mention « Pearson, Pernambouc, poste Lisbonne ; » n'entre pas dans le compte des mots à taxer pour le parcours à partir de Pernambouc. (*Pour les Tarifs, voir p. 43*).

2° **Région comprise entre Montevideo et Valparaiso.** — Les dépêches sont expédiées : 1° jusqu'à Montevideo : *a*) par la voie mixte : télégraphe jusqu'à Lisbonne et poste au delà, *b*) par la poste directement; 2° à partir de Montevideo et jusqu'à destination par le télégraphe.

a) **Voie mixte.** L'expéditeur acquitte le prix d'une dépêche pour Lisbonne augmenté de 1 fr. pour frais de poste. Le montant des taxes télégraphiques de Montevideo à destination est perçu sur le destinataire.

Les télégrammes doivent être libellés de la manière suivante : « Oldham Montevideo, poste Lisbonne (1). — Thompson George-Street Valparaiso. — Marchandise expédiée par steamer Rio. — Signé SMITH. »

Les départs des paquebots de Lisbonne ont lieu les 4, 7, 12, 19 et 27 de chaque mois.

b) **Voie postale.** Les dépêches doivent être adressées par lettre affranchie à M. Oldham, manager, River Plate Telegraph Company, Montevideo, qui les réexpédie par le télégraphe comme celles qui lui parviennent par la voie mixte de Lisbonne. L'expéditeur a la faculté de payer les taxes télégraphiques de Montevideo jusqu'à destination, en mettant dans sa lettre le montant de la taxe, soit en timbres-poste anglais ou français, soit en une traite en faveur de M. Oldham, tirée sur l'une des banques ou des maisons de commerce de Montevideo ou de Buenos-Ayres. Il peut aussi payer d'avance, de la même manière, la réponse à sa dépêche en ajoutant au prix de la dépêche celui de la réponse calculé d'après le même tarif. Il doit ajouter la taxe d'affranchissement du transport postal entre Montevideo et le point où il veut que la réponse lui soit adressée.

L'intervention des bureaux se borne à fournir des indications sur le mode de procéder et sur la taxation.

a et *b*) Les règles de transmission sur les lignes américaines sont les règles ordinaires, sauf en ce qui suit :

En cas de réponse payée, les mots *reply paid for* ne sont pas taxés. Les dépêches en langage convenu payent le double de la taxe ordinaire. Pour les télégrammes en langage chiffré, cinq lettres ou chiffres comptent pour un mot et chaque point est compté à raison d'une lettre. Il est à désirer que les chiffres soient écrits en toutes lettres et sans abréviations et que les dépêches soient écrites lisiblement. Les compagnies américaines n'acceptent, d'ailleurs, aucune responsabilité ni pour les erreurs et les retards dans la transmission, ni même pour la non-remise des dépêches. (*Pour le Tarif voir p. 43.*)

Correspondance avec l'Afrique (voies mixtes).

1° Iles du Cap-Vert (Saint-Vincent.)

Les dépêches à destination de Saint-Vincent (îles du Cap-Vert) sont transmises par le télégraphe du point de départ à Lisbonne et de Madère à Saint-Vincent et par la poste entre Lisbonne et Madère. (*V. p. 43.*)

2° Colonie anglaise du Cap.

Les dépêches à destination des localités de la colonie du Cap où il existe un service télégraphique sont expédiées par poste de Plymouth (Angleterre) à la ville du Cap, et de là par télégraphe jusqu'à destination.

Les dépêches sont expédiées par le premier steamer postal qui part de Plymouth après l'arrivée de la dépêche; elles sont remises, immédiatement après leur arrivée au Cap, au gérant de la Compagnie, pour être transmises à destination par télégraphe. Comme la malle est close à 8 heures du matin le jour du départ du steamer, les dépêches qui arrivent à Plymouth après 8 heures ne sont transmises que par le courrier suivant.

Départs : les 5, 15 et 25 du mois. Si cette date tombe un dimanche, le départ a lieu le lundi.

L'adresse des dépêches doit porter, avec le nom de l'une des stations inscrites au tableau (*voy. p. 43*), la mention « poste Plymouth telegraph forward. » Ces mots sont compris dans le texte et soumis à la taxe.

La remise des dépêches a lieu dans les conditions suivantes :

Dans les limites d'un demi-mille la remise est gratuite. Au delà et jusqu'à un mille, la taxe est de 65 cent.; pour une distance n'excédant pas trois milles, cette taxe est augmentée de 1 fr. 25 cent. par mille en sus du premier. Au delà de trois milles, la remise n'est plus assurée. Les taxes ci-dessus peuvent être payées d'avance.

(1) M. Oldham est l'agent chargé d'assurer la réexpédition à Montevideo.

SERVICE SÉMAPHORIQUE.

Les postes sémaphoriques sont considérés comme des bureaux de départ et d'arrivée pour les dépêches émanant ou à destination des bâtiments.

L'adresse d'une dépêche destinée à un bâtiment en mer doit contenir : 1° le nom ou la qualité du destinataire; 2° le nom du bâtiment précédé du mot *bâtiment* et suivi du mot *signaux;* 3° le nom du poste sémaphorique chargé de la signaler.

Si le bâtiment est désigné par son numéro officiel, le mot *bâtiment* doit être suivi de l'indication de la nationalité.

Les dépêches sémaphoriques peuvent être rédigées en langage ordinaire ou en caractères secrets.

Les dépêches en clair ne sont admises que rédigées dans la langue du sémaphore qui doit les signaler.

Les dépêches en caractères secrets adressées à un bâtiment quelconque ne doivent pas comprendre d'autres caractères que les dix-huit consonnes : b, c, d, f, g, h, j, k, l, m, n, p, q, r, s, t, v, w. Toutefois, dans la correspondance entre les bâtiments de guerre français et les postes sémaphoriques du territoire, l'usage des dix chiffres arabes : 1, 2, 3, 4, 5, 6, 7, 8, 9 et 0 est autorisé; mais il est interdit de combiner les chiffres avec les lettres. Le nombre de signaux dont chaque groupe peut se composer est limité à 4.

La taxe d'une dépêche échangée entre un navire en mer et un sémaphore, est fixée ainsi qu'il suit :

En France, pour l'intérieur	1f 00c
——— pour l'étranger	2 00
De l'étranger pour la France	2 00

Ces taxes sont perçues : au départ, quand il s'agit d'une dépêche à transmettre à un navire en mer; à l'arrivée, quand il s'agit d'une dépêche émanant d'un bâtiment.

La surtaxe de recommandation pour le service intérieur s'applique seulement au parcours terrestre; la taxe maritime en est toujours exempte.

Les frais d'exprès des dépêches transmises par un bâtiment à un poste sémaphorique sont fixés à 20 centimes par kilomètre, lorsqu'il n'y a pas lieu à transmission électrique.

Service intérieur.

Les dépêches sémaphoriques émanant d'un bâtiment en mer peuvent être expédiées par la poste aux conditions des dépêches ordinaires.

Si le bâtiment destinataire ne s'est pas présenté dans un délai de 30 jours, la dépêche est classée, à moins que l'expéditeur n'ait payé l'accusé de réception ou la recommandation. L'expéditeur peut, dans ce cas, demander par dépêche taxée que cette dépêche soit présentée pendant une nouvelle période de 30 jours.

Service international.

Les dépêches sémaphoriques émanant d'un bâtiment en mer à destination de l'étranger ne sont acceptées que sous la condition d'être expédiées par le télégraphe. L'expéditeur n'a pas la faculté de réclamer le recours aux voies postales.

Dans le cas où le bâtiment auquel est destinée une dépêche sémaphorique n'est pas arrivé dans le terme de vingt-huit jours, le sémaphore en donne avis à l'expéditeur le vingt-neuvième jour.

LISTE DES ÉTATS QUI ONT UN SERVICE SÉMAPHORIQUE.

Allemagne	Un seul bureau à Wangeroog.
Autriche	Un seul bureau à Lissa. (Pharc.)
Danemark	Bureaux à Skagen et Hirtshals.
Espagne	Un seul bureau à Tarifa.
Italie	Sur toutes les côtes.
France	Sur toutes les côtes.
Norwége	Un bureau à Oxoe.
Portugal	Sur toutes les côtes.

IV.

RENSEIGNEMENTS

SUR LES SERVICES DE POSTE AU DELÀ DES LIGNES.

Algérie. — Les paquebots partent : 1° de Marseille pour Alger, les mardi, jeudi, samedi; pour Oran, le mercredi ; pour Bone et Tunis, le vendredi ;

2° Pour Marseille, d'Alger, les mardi, jeudi, samedi; d'Oran, le mercredi; de Tunis, le dimanche.

Départs : de Marseille, à 5 heures du soir; d'Alger et de Tunis, à midi; d'Oran, à 10 heures du matin.

Durée du trajet : 50 heures.

Amérique. — Les dépêches expédiées en Amérique par la voie postale, à partir d'Europe, peuvent être adressées aux ports de France ou d'Angleterre qui ont un service régulier avec l'Amérique.
(*Voir Marche des paquebots, p. 26 et suivantes.*)

Australie.—Les dépêches sont acheminées par les paquebots d'Orient. (*Voir Marche des paquebots, p. 26 et suiv.*)

Batavia. — Même direction.

Cap de Bonne-Espérance. — Les dépêches sont acheminées par Suez ou par Pointe-de-Galles.

Chine. — 1° *Par la Russie.* — Les dépêches sont mises à la poste à Kiachta (Sibérie, 2° région). Un service régulier de courriers est établi entre Kiachta, Ourga, Kalgane, Pékin, Tien-Tsin.

L'expédition des dépêches a lieu quatre fois par mois : de Kiachta, les 5, 12, 19 et 26, et de Pékin, les 4, 11, 20 et 27.

La durée du trajet de Kiachta à Tien-Tsin est de quatorze jours.

De février à novembre, les correspondances sont acheminées jusqu'à Shanghaï par bateau à vapeur.

Le reste de l'année, on expédie une fois par mois les dépêches de Tien-Tsin à Tche-Fou par courrier, et de Tche-Fou à Shanghaï par bateau.

La durée du trajet de Kiachta à Shanghaï est de vingt-deux jours en été et de trente et un jours en hiver.
(*Voir, pour les taxes, p. 44.*)

2° *Par les Indes.* — Les dépêches sont acheminées par les paquebots d'Orient.

Cochinchine. — Paquebots d'Orient. (*Voir p. 27.*)

Guyane française. — Les dépêches sont acheminées par les Antilles ou par Démérari (Guyane anglaise). (*Voir p. 26,* ligne de Fort-de-France à Cayenne.)

Iles de la Réunion et de Maurice. — Paquebots de Suez au Cap.

Iles Marquises, Iles de la Société, Otahiti. — Par les paquebots de Saint-Nazaire à Panama et par la voie de Southampton.

Nouvelle-Calédonie, Ile des Pins. — Par les paquebots d'Australie. (Voie de Brindisi.)

Nouvelle-Zélande. — Les dépêches sont acheminées par Melbourne (Australie.)

Sénégal. — Les dépêches pour le Sénégal doivent être adressées poste Bordeaux ou poste Lisbonne. (*Voir p. 26.*)

Tripoli. — Les dépêches sont expédiées par poste à partir de Malte.

MARCHE DES PAQUEBOTS FRANÇAIS ET ANGLAIS EN 1874.

1° PAQUEBOTS FRANÇAIS.

	PARCOURS DES PAQUEBOTS.	STATIONS.	PORT D'EMBARQUEMENT.	DÉPART du PORT D'EMBARQUEMENT.	OBSERVATIONS.
	Brésil et Plata.				
1.	Bordeaux à Buenos-Ayres...	Lisbonne .... Dakar-Gorée (1).... Fernambouc. ..... Bahia............. Rio-de-Janeiro..... Montevideo .... Buenos-Ayres	Bordeaux.............	Le 20 de chaque mois.	(1) Escale pour le Sénégal.
	Mexique, Antilles, Guyanes et ligne de l'Océan Pacifique du Sud.				
2.	Saint-Nazaire à Colon-Aspinwall..........	Fort-de-France .... La Guayra........ Savanilla. .... Colon-Aspinwall...	Saint-Nazaire..........	Le 7 de chaque mois.	
3.	Saint-Nazaire à la Vera-Cruz..............	Santander. .... Saint-Thomas ..... La Havane........ La Vera-Cruz......	Saint-Nazaire..........	Le 20 de chaque mois.	
4.	Saint-Thomas à Fort-de-France..........	Basse-Terre. ...... Pointe-à-Pitre. .... Saint-Pierre....... Fort-de-France	Saint-Thomas.......	Le 6 de chaque mois. (1)	(1) Départ de Saint-Nazaire le 20 de chaque mois.
5.	Saint-Thomas à Colon-Aspinwall..........	Porto-Rico........ Cap Haïtien....... Santiago de Cuba.. Jamaïque......... Colon Aspinwall...	Saint-Thomas.........	Le 6 de chaque mois. (1)	
6.	Fort-de-France à Cayenne...........	Sainte-Lucie. ..... Saint-Vincent ..... La Grenade....... Port-of-Spain...... Démérari .... Surinam.......... Cayenne..........	Fort de France........	Le 22 de chaque mois. (2)	(2) Départ de Saint-Nazaire le 7 de chaque mois.

	PARCOURS DES PAQUEBOTS.	STATIONS.	PORT D'EMBARQUEMENT.	DÉPART du PORT D'EMBARQUEMENT.	OBSERVATIONS.
	Mexique, Antilles, Guyanes et ligne de l'Océan Pacifique du Sud. (Suite.)				
7.	Panama à Valparaiso..	Panama........... Guayaquil........ Payta............. Le Callao (Lima)... Pisco............. Islay............. Mollendo......... Arica............. Pisagua.......... Iquique........... Cobija........... Antofogasta....... Caldera........... Coquimbo......... Valparaiso.........	Panama.............	Le 31 ou 1er de chaque mois.(1)	(1) Départs de Saint-Nazaire les 7 et 20 de chaque mois.
	Indes, Chine, Japon, La Réunion et Maurice.				
8.	Marseille à Hong-Kong.	Marseille.......... Port-Saïd......... Ismaïlia........... Suez............. Aden............. Pointe-de-Galles.... Singapore........ Saïgon........... Hong-Kong........	Marseille............	Le dimanche, toutes les deux semaines, à partir du 4 janvier (2).	(2) Départs de Marseille, les dimanches 4 et 18 janvier, 1er et 15 février, 1er, 15 et 29 mars, 12 et 26 avril, 13 et 24 mai, 7 et 21 juin, 5 et 19 juillet, 2, 16 et 30 août, 13 et 27 septembre, 11 et 25 octobre, 8 et 22 novembre, 6 et 20 décembre 1874.
9.	Hong-Kong à Shanghaï.	Hong-Kong........ Shanghaï..........			
10.	Hong-Kong à Yokohama	Hong-Kong........ Yokohama.........			
11.	Singapore à Batavia...	Singapore......... Batavia...........			
12.	Pointe-de-Galles à Calcutta.............	Marseille......... Pointe-de-Galles.... Pondichéry........ Madras............ Calcutta........... Chandernagor.....	Marseille............	Le dimanche, toutes les quatre semaines (3).	(3) Départs de Marseille, les dimanches 4 janvier, 1er février, 1er et 29 mars, 26 avril, 24 mai, 21 juin, 19 juillet, 16 août, 13 septembre, 11 octobre, 8 novembre et 6 décembre 1874.
13.	Aden à la Réunion et Maurice...........	Marseille......... Aden............. Mahé (îles Seychelles) (5)..... La Réunion....... Maurice...........	Marseille............	Le dimanche, toutes les quatre semaines (4).	(4) Départs de Marseille, les dimanches 18 janvier, 15 février, 15 mars, 12 avril, 10 mai, 7 juin, 5 juillet, 2 et 30 août, 27 septembre, 25 octobre, 22 novembre et 20 décembre 1874. (5) La relâche aux Seychelles à l'aller, n'a pas lieu pendant les mois de juin, juillet et août.

	PARCOURS DES PAQUEBOTS.	STATIONS.	PORT D'EMBARQUEMENT.	DÉPART du PORT D'EMBARQUEMENT.	OBSERVATIONS.
			Corse.		
14.	Marseille à Bastia et Livourne..........	Bastia............ Livourne..........	Marseille............	Le dimanche de chaque semaine.	(1) Coïncidence avec les départs de Marseille des vendredis 9 et 23 janvier, 6 et 20 février, 6 et 20 mars, 3 et 17 avril, 1er, 15 et 29 mai, 12 et 26 juin, 10 et 24 juillet, 7 et 21 août, 4 et 18 septembre, 2, 16 et 30 octobre, 13 et 27 novembre, 11 et 25 décembre 1874.
15.	Marseille à Ajaccio et Porto-Torrès.	Ajaccio............ Porto-Torrès.......	Marseille............	Le vendredi de chaque semaine.	(2) Coïncidence avec les départs de Marseille des vendredis 2, 16 et 30 janvier, 13 et 27 février, 13 et 27 mars, 10 et 24 avril, 8 et 22 mai, 5 et 19 juin, 3, 17 et 31 juillet, 14 et 28 août, 11 et 25 septembre, 9 et 23 octobre, 6 et 20 novembre, 4 et 18 décembre 1874.
16.	Ajaccio à Bonifacio....	Bonifacio.........	Marseille............	Le vendredi, tous les quinze jours (1).	(3) Départs les mardis 13 et 27 janvier, 10 et 24 février, 10 et 24 mars, 7 et 21 avril, 5 et 19 mai, 2, 16 et 30 juin, 14 et 28 juillet, 11 et 25 août, 8 et 22 septembre, 6 et 20 octobre, 3 et 17 novembre, 1er, 15 et 29 décembre 1874.
17.	Ajaccio à Propriano...	Propriano.........	Marseille............	Le vendredi, tous les quinze jours (2).	
18.	Marseille à Calvi......	Calvi.............	Marseille............	Le mardi, tous les quinze jours (3).	(4) Départs les mardis 6 et 20 janvier, 3 et 17 février, 3, 17 et 31 mars, 14 et 28 avril, 12 et 26 mai, 9 et 23 juin, 7 et 21 juillet, 4 et 18 août, 1er, 15 et 29 septembre, 13 et 27 octobre, 10 et 24 novembre, 8 et 22 décembre 1874.
19.	Marseille à l'Ile-Rousse.	Ile-Rousse.........	Marseille............	Le mardi, tous les quinze jours (4).	(5) Départs les mercredis 7 et 21 janvier, 4 et 18 février, 4 et 18 mars, 1, 15 et 29 avril, 13 et 27 mai, 10 et 24 juin, 8 et 22 juillet, 5 et 19 août, 2, 16 et 30 septembre, 14 et 28 octobre, 11 et 25 novembre, 9 et 23 décembre 1874.
20.	Marseille à Nice et Bastia...............	Bastia............	Nice.................	Le mercredi, tous les quinze jours (5).	
			États-Unis.		
21.	Le Havre et Brest à New-York.	New-York.........	Brest.................	Le samedi, toutes les deux semaines, à partir du 3 janvier (6).	(6) Départs de Brest, les samedis 3, 17 et 31 janvier, 14 et 28 février, 14 et 28 mars, 11 et 25 avril, 9 et 23 mai, 6 et 20 juin, 4 et 18 juillet, 1er, 15 et 29 août, 12 et 26 septembre, 10 et 24 octobre, 7 et 21 novembre, 5 et 19 décembre 1874. Arrivées à New-York, les mercredis 14 et 28 janvier, 11 et 25 février, 11 et 25 mars, 8 et 22 avril, 6 et 20 mai, 3 et 17 juin, 1er, 15 et 29 juillet, 12 et 26 août, 9 et 23 septembre, 7 et 21 octobre, 4 et 18 novembre, 2, 16 et 30 décembre 1874.

2° PAQUEBOTS ANGLAIS.

Brésil et Plata.

	PARCOURS DES PAQUEBOTS.	STATIONS.	PORT D'EMBARQUEMENT.	DÉPART du PORT D'EMBARQUEMENT.	OBSERVATIONS.
1.	Southampton à Rio-de-Janeiro............	Lisbonne.......... Saint-Vincent (Cap-Vert)........... Fernambouc....... Bahia............. Rio-de-Janeiro.....	Southampton.........	Le 9 de chaque mois.	
2.	Rio-de-Janeiro Buenos-Ayres..........	Montevideo........ Buenos-Ayres......			

	PARCOURS DES PAQUEBOTS.	STATIONS.	PORT D'EMBARQUEMENT.	DÉPART du PORT D'EMBARQUEMENT.	OBSERVATIONS.
	Brésil et Plata. (Suite.)				
3.	Liverpool à Valparaiso	Bordeaux.......... Santander......... La Corogne....... Carril et Vigo...... Lisbonne.......... Fernambouc....... Bahia............. Rio-de-Janeiro..... Montevideo........ Sandy-Point....... Coronel........... Valparaiso.........	Liverpool............	De Liverpool tous les mercredis; de Bordeaux tous les samedis.	
4	Liverpool à Buenos-Ayres.............	Bahia............. Rio-de-Janeiro..... Montevideo........ Buenos-Ayres......	Liverpool............	Le 20 de chaque mois.	
	Indes occidentales.				
5.	Southampton à Saint-Thomas...........	Saint-Thomas......	Southampton.........	Les 2 et 17 de chaque mois.	
6.	Saint-Thomas à Colon.	Jacmel............ La Jamaïque....... Colon.............			
7.	Saint-Thomas à Tampico..............	Puerto-Rico........ La Havane......... La Vera-Cruz....... Tampico..........	Southampton.........	Le 2 de chaque mois.	
8.	Saint-Thomas à Démérari..............	Saint-Christophe.... Antigoa........... La Guadeloupe..... La Dominique..... La Martinique..... Sainte-Lucie....... La Barbade........ Tabago........... Démérari.........	Southampton.........	Les 2 et 17 de chaque mois.	
9.	Ste-Lucie à la Trinidad.	Saint-Vincent...... La Grenade........ Trinidad..........			
10.	Colon à Savanilla......	Carthagène........ Savanilla..........	Southampton.........	Le 2 de chaque mois.	
11.	Colon a Grey-Town...	Grey-Town........	Southampton.........	Le 17 de chaque mois.	
12.	Southampton à la Guayra.	Saint-Thomas...... Colon............. Savanilla.......... Puerto-Cabello..... La Guayra.........	Southampton.........	Le 10 de chaque mois.	
13.	Liverpool à Puerto-Cabello.	La Guayra......... Puerto-Cabello.....	Liverpool............	Le 5 de chaque mois.	
14.	Liverpool à Tampico..	Port-au-Prince..... La Vera-Cruz...... Tampico..........	Liverpool............	Le 10 de chaque mois.	
15.	Liverpool à Sainte-Marthe.	Sainte-Marthe.....	Liverpool............	Le 20 de chaque mois.	

	PARCOURS DES PAQUEBOTS.	STATIONS.	PORT D'EMBARQUEMENT.	DÉPART du PORT D'EMBARQUEMENT.	OBSERVATIONS.
		Pacifique-Sud.			
16.	Panama à Valparaiso..	Payta............. Callao (Lima)..... Islay............. Arica............. Iquique........... Cobija............ Caldera........... Coquimbo......... Valparaiso........	Southampton.........	Les 2 et 17 de chaque mois (1).	(1) Coïncidence avec les paquebots partant de Panama sur Valparaiso les 10 et 25 de chaque mois.
		Côte occidentale d'Afrique.			
17.	Liverpool à Fernando-Pô.	Madère (2)......... Ténériffe (3)....... Grand-Canary (5)... Bathurst (5)....... Sierra-Leone (2).... Monrovia (4)....... Cap-Palmas (2)..... Cape-Coast-Castle (2) Accra (2).......... Jellah-Coffee (2).... Lagos (2).......... Benin (3).......... Brass (5).......... Bonny (2)......... Fernando-Pô (2).... Old-Calebar (3)..... Gabor (5).......... Cameroons (5)......	Liverpool............	Tous les samedis.	(2) Cette escale est desservie par chaque paquebot. (3) Cette escale est visitée trois fois par mois en moyenne. (4) Cette escale est visitée deux fois par mois en moyenne. (5) Cette escale n'est visitée qu'une fois par mois.
		Cap de Bonne-Espérance. (Par la côte occidentale.)			
18.	Southampton au Cap de Bonne-Espérance.	Sainte-Hélène (6)... Cap de Bonne-Espérance...........	Southampton.........	Les 5, 15 et 25 de chaque mois.	(6) Les paquebots partant les 15 et 25 ne touchent pas à Sainte-Hélène, à l'aller.
		Cap de Bonne-Espérance. (Par Suez.)			
19.	Aden au Cap de Bonne-Espérance..........	Aden............. Zanzibar.......... Mozambique....... Natal............. Cap de Bonne-Espérance..........	Brindisi..............	Le lundi, toutes les quatre semaines, à partir du 19 janvier (7).	(7) Départs de Brindisi les lundis 19 janvier, 16 février, 16 mars, 13 avril, 11 mai, 8 juin, 6 juillet, 3 et 31 août, 28 septembre, 26 octobre, 23 novembre, 21 décembre 1874.
		Égypte, Indes, Australie, Queensland, Chine et Japon.			
20.	Brindisi à Alexandrie..	Alexandrie........	Brindisi.............	Le lundi de chaque semaine.	
21.	Suez à Bombay.......	Aden............. Bombay..........	Brindisi.............	Le lundi de chaque semaine.	

	PARCOURS DES PAQUEBOTS.	STATIONS.	PORT D'EMBARQUEMENT.	DÉPART du PORT D'EMBARQUEMENT.	OBSERVATIONS.
	Égypte, Indes, Australie, Queensland, Chine et Japon. (Suite).				
22.	Suez à Calcutta......	Aden............. Ceylan (Pointe-de-Galles)......... Madras............ Calcutta..........	Brindisi.............	Le lundi toutes les deux semaines (1).	(1) Correspondance avec les départs de Brindisi des lundis 12 et 26 janvier, 9 et 23 février, 9 et 23 mars, 6 et 20 avril, 4 et 18 mai, 1er, 15 et 29 juin, 13 et 27 juillet, 10 et 24 août, 7 et 21 septembre, 5 et 19 octobre, 2, 16 et 30 novembre, 14 et 28 décembre 1873.
23.	Pointe-de-Galles à Melbourne...........	King - George's Sound......... Adélaïde......... Melbourne........	Brindisi.............	Le lundi, toutes les quatre semaines (2).	(2) Correspondance avec les départs de Brindisi des lundis 26 janvier, 23 février, 23 mars, 20 avril, 18 mai, 15 juin, 13 juillet, 10 août, 7 septembre, 5 octobre, 2 et 30 novembre, 28 décembre 1874.
24.	Bombay à Hong-Kong.	Ceylan (Pointe-de-Galles).......... Penang........... Singapore........ Hong-Kong........	Brindisi.............	Le lundi, toutes les deux semaines (1).	
25.	Singapore à Brisbane.	Batavia.......... Sourabaya........ Somerset......... Cardwell.......... Bowen............ Gladstone......... Brisbane..........	Brindisi.............	Le lundi, toutes les quatre semaines, à partir du 12 janvier (3).	(3) Départs de Brindisi les lundis 12 janvier, 9 février, 9 mars, 6 avril, 4 mai, 1er et 29 juin, 27 juillet, 24 août, 21 septembre, 19 octobre, 16 novembre, 14 décembre 1874.
26.	Hong-Kong à Shang-Haï...............	Shanghaï....... ..	Brindisi.............	Le lundi, toutes les deux semaines (1).	
27.	Hong-Kong à Yokohama.............	Yokohama.........	Brindisi.............	Le lundi, toutes les deux semaines (1).	
	Nouvelle-Galles du Sud et Nouvelle-Zélande. (Viâ New-York.)				
28.	Southampton à New-York et San Francisco à Sydney.	Londres........... New-York.......... San-Francisco..... Honolulu.......... Kandavœu......... Auckland......... Port-Chalmers..... Sydney...........	Southampton.........	Le mardi, toutes les quatre semaines, à partir du 13 janvier (4).	(4) Départs de Southampton les mardis 13 janvier, 10 février, 10 mars, 7 avril, 5 mai, 2 et 30 juin, 28 juillet, 25 août, 22 septembre, 20 octobre, 17 novembre, 15 décembre 1874.
	Amérique du Nord.				
29.	Southa pton à New-York.............	New-York.........	Southampton.........	Le mardi de chaque semaine.	(5) Départ de Queenstown les mercredis 14 et 28 janvier, 11 et 25 février, 11 et 25 mars, 8 et 22 avril, 6 et 20 mai, 3 et 17 juin, 1er, 15 et 29 juillet, 12 et 26 août, 9 et 23 septembre, 7 et 21 octobre, 4 et 18 novembre, 2, 16 et 30 décembre 1874.
30.	Queenstown à New-York.............	New-York.........	Queenstown..........	Les vendredi et dimanche de chaque semaine.	(6) Correspondance avec les paquebots partant de Queenstown pour Halifax les mercredis 14 janvier, 11 février, 11 mars, 8 avril, 6 mai, 3 juin, 1er et 29 juillet, 26 août, 23 septembre, 21 octobre, 18 novembre et 16 décembre 1874.
31.	Queenstown à Boston.	Boston............	Queenstown..........	Le mercredi de chaque semaine.	(7) Correspondance avec les paquebots partant de Queenstown pour New-York les dimanches 18 janvier, 8 février, 1er et 22 mars, 12 avril, 3 et 24 mai, 21 juin, 19 juillet, 16 août, 13 septembre 1874.
32.	Queenstown à Halifax.	Halifax............	Queenstown..........	Le mercredi, toutes les deux semaines (5).	
33.	Halifax à Saint-Thomas.	Bermudes......... Saint-Thomas......	Queenstown..........	Le mercredi, toutes les quatre semaines (6).	
34.	New-York à Nassau....	Nassau............	Queenstown..........	Le dimanche, toutes les trois semaines (7).	

DESTINATIONS DESSERVIES PAR LES PAQUEBOTS.

1° Paquebots français.

Destination	Numéros
Aden	8, 13
Ajaccio	15, 16, 17
Antofogasta	7
Arica	7
Bahia	1
Basse-Terre	4
Bastia	14, 20
Batavia	11
Bonifacio	16
Bordeaux	1
Brest	21
Buenos-Ayres	1
Calcutta	12
Caldera	7
Callao (Le) (Lima)	7
Calvi	18
Cap Haïtien	5
Cayenne	6
Chandernagor	12
Cobija	7
Colon-Aspinwall	2, 5
Coquimbo	7
Dakar-Gorée	1
Démérari	6
Fernambouc	1
Fort-de-France	2, 4, 6
Grenade (La)	6
Guayaquil	7
Guayra (La)	2
Havane (La)	3
Havre (Le)	21
Hong-Kong	8, 9, 10
Ile-Rousse	19
Iquique	7
Islay	7
Ismaïlia	8
Jamaïque (La)	5
Lisbonne	1
Livourne	14
Madras	12
Mahé (Seychelles)	13
Marseille	8, 12, 13, 14, 15 16, 17, 18, 19
Maurice	13
Mollendo	7
Montevideo	1
New-York	29
Panama	7
Payta	7
Pisagua	7
Pisco	7
Pointe-à-Pitre	4
Pointe-de-Galles	8, 12
Pondichéry	12
Port-of-Spain	6
Porto-Rico	5
Porto-Torrès	15
Port-Saïd	8
Propriano	17
Réunion (La)	13
Rio-de-Janeiro	1
Saïgon	8
Sainte-Lucie	6
Saint-Nazaire	2, 3, 4, 5, 6, 7
Saint-Pierre-Martinique	4
Saint-Thomas	3, 4, 5
Saint-Vincent (Antilles)	6
Santander	3
Santiago-de-Cuba	5
Savanilla	2
Shang-Haï	9
Singapore	8, 11
Suez	8
Surinam	6
Valparaiso	7
Vera-Cruz	3
Yokohama	10

2° Paquebots anglais.

Destination	Numéros
Accra	17
Adélaïde	23
Aden	19, 21, 22
Alexandrie	19, 20
Antigoa	8
Arica	16
Auckland	28
Bahia	1, 3, 4
Batavia	25
Bathurst	17
Benin	17
Bermudes	33
Bombay	21, 24
Bonny	17
Bordeaux	3
Boston	31
Bowen	25
Buenos-Ayres	2, 4
Brass	17
Brindisi	19, 20, 21, 22, 23, 24, 25, 26, 27
Brisbane	25
Calcutta	22
Caldera	16
Callao (Lima)	16
Cameroons	17
Cap de Bonne-Espérance	18, 19
Cape-Coast-Castle	17
Cap-Palmas	17
Cardwell	25
Carril	3
Carthagène	10
Ceylan	22, 24
Cobija	16
Colon	6, 10, 11, 12
Coquimbo	16
Corogne (La)	3
Coronel	3
Démérari	8
Fernambouc	1, 3
Fernando-Pô	17
Gabor	17
Gladstone	25
Grand-Canary	17
Grey-Town	11
Halifax	32, 33
Hong-Kong	24, 26, 27
Honolulu	28
Iquique	16
Islay	16
Jacmel	6
Jellah-Coffee	17
Kandavœu	28
King-George's-Sound	23
La Barbade	8
La Dominique	8
Lagos	17
La Grenade	9
La Guadeloupe	8
La Guayra	12, 13
La Havane	7
La Jamaïque	6
La Martinique	8
La Vera-Cruz	7, 14
Lisbonne	1, 3
Liverpool	3, 4, 13, 14, 15, 17
Londres	28
Madère	17
Madras	22
Melbourne	23
Monrovia	17
Montevideo	2, 3, 4
Mozambique	19
Nassau	34
Natal	19
New-York	28, 29, 30, 34
Old-Calabar	17
Panama	16
Payta	16
Penang	24
Pointe-de-Galles	22, 23, 24
Port-au-Prince	14
Port Chalmers	28
Puerto-Cabello	12, 13
Puerto-Rico	7
Queenstown	30, 31, 32, 33, 34
Rio-de-Janeiro	1, 2, 3, 4
Saint-Christophe	8
Sainte-Hélène	18
Sainte-Lucie	8, 9
Sainte-Marthe	15
Saint-Thomas	5, 6, 7, 8, 12, 33
Saint-Vincent (Cap-Vert)	1, 3
Saint-Vincent (Indes occidentales)	9
Sandy-Point	3
San-Francisco	28
Santander	3
Savanilla	10, 12
Shang-Haï	26
Sierra-Leone	17
Singapore	24, 25
Somerset	25
Sourabaya	25
Southampton	1, 5, 6, 7, 8, 9, 10 11, 12, 16 18, 28, 29.
Suez	21, 22
Sydney	28
Tampico	7, 14
Ténériffe	17
Tabago	8
Trinidad	9
Valparaiso	3, 16
Vigo (Le)	3
Yokohama	27
Zanzibar	19

N. B. Les numéros portés en regard des diverses destinations correspondent à ceux de la première colonne des tableaux précédents, et font connaître les différentes voies par lesquelles les correspondances peuvent être dirigées.

IIe PARTIE.

TARIFS.

En règle générale les taxes portées aux tarifs ci-après s'appliquent à la dépêche de un à vingt mots et elles s'accroissent de moitié par série indivisible de dix mots au-dessus de vingt.

Par exception : 1° pour l'Égypte et Aden on admet des dépêches de dix mots avec taxe réduite, les tarifs ordinaires restant applicables aux dépêches au-dessus de dix mots ; 2° pour l'Amérique la dépêche simple est de dix mots et l'accroissement de taxe a lieu par mot supplémentaire.

I. CORRESPONDANCE INTÉRIEURE.

(Algérie. — Tunisie.)

A. — En Algérie, à l'intérieur du département	0f 60c
Entre deux départements	1 40
B. — En Tunisie : entre Tunis, la Goulette et le Bardo	0 50
Hors ce cas	1 00
C. — Entre l'Algérie et la Tunisie	2 40

II. CORRESPONDANCE AVEC LA FRANCE ET AVEC LES COLONIES.

A. — **FRANCE CONTINENTALE, CORSE** (1). Règles du tarif intérieur, sauf pour le compte des mots. (*Voir* page 9.)

Voie sous-marine directe (Bône — Marseille ou Alger — Marseille)	4 40
— sous-marine indirecte (Malte, Italie, Bône)	9 40
— mixte (poste Alger), taxe postale comprise	1 40

	Monaco.
Voie sous-marine directe (2)	5f 00c
— sous-marine indirecte	10 00
— mixte (transport postal compris)	2 00

B. — **COCHINCHINE.**

	Indes françaises.	Cochinchine.
Voie de Malte (Malte-Suez)	93 00	135 50
— de Malte, Italie, Turquie (Faô)	94 00	140 50
— de France, Italie, Turquie (Faô)	96 00	142 50
— de Russie (Djoulfa)	104 00	146 50
— de Russie (Wladivostok)	270 00	206 00

C. — **ILES SAINT-PIERRE ET MIQUELON. — ANTILLES FRANÇAISES.**

	Saint-Pierre-Miquelon.	Guadeloupe.	Martinique.
Voie de Brest	33f 50c	112 60	115 70
— de Valentia	61 00	130 10	133 20

D. — **SÉNÉGAL ET RÉUNION.** (*Voir* page 25.)

E. — **GUYANE FRANÇAISE.** (*Voir* page 25.)

F. — **NOUVELLE-CALÉDONIE.** (*Voir* page 25.)

(1) La Corse est reliée à l'Italie par un câble de Bastia à Livourne. En cas d'interruption du câble, les dépêches sont transmises gratuitement par les paquebots français ou italiens.

(2) Le bureau de la principauté de Monaco est administré par la France et assimilé, pour les règles de service, de transmission et de taxation, aux bureaux français.

CORRESPONDANCE AVEC L'ÉTRANGER (1).

1° TAXES A PERCEVOIR PAR LA VOIE NORMALE.

La voie normale est la voie la moins coûteuse et, à prix égal, la plus directe.

	10 mots.	20 mots.
ADEN. (Malte-Suez)	47f 50c	68f 00c

AFRIQUE. (Iles du Cap-Vert et Colonie du Cap.) — *Voir* p. 43.

ALLEMAGNE. (Marseille.)

	20 mots.
a) Alsace-Lorraine *b*) Allemagne du Nord à l'Ouest du Weser et de la Werra, OW. Bade, Bavière, Hohenzollern, Wurtemberg	9f 50c
c) Allemagne du Nord à l'Est du Weser et de la Werra. EW	10 00

AMÉRIQUE. — *Voir* pages 42 et 43.

AUSTRALIE. (Malte-Suez.)

a) Port Darwin et Australie méridionale	226 00
b) Victoria	228 50
c) Nouvelle-Galles du Sud	232 50
d) Queensland et Tasmanie	238 50
AUTRICHE-HONGRIE. (Voie de France et de Suisse ou d'Italie, ou d'Allemagne.)	11 00
BELGIQUE. (Marseille.)	9 00
BÉLOUCHISTAN. (Malte, Italie, Turquie [Faô].)	84 00
CHINE. (Malte, Suez.)	143 00
COCHINCHINE. (Malte, Suez.)	135 50
DANEMARK. (Marseille, Calais, Fano ou Allemagne [Sleswig].)	11 50

ÉGYPTE. (Voie Malte, Suez.)

	10 mots.	20 mots.
a) Alexandrie	22f 50c	30 00
b) Autres bureaux	25 50	35 00

ESPAGNE. (France.)	10 50
GIBRALTAR. (France, Espagne, San Roque.)	11 50
GOLFE PERSIQUE. (Bône, Malte, Italie, Turquie [Faô].)	84 00

GRÈCE. (Marseille, Italie, Volo.)

1° Grèce continentale	15 00
2° Iles.	
a) Céphalonie, Ithaque, Sainte-Maure, Zante, Spezzia, Hydra	16 50
b) Syra	18 00
c) Tinos, Andros, Kythnos	17 00
d) Corfou (Marseille ou Malte, Italie, Otrante)	14 00

ILES BRITANNIQUES. (Voies directes de France.)

1° (Calais, Boulogne, Dieppe, le Havre, et câbles de Belgique en cas d'encombrement).

a) Londres	10 00
b) Angleterre (Londres excepté), Écosse, Irlande	12 00
c) Iles Orcades et Shetland (1re région)	19 50
d) Iles Shetland (2e région)	21 00
e) Iles Scilly	15 00
2° (Coutances).	
f) Iles de la Manche	10 00
3° (Allemagne).	
g) Ile Héligoland	13 50

(1) Voir pour la taxe sémaphorique en tête de la page suivante.

INDES ANGLAISES. (Malte, Suez.)

	20 mots.
1° Indoustan.	
a) Région à l'ouest de Chittagong (OC).	93f 00c
b) Région à l'est de Chittagong (EC) et île de Ceylan	98 00
2° Indo-Chine.	
a) Penang	110 50
b) Singapore	130 50

INDES NÉERLANDAISES. (Malte, Suez.)

a) Java, Batavia et Welterwreden	142 00
b) Java, région à l'ouest de Samarang (OS) et Sumatra	143 50
c) Java, à l'est de Samarang (ES)	146 00
ITALIE. (Bône, Marseille.)	9 00

JAPON (2). (Marseille, Calais, Fano, Libau, Wladivostok).

a) Nagasaki	154 00
b) Autres bureaux	165 00

JAVA. — *Voir Indes néerlandaises.*

LUXEMBOURG. (Marseille.)	8 50
MALTE. (Voie directe, Bône.)	5 00
MONTENEGRO. (France et Autriche.)	11 50
NORWÉGE. (Marseille, Calais, Hirtshals.)	13 50
PAYS-BAS. (Marseille.)	10 00
PERSE. (Marseille, France, Russie [Djoulfa].)	34 50
PORTUGAL. (France et Espagne.)	11 00
ROUMANIE. (France, Suisse ou Italie et Autriche.)	12 00

RUSSIE. (Calais, Fano, Libau ou France-Allemagne.)

a) Russie d'Europe	16 00
b) Russie du Caucase	19 00
c) Russie d'Asie (1re région)	24 00
d) Russie d'Asie (2e région)	32 00
e) Russie d'Asie (3e région)	48 00
SERBIE. (Marseille, Suisse ou Italie et Autriche.)	12 00
SUÈDE. (Marseille, Calais, Fano, Marstrand ou Elseneur) ou (France-Allemagne)	13 00
SUISSE. (France.)	9 00

SUMATRA. *Voir Indes Néerlandaises.*

TUNISIE. — *Voir* p. 33.

TURQUIE. (France, Suisse ou Italie et Autriche ou Italie (Vallona) (*lettre A du tableau de la page 39 et dans la nomenclature*).

1° Continent.	
a) (1re région)	15 00
b) (2e région)	19 00
c) (3e région)	23 00
2° Iles.	
a) Chio	19 00
b) Rhodes, Metelin, Samos	21 00
c) Chypre	22 00
d) Candie	25 00

(2) Japon. Voir pour les réponses payées la note page 16.

2° TAXES À PERCEVOIR PAR LES DIFFÉRENTES VOIES.

SÉMAPHORES. *La taxe sémaphorique entre le littoral des États désignés page 24 et les navires en mer est de 2 francs par vingt mots.*

ADEN. — *Voir* page 40.

AFRIQUE. (Iles du Cap-Vert et Colonie du Cap.) — *Voir* page 43.

ALLEMAGNE.

	ALLEMAGNE À L'OUEST DU WESER ET DE LA WERRA, Alsace-Lorraine, Bade, Bavière, Wurtemberg, Hohenzollern.	ALLEMAGNE À L'EST du Weser et de la Werra.
a) Voies directes (Marseille, Audun-le-Roman, Briey, Pagny, Nancy, Avricourt, Belfort)....	9f 50c	10f 00c
Voie de Belgique....	10 50	11 00
—— de Suisse....	10 50	11 00
b) Voie de Malte-Italie-Suisse....	13 50	14 00
—— de Malte-Italie-Autriche....	15 00	15 00
—— de Malte-Italie-France....	15 50	16 00

AMÉRIQUE. — *Voir* pages 42 et 43.

AUSTRALIE. — *Voir* page 41.

AUTRICHE-HONGRIE.

a) Voie de France et de Suisse, ou d'Italie, ou d'Allemagne....	11f 00c
—— de Belgique et d'Allemagne....	12 00
b) —— de Malte-Italie....	14 00

BELGIQUE.

a) Voies directes (Marseille, Mouscron, Tournai, Quiévrain, Jeumont, Tergnier, Givet, Sedan, Arlon)....	9f 00c
Voie de France et de Luxembourg....	9 50
—— de France et d'Allemagne....	12 00
—— de France, de Suisse et d'Allemagne....	13 00
b) —— de Malte, Italie, France....	15 00
—— de Malte, Italie, Allemagne....	16 00

BÉLOUCHISTAN. — *Voir* page 40.

CHINE. — *Voir* page 41.

DANEMARK. — *Voir États Scandinaves* (page 36).

ÉGYPTE. — *Voir* page 40.

ESPAGNE.

a) Voies directe (Marseille, Yrun, Canfranc, la Jonquière)....	10f 50c
—— (Marseille, Barcelone)....	14 50
Voies de Marseille et d'Angleterre. { Câbles de Falmouth, Vigo.... / Câble de Lizard à Bilbao.... / Câbles de Falmouth, Lisbonne, Vigo.... }	21 00
b) —— de Bône, Malte, Lisbonne....	20 50

ÉTATS SCANDINAVES.

Voies de Calais, Fano ou d'Allemagne.	DANEMARK — Voie directe.	DANEMARK — par la Suède, câbles d'Arcona et d'Elseneur.	DANEMARK — par la Suède et la Norwége, câbles d'Arcona et d'Hirtshals.	SUÈDE — par le Danemark, câble d'Helsingborg.	SUÈDE — Voie directe : câble de Trelleborg.	SUÈDE — par le Danemark et la Norwége, câble d'Arendal.	NORWÉGE — par le Danemark, câble d'Arendal.	NORWÉGE — par le Danemark et la Suède, câble d'Elseneur.	NORWÉGE — par la Suède, câble d'Arcona.
a) Marseille. — Calais	$11^{f} 50^{c}$	»	»	$13^{f} 00^{c}$	»	»	$13^{f} 50^{c}$	»	»
a) Marseille. — Le Sleswig	11 50	»	»	14 00	»	$16^{f} 00^{c}$	13 50	$14^{f} 00^{c}$	»
a) Marseille. — Arcona	»	$12^{f} 50^{c}$	$15^{f} 00^{c}$	»	$13^{f} 00^{c}$	»	»	»	$13^{f} 50^{c}$
b) Malte, Italie, France. — Calais	17 50	»	»	19 00	»	»	19 50	»	»
b) Malte, Italie, France. — Le Sleswig	17 50	»	»	20 00	»	22 00	19 50	20 00	»
b) Malte, Italie, France. — Arcona	»	18 50	21 00	»	19 00	»	»	»	19 50
Voies d'Angleterre.	Câble de Ring-Kjobing.	Câbles d'Ekersund et d'Hirtshals.	Câble d'Ekersund, Suède, câble d'Elseneur	Câbles de Ring-Kjobing et d'Helsingborg.	Câble d'Ekersund.	Câbles d'Ekersund, d'Hirtshals et d'Helsingborg.	Câble d'Ekersund.	Câbles de Ring-Kjobing et d'Arendal.	Câble de Ring-Kjobing et d'Helsingborg.
a) Marseille, les câbles de la Manche et ceux de la compagnie Great-Northern	$17^{f} 00^{c}$	$18^{f} 50^{c}$	$19^{f} 00^{c}$	$19^{f} 50^{c}$	$19^{f} 50^{c}$	$21^{f} 00^{c}$	$17^{f} 00^{c}$	$19^{f} 00^{c}$	$19^{f} 50^{c}$
b) Malte, Italie, France, câbles de la Manche, etc.	23 00	24 50	25 00	25 50	25 50	27 00	23 00	25 00	25 50
Voies de Russie.	Voie de Libau.	Suède, câble d'Elseneur.	Suède, Norwége, câble d'Hirtshals.	Voie de Tornéa.	Voie de Grislehamm		Suède et Norwége.	Câble de Libau et d'Arendal.	
a) Marseille, Allemagne, Russie	$18^{f} 50^{c}$	$18^{f} 50^{c}$	$20^{f} 50^{c}$	$18^{f} 00^{c}$	$18^{f} 00^{c}$	»	$19^{f} 00^{c}$	$20^{f} 50^{c}$	»
Marseille, Suisse ou Italie, Autriche et Russie.	19 00	19 00	21 00	18 50	18 50	»	19 50	21 00	»
b) Malte, Italie, Autriche	22 00	22 00	24 00	21 50	21 50	»	22 50	24 00	»
Malte, Italie, France, Allemagne	24 50	24 50	26 50	24 00	24 00	»	25 00	26 50	»

GIBRALTAR.

a) Voie de Marseille, Espagne (San Roque)	$11^{f} 50^{c}$
——— Barcelone, San Roque	15 50
——— Espagne, Portugal, câble de Lisbonne	15 00
——— Angleterre, câbles de Falmouth, Gibraltar	24 50
b) Voie de Malte, Gibraltar	17 50
——— Italie, France, Espagne	17 50
——— Italie, France, Espagne, Portugal, câble de Lisbonne	21 00

GRÈCE.

VOIES.	GRÈCE CONTINENTALE.	ILES. — ILES IONIENNES. Corfou.	Céphalonie, Ithaque, Sainte-Maure, Zante.	ARCHIPEL. Spezzia, Hydra.	Syra.	Andros, Kythnos, Tinos.
1° Voie de Volo.						
a) Voie de Marseille et de Suisse, Autriche, Turquie. ——— d'Italie, Autriche, Turquie.... ——— d'Italie, Turquie (Vallona)....	15f 00c	18f 00c	16f 50c	16f 50c	18f 00c	17f 00c
——— d'Allemagne, Turquie........	16 00	19 00	17 50	17 50	19 00	18 00
b) Voie de Malte, Italie, Vallona, Turquie........	15 00	18 00	16 50	16 50	18 00	17 00
2° Voies d'Otrante, Zante.						
a) Voie de Marseille, Italie........................ b) —— de Malte, Italie........................	15 00	14 00	16 50	16 50	18 00	17 00

ILES BRITANNIQUES.

VOIES.	LONDRES.	ANGLETERRE (Londres excepté), Écosse, Irlande.	ÎLES de la Manche.	ÎLES Orcades et îles Shetland. — 1re région.	ÎLES Shetland. — 2e région.	ÎLES Scilly ou Sorlingues.	ÎLE Héligoland.
a) Voie de Marseille, câbles de la Manche, et, en cas d'interruption ou d'encombrement, câbles de Belgique, Ostende ou de la Panne..	10f 00c	12f 00c	12f 00c	19f 50c	21f 00c	15f 00c	"
Voie de Marseille, câbles de Coutances, Jersey...............	"	"	10 00	"	"	"	"
——— d'Allemagne et câble d'Emden............	"	"	"	"	"	"	13f 50c
b) —— de Bône, Malte, Italie, France, câbles de la Manche.....	16 00	18 00	18 00	25 50	26 50	21 00	"
—— de Bône, Malte, Italie, France, câbles de Coutances, etc.	"	"	16 00	"	"	"	"
—— de Bône, Malte, Italie, France, Allemagne	"	"	"	"	"	"	19 50
—— de Malte, Gibraltar, Lisbonne, Falmouth..............	17 50	18 50	18 50	26 00	27 50	21 50	"

INDES ANGLAISES, INDES NÉERLANDAISES. — *Voir* page 41.

ITALIE.

a) Voie de Marseille. — Mont Cenis, Mont Genèvre, Col de Tende, Menton......	9f 00c
—— de Suisse..	10 00
—— d'Allemagne, Autriche..................................	13 00
b) —— de Malte..	9 00

JAPON. — *Voir* page 41 et aussi page 16.

JAVA. — *Voir* page 41.

LUXEMBOURG.

a) Voie de Marseille, Longwy..	8f 50c
——————— et de Belgique.....................................	9 50
b) Voie de Malte, Italie, France.....................................	14 50
——————— Italie, Allemagne..................................	15 50

MALTE.

Voie	Taxe
Voie directe. — Bône, Malte	5^f 00^c
——— — Marseille, Italie, Malte	14 00

MONACO. — *Voir* page 33.

MONTENEGRO.

Taxes de l'Autriche augmentées de 0^f 50^c par toutes les voies.

NORWÉGE. — *Voir États Scandinaves*, page 36.

PAYS-BAS.

Voie	Taxe
a) Voie de France et de Belgique	10^f 00^c
—— de France, de Luxembourg et de Belgique	10 50
—— de France et d'Allemagne	11 00
b) —— de Malte, Italie, Allemagne	16 00
—— de Malte, Italie, France, Allemagne	17 00

PERSE. — Voir page 40.

PORTUGAL (1).

Voie			Taxe
a) Voie de Marseille et d'Espagne			11^f 00^c
—— de Marseille-Barcelone			15 00
—— de Marseille et d'Angleterre	Câble de Falmouth Câbles de Falmouth-Vigo-Lisbonne		21 50
—— de Marseille et d'Angleterre	Câble de Falmouth, Vigo. Câble de Lizard à Bilbao.	Espagne.	22 00
b) —— de Malte, Italie, France, Espagne			17 00
—— de Malte, Italie, France, Angleterre.	Câble de Falmouth Câbles de Falmouth-Vigo, Lisbonne.		27 50
—— de Malte, Italie, France, Angleterre.	Câble de Falmouth-Vigo. Câble de Lizard à Bilbao.	Espagne.	28 00
—— de Malte, Gibraltar, Lisbonne			17 50

ROUMANIE et SERBIE.

Voie	Taxe
a) Voie de Marseille-Suisse ou Italie et Autriche	12^f 00^c
—— de Marseille-Allemagne et Autriche	13 00
—— de Marseille, Italie (Vallona), Turquie	15 00
b) —— de Malte, Italie et Autriche	15 00
—— de Malte, Italie, Turquie	15 00

RUSSIE.

VOIES.		RUSSIE D'EUROPE.	RUSSIE DU CAUCASE.	SIBÉRIE 1re RÉGION à l'ouest de Tomsk.	SIBÉRIE 2me RÉGION entre Tomsk et Werkne Oudinsk	SIBÉRIE 3me RÉGION à l'est de Werkne Oudinsk
a) Voie de Marseille	Calais-Fano-Libau Suisse ou Italie et Autriche Allemagne	16^f 00^c	19^f 00^c	24^f 00^c	32^f 00^c	48^f 00^c
——— Marseille	d'Angleterre et Compagnie du Nord. 1° Great Northern-Libau-Danemark 2° Great Northern Norwége	23 00	26 00	31 00	39 00	65^f 00^c
b) ——— Malte, Italie, Autriche		19 00	22 00	27 00	35 00	51^f 00^c

(1) Pour Saint-Vincent (îles du Cap-Vert), voir page 43.

SERBIE. — *Voir Roumanie et Serbie*, page 38.

SUÈDE. — *Voir États Scandinaves*, page 36.

SUISSE.

a) Voie de Marseille directe	9f 00c
—— de France et d'Italie	10 00
—— de France et d'Allemagne	12 00
b) Voie de Bône, Malte, Italie	12 00

SUMATRA. — *Voir* page 41.

TUNISIE. — *Voir* page 33.

TURQUIE.

Les bureaux de la Turquie continentale (Europe et Asie) ont été classés en trois régions différentes au point de vue des tarifs par rapport aux frontières d'Europe (Castellastua, Gradisca, Vallona) A, de la Russie du Caucase (Poti) B, de l'Égypte (El Arich) D; et en deux régions par rapport à la frontière de la Grèce (Syra-Tchesmé) C. La taxe d'une dépêche à destination d'un bureau quelconque se trouve dans le tableau ci-dessous à la rencontre de la ligne horizontale donnant la voie choisie et de la colonne verticale correspondant à la région dans laquelle ce bureau se trouve par rapport à cette voie. (Pour le classement des bureaux, voir la nomenclature, page 81.)

	VOIES.		TURQUIE CONTINENTALE (Europe et Asie).			ILES.			
			1	2	3	CHIO.	RHODES, Mételin, Samos.	CHYPRE.	CANDIE.
A	*a*) Voie de Marseille, Suisse, Autriche —— Italie, Autriche	Castellastua, Gradisca	15f	19f	23f	19f	21f	22f	25f
A	—— Italie (Vallona)								
A	*b*) Voie de Malte, Italie (Vallona)		15	19	23	19	21	22	25
B	*a*) Voie de Marseille, Allemagne, Russie (Poti) —— Suisse, Autriche, Russie (Poti) —— Italie, Autriche, Russie (Poti)		26	28	31	28	30	31	34
B	*b*) Voie Malte, Italie, Autriche		29	31	34	31	33	34	37
C	*a*) Voie de Marseille, Suisse, Autriche, Turquie, Grèce —— Italie, Autriche, Turquie, Grèce —— Italie (Vallona), Turquie, Grèce	Volo-Syra	»	»	»	21	»	»	»
C	—— Suisse, Autriche, Turquie, Grèce —— Italie, Autriche, Turquie, Grèce —— Italie (Vallona), Turquie, Grèce	Volo-Tchesmé	24	28	»	»	26	27	30
C	—— Italie (Otrante), Zante, Grèce	Zante-Syra	»	»	»	21	»	»	»
C		Zante-Tchesmé	24	28	»	»	26	27	30
C	*b*) Voie de Malte, Italie, Turquie, Grèce	Volo-Syra	»	»	»	21	»	»	»
C		Volo-Tchesmé	24	28	»	»	26	27	30
C	—— Italie (Otrante), Zante		24	28	»	21	26	27	30
D	*a*) Voie de Marseille, France, Italie, Égypte (El Arich)		52	56	60	52	54	55	58
D	*b*) Voie Malte, Égypte (El-Arich)		43	47	51	43	45	46	49

[Les chiffres soulignés sont ceux

DÉSIGNATION DES VOIES.	ÉGYPTE.				ADEN.		PERSE.	GOLFE PERSIQUE ET BÉLOUCHISTAN.
					fr. c.		fr. c.	fr. c.
1° VOIE DE TURQUIE.								
(a) Bône, Malte, Italie, Turquie [Faô]	.	.			144 00		51 00	84 00
(a) Bône, Marseille { Suisse-Autriche, Italie-Autriche, Italie (Vallona) } Turquie [Faô]	.				146 00 [Voie exceptionnelle par Faô, les Indes et Bombay.]		. [Taxe réduite à 43 f. 50 c. pour Bushire.]	86 00 .
(b) Bône, Malte, Italie; Bône, Marseille { Suisse-Autriche, Italie-Autriche, Italie-Vallona } Turquie [Hannequin] (1)	...				.		36 00	.
(c) EL-ARICH. [Point frontière de Turquie et d'Égypte.]								
Marseille { Suisse-Autriche, Italie-Autriche }; Marseille ou Malte: Italie [Vallona] } Turquie [El-Arich]	32f 00c				.		″	.
2° VOIE DE MALTE.	ALEXANDRIE. Dépêches de		AUTRES BUREAUX. Dépêches de					
[Deux voies conduisent à Malte : 1° les câbles de Marseille et de Bône ; 2° l'Italie et le câble de Modica. La taxe étant égale par les deux voies, il y a lieu de diriger de préférence les dépêches par Marseille.]	10 mots.	20 mots.	10 mots.	20 mots.				
(a) ALEXANDRIE [Atterrissement du câble de Malte en Égypte].								
Bône, Malte	22f 50c	30f 00c	25f 50c	35f 00c	.		.	.
Marseille, Italie, Malte	27 00	39 00	30 00	44 00	10 mots.	20 mots.		
(b) SUEZ [Point d'attache du câble de la mer Rouge].								
Bône. — Malte-Suez	.		.		47 50	68	.	.
Marseille, Italie, Malte, Suez	.		.		52 00	77 00	.	.
(c) EL-ARICH [Frontière turque pour rejoindre Faô].								
Marseille, Italie (Modica), Malte } El-Arich-Faô	.		.		.		.	.
3° VOIE DE RUSSIE.								
(a) DJOULFA [Frontière du Caucase et de la Perse].								
Bône, Marseille { Calais-Fano, Suisse-Autriche, Italie-Autriche, Allemagne } Russie (Djoulfa)	.		.		″		34 50	94 00
Bône, Malte: Italie-Autriche — Russie [Djoulfa]	.		.		″		37 50	97 00
(b) WLADIWOSTOK [Point d'attache des câbles de la Russie d'Asie].								
Bône, Marseille { Calais-Fano, Suisse-Autriche, Italie-Autriche, Allemagne }; Bône, Malte: Italie-Autriche } Russie [Wladiwostok]	.		.		.		.	.

Voie de Turquie. — (a) Faô. Cette ligne sort de la Turquie d'Asie à Faô (golfe Persique), touche à Bushire (Perse), longe le golfe Persique en desservant le Béloutchistan, le quitte à Kurrachee, traverse les Indes, en sort par Madras, gagne dans l'Indo-Chine Penang, puis Singapore, où elle se bifurque au nord vers la Cochinchine, la Chine et le Japon, au sud vers les Indes Néerlandaises et l'Australie.

(b) Hannequin. Cette ligne sort de la Turquie d'Asie à Hannequin, entre en Perse par Kirmanchah, traverse la Perse et se rattache à Bushire à la voie précédente.

(c) El-Arich. Cette ligne sort de la Turquie d'Asie près d'El-Arich (Égypte), traverse l'Égypte jusqu'à Suez, où elle se rattache à la voie suivante : Malte (b).

(1) Cette voie est provisoirement fermée à la correspondance internationale.

AVEC L'ORIENT.

de la voie la moins coûteuse.]

INDES ANGLAISES.				INDES NÉERLANDAISES.			COCHINCHINE.	CHINE.	JAPON (1).		AUSTRALIE.				NOUVELLE-ZÉLANDE.
INDOUSTAN.		INDO-CHINE.													
Kurrachee et bureaux à l'ouest de Chittagong. OC	Bureaux à l'est de Chittagong et Ceylan. LC	Penang.	Singapore.	Batavia et Weltelvreden.	Bureaux de Java à l'ouest de Samarang et Sumatra. OS	Bureaux de Java à l'est de Samarang. ES			NAGASAKI.	AUTRES BUREAUX.	Port Darwin et Australie méridionale.	Victoria.	Nouvelle-Galles du Sud.	Queensland et Tasmanie.	
fr. c.	fr. c.	fr. c.	fr. c.	fr. c.	fr. c.	fr. c.	fr. c.	fr. c.	fr. c.	fr. c.	fr. c.	fr. c.	fr. c.	fr. c.	fr. c.
94 00	99 00	113 50	133 50	147 00	148 50	151 00	140 50	148 00	200 00	211 00	231 00	233 50	237 50	243 50	"
96 00	101 00	115 50	135 50	149 00	150 50	153 00	142 50	150 00	202 00	213 00	233 00	235 50	239 50	245 50	"
"	"	"	"	"	"	"	"	"	"	"	"	"	"	"	"
"	"	"	"	"	"	"	"	"	"	"	"	"	"	"	"
"	"	"	"	"	"	"	"	"	"	"	"	"	"	"	"
93 00	98 00	110 50	130 50	142 00	143 50	146 00	135 50	143 00	195 00	206 00	226 00	228 50	232 50	238 50	"
102 00	107 80	119 50	139 50	151 00	152 50	155 00	144 50	152 00	204 00	215 00	235 00	237 50	241 50	247 50	"
"	"	"	"	"	"	"	"	"	"	"	"	"	"	"	"
104 00	109 00	121 50	141 50	153 00	154 50	157 00	146 50	154 00	206 00	217 00	237 00	239 50	243 50	249 50	"
107 00	112 00	124 50	144 50	156 00	157 50	160 00	149 50	157 00	209 00	220 00	240 00	242 50	246 50	252 50	"
"	"	236 50	216 50	244 00	245 50	248 00	206 00	154 00	154 00	165 00	340 50	343 00	347 00	353 00	"

VOIE DE MALTE. — (a) Alexandrie. C'est la ligne directe de l'Égypte qui se bifurque en Égypte (b) vers Suez, (c) vers El-Arich.

(b) Suez. Cette ligne traverse la mer Rouge, touche à Aden, et atteint les Indes à Bombay. Elle gagne à Madras, par le réseau indien, les lignes qui se prolongent vers Singapore et au delà.

(c) El Arich. Cette ligne rejoint celle de Faô par la Turquie d'Asie.

VOIE DE RUSSIE. — (a) Djoulfa. Cette ligne sort de Russie par le Caucase à Djoulfa et entre en Perse, qu'elle traverse pour rejoindre à Bushire la ligne de Faô à Kurrachee.

(b) Wladiwostok. Cette ligne traverse toute la Russie d'Asie, atteint la mer du Japon à Wladiwostok, et de là gagne le Japon, où elle se relie aux lignes venant du Sud.

(1) Voir pour les réponses payées la note page 16.

CORRESPONDANCE AVEC L'AMÉRIQUE.

(Voir pour les règles page 21.)

1° VOIE DE BREST.

Entre un bureau quelconque de l'Algérie et de la Tunisie et un bureau d'Amérique, on applique les taxes des tableaux ci-dessous augmentées de 6 francs par dépêche simple de vingt mots et de 3 francs par dizaine ou fraction de dizaine de mots calculés d'après la convention de Paris revisée.

Les taxes des télégrammes adressés à des localités américaines qui ne sont pas mentionnées à la nomenclature sont celles de l'État dans lequel ces stations sont situées.

DESTINATIONS.	TAXES entre LA FRANCE continentale et l'Amérique (part française comprise). Dépêches de 10 mots.	TAXE ADDITIONNELLE par mot supplémentaire (part française comprise).	DESTINATIONS.	TAXES entre LA FRANCE continentale et l'Amérique (part française comprise). Dépêches de 10 mots.	TAXE ADDITIONNELLE par mot supplémentaire (part française comprise).	DESTINATIONS.	TAXES entre LA FRANCE continentale et l'Amérique (part française comprise). Dépêches de 10 mots.	TAXE ADDITIONNELLE par mot supplémentaire (part française comprise).
	fr. c.	fr. c.		fr. c.	fr. c.		fr. c.	fr. c.
1° AMÉRIQUE DU NORD.								
Iles Saint-Pierre et Miquelon.								
SAINT-PIERRE et MIQUELON							27 50	2 75
Amérique anglaise.								
CAP-BRETON	37 50	3 75	NOUVELLE-ÉCOSSE	37 50	3 75	QUÉBEC (Bas Canada)	37 50	3 75
COLOMBIE ANGLAISE	56 25	5 65	ILE DU PRINCE-ÉDOUARD	37 50	3 75	TERRE-NEUVE	37 50	3 75
NOUVEAU-BRUNSWICK	37 50	3 75	ONTARIO (Haut Canada)	37 50	3 75	ILE DE VANCOUVER	56 25	5 65
États-Unis.								
ALABAMA	45 85	4 60	ILLINOIS	45 85	4 60	NEVADA (Territoire de)	47 90	4 80
ARIZONA	47 90	4 80	INDIAN (Territoire)	47 90	4 80	NEW-HAMPSHIRE	37 50	3 75
ARKANSAS	47 90	4 80	INDIANA (Territoire d')	45 85	4 60	NEW-JERSEY	39 60	3 95
CALIFORNIE	47 90	4 80	IOWA	47 90	4 80	NEW-MEXICO	47 90	4 80
CAROLINE DU NORD	45 85	4 60	KANSAS (Territoire de)	47 90	4 80	NEW-YORK : New-York	37 50	3 75
CAROLINE DU SUD	45 85	4 60	KENTUCKY	45 85	4 60	——— Autres bureaux.	39 60	3 95
COLORADO (Territoire de).	47 90	4 80	LOUISIANE	45 85	4 60	OHIO	45 85	4 60
COLUMBIE (District de)	39 60	3 95	MAINE	37 50	3 75	ORÉGON	47 90	4 80
CONNECTICUT	37 50	3 75	MANITOBA	47 90	4 80	PENSYLVANIE	39 60	3 95
DAKOTAH	47 90	4 80	MARYLAND	39 60	3 95	RHODE-ISLAND	37 50	3 75
DELAWARE	39 60	3 95	MASSACHUSETTS	37 50	3 75	TENNESSEE	45 85	4 60
FLORIDE Lake-City	45 85	4 60	MICHIGAN	45 85	4 60	TEXAS	47 90	4 80
——— Pensacola	47 90	4 80	MINNESOTA	47 90	4 80	UTAH (Territoire d')	47 90	4 80
——— Saint-Mark's	45 85	4 60	MISSISSIPI	45 85	4 60	VERMONT	37 50	3 75
——— Tallahassee	45 85	4 60	MISSOURI : Saint-Louis	45 85	4 60	VIRGINIE	45 85	4 60
——— Autres bureaux	56 25	5 65	——— Autres bureaux.	47 90	4 80	WASHINGTON (Territoire de)	47 90	4 80
GEORGIE	45 85	4 60	MONTANA (Territoire de)	47 90	4 80	WISCONSIN	45 85	4 60
IDAHO (Territoire d')	47 90	4 80	NEBRASKA (Territoire de).	47 90	4 80	WYOMING	47 90	4 80
2° AMÉRIQUE CENTRALE.								
Antilles.								
ANTIGOA	104 60	10 00	GRENADE	115 00	11 05	St-CHRISTOPHE (St-Kitts)	103 35	9 90
BARBADE	115 65	11 25	GUADELOUPE	106 60	10 20	SAINTE-LUCIE	111 05	10 65
CUBA : Santiago	70 00	6 60	JAMAÏQUE	77 50	7 30	SAINT-THOMAS	98 75	9 50
——— Autres bureaux	65 65	6 25	MARTINIQUE	109 70	10 55	SAINT-VINCENT	112 30	10 85
DOMINIQUE	108 45	10 45	PORTO-RICO	96 90	9 30	TRINITÉ	117 50	11 35
3° AMÉRIQUE DU SUD.								
Guyane anglaise								
BERBICE	127 85	12 40	DEMERARI	127 85	12 40			
Nouvelle-Grenade.								
COLON-ASPINWALL	103 60	9 90	PANAMA	108 75	10 25			

2° VOIE VALENTIA.

Pour les correspondances à destination d'Amérique dirigées par la voie Valentia, il convient d'ajouter aux taxes du tableau ci-dessus les taxes suivantes :

1° La taxe du parcours jusqu'à Londres, établie conformément à la convention de Paris revisée, soit 11 francs pour la dépêche simple de 20 mots et 5 fr. 50 cent. par dizaine ou fraction de dizaine de mots additionnels ;

2° Une taxe supplémentaire applicable au parcours du câble transatlantique, conformément aux règles de la correspondance américaine, soit 12 fr. 50 cent. pour la dépêche simple de dix mots et 1 fr. 25 cent. par mot additionnel pour toutes les destinations, les îles de Terre-Neuve et de Saint-Pierre et Miquelon exceptées.

A partir de Londres, par cette voie, la taxe des dépêches est : Pour Terre-Neuve, 37 fr. 50 cent. pour 10 mots; 3 fr. 75 cent. par mot supplémentaire. Pour Saint-Pierre et Miquelon, 50 francs pour 10 mots; 5 francs par mot supplémentaire

3° VOIES MIXTES.

1° BRÉSIL.

a) VOIES DE BREST ET DE VALENTIA.

Par Brest, taxe postale entre Saint-Thomas et Para comprise : taxes ci-dessous augmentées de 6 francs par 20 mots et 3 francs par dizaine de mots supplémentaires. (Voir, pour les règles, page 22.)

	10 mots.	Mot additionnel.		10 mots.	Mot additionnel.
Para	100f 00c	9 50	Bahia	139f 05c	13f 45c
Pernambouc	120 05	12 10	Rio-de-Janeiro	152 10	14 70

Par Valentia, mêmes taxes augmentées de la taxe jusqu'à Londres et de la part du câble comme ci-dessus : 2° Voie Valentia

b) VOIE DE LISBONNE.

Taxes de Lisbonne augmentées de la taxe postale (1f) et des taxes ci-dessous :

	20 mots.	Mot additionnel.		20 mots.	Mot additionnel.
Para	55f 00c	2f 75c	Bahia	55f 00c	2f 75c
Pernambouc	〃	〃	Rio-de-Janeiro	80 00	4 00

2e RÉGION ENTRE MONTEVIDEO ET VALPARAISO.

La taxe à percevoir est celle de Lisbonne augmentée des taxes ci-dessous, suivant la région du bureau destinataire. (Pour les règles de service, voir p. 22.) La dépêche simple est de dix mots; l'adresse est transmise gratuitement.

RÉGION DU BUREAU.	DÉPÊCHE simple de 10 mots.	CHAQUE DIZAINE de mots supplémentaire.	RÉGION DU BUREAU.	DÉPÊCHE simple de 10 mots.	CHAQUE DIZAINE de mots supplémentaire.	RÉGION DU BUREAU.	DÉPÊCHE simple de 10 mots.	CHAQUE DIZAINE de mots supplémentaires.
1re région	5f 50c	2f 75c	5e région	8f 25c	4f 15c	9e région	11f 00c	5f 50c
2e région	6 90	3 45	6e région	8 50	4 95	10e région	22 00	13 75
3e région	6 90	4 15	7e région	8 80	4 40			
4e région	7 70	3 85	8e région	9 90	4 95			

CORRESPONDANCE AVEC L'AFRIQUE. (VOIES MIXTES.)

1° Iles du Cap-Vert (Saint-Vincent). (Voie mixte de Lisbonne.)

Dépêche de 1 à 10 mots..... 53f 00c. Transport postal gratuit entre le Portugal et Madère.

Chaque dizaine de mots en sus. 26f 50c. (Pour les règles de service, voir page 23.)

2° Colonie du Cap. (Voie mixte de Plymouth.)

La taxe à percevoir est celle de Plymouth (12 francs pour vingt mots, 6 francs par série supplémentaire de 10 mots) augmentée des taxes portées au tableau ci-après, frais de poste compris. (Pour les règles de service, voir p. 23.)

DESTINATION.	DÉPÊCHE simple de 1 à 20 mots.	SÉRIE de 10 mots supplémentaires.	DESTINATION.	DÉPÊCHE simple de 1 à 20 mots.	SÉRIE de 10 mots supplémentaires.	DESTINATION.	DÉPÊCHE simple de 1 à 20 mots.	SÉRIE de 10 mots supplémentaires.
Avontuurt	8f 75c	2f 75c	East London	17f 50c	5f 75c	Middelberg	17f 00c	5f 50c
Bedford	16 00	4 70	Fort Beaufort	14 50	4 70	Mossel Bay	7 50	2 25
Caledon	5 00	1 [illegible]	George	8 25	[illegible] 60	Port Elizabeth	10 00	3 75
Cap (Le) (1)	〃	〃	Graham's Town	13 75	4 25	Riversdale	6 25	2 00
Colesberg	18 25	5 75	Humansdorp	10 00	3 25	Simon's Town	4 50	1 25
Cradock	16 25	5 25	King-William's-Town	15 75	5 00	Swellendam	5 75	1 75
Diamond fields Stations	18 75	6 00	Lovedale for Alice	14 50	4 70	Uitenhage	10 75	3 45

(1) Pas de taxe coloniale. On perçoit seulement la taxe de Plymouth et la taxe postale de 2 fr. 50 cent.

IV. TAXES DE TRANSPORT AU DELÀ DES LIGNES.

1° EXPRÈS ET ESTAFETTES.

Le service des exprès ou des estafettes n'est admis que dans les États indiqués ci-dessous.

DÉSIGNATION DES ÉTATS.	NATURE ET CONDITIONS DU SERVICE.
	FRANCE.
France et Algérie	Exprès, 50^{c} par kilomètre.
	ÉTRANGER.
Allemagne	Exprès ou estafette.
Autriche	Exprès ou estafette.
Belgique	Exprès : 1° jusqu'à 15 kilomètres : a) De jour, 1^{f} pour les 5 premiers kilomètres, 20^{c} par kilomètre au-dessus de 5; b) De nuit, 1^{f} 50^{c} pour les 5 premiers kilomètres, 70^{c} par kilomètre au-dessus; 2° Au-dessus de 15 kilomètres et à toute distance, en cas de difficultés exceptionnelles, taxes variables selon le cas.
Danemark	Exprès ou estafette.
Grande-Bretagne	Exprès ou estafette : exprès, dans un rayon de 5 milles (1 mille anglais valant 1^{k},600), 60^{c} par mille; estafette, 1^{f} 20 par mille.
	ÉTRANGER. (Suite.)
Italie	Exprès ou estafette.
Norwége	Estafette, 4^{f} 50^{c} pour 12 kilomètres.
Pays-Bas	Exprès et estafette : exprès, 1^{f} par 5 kilomètres; estafette, 4^{f} par 5 kilomètres. Augmentation dans le cas de difficultés exceptionnelles.
Portugal	Exprès ou estafette.
Roumanie	Exprès ou estafette.
Russie	Estafettte (pour les localités desservies par la poste). Pour la Chine, Tien-tsin et Pékin, à partir de Kiachta : estafette à un cheval, 392^{f}; estafette à deux chevaux, 598^{f}.
Serbie	Exprès.
Suède	Exprès, dans un rayon de 15 kilomètres; taxe maxima, 4^{f}. Estafette, dans un rayon de 15 à 50 kilomètres; taxe maxima, 25^{f}.
Suisse	Exprès; 25^{c} par kilomètre.

2° POSTE.

SERVICE INTÉRIEUR.

1° A l'intérieur et avec les colonies : sans chargement .... gratuit. — avec chargement .... 0^{f} 50^{c}.

Transport au delà des mers, voir le tableau page 45.

SERVICE INTERNATIONAL.

1° Sur le territoire des États soumis à la Convention (v. page 20.)

2° Pour le transport au delà des mers la taxe postale est fixée à 2 fr. 50 cent. sauf les exceptions indiquées au tableau ci-après.

A PARTIR DE		TAXE.
Australie		2^{f} 00^{c}
Cochinchine		2 00
Grande-Bretagne	Réseau métropolitain	1 25
	Réseau indien	2 00
Amérique, par les 2 voies		1 25
Chine et Japon		2 00
Égypte		2 00
Gibraltar	pour le Maroc	2 00
	pour les autres pays	2 00
Corfou	pour l'Europe	1 00
	hors d'Europe	2 50
Malte		2^{f} 00^{c}
Penang, Singapoor		2 00
Portugal		1 00
Batavia, Welterwreden		2 00
Australie (pour la Nouvelle-Zélande)		2 00
Dans tous les autres cas de transport au delà des mers		2 50
N. B. Un service spécial de poste existe entre la Russie d'Asie et la Chine	pour Ourga	0 40
	pour Tien-Tsin-Pékin	1 20

V. TAXES POSTALES SPÉCIALES

applicables aux dépêches de provenance française à expédier, par poste, par les bureaux français.

DESTINATIONS.	VOIES.	CONDITIONS de L'AFFRANCHISSEMENT.	LETTRE ORDINAIRE.	LETTRE CHARGÉE, affranchissement obligatoire.
I.				
Gabon, île des Pins, Loyalty, Mayotte, Nouvelle-Calédonie, Poulo-Condor, île de la Réunion, Saïgon, Sainte-Marie de Madagascar, Saint-Pierre et Miquelon, Chandernagor, Karikal, Mahé, Pondichéry, Yanaon, Cochinchine (établissements français)	Bâtiments de commerce français..	F.	0f 35c	S. C.
II.				
1° Tanger et Maroc	Oran	F.	0 80	1f 60c
2° Madère	Espagne	F.	0 40	0 90
3° Pays d'outre-mer	Bâtiments de commerce français..	O.	50	S. C.
III.				
1° Gorée, Sénégal	Bordeaux			
2° Guadeloupe, Guyane française, Martinique	Saint-Nazaire	F.	0 50	1 00
3° Mayotte, Poulo-Condor, île de la Réunion, Saïgon, Sainte-Marie de Madagascar, Cochinchine (établissements français)	Marseille par paquebots français.			
IV.				
Chandernagor, Karikal, Mahé, Pondichéry, Yanaon	Marseille par paquebots français. Paquebots anglais.	F. F.	0 60 1 20	1 20 2 00
V.				
1° Gorée, Gabon, Sénégal	Liverpool			
2° Guadeloupe, Guyane française, Martinique	Southampton			
3° Nouvelle-Calédonie, Loyalty, île des Pins	Marseille	F.	0 70	1 40
4° Mayotte, Poulo Condor, Cochinchine (établissements français)	Marseille, par paquebots anglais.			
VI.				
1° États-Unis de l'Amérique du Nord	Le Havre, Brest.. Liverpool, Queenstown	O. O.	0 50 1 20	S. C. 2 40
2° Annam, Australie méridionale et occidentale, Malacca, Malaisie, Mariannes, Nouvelle-Galles du Sud, Philippines, Siam, Tasmanie, Van-Diémen, Victoria.	Marseille	O.	1 00	»
3° Ascension	Southampton	O.	1 00	»
4° Cap de Bonne-Espérance, Port-Natal, Sainte-Hélène	Southampton	F.	1 00	2 00
5° Bathurst, Benin, Bonny, Brass, Cameroons, cap Palmas, Fernando-Po, Lagos, Liberia, Nunn, Old-Calebar	Liverpool	O.	00	»
6° Canaries	Bâtiments français ou voie Espagne. Angleterre	F. O.	0 40 1 00	0 50 »
7° Assinie, Dabou, Grand-Bassam	Angleterre	O.	1 00	»
8° Gabon	Liverpool	F.	0 70	1 40
9° Cuba, Haïti, Nouvelle-Grenade, Mexique, Porto-Rico, Vénézuéla, Saint-Thomas, république Dominicaine	Saint-Nazaire Southampton	O. O.	1 00 1 30	» »
10° Chine	Marseille Brindisi	F. O.	1 00 1 30	2 00 2 60
11° Confédération argentine, Paraguay, Uruguay, cap Vert	Bordeaux	O.	1 00	»
12° Sanghaï, Yokohama	Marseille Brindisi	F. F.	1 00 1 30	2 00 2 60
13° Japon (moins Yokohama)	Marseille	O.	1 00	»
14° Grenade, Sainte-Lucie, Saint-Vincent, Trinité (Ile)	Saint-Nazaire Angleterre	F. O.	1 00 1 30	2 00 »
15° Accra, Bahama, Bermudes, Cap Coast-Castle, Dominique, Guinée, Ile du Prince-Édouard, Nouveau-Brunswick, Nouvelle-Écosse, Sierra Leone, Terre Neuve	Liverpool	F.	1 00	2
16° Ile Maurice	Marseille, Suez	F.	1 00	2 00
17° Saint-Pierre et Miquelon	Angleterre	F.	0 80	1 60
18° Antigoa, Barbade, Cariacou, Iles Turques, Montserrat, Nevis, Saint-Christophe, Tabago, Tortola	Southampton	F.	1 00	2 00

DESTINATIONS.	VOIES.	CONDITIONS de L'AFFRANCHISSEMENT.	LETTRE ORDINAIRE.	LETTRE CHARGÉE, affranchissement obligatoire.
19° Nouvelle-Zélande	Angleterre	O.	1 30	2 60
20° Brésil	Bordeaux Southampton	F. F.	0 80 0 80	1 60 1 60
21° Canada	Angleterre	F.	1 00	2 00
22° Aden, Ceylan, Hong-Kong, Singapoor, Penang (par la voie de Brindisi seulement)	Marseille Brindisi	F. F.	1 00 1 30	2 00 2 60
23° Guyane Anglaise, Jamaïque	Saint-Nazaire Southampton	F. O.	1 00 1 30	2 00 »
24° Sandwich	Southampton	O.	1 30	»
VII.				
1° Bolivie, Chili, Équateur, Pérou	Saint-Nazaire, Panama ou voie de Southampton Bordeaux, par bâtiments de Liverpool	O. O.	1 30 1 00	» »
2° Amérique du Centre, Costa-Rica, Guatemala, Honduras (République) Mexique (Côte occidentale), San Salvador, Nicaragua	Voie de Panama ou voie anglaise	O.	1 30	»
3° Basses (Iles), Iles de la Société, Marquises, Taïti	Saint-Nazaire, Southampton	F.	1 00	2 00
4° Guyane Hollandaise	Saint-Nazaire	F.	1 20	2 40
5° Bornéo, Célèbes, Indes néerlandaises, Java, Sumatra	Marseille Brindisi	F. F.	1 20 1 60	2 40 3 20

RÉCAPITULATION.

Les chiffres placés en regard de chaque destination renvoient aux chiffres correspondants du tableau précédent.)

Accra, VI, 15.
Aden, VI, 22.
Amérique (Nord), VI, 1.
Amérique (Centre), VII, 2.
Annam, IV, 2.
Antigoa, VI, 18.
Ascension, VI, 3.
Assinie, VI, 7.
Australie, VI, 2.
Bahama, VI, 15.
Barbades, VI, 18.
Bathurst, VI, 5.
Benin, VI, 5.
Bermudes, VI, 15.
Bolivie, VII, 1.
Bonny, VI, 5.
Bornéo, VII, 5.
Brass, VI, 5.
Brésil, VI, 20.
Cameroons, VI, 5.
Canada, VI, 21.
Canaries, VI, 6.
Cap Coast-Castle, VI, 15.
Cap de Bonne-Espérance, VI, 4.
Cap Palmas, VI, 5.
Cap Vert, VI, 11
Cariacou, VI, 18.
Celèbes, VII, 5.
Ceylan, VI, 22.
Chandernagor, I. — IV.
Chili, VII, 1.
Chine, VI, 10.
Cochinchine, I.— III, 3.— V, 4.
Confédération Argentine, VI, 11.
Costa-Rica, VII, 2.
Cuba, VI, 9.
Dabou, VI, 7.
Dominique, VI, 15.
Équateur, VII, 1.
Fernando-Po, VI, 5.
Gabon, I. — V, 1, — VI, 8.
Gorée, III, 1. — V, 1.
Grand-Bassam, VI, 7.
Grenade, VI, 14.
Guadeloupe, III, 2. — V, 2.
Guatemala, VII, 2.
Guinée, VI, 15.
Guyane anglaise, VI, 23.
Guyane française, III, 2.—V, 2.
Guyane hollandaise, VII, 4.
Haiti, VI, 9.
Hong-Kong, VI, 22.
Honduras, VII, 2.
Iles Basses, VII, 3.
Iles des Pins, I. — V, 3.
Ile du Prince-Édouard, VI, 15.
Ile de la Réunion, I. — III, 3.
Iles de la Société, VII, 3.
Ile Maurice, VI, 16.
Iles Turques VI, 18.
Iles Néerlandaises, VII, 5.
Jamaique, VI, 23.
Japon, VI, 13.
Java, VII, 5.
Karikal, I. — IV, 2.
Lagos, VI, 5.
Libéria, VI, 5.
Loyalty, I. — V, 3.
Madère, II, 2.
Mahé, I. — IV, 2.
Malacca, VI, 2.
Malaisie, VI, 2.
Mariannes (Iles), VI, 2.
Maroc, II, 1.
Marquises (Iles), VII, 3.
Martinique, III, 2. — V, 2.
Mayotte, I. — III, 3. — V, 4.
Mexique, VI, 9.
Mexique (côte occident.), VII, 2.
Monserrat, VI, 18.
Nevis, VI, 18.
Nicaragua, VII, 2.
Nouveau-Brunswick, VI, 15.
Nouvelle-Calédonie, I. — V, 3.
Nouvelle-Écosse, VI, 15.
Nouvelle-Galle-du-Sud, VI, 2.
Nouvelle-Grenade, VI, 9.
Nouvelle-Zélande, VI, 19.
Nunn, VI, 5.
Olb Calebar, VI, 5.
Pays outremer, II, 3.
Paraguay, VI, 11.
Penang, VI, 22.
Pérou, VII, 1.
Philippines, VI, 2.
Pondichéry, I. — IV.
Port-Natal, VI, 4.
Porto-Rico, VI, 9.
Poulo Condor, I.—III, 3.—V, 4.
République dominicaine, VI, 9.
Saïgon, I. — III, 3.
Saint-Christophe, VI, 18.
Sainte-Hélène, VI, 4.
Sainte-Lucie, VI, 14.
Sainte-Marie de Madagascar, I. — III, 3.
Saint-Pierre-et-Miquelon, I.—VI, 17.
San Salvador, VII, 2.
Saint-Vincent, VI, 14.
Saint-Thomas, VI, 9.
Sandwich, VI, 24.
Sénégal, III, 1. — V, 1.
Shang-Haï, VI, 12.
Siam, VI, 2.
Sierra Leone, VI, 15.
Singapoor, VI, 22.
Sumatra, VII, 5.
Tabago, VI, 18.
Taiti, VII, 3.
Tanger, II, 1.
Tasmanie, VI, 2,
Terre-Neuve, VI, 15.
Tortola, VI, 18.
Trinité, VI, 14.
Uruguay, VI, 11.
Van Diemen, VI, 2.
Vénézuéla, VI, 9.
Victoria, VI, 2
Yanaon, I. — IV.
Yokohama, VI, 12.

IIIe PARTIE.

NOMENCLATURE.

FRANCE ET COLONIES. — ÉTRANGER.

OBSERVATION GÉNÉRALE.

Les bureaux qui ne sont suivis dans la nomenclature française ou étrangère d'aucun signe abréviatif ont un service de jour complet, de 8 heures du matin (en hiver) et 7 heures (en été) à 9 heures du soir.

Dans la nomenclature française (France et colonies), les caractères romains gras désignent les bureaux de l'État et les bureaux privés annexes; les caractères romains ordinaires désignent les bureaux de chemin de fer; les caractères italiques désignent des localités où il n'existe pas de bureau télégraphique et que l'on a inscrites dans la nomenclature avec l'indication du bureau qui les dessert.

Les bureaux de l'État inscrits dans la nomenclature (France) sans indice ou avec l'un des indices N, N/2, L, B, BL, L/BC sont autorisés à concourir au service des envois d'argent par mandat télégraphique. Il en est de même des autres bureaux marqués de l'indice [MT].

ABRÉVIATIONS.

N. Service permanent (de jour et de nuit).

N/2 Service de jour prolongé jusqu'à minuit.

L. Service limité (en France, de 9 heures du matin à 7 heures du soir, pendant la semaine; de 8 heures à 10 heures du matin et de 3 heures à 6 heures du soir, les dimanches et jours fériés).

MC. Service municipal complet.

M. Service municipal limité (de 9 heures du matin à midi et de 2 heures à 7 heures du soir, pendant la semaine; de 8 h. 1/2 à 9 h. 1/2 du matin et de 5 heures à 6 heures du soir, les dimanches et jours fériés).

B. Bureau ouvert pendant la saison des bains ou la saison d'été; service complet.

BL. Bureau ouvert pendant la saison des bains ou la saison d'été; service limité.

BM. Bureau ouvert pendant la saison des bains ou la saison d'été; service municipal limité.

L/BC. Service complet pendant la saison des bains ou la saison d'été, et limité le reste de l'année.

M/BL. Service limité pendant la saison des bains ou la saison d'été, et municipal limité le reste de l'année.

H. Bureau ouvert pendant l'hiver avec service complet.

C/HL. Service limité pendant l'hiver et complet le reste de l'année.

L/HC Service complet pendant l'hiver et limité le reste de l'année.

Sém. Sémaphore.

Sém./BL. Localité desservie en temps ordinaire par un sémaphore et par un bureau limité pendant la saison des bains.

[MT] Bureau autorisé à concourir au service des envois d'argent par mandat télégraphique.

E. Bureau (étranger) ouvert seulement pendant le séjour de la Cour.

C/EN. Bureau (étranger) ayant un service de nuit pendant le séjour de la Cour et complet le reste de l'année.

F. Station de chemin de fer ouverte à la télégraphie privée; service complet.

FL. Station de chemin de fer ouverte à la télégraphie privée; service limité.

P. Bureau appartenant à une compagnie privée; service complet.

PL. Bureau appartenant à une compagnie privée; service limité.

D. Gare qui admet au départ les dépêches de toute provenance et n'admet à l'arrivée que les dépêches adressées en gare.

V. Gare qui n'est ouverte que pour le service des voyageurs et des personnes résidant dans la gare.

Ec. Bureau établi aux écluses et aux barrages des canaux et rivières canalisées, admettant au départ toutes les dépêches et n'admettant à l'arrivée que les dépêches bureau restant.

* Bureau projeté ou provisoirement fermé.

S. Synonyme.

k. ou kil. Les expressions composées à l'aide de cet indice : 1 k., 2 kil., 10 kil., indiquent le nombre de fois qu'il y a lieu de percevoir l'unité de la taxe d'exprès, 0 fr. 50 cent. Les dépêches adressées à une gare avec la mention « poste » ne sont soumises à aucune taxe d'exprès.

OW. Bureau d'Allemagne à l'Ouest du Weser et de la Werra.

EW. Bureau d'Allemagne à l'Est du Weser et de la Werra.

OC. Bureau de l'Inde à l'Ouest de Chittagong.

EC. Bureau de l'Inde à l'Est de Chittagong.

OS. Bureau de l'île de Java à l'Ouest de Samarang.

ES. Bureau de l'île de Java à l'Est de Samarang.

FRANCE ET COLONIES.

I. FRANCE.

A

Abbeville. Somme.
Aberwrach (L'). Sém. Finistère.
Aberwrach (L'), par Sém. l'Aberwrach. 1 k. Finistère.
Ablis. 5 kil. Seine-et-Oise.
Ablon. Ec. Seine-et-Oise.
Ablon. 1 kil. Seine-et-Oise.
Achères. M. Seine-et-Oise.
Acheux. M. Somme.
Agay. V. Var.
Agay, par Sém. Cap Drammont. 3 k. Var.
Agde. Hérault.
Agen. Lot-et-Garonne.
Agon. Sém. Manche.
Agon, par Sém. Agon. 2 kil. Manche.
Agonac. 1 kil. Dordogne.
Ahun, par Lavaveix. 4 kil. Creuse.
Aignan. M. Gers.
Aigre. M. Charente.
Aigrefeuille. M. Loire-Inférieure.
Aigrefeuille. 4 kil. Charente-Inférieure.
Aiguebelle. 1 kil. Savoie.
Aigueperse. M. Puy-de-Dôme.
Aiguesmortes. L. Gard.
Aiguesvives. M. Gard.
Aiguille. M. Hautes-Alpes.
Aiguillon. M. Lot-et-Garonne.
Aiguillon-sur-Mer. M. Vendée.
***Aigurande**. M. Indre.
Aillant-sur-Tholon M. Yonne.
Aillevillers. 1 kil. Haute-Saône.
Ailly-sur-Noye. 1 kil. Somme.
Aimargues. 1 kil. Gard.
Ainay-le-Viel. 1 kil. Cher.
Airaines M. Somme.
Aire. L. Landes.
Aire. M. Pas-de-Calais.
Airel. V. Manche
Airvault. M. Deux-Sèvres.
Aiserey. M. Côte-d'Or.
Aix. Bouches-du-Rhône.
Aix-d'Angillon (Les). M. Cher.
Aix-en-Othe. MC. Aube.
Aix-les-Bains. L/BC. Savoie.
Aixe. M. Haute-Vienne.
Ajaccio. Corse.
Alais. Gard.
Alais (Forges d') ou Tamaris. 1 kil. Gard.
Alassac. M. Corrèze.
Albenc (L'). 1 kil. Isère.
Albens. 1 kil. Savoie.
Albert. 1 kil. Somme.
Albertville. L. Savoie.
Albi. Tarn.
Alençon. Orne.
Alfort (École d'). M. Seine.
Allevard. MC. Isère.
Allibaudières. 1 kil. Aube.
Almenèches. V. Orne.
Alvimare. V. Seine-Inférieure.
Amagne. 2 kil. Ardennes.
Amance. M. Haute-Saône.
Ambazac. 2 kil. Haute-Vienne.
Ambérieux. 2 kil. Ain.
Ambert. L. Puy-de-Dôme.
Ambès. M. Gironde.
Amboise. 1 kil. Indre-et-Loire.
Ambronay. 3 kil. Ain.
Amélie-les-Bains. Pyrénées-Orientales.
Amfreville, par Sém. Ouistreham. 6 kil. Calvados.
Amfreville-la-Campagne. M. Eure.
Amfreville-sur-Iton. M. Eure.
Amiens. Somme.
Amilly. M. Loiret.
Amphion (Bains d'). BM. Haute-Savoie.
Amplepuis M. Rhône.
Ancenis. Loire-Inférieure.
Ancerville. M. Meuse.
Ancy-le-Franc. M. Yonne.
Andabre. BM. Aveyron.
Andancette. 1 kil. Drôme.
Andelot. M. Haute-Marne.
Andelot-en-Montagne. 1 kil. Jura.
Andelys (Les). Eure.
Andrésy. M. Seine-et-Oise.
Andrésy (Écluse). Ec. Seine-et-Oise.
Andrezieux. 1 kil. Loire.
Anduze. Gard.
Anetz. 1 kil. Loire-Inférieure.
Angecourt. 1 kil. Ardennes.
Angers. Maine-et-Loire.
Angerville. 1 kil. Seine-et-Oise.
Anglès. M. Tarn.
Angoulême. Charente.
Aniane. L. Hérault.
Aniches. M. Nord.
Anizy-le-Château, p^r Anizy-Pinon. **2 k. Aisne.**
Anizy-Pinon. 2 kil. Aisne.
Annecy. Haute-Savoie.
Annemasse. L. Haute-Savoie.
Annœulin, par Don. 3 kil. Nord.
Annonay. Ardèche.
Anor. M. Nord.
Anse. M. Rhône.
Antibes. L. Alpes-Maritimes.
Antony. M. Seine.
Antrain. 1 kil. Ille-et-Vilaine.
Anzin (1). M. Nord.
Aouste. M. Drôme.
Apremont. M. Ardennes.
Apt. L. Vaucluse.
Arbecey. M. Haute-Saône.
Arbois. L. Jura.
Arbresle (L'). 1 kil. Rhône.
Arcachon. Gironde.
Arcay. 1 kil. Vienne.
Arc-en-Barrois. M. Haute-Marne.
Arches. M. Vosges.
Archiac. M. Charente-Inférieure.
Arcis-sur-Aube. Aube.
Arc-les-Gray. M. Haute-Saône.
Arcs (Les). M. Var.
Arc-Senans. 1 kil. Doubs.
Arcueil. M. Seine.
Ardentes. M. Indre.

(1) Ce bureau est fermé les dimanches et les jours fériés à partir de midi jusqu'au lendemain 9 heures du matin.

Ardres. M. Pas-de-Calais.
Arengosse. 2 kil. Landes.
Argelès. L. Hautes-Pyrénées.
Argences. M. Calvados.
Argent. M. Cher.
Argentan. Orne.
Argentat. M. Corrèze.
Argenteuil. L. Seine-et-Oise.
Argenton, par Sém. P^te de Landunvez. 3 kil. Finistère.
Argenton. M. Indre.
Argenton-Château. M. Deux-Sèvres.
Argœuves. M. Somme.
Argueil. M. Seine-Inférieure.
Arjuzanx. M. Landes.
Arles. Bouches-du-Rhône.
Arles-sur-Tech. M. [MT] Pyrénées-Orient.
Armeau. Ec. Yonne.
Armentières. Nord.
Arnage. 1 kil. Sarthe.
Arnay-le-Duc. M. Côte-d'Or.
Arpajon. 1 kil. Cantal.
Arpajon. 1 kil. Seine-et-Oise.
Arques. M. Seine-Inférieure.
Arras. Pas-de-Calais.
Arreau. M. Hautes-Pyrénées.
Ars-en-Ré. M. Charente-Inférieure.
Artenay. 1 kil. Loiret.
Arthemare. 2 kil. Ain.
Arthez. M. Basses-Pyrénées.
Arudy. M. Basses-Pyrénées.
Arvant. 1 kil. Haute-Loire.
Arvert. M. Charente-Inférieure.
Arveyres. 1 kil. Gironde.
Ascq. M. Nord.
Asnières. Seine.
Aspet. M. Haute-Garonne.
Assat. 1 kil. Basses-Pyrénées.
Assier. 1 kil. Lot.
Astaffort. M. Lot-et-Garonne.
Athies. M. Somme.
Athis-Mons. 1 kil. Seine-et-Oise.
Attichy. M. Oise.
Attigny. M. Ardennes.
Aubagne. 1 kil. Bouches-du-Rhône.
Aubazine. 6 kil. Corrèze.
Aubenas. Ardèche.
Aubenton. M. Aisne.
Auberchicourt, par Aniches. 1 kil. Nord.
Aubervilliers. M. [MT] Seine.
Aubeterre. M. Charente.
Aubiers. (Voir *Les Aubiers*.) Deux-Sèvres.
Aubigné. 1 kil. Sarthe.
Aubigny. M. Cher.
Aubigny. M. Pas-de-Calais.
Aubin. L. Aveyron.
Aubrais (Les). 1 kil. Loiret.
Aubusson. Creuse.
Auch. Gers.
Auchy-les-Hesdin. M. Pas-de-Calais.
Auderville, par Sém. Cap la Hague. 2 kil. Manche.
Audierne. L. Finistère.
Audincourt. 1 kil. Doubs.
Audinghen, par Sém. Cap Gris-Nez. 4 kil. Pas-de-Calais.
Audreselles, par Sém. Cap Gris-Nez. 5 kil. Pas-de-Calais.
Audrieu. V. Calvados.
Audruicq. M. Pas-de-Calais.
Audun-le Roman. 1 kil. Meurthe-et-Mos.
Auffay. M. Seine-Inférieure.
Augerville. v. Brosse (La). Loiret.
Aulnat. 1 kil. Puy-de-Dôme.
Aulnay. M. Charente-Inférieure.
Aulnoye { pour Aulnoye. 2 kil. Nord.
Aulnoye { pour Berlaimont. 3 kil. Nord.
Ault. M. Somme.
Aumale. M. Seine-Inférieure.
Aunay-sur-Odon. M. Calvados.
Auneau. 2 kil. Eure-et-Loir.
Auneuil. M. Oise.
Aups. M. Var.
Auray. M. Morbihan.
Aurec. 1 kil. Haute-Loire.
Aurillac. Cantal.
Auriol. 2 kil. Bouches-du-Rhône.
Auterive. 1 kil. Haute-Garonne.
Authon. M. Eure-et-Loir.
Autun. Saône-et-Loire.
Auvillers-les-Forges. 3 kil. Ardennes.
Auxerre. Yonne.
Auxon. M. Aube.
Auxonne. L. Côte-d'Or.
Auxy-le-Château. M. Pas-de-Calais.
Avallon. L. Yonne.
Avenay. 1 kil. Marne.
Avesnes. Nord.
Avesnes-le-Comte. M. Pas-de-Calais.
Avessac. V. Loire-Inférieure.
Avignon. Vaucluse.
Avize. M. Marne.
Avoise. V. Sarthe.
Avor. 1 kil. Cher.
Avor (Camp d'). Cher.
Avranches. Manche.
Avricourt (1). D. Meurthe-et-Moselle.
Ax. M. Ariége.
Ay. M. Marne.
Azille. M. Aude.

B

Baccarat. L. Meurthe-et-Moselle.
Bachellerie (La). 2 kil. Dordogne.
Bacqueville. M. Seine-Inférieure.
Badonviller. M. Meurthe-et-Moselle.
Bagnac. 1 kil. Lot.
Bagnères-de-Bigorre. L/BC. Hautes-Pyrénées.
Bagnères-de-Luchon. L/BC. H^te-Garon.
Bagnols. M. Gard.
Bagnols. M. Var.
Bagnols-les-Bains. M. Lozère.
Baignes-Ste-Radegonde. M. Charente.
Baillargues. 1 kil. Hérault.
Bailleul. M. Nord.
Bain-de-Bretagne. M. Ille-et-Vilaine.
Bain-Lohéac. V. Ille-et-Vilaine.
Bains. M. Vosges.
Balbigny. 1 kil. Loire.
Ballancourt. 1 kil. Seine-et-Oise.
Balleroy. M. Calvados.
Bandol. M. Var.
Bannalec. 1 kil. Finistère.
Banville, par Courseulles 4 kil. Calvados.
Banyuls-sur-Mer, par Sém. Cap Béarn. 6k. Pyrénées-Orientales.
Bapaume. M. [MT] Pas-de-Calais.
Barbentanne. M. Bouches-du-Rhône.
Barbery. M. Oise.
Barbey. Ec. Seine-et-Marne.
Barbezieux. L. Charente.

(1) La ville d'Avricourt est desservie par un bureau allemand aux conditions du tarif d'Alsace-Lorraine.

Barbotan. BM. Gers.
Barcelonnette. L. Basses-Alpes.
Baréges. BM. [MT] Hautes-Pyrénées.
Barentin. M. Seine-Inférieure.
Barfleur. Sém. Manche.
Barfleur, par Sém. Barfleur. 4 kil. Manche.
Bargemon. M. Var.
Barjac. M. Gard.
Barjols. M. Var.
Bar-le-Duc. Meuse.
Barneville, par Sém. Carteret. 5 kil. Manche.
Barp (Le). M. Gironde.
Barre (La). M. Eure.
Barrême. M. Basses-Alpes.
Barres (Les). 1 kil. Vienne.
Barret, par Breuil-Barret. 1 kil. Vendée.
Barsac. M. Gironde.
Bar-sur-Aube. Aube.
Bar-sur-Seine. Aube.
Bassée (La). M. Nord.
Basse-Indre. 2 kil. Loire-Inférieure.
Bastia. N/2. Corse.
Bastide-Clérence. M. Basses-Pyrénées.
Bastide (La). 1 kil. Lozère.
Bastide-Murat (La). M. Lot.
Bastide-Rouairoux (La). M. Tarn.
Bastide-de-Sérou (La). M. Ariége.
Baud. 5 kil. Morbihan.
Baugé. Maine-et-Loire.
Baume-les-Dames. L. Doubs.
Bautiran. 1 kil. Gironde.
Bavay. M. Nord.
Baye. M. Marne.
Bayeux. Calvados.
Bayonne. Basses-Pyrénées.
Bazancourt. 1 kil. Marne.
Bazas. L. Gironde
Bazeilles. 1 kil. Ardennes.
Baziéges. M. Haute-Garonne.
Beard. 1 kil. Nièvre.
Beaucaire. Gard.
Beaucourt. M. Belfort.
Beaufort. 1 kil. Jura.
Beaufort. M. Maine-et-Loire.
Beaugency. 1 kil. Loiret.
Beaulieu. M. Corrèze.
Beaumesnil. M. Eure.
Beaumont, par Sém. Pointe Jardeheu. 7 k. Manche.
Beaumont. 1 kil. Seine-et-Oise.
Beaumont-de-Lomagne. M. Tarn-et-Garonne.
Beaumont-le-Roger. M. Eure.
Beaumont-sur-Sarthe. M. Sarthe.
Beaune. Côte-d'Or.
Beaune-la-Rolande. M. Loiret.
Beaupouyet. 1 kil. Dordogne.
Beaupréau. M. Maine-et-Loire.
Beaurepaire. 1 kil. Isère.
Beauvais. Oise.
Beauvais-sur-Matha. M. Charente-Infér[e].
Beauval. M. Somme.
Beauvoir. M. Deux-Sèvres.
Beauvoir-sur-Mer. M. Vendée.
Beauvoisin. 1 kil. Gard.
Beauzac, par P[t]-de-Lignon. 4 k. H[te]-Loire.
Bec-de-Laigle. Sém. Bouches-du-Rhône.
Bec-du-Raz-de-Sein. Sém. Finistère.
Bédarieux. L. Hérault.
Bédarrides. M. Vaucluse.
Bedous. M. Basses-Pyrénées.
Begadan. M. Gironde.
Beg-Meil. Sém. Finistère.
Béhobie, par Hendaye. 3 kil. Basses-Pyrén.
Belabre. M. Indre.
***Belan-sur-Ource**. M. Côte-d'Or.
Belesta. M. Ariége.
Belfort. Belfort.
Belin. M. Gironde.
Bellac. L. Haute-Vienne.
Belleau. M. Aisne.
Bellegarde. Ain.
Bellegarde. M. Loiret.
Bellegarde (F[t] de), par Perthus. 2 k. Pyrénées-Orientales.
Belle-Isle. V. Côtes-du-Nord.
Bellême. M. Orne.
Bellenaves. M. Allier.
Bellencombre. M. Seine-Inférieure.
Belleville. M. Rhône.
Belleville. 1 kil. Vendée.
Bellevue. 1 kil. Loire.
Bellevue. V. Seine-et-Oise.
Bellevue, par Meudon. Seine-et-Oise.
Belley. Ain.
Bellicourt. M. Aisne.
Belvès. 1 kil. Dordogne.
Benet. 1 kil. Vendée.
Bengy. 1 kil. Cher.
Berck-sur-Mer. M. Pas-de-Calais.
Bercy (parc) (1). M. Seine.
Bergerac. L. Dordogne.
Bergues. L. Nord.
Berjou-Pont-d'Ouilly. V. Orne.
Berlaimont (v. Aulnoye). Nord.
Bernaville. M. Somme.
Bernay. Eure.
Bernières-sur-Mer, par Sém. Saint-Aubin. 1 kil. Calvados.
Berre. M. Bouches-du-Rhône.
Bersac. 1 kil. Haute-Vienne.
Bertincourt. M. Pas-de-Calais.
Besançon. Doubs.
Beslé. V. Loire-Inférieure.
Bessan. 1 kil. Hérault.
Besse. M. Puy-de-Dôme.
Bessé. M. Sarthe.
Bességes. M. Gard.
Bessines. 3 kil. Haute-Vienne.
Béthune. Pas-de-Calais.
Bettaincourt (v. Roches-Bettaincourt). Haute-Marne.
Betton. V. Ille-et-Vilaine.
Beurey. M. Aube.
Beuxes. 1 kil. Vienne.
Beuzeval, par Sém. P[te] de Beuzeval. 2 kil. Calvados.
Beuzeville. M. Eure.
Beuzeville. 2 kil. Seine-Inférieure.
Beychevelle. (Voir St-Julien-du-Médoc.). Gironde.
Beynac. 2 kil. Haute-Vienne.
Bezenet. 1 kil. Allier.
Beziers. Hérault.
Bezons. Ec. Seine-et-Oise.
Biarritz. Sém. BL. Basses-Pyrénées.
Bicêtre. M. Seine.
Bidache. M. Basses-Pyrénées.
Biganos, par Facture. 2 kil. Gironde.
Bigny. 1 kil. Cher.
Billancourt, par Boulogne. Seine.
Billom. M. Puy-de-Dôme.
Binic. L. Côtes-du-Nord.
Bize. M. Aude.
Blagny. M. Ardennes.
Blainville. 1 kil. Meurthe-et-Moselle.
Blainville-Crevon. M. Seine-Inférieure.

(1) Ce bureau est géré par la compagnie du Parc. Le parc de Bercy est également desservi gratuitement par le bureau de Charenton.

Blaizy-Bas. 1 kil. Côte-d'Or.
Blamont. M. Meurthe-et-Moselle.
Blanc (Le). L. Indre.
Blangy. M. Seine-Inférieure.
Blangy-du-Calvados. M. Calvados.
***Blanquefort.** M. Gironde.
Blanzac. M. Charente.
Blanzy. 1 kil. Saône-et-Loire.
Blaye. Gironde.
Bléneau. M. Yonne.
Bléré-Lacroix. { pr Bléré. 1 kil. Indre-et-Loire. / pr Lacroix. 1 kil. Indre-et-Loire.
Blesle. 2 kil. Haute-Loire.
Blesmes. 2 kil. Marne.
Blet. M. Cher.
Bletterans. M. Jura.
Bligny-sur-Ouche. M. Côte-d'Or.
Blois. Loir-et-Cher.
Bocognano. M. Corse.
Boen. M. Loire.
Bohain. M. Aisne.
Bohalle (La). 2 kil. Maine-et-Loire.
Bois-Colombes. V. Seine.
Bois-le-Roi, par Brolles. 2 k. Seine-et-Marne.
Boisseaux. 1 kil. Loiret.
Boisset. 1 kil. Cantal.
Boisset-Pacy. 1 kil. Eure.
Boissey-le-Châtel. M. Eure.
Boissezon. M. Tarn.
Boissy-l'Aillerie. V. Seine-et-Oise.
Boisville. 3 kil. Eure-et-Loir.
Bolbec. Seine-Inférieure.
Bollène. M. Vaucluse.
Bologne. 1 kil. Haute-Marne.
Bondy. 2 kil. Seine.
Bonifacio. Corse.
Bonnemain. V. Ille-et-Vilaine.
Bonnétable. 1 kil. Sarthe.
Bonneval. 1 kil. Eure-et-Loir.
Bonneville. Haute-Savoie.
Bonneville (La). 2 kil. Eure.
Bonnières. V. Seine-et-Oise.
Bonnieux. M. Vaucluse.
Bonny. M. Loiret.
Bonson. 1 kil. Loire.
Boran. M. Oise.
Bordeaux. N. Gironde.
Bordes (Les) (v. Sully). Loiret.
Bormes. M. Var.
Bort. M. Corrèze.
Bort, par St-Priest-Taurion. 2 k. Hte-Vienne.
Boscroger. M. Eure.
Bouc (v. Port-de-Bouc) Sém. Bouches-du-R.
Boucau (Le). 1 kil. Basses-Pyrénées.
Bouchain. 2 kil. Nord.
Bouchoux (Les). M. Jura.
Boucoiran, par Nozières. 3 kil. Gard.
Boucoiran (voir Ners). Gard.
Bougival. M. Seine-et-Oise.
Bougival. (Écluse.) Ec. Seine-et-Oise.
Bouilly. M. Aube.
Bouin. M. Vendée.
Boujeailles. 4 kil. Doubs.
Boulogne. Seine.
Boulogne-s.-Mer. N. Pas-de-Calais.
Bouloire. 2 kil. Sarthe.
Boulzicourt. 1 kil. Ardennes.
Bouray. 2 kil. Seine-et-Oise.
Bourbon-Lancy, par Gilly. 13 k. Saône-et-L.
Bourbon-l'Archambault. M/BMC. [MT] Allier.
Bourbonne. M. Haute-Marne.
Bourbourg. M. Nord.
Bourg. Ain.
Bourg (Le) (v. Port-Joinville). Vendée.
Bourg-Achard. M. Eure.
Bourganeuf. L. Creuse.
Bourg-Argental. M. Loire.
Bourg-des-Comptes. V. Ille-et-Vilaine.
Bourg-du-Péage. M. Drôme.
Bourges. Cher.
Bourget (Le). 1 kil. Seine.
Bourg-la-Reine. M. Seine.
Bourg-le-Roi. V. Sarthe.
Bourg-lès-Valence, par Valence. 1 kil. Drôme.
Bourg-Madame. M [MT] Pyrénées-Orient.
Bourgneuf. M. Loire-Inférieure.
Bourgneuf (Le). M. Saône-et-Loire.
Bourgoin. 1 kil. Isère.
Bourg-St-Andéol. M. Ardèche.
Bourg-sur-Gironde. M. Gironde.
Bourgtheroulde. M. Eure.
Bourgueil. M. Indre-et-Loire.
Bourlon. M. Pas-de-Calais.
Bournezeau. 2 kil. Vendée.
Bourré. 1 kil. Loir-et-Cher.
Bourth. M. Eure.
Boussac. L. Creuse.
Bouzy. M. Marne.
Boves. M. Somme.
Boyardville. MC. Charente-Inférieure.
Boynes. M. Loiret.
Braisne. 2 kil. Aisne.
Bram. 1 kil. Aude.
Branne. M. Gironde.
Brantôme. M. Dordogne.
Brasey-en-Plaine. M. Côte-d'Or.
Brassac. Tarn.
Brassac-les-Mines. 1. kil. Puy-de-Dôme.
Braux. 1 kil. Ardennes.
Bray-sur-Seine. M. Seine-et-Marne.
Bray-sur-Somme. M. Somme.
Brède (La). M. Gironde.
Bregançon, par Sém. Cap Bénat. 4 kil. Var.
Bréhal. M. Manche.
Bréhat (Ile). Sém. Côtes-du-Nord.
Bréhat, par S. Bréhat. 2 kil. Côtes-du-Nord.
Breil. M. Alpes-Maritimes.
Bresles. M. Oise.
Bresse (La). M. Vosges.
Bressuire. Deux-Sèvres.
Brest. N. Finistère.
Breteuil. M. Eure.
Breteuil. M. Oise.
Breteuil. 1 kil. Oise.
Brétigny. 1 kil. Seine-et-Oise.
Brétoncelles. 1 kil. Orne.
Bretteville-Norrey. V. Calvados.
Bretteville-sur-Laize. M. Calvados.
Breuches. M. Haute-Saône.
Breuil (*Le*), par Mézidon. 2 kil. Calvados.
Breuil (Le). V. Calvados.
Breuil (Le). 1 kil. Puy-de-Dôme.
Breuil-Barret. 1 kil. Vendée.
Breuillet. M. Charente-Inférieure.
Breuillet. 2 kil. Seine-et-Oise.
Bréval. 1 kil. Seine-et-Oise.
Brévilly. M. Ardennes.
Briançon. L. Hautes-Alpes.
Briare. M. Loiret.
Bricquebec. M. Manche.
Brides-les-Bains. BM. Savoie.
Brie-Comte-Robert. M. Seine-et-Marne.
Brienne-Napoléon. M. Aube.
Brienon. 1 kil. Yonne.
Briey. Meurthe-et-Moselle.
Brignais. M. Rhône.
Brignoles. Var.
Brignoud. 1 kil. Isère.

Brillon. M. Meuse.
Brinon-les-Allemands. M. Nièvre.
Brionne (La). 1 kil. Creuse.
Brionne M. Eure.
Brioude. L. Haute-Loire.
Brioux. M. Deux-Sèvres.
Briouze. M. Orne.
Brissac. M. Maine-et-Loire.
Brive ou **Brive-la-Gaillarde** Corrèze.
Brives-Charensac. M. Haute-Loire.
Brizambourg. M. Charente-Inférieure.
Brocas. M. Landes.
Broglie. M. Eure.
Brolles. M. Seine-et-Marne.
Broons. V. Côtes-du-Nord.
Brossac. M. Charente.
Brosse (La). Ec. Seine-et-Marne.
Brosse-Auger-ville (La). { p^r Augerville. 3 k. Loiret. / p^r la Brosse. 2 k. Loiret.
Brou. M. Eure-et-Loir.
Brousseval (1). Haute-Marne.
Brout-Vernet. M. Allier.
Broye. 2 kil. Saône-et-Loire.
Bruay. M. Pas-de-Calais.
Bruniquel. 3 kil. Tarn-et-Garonne.
Brunoy. 1 kil. Seine-et-Oise.
Bruyères. M. Vosges.
Bruz. V. Ille-et-Vilaine.
Buchy. M. Seine-Inférieure.
Bueil. 1 kil. Eure.
Bugue (Le). 2 kil. Dordogne.
Buisson (Le). 1 kil. Dordogne.
Bulgnéville. M. Vosges.
Burie. M. Charente-Inférieure.
Busigny. 2 kil. Nord.
Bussang. M. Vosges.
Busseau-d'Ahun. 1 kil. Creuse.
Bussière-Dunoise. M. Creuse.
Bussières, par Devecey, 5 kil. Haute-Saône.
Bussières-Galant. 3 kil. Haute-Vienne.
Bussy-Lettrée-Vatry { p^r Bussy-Lettrée 1 k. Marne. / pour Vatry. 2 kil. Marne.
Buzançais. M. Indre.
Buzet. M. Lot-et-Garonne.
Byans. 1 kil. Doubs.

C

Cabannes (Les). M. Ariége.
Cabourg. BL. Calvados.
Cabourg pendant l'hiver. { par Dives. 2 k. Calvados. / par Sém. Pointe de Beuzeval. 6 kil. Calvados.
Cadenet. M. Vaucluse.
Caderousse. M. Vaucluse.
Cadillac. M. Gironde.
Caen. N/2. Calvados.
Cahors. Lot.
Cahuzac. 3 kil. Tarn.
Calais. N. Pas-de-Calais.
Calais. Sém. Pas-de-Calais.
Callas. M. Var.
Callen. M. Landes.
Callian. M. Var.
Calvi. Corse.
Calvisson. M. Gard.
Camarès. M. Aveyron.
Camaret. Sém. Finistère.
Camaret, par S. Camaret. 1 k. Finistère.
Cambo. M. Basses-Pyrénées.
Cambrai. Nord.
Campagnan. 1 kil. Hérault.
Campagne-les-Hesdin. M. Pas-de-Calais.
Cancale. M. Ille-et-Vilaine.
Cancale, par Sém. P^te du Grouin. 6 kil. Ille-et-Vilaine.
Cancon. M. Lot-et-Garonne.
Candas (Le). M. Somme.
Candé. M. Maine-et-Loire.
Canet. M. Hérault.
Cannes. Alpes-Maritimes.
Cannes. Ec. Seine-et-Marne.
Cany. M. Seine-Inférieure.
Cap Bearn. Sém. Pyrénées-Orientales.
Cap Bénat. Sém. Var.
Capbreton (2). M. Landes.
Cap Breton. Sém. Landes.
Cap Breton, par Sém. Cap Breton. 3 kil. Landes.
Cap Camarat. Sém. Var.
Cap Cavallo. Sém. Corse.
Cap Corse. (Montegr.) Sém. Corse.
Cap Croisette. Sém. Bouches-du-Rhône.
Cap d'Agde. Sém. Hérault.
Cap d'Antifer. Sém. Seine-Inférieure.
Cap d'Arcachon. Sém. Gironde.
Capdenac. 1 kil. Aveyron.
Capdenac, par gare Capdenac. 4 kil. Lot.
Cap d'Erquy. Sém. Côtes-du-Nord.
Cap Drammont. Sém. Var.
Capelle (La). M. Aisne.
Capelle-Viescamp (La). 1 kil. Cantal.
Capendu. M. Aude.
Capestang. M. Hérault.
Cap Ferret. Sém. Alpes-Maritimes.
Cap Frehel. Sém. Côtes-du-Nord.
Cap Gris-Nez. Sém. Pas-de-Calais.
Cap la Chèvre. Sém. Finistère.
Cap la Garoupe. Sém. Alpes-Maritimes.
Cap la Hague. Sém. Manche.
Cap la Hève. Sém. Seine-Inférieure.
Cap Leucate. Sém. Aude.
Cap Lévi. Sém. Manche.
Cap Pertusato. Sém. Corse.
Cap S.-Martino. Sém. Alpes-Maritimes.
Cap Sagro. Sém. Corse.
Cap Sardinaux. Sém. Var.
Cap Sepet. Sém. Var.
Cap Sicié. Sém. Var.
* **Capvern**. M. [MT] Hautes-Pyrénées.
Caraman. M. Haute-Garonne.
Carcassonne. Aude.
Carcès. M. Var.
Carentan. Manche.
Carhaix. M. Finistère.
Carignan. M. Ardennes.
Carmaux. 1 kil. Tarn.
Carnières. M. Nord.
Carnoules. 1 kil. Var.
Carpentras. Vaucluse.
Carquefou. M. Loire-Inférieure.
Carteret. Sém. Manche.

(1) Établissement relié au bureau de Vassy pour la correspondance spéciale des propriétaires MM. Festugières frères.
(2) Pendant les heures de fermeture de ce bureau, la localité continue à être desservie par le Sémaphore.

Carteret, par Sem. Carteret. 2 kil. Manche.
Cartigny. M. Somme.
Carvin M. Pas-de-Calais.
Casabianda. M. Corse.
Cassel. M. Nord.
Casseneuil. M. Lot-et-Garonne.
Cassis. L. Bouches-du-Rhône.
Castelfranc. 2 kil. Lot.
Casteljaloux. M. Lot-et-Garonne.
Castellanne. L. Basses-Alpes.
Castelmoron. M. Lot-et-Garonne.
Castelnaudary. Aude.
Castelnau-de-Médoc. M. Gironde.
Castelnau-Magnoac. M. H[tes].-Pyrénées.
Castelsarrazin. L. Tarn-et-Garonne.
Castets-des-Landes. M. Landes.
Castets-en-Dorthe. M. Gironde.
Castille (*Château de la*), p. la Farlède. 2 k. Var.
Castillonnès. M. Lot-et-Garonne.
Castillon-sur-Dordogne. M. Gironde.
Castres. Tarn.
Cateau (Le). M. Nord.
Catelet (Le). M. Aisne.
Caudebec-en-Caux. M. Seine-Inférieure.
Caudebec-lès-Elbeuf. M. Seine-Infér.
Caudry. 2 kil. Nord.
Caulnes-Dinan. V. Côtes-du-Nord.
Caumont. M. Calvados.
Caunes. M. Aude.
Cauro. M. Corse.
Caussade. M. Tarn-et-Garonne.
Cauterets (1). M/BL ou BC [MT] Hautes-Pyrénées.
Caux. M. Hérault.
Cavaillon. Vaucluse.
Cavalerie (La). M. Aveyron.
Cave (La). Ec. Seine-et-Marne.
Cave (*La*), par Brolles. 2 k. Seine-et-Marne.
Cayeux. Sém. Somme.
Cayeux, par Sém. Cayeux. 2 kil. Somme.
Caylar (Le). M. Hérault.
Cazals (2). Tarn.
***Cazaubon**. M. Gers.
Cazères. M. Haute-Garonne.
Cazouls-lez-Béziers. M. Hérault.
Celle-Bruère (La). 1 kil. Cher.
Celles. M. Deux-Sèvres.
Celles-sur-Plaine. M. Vosges.
Celon. 1 kil. Indre.
Cendre (Le). 1 kil. Puy-de-Dôme.
Cenne-Monestiès. M. Aude.
Cercottes. 1 kil. Loiret.
Cercy. 2 kil. Nièvre.
Cérences. M. Manche.
Céret. Pyrénées-Orientales.
Cérilly. M. Allier.
Cerisiers. (v. Theil). Yonne.
Cerizay. M. Deux-Sèvres.
Cérons. 1 kil. Gironde.
Cervione. M. [MT]. Corse.
Cessieu. 1 kil. Isère.
Cesson. 1 kil. Seine-et-Marne.
Cette. N/2. Hérault.
Cette. Sém. Hérault.
Ceyzeriat. M. Ain.
Chabenet. 1 kil. Indre.
Chabeuil. M. Drôme.
Chablis. M. Yonne.
Chabons. 1 kil. Isère.
Chabris-Gièvres.(3) {pour Chabris. 3 k. Indre. / p. Gièvres. 1 k. Loir-et-Cher.
Chacenay. M. Aube.
Chagny. 1 kil. Saône-et-Loire.
Chaillé-les-Marais. M. Vendée.
Chaize-le-Vicomte (La). 1 kil. Vendée.
Chalabre. M. Aude.
Chalais. 1 kil. Charente.
Chalamont. M. Ain.
Chalindrey. 2 kil. Haute-Marne.
Challans. L. Vendée.
Chalonnes. 2 kil. Maine-et-Loire.
Chalon-sur-Saône. Saône-et-Loire.
Châlons-sur-Marne. Marne.
Châlons (Camp de) (4). M. Marne.
Chamarande. 1 kil. Seine-et-Oise.
Chamarande, par St-Germain-l'Espinasse. 2 kil. Loire.
Chambéry. Savoie.
Chambly. M. Oise.
Chambon. 3 kil. Charente-Inférieure.
Chambon. M. Loire.
Chamborigaud (5). 1 kil. Gard.
Chambre (La). 1 k. Savoie.
Chamelières. 1 kil. Haute-Loire.
Chamonix M/BC. [MT] Haute-Savoie.
Chamouilley. M. Haute-Marne.
Chamousset. 1 kil. Savoie.
Champagne. Ec. Seine-et-Marne.
Champagney. M. Haute-Saône.
Champagnole. M. Jura.
Champ-Condillac (La). 1 kil. Drôme.
Champdeniers. M. Deux-Sèvres.
Champeix. M. Puy-de-Dôme.
Champfleury. Ec. Yonne.
Champlitte. 1 kil. Haute-Saône.
Champtocé. 2 kil. Maine-et-Loire.
Champvans. 1 kil. Jura.
Chanceaux M. Indre-et-Loire.
Chanon. 1 kil. Creuse.
Chantelle. M. Allier.
Chantenay. 1 kil. Loire-Inférieure.
Chantilly. L. Oise.
Chantonnay. 1 kil. Vendée.
Chaource. M. Aube.
Chapelle-Anthenaise (La). V. Mayenne.
Chapelle d'Angillon (La). M. Cher.
Chapelle-de-Guinchay-Pontanevaux (La). M. Saône-et-Loire.
Chapelle-du-Lude (La). 1 kil. Sarthe.
Chapelle-Saint-Mesmin (La). 2 kil. Loiret.
Chapelle-Saint-Ursin (La). 3 kil. Cher.
Chapelle-sur-Loire (La). 1 k. Indre-et-L.
Chaponost. M. Rhône.
Charency-Vezin. M. Meurthe-et-Moselle.
Charenton (6). Seine.
Charenton (*Fort de*), par Alfort. Seine.
Charité (La). 1 kil. Nièvre.
Charleval. M. Eure.
Charleville. Ardennes.
Charlieu. M. Loire.
Charly. M. Aisne.
Charmant. 1 kil. Charente.
Charmes M. Drôme.
Charmes. MC. Vosges.

(1) Le service est limité en juin et septembre, complet en juillet et août.
(2) Ce bureau dessert Cazals (ville) qui est située dans le Tarn-et Garonne, à 2 kilomètres de la gare.
(3) La gare desservant Chabris et Gièvres est dans le département de Loir-et-Cher.
(4) Le service est complet pendant la durée du Camp.
(5) Les dépêches adressées aux mines des Portes et Sénéchas ne supportent pas de frais d'exprès.
(6) Les dépêches adressées à l'asile de Vincennes et à la maison d'aliénés de Charenton sont transmises par Charenton, moyennant les frais d'exprès réglementaires.

Charmont. 1 kil. Aube.
Charolles. L. Saône-et-Loire.
Charquemont. M. Doubs.
Charroux. M. Vienne.
Chars. V. Seine-et-Oise.
Chartres. Eure-et-Loir.
Chartre-sur-le-Loir (La). M. Sarthe.
Chartreux (Les), par Petit-Quevilly (Le). Seine-Inférieure.
Chassagne. M. Côte-d'Or.
Chasse. » kil. Isère.
Chasseneuil. 1 kil. Vienne.
Châteaubourg. V. Ille-et-Vilaine.
Châteaubriant. L. Loire-Inférieure.
Château-Chinon. L. Nièvre.
Château-d'Oléron (Le). L. Charente-Inf.
Château-du-Loir. 2 kil. Sarthe.
Châteaudun. Eure-et-Loir.
Château-Gaillard. 1 kil. Eure-et-Loir.
Château-Gontier. L. Mayenne.
Château-L'Évêque. 1 kil. Dordogne.
Châteaulin. L. Finistère.
Châteaumeillant. M. Cher.
Châteauneuf. M. Charente.
Châteauneuf. M. Eure-et-Loir.
Châteauneuf-du-Faou M. Finistère.
Châteauneuf-sur-Cher. 1 kil. Cher.
Châteauneuf-sur-Loire. 1 kil. Loiret.
Châteauneuf-sur-Sarthe. M. Maine-et-Loire.
Château-Ponsac. 1 kil. Haute-Vienne.
Château-Porcien. M. Ardennes.
Château-Renard. M. Bouches-du-Rhône.
Château-Renault. 2 kil. Indre-et-Loire.
Châteauroux. Indre.
Château-Thierry. Aisne.
Châteauvillain. M. Haute-Marne.
Châtelaudren. M. Côtes-du-Nord.
Châtel-Censoir. 1 kil. Yonne.
Chatelet. 1 kil. Ardennes.
Châtelet (Le). M. Cher.
Chateley. 1 kil. Jura.
Châtellerault. Vienne.
Châtel-Nomexy. 1 kil. Vosges.
Châtenay. 1 kil. Seine et Marne.
Châtenois. M. Vosges.
Châtillon. 1 kil. Ille-et-Vilaine.
Châtillon. M. Indre.
Châtillon. 1 kil. Savoie.

Châtillon-en-Bazois. M. Nièvre.
Châtillon-sur-Chalaronne. M. Ain.
Châtillon-sur-Loing M. Loiret.
Châtillon-sur-Marne. M. Marne.
Châtillon-sur-Seine. L. Côte-d'Or.
Châtillon-sur-Sèvre. M. Deux-Sèvres.
Chatou. Seine-et-Oise.
Châtre (La). L. Indre.
Chaudeau (La). M. Haute-Saône.
Chaulnes. M. Somme.
Chaulnes (Gare), par **Chaulnes** M. 2 kil. Somme.
Chaumes. M. Seine-et-Marne.
Chaumont. Haute-Marne.
Chaumont-en-Vexin. M. Oise.
Chaumont-Porcien. M. Ardennes.
Chauny. L. Aisne.
Chaussin. 1 kil. Jura.
Chauvency-le-Château. 1 kil. Meuse.
Chauvigny. M. Vienne.
Chavagnes { pour Chavagnes. 2 kil. Vendée. / pour Montsireigne. 3 kil. Vendée.
Chavanges. M. Aube.
Chavenon. 1 kil. Allier.
Chaville. V. Seine-et-Oise.
Chazelles-sur-Lyon. M. Loire.
Chazilly. Ec. Côte-d'Or.
Chécy-Mardié. { p. Chécy. 2 kil. Loiret. / p. Mardié. 2 kil. Loiret.
Chef-Boutonne. M. Deux-Sèvres.
Chef-du-Pont. V. Manche.
Cheilly. 1 kil. Saône-et-Loire.
Chemillé. 2 kil. Maine-et-Loire.
Chemilly. 1 kil. Yonne.
Chenonceaux. 1 kil. Indre-et-Loire.
Cherbourg. Manche.
Cherbourg (digue). Sem. Manche.
Chéroy. M. Yonne.
Chervey. M. Aube.
Chery. 1 kil. Cher.
Chesne (Le). M. Ardennes.
Chesnay (Le) (1). Eure.
Chevillon. 2 kil. Haute-Marne.
Chevilly. 1 kil. Loiret.
Chevreuse. M. Seine et Oise.
Chevrolière (La). M. Loire-Inférieure.
Cheylard. M. Ardèche.
Chigy-Sièges. { pour Chigy. 1 kil. Yonne. / pour Sièges. 5 kil. Yonne.

Chilleurs-Montigny. { p^r^ Chilleurs. 3 kil. Loiret. / p^r^ Montigny. 3 kil. Loiret.
Chinon. L. Indre-et-Loire.
Chocques. M. Pas-de-Calais.
Choisy-le-Roi. Seine.
Cholet. Maine-et-Loire.
Chomérac. M. Ardèche.
Chorges. M. Hautes-Alpes.
Chousy. 1 kil. Loir-et-Cher.
Cinq-Mars. 1 kil. Indre-et-Loire.
Cintrey. M. Haute-Saône.
Ciotat (La). L. Bouches-du-Rhône.
Ciré. 2 kil. Charente-Inférieure.
Cires-lès-Mello. 1 kil. Oise.
Cirey. 1 kil. Meurthe-et-Moselle.
Ciry-le-Noble. 1 kil. Saône-et-Loire.
Cissac. M. Gironde.
Citanguette (La). Ec. Seine-et-Marne.
Civrac. M. Gironde.
Civray. L. Vienne.
Clairac. M. Lot-et-Garonne.
Clairvaux. M. Aube.
Clairvaux. M. Jura.
Clamart. M. Seine.
Clamecy. Nièvre.
Clan. 1 kil. Vienne.
Clapier (Le). 1 kil. Loire.
Claye-Souilly. M. Seine-et-Marne.
Clécy. V. Calvados.
Clères. M. Seine-Inférieure.
Clermont. L. Hérault.
Clermont. 2 kil. Loire-Inférieure.
Clermont. Oise.
Clermont (Camp de), par Pont-du-Château. Puy-de-Dôme.
Clermont-en-Argonne. M. Meuse.
Clermont-Ferrand. Puy-de-Dôme.
Clerval. 1 kil. Doubs.
Clichy. M. Seine.
Clinchamps. V. Calvados.
Clion. M. Indre.
Clisson. M. Loire-Inférieure.
Clouzeaux (Les). 3 kil. Vendée.
Cloyes. 1 kil. Eure-et-Loir.
Cluses. M. Haute-Savoie.
Cognac. Charente.
Cogolin. M. Var.
Coligny. 2 kil. Ain.
Collet-de-Dèze (v. Ste-Cécile-d'And.). Loz.

(1) Château relié au bureau d'Écos pour la correspondance spéciale du propriétaire, M. de Pulligny.

Colleville-sur-Orne, par Sém. Ouistreham. 4 kil. Calvados.
Collioure. M. Pyrénées-Orientales.
Collonges. M. Ain.
Collonges. 1 kil. Côte-d'Or.
Cologne. M. Gers.
Colombes. L. Seine.
Colombes, embranchement. V. Seine.
Colombier-Fontaine. 1 kil. Doubs.
Combeaufontaine. M. Haute-Saône.
Combles. M. Somme.
Combourg. M. Ille-et-Vilaine.
Combrée. M. Maine-et-Loire.
Combrit, par Sém. Pointe de Combrit. 4 kil. Finistère.
Commensacq. M. Landes.
Commentry. 1 kil. Allier.
Commer. V. Mayenne.
Commercy. L. Meuse.
Commes, par Sém. Port-en-Bessin. 3 kil. Calvados.
Compiègne. Oise.
Concarneau. L. Finistère.
Conches. M. Eure.
Condat. 2 kil. Dordogne.
Condé. M. Nord.
Condé-en-Barrois. M. Meuse.
Condé-en-Brie. M. Aisne.
Condé-sur-Huine. 1 kil. Orne.
Condé-sur-Noireau. Calvados.
Condillac (v. La Champ). Drôme.
Condom. Gers.
Condrieu, par les Roches-de-Condrieu. 2 k. Rhône.
Conflans-Ste-Honorine. MC. Seine-et-Oise.
Conflans-sur-Lanterne. M. Haute-Saône.
Confolens. L. Charente.
Conlie. 1 kil. Sarthe.
***Conliége**. M. Jura.
Connerré. 2 kil. Sarthe.
Conquet (Le). Sém. Finistère.
Conquet (Le), par Sém. Le Conquet. 1 kil. Finistère.
Cons-la-Grandville. M. Meurthe-et-Mos.
Contes. M. Alpes-Maritimes.
***Contrexeville**. M. Vosges.
Coolus. 1 kil. Marne.
Coquille (La). 1 kil. Dordogne.
Corbeil. Seine-et-Oise.
Corbie. M. Somme.
Corbigny. M. Nièvre.
Corcieux. M. Vosges.
Cordemais. 3 kil. Loire-Inférieure.
Cordes. M. Tarn.
Corgoloin. D. Côte-d'Or.
Cormeilles. M. Eure.
Cornil. 2 kil. Corrèze.
Cornimont. M. Vosges.
Corps. M. Isère.
Corte. Corse.
Corvol-l'Orgueilleux. M. Nièvre.
Cosne. Nièvre.
Cosqueville, par S. Cap Lévi. 5 k. Manche.
Côte (La). M. Haute-Saône.
Coteau (Le). 1 kil. Loire.
Côte-Saint-André (La). M. Isère.
Coti-Chiavari. M. Corse.
Cotignac. M. Var.
Coucourde (La), par la Champ-Condillac 1 kil. Drôme.
Coucy-les-Eppes. 1 kil. Aisne.
Coudes. 1 kil. Puy-de-Dôme.
Coudray (Le). Ec. Seine-et-Oise.
Coudray-Montceaux, par Plessis-Chenet. 1 kil. Seine-et-Oise.
Coudrecieux. 1 kil. Sarthe.
Couëron. 2 kil. Loire-Inférieure.
Couhé-Vérac. 6 kil. Vienne.
Coulange-la-Vineuse. M. Yonne.
Coulanges-sur-Yonne. M. Yonne.
Coulibœuf. V. Calvados.
Coulombiers. 1 kil. Vienne.
Coulommiers. Seine-et-Marne.
Coulon. 4 kil. Deux-Sèvres.
Coulonges. 1 kil. Deux-Sèvres.
Coulonges-Thouarsais. 3 k. Deux-Sèvres.
Coupvray. M. Seine-et-Marne.
Couquèques (v. **St-Christoly**). Gironde.
Courbeton. Ec. Seine-et-Marne.
Courbevoie. Seine.
Courcelles-Paris. V. Seine.
Cour-Cheverny. M. Loir-et-Cher.
Courçon. M. Charente-Inférieure.
Courlay. 1 kil. Deux-Sèvres.
Courlon. Ec. Yonne.
Cournonterral. M. Hérault.
Couronne (La). 1 kil. Charente.
Courpières (v. Pont de-Dore). Puy de Dôme
Courrières. M. Pas-de-Calais.
Cours. M. Rhône.
Coursan. M. Aude.
Courseulles-sur-Mer. M. Calvados.
Courson. M. Yonne.
Courtemont (voir Varennes). Aisne.
Courtenay. M. Loiret.
Courtisols. M. Marne.
Courville. M. Eure-et-Loir.
Cousance. 1 kil. Jura.
Coussac-Bonneval. M. Haute-Vienne.
Coutances. Manche.
Coutras. 1 kil. Gironde.
Couville. V. Manche.
Couzances-aux-Forges. M. Meuse.
Coye. (Voir Orry-la-Ville.) Oise.
Cozes. M. Charente-Inférieure.
Cransac. 2 kil. Aveyron.
Cransac, par Le Guâ. 1 kil. Aveyron.
Craon. M. Mayenne.
Crau (La). M. Var.
Creach-ar-Maout. Sém. Côtes-du-Nord.
Crèche. (La). 1 kil Deux-Sèvres.
Crèches. M. Saône-et-Loire.
Crécy. M. Seine-et-Marne.
Crécy. M. Somme.
Crécy-sur-Serre. M. Aisne.
Creil. Oise.
Crépy-en-Laonnois. M. Aisne.
Crépy-en-Valois. 1 kil. Oise.
Cressat. 2 kil. Creuse.
Crest. Drôme.
Creully. M. Calvados.
Creux-St-Georges, par S. Cap Sepet. 3 kil. Var.
Creuzot (Le). MC. Saône-et-Loire.
Crevant. M. Indre.
Crèvecœur. M. Oise.
Criel. M. Seine-Inférieure.
Criquetot-Lesneval. M. Seine-Inférieure.
Croisic (Le) (1). L. Loire-Inférieure.
Croisière (La). 1 kil. Vaucluse.
Croix (2). M. Nord.
Croth. M. Eure.
Crotoy (Le). M. Somme.

(1) Ce bureau est complet du 16 juin au 15 octobre, sauf les dimanches où le service est limité.
(2) Ce bureau est fermé les dimanches et jours fériés.

Crouy-sur-Ourcq. M. Seine-et-Marne.
Crozon. M. Finistère.
Crozon, par Sém. Camaret. 9 k. Finistère.
Cuers. 2 kil. Var.
Cuiseaux. 2 kil. Saône-et-Loire.
Culoz. 2 kil. Ain.
Cusset. M. [MT] Allier.
Cuxac d'Aude. M. Aude.
Cuzorn. 2 kil. Lot-et-Garonne.

D

Dalles-Grandes, par Sassetot-le-Mauconduit. 3 kil. Seine-Inférieure.
Dalles-Petites, par Sassetot-le-Mauconduit. 2 kil. Seine-Inférieure.
Damery. M. Marne.
Dammarie les-Lys. M. Seine-et-Marne.
Dammartin. 4 kil. Seine-et-Marne.
Dampierre (v. Ouzouer). Loiret.
Dampierre (Château de) (1). Seine-et-Oise.
Dampierre-sur-Salon. M. Haute-Saône.
Damville. M. Eure.
Dangé. 1 kil. Vienne.
Dannemarie. 1 kil. Doubs.
Daoulas-Irvillac. 3 kil. Finistère.
Darcey. 4 kil. Côte-d'Or.
Darnetal. M. Seine-Inférieure.
Darney. M. Vosges.
Dax. Landes.
Deauville. M. Calvados.
Decazeville. L. Aveyron.
Decize. L. Nièvre.
Dégagnac. M. Lot.
Délivrande (La) (2). M. Calvados.
Delle. M. Belfort.
Denain. M. Nord.
Denouval. Ec. Seine-et-Oise.
Derval. M. Loire-Inférieure.
Devecey. 1 kil. Doubs.
Déville-lès-Rouen. M. Seine-Inférieure.
Die. L. Drôme.
Diélette, par Sém. Flamanville. 5 k. Manche.
Dienville. M. Aube.
Dieppe. N/2. Seine-Inférieure.
Dieppe. Sém. Seine-Inférieure.
Dieulefit. M. Drôme.
Dieulouard. 1 kil. Meurthe-et-Moselle.
Digne. Basses-Alpes.
Digoin. 1 kil. Saône-et-Loire.
Dijon. N/2. Côte-d'Or.
Dijon. (Écluse). Ec. Côte-d'Or.
Dijon-Porte-Neuve. V. Côte-d'Or.
Dinan. Côtes-du-Nord.
Dinard. M. Ille-et-Vilaine.
Diou. 1 kil. Allier.
Dirinon. 2 kil. Finistère.
Dissais. 1 kil. Vienne.
Dissais-sous-Courcillon. 1 kil. Sarthe.
Dives. M. Calvados.
Divonne. M. Ain.
Docelles. M. Vosges.
Dol. M. Ille-et-Vilaine.
Dôle. Jura.
Dolomieu. M. Isère.
Domart-en-Ponthieu M. Somme.
Dombasle. 1 kil. Meuse.
Domblans. 1 kil. Jura.
Domène. 2 kil. Isère.
Domérat. 2 kil. Allier.
Domfront. L. Orne.
Domfront. D. Sarthe.
Dommartin-le-Franc. M. Haute-Marne.
Domme. M. Dordogne.
Dompaire. M. Vosges.
Dompierre. 1 kil. Ille-et-Vilaine.
Dompierre. M. Somme.
Dompierre-Sept-Fons. 1 kil. Allier
Don. MC. Nord.
Donchery. 1 kil. Ardennes.
Donges. 1 kil. Loire-Inférieure.
Donjeux. 1 kil. Haute-Marne.
Donnazac. 1 kil. Tarn.
Donnemarie. M. Seine-et-Marne.
Donzenac. M. Corrèze.
Donzy. M. Nièvre.
Dorat. (Le). M. Haute-Vienne.
Dorignies. M. Nord.
Dormans. M. Marne.
Dornecy. M. Nièvre.
Douai. Nord.
Douarnenez. Finistère.
Doudeville. M. Seine-Inférieure.
Doué. M. Maine-et-Loire.
Doulaincourt. M. Haute-Marne.
Doulevant-le-Château. M. Haute-Marne.
Doullens. L. Somme.
Dourdan. 1 kil. Seine-et-Oise.
Dourgne. M. Tarn.
Douvaine. M. Haute-Savoie.
Douvres. (V. La Délivrande.) Calvados.
Douzy. 1 kil. Ardennes.
Dozulé M. Calvados.
Draguignan. Var.
Drefféac. 2 kil. Loire-Inférieure.
Dreux. Eure-et-Loir.
Droux. 3 kil. Haute-Vienne.
Duclair. M. Seine-Inférieure.
Dun. M. Meuse.
Dunières. M. Haute-Loire.
Dunkerque. N/2. Nord.
Dunkerque. Sém. Nord.
Dun-le-Roi. M. Cher.
Duras. M. Lot-et-Garonne.
Duravel. 1 kil. Lot.
Durtal. M. Maine-et-Loire.

E

Eaux-Bonnes. M/BC. [MT] Basses-Pyrén.
Eaux-Chaudes (Les). BM. Basses-Pyrén.
Eaux-Chaudes (pendant l'hiver), par Laruns. Basses-Pyrénées.
Eauze. M. Gers.
Ébreuil M. Allier.
Éclaron. 2 kil. Haute-Marne.
Écly. M. Ardennes.
Écoche. MC. Loire.
Écommoy. 1 kil. Sarthe.
Écos. M. Eure.
Écouché. M. Orne.
Écouen. M. Seine-et-Oise.
Écouis. M. Eure.
Écueillé. M. Indre.

(1) Ce bureau n'est ouvert que pour les dépêches en provenance ou à destination du château.
(2) Bureau ouvert du 1er octobre au 15 juillet; pendant la fermeture de Luc. La Délivrande dessert Douvres (Calvados) sans frais d'exprès.

Églizottes (Les). 1 kil. Gironde.
Egreville. M. Seine-et-Marne.
Éguilly. M. Aube.
Éguzon. 3 kil. Indre.
Elbeuf. Seine-Inférieure.
Elven. 5 kil. Morbihan.
Embrun. L. Hautes-Alpes.
Émerainville. 2 kil. Seine-et-Marne.
Encausse. M. Haute-Garonne.
* **Enghien.** L. Seine-et-Oise.
Enghien. 1 kil. Seine-et-Oise.
Englesqueville, par Sém. Pointe de la Percée. 3 kil. Calvados.
Entraigues. 1 kil. Vaucluse.
Entraygues. M. Aveyron.
Envermeu. M. Seine-Inférieure.
Épannes. 1 kil. Deux-Sèvres.
Épanvilliers. 1 kil. Vienne.
Épernay. Marne.
Épernon. 1 kil. Eure-et-Loir.
Epierre. 1 k. Savoie.
Épinac. M. Saône-et-Loire.
Épinal. Vosges.
Épinay-sur-Orge. 1 kil. Seine-et-Oise.
Épinay-sur-Seine. M. Seine.
Épineau. Ec. Yonne.
Épinouze. 2 kil. Drôme.
Épône. M. Seine-et-Oise.
Epreville. M. Seine-Inférieure.
Erbalunga. M. Corse.
Ercuis. M. Oise.
Ermont. M. Seine-et-Oise.
Ernée. M. Mayenne.
Erquy, par Sém. Cap d'Erquy. 2 kil. Côtes-du-Nord.
Ersa, par Sém. Cap Corse. 10 kil. Corse.
Ervy. M. Aube.
Escarène (L'). M. Alpes-Maritimes.
Escaudœuvres (1). Nord.
Escommes. Ec. Côte-d'Or.
Escrennes. 2 kil. Loiret.
Escurolles. M. Allier.
Espalion. L. Aveyron.
Esquibien, par Sém. Pointe de Lervily. 4 kil. Finistère.
Essoyes. M. Aube.
Estaing. M. Aveyron.
Estaires. M. Nord.
Estang. M. Gers.
Estissac. M. Aube.
Estréchoux. 1 kil. Hérault.
Étables. M. Côtes-du-Nord.
Étain. L. Meuse.
Étampes. Seine-et-Oise.
Étang. 1 kil. Saône-et-Loire.
Étaples. 1 kil. Pas-de-Calais.
Étaules. M. Charente-Inférieure.
Étauliers. M. Gironde.
Étel. M. Morbihan.
Étigny. Ec. Yonne.
Étival. 1 kil. Vosges.
Étréchy. 1 kil. Seine-et-Oise.
Étrépagny. M. Eure.
Étretat. L/BC. Seine-Inférieure.
Étretat. Sém. Seine-Inférieure.
Étreux. M. Aisne.
Étriché-Châteauneuf. V. Maine-et-Loire.
Étrœungt. M. Nord.
Eu. Seine-Inférieure.
Eugénie-les-Bains. M. Landes.
Eurville (2). Haute-Marne.
Eurville. 1 kil. Haute-Marne.
Évian. M/BC. Haute-Savoie.
Évrecy. M. Calvados.
Évreux. Eure.
Évron. 1 kil. Mayenne.
Évry. Ec. Seine-et-Oise.
Excideuil. M. Dordogne.
Eyguières. M. Bouches-du-Rhône.
Eymouthiers M. Haute-Vienne.
Eyzies (Les) 1 kil. Dordogne.
Ézy. M. Eure.

F

Fabrezan. M. Aude.
Facture. 1 kil. Gironde.
Falaise (3). Calvados.
Fains (4). Meuse.
Fanjeaux. M. Aude.
Faremoutiers. M. Seine-et-Marne.
Farlède-la-Crau. 1 kil. Var.
Faucogney. M. Haute-Saône.
Faucouzy. M. Aisne.
Fauville. M. Seine-Inférieure.
Faverges. M. Haute-Savoie.
Faverney. M. Haute-Saône.
Fayence. M. Var.
Fayl-Billot. M. Haute-Marne.
Faymoreau-Puy-de-Serre. { Pr Faymoreau. 4 k. Vend. / Pr Puy-de-Serre. 1 k. Vend. }
Fécamp. Seine-Inférieure.
Fécamp. Sém. Seine-Inférieure.
Feignies. 2 kil. Nord.
Feillens. M. Ain.
Felletin. M. Creuse.
Feneyrols. 1 kil. Tarn-et-Garonne.
Fère (La). 1 kil. Aisne.
Fère-Champenoise. M. Marne.
Fère-en-Tardenois. M. Aisne.
Fermanville, par S. Cap Lévi. 2 k. Manche.
Ferme de Vincennes. (Voir Vincennes.) Seine.
Fernex. M. [MT]. Ain.
Ferrière-la-Grande. M. Nord.
Ferrière (v. Ozouer). Seine-et-Marne.
Ferrières (Château de), par Ozouer. Seine-et-Marne.
Ferrières. M. Loiret.
Ferrières-Saint-Mary. 1 kil. Cantal.
Ferté-Alais (La). 1 kil. Seine-et-Oise.
Ferté-Bernard (La). M. Sarthe.
Ferté-Gaucher (La). M. Seine-et-Marne.
Ferté-Macé (La). Orne.
Ferté-Milon (La). M. Aisne.
Ferté-Saint-Aubin (La). 1 kil. Loiret.
Ferté-sous-Jouarre (La). M. Seine-et-Marne.
Feuguerolles-Saint-André. V. Calvados.
Feuquières. M. Oise.
Feurs. 1 kil. Loire.
Fidelaire (Le). V. Eure.
Figeac. L. Lot.
Firminy. 1 kil. Loire.
Fismes. M. Marne.
Fives. M. Nord.
Flamanville. Sém. Manche.

(1) Usine centrale reliée au bureau de Cambrai pour la correspondance spéciale des propriétaires, MM. Linard frères.
(2) Forges reliées au bureau de Saint-Dizier pour la correspondance spéciale de MM. Jamin, Bailly et Compagnie.
(3) Ce bureau dessert sans frais Guibray, un des faubourgs de Falaise.
(4) Verrerie reliée au bureau de Bar-le-Duc pour la correspondance spéciale des propriétaires, MM. Schmid et Dubous.

Flamanville, par Sém. Flamanville. 2 kil. Manche.
Flamboin-Gouaix. 2 kil. Seine-et-Marne.
Flaviac. M. Ardèche.
Flavigny. M. Côte-d'Or.
Flavigny-le-Petit (1). Aisne.
Flavy-le-Martel (2). Aisne.
Flayosc. M. Var.
Flèche (La). Sarthe.
Flers. Orne.
Fleurance. M. MT Gers.
Fleuré. 2 kil. Vienne.
Fleurie. M. Rhône.
Fleury-sur-Andelle. M. Eure.
Flixecourt. M. Somme.
Florac. L. Lozère.
Florensac. M. Hérault.
Flotte (La) **(Ile de Ré).** M. Charente-Inf.
Foëcy. 1 kil. Cher.
Foix. Ariége.
Folligny-la-Haie-Pesnel. V. Manche.
Foncine-le-Haut. M. Jura.
Fondettes-Saint-Cyr. { Pr Fondettes. 4 k. Indre-et-L. / Pr Saint-Cyr. 2 k. Indre-et-L.
Fons. 1 kil. Gard.
Fontainebleau. Seine-et-Marne.
Fontaine-Française M. Côte-d'Or.
Fontaine-le-Dun. M. Seine-Inférieure.
Fontaine-lès-Luxeuil. M. Haute-Saône.
Fontan. M. Alpes-Maritimes.
Fontenay-aux-Roses. M. Seine.
Fontenay-le-Comte. L. Vendée.
Fontenay-sous-Bois. M. Seine.
Fontenoy-le-Château. M. Vosges.
Fontevrault. M. Maine-et-Loire.
Fontvannes. 1 kil. Aube.
Forcalquier. L. Basses-Alpes.
Forges (Les). 2 kil. Maine-et-Loire.
Forges-les-Eaux. M. Seine-Inférieure.
Forgevieille. 1 kil. Creuse.
Formerie. M. Oise.
Fort de Querqueville. Sém. Manche.
Fort la Croix (Ile de Groix). Sém. Morbihan.
Fort la Hougue. Sém. Manche.
Fort Philippe (Grand), par Sém. Gravelines. 1 kil. Nord.
Fort Philippe (Petit), par Sém. Gravelines. Nord.
Fossat (Le). M. Ariége.
Foucarmont. M. Seine-Inférieure.
Foucherans. 1 kil. Jura.
Fouchères-Vaux. 1 kil. Aube.
Fouesnant, par Sém. Beg-Meil. 8 kil. Finistère.
Fougeray-Langon. V. Ille-et-Vilaine.
Fougères. Ille-et-Vilaine.
Fougerolles. M. Haute-Saône.
Fouillouse (La). 1 kil. Loire.
Fouras. M. Charente-Inférieure.
Fourchambault. 1 kil. Nièvre.
Fourmies. Nord.
Fournaux. 1 kil. Creuse.
Fournius (Les), par la Farlède. 2 kil. Var.
Fours. 1 kil. Nièvre.
Fraisans. M. Jura.
Fraize. M. Vosges.
Française (La). M. Tarn-et-Garonne.
Franois. 2 kil. Doubs.
Franqui (La), par Sém. Cap Leucate. 3 kil. Aude.
Frasne. 1 kil. Doubs.
Fréjus. L. Var.
Fresnais (La). V. Ille-et-Vilaine.
Fresnay-la-Mère. V. Calvados.
Fresnay-sur-Sarthe. M. Sarthe.
Fresnes-en-Woëvre. M. Meuse.
Fresnes-sur-Escaut. M. Nord.
Fresnoy-le-Grand. M. Aisne.
Freteval. 1 kil. Loir-et-Cher.
Frévent. M. Pas-de-Calais.
Frioul (Le).(v. I. Pomègues.) Bouches-du-R.
Friville-Escarbotin. M. Somme.
Fromenthal. 4 kil. Haute-Vienne.
Froncles. M. Haute-Marne.
Frontenay. 1 kil. Deux-Sèvres.
Frontignan. 1 kil. Hérault.
Frouard 2 kil. Meurthe-et-Moselle.
Fruges. M. Pas-de-Calais.
Fumay. 1 kil. Ardennes.
Fumel. 1 kil. Lot-et-Garonne.
Fures, par Tullins. 1 kil. Isère.

G

Gabriac. M. Aveyron.
Gacé. M. Orne.
Gagny. 1 kil. Seine-et-Oise.
Gaillac. Tarn.
Gaillefontaine. M. Seine-Inférieure.
Gaillon. M. Eure.
Gallargues. M. Gard.
Gamaches. M. Somme.
Ganges. L. Hérault.
Gannat. L. Allier.
Gap. Hautes-Alpes.
Garancières. M. Seine-et-Oise.
Gardanne. M. Bouches-du-Rhône.
Garde (La). M. Var.
Garde-Freinet. (La). M. Var.
Garein. M. Landes.
Gasny. M. Eure.
Gassin. M. Var.
Gatteville, p. Sém. Barfleur. 3 kil. Manche.
Gault-Saint-Denis. 2 kil. Eure-et-Loir.
Gauriac. M. Gironde.
Gâvres, par Sém. P^te de Gâvres. Morbihan.
Gélie (La). 2 kil. Dordogne.
Gemeaux. 1 kil. Côte-d'Or.
Gemozac. M. Charente-Inférieure.
Génelard. 1 kil. Saône-et-Loire.
Genest (Le). V. Mayenne.
Genillé. M. Indre-et-Loire.
Genlis. M. Côte-d'Or.
Genolhac. 1 kil. Gard.
***Gentilly.** M. Seine.
Gérard. 1 kil. Ille-et-Vilaine.
Gérardmer. M. Vosges.
Gerbeviller. M. Meurthe-et-Moselle.
Gergy. 1 kil. Saône-et-Loire.
Gestel. 1 kil. Morbihan.
Gevigney. M. Haute-Saône.
Gevingey. 1 kil. Jura.
Gevrey-Chambertin. M. Côte-d'Or.

(1) Usine reliée au bureau de Guise pour la correspondance spéciale des propriétaires, MM. Charlier, Painvin, Bas et Compagnie.
(2) Usines reliées au bureau de Saint-Simon pour la correspondance spéciale du propriétaire, M. Lefranc.

Gex. Ain.
Ghisoni. M. Corse.
Ghyvelde, par Sém. Zuydcoote. 3 kil. Nord.
Gien. L. Loiret.
Giens. Sém. Var.
Giens, par Sém. Giens. 3 kil. Var.
Gières. 1 kil. Isère.
Gièvres. (Voir Chabris.) Loir-et-Cher.
Gigean. M. Hérault.
Gignac. M. Hérault.
Gilly. 1 kil. Saône-et-Loire.
Gimont. M. Gers.
Ginestas. M. Aude.
Giraud. M. Bouches-du-Rhône.
Giromagny. M. Belfort.
Gironde. 1 kil. Gironde.
Gisors. MC. Eure.
Givet. 1 kil. Ardennes.
Givors. Rhône.
Glos-Montfort. V. Eure.
Goderville. M. Seine-Inférieure.
Golfe-Jouan. 1 kil. Alpes-Maritimes.
Goncelin. 1 kil. Isère.
Gondrecourt. M. Meuse.
Gondrin. M. Gers.
Gonesse. M. Seine-et-Oise.
Gonfaron. M. Var.
Gonneville-la-Mallet. M. Seine-Infér.
Gonneville-sur-Honfleur. M. Calvados.
Gontaud. M. Lot-et-Garonne.
Got (Le). 1 kil. Dordogne.
Gouaix (v. Flamboin). Seine-et-Marne.
Gouesnières. V. Ille-et-Vilaine.
Gourdon. Lot.
Gournay-en-Bray. MC. Seine-Inférieure.
Graçay. M. Cher.
Gragnague. 3 kil. Haute-Garonne.
Grainville. V. Seine-Inférieure.
Graissessac, par Estréchoux. 2 k. Hérault.
Gramat. M. Lot.
Grandcamp. M. Calvados.
Grandcouronne. M. Seine-Inférieure.
Grand'-Croix (La). 1 kil. Loire.
Grande-Chartreuse (La), par Saint-Laurent-du-Pont. 9 kil. Isère.
Grand-Lemps. 1 kil. Isère.
Grand-Montrouge. M. Seine.
Grandpré. M. Ardennes.
*Grandpuits. 1 kil. Seine-et-Marne.
Grands (Les), par la Farlède. 3 kil. Var.
Grandvilliers. M. Oise.
Granges. M. Vosges.
Grans. 2 kil. Bouches-du-Rhône.
Granville. Manche.
Grasse. Alpes-Maritimes.
Grau de la Nouvelle (Le), par la Nouvelle. 3 kil. Aude.
Graulhet. M. Tarn.
Grave (La), par Saint-Denis. 4 k. Gironde.
Grave-d'Ambarès (La). 1 kil. Gironde.
Gravelines (1). L. Nord.
Gravelines (1). Sém. Nord.
Graville-Sainte-Honorine, par le Havre. 2 kil. Seine-Inférieure.
Gravoine. 1 kil. Saône-et-Loire.
Gray. Haute-Saône.
Graye, par Courseulles-sur-Mer. 2 kil. Calvados.
Gréasque. M. Bouches-du-Rhône.
Grenade-sur-l'Adour. 1 kil. Landes.
Grenoble, Isère.
Gréoux. M. Basses-Alpes.
Gretz-Armainvilliers. 1 k. Seine-et-Marne
Grignan. M. Drôme.
Grignols. M. Gironde.
Grignon (École de). M. Seine-et-Oise.
Grimaud. M. Var.
Grisolles. 1 kil. Tarn-et-Garonne.
Grisy-Suisnes. M. Seine-et-Marne.
Grive (La). 1 kil. Isère.
Grosbois. Ec. Côte-d'Or.
Grosseto. M. Corse.
***Gros-Theil** (Le). M. Eure.
Grugies. M. Aisne.
Gruissan. M. Aude.
Guâ (Le). M. Aveyron.
Guâ (Le). M. Charente-Inférieure.
Guémené. M. Morbihan.
Guérande. M. Loire-Inférieure.
Guérard. 2 kil. Seine-et-Marne.
Guerche (La). 1 kil. Cher.
Guerche (La). M. Ille-et-Vilaine.
Guéret. Creuse.
Guérigny (2). M. Nièvre.
Guétin (Le), 2 kil. Cher.
Gueugnon. M. Saône-et-Loire.
Guibray. (Voir Falaise.) Calvados.
Guichen-Bourg-des-Comptes. V. Ille-et-Vilaine.
Guidel, par Sém. Pointe du Pouldu. 5 kil. Morbihan.
Guierche (La). V. Sarthe.
Guignicourt. 1 kil. Aisne.
Guillaucourt. M. Somme.
Guillestre. M. Hautes-Alpes.
Guillon. M. Yonne.
Guindal. Ec. Nord.
Guines. M. Pas-de-Calais.
Guingamp. Côtes-du-Nord.
Guiols (Les), par la Farlède. 2 kil. Var.
Guiscard. M. Oise.
Guise. Aisne.
Guisseny, par Sém. Pointe de Kérisoc. 6 kil. Finistère.
Gy. M. Haute-Saône.
Gyé-sur-Seine. M. Aube.

H

Hagetmau. M. Landes.
Haie-Fouassière (La). 2 kil. Loire-Infér.
Haironville. M. Meuse.
Halluin. M. Nord.
Ham. MC. Somme.
Hanvec. 3 kil. Finistère.
Haraucourt. 1 kil. Ardennes.
Harcourt (v. Thury-Harcourt). Calvados.
Harfleur. 1 kil. Seine-Inférieure.
Hasparren. M. Basses-Pyrénées.
Haubourdin. M. Nord.
Hauteville-Lompnes. M. Ain.

(1) Le petit fort et le grand fort Philippe sont desservis par le sémaphore de Gravelines, le premier gratuitement, le second moyennant 50 centimes d'exprès.
(2) Ouvert de 9 heures à midi et de 1 heure à 5 heures du soir.

Hautmont. (1). MC. Nord.
Havre (Le). N. Seine-Inférieure.
Havrincourt. M. Pas-de-Calais.
Haye-du-Puits (La). M. Manche.
Hazebrouck. Nord.
Heilles-Mouchy. 1 kil. Oise.
Hendaye. 1 kil. Basses-Pyrénées.
Hénin-Liétard. 1 kil. Pas-de-Calais.
Hennebont. M. Morbihan.
Henrichemont. M. Cher.
Herbergement (L'). 1 kil. Vendée.
Herbisse. 1 kil. Aube.
Héricourt. M. Haute-Saône.
Hérisson. M. Allier.
Hermanville, par Sém. Ouistreham. 6 kil. Calvados.
Hermé. 1 kil. Seine-et-Marne.
Hermitage (L'). V. Ille-et-Vilaine.
Hesdin. M. Pas-de-Calais
Heuchin. M. Pas-de-Calais.
Heyrieux. 4 kil. Isère.
Hids. 2 kil. Allier.
Hiersac. M. Charente.
Hirson. M. Aisne.
Homps. M. Aude.
Hondschoote. M. Nord.
Honfleur. Calvados.
Hortes. 1 kil. Haute-Marne.
Houdan. M. Seine-et-Oise.
Houeillès. M. Lot-et-Garonne.
Houlgate, par Sém. Pointe Beuzeval. 2 kil. Calvados.
Hucqueliers. M. Pas-de-Calais.
Huriel. 1 kil. Allier.
Hutte (La). V. Sarthe.
Hyères. Var.

I

Iffiniac. V. Côtes-du-Nord.
Ifs-Etretat (Les). V. Seine-Inférieure.
Ile Batz. Sém. Finistère.
Ile Bouchard (L'). M. Indre-et-Loire.
Ile Bréhat (v. Bréhat). Côtes-du-Nord.
Ile Chausey. Sém. Manche.
Ile Chausey, par S. I. Chausey. 1 k. Manche.
Ile d'Aix. Sém. Charente-Inférieure.
Ile d'Aix, par S. I. d'Aix. Charente-Infér.
Ile du Levant. Sém. Var.
Ile du Levant, par Sém. Ile du Levant. Var.
Ile d'Yeu. Sém. Vendée.
Ile d'Yeu (v. Port-Joinville). Vendée.
Ile Hoëdic. Sém. Morbihan.
***Ile Houat** Sém. Morbihan.
Ile Pelée. Sém. Manche.
Ile Penfret (2). Sém. Finistère.
Ile Pomègues (3). Sém. B.-du-Rhône.
Ile Porquerolles, Sém. Var.
Ile Rousse. L. Corse.
Ile Rousse. Sém. Corse.
Ile St-Marcouf. Sém. Manche.
Ile Ste-Marguerite. Sém. Alpes-Marit.
Ile Sanguinaire. Sém. Corse.
Illiers. M. Eure-et-Loire.
Imphy. 1 kil. Nièvre.
Ingrandes-sur-Loire. 1 kil. Maine-et-Loire.
Ingrandes-sur-Vienne. 1 kil. Vienne.
Isigny. L. Calvados.
Isle (L'). 1 kil. Vaucluse.
Isle-Adam (L'). 1 kil. Seine-et-Oise.
Isle d'Albi. 1 kil. Tarn.
Isle-Jourdain. M. Gers.
Isle-Jourdain-sur-Vienne (L'). M. Vienne.
Isle-sur-le-Doubs M. Doubs.
Isle-sur-le-Serein. M. Yonne.
Issoire. L. Puy-de-Dôme.
Issoudun. Indre.
Is-sur-Tille. M. Côte-d'Or.
Issy. M. Seine.
Istres. M. Bouches-du-Rhône.
Iteuil. 2 kil. Vienne.
Ivoy-le-Pré. M. Cher.
Ivry. M. Seine.
Ivry-la-Bataille. M. Eure.
Iwuy. 1 kil. Nord.
Izeaux. 2 kil. Isère.

J

Jallieu, par Bourgoin. 2 kil. Isère.
Jargeau. (v. Saint-Denis). Loiret.
Jarménil. M. Vosges.
Jarnac. Charente.
Jarry (La). 2 kil. Charente-Inférieure.
Jars. M. Cher.
Jaujac. M. Ardèche.
Jaulgonne, par Courtemont-Varennes. 2 kil. Aisne.
Javie (La). M. Basses-Alpes.
Jegun. M. Gers.
Jessains. 2 kil. Aube.
Jeumont. 2 kil. Nord.
Jobourg, par Sém. Nez-de-Jobourg. 3 kil. Manche.
Joigny. Yonne.
Joigny (Écluse). Ec. Yonne.
Joinville. Haute-Marne.
Joinville-le-Pont. M. Seine.
Jonchère (La). 2 kil. Haute-Vienne.
Jonchéry. 1 kil. Marne.
Jonville, par Sém. Fort la Hougue. 5 kil. Manche.
Jonzac. Charente-Inférieure.
Josselin. M. Morbihan.
Joux (La). D. Jura.
Jouy. 1 kil. Eure-et-Loir.
Jouy-sous-Thelle. M. Oise.
Joyeuse. M. Ardèche.
Juigné. V. Sarthe.
Jumellière (La). 1 kil. Maine-et-Loire.
Jumièges. M. Seine-Inférieure.
Jussey. Haute-Saône.
Juvigny-sous-Andaine. M. Orne.
Juvisy. 1 kil. Seine-et-Oise.
Juzennecourt. M. Haute-Marne.

(1) Le dimanche, ce bureau est fermé aux mêmes heures que les bureaux municipaux ordinaires.
(2) Le service du courrier entre le sémaphore et les îles voisines ne se fait que tous les huit ou dix jours; en aviser les expéditeurs.
(3) Ce poste dessert le Frioul (Santé) et le Frioul (Restaurant, rive nord du port), ainsi que l'île Ratonneau (Lazaret), moyennant des frais d'exprès de 2 francs pour le premier, 2 fr. 50 cent. pour le second et 3 francs pour le troisième.

K

Kerhuon. V. Finistère. | " | "

L

Labergement-Sainte-Marie. M. Doubs.
Labouheyre. 1 kil. Landes.
La Bouille. M. Seine-Inférieure.
Labrit. M. Landes.
Labruguière. M. Tarn.
Lacaune. M. Tarn.
La Châtaigneraie, par Breuil-Barret. 6 kil. Vendée.
Lacroix. (Voir Bléré.) Indre-et-Loire.
Lacroix-sur-Meuse. M. Meuse.
Ladignac. 2 kil. Lot-et-Garonne.
Lafarge (1). Drôme.
Lafarge. 1 kil. Haute-Vienne.
Lagny. M. Seine-et-Marne.
Lagrasse. M. Aude.
Laguépie. 1 kil. Tarn-et-Garonne.
Laguiole. M. Aveyron.
Laheycourt. M. Meuse.
Laigle. L. Orne.
Laigné. 2 kil. Sarthe.
Laignes. M. Côte-d'Or.
Laissey. 1 kil. Doubs.
Lamalou. M. Hérault.
Lamalou-le-Haut, par Lamalou. 1 k. Hérault.
Lamanon. 1 kil. Bouches-du-Rhône.
Lamarche. 1 kil. Côte-d'Or.
Lamarche. M. Vosges.
Lamarque. M. Gironde.
Lamastre. M. Ardèche.
Lamballe. M. Côtes-du-Nord.
Lambesc. M. Bouches-du-Rhône.
Lamorlaye. (v. Orry-la-Ville). Oise.
Lamothe. 1 kil. Gironde.
Lamothe-Ste-Héraye. M. Deux-Sèvres.
Lampaul-Plouarzel, par Sém. Pointe de Corsen. 6 kil. Finistère.
Lancey. 1 kil. Isère.
Landéda, par Sém. l'Aberwrach. 3 kil. Finistère.
Landerneau. Finistère.
Landévant. 1 kil. Morbihan.
Landivisiau. M. Finistère.
Landouzy-la-Ville (2). M. Aisne.
Landrecies. 1 kil. Nord.
Landreville. M. Aube.
Landunvez, par Sém. Pointe de Landunvez. 3 kil. Finistère.
Langeac. 1 kil. Haute-Loire.
Langeais. 1 kil. Indre-et-Loire.
Langogne. 1 kil. Lozère.
Langoiran. M. Gironde.
Langon. M. Gironde.
Langres. Haute-Marne.
Langrune { par la Délivrande. 3. k. Calvados. / par Luc-sur-Mer. 2 k. Calvados. }
Lannemezan. M. Hautes-Pyrénées.
Lannilis, par Sém. l'Aberwrach. 6. kil. Finistère.
Lannion. Côtes-du-Nord.
Lannoy. M. Nord.
Lanouaille. M. Dordogne.
Lansargues. M. Hérault.
Lanslebourg. L. Savoie.
Lanta. M. Haute-Garonne.
Lanvollon. M. Côtes-du-Nord.
Laon. Aisne.
Lapeyrouse. 3 kil. Puy-de-Dôme.
Lapugnoy. M. Pas-de-Calais.
Laragne. M. Hautes-Alpes.
Larche. M. Basses-Alpes.
Larche. 2 kil. Corrèze.
Lardy. 1 kil. Seine-et-Oise.
Largentière. Ardèche.
Laroche { pour Laroche. 3 kil. Yonne. / pour le hameau du Canal 1 kil. Yonne. }
Laroque. 2 kil. Lot-et-Garonne.
Laroque-d'Olmes. M. Ariége.
Laruns. M. Basses-Pyrénées.
Lasalle. M. Gard.
Lathus. 1 kil. Vienne.
Launois. 1 kil. Ardennes.
Laurens. M. Hérault.
Laures (Les), par la Farlède. 4 kil. Var.
Lauris. 1 kil. Vaucluse.
Lautrec. M. Tarn.
Lauzet (Le). M. Basses-Alpes.
Lauzun. M. Lot-et-Garonne.
Laval. Mayenne.
Lavaldieu p^r Monthermé. 1 k. Ardennes.
Lavandoux, p^r Sém. Cap Bénat. 6 kil. Var.
Lavardac-Pont-de-Bordes. M. Lot-et-Garonne.
Lavaudfranche. 1 kil. Creuse.
Lavaur. L. Tarn.
Lavaveix-les-Mines. 1 k. Creuse.
Lavelanet. L. Ariége.
Lavessière (v. Lioran). Cantal.
Layrac. M. Lot-et-Garonne.
Lazaret (Le), par Sém. Ile Pomègues 3 kil. Bouches-du-Rhône.
Lectoure. L. Gers.
Légé. M. Loire-Inférieure.
Lembeye. M. Basses-Pyrénées.
Lempdes. 1 kil. Haute-Loire.
Lencloître. M. Vienne.
Lens. M. Pas-de-Calais.
Lens (Mines de) (3). Pas-de-Calais.
Léognan. M. Gironde.
Léran. M. Ariége.
Lérouville. 1 kil. Meuse.
Les Aubiers, par Nueil-les-Aubiers. 2 kil. Deux-Sèvres.
Lescar. M. Basses-Pyrénées.
Lesconnil. Sém. Finistère.
Lesneven. M. Finistère.
Lesparre. Gironde.
Lespéron. M. Landes.
Leucate, par Sém. Cap Leucate. 4 k. Aude.
Leudon-Maison-Rouge { pour Leudon. 1 kil. Seine-et-Marne. / pour Maison-Rouge. 3 kil. Seine-et-Marne. }
Leuvrigny, par Port-à-Binson. 3 kil. Marne.
Levade (La). M. Gard.

(1) Usine reliée au bureau de Montélimart pour la correspondance spéciale du propriétaire, M. Pavin de Lafarge.
(2) Ce bureau est fermé les dimanches et jours fériés à partir de midi.
(3) Établissement relié au bureau de Lille pour la correspondance spéciale des usines.

Levallois. Seine.
Levallois-Perret. Ec. Seine.
Levie. M. Corse.
Levier. M. Doubs.
Levignacq. M. Landes.
Levroux. M. Indre.
Lexos. 2 kil. Tarn-et-Garonne.
Lezat. M. Ariége.
Lezay. M. Deux-Sèvres.
Lézignan. Aude.
Lezoux. 1 kil. Puy-de-Dôme.
Lhommaizé. 2 kil. Vienne.
Liancourt. M. Oise.
Liancourt-Saint-Pierre. V. Oise.
Libos. 1 kil. Lot-et-Garonne.
Libourne. Gironde.
Licourt. M. Somme.
Lieurey. M. Eure.
Lieusaint. 2 kil. Seine-et-Marne.
Lignan. M. Hérault.
Lignières. M. Cher.
Ligny. M. Meuse.
Ligueil. M. Indre-et-Loire.
Ligugé. 1 kil. Vienne.
Lille. N/2. Nord.
Lillebonne. M. Seine-Inférieure.
Lillers. M. Pas-de-Calais.
Limeray. 2 kil. Indre-et-Loire.
Limoges. Haute-Vienne.
Limoux. Aude.
Linselles. M. Nord.
Linxe. M. Landes.
Lion-d'Angers. M. Maine-et-Loire.
Lion-sur-Mer. BM. Calvados.
Lioran, pour Lavessière. 6 kil. Cantal.
Lisieux. Calvados.
Lisle-en-Rigault. M. Meuse.
Lison. V. Calvados.
Lisors. M. Eure.
Lit. M. Landes.
Littry. M. Calvados.
Livarot. M. Calvados.
Livron. 1 kil. Drôme.
Lizolle (La). M. Allier.
Lizy-sur-Ourcq. M. Seine-et-Marne.

Loches. M. Aube.
Loches. L. Indre-et-Loire.
Locmalo, par Port-Louis. 1 kil. Morbihan.
Locmaria (Quiberon). Sém. Morbihan.
Locmaria (Belle-Isle), par Sém. Pointe-d'Arzic. 1 kil. Morbihan.
Locmaria (Ile de Groix), par Sém. Fort-la-Croix. 1 kil. Morbihan.
Locmaria (Quiberon), par Sém. Locmaria. 3 kil. Morbihan.
Locmaria, par Sém. Pointe Minou. 6 kil. Finistère.
Lodève. Hérault.
Lods. M. Doubs.
Lœuilly-Villers-Faucon. M. Somme.
Loivre. 1 kil. Marne.
Lombez. L. Gers.
Lompnes (v. Hauteville). Ain.
Londe (La). V. Seine-Inférieure.
Londinières. M. Seine-Inférieure.
Longjumeau. M. Seine-et-Oise.
Longpré. M. Somme.
Longue. M. Maine-et-Loire.
Longueau. 1 kil. Somme.
Longueil, par Ouville-la-Rivière. 2 k. Seine-I.
Longueville. M. Seine-Inférieure.
Longueville. 1 kil. Seine-et-Marne.
Longueville, par Sém. Pointe de la Percée. 6 kil. Calvados.
Longuyon. L. Meurthe-et-Moselle.
Longwy. Meurthe-et-Moselle.
Lonny. 1 kil. Ardennes.
Lons-le-Saunier. Jura.
Loos. M. Nord.
Lorgues. M. Var.
Lorient. Morbihan.
Loriol. M. Drôme.
Lormes. M. Nièvre.
Lormont. 1 kil. Gironde.
Lorrez-le-Bocage. M. Seine-et-Marne.
Lorris. M. Loiret.
Lothiers. 2 kil. Indre.
Loude (La). V. Orne.
Loudéac. L. Côtes-du-Nord.
Loudun. L. Vienne.

Louhans. L. Saône-et-Loire.
Loupe (La). M. Eure-et-Loir.
Lourches. 2 kil. Nord.
Lourdes. M. [MT] Hautes-Pyrénées.
Louroux-de-Bouble. 1 kil. Allier.
Loury- } pour Loury 3 kil. Loiret.
Rebrechien } pour Rebrechien. 2 k. Loiret.
Louvemont. 1 kil. Haute-Marne.
Louverné. M. Mayenne.
Louviers. Eure.
Louvres. 2 kil. Seine-et-Oise.
Lovagny. BM. Haute-Savoie.
Loxéville. 2 kil. Meuse.
Lozanne. 1 kil. Rhône.
Luant. 2 kil. Indre.
Luc (Le). M. Var.
Luché- } pour Luché. 2 kil. Sarthe.
Pringé } pour Pringé. 4 kil. Sarthe.
Luçon. Vendée.
Luc-sur-Mer (1). BM. Calvados.
Luc-sur-Mer (pendant l'hiver), par la Délivrande. 3 kil. Calvados.
Lude (Le). 1 kil. Sarthe.
Ludon. M. Gironde.
Lugon. M. Gironde.
Lunel. Hérault.
Luneray. M. Seine-Inférieure.
Lunery. 1 kil. Cher.
Lunéville. Meurthe-et-Moselle.
Lurcy-Lévy. M. Allier.
Lure. Haute-Saône.
Luri. M. Corse.
Lusech. 2 kil. Lot.
Lusignan. 1 kil. Vienne.
Lusigny. M. Aube.
Lussac. M. Gironde.
Lussac-les-Châteaux. M. Vienne.
Luxé. 3 kil. Charente.
Luxeuil. Haute-Saône.
Luz. M. [MT] Hautes-Pyrénées.
Luzy. 1 kil. Nièvre.
Lyon. N. Rhône.
Lyons-la-Forêt. M. Eure.
Lynck. Ec. Nord.
Lyre. V. Eure.

M

Maatz 1 kil. Haute-Marne.
Macau. M. Gironde.
Machecoul. M. Loire-Inférieure.
Macinaggio. Corse.
Mâcon. Saône-et-Loire.
Madeleine (**La**). Ec. Seine-et-Marne.

(1) Ouvert du 1er juin au 1er octobre pendant la fermeture du bureau de la Délivrande. Luc-sur-Mer dessert Douvres moyennant 1 fr. 50 cent. de frais d'expr

Magalas. M. Hérault.
Magistère (La). M. Tarn-et-Garonne.
Magnette. 4 kil. Allier.
Magny. 2 kil. Côte-d'Or.
Magny. M. Seine-et-Oise.
Maiche. M. Doubs.
Maignelay. M. Oise.
Mailly. 2 kil. Aube.
Mailly-la-Ville. 1 kil. Yonne.
Maintenon. 2 kil. Eure-et-Loir.
Maison-Rouge (v. Leudon). Seine-et-Marne.
Maisons-Alfort ou **Alfort** (École d'). M. Seine.
Maisons-Lafitte. Seine-et-Oise.
Maisse. 2 kil. Seine-et-Oise.
Maladrerie, par Caen. 4 kil. Calvados.
Malais-le-Vicomte. 1 kil. Yonne.
Malansac. 1 kil. Morbihan.
Malaunay. M. Seine-Inférieure.
Malesherbes. 1 kil. Loiret.
Mamers. L. Sarthe.
Manchecourt. 2 kil. Loiret.
Manciet. M. Gers.
Manduel. 1 kil. Gard.
Manois. M. Haute-Marne.
Manosque. Basses-Alpes.
Mans (Le). Sarthe.
Mansle. M. Charente.
Mantes. Seine-et-Oise.
Mantoche. 1 kil. Haute-Saône.
Marans. Charente-Inférieure.
Maranville. 1 kil. Haute-Marne.
Maraye-en-Othe. M. Aube.
Marbache. 2 kil. Meurthe-et-Moselle.
Mârchais (Les) (Château) (1). Aisne.
Marchezais. V. Eure-et-Loir.
Marchiennes. M. Nord.
Marciac. M. Gers.
Marcillac. 2 kil. Aveyron.
Marcilloles. 1 kil. Isère.
Marcilly-le-Hayer. M. Aube.
Marcoing. M. Nord.
Marcorignan. M. Aude.
Marcq-en-Barœul. M. Nord.
Mardié (v. Checy). Loiret.
Marennes. Charente-Inférieure.
Mareuil-le-Port, p^r Port-à-Binson. 1 k. Marne
Mareuil-sur-Ay. M. Marne.
Mareuil-sur-Belle. M. Dordogne.
Mareuil-sur-Lay. M. Vendée.
Margaux. M. Gironde.
Margut. M. Ardennes.
Marigny. Ec. Côte-d'Or.
Marigny. 2 kil. Loiret.
Marines. M. Seine-et-Oise.
Maringues. M. Puy-de-Dôme.
Marle. M. Aisne.
Marles. 1 kil. Seine-et-Marne.
Marlieux. M. Ain.
Marly-le-Roi. M. Seine-et-Oise.
Marmagne. 1 kil. Cher.
Marmande. Lot-et-Garonne.
***Marmano**. M. Corse.
Marœuil. M. Pas-de-Calais.
Marolles. 1 kil. Seine-et-Oise.
Marolles-les-Braux. 1 kil. Sarthe.
Maromme. M. Seine-Inférieure.
Marquette. M. Nord.
Marquise (Ville) (2). M. Pas-de-Calais.
Marquises (Usines). M. Pas-de-Calais.
Marsac. 1 kil. Creuse.
Marsac. 1 kil. Tarn.
Marseillan. M. Hérault.
Marseille. N. Bouches-du-Rhône.
Marseille. M. Oise.
Martainville (v. Rouen, page 71). Seine-I.
Martigné. V. Mayenne.
Martigues. L. Bouches-du-Rhône.
Martinvast. M. Manche.
Martot. Ec. Seine-Inférieure.
Martres de Veyres (Les). 1 k. Puy-de-Dôme.
Marvejols. L. Lozère.
Marville. M. Meuse.
Mas-d'Agenais (Le). M. Lot-et-Garonne.
Mas-d'Azil (**Le**). M. Ariège.
Masnières. M. Nord.
Massay. M. Cher.
Masseube. M. Gers.
Massiac. 1 kil. Cantal.
Massillargues. M. Hérault.
Matha. M. Charente-Inférieure.
Matignon, par Sém. Pointe de Saint-Cast. 7 kil. Côtes-du-Nord.
Maubert-Fontaine. 1 kil. Ardennes.
Maubeuge. Nord.
Maubourguet. M. Hautes-Pyrénées.
Mauguio. M. Hérault.
Maule. M. Seine-et-Oise.
Mauléon. L. Basses-Pyrénées.
Maulévrier. 1 kil. Maine-et-Loire.
Mauniers (Les), par la Farlède. 1 kil. Var.
Mauriac. L. Cantal.
Maurs. 1 kil. Cantal.
Mauves. 1 kil. Loire-Inférieure.
Mauvezin. M. Gers.
Mauzé. 1 kil. Deux-Sèvres.
Mayenne. L. Mayenne.
Mayet. 1 kil. Sarthe.
Mazamet. Tarn.
Mazères. M. Ariège.
Mazières. M. Deux-Sèvres.
Meauffe (La). V. Manche.
Meaux. Seine-et-Marne.
Mées (Les) M. Basses-Alpes.
Mehun-sur-Yèvre. M. Cher.
Meillant. M. Cher.
Mélisey. M. Haute-Saône.
Melle. Deux-Sèvres.
Melun. Seine-et-Marne.
Melun. (Écluse.) Ec. Seine-et-Marne.
Ménars. 1 kil. Loir-et-Cher.
Mende. Lozère.
Menetou-Salon. M. Cher.
Menigoute. M. Deux-Sèvres.
Ménitré (La). 1 kil. Maine-et-Loire.
Mennecy. 1 kil. Seine-et-Oise.
Mennetou. 1 kil. Loir-et-Cher.
Mens. M. Isère.
Menton. Alpes-Maritimes.
Mer. 1 kil. Loir-et-Cher.
Mercuès. 2 kil. Lot.
Mercurey, par Bourneuf (Le). Saône-et-L.
Méréville. M. Seine-et-Oise.
Merlerault (Le). M. Orne.
Mers, par Tréport (Le). 2 kil. Seine-Inf.
Méru. MC. Oise.
Merville. M. Nord.
Méry-sur-Oise. M. Seine-et-Oise.
Méry-sur-Seine. MC. Aube.
Meschers. M. Charente-Inférieure.
Mesgrigny. 1 kil. Aube.
Mesle-sur-Sarthe. M. Orne.
Mesnil-Clinchamps. V. Calvados.
Mesnil-Mauger. V. Calvados.

(1) Château relié au bureau de Laon pour la correspondance spéciale de S. A. S. le prince de Monaco.
(2) Ce bureau n'est ouvert les dimanches et jours fériés que de 8 h. 1/2 à 9 h. 1/2 du matin.

Mesnil-sur-l'Estrée. M. Eure.
***Mesnil-Verclives.** M. Eure.
Messac. V. Ille-et-Vilaine.
Messei. M. Orne.
Mesvres. 1 kil. Saône-et-Loire.
Mettray. 1 kil. Indre-et-Loire.
Meudon. Seine-et-Oise.
Meulan. M. Seine-et-Oise.
Meulan. (Écluse.) Ec. Seine-et-Oise.
Meung. 1 kil. Loiret.
Meursault. M. Côte-d'Or.
Meximieux. 1 kil. Ain.
Meymac. M. Corrèze.
Meyrargues. 2 kil. Bouches-du-Rhône.
Meyrueis. M. Lozère.
Meyssac. M. Corrèze.
Mèze. M. Hérault.
Mézel. M. Basses-Alpes.
Mézeriat. 1 kil. Ain.
Mézidon. M. Calvados.
Mézières. Ardennes.
Mézières-en-Brenne. M. Indre.
Mezin. M. Lot-et-Garonne.
Meziré. M. Belfort.
Mezos. M. Landes.
Miélan. M. Gers.
Mieussy. M Haute-Savoie.
Milhac. 3 kil. Dordogne.
Milhaud. 1 kil. Gard.
Millau. Aveyron.
Milles (Les). V. Bouches-du-Rhône.
Milly. M. Seine-et-Oise.
Mimizan. M. Landes.
Mines Anglaises, par Lamalou. 1 k. Hérault.
Mirabeau. 4 kil. Vaucluse.
Miramas. 1 kil. Bouches-du-Rhône.
Mirambeau. M. Charente-Inférieure.
Miramont. M. Lot-et-Garonne.
Mirande. L. Gers.
Mirebeau. M. Côte-d'Or.
Mirebeau-de-Poitou. M. Vienne.
Mirecourt. Vosges
Miremont. 3 kil. Dordogne.
Mirepoix. M. Ariége.
Mireval (par Vic). 2 kil. Hérault.
Miribel. 1 kil. Ain.
Mitry-Mory. M. Seine-et-Marne.
Modane. 2 kil. Savoie.
Moeres (Les). M. Nord.
Moidrey. 1 kil. Manche.
Moirans. 2 kil. Isère.
Moirans. M. Jura.
Moissac. Tarn-et-Garonne.
Moissy-Cramayel, par Lieusaint. 2 kil. Seine-et-Marne.
Moitiers-d'Allone, par Sém. Carteret. 5 kil. Manche.
Molay-Littry (Le). V. Calvados.
Moliens. M. Oise.
Molompise. 1 kil. Cantal.
Monaco. Principauté de Monaco.
Monclar. M. Lot-et-Garonne.
Moncoutant. M. Deux-Sèvres.
Mondoubleau. M. Loir-et-Cher.
Monein. M. Basses-Pyrénées.
Monéteau. 1 kil. Yonne.
Monfarville, par S. Barfleur. 6 k. Manche.
Monflanquin. M. Lot-et-Garonne.
Monistrol. 4 kil. Haute-Loire.
Monnaie. 1 kil. Indre-et-Loire.
Monnerville. 1 kil. Seine-et-Oise.
Monnetier-Mornex. M. Haute-Savoie.
Monségur. M. Gironde.
Montabar. V. Orne.
Montagnac. M. Hérault.
Montaigu. 2 kil. Vendée.
Montaigu-le-Blin. M. Allier.
Montaigut. 2 kil. Creuse.
Montain. 1 kil. Jura.
Montargis. Loiret.
Montastruc 2 kil. Haute-Garonne.
Montataire (forges) (1). Oise.
Montauban. V. Ille-et-Vilaine.
Montauban. Tarn-et-Garonne.
Montauroux. M. Var.
Montbard. M. Côte-d'Or.
Montbard (Écluse). Ec. Côte-d'Or.
Montbarrey. 2 kil. Jura.
Montbéliard. Doubs.
Monbenoît. M. Doubs.
Montbeugny. 1 kil. Allier.
Montbizot. V. Sarthe.
Montboucher. M. Drôme.
Montbozon. M. Haute-Saône.
Montbrison. Loire.
Montceau-les-Mines. 1 kil. Saône-et-Loire.
Montceaux, par Plessy Chenet. 1 kil. Seine-et-Oise.
Montchanin. 2 kil. Saône-et-Loire.
Montcontour. M. Côtes-du-Nord.
Montcornet. M. Aisne.
Montcresson. M. Loiret.
Mont-de-Marsan. Landes.
Montdidier. L. Somme.
Mont-Dore (Le). BL. Puy-de-Dôme.
Montebourg. M. Manche.
Monteils. 2 kil. Aveyron.
Montélimart. Drôme.
Montendre. M. Charente-Inférieure.
Montereau. Seine-et-Marne.
Montesquieu-Volvestre. M. H^te-Garonne.
Montet, par Tronget. 2 kil. Allier.
Monteux. V. Vaucluse.
Montferrand. 1 kil. Doubs.
Montfort. M. Landes.
Montfort-l'Amaury. M. Seine-et-Oise.
Montfort-sur-Meu. L. Ille-et-Vilaine.
Montfort-sur-Risle. M. Eure.
Montgiscard. M. Haute-Garonne.
Monthermé. 2 kil. Ardennes.
Monthiers. M. Aisne.
Monthois. M. Ardennes.
Monthureux. M. Vosges.
Montiérender. M. Haute-Marne.
Montignac. M. Dordogne.
Montigny (v. Chilleurs). Loiret.
Montigny-sur-Aube. M. Côte-d'Or.
Montivilliers. M. Seine-Inférieure.
Montlhéry. M. Seine-et-Oise.
Montlieu. M. Charente-Inférieure.
Montlignon. M. Seine-et-Oise.
Montlouis. 1 kil. Indre-et-Loire.
Montlouis. M. [MT] Pyrénées-Orientales.
Montluçon. Allier.
Montluel. 1 kil. Ain.
Montmarault. M. Allier.
Montmédy. L. Meuse.
Montmélian. 1 kil. Savoie.
Montmoreau. 1 kil. Charente.
Montmorency. 1 kil. Seine-et-Oise.
Montmorillon. L. Vienne.
Montmort. M. Marne.
Montoir. 1 kil. Loire-Inférieure.
Montoire. M. Loir-et-Cher.
Montournais, par Pouzauges. 4 kil. Vendée.
Montpellier. N/2. Hérault.
Montpeyroux. M. Hérault.

(1) Forges et fonderies reliées au bureau de Creil pour la correspondance spéciale des propriétaires.

Montpezat. M. Tarn-et-Garonne.
Montpont. 1 kil. Dordogne.
Montrabé. 1 kil. Haute-Garonne.
Montréal. M. Aude.
Montréal. M. Gers.
Montrejeau. M. Haute-Garonne.
***Montrésor.** M. Indre-et-Loire.
Montreuil-sous-Bois. L. Seine.
Montreuil-la-Pérouse, par Gérard. 1 k. Ille-et-Vilaine.
Montreuil-l'Argillé. M. Eure.
Montreuil-sur-Mer. Pas-de-Calais.
Montreuil-sur-Ille. V. Ille-et-Vilaine.
Montrevault. M. Maine-et-Loire.
Montrichard. 1 kil. Loir-et-Cher.
Montricoux. 1 kil. Tarn-et-Garonne.
Montrond. 1 kil. Loire.
Montrouge., ou G^{d}-Montrouge (1). Seine.
Monts (Les). 4 kil. Indre-et-Loire.
Mont-Saint-Michel. M. Manche.
Montsecret-Tinchebray. V. Orne.
Montsireigne (v. Chavagnes). Vendée.
Monts-sur-Guesnes. M. Vienne.
Montsurs. 1 kil. Mayenne.
Montsuzain. 1 kil. Aube.
Montvalent. 3 kil. Lot.
Mont-Valérien. Seine.
Monville. M. Seine-Inférieure.

Morannes. M. Maine-et-Loire.
Moras, par Epinouze. 5 kil. Drôme.
Morcenx-la-Gare. Landes.
Morcenx, par Morcenx-la-Gare. 4 k. Landes.
Morée-Saint-Hilaire (pour Morée). 3 kil. Loir-et-Cher.
Moret. 2 kil. Seine-et-Marne.
Moreuil. M. Somme.
Morey. M. Haute-Saône.
Morez. Jura.
Morlaas. M. Basses-Pyrénées.
Morlaix. Finistère.
Mormant. 1 kil. Seine-et-Marne.
Mortagne. Orne.
Mortagne-s.-Gironde. M. Char.-Inför.
Mortain. L. Manche.
Mortcerf. 1 kil. Seine-et-Marne.
Morteau. M. [MT] Doubs.
Morvillars. M. Belfort.
Mothe-Montravel (La). 1 kil. Dordogne.
Motte-Achard (La). 1 kil. Vendée.
Motte-Beuvron (La). 1 kil. Loir-et-Cher.
Motte-du-Caire (La). M. Basses-Alpes.
Motteville. 1 kil. Seine-Inférieure.
Mouchard. 1 kil. Jura.
Moueng (Le) (2). Gironde.
Moulin-Blanc (3). Ardennes.
Moulin-des-Ponts. 1 kil. Ain.

Moulins. Allier.
Moulins-Engilbert. L. Nièvre.
Moulins-sur-Yèvre. 1 kil. Cher.
Moult-Argences. V. Calvados.
Mourmelon-le-Grand ou camp de Châlons. Marne.
**Mourmelon-le-Petit*, par le camp de Châlons. 3 kil. Marne.
Mourroux. 2 kil. Seine-et-Marne.
Moussac. 1 kil. Charente.
Moussac, par Nozières. 3 kil. Gard.
Mouthe. M. Doubs.
Mouthiers. 1 kil. Charente.
Mouthiers. M. Doubs.
Moutiers. L. Savoie.
Mouy. 1 kil. Oise.
Moy. M. Aisne.
Mugron. M. Landes.
Muizon. 2 kil. Marne.
Murat. L. Cantal.
Mure (La). M. Isère.
Muret. L. Haute-Garonne.
***Murviel-les-Béziers.** M. Hérault.
Mussidan. 1 kil. Dordogne.
Mussy-sur-Seine. M. Aube.
Mutrécy-Clinchamps. V. Calvados.
Muy. 1 kil. Var.
Muzillac. M. Morbihan.

N

Nainville. M. Seine-et-Oise.
Najac. 3 kil. Aveyron.
Nançois-le-Petit. 1 kil. Meuse.
Nancy. N/2. Meurthe-et-Moselle.
Nangis. 1 kil. Seine-et-Marne.
Nant. M. Aveyron.
Nanterre (4). MC. Seine.
Nantes. N/2. Loire-Inférieure.
Nanteuil-le-Haudoin. M. Oise.
Nantua. Ain.
Narbonne. Aude.
Naussac. 2 kil. Aveyron.
Navarrenx. M. Basses-Pyrénées.
Nay. M. Basses-Pyrénées
Néau. V. Mayenne.
Neauphle-le-Château. M. Seine-et-Oise.

Négrepelisse. 1 kil. Tarn-et-Garonne.
Négrondes. 1 kil. Dordogne.
Nemours. 1 kil. Seine-et-Marne.
Nérac. Lot-et-Garonne.
Néris. BL. Allier.
Nérondes. 1 kil. Cher.
Ners { pour Ners. 1 kil. Gard.
Ners { pour Boucoiran. 5 kil. Gard.
Nersac. M. Charente.
Nesles. M. Somme.
Neublans. 1 kil. Jura.
Neubourg (Le). M. Eure.
Neufchâteau. Vosges.
Neufchatel-en-Bray. Seine-Inférieure.
Neufmarché. V. Seine-Inférieure.
Neuillé. 3 kil. Indre-et-Loire.

Neuilly. Seine.
Neuilly-en-Thelle. M. Oise.
Neuilly-le-Réal. M. Allier.
Neuilly-l'Evêque. M. Haute-Marne.
Neuilly-Saint-Front (5). M. Aisne.
Neussargues. 2 kil. Cantal.
Neuve-Lyre (La). M. Eure.
Neuvic. 4 kil. Dordogne.
Neuville-aux-Bois. 1 kil. Loiret.
Neuville-de-Poitou. M. Vienne.
Neuville-sur-Saône. M. Rhône.
Neuville-sur-Seine. M. Aube.
Neuvy. Saône-et-Loire. { par Guegnon. 12 kil.
Neuvy. Saône-et-Loire. { par St-Aignan. 11 kil.
Neuvy-Pailloux. 1 kil. Indre.
Neuvy-Sautour. M. Yonne.

(1) Le Petit-Montrouge est compris dans la zone annexée à Paris.
(2) Établissement de la société des pêcheries de l'Océan, relié au bureau d'Arcachon pour la correspondance spéciale de la société.
(3) Usine reliée au bureau de Mézières pour la correspondance spéciale des propriétaires, MM. Hardy-Lebègue.
(4) Ce bureau ferme à 5 heures du soir le dimanche.
(5) Ce bureau est relié à la sucrerie de Neuilly-Saint-Front pour la correspondance spéciale de MM. P. J. Curie et Cie.

Nevers. Nièvre.
Nexon. M. Haute-Vienne.
Nez-de-Jobourg. Sém. Manche.
Nice. N/2. Alpes-Maritimes.
Nieuil. 2 kil. Vienne.
Nîmes. N/2. Gard.
Niort. Deux-Sèvres.
Nissan. M. Hérault.
Niversac. 1 kil. Dordogne.
Noailles. M. Oise.
Nogaro. M. Gers.
Nogent-l'Artaud. 1 kil. Aisne.
Nogent-le-Roi. M. Eure-et-Loir.
Nogent-le-Roi. M. Haute-Marne.
Nogent-le-Rotrou. Eure-et-Loir.
Nogent-sur-Marne. M. Seine.
Nogent-sur-Seine. Aube.
Nogent-sur-Vernisson. M. Loiret.
Noidans-le-Ferroux. M. Haute-Saône.
Nointot. 1 kil. Seine-Inférieure.
Noirmoutier. L. Vendée.
Noirterre. 1 kil. Deux-Sèvres.
Noisy-le-Sec. 1 kil. Seine.
Noizay. 2 kil. Indre-et-Loire.
Nolay. 1 kil. Côte-d'Or.
Nomeny. M. Meurthe-et-Moselle.
Nonancourt. M. Eure.
Nonant-le-Pin. V. Orne.
Nontron. L. Dordogne.
Nort. M. Loire-Inférieure,
Notre-Dame-de-Bondeville. M. Seine-Inférieure.
Notre-Dame-de-la-Garenne. Ec. Eure.
Notre-Dame-de-Liesse. M. Aisne.
Notre-Dame-d'Oé. 1 kil. Indre-et-Loire.
Notre-Dame-du-Vaudreuil. M. Eure.
Nouan-le-Fuzelier. 1 kil. Loir-et-Cher.
Nouvelle (La). Aude.
Nouvion. M. Somme.
Nouvion (Le). M. Aisne.
Nouzon. 1 kil. Ardennes.
Novion-Porcien. M. Ardennes.
Noyal. V. Ille-et-Vilaine.
Noyant. 1 kil. Allier.
Noyant-Aconin (1). Aisne.
Noyelles-sur-l'Escaut. M. Nord.
Noyen. M. Sarthe.
Noyers. M. Yonne.
Noyers, par Pont-Maugis. 3 kil. Ardennes.
Noyers (v. St-Aignan). Loir-et-Cher.
Noyon. Oise.
Nozay. M. Loire-Inférieure.
Nozières. 1 kil. Gard.
Nuces. 1 kil. Aveyron.
Nueil, p. Nueil-les-Aubiers. 1 k. Deux-Sèv.
Nueil-les-Aubiers. 1 kil. Deux-Sèvres.
Nueil-sous-Passavant. M. Maine-et-L.
Nuisement. 1 kil. Marne.
Nuits-sous-Beaune. M. Côte-d'Or.
Nyons. L. Drôme.

O

Offranville. M. Seine-Inférieure.
Oignies. M. Pas-de-Calais.
Oissel. M. Seine-Inférieure.
Olargues. M. Hérault.
Ollancourt. M. Oise.
Ollières. M. Ardèche.
Ollioules. M. Var.
Olmeto. M. Corse.
Olonne. 2 kil. Vendée.
Olonzac. M. Hérault.
Oloron. Basses-Pyrénées.
Omonville-la-Rogue. par Sém. Pointe Jardeheu. 2 kil. Manche.
Onesse. M. Landes.
Onglet (Vigie de l') (Rade de Cherbourg). Sém. Manche.
Onzain. 2 kil. Loir-et-Cher.
Oradour-s.-Vayres. M. Haute-Vienne.
Oraison. M. Basses-Alpes.
Orange. L. Vaucluse.
Orbec. M. Calvados.
Orchamps. 1 kil. Jura.
Orchies. M. Nord.
Orgelet. M. Jura.
Orgon. M. Bouches-du-Rhône.
Origny-en-Thiérache. M. Aisne.
Origny-Sainte-Benoîte. M. Aisne.
Orléans. Loiret.
Ormes (Les). 1 kil. Seine-et-Marne.
Ormes (Les). 1 kil. Vienne.
Ornans. M. Doubs.
Orry-la-Ville { Pour Orry. 2 kil. Oise.
Pour Coye. 2 kil. Oise.
Pour Lamorlaye. 5 kil. Oise. }
Orsay. M. Seine-et-Oise.
Orthez. L. Basses-Pyrénées.
Osne-le-Val. M. Haute-Marne.
Ossun. M. Hautes-Pyrénées.
Oudon. 1 kil. Loire-Inférieure.
Ouessant (phare). Sém. Finistère.
Ouessant (sud). Sém. Finistère.
Ouest-Ceinture (Paris). V. Seine.
Ougney. 1 kil. Jura.
Ouistreham. Sém. Calvados.
Ouistreham (Port-et-Ville) par Sém. Ouistreham. 2 kil. Calvados.
Oulchy-le-Château. M. Aisne.
Oullins. M. Rhône.
Ourscamps. M. Oise.
Ourville. M. Seine-Inférieure.
Ourville, par Sém. Port-Bail 4 kil. Manche.
Ouveillan. M. Aude.
Ouville-la-Rivière. M. Seine-Inférieure.
Ouzouer-Dampierre. { Pr Ouzouer. 2 kil. Loiret.
Pr Dampierre. 2 kil. Loiret. }
Oyonnax. M. Ain.
Oyrières. 1 kil. Haute-Saône.
Ozouer-la-Ferrière. { Pr Ozouer. 3 k. S.-et-Marne.
Pr Ferrière (La). 5 k. S.-et-M. }
Ozouer-les-Voulgis. 2 kil. S.-et-Marne.

P

Pacaudière (La). 2 kil. Loire.
Pacy-sur-Eure. M. Eure.
Pagny-sur-Moselle. 1 kil. Meurthe-et-Mos.
Paimbeuf. Loire-Inférieure.
Paimpol. Côtes-du-Nord.
Palais (Le) (Belle-Isle). Morbihan.
Palaiseau. M. Seine-et-Oise.
Palinges. M. Saône-et-Loire.
Palis. M. Aube.

(1) Usine reliée au bureau de Soissons pour la correspondance spéciale du propriétaire, M. Larue

Palisse (La). L. Allier.
Pallet (Le). 1 kil. Loire-Inférieure.
Pamiers. Ariége.
Pamproux. 1 kil. Deux-Sèvres.
Panthier. Ec. Côte-d'Or.
Pantin. Seine.
Paray-le-Monial. 1 kil. Saône-et-Loire.
Parc-aux-Princes, par Boulogne. Seine.
Paris. N. Seine.
Parnac. 2 kil. Lot.
Parsac. 2 kil. Creuse.
Parthenay, L. Deux-Sèvres.
Pas-de-Jeu. 1 kil. Deux-Sèvres.
Passenans. 1 kil. Jura.
Pau. — Ville. Basses-Pyrénées.
Pau. — Saint-Luc, asile d'aliénés. 3 kil, Basses-Pyrénées.
Pauillac. Gironde.
Paulhaguet. 2 kil. Haute-Loire.
Paulhan, M. Hérault.
Pavilly. M. Seine-Inférieure.
Payns. 1 kil. Aube.
Payrac. M. Lot.
Péage-Roussillon (Le). 1 kil. Isère.
Péchoir (Le). Ec. Yonne.
Pecq (Le). V. Seine-et-Oise.
Pellegrue. M. Gironde.
***Pellerin (Le)**. M. Loire-Inférieure.
Pelussin. M. Loire.
Penchot (verrerie). M. Aveyron.
Penchot (village et usines de la rive droite). 1 kil. Aveyron.
Penmark. Sém. Finistère.
Penmark, par S. Penmark. 3 kil. Finistère.
Penne. 2 kil. Tarn.
Penne (v. Port-de-Penne). 3 kil. Lot-et-Garonne.
Penvénan par Sém. Port-Blanc. 4 kil. Côtes-du-Nord.
Pépieux. M. Aude.
Périers. M. Manche.
Périgueux. Dordogne.
Pernes. M. Vaucluse.
Péronne. Somme.
Perpignan. Pyrénées-Orientales.
Perray (Le). 1 kil. Seine-et-Oise.
Perreux. M. Loire.
Perros-Guirec (rade). M. Côtes-du-Nord.
Perros-Guirec (ville) par Perros-Guirec (rade). 1 kil. Côtes-du-Nord.
Perros-Guirec (ville et rade) par Sém. P[te] de Ploumanach. 4 kil. Côtes-du-Nord.
Persan, par Beaumont. 1 kil. Seine-et-Oise.
Perthus (Le). M. [MT] Pyrénées-Orient.
Pertuis. M. Vaucluse.
Pessac. 1 kil. Gironde.
Petit-Quevilly (Le). M. Seine-Infér.
Petreto-Bicchisano. M. Corse.
Peyrehorade. M. Landes.
Peyriac-Minervois. M. Aude.
Peyruis. M. Basses-Alpes.
Pezénas. Hérault.
Pezou. 1 kil. Loir-et-Cher.
Picquigny. M. Somme.
Pierre. 2 kil. Saône-et-Loire.
Pierrefitte-sur-Seine. M. Seine.
Pierrefonds. M. Oise.
Pierrelatte. 1 kil. Drôme.
Pierre-Pèze, par gare de Civray. 1 kil. Vienne.
Pierrepont. 1 kil. Meurthe-et-Moselle.
Pieux (Les) par S. Flamanville. 7 kil. Manche.
Pignan. M. Hérault.
Pignans. V. Var.
Pin (Le). M. Calvados.
Pincé-Précigné. V. Sarthe,
Piney. M. Aube.
Piriac, par Sém. P[te] de Piriac. 2 k. Loire-I.
Pissos. M. Landes.
Pithiviers. Loiret.
Plaine (La), par Sém. P[te] Saint-Gildas. 4 kil. Loire-Inférieure.
Plaisance. M. Gers.
Plaisir-Grignon. V. Seine-et-Oise.
Plancher-Bas. M. Haute-Saône.
Plancher-les-Mines. M. Haute-Saône.
Plancoët. M. Côtes-du-Nord.
Plancy. M. Aube.
Pleaux. MC. Cantal.
Plehérel, par Sém. Cap Fréhel. 7 kil. Côtes-du-Nord.
Plemet. M. Côtes-du-Nord.
Plénée-Jugon. V. Côtes-du-Nord.
Pléneuf. M. Côtes-du-Nord.
Plessis-Chenet (Le). M. Seine-et-Oise.
Plestin. M. Côtes-du-Nord.
Pleubihan, par Sém. Creach-ar-Maout. 5 kil. Côtes-du-Nord.
Pleumartin. M. Vienne.
Pleurtuit, par Dinard. 6 kil. Ille-et-Vilaine.
Plévenon, par Sém. Cap Fréhel. 4 kil. Côtes-du-Nord.
Pleyben. M. Finistère.
Pleyber-Christ. V. Finistère.
Plobannalec, par Sém. Lesconil. 4 kil. Fin.
Plœmeur, par Sém. Pointe Bihit. 5 kil. Côtes-du-Nord.
Ploermel. L. Morbihan.
Plogoff, par Sém. Bec-du-Raz-de-Sein. 5 kil. Finistère.
Plombières. M/BC. [MT] Vosges.
Plouaret. M. Côtes-du-Nord.
Plouarzel, par S. P[te] Corsen. 5 kil. Finist.
Ploubalay, par Sém. Pointe du Décollé. 8 kil. Côtes-du-Nord.
Ploudalmezau, par Sém. Pointe de Landunvez. 8 kil. Finistère.
Plouezec, par Sém. Pointe de Plouézec. 7 kil. Côtes-du-Nord.
Plougasnou, par Sém. Pointe Primel. 2 kil. Finistère.
Plougouvelin, par Sém. Pointe Creachmeur. 2 kil. Finistère.
Plouguerneau, par. Sém. P[te] de Kérisoc. 4 kil. Finistère.
Plouha. M. Côtes-du-Nord.
Plouha, par S. St-Quay. 8 k. Côtes-du-Nord.
Plouhinec, par Sém. Pointe-de-Gavres. 8 kil. Morbihan.
Plouigneau. V. Finistère.
Ploumoguer, par Sém. Pointe Corsen. 6 kil. Finistère.
Plounérin. V. Côtes-du-Nord.
Plourin, par Sém. Pointe Landunvez. 6 kil. Finistère.
Plouzané, par S. P[te] Minou. 6 kil. Finist.
Plurien, par Sém. Cap d'Erquy. 5 kil. Côtes-du-Nord.
Pluvigner. 2 kil. Morbihan.
Pointe (La). 2 kil. Maine-et-Loire.
Pointe d'Ailly. Sém. Seine-Inférieure.
Pointe d'Alprecht. Sém. Pas-de-Calais.
P[te] d'Arzic, par Belle-Isle S. Morbihan.
Pointe des Baleines (île de Ré). Sém. Charente-Inférieure.

Pointe de Besnard. Sém. Ille-et-Vilaine.
Pointe de Beuzeval. Sém. Calvados.
Pointe de Biarritz. Sém. Basses-Pyrén.
Pointe de Bihit. Sém. Côtes-du-Nord.
Pointe de Bloscon. Sém. Finistère.
Pointe de Chassiron (île d'Oléron). Sém. Charente-Inférieure.
Pointe de Chémoulin. Sém. Loire-Infér.
Pointe de la Chiappa *ou* **Porto-Vecchio**. Sém. Corse.
Pointe de Combrit. Sém. Finistère.
Pointe de Corsen. Sém. Finistère.
Pointe de la Coubre. Sém. Charente-Inf.
Pointe de Creachmeur. Sém. Finistère.
Pointe du Décollé (la Garde Cuérin). Sém. Ille-et-Vilaine.
Pointe d'Er-Hastelic (Belle-Isle). Sém. Morbihan.
Pointe de Gâvres. Sém. Morbihan.
Pointe de Grave. Sém. Gironde.
Pointe du Grognon (île de Groix). Sém. Morbihan.
Pointe du Grouin. Sém. Ille-et-Vilaine.
Pointe Jardeheu. Sém. Manche.
Pointe de Kérisoc. Sém. Finistère.
Pointe de Landunvez. Sém. Finistère.
Pointe de Lervily. Sém. Finistère.
Pointe de Minou. Sém. Finistère.
Pointe Mortella. Sém. Corse.
Pointe de la Percée. Sém. Calvados.
Pointe de Piriac. Sém. Loire-Inférieure.
Pointe de Plouëzec. Sém. Côtes-du-Nord.
Pointe de Ploumanach. S. Côtes-du-N.
Pointe de Ploumanach, par Sém. Pointe de Ploumanach. 2 kil. Côtes-du-Nord.
Pointe des Pois. Sém. Finistère.
Pointe Portzig. Sém. Finistère.
Pointe du Pouldu. Sém. Morbihan.
Pointe de Primel. Sém. Finistère.
Pointe du Roc (Grandville). Sém. Manche.
Pointe du Roselier. Sém. Côtes-du-Nord.
Pointe de Rosmeur. Sém. Finistère.
Pointe de St-Cast. Sém. Côtes-du-Nord.
Pointe de St-Gildas. Sém. Loire-Inférre.
Pointe des Saintes-Maries. Sém. Bouches-du-Rhône.
Pointe Saint-Mathieu. Sém. Finistère.
Pointe de Soccoa. Sém. Basses-Pyrén.
Pointe de Taillefer (Belle-Isle). Sém. Morbihan.
P[te] du Talut (Belle-Isle). Sém. Morbihan.
Pointe du Touquet. Sém. Pas-de-Calais.
Poissons. M. Haute-Marne.
Poissy. Seine-et-Oise.
Poitiers. Vienne.
Poix. 1 kil. Ardennes.
Poix. M. Somme.
Poliénas. 1 kil. Isère.
Poligny. L. Jura.
Polisot. 1 kil. Aube.
Polliat. 1 kil. Ain.
Polminhac. 1 kil. Cantal.
Poncé. M. Sarthe.
Pons. M. Charente-Inférieure.
Pontacq. M. Basses-Pyrénées.
Pontailler. M. Côte-d'Or.
Pont-à-Mousson. Meurthe-et-Moselle.
Pontanevaux (v. la Chapelle-de-Guinchay). Saône-et-Loire.
Pontarlier. Doubs.
Pont-Audemer. Eure.
Pont-Authou. M. Eure.
Pontcharra. 2 kil. Isère.
Pont-Château. 1 kil. Loire-Inférieure.
Pont-Croix. M. Finistère.
Pont-d'Ain. 2 kil. Ain.
Pont-de-Beauvoisin. M. Isère.
Pont-de-Bordes (v. Lavardac). Lot-et-Gar.
Pont-de Dore. { Pour Pont-de-Dore. 1 kil. Puy-de-Dôme. / Pour Courpières. 11 kil. Puy-de-Dôme.
Pont-de-Gennes. 1 kil. Sarthe.
Pont-de-la-Beaume. M. Ardèche.
Pont-de-l'Arche. 2 kil. Eure.
Pont-de-Lignon. 1 kil. Haute-Loire.
Pont-de-Pany. M. Côte-d'Or.
Pont-de-Roide. M. Doubs.
Pont-de-Salars. M. Aveyron.
Pont-de-Vaux. M. Ain.
Pont-de-Veyle. 1 kil. Ain.
Pont-d'Ouche. Ec. Côte-d'Or.
Pont-du-Casse. 1 kil. Lot-et-Garonne.
Pont-du-Château. M. Puy-de-Dôme.
Pont du Fossé (v. Saint-Jean-Saint-Nicolas). Hautes-Alpes.
Pont-en-Royans. M. Isère.
Pontgouin. 2 kil. Eure-et-Loir.
Pont-Hébert. V. Manche.
Pontivy (Napoléonville). L. Morbihan.
Pont-l'Abbé. L. Finistère.
Pont-l'Abbé. M. Manche.
Pont-l'Évêque. L. Calvados.
Pont-Maugis. 1 kil. Ardennes.
Pontoise. Seine-et-Oise.
Pontorson. M. Manche.
Pontoux. M. Landes.
Pont-Rémy. M. Somme.
Pontrieux. Côtes-du-Nord.
Pont-Royal. Ec. Côte-d'Or.
Pont-Saint-Esprit. M. Gard.
Pont-Sainte-Maxence. M. Oise.
Pont-Saint-Pierre. M. Eure.
Pont-sans-Pareil (1). Pas-de-Calais.
Pont-sur-Saulx. M. Meuse.
Pont-sur-Seine. 1 kil. Aube.
Pont-sur-Yonne. M. Yonne.
Pornic. M. Loire-Inférieure.
Pornichet, par Sém. pointe de Chémoulin. 4 kil. Loire-Inférieure.
Porquerolles (île Porquerolles), par Sém. Ile de Porquerolles. 3 kil. Var.
Porspoder, par Sém. pointe de Landunvez. 5 kil. Finistère.
Port-à-Binson. M. Marne.
Port-à-l'Anglais. Ec. Seine.
Port-Bail. Sém. Manche.
Port-Bail, par S. Port-Bail. 2 k. Manche.
Port-Blanc. Sém. Côtes-du-Nord.
Port-Blanc, par Sém. Port-Blanc. 2 kil. Côtes-du-Nord.
Port Boulet. 1 kil. Indre-et-Loire.
Port-Breton (v. Port-Joinville). Vendée.
Port-Brillet. M. Mayenne.
Port-de-Bouc, par Sém. Bouc, 1 kil. Bouches-du-Rhône.
Port-de-Penne. 3 kil. Lot-et-Garonne.
Port-de-Piles (gare). 1 kil. Indre-et-Loire.
Port-de-Piles (ville), par Port-de-Piles (gare). 1 kil. Vienne.
Portel. M. Aude.
Portel (Le), par Sém. pointe d'Alprecht. Pas-de-Calais.
Port-en-Bessin, Sém. Calvados.

(1) Usine de Pont-sans-Pareil et râperies annexes de Guines, Brêmes, Nordausque et Zudausque reliées au bureau de Calais pour la correspondance spéciale du propriétaire, M. Dewailly.

Port-en-Bessin, par Sém. Port-en-Bessin. 2 kil. Calvados.
Portes et Sénéchas (v. Chamborigaud). Gard.
Port-Frioul (île Pomègues), par Sém. île de Pomègues. 3 kil. Bouches-du-Rhône.
Port-Joinville (*ou* le Bourg *ou* Port-Breton). M. Vendée (Île d'Yeu).
Port-Louis. M. Morbihan.
Port-Louis, par Sém. Pointe de Gâvres. Morbihan.
Porto-Vecchio. M. Corse.
Porto-Vecchio ou Pointe de la Chiappa Sém. Corse.
Port-Renard. Ec. Yonne.
Portrieux, par Sém. Saint-Quay. 1 kil. Côtes-du-Nord.
Port-Ste-Foy (v. St-Antoine). Dordogne.
Port-Sainte-Marie. 1 kil. Lot-et-Garonne.
Port-sur-Saône. 1 kil. Haute-Saône.
Port-Vendres. L. Pyrénées-Orientales.
Portvillez. Ec. Seine-et-Oise.
Poses. Ec. Eure.
Possonnière (La). 1 kil. Maine-et-Loire.
Poterie (La), par Sém. Cap d'Antifer. 2 kil. Seine-Inférieure.
Pouance. M. Maine-et-Loire.
Pouget (Le). M. Hérault.
Pougues. M. Nièvre.
Pouilly. Ec. Côte-d'Or.
Pouilly. M. Nièvre.
Poulaines. M. Indre.
Pournel. 2 kil. Lot.
Poussan. M. Hérault.
Pouzauges. 4 kil. Vendée.
Pouzin (Le). 1 kil. Ardèche.
Pradelles. M. Haute-Loire.
Prades. L. Pyrénées-Orientales.
Prahecq. M. Deux-Sèvres.
Prats-de-Mollo. M. Pyrénées-Orientales.
Préchac. M. Gironde.
Précy-sous-Thil. M. Côte-d'Or.
Préfailles, par Sém. pointe de Saint-Gildas. 3 kil. Loire-Inférieure.
Preignac. M. Gironde.
Prémery. M. Nièvre.
Presle de-Doyet (La). 2 kil. Allier.
Preuilly. M. Indre-et-Loire.
Pringé. Voir Luché. Sarthe.
Prissac. M. Indre.
Privas. Ardèche.
Propriano. M. Corse.
Provins. Seine-et-Marne.
Puget-de-Cuers (Le). 2 kil. Var.
Puget-Théniers L. Alpes-Maritimes.
Puimisson. M. Hérault.
Puiseaux. 1 kil. Loiret.
Puisserguier. M. Hérault.
Pujols-sur-Dordogne. M. Gironde.
Puligny. M. Côte-d'Or.
Pure. M. Ardennes.
Puteaux. M. Seine.
Puy (Le). Haute-Loire.
Puy-de-Serre (v. Faymoreau). Vendée.
Puylaurens. M. Tarn.
Puy-l'Évêque. 1 kil. Lot.
Puyoo. 1 kil. Basses-Pyrénées.
Pyrimont. 1 kil. Ain.

Q

Quarante. M. Hérault.
Quatre-Routes (Les). 1 kil. Lot.
Quéménéven. 4 kil. Finistère.
Querqueville, par Sém. Fort de Querqueville. 2 kil. Manche.
Quesnoy (Le). M. Nord.
Quesnoy-sur-Deule. M. Nord.
Questembert. 3 kil. Morbihan.
Quettehou, par Saint-Vaast. 3 kil. Manche.
Quetteville V. Calvados.
Queyrac. M. Gironde.
Quiberon. (v. Locmaria-Quiberon). Morbihan.
Quillebeuf. L. Eure.
Quimerch. 3 kil. Finistère.
Quimper. Finistère.
Quimperlé. L. Finistère.
Quintin. M. Côtes-du-Nord.
Quissac. M. Gard.

R

Rabastens. 1 kil. Tarn.
Racquinghem (1). Pas-de-Calais.
Raddon. M. Haute-Saône.
Rai-Aube. V. Orne.
Raincy (Le)-Villemonble. (2) { pour Raincy (Le). 2 kil. Seine-et-Oise. / pour Villemonble. 1 kil. Seine.
Ramatuelle. par S. Cap Camarat. 4 k. Var.
Rambervillers. M. Vosges.
Rambouillet. Seine-et-Oise.
Ramerupt. M. Aube.
Ranchot. 1 kil. Jura.
Randan. M. Puy-de-Dôme.
Ranville, par Sém. Ouistreham. 6 kil. Calvados.
Raon-l'Étape. M. Vosges.
Ratoneau (v. I. Pomègues). Bouches-du-R.
Raucourt. 1 kil. Ardennes.
Ravières. M. Yonne.
Razac. 1 kil. Dordogne.
Réalmont. M. Tarn.
Rebais. M. Seine-et-Marne.
Rebrechien (v. Loury). Loiret.
Recey-sur-Ource. M. Côte-d'Or.
Redessan, par Manduel. 1 kil. Gard.
Redon. L. Ille-et-Vilaine.
Redorte (La). M. Aude.
Régneville. M. Manche.
Regny. 1 kil. Loire.
Reignier. M. Haute-Savoie.
Reims. Marne.
Remilly. 3 kil. Nièvre.
Remilly-les-Pothées, par Lonny. 6 kil. Ardennes.
Remilly, par Pont-Maugis. 3 kil. Ardennes.

(1) Bureau commun avec Wardrecques.
(2) La gare desservant le Raincy et Villemonble est dans le département de la Seine.

Remiremont. Vosges.
Remollon. M. Hautes-Alpes.
Remy (Usines) (1). Oise.
Renescure. M. Nord.
Renève. M. Côte-d'Or.
Rennes. N/2. Ille-et-Vilaine.
Renwez. M. Ardennes.
Réole (La). L. Gironde.
Rethel. Ardennes.
Retournac. 1 kil. Haute-Loire.
Reuilly. 1 kil. Indre.
Revel. M. Haute-Garonne.
Revigny. M. Meuse.
Réville, par Sém. Fort la Hougue. 5 kil. Manche.
Revin. 1 kil. Ardennes.
Reynier, par Sém. Six-Fours. 3 kil. Var.
Riantec, par Port-Louis. 4 kil. Morbihan.
Ribecourt. M. Oise.
Ribemont. M. Aisne.
Ribérac. L. Dordogne.
Ricamarie (La). 1 kil. Loire.
Riceys (Les). M. Aube.
Richardet, par Dinard. 4 k. Ille-et-Vilaine.
Richelieu. M. Indre-et-Loire.
Rideauville, par Sém. Fort La Hougue. 4 kil. Manche.
Riez. M. Basses-Alpes.
Rigny-le-Ferron. M. Aube.
Rilly-la-Montagne. 1 kil. Marne.
Rimaucourt. M. Haute-Marne.
Rimogne. 1 kil. Ardennes.
Riols. M. Hérault.
Riom. Puy-de-Dôme.
Rion. M. Landes.
Rioz. M. Haute-Saône.
Riscle. 1 kil. Gers.
Ris-Orangis. 1 kil. Seine-et-Oise.
Rive-de-Gier. Loire.
Rives. 2 kil. Isère.
Rivesaltes. M. [MT]. Pyrénées-Orientales.

Rivière (La). 1 kil. Doubs.
Rivière-de-Mansac (La). 1 kil. Corrèze.
Rivière-Thibouville (La). V. Eure.
Roanne. Loire.
Robert-Espagne, par Pont-sur-Saulx. Meuse.
Rocamadour. 4 kil. Lot.
Roche. 1 kil. Doubs.
Roche (La). M. Haute-Savoie.
Roche-Bernard (La). M. Morbihan.
Roche-Chalais-St-Aigulin (La) (2). { pour La Roche-Chalais. 4 kil. Dordogne. / pour St-Aigulin. 1 kil. Charente-Inférieure.
Rochechouart. L. Haute-Vienne.
Roche-Derrien (La). M. Côtes-du-Nord.
Rochefort. Charente-Inférieure.
Rochefort. 2 kil. Jura.
Rochefoucault (La). M. Charente.
Rochelle (La). Charente-Inférieure.
Roches-Bettaincourt. M. Haute-Marne.
Roches-de-Condrieu (Les). 1 kil. Isère.
Rochessauve. M. Ardèche.
Roche-sur-Yon (La) (Napoléon-Vendée). Vendée.
Rocourt (Usines) (3). Aisne.
Rocquigny. M. Aisne.
Rocroy. L. Ardennes.
Rodez. Aveyron.
Roisel. M. Somme.
Rolampont. 1 kil. Haute-Marne.
Romanèche. M. Saône-et-Loire.
Romans. Drôme.
Romilly. M. Aube.
Romilly-la-Puthenaye. 1 kil. Eure.
Romorantin. L. Loir-et-Cher.
Ronchamp. M. Haute-Saône.
Roquebrune. 2 kil. Var.
Roquebrune, par Sém. Cap San-Martino. 3 kil. Alpes-Maritimes.
Roquecourbe. M. Tarn.
Roquefavour. 1 kil. Bouches-du-Rhône.

Roquefort. M. Aveyron.
Roquefort. M. Landes.
Roquemaure. M. Gard.
Roquevaire. 1 kil. Bouches-du-Rhône.
Roscanvel, par Sém. Camaret. 7 kil. Finistère.
Roscoff, par Sém P^te de Bloscon. 2 kil. Finistère.
Rosières. M. Somme.
Rosières-aux-Salines. M. Meurthe-et-M.
Rosiers (Les). 2 kil. Maine-et-Loire.
Rosnay. M. Aube.
Rosny. V. Seine-et-Oise.
Rosoy. Ec. Yonne.
Rosporden. 1 kil. Finistère.
Rossillon. 1 kil. Ain.
Roubaix. Nord.
Rouen. N/2. Seine-Inférieure.
Rouessé-Vassé. V. Sarthe.
Rougemont. M. Doubs.
Rouget (Le). 2 kil. Cantal.
Rouillac. M. Charente.
Rouillé. 1 kil. Vienne.
Roujan. M. Hérault.
Roullet. M. Charente.
Rousses (Les). M. Jura.
Roussillon, par Péage-Roussillon. 2 k. Isère.
Routot. M. Eure.
Royan. Charente-Inférieure.
Roye. M. Somme.
Rozoy-en-Brie. M. Seine-et-Marne.
Rozoy-sur-Serre. M. Aisne.
Rue. M. Somme.
Rueil. Seine-et-Oise.
Ruelle (4). M. Charente.
Ruffec. L. Charente.
Ruffieux, par Châtillon. 6 kil. Savoie.
Rugles. M. Eure.
Rumilly. M. Haute-Savoie.
Rupt. M. Vosges.
Russey (Le). M. Doubs.

S

Saint-Adresse. M. Seine-Inférieure.
Saint-Affrique. L. Aveyron.
Saint-Agnan. 1 kil. Saône-et-Loire.
Saint-Agnant. M. Charente-Inférieure.

Saint-Agnès. 1 kil. Jura.
Saint-Aignan-Noyers. { p^r St-Aignan. 2 kil. Loir-et-Cher. / p^r Noyers. 2 kil. Loir-et-Cher.

Saint-Aignan (v. Saint-Benoît). Loiret.
Saint-Aigulin, par la Roche-Chalais-Saint-Aigulin. 1 kil. Charente-Inférieure.
Saint-Amand. L. Cher.

(1) Usines reliées au bureau de Compiègne pour la correspondance spéciale du propriétaire, M. Achille Bourdon.
(2) Ce bureau est dans la Charente-Inférieure.
(3) Usine reliée au bureau de Saint-Quentin pour la correspondance spéciale des propriétaires, MM. Robert de Massy et Compagnie.
(4) Ouvert de 8 heures à 11 heures du matin et de 1 heure à 4 heures du soir.

Saint-Amand. 1 kil. Loir-et-Cher.
Saint-Amand-de-Boixe. 2 kil. Charente.
Saint-Amand-en-Puisaye. M. Nièvre.
Saint-Amand-les-Eaux. M. Nord.
St-Amans-Soult. M. Tarn.
Saint-Ambroix. 1 kil. Gard.
Saint-Amour. 1 kil. Jura.
Saint-André. M. Eure.
Saint-André-de-Corcy. M. Ain.
Saint-André-de-Cubzac. M. Gironde.
Saint-André-de-Sangonis. M. Hérault.
Saint-André-de-Valborgne. M. Gard.
Saint-André-du-Gaz. 2 kil. Isère.
Saint-André-lès-Lille. M. Nord.
Sainte-Anne. 3 kil. Morbihan.
Saint-Antoine. 2 kil. Indre-et-Loire.
Saint-Antoine-Port-Ste-Foy. { pour Saint-Antoine. 2 kil. Dordogne. / pour Port-Sainte-Foy. 3 kil. Dordogne. }
Saint-Antonin. 1 kil. Tarn-et-Garonne.
Saint-Astier. 1 kil. Dordogne.
Saint-Aubin. Sém. Calvados.
St-Aubin, par S. St-Aubin. 3 k. Calvados.
Saint-Aubin. Ec. Yonne.
Saint-Aubin-des-Bois. V. Calvados.
Saint-Aubin, près Dieppe V. Seine-Infér.
Saint-Ay. 1 kil. Loiret.
Saint-Benin-d'Azy. M. Nièvre.
Saint-Benoist. 1 kil. Vienne.
Saint-Benoît-du-Sault. M. Indre.
St-Benoît-St-Aignan. { pr Saint-Benoît. 4 kil. Loiret. / pr Saint-Aignan. 1 kil. Loiret. }
St-Bérain-sur-d'Heune. 1 k. Saône-et-L.
Saint-Blin. M. Haute-Marne.
Saint-Bond. Ec. Yonne.
Saint-Bonnet. M. Hautes-Alpes.
Saint-Bonnet-de-Joux M. Saône-et-Loire
Saint-Bonnet-Ébreuil. 1 kil. Allier.
Saint-Briac, par Sém. Pointe du Décollé. 4 kil. Ille-et-Vilaine.
Saint-Brice-en-Coglès. 1 kil. Ille-et-Vilaine.
Saint-Brieuc. Côtes-du-Nord,
Saint-Bris. M. Yonne.
Saint-Calais. L. Sarthe.
Saint-Cast, par Sém. Pointe de Saint-Cast. 3 kil. Côtes-du-Nord.
Ste-Cécile-d'Andorge. { pr Sainte-Cécile. 1 kil. Gard. / pr Collet-de-Dèze. 7 k. Lozère. }

Saint-Cernin. M. Cantal.
Saint-Chamas. Bouches-du-Rhône.
Saint-Chamond. Loire.
Saint-Chéron. 1 kil. Seine-et-Oise.
Saint-Chinian. M. Hérault.
Saint-Christau. BM. Basses-Pyrénées.
Saint-Christoly-Couquèques. M. Girde.
Saint-Christophe. M. Indre.
Saint-Christophe. 1 kil. Aveyron.
Saint-Ciers-la-Lande. M. Gironde.
Saint-Clair. 1 kil. Rhône.
Saint-Claud. M. Charente.
Saint-Claude. Jura.
Saint-Cloud. Seine-et-Oise.
Saint-Corneille. M. Sarthe.
Saint-Coulomb, par Sém. Pointe de Besnard. 4 kil. Ille-et-Vilaine.
Saint-Cyr (v. Fondettes). Indre-et-Loire.
Saint-Cyr. 3 kil. Loiret.
Saint-Cyr. M. Seine-et-Oise.
Saint-Denis. 2 kil. Gironde.
Saint-Denis. 1 kil. Lot.
Saint-Denis (1). Seine.
Saint-Denis-d'Oléron, par Sém. Pointe de Chassiron. 3 kil. Charente-Inférieure.
St-Denis-Jargeau. { pour Saint-Denis. 1 kil. Loiret. / pour Jargeau, 1 kil. Loiret. }
Saint-Didier-la-Séauve. M. Haute-Loire.
Saint-Dié. Vosges.
Saint-Dizier. Haute-Marne.
Saint-Donat. M. Drôme.
Saint-Éloi. 2 kil. Puy-de-Dôme.
Saint-Émilion. 2 kil. Gironde.
Saint-Erme, près Laon. 1 kil. Aisne.
Saint-Estèphe. M. Gironde.
Saint-Étienne. 1 kil. Aube.
Saint-Étienne. Loire.
Saint-Étienne. 1 kil. Tarn-et-Garonne.
Saint-Étienne-de-Baigorry. M. Basses-Pyrénées.
Saint-Étienne-de-Lisse. 3 kil. Gironde.
Saint-Étienne-de-Montluc. 1 kil. Loire-Inférieure.
Saint-Étienne-de-Saint-Geoirs. 2 kil. Isère.
Saint-Étienne-du-Bois. 1 kil. Ain.
St-Étienne-en-Coglès. 1 k. Ille-et-Vilaine.
Saint-Fargeau. M. Yonne.
Saint-Feyre. 1 kil. Creuse.
Saint-Firmin. M. Hautes-Alpes.

Saint-Florent. 1 kil. Cher.
Saint-Florent. M. Corse.
Saint-Florentin. M. Yonne.
Saint-Flour. L. Cantal.
Saint-Fort-sur-Gironde. M. Charente-Inférieure.
Saint-Galmier. M. Loire.
Sainte-Gauburge. V. Orne.
Saint-Gaudens. L. Haute-Garonne.
Saint-Genest. M. Vienne.
Sainte-Geneviève. M. Aveyron.
Sainte-Geneviève. M. Oise.
Saint-Geniès. L. Aveyron.
Saint-Genis (Saintonge.). M. Charente-Inférieure.
Saint-Geoire. M. Isère.
Saint-Georges. 4 kil. Maine-et-Loire.
Saint-Georges. M. Rhône.
Saint-Georges-d'Aurac. 4 kil. Haute-Loire.
Saint-Georges-de-Didonne. M. Charente-Inférieure.
Saint-Georges-d'Oléron. M. Charente-Inférieure.
Saint-Georges-du-Vievre. M. Eure.
Saint-Geours-de-Maremne. M. Landes.
Saint-Gérand-le-Puy. M. Allier.
Saint-Germain-au-Mont-d'Or. 2 kil. Rhône.
Saint Germain-des-Fossés. 1 kil. Allier.
Saint-Germain-des-Vaux, par Sém. Cap La Hague. 4 kil. Manche.
St-Germain-du-Bois. M. Saône-et-L.
St-Germain-en-Coglès, 2 k. Ille-et-Vilaine.
Saint-Germain-en-Laye. Seine-et-Oise.
Saint-Germain-Lespinasse. 2 kil. Loire.
St-Germainmont. MC. Ardennes.
Saint-Germain-St-Rémy. V. Eure-et-Loir.
Saint-Germain-sur-Ille. V. Ille-et-Vilaine.
Saint-Gervais. M. Haute-Savoie.
Saint-Gervais-les-Bains. BM. Haute-Savoie.
Saint-Gildas. 1 kil. Loire-Inférieure.
Saint-Gilles. M. Gard.
Saint-Gilles. MC. Vendée.
Saint-Girons. L. Ariége,
Ste-Hélène-du-Lac. 3 kil. Savoie.
Sainte-Hermine. M. Vendée.
Saint-Hilaire-de-Villefranche. M. Charente-Inférieure.
Saint-Hilaire-du-Harcouet. M. Manche.

(1) Établissement rélié au bureau de la Chapelle à Paris pour la correspondance spéciale des magasins généraux.

Saint-Hilaire, par Morée-St Hilaire. 1 kil. Loir-et-Cher.
Saint-Hilaire-Beaufai. V. Orne.
Saint-Hippolyte. M. Doubs.
Saint-Hippolyte. Gard.
Saint-Honoré. M. Nièvre.
Sainte-Honorine-des Pertes, par Sém. Port-en-Bessin. 4 kil. Calvados.
Saint-Irénée (Moulin de) (1). Ardennes.
Saint-Jacques. 2 kil. Cantal.
Saint-Jacut. 3 kil. Morbihan.
Saint-James. M. Manche.
Saint-Jean-d'Angély. Charente-Infér.
Saint-Jean-de-Bournay. M. Isère.
St-Jean-de-Bruel. M. Aveyron.
St-Jean-de-Daye. M. Manche.
St-Jean-de-Liversay. M. Charente-Infér.
St-Jean-de-Losne. M. Côte-d'Or.
Saint-Jean-de-Luz. M. Basses-Pyrénées.
Saint-Jean-de-Maurienne. Savoie.
St-Jean-du-Gard. M. Gard.
Saint-Jean-Pied-de-Port. M. B^s-Pyréné^es.
Saint-Jean-Saint-Nicolas ou **Pont-du-Fossé**. M. Hautes-Alpes.
Saint-Jeoire. M. Haute-Savoie.
Saint-Julien. 1 kil. Côte-d'Or.
Saint-Julien. M. Landes.
Saint-Julien. L. Haute-Savoie.
Saint-Julien-du-Médoc (ou Saint-Julien-Beychevelle). M. Gironde.
Saint-Julien-du-Sault. M. Yonne.
St-Julien-en-St-Albans. M. Ardèche.
Saint-Julien-l'Ars. M. Vienne.
Saint-Junien. L. Haute-Vienne.
Saint-Just-en-Chaussée. M. Oise.
Saint-Lager-Bressac. V. Ardèche.
Saint-Lattier. 1 kil. Isère.
Saint-Laurent. M. Jura.
Saint-Laurent-d'Aigouze. 1 kil. Gard.
Saint-Laurent-de-Cerdans. M. Py^res O^les.
Saint-Laurent-de-la-Salanque. M. Pyrénées-Orientales.
Saint-Laurent-des-Combes. 1 kil. Gironde.
Saint-Laurent-du-Médoc. M. Gironde.
Saint-Laurent-du-Pont. M. Isère.
Saint-Laurent, par Niversac. 2 k. Dordogne.
Saint-Laurs. 3 kil. Deux-Sèvres.
Saint-Léger-Boisset. V. Eure.
Saint-Léger-Sully. 1 kil. Saône-et-Loire.
St-Léger-sur-d'Heune. 1 kil. Saône-et-Loire.
Saint-Léonard. M. Haute-Vienne.
Saint-Leu-d'Esserent. M. Oise.
Sainte-Livrade. M. Lot-et-Garonne.
Saint-Lizier. M. Ariége.
Saint-Lô. Manche.
Saint-Lothain. 1 kil. Jura.
Saint-Loubès. 1 kil. Gironde.
Saint-Loup. M. Deux-Sèvres.
Saint-Loup. M. Haute-Saône.
Saint-Loup (gare de), par Saint-Loup. 2 kil. Haute-Saône.
Saint-Luc (asile d'aliénés). Voir Pau. 3 kil. Basses-Pyrénées.
Saint-Luce. 2 kil. Loire-Inférieure.
Sainte-Lucie-de-Tallano. M. Corse.
Saint-Lunaire, par Sém. Pointe du Décollé 1 kil. Ille-et-Vilaine.
Saint-Luperce. V. Eure-et-Loir.
Saint-Macaire. M. Gironde.
Saint-Maixent. M. Deux-Sèvres.
Saint-Malo. Ille-et-Vilaine.
Saint-Mandé. Seine.
Saint-Mandrier, par Sém. cap Sepet 3 k. Var.
Saint-Marcel. M. Aude.
Saint-Marcel-lès-Valence. 1 kil. Drôme.
Saint-Marcellin. L. Isère.
Saint-Mards-en-Othe. M. Aube.
Saint-Mards-Orbec (2), pour Saint-Mards. 4 kil. Eure.
Sainte-Marguerite, par Sém. Pointe-d'Ailly 2 kil. Seine-Inférieure.
Sainte-Marie-sur-Ouche. Ec. Côte-d'Or.
Saintes-Maries, par Sém. Pointe des Saintes-Maries. 2 kil. Bouches-du-Rhône.
Saint-Mars-la-Brière. V. Sarthe.
Saint-Martin. 1 kil. Maine-et-Loire.
Saint-Martin-d'Auxigny. M. Cher.
Saint-Martin. Ec. Yonne.
Saint-Martin-de-Bouillac. 1 kil. Aveyron.
Saint-Martin-de-Ré. Charente-Inférieure.
Saint-Martin-de-Seignaux. M. Landes.
Saint-Martin-d'Estréaux. 2 kil. Loire.
Saint-Martin-le-Beau. 1 kil. Indre-et-Loire.
Saint-Martin-Valmeroux. M. Cantal.
Saint-Mathurin. 1 kil. Maine-et-Loire.
Saint-Maur. M. Seine.
Sainte-Maure. M. Indre-et-Loire.
Sainte-Maure. 1 kil. Indre-et-Loire.
Saint-Maurice. M. Vosges.
Sainte-Maxime, par Sém. Cap Sardinaux. 2 kil. Var.
Saint-Maximin. M. Var.
Saint-Médard de Guizières. 1 kil. Gironde.
***Saint-Médard-en-Jalle**. M. Gironde.
Saint-Méen. M. Ille-et-Vilaine.
Saint-Même. M. Charente.
Sainte-Menehould. Marne.
Sainte-Mesme. 2 kil. Seine-et-Oise.
Saint-Mesmin. 1 kil. Vendée.
Saint-Michel. M. Aisne.
Saint-Michel. 1 kil. Savoie.
Saint-Michel. 1 kil. Seine-et-Oise.
Saint-Michel-en-l'Herm. M. Vendée.
Saint-Mihiel. L. Meuse.
Saint-Morillon. M. Gironde.
Saint-Nazaire. Loire-Inférieure.
Saint-Nazaire (Sénary-Beauport). M. Var.
Saint-Nicolas. 1 kil. Morbihan.
St-Nicolas-d'Aliermont. M. Seine-Infér.
St-Nicolas-de-la-Grave. M. Tarn-et-Gar.
Saint-Omer. Pas-de-Calais.
Saint-Ouen. (Usine Farcot) (3). Seine.
Saint-Pair. M. Manche.
Saint-Palais. M. Basses-Pyrénées.
Saint-Papoul. M. Aude.
Saint-Pargoire. M. Hérault.
Saint-Parre-les-Vaudes. 1 kil. Aube.
Saint-Paterne. 1 kil. Indre-et-Loire.
Saint-Patrice. 1 kil. Indre-et-Loire.
Saint-Paul. M. Tarn.
Saint-Paul-les-Romans. 1 kil. Drôme.
Saint-Paul-Trois-Châteaux. M. Drôme.
Saint-Péray. M. Ardèche.
Saint-Père-en-Retz. M. Loire-Inférieure.
Saint-Philbert. M. Loire-Inférieure.
Saint-Pierre-d'Albigny. M. Savoie.
Saint-Pierre-de-Chignac. 1 kil. Dordogne.
Saint-Pierre-de-Quiberon, par Sém. Locmaria. 3 kil. Morbihan.
Saint-Pierre-d'Oléron. L. Charente-Inf.
Saint-Pierre-du-Vauvray. 1 kil. Eure.

(1) Moulin relié au bureau de Vouziers pour la correspondance spéciale du propriétaire, M. Constant Desforges.
(2) Les frais d'exprès à percevoir ne sont que de 50 centimes lorsque les dépêches doivent être expédiées de Saint-Mards-Orbec par la poste.
(3) Usines reliées au bureau de l'avenue de Clichy, à Paris, pour la correspondance spéciale des propriétaires, MM. Farcot.

Saint-Pierre-Église. M. Manche.
Saint-Pierre-Lacour. M. Mayenne.
Saint-Pierre-le-Moultier. 1 kil. Nièvre.
Saint-Pierre-lès-Calais. L. Pas-de-Calais.
Saint-Pierre-Quilbignon, par Sém. Pointe Portzic. 3 kil. Finistère.
Saint-Pierre-sur-Dives. M. Calvados.
Saint-Pierreville. M. Ardèche.
Saint-Pol-de-Léon. L. Finistère.
Saint-Pol-sur-Ternoise. L. Pas-de-Calais.
Saint-Pompain. 2 kil. Deux-Sèvres.
Saint-Pons. Hérault.
Saint-Porchaire. M. Charente-Inférieure.
Saint-Pourçain. M. [MT]. Allier.
Saint-Priest. 2 kil. Isère.
Saint-Priest-Taurion. 3 kil. Haute-Vienne.
Saint-Quay. Sém. Côtes-du-Nord.
Saint-Quay, par Sém. Saint-Quay. 1 kil. Côtes-du-Nord.
Saint-Quentin. Aisne.
Saint-Quentin. 1 kil. Isère.
Sainte-Radegonde, par Plessis-Chenet. 2 k. Seine-et-Oise.
Saint-Rambert. 1 kil. Ain.
Saint-Rambert. 1 kil. Drôme.
Saint-Raphaël. M. Var.
Saint-Rémy. M. Bouches-du-Rhône.
Saint-Rémy. V. Calvados.
Saint-Renan. L. Finistère.
Saint-Robert. 1 kil. Isère.
Saint-Romain-de-Colbosc. M. Seine-Inf.
Saint-Romain-le-Puy. 1 kil. Loire.
Saint-Saens. M. Seine-Inférieure.
Saint-Satur. M. Cher.
Saint-Saturnin. 1 kil. Vaucluse.
Saint-Saulge. M. Nièvre.
Saint-Sauveur. M. Yonne.
St-Sauveur-de-Nuaillé. M. Charente-Inf.
Saint-Sauveur-le-Vicomte. M. Manche.
Saint-Sauveur, par Port-Joinville. 2 kil. Vendée. (Ile d'Yeu.)
Saint-Sauveur, par Luz. 2 kil. Hautes-Pyrén.
Saint-Savin-de-Blaye. M. Gironde.
Saint-Savinien. M. Charente-Infér.
Saint-Savin-sur-Gartempe. M. Vienne.
Saint-Sébastien. 1 kil. Creuse.
Saint-Sébastien, par Sém. Pointe de Chémoulin. 4 kil. Loire-Inférieure.
Saint Servan. Ille-et-Vilaine.
Saint-Servan. Sém. Ille-et-Vilaine.
Saint-Seurin-de-Cadourne. M. Gironde.
Saint-Sever. L. Landes.
Saint-Sever. V. Calvados.
Saint-Simon. M. Aisne.
Saint-Sulpice. 1 kil. Gironde.
Saint-Sulpice-la-Pointe. 1 kil. Tarn.
Saint-Sulpice-Laurière. 2 kil. H^te^-Vienne.
Saint-Silvain-Briollay. V. Maine-et-Loire.
Saint-Symphorien-de-Lay. M. Loire.
Saint-Symphorien-d'Ozon. M. Isère.
Saint-Thégonec. V. Finistère.
* **Saint-Thibéry.** M. Hérault.
Saint-Tropez. Var.
Saint-Tudy, par Sém. Pointe Grognon. 4 k. Morbihan.
Saint-Vaast. M. Manche.
Saint-Valérien. M. Yonne.
Saint-Valéry-en-Caux. Seine-Inférieure.
Saint-Valéry-en-Caux. Sém. Seine-Inf.
Saint-Valery-sur Somme. Somme.
Saint-Vallier. M. Drôme.
Saint-Varent. M. Deux-Sèvres.
Saint-Vaury. M. Creuse.
Saint-Victor. 1 kil. Loire.
Saint-Victor-l'Abbaye. M. Seine-Infér.
Saint-Vincent. 2 kil. Haute-Loire.
Saint-Vincent-de-Tyrosse. 1 kil. Landes.
Saint-Vivien. M. Gironde.
Saint-Waast-la-Hougue. (ou Saint-Vaast). Manche.
Saint-Wit. 1 kil. Doubs.
Saint-Ybars. M. Ariége.
Saint-Yrieix. L. Haute-Vienne.
Saint-Yzans. M. Gironde.
Sablé. L. Sarthe.
Sables-d'Olonne (Les). Vendée.
Sables-d'Olonne (Les). Sém. Vendée.
Sabres. M. Landes.
Saillans. M. Drôme.
Saincaise. 1 kil. Nièvre.
Sains. M. Aisne.
Sains. Nord.
Saintes. Charente-Inférieure.
Salbris. 1 kil. Loir-et-Cher.
Salernes. M. Var.
Salers. MC. Cantal.
Salies. M. Basses-Pyrénées.
Salins. Jura.
Sallanches. L/BC. Haute-Savoie.
Salle (La). (Voir Lassalle.) Gard.
Sallèles-d'Aude. M. Aude.
Salles-Courbatiers. 1 kil. Aveyron.
Salles-la-Source. 3 kil. Aveyron.
Salon. M. Bouches-du-Rhône.
Salviac. M. Lot.
Salyndres. 1 kil. Gard.
Samatan. M. Gers.
Samoëns. M. Haute-Savoie.
Samois. Ec. Seine-et-Marne.
Sampigny. M. Meuse.
Sancerre. L. Cher.
Sancoins. M. Cher.
Sangatte, par Sém. Calais. 4 k. Pas-de-Calais.
Santenay. M. Côte-d'Or.
Santeuil. 1 kil. Eure-et-Loir.
Sanvic. M. Seine-Inférieure.
Saorge. M. Alpes-Maritimes.
Saramon. M. Gers.
Sarlat. Dordogne.
Sartène. Corse.
Sarzeau. M. Morbihan.
Sassenage. M. Isère.
Sassetot-le-Mauconduit. M. Seine-Inf.
Sathonay. 1 kil. Ain.
Sathonay (Camp de). Ain.
Saudrupt. M. Meuse.
Saujon L. Charente-Inférieure.
Saulces-Monclin. 2 kil. Ardennes.
Saulieu. M. Côte-d'Or.
Saulxures. M. Vosges.
Saumur. Maine-et-Loire.
Sauve. M. Gard.
Sauveterre. M. Gironde.
Sauveterre. 1 kil. Lot-et-Garonne.
Sauveterre. M. Basses-Pyrénées.
Sauzé-Vaussais. M. Deux-Sèvres.
Savenay. 1 kil. Loire-Inférieure.
Saverdun. M. Ariége.
Savignac-les-Églises. M. Dordogne.
Savigny-en-Septaine. 2 kil. Cher.
Savigny-sous-Beaune. M. Côte-d'Or.
Savigny-sur-Orge. 1 kil. Seine-et-Oise.
Savonnières. 2 kil. Indre-et-Loire.
Sceaux. V. Sarthe.
Sceaux. Seine.
Scey-sur-Saône. M. Haute-Saône.
Scorbé-Clairvaux. M. Vienne.
Séclin. M. Nord.
Secondigny. M. Deux-Sèvres.
Sedan. Ardennes.

Sées. M. Orne.
Segonzac. M. Charente.
Segré. Maine-et-Loire.
Seilhac. M. Corrèze.
Seillans. M. Var.
Selles-sur-Cher. 1 kil. Loir-et-Cher.
Semur. L. Côte-d'Or.
Senas. 1 kil. Bouches-du-Rhône.
Senlis. L. Oise.
Senonches. M. Eure-et-Loir.
Senones. M. Vosges.
Sennecey le-Grand. M. Saône-et-Loire.
Sens. Yonne.
Séraucourt. M. Aisne.
Sérifontaine. V. Oise.
Sermaize. 1 kil. Marne.
Sermaize, par Brolles. 2 k. Seine-et-Marne
Serquigny. M. Eure.
Serres. M. Hautes-Alpes.
Serrigny. M. Côte-d'Or.
Servance. M. Haute-Saône.
Servian. M. Hérault.
Servon. V. Ille-et-Vilaine.
Seurre. M. Côte-d'Or.
Severac. 1 kil. Loire-Inférieure.
Sevran. 1 kil. Seine-et-Oise.
Sevran (Poudrerie), par Sevran. 2 kil. Seine-et-Oise.
Sèvres. M. Seine-et-Oise.
Seyches. M. Lot-et-Garonne.
Seyne. M. Basses-Alpes.
Seyne (La). L. Var.
Seyssel. 1 kil. Ain.
Sézanne. L. Marne.
Sièges. (Voir Chigy) Yonne.
Sigean. M. Aude.
Sigogne. M. Charente.
Signy-le-Petit. 1 kil. Ardennes.
Sillery. M. Marne.
Sillé-le-Guillaume. M. Sarthe.
Silvanès. BM. Aveyron.
Simorre. M. Gers.
Siorac. 1 kil. Dordogne.
Sisteron. L. Basses-Alpes.
Six-Fours. Sém. Var.
Six-Fours, par Sém. Six-Fours. Var.
Soccoa (La), par Sém. Pointe Soccoa. 1 k. Basses-Pyrénées.
Soissons. Aisne.
Soisy-sous-Étioles. M. Seine-et-Oise.
Soisy-sur-École. M. Seine-et-Oise.
Solenzara (La). L. Corse.
Solesmes. M. Nord.
Soliès-Pont. 1 kil. Var.
Solre-le-Château. M. Nord.
Somain. 1 kil. Nord.
Sommedieue. M. Meuse.
Sommesous. 1 kil. Marne.
Sommevoire. M. Haute-Marne.
Sommières. M. Gard.
Sône (La). M. Isère.
Songeons. M. Oise.
Sorcy. M. Meuse.
Sore. M. Landes.
Sorèze. M. Tarn.
Sorgues. L. Vaucluse.
Sos. M. Lot-et-Garonne.
Sospel. M. Alpes-Maritimes.
Sottevast. V. Manche.
Sotteville-les-Rouen. M. Seine-Infér.
Soturac- } pour Soturac. 3 kil. Lot.
Touzac. } pour Touzac. 2 kil. Lot.
Soubie. 1 kil. Dordogne.
Souillac. M. Lot.
Soulac-les-Bains. BM. Gironde.
Soulaines. M. Aube.
Sourdeval. M. Manche.
Soustons. M. Landes.
Souterraine (La). 1 kil. Creuse.
Souvigny. 1 kil. Allier.
Steene. M. Nord.
Steenvorde. M. Nord.
Stenay. M. Meuse.
Suèvres. 2 kil. Loir-et-Cher.
Suippes. M. Marne.
Sully-les- } pour Sully. 6 kil. Loiret.
Bordes. } pour les Bordes. 1 kil. Loiret.
Sumene. M. Gard.
Surdon. V. Orne.
Suresnes. MC. Seine.
Suresnes (Écluse). Ec. Seine.
Surgères. Charente-Inférieure.
Survilliers. 2 kil. Seine-et-Oise.
Sury-le-Comtal. 1 kil. Loire.
Suze (La). M. Sarthe.
Syam. M. Jura.

T

Tacoignières. V. Seine-et-Oise.
Tain. M. Drôme.
Talais. M. Gironde.
Tallard. M. Hautes-Alpes.
Talmay. 1 kil. Côte-d'Or.
Tamaris ou Alais (Forges d'). 1 kil. Gard.
Taninges. M. Haute-Savoie.
Tannay. M. Nièvre.
Tantonville. M. Meurthe-et-Moselle.
Tarare. Rhône.
Tarascon. L. Bouches-du-Rhône.
Tarascon-sur-Ariége. M. Ariége.
Tarbes. Hautes-Pyrénées.
Tardets. M. Basses-Pyrénées.
Tartas. M. Landes.
Taulignan. M. Drôme.
Tavaux. D. Jura.
Taverny. M. Seine-et-Oise.
Templeuve. M. Nord.
Tenay. 2 kil. Ain.
Tencin. 1 kil. Isère.
Tergnier. 1 kil. Aisne.
Terrasson. 1 kil. Dordogne.
Terre-Noire. 1 kil. Loire.
Tessonnières. 1 kil. Tarn.
Teste (La). 1 kil. Gironde.
Tête-Noire. 1 kil. Dordogne.
Thaon. MC. Vosges.
Theil (Le). 1 kil. Orne.
Theil- } pour Theil. 2 kil. Yonne.
Cerisiers. } pour Cerisiers. 6 kil. Yonne.
Theillay. 1 kil. Loir-et-Cher.
Thélonne, par Pont-Maugis. 3 k. Ardennes.
Thénac. M. Charente-Inférieure.
Thenezay. M. Deux-Sèvres.
Thénioux. 1 kil. Cher.
Thénon. 3 kil. Dordogne.
Thezée. 1 kil. Loir-et-Cher.
Thiat. 4 kil. Haute-Vienne.
Thiaucourt. M. Meurthe-et-Moselle.
Thiberville. M. Eure.
Thiel. 1 kil. Allier.
Thiers. Puy-de-Dôme.
Thiezac. 2 kil. Cantal.

Thillot (Le). M. Vosges.
Thiron. M. Eure-et-Loir.
Thiviers. 1 kil. Dordogne.
Thizy. L. Rhône.
Thoissey. M. Ain.
Tholy (Le). M. Vosges.
Thones. M. Haute-Savoie.
Thonon. L/BC. Haute-Savoie.
Thor. 1 kil. Vaucluse.
Thorigné. 1 kil. Sarthe.
Thouaré. 1 kil. Loire-Inférieure.
Thouars. M. Deux-Sèvres.
Thury-Harcourt. M. Calvados.
Tiercé. M. Maine-et-Loire.
Tillières. M. Eure.
Tilly-sur-Seulles. M. Calvados.
Tinchebray. M. Orne.
Tonnay-Charente. L. Charente-Infér.
Tonneins. Lot-et-Garonne.
Tonnerre. L. Yonne.
Torigni-sur-Vire. M. Manche.
Torpes. 1 kil. Doubs.
Tôtes. M. Seine-Inférieure.
Touches, par Bourgneuf (Le). Saône-et-L.
Toucy. M. Yonne.
Toul. Meurthe-et-Moselle.
Toulon. N/2. Var.
Toulon-sur-Arroux. M. Saône-et-Loire.
Toulouse. N. Haute-Garonne.
Toulouse (Camp de), par Toulouse. 2 kil. Haute-Garonne.
Touques. V. Calvados.
Touques, par Trouville. 3 kil. Calvados.
Touquin. M. Seine-et-Marne.
Tour (La) (1). Hérault.
Tourcoing. Nord.
Tour-du-Pin (La). L. Isère.
Tournan. 1 kil. Seine-et-Marne.
Tournay. M. Hautes-Pyrénées.
Tournon. Ardèche.
Tournus. M. Saône-et-Loire.
Tourny. M. Eure.
Tourouvre. M. Orne.
Tours. Indre-et-Loire.
Tour-S'-Louis (La). M. Bouches-du-Rh.
Tours-sur-Marne. M. Marne.
Tourves. M. Var.
Toury. 1 kil. Eure-et-Loir.
Touzac (v. Soturac). Lot.
Tracy-le-Mont, par Ollancourt. 2 kil. Oise.
Tracy-le-Val, par Ollancourt. 2 kil. Oise.
Trainel. M. Aube.
Trait (Le). M. Seine-Inférieure.
Trans. 1 kil. Var.
Trappes. 1 kil. Seine-et-Oise.
Traves. M. Haute-Saône.
Treberden, par Sém. Pointe de Bihit. 1 k. Côtes-du-Nord.
Trèbes. M. Aude.
Tréguier. Côtes-du-Nord.
Treignat. 1 kil. Allier.
Trélazé. M. Maine-et-Loire.
Trélon. M. Nord.
Tremblade (La). L. Charente-Inférieure.
Tremblay. 2 kil. Ille-et-Vilaine.
Trémentines. 3 kil. Maine-et-Loire.
Tréport (Le). Seine-Inférieure.
Tréport (Le). Sém. Seine-Inférieure.
Trévières. M. Calvados.
Trevignon. Sém. Finistère.
Trévoux. L. Ain.
Tricherie (La). 1 kil. Vienne.
Triel. M. Seine-et-Oise.
Trillers (Les). 1 kil. Allier.
Trilport. M. Seine-et-Marne.
Troarn. M. Calvados.
Troissereux. M. Oise.
Tronget. 1 kil. Allier.
Trouville. Calvados.
Troyes. Aube.
Trun. M. Orne.
Tuffé. 1 kil. Sarthe.
Tulle. Corrèze.
Tullins. 1 kil. Isère.
Turballe (La). M. Loire-Inférieure.
Turenne. 3 kil. Corrèze.

U

Ucel. M. Ardèche.
Uchaud. 1 kil. Gard.
Ugine. M. Savoie.
Urcay (*ville*), par Urcay (gare). 1 k. Allier.
Urçay (gare). 1 kil. Cher.
Uriage. BL. Isère.
Urt. 1 kil. Basses-Pyrénées.
Ussat-les-Bains. BM. Ariége.
Ussel. L. Corrèze.
Ussy. M. Calvados.
Ustaritz. M. Basses-Pyrénées.
Uxem, par Sém. Zuydcoote. 5 kil. Nord.
Uza. M. Landes.
Uzel M. Côtes-du-Nord
Uzerche. M. Corrèze.
Uzès. Gard.
Uzeste. M. Gironde.

V

Vaas. 1 kil. Sarthe.
Vabre. M. Tarn.
Vagney. M. Vosges.
Vailly. M. Aisne.
Vailly. M. Cher.
Valay. M. Haute-Saône.
Val-d'Ajol (Le). M. Vosges.
Valdonne. Bouches-du-Rhône.
Val-d'Osne (Le). M. Haute-Marne.
Valençay. M. Indre.
Valence. Drôme.
Valence. M. Gers.
Valence-d'Agen. M. Tarn-et-Garonne.
Valenciennes. Nord.
Valensole. M. Basses-Alpes.
Valergues. 1 kil. Hérault.
Valette (La). 1 kil. Gard.
Valeyrac. M. Gironde.
Valleraugue. M. Gard.
Vallery. M. Yonne.
Vallières. M. Creuse.
Vallon. 1 kil. Allier.
Vallon. M. Ardèche.
Valmont. M. Seine-Inférieure.
Valognes. Manche.
Valréas. L. Vaucluse.
Vals. M. Ardèche.

(1) Usine reliée au bureau de Bédarieux pour la correspondance spéciale du directeur de la société, M. L. de Gée.

Vannes. Morbihan.
Vans (Les). M. Ardèche.
Vanves. M. Seine.
Vanvey. M. Côte-d'Or.
Var. V. Alpes-Maritimes.
Varades. 2 kil. Loire-Inférieure.
Varangeville. 1 kil. Meurthe-et-Moselle.
Varengeville-sur-Mer, par Sém. Pointe d'Ailly. 5 kil Seine-Inférieure.
Varennes { p[r] Varennes, 1 kil. Aisne.
Courtemont. { p[r] Courtemont, 3 k. Aisne.
Varennes. Ec. Seine-et-Marne.
Varennes-en-Argonne. M. Meuse.
Varennes-sur-Allier. 1 kil. Allier.
Varennes-sur-Loire. 2 kil. Maine-et-Loire.
Varilhes. M. Ariége.
Vars. 1 kil. Charente.
Varzy. M. Nièvre.
Vassy. Haute-Marne.
Vassy-près-Vire. M. Calvados.
Vast (Le). MC. Manche.
Vatan. M. Indre.
Vatry. (Voir Bussy-Lettrée.) Marne.
Vaubecourt. M. Meuse.
Vaublanc (Forges), par Plémet. Côtes.-du-N.
Vaucouleurs. M. Meuse.
Vauvert. M. Gard.
Vaux. (Voir Fouchères.) Aube.
Vavincourt. M. Meuse.
Vayres. 2 kil. Gironde.
Veauce. M. Allier.
Velars-sur-Ouche. M. Côte-d'Or.
Velaux. V. Bouches-du-Rhône.
Velines. 1 kil. Dordogne.
Vellexon. 1 kil. Haute-Saône.
Venarey. Ec. Côte-d'Or.
Vence-Cagnes. 1 kil. Alpes-Maritimes.
Vendeuvre. M. Aube.
Vendeuvre-Jort. V. Calvados.
Vendôme. Loir-et-Cher.
Venelles. 2 kil. Bouches-du-Rhône.
Venise (1). Meuse.
Venissieux. 1 kil. Rhône.
Ventron. M. Vosges.
Verberie. M. Oise.
Verdon (Le). M. Gironde.
Verdun. Meuse.
Verdun-sur-le-Doubs. 1 k. Saône-et-Loire.
Véretz. 2 kil. Indre-et-Loire.
Vergèze. 1 kil. Gard.
Vergongheon, par Arvant. 2 kil. Cantal.
Vermand. M Aisne.
Vermenton. M. Yonne.
Vernaison. Rhône.
Verneuil. 3 kil. Nièvre.
Verneuil. 1 kil. Seine-et-Marne.
Verneuil-s.-Avre. M. Eure.
Verniole. M. Ariége.
Vernon. MC. Eure.
Vernou. 2 kil. Indre-et-Loire.
Vernoux. M. Ardèche.
Verpillière (La). 1 kil. Isère.
Verrière (La). V. Seine-et-Oise.
Versailles. N. Seine-et-Oise.
Versannes. 1 kil. Dordogne.
Vertheuil. M. Gironde.
Verton. 1 kil. Pas-de-Calais.
Vertou. 2 kil. Loire-Inférieure.
Vertus. M. Marne.
Vervins. Aisne.
Verzy. M. Marne.
Vescovato. M. Corse.
Vésinet (Le). V. Seine-et-Oise.
Vesoul. Haute-Saône.
Veules. M. Seine-Inférieure.
Veulettes, par Sasselot-le-Mauconduit. 7 kil. Seine-Inférieure.
Veuves. 1 kil. Loir-et-Cher.
Veynes. M. Hautes-Alpes.
Vezelise. M. Meurthe-et-Moselle.
Vezins. M. Aveyron.
Vias. 1 kil. Hérault.
Vic. 2 kil. Hérault.
Vic-Bigorre. M. Hautes-Pyrénées.
Vic-Fezenzac. M. Gers.
Vichy. Allier.
Vic-le-Comte. 5 kil. Puy-de-Dôme.
Vic-le-Fesq. 1 kil. Gard.
Vic-sur-Aisne. M. Aisne.
Vic-sur-Cère. 1 kil. Cantal.
Vidauban. M. Var.
Vieilleville. 1 kil. Creuse.
Vielmur. M. Tarn.
Viels-Maisons. M. Aisne.
Vienne. Isère.
Vienne-le-Château. M. Marne.
Vierzon. Cher.
Viessoix. V. Calvados.
Vieux-Salins-d'Hyères. (Les). M. Var.
Vigan (Le). Gard.
Vignory. M. Haute-Marne.
Vihiers. M. Maine-et-Loire.
Villacerf. M. Aube.
Villandraut. M. Gironde.
Villard-Bonnot, par Lancey. 1 kil. Isère.
Villard-les-Dombes. M. Ain.
Villars. M. Alpes-Maritimes.
Ville-d'Avray. M. Seine-et-Oise.
Villedieu (La). M. Ardèche.
Villedieu. M. Manche.
Villedieu (La). 1 kil. Deux-Sèvres.
Villefort. M. Lozère.
Villefranche. 2 kil. Allier.
Villefranche. 4 kil. Dordogne.
Villefranche, par Sém. Cap Ferret. 4 kil. Alpes-Maritimes.
Villefranche-de-Lauragais. L. H[te]-Gar.
Villefranche-de-Rouergue. L. Aveyron.
Villefranche-sur-Cher. 1 kil. Loir-et-Cher.
Villefranche-sur-Mer. L. Alpes-Marit[es].
Villefranche-sur-Saône. Rhône.
Villelaure. 1 kil. Vaucluse.
Villemaur. M. Aube.
Villemonble. (Voir le Raincy.) Seine.
Villenauxe. M. Aube.
Villeneuve. 4 kil. Aveyron.
Villeneuve-de-Berg. M. Ardèche.
Villeneuve-la-Guyard. 1 kil. Yonne.
Villeneuve-l'Archevêque. M. Yonne.
Villeneuve-l'Étang (Camp de). S.-et-Oise.
Villeneuve-les-Maguelonne. M. Hérault.
Villeneuve-Saint-Georges. 1 k. S.-et-Oise.
Villeneuve-sur-Lot. Lot-et-Garonne.
Villeneuve-sur-Yonne. M. Yonne.
Villeneuve-sur-Yonne (écluse). Ec. Yon.
Villenoy (2). Seine-et-Marne.
Villepatour. 1 kil. Seine-et-Marne.
Villeperdue. 1 kil. Indre-et-Loire.
Villeperrot. Ec. Yonne.
Villepreux-les-Cloyes. V. Seine-et-Oise.
Villers-Bocage. M. Calvados.
Villers-Bretonneux. M. Somme.
Villers-Cotterets. 1 kil. Aisne.
Villers-les-Guise. M. Aisne.

(1) Usine reliée au bureau de Bar-le-Duc pour la correspondance spéciale du propriétaire, M. Ernest Caill[illegible]t.
(2) Établissement relié au bureau de Meaux pour la correspondance spéciale de l'usine.

Villers-sur-Mer. M. Calvados.
Villerville. M. Calvados.
Villespy. M. Aude.
Ville-sur-Illon. M. Vosges.
Ville-sur-Terre. M. Aube.
Villevallier. Ec. Yonne.
Villié. M. Rhône.
Villiers-le-Bel. M. Seine-et-Oise.
Villiers-Neauphle. V. Seine-et-Oise.
Villiers-sur-Marne. 1 kil. Seine-et-Oise.
Villotte-devant-St-Mihiel. M. Meuse.
Vimoutiers. M. Orne.
Vimpelles. 2 kil. Seine-et-Marne.
Vinay. 1 kil. Isère.
Vincennes. Seine.
Vincennes (ferme), par S^t.-Maur. 2 k. Seine.
Vindrac. 2 kil. Tarn.
Vingthanaps. V. Orne.
Vinneuf. Ec. Yonne.
Violaines. 1 kil. Pas-de-Calais.
Vire. Calvados.
Vireux. 1 kil. Ardennes.
Virieu. 1 kil. Isère.
Virieux-le-Grand. 1 kil. Ain.
Viroflay. 1 kil. Seine-et-Oise.
Vitré. L. Ile-et-Vilaine.
Vitrey. M. Haute-Saône.
Vitry-en-Artois. 1 kil. Pas-de-Calais.
Vitry. 2 kil. Seine.
Vitry-le-Croisé. M. Aube.
Vitry-le-François. Marne.
Vitteaux. M. Côte-d'Or.
Vittel. M. Vosges.
Viuz-en-Sallaz. M. Haute-Savoie.
Vivario (Gatti-di-). M. Corse.
Vives-Eaux (Les). Ec. Seine-et-Marne.
Viviers. M. Ardèche.
Viviers. 1 kil. Savoie.
Viviez. M. Aveyron.
Vivoin. V. Sarthe.
Vivonne. 1 kil. Vienne.
Vizille. M. Isère.
Void. M. Meuse.
Voiron. L. Isère.
Voivres. V. Sarthe.
Volonne. M. Basses-Alpes.
Volvic. M. Puy-de-Dôme.
Volx. D. Basses-Alpes.
Vonnas. 1 kil. Ain.
Voreppe. 1 kil. Isère.
Vorey. 1 kil. Haute-Loire.
Voujaucourt. 1 kil. Doubs.
Voulte (La). 1 kil. Ardèche.
Voultegon. 1 kil. Deux-Sèvres.
Voulx. M. Seine-et-Marne.
Voûte-sur-Loire (La). 1 kil. Haute-Loire.
Voutré. V. Mayenne.
Vouvray. M. Indre-et-Loire.
Vouziers. Ardennes.
Voves. 1 kil. Eure-et-Loir.
Vrigne-aux-Bois, { pour Vrigne-aux-Bois. 1 kil. Ardennes. pour Vrigne-Meuse. 1 kil. Ardennes. }
Vrigne-Meuse (v. Vrigne-aux-Bois). Ardennes.
Vue. M. Loire-Inférieure.
Vuillafans. M. Doubs.
Vulaines. 1 kil. Aube.

W

Wardrecques. M. Pas-de-Calais.
Wassigny. M. Aisne.
* **Wattendam.** Ec. Nord.
Wissant, par Sém. Cap Gris-Nez. 5 kil. Pas-de-Calais.
Woincourt. M. Somme.
Ws-Marines. V. Seine-et-Oise.
Wygnehies. M. Nord.

X

Xertigny. M C. Vosges.

Y

Ychoux. 2 kil. Landes.
Yenne. M. Savoie.
Yerville. M. Seine-Inférieure.
Yeu, par Port-Joinville (Ile d'Yeu). Vendée.
Ygos. M. Landes.
Yport. M. Seine-Inférieure.
Yssingeaux. L. Haute-Loire.
Ytrac. 1 kil. Cantal.
Yveteaux-Fromenthal. V. Orne.
Yvetot. Seine-Inférieure.
Yvrée-l'Evêque. V. Sarthe.

Z

Zuydcoote. Sém. Nord.
Zuydcoote, par Sém. Zuydcoote. 1 kil. Nord.

II. ALGÉRIE.

Affreville. Alger.
Aïn-Beïda. L. Constantine.
Aïn-Mokra. M. Constantine.
Aïn-Temouchent. L. Oran.
Akbou (Centre). L. Constantine.
Alger. N. Alger.
Alma (L'). L. Alger.
Ameur-el-Aïn. M. Alger.
Ammi-Moussa. L. Oran.
Arba (L'). L. Alger.
Arzew. L. Oran.
Aumale. Alger.
Batna. Constantine.
Beni-Mansour. L. Alger.
Biskra. L. Constantine.
Blidah. Alger.
Boghar L. Alger.
Boghari. Alger.
Bône. Constantine.
Bordj-bou-Arreridj. L. Constantine.
Bordj-Menaiel. L. Alger.
Boufarik. L. Alger.
Bougie. Constantine.
Bousaâda. L. Constantine.
Calle (La). L. Constantine.
Cherchell. L. Alger.
Chiffa (La). M. Alger.
Coléah. L. Alger.
Collo. L. Constantine.
Constantine. N/2. Constantine.
Daya. M. Oran.
Dellys. Alger.
Djelfa. Alger.
Djidjelli. L. Constantine.
Douéra. L. Alger.
Dra-el-Mizan. M. Alger.
El-Arricha. L. Oran.
El-Arrouch. L. Constantine.
El-Milia. M. Constantine.
Fondouk. M. Alger.
Fort-National. L. Alger.
Frendah. M. Oran.
Géryville. Oran.
Guelma. Constantine.
Jemmapes. L. Constantine.
Khenchela. L. Constantine.
Laghouat. Alger.
Lalla-Maghrnia. M. Oran.
Magenta. L. Oran.
Maison-Carrée (La). M. Alger.
Marengo. L. Alger.
Mascara. Oran.
Médéah. Alger.
Mers-el-Kébir. L. Oran.
Mila. M. Constantine.
Milianah. Alger.
Mockta-el-Hadid (Mines de), par Aïn-Mokra. Constantine.
Montenotte. M. Alger.
Mostaganem. Oran.
Mouzaïaville. M. Alger.
Msila. M. Constantine.
* **Mustapha supérieur.** L. Alger
Nemours. L. Oran.
Oran. N/2. Oran.
Orléansville. Alger.
Oued-Atmenia. M. Constantine.
Palestro. L. Alger.
Philippeville. Constantine.
Relizane. Oran.
Saint-Cloud. M. Oran.
Saint-Denis-du-Sig. L. Oran.
Saïda. L. Oran.
Sebdou. M. Oran.
Sétif. Constantine.
Sidi-bel-Abbès. Oran.
Souk-Arrhas. Constantine.
Stora. M. Constantine.
Takitount. M. Constantine.
Tebessa. L. Constantine.
Tenès. L. Alger.
Teniet-el-Haad. L. Alger.
Tiaret. Oran.
Tizi-Ouzou. L. Alger.
Tlemcen. Oran.
Zemorah M. Oran.

III. TUNISIE.

(Les lignes télégraphiques de Tunisie sont administrées par le service colonial d'Algérie, en vertu d'une convention avec le Bey.)

Le Bardo. L.
* **Béja.**
Bizerte. N.
La Goulette.
Le Kef. L.
Mahdia. L.
Monastier.
Sfax.
Sousa.
Tunis.

IV. COCHINCHINE.

Baria.
Ben-Luc.
Bien-Hoa.
Caï-Bé.
Cangioc.
Cap-Saint-Jacques.
Chaudoc.
Cholon.
Cholong-Xuyen
Gocong.
Hatien.
Longh-Thanh.
Mytho.
Pnum-Penh.
Rach-Gia.
Saddec.
Saïgon.
Tan-An.
Tay-Ninh.
Thi-Tinh.
Thu-dau-mot.
Tong-Kéou.
Trang-Bang.
Vinh-Long.

V. INDES ET AMÉRIQUE.

Les bureaux des colonies françaises de l'Inde et de l'Amérique, n'étant pas gérés par l'Administration, figurent à la nomenclature étrangère.

DÉNOMINATIONS DONNÉES, A L'ÉTRANGER, A CERTAINES VILLES DE FRANCE.

Albertstadt. Albertville.
Atrecht. Arras.
Avinhao. Avignon.
Bella-Ilha. Belle-Isle.
Bergen. Bergues.
Bisanz. Besançon.
Bolona, Bolonha, Boulonje. Boulogne.
Boves. Beauvais.
Burdeos. Bordeaux.
Burges. Bourges.
Cales. Calais.
Castelrosso. Châteauroux.
Dünkirchen, Dunkirk. Dunkerque.
Grevelingen. Gravelines.
Haysand, Heysand. Ouessant.
Kamerick. Cambrai.
Leon, Lyao. Lyon.
Lünstadt. Lunéville.
Merghem. Merville.
Monpeller. Montpellier.
Mümpelgard. Montbéliard.
Nanzig. Nancy.
Nantz. Nantes.
Nizza. Nice.
Ruan, Rouaan, Ruao. Rouen.
Ryssel. Lille.

ADRESSES DES BUREAUX DANS PARIS

ET DANS LES AUTRES VILLES OU IL EXISTE DES SUCCURSALES.

Paris.

1er ARr. Rue J.-J. Rousseau, 53.
Avenue de l'Opéra, 4 (Théâtre Français).
Place Vendôme, 15.
Rue des Halles, 22. N/2.
2e *id.*. Place de la Bourse, 12. N.
3e *id.*. Rue des Vieilles-Haudriettes, 6.
4e *id.*. Rue de Rivoli, 17.
5e *id.*. Boulevard Saint-Germain, 11.
Rue Santeuil, 2 (Halle aux cuirs).
6e *id.*. Boulevard Saint-André, 3.
Quai Malaquais (station des bateaux omnibus).
Rue des Saints-Pères, 35.
Rue de Vaugirard, 17 (Palais du Luxembourg). N/2.
Rue de Rennes, 154.
7e *id.*. Rue de Grenelle-Saint Germain, 103 (central). N.
*Rue de Bourgogne, Palais législatif
École militaire (pav^on^ d'artillerie).
8e *id.*. Avenue des Champs-Élysées, 33. N/2
Boulevard Haussmann, 131.
Boulevard Malesherbes, 4.
Rue Saint-Lazare, 112 (Place du Havre). N.
Rue Boissy-d'Anglas, 3.
9e *id.*. Boulevard des Capucines (Grand Hôtel). N/2.
Rue La Fayette, 35.
Rue Sainte-Cécile, 2.
Boulevard Clichy, 81.
10e *id.*. Place Roubaix, 18 (G^re^ du Nord). N/2
Rue de Strasbourg, 8.
Boulevard Saint-Denis, 16. N/2.

Paris (suite).

11e ARr. Place du Château-d'Eau, 2. N/2.
Boulevard Voltaire, 119.
Boulevard Voltaire 283 (Place du Trône).
12e *id.*. Rue de Lyon, 57 et 59. N/2.
Bercy, rue de Gallois, 1.
Gare de Lyon.
13e *id.*. Quai d'Austerlitz, 155 (Gare d'Orléans). N/2.
Les Gobelins. Avenue d'Italie, 6.
14e *id.*. Montrouge. Avenue d'Orléans, 8.
15e *id.*. Grenelle. Rue du Théâtre, 63.
Vaugirard. Rue de Vaugirard, 232.
16e *id.*. Auteuil. Rue d'Auteuil, 36.
Les Ternes. Avenue de la Grande-Armée, 33.
Place d'Eylau, 3.
Passy. Place de la Mairie, 4.
17e *id.*. Batignolles-Clichy. R. Brochant, 25.
Avenue de Villiers, 72.
18e *id.*. Clignancourt. R. du Mont-Cenis, 69.
Montmartre. Boulevard Rochechouart, 84.
La Chapelle. R. de la Chapelle, 104.
19e *id.*. La Villette. Rue de Flandre, 23.
Rue d'Allemagne, 211 (Marché aux bestiaux).
20e *id.*. Belleville. Rue de Puébla, 387.

Bordeaux.

1° Place de Tourny (central);
2° Cours Saint-Jean, 76;
3° Chartrons, rue Notre-Dame, 124;
4° La Bastide (Gare, côté du départ).

Lille.

1° Rue de l'Hôpital militaire, 41 (central);
2° Rue de Tournai (à la gare);
3° Rue d'Arras, 61;
4° Rue de Voltaire, 3;
5° Rue Saint-Pierre-et-Saint-Paul, 4.

Lyon.

1° Place de Lyon, 53 (central);
2° Perrache (Gare);
3° Vaise. Quai de Jayr, 1;
4° Croix-Rousse (Gare);
5° Part-Dieu.

Marseille.

1° Rue Pavé-d'Amour, 10 (central);
2° Place de la Joliette, 11.

Nantes.

1° Rue Saint-Julien, 1 (central);
2° Rue Maurice-Duval (préfecture).

Rouen.

1° Quai de la Bourse, 19 (central);
2° Rue Jeanne-d'Arc;
3° Martainville (Gare);
4° Saint-Sever. Rue La Fayette, 75.

Toulouse.

1° Rue Saint-Antoine du T, 26 (central);
2° Rue de la République, 25 (faubourg St-Cyprien).

ÉTRANGER.

A

Aabogen. F. Norwége.
Aach-Linz. FL. Allemagne (Bade).
Aachen (S. Aix-la-Chap.). N/2. Allem. (Prusse). OW.
Aadorf. FL. Suisse (Thurgovie).
Aakirkeby. L. Danemark (I. de Bornholm).
Aalborg. Danemark (Jutland).
Aalen. Allemagne (Wurtemberg).
Aalesund. Norwége.
Aalst (S. Alost). Belgique (Flandre orientale).
Aamot. F. Norwége.
Aarau. Suisse (Argovie).
Aarberg. L. Suisse (Berne).
Aarbourg. L. Suisse (Argovie).
Aarhuus. Danemark (Jutland).
Aarlen (S. Arll. Arlon). Belgique (Luxembourg).
Aarnaes. F. Norwége.
Aarwangen. L. Suisse (Berne).
Aasgaardstrand. L. Norwége.
Aasta. F. Norwége.
Aathal FL. Suisse (Zurich).
Abadeh. L. Perse.
Abano. FL. Italie (Padoue).
Abbach. L. Allemagne (Bavière).
Abbeville. États-Unis (Caroline du Sud).
Abbeville. États-Unis (Mississipi).
Abbeyfeale. L. Iles Britanniques (Irlande).
Abbeyleix. L. Iles Britanniques (Irlande).
Abbey-Town. L. Iles Britanniques (Angleterre).
Abbey-Wood. F. Iles Britanniques (Angleterre).
Abbiategrasso. FL. Italie (Milan).
Abbos. FL. Autriche-Hongrie (Hongrie).
Abbots-Bromley. L. Iles Britanniques (Angleterre).
Abbotsbury. L. Iles Britanniques (Angleterre).
Abcoude. P. Pays-Bas.
Abensberg. L. Allemagne (Bavière).
Aberavon. Iles Britanniques (Angleterre).
Aberayon. L. Iles Britanniques (Angleterre).
Aberayron. L. Iles Britann. (Angl.; Cardiganshire).
Aberbram. F. Iles Britanniques (Angleterre).
Abercairney. F. Iles Britanniques (Écosse).
Abercarne. L. Iles Britanniques (Angleterre).
Aberchirder. Iles Britanniques (Écosse).
Abercorn. Amérique anglaise (Québec).
Abercorn Station. Amérique anglaise (Québec).
Aberdare. L. Iles Britanniques (Angleterre).
Aberdare Junction. F. Iles Britann. (Angleterre).
Aberdeen. États-Unis (Maryland).
Aberdeen. États-Unis (Mississipi).
Aberdeen. N. Iles Britanniques (Écosse).
Aberdour. L. Iles Britanniques (Écosse).
Aberdoveh. FL. Iles Britanniques (Angleterre).
Aberfeldy. L. Iles Britanniques (Écosse).
Aberford. L. Iles Britann. (Angleterre; Yorkshire).
Abergavenny. L. Iles Britanniques (Angleterre).
Abergele. L. Iles Britanniques (Angleterre).
Abergwelly. F. Iles Britanniques (Angleterre).
Aberkenfig. L. Iles Britanniques (Angleterre).
Aberlour. F. Iles Britanniques (Angleterre).
Abersychan. L. Iles Britanniques (Angleterre).
Abertillery. FL. Iles Britanniques (Angleterre).
Aberystwith. L. Iles Britanniques (Angleterre).
Abfaltersbach. FL. Autriche-Hongrie (Tyrol).
Abilene. États-Unis (Kansas).
Abingdon. États-Unis (Illinois).
Abingdon. États-Unis (Virginie).
Abingdon. Iles Britanniques (Angleterre).
Abington. États-Unis (Massachusetts).
Abington. F. Iles Britanniques (Écosse).
Abington (Lucerne County). États-Unis (Pensylvanie).
Abington (Montgomery Co). États-Unis (Pensylvanie).
Abo. Russie d'Europe (Abo-Bjorneborg).
Abony. F. Autriche-Hongrie (Hongrie).
Aboo. L. (Indes). OC.
Abotabad. Indes. OC.
Abou-Cheber (S. Bender-Bouchir). N. Perse.
Aboyne. L. Iles Britanniques (Écosse).
Abrantès. Portugal (Santarem).
Abrany. FL. Autriche-Hongrie (Hongrie).
Absberg. L. Allemagne (Bavière).
Absdorf-Ippersdorf. FL. Autr.-Hongrie (Sous l'Enns).
Absecom. États-Unis (New-Jersey).
Abtsdorf. F. Autriche-Hongrie (Bohême).
Abtsgmünd. L. Allemagne (Wurtemberg).
Accadia. L. Italie.
Acciajolo (Fauglia). FL. Italie (Pise).
Accrington. Iles Britanniques (Angleterre).
Acerenza. L. Italie.
Acerra. FL. Italie (Caserte).
Achanalt. F. Iles Britanniques (Écosse).
Achel. L. Belgique (Limbourg).
Achern. L. Allemagne (Bade).
Achim. F. Allemagne (Prusse). EW.
Achnasheen. F. Iles Britanniques (Écosse).
Achneyra. F. Indes. OC.
Acireale. L. Italie (Catane).
Ackermann. Russie d'Europe (Bessarabie).
Ackley. États-Unis (Iowa).
Acklington. Iles Britanniques (Angleterre).
Ackworth. L. Iles Britanniques (Angleterre).
Aclare. L. Iles Britanniques (Irlande).
Acle. L. Iles Britanniques (Angleterre).
*Acock's-Green. Iles Britanniques (Angleterre).
Acoz. L. Belgique (Hainaut).
Acquanegra Cremonese. FL. Italie (Crémone).
Acquapendente. L. Italie (Rome).
Acquarossa. L. Suisse (Tessin).
Acquaviva-delle-Fonti. FL. Italie (Bari).
Acqui. FL. Italie (Alexandrie).
Acqui (Bains). L. Italie (Alexandrie).
Acre (S.St-Jean-d'Acre). L. Turq. d'Asie A2. B2 C1 D1.
Acs. F. Autriche-Hongrie (Hongrie).
Acsad. FL. Autriche-Hongrie (Hongrie).
Acton. États-Unis (Caroline du Sud).
Acton. États-Unis (Indiana).
Acton. Amérique anglaise (Ontario).
Acton. G. T. R. Amérique anglaise (Ontario).
Acton. Amérique anglaise (Québec).
Ada. L. Autriche-Hongrie (Hongrie).
Ada. États-Unis (Ohio).
Adair. États-Unis (Iowa).
Adams. États-Unis (Indiana).
Adams. États-Unis (Minnesota).
Adams. États-Unis (New-York).
Adam's-Basin. États-Unis (New-York).
Adamsburg (Snyder Co). États-Unis (Pensylv.).
Adam's-Centre. États-Unis (New-York).
Adam's-Mills. États-Unis (Ohio).
Adam's-Run. États-Unis (Caroline du Sud).
Adamsthal. F. Autriche-Hongrie (Moravie).
Adamstown. États-Unis (Maryland).
Adamwaham. L. Indes. OC.
Adana. L. Turquie d'Asie. A3. B2. C2. D2.
Adare. L. Iles Britann. (Irlande).
Addingham. L. Iles Britanniques (Angleterre).
Addiscomb-Road. F. Iles Britann. (Angleterre).
Addison. États-Unis (New-York).
Addlestone. L. Iles Britanniques (Angleterre).
Addlestrop. F. Iles Britanniques (Angleterre).
Adelong. Australie (N.-Galles du Sud).
Adelsberg. L. Autriche-Hongrie (Carniole).
Adelschlag. F. Allemagne (Bavière).
Adelsheim. L. Allemagne (Bade).
Aden. N. Aden (Arabie).
Adenau. L. Allemagne (Prusse). OW.
Adendorf. FC. Allemagne (Prusse). EW.
Aderno. L. Italie (Catane).
Adinkerke. L. Belgique (Flandre occidentale).
Adisham. F. Iles Britanniques (Angleterre).
Adjiud. L. Roumanie.
Adlerkosteletz. L. Autriche-Hongrie (Bohême).
Adlington. L. Iles Britanniques (Angleterre).
Adliswell L. Suisse (Zurich).
Admont. L. Autriche-Hongrie (Styrie).
Adoni. F. Indes. OC.
Adony. L. Autriche-Hongrie (Hongrie).
Adorf. F. Allemagne (Saxe). EW.
Adra. L. Espagne (Almeria).
Adria. L. Italie (Rovigo).
Adrian. États-Unis (Illinois).
Adrian. États-Unis (Michigan).
Adrian. États-Unis (New-York).
Adrianopel (Andrinople, Edirné). N. Turquie d'Europe. A1. B3. C3. D3.
Advie. F. Iles Britanniques (Écosse).
Adwic-Street. FL. Iles Britanniques (Angleterre).
Adwy-r-Clawdd. L. Iles Britann. (Angleterre).
Aelst (S. Alost). Belgique (Flandre orientale).
Aeltre. Belgique (Flandre orientale).
Aeng. N. Indes. EC.
Aeroeskjobing. P. Danemark (Ile Aero).
Aerschot. Belgique (Brabant).
Aesch. L. Suisse (Bâle).
Aeschi. L. Suisse (Berne).
Aflenz. L. Autriche-Hongrie (Styrie).
Affoltern-am-Albis. FL. Suisse (Zurich).
Afragola. L. Italie.
Afton. États-Unis (Iowa).
Afton. États-Unis (New-York).
Agency-City. États-Unis (Iowa).
Agency-Ford. États-Unis (Missouri).

Aghadowey. L. Iles Britanniques (Irlande).
Agimont (S. Heer). L. Belgique (Namur).
Agincourt. Amérique anglaise (Ontario).
Agira. L. Italie (Catane).
Agiud (S. Adjud-Ajud). L. Roumanie.
Aglasterhausen. F. Allemagne (Bade).
Agosta (S. Augusta). L. Italie (Syracuse).
Agostonfalva. FL. Autr.-Hongrie (Transylvanie).
Agra. N. Indes. OC.
Agram. N. Autriche-Hongrie (Croatie).
Agrinion. L. Grèce (Acarnanie et Étolie).
Agueda L. Portugal (Aveiro).
Aguilas. Espagne (Murcie).
Ahascrag. L. Iles Britanniques (Irlande).
Ahaus. L. Allemagne (Prusse). OW.
Ahlen. L. Allemagne (Prusse). OW.
Ahmedabad. Indes. OC.
Ahmednuggur. L. Indes. OC.
Ahmoodpore. F. Indes. OC.
Ahnapee. États-Unis (Wisconsin).
Ahrensboeck. L. Allemagne (Oldenburg). EW.
Ahrensburg. F. Allemagne (Prusse). EW.
Ahrnschwang. PF. Allemagne (Bavière).
Ahrowra-Road. F. Indes. OC.
Ahrveiler. L. Allemagne (Prusse). OW.
*Ahyolou. L. Turquie d'Europe.
Aibling. L. Allemagne (Bavière).
Aichach. L. Allemagne (Bavière).
Aichberg. FL. Autriche-Hongrie (Sur l'Enns).
Aidone. L. Italie (Caltanisetta).
Aigen. FL. Autriche-Hongrie (Salzbourg).
Aigle. L. Suisse (Vaud).
Aigle-les-Bains. B. Suisse (Vaud).
Aiken. États-Unis (Caroline du Sud).
Aiken. États-Unis (Minnesota).
Ailsa-Craig. Amérique anglaise (Ontario).
Ainleyville. Amérique anglaise (Ontario).
Ainsworth. États-Unis (Iowa).
Aintree. Iles Britanniques (Angleterre).
Airasca. FL. Italie. (Turin).
Airdrie. L. Iles Britanniques (Écosse).
Airolo. L. Suisse (Tessin).
Aitrang. F. Allemagne (Bavière).
Aivali (S. Kidania). L. Turq. d'Asie. A2. B2. C1. D1.
Aix-la-Chapelle (S. Aachen). N. Allem. (Prusse). OW.
*Ajceraka. F. Indes. OC.
Ajgaen. F. Indes. OC.
Ajka. FL. Autriche-Hongrie (Hongrie).
Ajodhya. F. Indes. OC.
Ajmère. Indes. OC.
Ajud (Adjud, Agiud). L. Roumanie.
Ajuda. EN. Portugal (Lisbonne).
Akaros. Nouvelle-Zélande.
Akhtyrka. Russie d'Europe (Kharkow).
Akbarpore. F. Indes. OC.
Aken. L. Allemagne (Prusse). EW.
Akkia (S. Acre; Saint-Jean-d'Acre). L. Turquie d'Asie. A2. B2. C1. D1.
Akkrum. P. Pays-Bas.
Akola. L. Indes. OC.
Akote (1). Indes. OC.
Akron. États-Unis (Ohio).
Akyab. Indes. EC.
Ala. L. Autriche-Hongrie (Tyrol).
Alabama Furnace. États-Unis (Alabama).
Alabaster. États-Unis (Michigan).
Alameda. États-Unis (Californie).
Alamnagar. F. Indes. OC.
Alassio. L. Italie (Gênes).
Alatri. L. Italie.
Alba (S. Stühlweissenburg). N. Aut.-Hongr. (Hong).
Alba. L. Italie (Coni).
Albacète. Espagne (Albacète).
Albacina. FN. Italie (Ancône).
Albano Laziale. L. Italie (Rome).
Albany. États-Unis (Géorgie).
Albany États-Unis (Illinois).
Albany. États-Unis (New-York).
Albany. États-Unis (Orégon).
Albarracin. Espagne (Teruel).
Albazine. Russie d'Asie (3e région).
Albbruck. L. Allemagne (Bade).
Albenga. L. Italie (Gênes).
Albergaria-Velha. L. Portugal (Aveiro).
Alberobollo L. Italie (Bari).
Alberoni. L. Italie (Venise).
Alberschweiler. L. Allemagne (Alsace-Lorraine).
Alberti-Irsa. F. Autriche-Hongrie (Hongrie).
Albert-Lea. États-Unis (Minnesota).
Alberton. Australie (Australie méridionale).
Albeuve. L. Suisse (Fribourg).
Albia. États-Unis (Iowa).
Albig. F. Allemagne (Hesse-Darmstadt). OW.
Albion. États-Unis (Michigan).
Albion. États-Unis (New-York).
Albion. États-Unis (Pensylvanie).
Albizzate. FL. Italie (Milan).
Alblasserdam. L. Pays-Bas.
Albona. L. Autriche-Hongrie (Istrie).
Albrighton. F. Iles Britanniques (Angleterre).
Albshausen. F. Allemagne (Prusse; Nassau). OW.
Albufeira. L. Portugal (Faro).
Albula, Hospice. L. Suisse (Grisons).
Alburg-Springs. États-Unis (Vermont).
Alburtis. États-Unis (Pensylvanie).
Albury. Australie (N.-Galles du Sud).
Albury. L. Iles Britanniques (Angleterre).
Alcacer-do-Sal. L. Portugal.
Alcala de Henarès. N. Espagne (Madrid).
Alcamo. L. Italie (Trapani).
Alcaniz. N. Espagne (Teruel).
Alcazar de San Juan. N. Espagne (Ciudad-Réal).
Alcester. Iles Britanniques (Angleterre).
Alcire. L. Espagne (Valencia).
Alcobaca. L. Portugal (Leiria).
Alcona. États-Unis (Michigan).
Alcoy. L. Espagne (Alicante).
Alcsut. EL. Autriche-Hongrie (Hongrie).
Alcudia. Espagne (Majorque).
Aldborough. F. Iles Britanniques (Angleterre).
Aldbrough. L. Iles Britanniques (Angleterre).
Aldeia-Gallega. L. Portugal (Lisbonne).
Aldekerk. F. Allemagne (Prusse) OW.
Alden. États-Unis (Iowa).
Alden. États-Unis (Minnesota).
Alden. États-Unis (New-York).
Alder-Creak États-Unis (New-York).
Alderley-Edge. L. Iles Britann (Angl.; Cheshire).
Aldermaston. F. Iles Britanniques (Angleterre).
Alderney (Aurigny). Iles Britann. (I. de la Manche).
Aldershot-camp. L. Iles Britann. (Angleterre).
Aldershot. Iles Britanniques (Angleterre).
Alderson. États-Unis (Virginie).
Aldingen. p. Spaichingen. Allemag. (Wurtemb.).
Aldrich. États-Unis (Minnesota).
Alecsandria. L. Roumanie.
Aledo. États-Unis (Illinois).
Alemquer. L. Portugal (Lisbonne).
Alep. N. Turquie d'Asie. A3. B2. C2. D2.
Aleppi. Indes. OC.
Alessandria della Rocca. L. Italie (Girgenti).
Alexander. États-Unis (Illinois).
Alexander. États-Unis (New-York).
Alexandra. Nouvelle-Zélande (Otago).
Alexandra. Nouvelle-Zélande (Auckland).
Alexandrette (S. Iskenderoum). L. Turquie d'Asie. A2. B2. C1. D1.
Alexandria. États-Unis (Illinois).
Alexandria. Amér. angl. (Ontario).
Alexandria. États-Unis (Virginie).
Alexandria. L. Iles Britanniques (Écosse).
Alexandria. États-Unis (Minnesota).
Alexandria. États-Unis (Missouri).
Alexandria. États-Unis (Nebraska).
Alexandria-Bay. États-Unis (New-York).
Alexandria. Russie d'Europe (St-Pétersbourg).
Alexandria Roads. États-Unis (Ohio).
Alexandrie. Égypte.
Alexandrie. N/2. Italie (Alexandrie).
Alexandrowo. N. Russie d'Europe (Varsovie).
Alexandrowskoie (de Kastri). Rus. d'As. (3e région.).
Alexinacz. N. Serbie.
Alexisbad. BL. Allemagne (Anhalt). EW.
Alf. L. Allemagne (Prusse). OW.
Alfandega de Lisboa. Portugal (Lisbonne).
Alfandega do Porto. Portugal (Porto).
Alfeld. F. Allemagne (Prusse-Hanovre). EW.
Alfonsine. L. Italie.
Alford. L. Iles Britanniques (Angleterre).
Alford. L. Iles Britanniques (Écosse).
Alfred. États-Unis (Maine).
Alfred. États-Unis (New-York).
Alfreton. L. Iles Britanniques (Angleterre).
Alfvestadt. FL. Suède.
* Algarkirk. F. Iles Britanniques (Angleterre).
Algéciras. Espagne (Cadix).
Algermissen. F. Allemagne (Prusse-Hanovre). EW.
Algeyire (S. Algéciras). Espagne (Cadix).
Alghero. L. Italie (île de Sardaigne).
Algiers. États-Unis (Louisiane).
Algona. États-Unis (Iowa).
Algonac. États-Unis (Michigan).
Algyoë. FL. Autriche-Hongrie (Hongrie).
Alhama. L. Espagne (Sarragosse).
Alicante. N. Espagne (Alicante).
Alingsas. F. Suède.
Alkali. États-Unis (Nebraska).
Alkmaar. Pays-Bas.
Allach. F. Allemagne (Bavière).
Allahabad. N. Indes. OC.
Allaman. FL. Suisse (Vaud).
Allanburg. Amérique anglaise (Ontario).
Allegan. États-Unis (Michigan).
Alleghany. États-Unis (Californie).
Alleghany. États-Unis (New-York).
Alleghany. États-Unis (Virginie).
Alleghany City. États-Unis (Pensylvanie).
Alleghany Junction. États-Unis (Pensylvanie).
Alleghany Springs (Summer office). États-Unis (Virginie).
Alleghur. Indes. OC.

(1) Ouvert pendant la saison du coton.

llenburg. L. Allemagne (Prusse). EW.
Allendale. États-Unis (Illinois).
Allendale. États-Unis (Caroline du Sud).
Allendale. L. Iles Britanniques (Angleterre).
Allen's. États-Unis (Michigan).
Allen's. États-Unis (Indiana).
Allensbach. FL. Allemagne (Bade).
Allenstein. L. Allemagne (Prusse). EW.
Allensville. États-Unis (Kentucky).
Allentown. États-Unis (Pensylvanie).
Allentown. Furnace. États-Unis (Pensylvanie).
Allenville. États-Unis (Missouri).
Allersberg. L. Allemagne (Bavière).
Allerton. États-Unis (Iowa).
Alliance. États-Unis (Ohio).
Allihies. L. Iles Britanniques (Irlande).
Allinge. L. Danemark (Bornholm).
Alloa. L. Iles Britanniques (Écosse).
Allschwill. L. Suisse (Bâle).
Allstedt. L. Allemagne (Saxe-Weimar). EW.
Allumdangah. F. Indes. OC.
Allyghur. Indes. OC.
Allyton. Etats-Unis (Michigan).
Alma. Australie (Australie méridionale).
Almaden. Espagne (Ciudad-Réal).
Almansa. N. Espagne.
Almas. L. Autriche-Hongrie (Hongrie).
Almelo. Pays-Bas.
Almenar. L. Espagne (Soria).
Almeria. N. Espagne.
Almissa. L. Autriche-Hongrie (Dalmatie).
Almond. États-Unis (New-York).
Almond Bank. F. Iles Britanniques (Écosse).
Almondbury. L. Iles Britanniques (Angleterre).
Almonte. Amérique anglaise (Ontario).
Alms House (Blockley) Philad. États-Unis (Pensyl.).
Almunecar. L. Espagne (Grenade).
Almy. États-Unis (Utah).
Alne. F. Iles Britanniques (Angleterre).
Alness. F. Iles Britanniques (Écosse).
Alnwick. Iles Britanniques (Angleterre).
Alost (S. Aalst Aelst.) Belgique (Flandre orientale).
Alpena. États-Unis (Michigan).
Alpha. États-Unis (Illinois).
Alphen. L. Pays-Bas.
Alpignano. FL. Italie (Turin).
Alpine. États-Unis (Alabama).
Alpirsbach. L. Allemagne (Wurtemberg).
Alpnach (Hôtel Pilate). BL. Suisse (Unterwald).
Alpsville. États-Unis (Pensylvanie).
Alresford. F. Iles Britanniques (Angleterre).
Alrewas. L. Iles Britanniques (Angleterre).
Alsager. F. Iles Britanniques (Angleterre).
Alsasua. N. Espagne (Navarre).
Alsdorf. F. Allemagne (Prusse). OW.
Alseno. FL. Italie (Plaisance).
Alsenz. L. Allemagne (Bavière).
Alsfeld. L. Allemagne (Hesse-Darmstadt). OW.
Alsheim. F. Allemagne (Hesse-Darmstadt). OW.
Alsleben. Allemagne (Prusse). EW.
Also-Kubin. L. Autriche-Hongrie (Hongrie).
Also-Metzenzef (Unter-Metzenseifen). L. Autriche-Hongrie. (Hongrie).
Also-Rakos. FL. Autriche-Hongrie (Transylvanie).
Alstetten. FL. Suisse (Zurich).
Alston. États-Unis (Caroline du Sud).
Alston. L. Iles Britanniques (Angleterre).
Alta City. États-Unis (Utah).
Altamirano. Amérique du Sud (9e région).
Altamont. États-Unis (Californie).
Altamont. États-Unis (Illinois).
Altamont. États-Unis (Maryland).
Altamura. Italie (Bari).
Alt-Arad (O'Arad). FL. Autr.-Hongrie (Hongrie).
Altavilla. FL. Italie (Palerme).
Altbach. Allemagne (Wurtemberg).
Alt-Becse. L. Autriche-Hongrie (Hongrie).
Alt-Benatek. L. Autriche-Hongrie (Hongrie).
Alt-Besenowa (S. O'Besenyo). F. Autriche-Hongrie (Hongrie).
Alt-Boyen. F. Allemagne (Prusse). EW.
Altbreisach. L. Allemagne (Bade).
Alt-Carbe. F. Allemagne (Prusse). EW.
Alt-Damm (S. Damm-Alt). L. Allem. (Prusse). EW.
Altdorf. L. Allemagne (Bavière).
Altefachr. L. Allemagne (Prusse). EW.
Alten. L. Norwége.
Altena. L. Allemagne (Prusse). OW.
Altenbecken. F. Allemagne (Prusse). OW.
Altenbourg. Allemagne (Saxe-Altenbourg). EW.
Altenbourg-Ungarish (Magyar-Ovar). L. Autriche-Hongrie (Hongrie).
Altenessen (S. Essenbohn-Hof). F. Allemagne (Prusse). OW.
Altenheim. L. Allemagne (Bade). OW.
Altenhunden. F. Allemagne (Prusse). OW.
Altenkirchen. L. Allemagne (Prusse). OW.
Altenkirchen auf Rügen. L. Allemagne (Prusse; île Rügen). EW.
Altenmuhr. F. Allemagne (Bavière).
Altenschwang. P. Allemagne (Bavière).
Altenstadt. F. Allemagne (Bavière).
Altensteig. L. Allemagne (Wurtemberg).
Altfelde. F. Allemagne (Prusse). EW.
Alt Gradiska (S. O'Gradiska). L. Autriche-Hongrie (Confins militaires).
Althegnenberg. F. Allemagne (Bavière).
Altheim. F. Allemagne (Hesse-Darmstadt). OW.
Altheim. L. Autriche-Hongrie (Sur l'Enns).
Altheim-Obernberg. FL. Autriche-Hongrie (Sous l'Enns).
Althengstett. Allemagne (Wurtemberg).
Altkanizsa (O'Kanizsa). L. Autr.-Hongrie (Hongrie).
Altkemnitz (S. Kemnitz-Alt). F. Allemagne (Prusse). EW.
Altkirch. Allemagne (Alsace-Lorraine).
Altmannshof. PF. Allemagne (Bavière).
Alt-Moldova (O'Moldova). L Autriche-Hongrie (Confins militaires).
Alt-Morschen (S. Morschen-Alt). F. Allemagne (Prusse; Hesse-Cas.). OW.
Alt-Munsterol (Montreux-Vieux). F. Allemagne (Alsace-Lorraine).
Altnau. L. Suisse (Thurgovie).
Altofen (O' Buda. Budapest-Altofen, Budapest-O'Buda). L. Autr.-Hongrie (Hongrie).
Altofts. L. Iles Britanniques (Angleterre).
Alton. Amérique anglaise (Ontario).
Alton. F. Iles Britanniques (Angleterre).
Alton. L. Iles Britanniques (Angleterre).
Alton. États-Unis (Illinois).
Alton. États-Unis (Pensylvanie).
Alton (Junction). États-Unis (Illinois).
Altona. États-Unis (Illinois).
Altona. États-Unis (New-York).
Altona. N/2. Allemagne (Prusse; Holstein). EW.
Alton Bay. États-Unis (New-Hampshire).
Altoona. États-Unis (Iowa).
Altoona. États-Unis (Pensylvanie).
Altopascio. FL. Italie (Lucca).
Altorf. L. Suisse (Uri).
Altotting. L. Allemagne (Bavière).
Alt-Pazua (O'Pazua). L. Autriche-Hongrie (Confins militaires).
Altrincham. Iles Britanniques (Angleterre).
Altsandec. L. Autriche-Hongrie (Galicie).
Altshausen. Allemagne (Wurtemberg).
Alt-Sohl (Zolyom). N. Autriche-Hong. (Hongrie).
Altstadt. L. Autriche-Hongrie (Moravie).
Altstadt-in-Bohmen. FL. Autr.-Hongrie (Bohême).
Altstatten. L. Suisse (Saint-Gall).
Alt-Sziszek (S. Sziszek-civil). Autriche-Hongrie (Hongrie).
Alt-Warnsdorf (Warnsdorf). L. Autriche-Hongrie (Bohême).
Altwasser. L. Allemagne (Prusse). EW.
Alva. L. Iles Britanniques (Écosse).
Alvaston. L. Iles Britanniques (Angleterre).
Alvechurch. L. Iles Britanniques (Angleterre).
Alveneu (Bains). L. Suisse (Grisons).
Alves F. Iles Britanniques (Écosse).
Alvincz. FL. Autriche-Hongrie (Transylvanie).
Alyth. F. Iles Britanniques (Écosse).
Alzano Maggiore. L. Italie.
Alzenau. L. Allemagne (Bavière).
Alzey. Allemagne (Hesse-Darmstadt). OW.
Amador. États-Unis (Californie).
Amal. L. Suède.
Amalfi. L. Italie (Salerne).
Amanda. États-Unis (Ohio).
Amantea. L. Italie (Cosenza).
Amanvillers. F. Allemagne (Alsace-Lorraine).
Amarante. L. Portugal (Porto).
Amay. L. Belgique (Liége).
Amazonia. États-Unis (Missouri).
Ambarawa. Ile de Java. OS.
Amberes (S. Anvers). N. Belgique (Anvers).
Amberg. L. Allemagne (Bavière).
Ambergate. F. Iles Britanniques (Angleterre).
Amberley. F. Iles Britanniques (Angleterre).
Amberly. Amérique anglaise (Ontario).
Amble. L. Iles Britanniques (Angleterre).
Ambleside. L. Iles Britanniques (Angleterre).
Ambli Road. F. Indes. OC.
Amboy. États-Unis (Illinois).
Amboy Station. États-Unis (New-York).
Amboor. F. Indes. OC.
Ambri Sopra. L. Suisse (Tessin).
Amelia. États-Unis (Ohio).
Amelia. C. H. États-Unis (Virginie).
Amelia. L. Italie (Pérouse).
Ameln. F. Allemagne (Prusse). OW.
Amenia. États-Unis (New-York).
American Fork. États-Unis (Utah).
Americus. États-Unis (Géorgie).
Amersfoort. Pays-Bas.
Amersham. L. Iles Britanniques (Angleterre).
Ames. États-Unis (Iowa).
Amesbury or Amesbury Mills. États-Unis (Massachusetts).
Amesbury. L. Iles-Britanniques (Angleterre).
Amherst. Amérique anglaise (Nouv.-Écosse).
Amherst. Amérique anglaise (Nouvelle Écosse).
Amherst. États-Unis (Massachusetts).

Amherst. États-Unis (New-Hampshire).
Amherst. Etats-Unis (Wisconsin).
Amherstburg. Amérique anglaise (Ontario).
Amite. États-Unis (Louisiane).
Amlwch. L. Iles Britanniques (Angleterre).
Ammapettah. F. Indes. OC.
Amo. États-Unis (Indiana).
Amorbach. L. Allemagne (Bavière).
*Amorosi. FL. Italie. (Benevento).
Amougies. L. Belgique (Flandre orientale).
Amoy. Chine.
Ampfing. F. Allemagne (Bavière).
Amphissa. Grèce continentale (Phocide).
Ampthill. Iles Britanniques (Angleterre).
Amrisweil. L. Suisse (Thurgovie).
Amrolee. F. Indes. OC.
Amselfing. PF. Allemagne (Bavière).
Amsteg L. Suisse (Uri).
Amsterdam. États-Unis (New-York).
Amsterdam. N. Pays-Bas.
Amstetten. L. Autriche-Hongrie (Sous l'Enns).
Amstetten. a. d. Alp. Allemagne (Wurtemberg).
Anagance. Amérique angl. (Nouveau-Brunswick).
Anagni. L. Italie (Rome).
Anaheim. États-Unis (Californie).
Anapa. Russie du Caucase (Couban).
*Anarkullie. F. Indes. OC.
Ancaster. Amérique anglaise (Ontario)
Anchorage. États-Unis (Kentucky).
Anclam. Allemagne (Prusse). EW.
Ancône N. Italie (Ancône).
Andaree. F. Indes. OC.
Andeer. L. Suisse (Grisons).
Andelfingen. FL. Suisse (Zurich).
Andelfingen p. Riedlingen. L. Allemagne (Wurtemberg).
Andenne. Belgique (Namur).
Andermatt. Suisse (Uri).
Andernach. L. Allemagne (Prusse). EW.
Andersier. L. Iles Britanniques (Écosse).
Anderson. États-Unis (Caroline du Sud).
Anderson. États-Unis (Indiana).
Andes. Amérique du Sud (10ᵉ rég.).
Andorf. FL. Autriche-Hongrie (Sur l'Enns).
Andorno Cacciorna. L. Italie.
Andover. L. Iles Britanniques (Angleterre).
Andover. États-Unis (Connecticut).
Andover. États-Unis (Massachusetts).
Andover. États-Unis (New-York).
Andover. États-Unis (Ohio).
Andover-Furnace. Etats-Unis (New-Jersey).
Andover-Junction. PF. Iles Britann. (Angleterre).
Andoversford. L. Iles Britanniques. (Angleterre).
Andreasberg L. Allemagne (Prusse). EW.
Andreew. L. Russie d'Europe (Keltze).
Andria. L. Italie (Bari).
Andrinople. N. Turquie d'Europe. A1. B3. C2. D3.
Andritz L. Autriche-Hongrie (Styrie).
Andros. Grèce (Iles).
Andrychau. L. Autriche-Hongrie (Gallicie).
Andujar. N. Espagne (Jaen).
Anet (S. Ins). L. Suisse (Berne).
Angaston. Australie (Australie méridionale).
Angerburg. L. Allemagne (Prusse). EW.
Angermunde. L. Allemagne (Prusse). EW.
Angern i/ober Oesterreich. FL. Autr.-Hongrie (Sur l'Enns).
Angleur. L. Belgique (Liége).
Angmering. L. Iles Britanniques (Angleterre).
Angol. Amérique du Sud (10ᵉ rég.).
Angola. États-Unis (New-York).
Angora. Etats-Unis (Pensylvanie).
Angora N. Turquie d'Asie. A3. B2. C2. D2.
Angri. L. Italie (Salerne).
Angus. Amérique anglaise (Ontario).
Anita. États-Unis (Iowa).
Anjeles. Amérique du Sud (10ᵉ rég.).
Anjer. L. Ile de Java. OS.
Ankarsum. PL. Suède.
Anna. Etats-Unis (Illinois).
Anna. États-Unis (Ohio).
Annaberg, i. Pr. F. Allemagne (Prusse) EW.
Annaberg, i. S. Allemagne (Saxe). EW.
Annamoe. L. Iles Britanniques (Irlande).
Annan. L. Iles Britanniques (Écosse).
Annandale. États-Unis (New-Jersey).
Anna-Paulowna. PL. Pays-Bas.
Annapolis. Amérique anglaise (Nouvelle-Écosse).
Annapolis. États-Unis (Maryland).
Annapolis. États-Unis (Missouri).
Annapolis-Junction. États-Unis (Maryland).
Ann Arbor. États-Unis (Michigan).
Annen. F. Allemagne (Prusse). OW.
Annesley-Woodhouse. L. Iles Brit. (Angl.).
Annfield Plain. L. Iles Britann. (Angleterre).
Annone, Castello-di. FL. Italie (Alexandrie).
Annund. F. Indes. OC.
Annweiler. L. Allemagne (Bavière).
Anomosa. États-Unis (Iowa).
Anoka. États-Unis (Minnesota).
Anoka-Junction. États-Unis (Indiana).
Anrath. F. Allemagne (Prusse). OW.
Ans. Belgique (Liége).
Anseghem L. Belgique (Flandre occidentale).
Ansonia. États-Unis (Connecticut).
Anspach ou Ansbach. Allemagne (Bavière).
Anstruther. L. Iles Britanniques (Écosse).
Antelope. États-Unis (Nebraska).
Antequera N. Espagne (Malaga).
Anthée. L. Belgique (Namur)
Anthon. États-Unis (Minnesota).
Antigoa. Amérique Centrale (Antilles).
Antigonish. Amérique anglaise (Nouvelle-Écosse).
Antioch. Etats-Unis (Californie).
Antioch. États-Unis (Indiana).
Antoing. Belgique (Hainaut)
Antonieschacht. FL. Autriche-Hongrie (Styrie).
Antonio-Tomas. Amérique du Sud (3ᵉ rég.).
Antrim. États-Unis (Pensylvanie).
Antrim. F. Iles Britanniques (Irlande).
Antrodoco. L. Italie (Aquilée).
Antuerpia (S. Anvers). Belgique (Anvers).
Antwerp. États-Unis (New-York).
Antwerp. États-Unis (Ohio).
Antwerpen (S. Anvers). Belgique (Anvers).
Anvaing. L. Belgique (Hainaut).
Anvers. N. Belgique (Anvers).
Aonla. F. Indes. OC.
Aoste. L. Italie (Turin).
Apacza. FL. Autriche-Hongrie (Transylvanie).
Apahida. FL. Autriche-Hongrie (Transylvanie).
Apatin. L. Autriche-Hongrie (Hongrie).
Apcz-Szanto. F. Autriche-Hongrie (Hongrie).
Apeldoorn. Pays-Bas.
Apen. F. Allemagne (Oldenbourg). OW.
Apenrade. L. Allem. (Prusse; Sleswig). EW.
*Apice. FL. Italie (Benevento).
Aplerbeck. F. Allemagne (Prusse). OW.
Apohaqui. Amérique anglaise (Nouveau-Brunswick).
Apolda. Allemagne (Saxe-Weimar). EW.
Apollo. États-Unis (Pensylvanie).
Appelhulsen. F. Allemagne (Prusse). OW.
Appenweier. L. Allemagne (Bade).
Appenzell. L. Suisse (Appenzell).
Apperley Bridge. L. Iles Britann. Angleterre).
Appin. Amérique anglaise (Ontario).
Appin. L. Iles Britanniques (Écosse).
Appleby. F. Iles Britanniques (Angleterre; Westmoreland; Lincoln).
Appleby. F. Iles Britanniques (Angleterre).
Appledore. Iles Britanniques (Angleterre; Devon).
Appledore. Iles Britanniques (Angleterre: Kent).
Apple River. États-Unis (Illinois).
Apples. L. Suisse (Vaud).
Appleton. Amérique anglaise (Ontario).
Appleton. États-Unis (Wisconsin).
Appleton City. États-Unis (Missouri).
Appley-Bridge. F. Iles Britanniques (Angleterre).
Applington. États-Unis (Iowa).
Apponaug. États-Unis (Rhode-Island).
Aprath. F. Allemagne (Prusse). OW.
Apricena. L. Italie (Foggia).
Aptos. États-Unis (Californie).
Apulia. États-Unis (New-York).
Aquarossa. L. Suisse (Tessin).
Aqueduct. États-Unis (Pensylvanie).
Aquila (Degli Abruzzi). N/2. Italie (Aquila).
Aquino. FL. Italie (Caserte).
Aquisgrana (S. Aix-la-Chapelle) N/2. Allemagne (Prusse). OW.
Arad. N. Autriche-Hongrie (Hongrie).
Aradjelovatz L. Serbie.
Aragona. L. Italie (Girgenti).
Araluen. Australie (Nouvelle-Galles du Sud).
Aranda de Duero. Espagne (Burgos).
Aranjuez. N. Espagne (Madrid).
Aranyos Maroth. L. Autriche-Hongrie (Hongrie).
Ararat. Australie (Victoria).
Ararat Summit. États-Unis (Pensylvanie).
Arbe. L. Autriche-Hongrie (Dalmatie).
Arbela. États-Unis (Missouri).
Arboga. L. Suède.
Arbon. L. Suisse (Thurgovie).
Arbroath. Iles Britanniques (Écosse).
Arcade. États-Unis (New-York).
Arcadia. Etats-Unis (Indiana).
Arcadia. États-Unis (Iowa).
Arcadia. États-Unis (Ohio).
Arce. L. Italie.
Arcevia. L. Italie (Ancône).
Archangel. Russie d'Europe (Archangel).
Archbald. États-Unis (Pensylvanie).
Archer. Etats-Unis (Floride).
Archer. États-Unis (Wyoming).
Archibald. États-Unis (Ohio).
Archibald. Etats-Unis (Pensylvanie).
Arco. L. Autriche-Hongrie (Tyrol).
Arcola. États-Unis (Illinois).
Arcola. États-Unis (Indiana).
Arcona auf Rugen. L. All. (Prusse, I. Rügen). EW.
Arconum. F. Indes. OC.
Arconum-Junction. F. Indes. OC.
Arcos de Valle de Vez. L. Portugal (Vianna do Castello).

Arcot. F. Indes. OC.
Ardee. L. Iles Britanniques (Irlande).
*Ardenza. BL. Italie (Livourne).
Ardfert. L. Iles Britanniques (Irlande).
Ardglass. L. Iles Britanniques (Irlande).
Ardgour L. Iles Britanniques (Écosse).
Ardler. F. Iles Britanniques (Écosse).
Ardlgay. Iles Britanniques (Écosse).
Ardrahan. L. Iles Britanniques (Irlande).
Ardrishaig. L. Iles Britanniques (Écosse).
Ardrossan. L. Iles Britanniques (Écosse).
Ardsley. F. Iles Britanniques (Angleterre).
Ardwell. L. Iles Britanniques (Écosse).
Ardwick p. Manchester. F. Iles Britann. (Anglet.).
Arena. États-Unis (Wisconsin).
Arena Pô. FL. Italie (Pavie).
Arenac. Etats-Unis (Michigan).
Arendal. N/2. Norwége.
Arendsee. L. Allemagne (Prusse). EW.
Arendshausen. F. Allemagne (Prusse). EW.
Arenzano. FL. Italie (Gênes).
Arenzville. États-Unis (Illinois).
Arevalo. L. Espagne (Avila).
Arezzo. Italie (Arrezzo).
Argenta. L. Italie.
Argenteau. L. Belgique (Liége).
Argesi (Curtea de Argesi). L. Roumanie.
Argoed. F. Iles Britanniques (Angleterre).
Argos. États-Unis (Indiana).
Argos. L. Grèce (Argolide).
Arheilgen. F. Allemagne (Hesse-Darmstadt). OW.
Arholma. L. Suède.
Ariano (Di Puglia). L. Italie (Avellino).
Arichat. Amérique anglaise (Cap Breton).
Arkadelphia. États-Unis (Arkansas).
Arklow. L. Iles Britanniques (Irlande).
Arkona. Amérique anglaise (Ontario).
Arkport. États-Unis (New-York).
Arlescy. FH. Iles Britannniques (Angleterre).
Arlesey Siding. F. Iles Britanniques (Angleterre).
Arlesheim. L. Suisse (Bâle).
Arley. F. Iles Britanniques (Angleterre).
Arlington. États-Unis (Illinois).
Arlington. États-Unis (Massachusetts).
Arlington. États-Unis (Vermont).
Arlon (S. Aarlen Arll). Belgique (Luxembourg).
Armada. États-Unis (Michigan).
Armadale. L. Iles Britanniques (Écosse).
Armagh. L. Iles Britanniques (Irlande).
Armidale. Australie (Nouvelle-Galle du Sud).
Armley. F. Iles Britanniques (Angleterre).
Armsheim. F. Allemagne (Hesse-Darmstadt). OW.
Armstrong. États-Unis (Kansas).
Arnagh. F. Iles Britanniques (Écosse).
Arnau. L. Autriche-Hongrie (Bohême).
Arnhem. Pays-Bas.
Arnis. L. Allemagne (Prusse). EW.
Arnold. L. Iles Britanniques (Angleterre).
Arnoldstein. FL. Autriche-Hongrie (Carinthie).
Arnot. États-Unis (Pensylvanie).
Arn Prior. Amérique anglaise (Ontario).
Arnsberg. L. Allemagne (Prusse). OW.
Arnside. F. Iles Britanniques (Angleterre).
Arnstadt. L. All. (Schwarzb. Sondersh.). EW.
Arnstein. L. Allemagne (Bavière).
Arnstorf. L. Allemagne (Bavière).
Arnswalde. L. Allemagne (Prusse). EW.
Arolsen. L. Allemagne (Waldeck). OW.
Arona. L. Italie (Novare).
Aros. L. Iles Britanniques (Écosse).
Arpino. L. Italie (Caserte).
Arquata-Scrivia. FL. Italie (Alexandrie).
Arrah. F. Indes. OC.
Arrington. L. Iles Britanniques (Angleterre).
Arroya. États-Unis (Colorado).
Arrow. Nouvelle-Zélande.
Arrunghatta. F. Indes. OC.
Ars a/d Mosel. F. Allemagne (Alsace-Lorraine).
Arsoli. L. Italie (Rome).
Artern. L. Allemagne (Prusse). EW.
Artesia. États-Unis (Mississipi).
Arth. L. Suisse (Schwyz).
Arthabaska. Amérique anglaise (Québec).
Arthabaskaville. Amérique anglaise (Québec).
Arthington. F. Iles Britanniques (Angleterre).
Arthur. Amérique anglaise (Ontario).
Arthurstown. L. Iles Britanniques (Angleterre).
Arundel. L. Iles Britanniques (Angleterre).
Arvika. FL. Suède.
Arys. L. Allemagne (Prusse). EW.
Arzberg. L. Allemagne (Bavière).
Arzignano. L. Italie (Vicence).
Arzo. L. Suisse (Tessin).
Asbach. L. Allemagne (Bade).
Asbury. États-Unis (New-Jersey).
Asbury-Park. États-Unis (New-Jersey).
Asch. Autriche-Hongrie (Bohême).
Aschach. L. Autriche-Hongrie (Sur l'Enns).
Aschaffenbourg. Allemagne (Bavière).
Aschbach. F. Autriche-Hongrie (Sous l'Enns).
Aschendorf. F. Allemagne (Prusse). OW.
Aschersleben. Allemagne (Prusse). EW.
Asciano. F. Italie (Sienne).
Ascoli-Piceno. Italie (Ascoli-Piceno).
Ascoli-Satriano. L. Italie (Foggia).
Ascona. L. Suisse (Tessin).
Ascot. F. Iles Britanniques (Angleterre; Berks).
Ascot. Iles Britanniques (Angleterre; Oxford).
Ash. F. Iles Britanniques (Angleterre).
Ashbourne. L. Iles Britanniques (Angleterre).
*Ashbourne. L. Iles Britanniques (Irlande).
Ashburton. L. Iles Britanniques (Angleterre).
Ashburton. Nouvelle-Zélande.
Ashby. Iles Britanniques (Angleterre).
Ashby de la Z'ch. L. Iles Britann. (Angleterre).
Ashchurch. F. Iles Britanniques (Angleterre).
Ashewa. États-Unis (Iowa).
Ashford. L. Iles Britanniques (Irlande).
Ashford. Iles Britanniques (Kent).
Ashford Wiklow. L. Iles Britanniques (Irlande).
Ashland. Etats-Unis (Delaware).
Ashland. États-Unis (Illinois).
Ashland. États-Unis (Iowa).
Ashland. États-Unis (Kentucky).
Ashland. États-Unis (Massachusetts).
Ashland. États-Unis (Maryland).
Ashland. États-Unis (Nebraska).
Ashland. États-Unis (New-Hampshire).
Ashland. États-Unis (Ohio).
Ashland. États-Unis (Orégon).
Ashland. États-Unis (Pensylvanie).
Ashland. États-Unis (Virginie).
Ashley. États-Unis (Illinois).
Ashley. États-Unis (Ohio).
Ashley (Luzerne Co). États-Unis (Pensylvanie).
Ashmore. États-Unis (Illinois).
Ashover. Iles Britanniques (Angleterre).
Ashtabula. États-Unis (Ohio).
Ashton. États-Unis (Illinois).
Ashton-under-Hill. F. Iles Britann. (Angleterre).
Ashton-under-Lyne. Iles Britann. (Angleterre).
Ashuelot. États-Unis (New-Hampshire).
Ashville. États-Unis (New-York).
Ashwell. L. Iles Britanniques (Angleterre).
Asigliano. FL. Italie (Novare).
Asinalunga (S. Sinalonga). FL. Italie (Sienne).
Ask. F. Norwége.
Askam. L. Iles Britanniques (Angleterre).
Askeaton. L. Iles Britanniques (Irlande).
Asker. F. Norwége.
Askern. L. Iles Britanniques (Angleterre).
Askerod. FL. Suède.
Askersund. L. Suède.
Askrigg. Iles Britanniques (Angleterre).
Asola. L. Italie.
Aspang. L. Autriche-Hongrie (Sur l'Enns).
Aspatria. L. Iles Britanniques (Angleterre).
Aspen. États-Unis (Wyoming).
Asperg. Allemagne (Wurtemberg).
Aspey Bay. Amérique anglaise (Cap Breton).
Aspinwal. Amérique du Sud (Nouvelle-Grenade).
Assametquagan. Amérique anglaise (Québec).
Assche. L. Belgique (Brabant).
Assen. Pays-Bas.
Assens. Danemark (Fionie).
Assensole. F. Indes. OC.
Assesse. L. Belgique (Namur).
Assisi. L. Italie (Pérouse).
Assling. F. Allemagne (Bavière).
Assling. FL. Autriche-Hongrie (Carniole).
Assmanshausen a Rh. F. Allemagne (Prusse; Nassau). OW.
Asso. L. Italie (Côme).
Assumption. L. États-Unis (Illinois).
Asszonyfa. FL. Autriche-Hongrie (Hongrie).
Asten. FL. Autriche-Hongrie (Sur l'Enns).
Astenet. F. Allemagne (Prusse). OW.
Asterabad. Perse.
Asti. Italie (Alexandrie).
Aston. Amérique anglaise (Québec).
Aston. L. Iles Britanniques (Angleterre).
Aston. Cross. Iles Britanniques (Angleterre).
Astorga. Espagne (Léon).
Astoria. États-Unis (Illinois).
Astoria. LI. États-Unis (New-York).
Astrakan. Russie d'Europe (Astrakan).
Astwood Bank. L. Iles Britanniques (Angleterre).
Aszod. F. Autriche-Hongrie (Hongrie).
Ata. L. Autriche-Hongrie (Hongrie).
Atalindi. Grèce continentale (Phocide).
Atalla. États-Unis (Alabama).
Atchepoore. Indes. OC.
Atchinson Junction. États-Unis (Missouri).
Atchison. États-Unis (Kansas).
Atco. États-Unis (New-Jersey).
Atgaum. F. Indes. OC.
Ath. Belgique (Hainaut).
Athboy. L. Iles Britanniques (Irlande).
Athènes. N. Grèce (Attique).
Athenry. F. Iles Britanniques (Irlande).
Athens. États-Unis (Alabama).
Athens. États-Unis (Géorgie).
Athens (Summer Office). États-Unis (New-York).

Athens. États-Unis (Ohio).
Athens. États-Unis (Pensylvanie).
Athens. États-Unis (Tennessee).
Atherstone. Iles Britanniques (Angleterre).
Athlone. F. Iles Britanniques (Irlande).
Athol. États-Unis (Massachusetts).
Athus. L. Belgique (Luxembourg).
Athy. L. Iles Britanniques (Irlande).
Atina. L. Italie (Caserte).
Atkinson. États-Unis (Illinois).
Atkinson. États-Unis (Indiana).
Atlanta. États-Unis (Géorgie).
Atlanta. États-Unis (Illinois).
Atlanta. États-Unis (Missouri).
Atlantic. États-Unis (Iowa).
Atlantic. États-Unis (Pensylvanie).
Atlantic city. États-Unis (New-Jersey).
Atleys. États-Unis (Virginie).
Atoka. États-Unis (territoire indien).
Atrauli-Road. F. Indes. OC.
Atri. L. Italie (Teramo).
Atsion. États-Unis (New-Jersey).
Attaree. F. Indes. OC.
Attendorn. L. Allemagne (Prusse). OW.
Attercliffe. L. Iles Britanniques (Angleterre).
Attersee. L. Autriche-Hongrie (Sur l'Enns).
Attica. États-Unis (Indiana).
Attica. États-Unis (Michigan).
Attica. États-Unis (New-York).
Attleboro'. États-Unis (Massachusetts).
Attleborough. Iles Britanniques (Angleterre).
Attnang. F. Autriche-Hongrie (Sur l'Enns)
Attock. L. Indes. OC.
Atvidaberg. L. Suède.
Atwater. États-Unis (Minnesota).
Atwater. États-Unis (Ohio).
Atzwang. FL. Autriche-Hongrie (Tyrol).
Au (près Freissing). L. Allemagne (Bavière).
Au. F. Allemagne (Prusse). EW.
Au. FL. Suisse (Saint-Gall).
Aub. L. Allemagne (Bavière).
Aubel. L. Belgique (Liége).
Auberson (L'). L. Suisse (Vaud).
Aubing. F. Allemagne (Bavière).
Aublain. L. Belgique (Namur).
Aubonne. L. Suisse (Vaud).
Auburn. Australie (Austr. méridionale).
Auburn. États-Unis (Californie).
Auburn. États-Unis (Illinois).
Auburn. États-Unis (Indiana).
Auburn. États-Unis (Kentucky).
Auburn. États-Unis (Maine).
Auburn. États-Unis (New-York).
Auburndale. États-Unis (Massachusetts).
Auburn Junction. États-Unis (Indiana).
Auchenblae. Iles Britanniques (Écosse).
Auchengray. F. Iles britanniques (Écosse).
'Auchinleck. F. Iles Britanniques (Écosse).
Auchmill. Iles Britanniques (Écosse).
Auchnacloy. L. Iles Britanniques (Irlande).
Auchnacraig. L. Iles Britanniques (Écosse).
Auchnagatt. F. Iles Britanniques (Écosse).
Auchterarder. L. Iles Britanniques (Écosse).
Auchterhouse. F. Iles Britanniques (Écosse).
Auchterless. F. Iles Britanniques (Écosse).
Auchtermuchty. L. Iles Britanniques (Écosse).
Auckland. Nouvelle Zélande.
Audegem. L. Belgique (Flandre orientale).
Audenarde (S. Oudenarde). F. Belgique (Flandre orientale).
Audenried. États-Unis (Pensylvanie).
Audlem. L. Iles Britanniques (Angleterre).
Audley End. F. Iles Britanniques (Angleterre).
Audubon. États-Unis (Minnesota).
Aue. F. Allemagne (Saxe). EW.
Auer. FL. Autriche-Hongrie (Tyrol).
Auerbach-b-Darmstadt. F. Allem. (Prusse). OW.
Auerbach. L. Allemagne (Bavière).
Auerbach. L. Allemagne (Saxe). EW.
Aufhausen. F. Allemagne (Bavière).
Aufsess. L. Allemagne (Bavière).
Aughnacloy. L. Iles Britanniques (Irlande)
Aughrim. L. Iles Britanniques (Irlande).
Augsbourg. N. Allemagne (Bavière).
Augusta. États-Unis (Arkansas).
Augusta. États-Unis (Géorgie).
Augusta. États-Unis (Illinois).
Augusta. États-Unis (Maine).
Augusta. États-Unis (Michigan).
Augusta. États-Unis (Wisconsin).
Augusta (voir Agosta). L. Italie (Syracuse).
Augustenbourg. L. Allemagne (Prusse; Sleswig). EW.
Augustfehn. F. Allemagne (Oldenbourg). OW.
Augustow. L. Russie d'Europe (Souvalki).
Augustwalde. F. Allemagne (Prusse). EW.
Auheim (Gross-Auheim) F. Allemagne (Prusse). OW.
Aujeszd a/Mies. L. Autriche-Hongrie (Bohême).
Aujhee. F. Indes. OC.
Aulac. Amérique anglaise (Nouveau-Brunswick).
Auldbar. F. Iles Britanniques (Écosse).
Auldgirth. L. Iles Britanniques (Écosse).
Aulendorf. Allemagne (Wurtemberg).
Auletta. L. Italie (Salerne).
Aulla. L. Italie (Massa).
Aullville. États-Unis (Missouri).
Aultsville. Amérique anglaise (Ontario).
Aultsville Station. Amérique anglaise (Ontario).
Aulx. FL. Italie (Turin).
Auma. L. Allemagne (Saxe-Weimar). EW.
Aumenau a. d. Lahn. F. Allemagne (Prusse; Nassau). OW.
Aurelia. États-Unis (Iowa).
Aurich. L. Allemagne (Prusse; Hanovre). OW.
Aurigny (voyez Alderney). Iles Britanniques (Iles de la Manche).
Aurora. Amérique anglaise (Ontario).
Aurora (station). Amérique anglaise (Ontario).
Aurora. États-Unis (Illinois).
Aurora. États-Unis (Indiana).
Aurora. États-Unis (Missouri).
Aurora. (Cayuga Co). États-Unis (New-York).
Aurora États-Unis (Ohio).
Aurora. États-Unis (Orégon).
Au Sable. États-Unis (Michigan).
Ausable-Forks. États-Unis (New-York).
Auscha. L. Autriche-Hongrie (Bohême).
Ausic. FL. Autriche-Hongrie (Bohême).
Auspitz. L. Autriche-Hongrie (Moravie).
Ausprec. F. Indes. OC.
Aussee. LBC. Autriche-Hongrie (Styrie).
Aussersihl. L. Suisse (Zurich).
Aussig. N. Autriche-Hongrie (Bohême).
Austerlitz-Krzenowitz. FL. Autriche-Hongrie (Moravie).
Austin. États-Unis (Minnesota).
Austin. États-Unis (Nevada).
Austin. États-Unis (Texas).
Austintown. États-Unis (Ohio).
Ausufpore. F. Indes. OC.
Auvelais. Belgique (Namur).
Auvernier. Suisse (Neuchâtel).
Auxvasse. États-Unis (Missouri).
Auw. F. Allemagne (Prusse). OW.
Auwal. F. Autriche-Hongrie (Bohême).
Ava (Noble Co). États-Unis (Ohio).
Avady. F. Indes. OC.
Aveïro. L. Portugal (Aveïro).
Avelghem. L. Belgique (Flandre occidentale).
Avellino. Italie (Avellino).
Avenashy-Road. F. Indes. OC.
Avenches (Wiflisburg). L. Suisse (Vaud).
Avenue Drove Yards W. Phila. États-Unis (Pensylvanie).
Averill's. États-Unis (Michigan).
Aversa. FL. Italie (Caserte).
Avesta. L. Suède.
Avezzano. Italie (Aquilée).
Aviemore. L. Iles Britanniques (Écosse).
Avienmore. L. Iles Britanniques (Écosse).
Avigliana. FL. Italie (Turin).
Avigliano. L. Italie (Potenza).
Avila. N. Espagne (Avila).
Avilès. Espagne (Oviedo).
Avio. FL. Autriche-Hongrie (Tyrol).
Avlona (S. Vallona). Turq. d'Eur. A1. B2. C1. D3.
Avoca. Australie (Victoria).
Avoca. États-Unis (Iowa).
Avoca. États-Unis (New-York).
Avoca. États-Unis (Wisconsin).
Avola. L. Italie (Syracuse).
Avon. États-Unis (Illinois).
Avon. États-Unis (Indiana).
Avonbridge. L. Iles Britanniques (Écosse).
Avondale (Chester Co). États-Unis (Pensylvanie).
Avon-Springs. États-Unis (New-York).
Avontuur. Colonie du Cap.
Avricourt. L. Allemagne (Alsace-Lorraine).
Avry-devant-Pont. L. Suisse (Fribourg).
Axbridge. F. Iles Britanniques (Angleterre).
Axel. FL. Pays-Bas.
Axenstein. BL. Suisse (Schwyz).
Axminster. FL. Iles Britanniques (Angleterre).
Aye. FL. Belgique (Luxembourg).
Ayer. États-Unis (Massachusetts).
Ayer's-Flat. Amérique anglaise (Québec).
Aylesbury. L. Iles Britanniques (Angleterre).
Aylesford. Amérique anglaise (Nouvelle-Écosse).
Aylesford. Iles Britanniques (Angleterre).
Aylmer. Amérique anglaise (Ontario).
Aylmer. Amérique anglaise (Québec).
Aylsham. Iles Britanniques (Angleterre).
Aynho. F. Iles Britanniques (Angleterre).
Ayr. Amérique anglaise (Ontario).
Ayr. L. Iles Britanniques (Écosse).
Ayton. L. Iles Britanniques (Écosse).
Aywaille. L. Belgique (Liége).
Azimgunge. F. Indes. OC.
Azmoos. L. Suisse (Saint-Gall).
'Azoudange. L. Allemagne (Alsace-Lorraine).
Azpettia. L. Espagne (Saint-Sébastien).

B

Baal. F. Allemagne (Prusse). OW.
Baar. L. Suisse (Zug).
*Baba-Eski (Babai-Atik, Eski-Baba). Turquie d'Europe. A1. B3. C2. D3.
Babai. F. Indes. OC.
*Babasoul. F. Indes. OC.
Babelsberg. EN. Allemagne (Prusse). EW.
Babenhausen. L. Allemagne (Bavière).
Babenhausen. F. Allemagne (Hesse-Darm.) OW.
Babbicombe. L. Iles Britanniques (Angleterre).
Babocsa. FL. Autriche-Hongrie (Hongrie).
Baby. F. Russie d'Europe (Petrokow).
Babylon, Long-Island. États-Unis (New-York).
Bacau (S. Baken). N. Roumanie.
Bacharach. L. Allemagne (Prusse). OW.
Backnang. L. Allemagne (Wurtemberg).
Baconfoy. L. Belgique (Luxembourg).
Baconsburg. États-Unis (Ohio).
Bacup. L. Iles Britanniques (Angleterre).
Badajoz. N. Espagne (Badajoz).
Badan. F. Indes. OC.
Baddeck. Amérique anglaise (Cap Breton).
Baden. Amérique anglaise (Ontario).
Baden-Baden. Allemagne (Bade).
Baden, près Vienne L/BC. Autr.-Hong. (S.l'Enns.)
Baden. Suisse (Argovie).
Baden-Stadt. L. Allemagne (Bade).
Badenweiler (1). BL. Allemagne (Bade).
Bad-Gastein (S. Gastein Bad). Autr.-Hongr. (Hongr.)
Badia-Polesine. L. Italie (Rovigo).
Badminton. Iles Britanniques (Angleterre).
Baeck. FL. Suède.
Baeckaskog. E. Suède.
Baeleghem. L. Belgique (Flandre orientale).
Baerentschwyl. L. Suisse (Zurich).
Baern. L. Autriche-Hongrie (Moravie).
Baernau. L. Allemagne (Bavière).
Baernhofen. FL. Autriche-Hongrie (Sous l'Enns).
Baerringen. L. Autriche-Hongrie (Bohême).
Baerwalde-in-Neumark. L. Allem. (Prusse). EV.
Baerwalde-i-Pom. L. Allemagne (Prusse). EW.
Baesrode. L. Belgique (Flandre orientale).
Baetterkinden. L. Suisse (Berne).
Baeza. L. Espagne (Jaen).
Bagdad. États-Unis (Kentucky).
Bagdad. N. Turquie d'Asie. A3. B2. C2. D2.
Bagenz. F. Allemagne (Prusse) EW.
Bagheria. FL. Italie (Palerme).
Bagillt. L. Iles Britanniques (Angleterre).
Bagnacavallo. L. Italie (Ravenne).
Bagnalstown. L. Iles Britanniques (Irlande).
Bagnara-Calabra. N/2. Italie (Calabre).
Bagno di Romagna. L. Italie.
Bagnolo-Mella. FL. Italie (Brescia).
Bagnone. FL. Italie (Massa).
Bagra. F. Indes. OC.
Bagshot. L. Iles Britanniques (Angleterre).
Bagworth. FL. Iles Britanniques (Angleterre).
Bahawa. F. Indes. OC.
Bahia. Amérique du Sud (Brésil).
Bahia-Honda. Amérique centrale (Cuba).
Bahn. L. Allemagne (Prusse). EW
Baiersbronn. L. Allemagne (Wurtemberg.)
Baiersdorf. F. Allemagne (Bavière).
Baijnath. F. Indes. OC.
Bailen. L. Espagne (Jaen).
Baileygate. F. Iles Britanniques (Angleterre).
Bailey's. États-Unis (Pensylvanie).
Bailgurriah. F. Indes. OC.
Baillieston. F. Iles Britanniques (Écosse).
Bailyborough. L. Iles Britann. (Angleterre).
Bainbridge. États-Unis (Géorgie).
Bainbridge. États-Unis (Indiana).
Bainbridge. États-Unis (New-York).
Bainbridge. États-Unis (Pensylvanie).
*Bains de Ledesme. BL. Espagne.
*Bains de Montemaior. L. Espagne.
Baja. Autriche-Hongrie (Hongrie).
Bajmok. L. Autriche-Hongrie (Hongrie).
Bajucal. Amérique centrale (Cuba).
Bakers. États-Unis (Tennessee).
Bakersfield. États-Unis (Californie).
Bakersfield. États-Unis (Vermont).
Baker's-Point. États-Unis (New-York).
Bakeu (S. Bakau). Roumanie.
Bakewel. L. Iles Britanniques (Angleterre).
Bakhmouth. Russie d'Europe (Ekaterinoslaw).
Bakou. Russie du Caucase (Bakou).
Bakoven. FL. Autriche-Hongrie (Bohême).
Bala. Iles Britanniques (Angleterre).
Balaschow. Russie d'Europe (Saratow).
Balasore. L. Indes. OC.
Balassa-Gyarmat. Autriche-Hongrie (Hongrie).
Balaton-Fured (S. Fured). BL. Autr.-Hong. (Hong.).
Balazfalva (S. Blasendorf, Blasia). FL. Autriche-Hongrie (Transylvanie).
Balbriggan. L. Iles Britanniques (Irlande).
Balclutha (Nouvelle-Zélande).
Balcombe. F. Iles Britanniques (Angleterre).
Baldenburg. L. Allemagne (Prusse). EW.
Balder (Berlaer). L. Belgique (Anvers).
Baldjick. L. Turquie d'Europe. A1. B2. C1. D3.
Baldock. L. Iles Britanniques (Angleterre).
Balduinstein A. d. Lahn F. All. (Prusse; Nass.). OW.
Baldwin. États-Unis (Floride).
Baldwin. États-Unis (Pensylvanie).
Baldwin. États-Unis (Wisconsin).
Baldwin City. États-Unis (Kansas).
Baldwin's. États-Unis (Michigan).
Baldwinsville. États-Unis (Massachusetts).
Baldwinsville. États-Unis (New-York).
Baldwyn. États-Unis (Mississipi).
Bâle. N. Suisse (Bâle).
Balerna. L. Suisse (Tessin).
Balfron. Iles Britanniques (Écosse).
Balgerhoeeke. L. Belgique (Flandre orientale).
Balgowan. F. Iles Britanniques (Écosse).
Balingen. L. Allemagne (Wurtemberg).
Balla. L. Iles Britanniques (Irlande).
Ballachulish. Iles Britanniques (Écosse).
Ballaghaderin. L. Iles Britanniques (Irlande).
Ballantrae. Iles Britanniques (Écosse).
Ballantynès. Amérique anglaise (Ontario).
Ballarat. Australie (Victoria).
Ballater. F. Iles Britanniques (Écosse).
Ballaugh. L. Iles Britann. (Angleterre, I. de Man).
Ballens. L. Suisse (Vaud).
Ballenstedt. L. Allemagne (Anhalt-Bernb.). EW.
Ballina. L. Iles Britanniques (Irlande).
Ballinacurra. L. Iles Britanniques (Irlande).
Ballinakill. L. Iles Britanniques (Irlande).
Ballinasloe. L. Iles Britanniques (Irlande).
Ballincollig. F. Iles Britanniques (Irlande).
Ballindalloch. F. Iles Britanniques (Écosse).
Ballindine. L. Iles Britanniques (Irlande).
Ballingarry. L. Iles Britanniques (Irlande).
Ballingarry. L. Iles Britann. (Irlande; Tipperary).
Ballingran (Junction Railway Station). Iles Britanniques (Irlande).
Ballinlough. L. Iles Britanniques (Irlande).
Ballinluig. F. Iles Britanniques (Écosse).
Ballinrobe. L. Iles Britanniques (Irlande).
Ballintra. L. Iles Britanniques (Irlande).
Ballisodare. L. Iles Britanniques (Irlande).
Ballock. L. Iles Britanniques (Écosse).
Ballstedt. F. Allemagne (Saxe-Weimar). EW.
Ballston. États-Unis (New-York).
Ballwyl. L. Suisse (Argovie).
Bally. F. Indes. OC.
Ballybay. F. Iles Britanniques (Irlande).
Ballybrophy. L. Iles Britanniques (Irlande).
Ballybunion. L. Iles Britanniques (Irlande).
Bally-Canew. L. Iles Britanniques (Irlande).
Bally-Carry. F. Iles Britanniques (Irlande).
Bally-Clare. Iles Britanniques (Irlande).
Ballyconnell. L. Iles Britanniques (Irlande).
Ballydehod. L. Iles Britanniques (Irlande).
Ballyfarnon. L. Iles Britanniques (Irlande).
Ballygawley. L. Iles Britanniques (Irlande).
Ballyglass. L. Iles Britanniques (Irlande).
Ballygunge. F. Indes. OC.
Ballyhaunis. L. Iles Britanniques (Irlande).
Ballyjames Duff. L. Iles Britanniques (Irlande).
Ballymahon. L. Iles Britanniques (Irlande).
Ballymena. L. Iles Britanniques (Irlande).
Ballymoe. L. Iles Britanniques (Irlande).
Ballymoney. L. Iles Britanniques (Irlande).
Ballymote. L. Iles Britanniques (Irlande).
Ballynacargy. L. Iles Britanniques (Irlande).
Ballynahinc. L. Iles Britanniques (Irlande).
Ballyneen. L. Iles Britanniques (Irlande).
Ballypallady. F. Iles Britanniques (Irlande).
Ballyragget. Iles Britanniques (Irlande).
Bally-Shannon. L. Iles Britanniques (Irlande).
Bally-Tore. L. Iles Britanniques (Irlande).
Ballyvaughan. L. Iles Britanniques (Irlande).
Ballywalter. L. Iles Britanniques (Irlande).
Balmoral. L. Iles Britanniques (Écosse).
Balogfalva. F. Autriche-Hongrie (Hongrie).
Balranald. Australie (Nouvelle-Galles du Sud).
Balstad (2). L/HC. Norwége (I. Lofoten).
Balsthal. L. Suisse (Soleure).
Balta. Russie d'Europe (Podolie).

(1) Ouvert du 1er mai au 31 décembre.

(2) Les dépêches sont transmises par la voie électrique jusqu'à Bodœ, de cette ville à Henningswaer ou à Svolvaer par la poste, et ensuite jusqu'à Balstad par le télégraphe. — Le transport postal est gratuit.

Balta-Sound. L. Iles Brit. (I. Shetland; 2e rég.).
Baltchik. L. Turquie d'Europe. A1. B2. C1. D3.
Baltic. États-Unis (Connecticut).
Baltimore. Amérique anglaise (Ontario).
Baltimore. États-Unis (Maryland).
Baltimore (Cent. Junc.). États-Unis (Pensylvanie).
Baltinglass. L. Iles Britanniques (Irlande).
Bamberbridge. L. Iles Britann. (Angleterre).
Bamberg. N/2. Allemagne (Bavière).
Bamburg. États-Unis (Caroline du Sud).
Bamford. L. Iles Britanniques (Angleterre).
Bammenthal. FL. Allemagne (Bade).
Bampton. L. Iles Britann. (Angleterre; Devonshire).
Bampton. L. Iles Britann. (Angleterre; Berkshire).
Ban. L. Autriche-Hongrie (Hongrie).
Banagher. L. Iles Britanniques (Irlande).
Banana. Australie (Queensland).
Banatkomlos. L. Autriche-Hongrie (Hongrie).
Banavie. L. Iles Britanniques (Écosse).
Banbridge. Iles Britanniques (Irlande).
Banbury. L. Iles Britanniques (Angleterre).
Banchory. L. Iles Britanniques (Écosse).
Bandholm. Danemark.
Bandon. Iles Britanniques (Irlande).
Bandong. Ile de Java. OS.
Bandora. F. Indes. OC.
Banff. Iles Britanniques (Écosse).
Banffy-Huniad. L. Autr.-Hongrie (Transylvanie).
Bangall. États-Unis (New-York).
Bangalore. N. Indes. OC.
Bangor. États-Unis (Maine).
Bangor. États-Unis (Michigan).
Bangor. États-Unis (New-York).
Bangor. États-Unis (Pensylvanie).
Bangor. États-Unis (Wisconsin).
Bangor. Iles Britanniques (Angleterre).
Bangor. L. Iles Britanniques (Irlande).
Banialonka. L. Turquie d'Europe. A1. B3. C2. D3.
Banja. L. Serbie.
Banjoemaas. Ile de Java. OS.
Banjoewangi. Ile de Java. ES.
Bankers. États-Unis (Michigan).
Bankfoot. L. Iles Britanniques (Écosse).
Bankipore. Indes. OC.
Bannockburn. L. Iles Britanniques (Écosse).
Banocz. FL. Autriche-Hongrie (Hongrie).
Banreve. FL. Autriche-Hongrie (Hongrie).
Banstead. F. Iles Britanniques (Angleterre).
Banstein. F. Allemagne (Alsace-Lorraine).
Bantas. États-Unis (Californie).
Banteln. F. Allemagne (Prusse; Hanov.). EW.
Bantry. L. Iles Britanniques (Irlande).
Banwell. L. Iles Britanniques (Angleterre).
Banya-Bogsan (S. Montan-Bogsan). L. Autriche-Hongrie (Hongrie).
Banyitza-Huniad. FL. Autr.-Hongrie (Transylvanie).
Baraboo. États-Unis (Wisconsin).
Barachois. Amér. angl. (Québec).
Baradero. Amérique du Sud (3e rég.).
Barajree. F. Indes. OC.
Baranyavar. FL. Autriche-Hongrie (Hongrie).
Barbade (La). Amérique centrale (Antilles).
Barbastro. ML. Espagne (Huesca).
Barboursville. États-Unis (Virginie).
Barby. L. Allemagne (Prusse). EW.
Barca-d'Alva. L. Portugal (Guarda).
Barcellona. L. Italie (Messine).
Barcellos. L. Portugal (Braga).
Barcelone (S. Barna). N. Espagne (Barcelone).
Barclay. États-Unis (Illinois).
Barclay. États-Unis (Pensylvanie).
Barcombe. F. Iles Britanniques (Angleterre).
Barcs. L. Autriche-Hongrie (Hongrie).
Bardney. L. Iles Britanniques (Angleterre).
Bardo (Le). L. Tunisie.
Bardolph. États-Unis (Illinois).
Bardonnecchia (S. Bardonneche). FL. Italie (Turin).
Bardowiek. F. Allemagne (Prusse). EW.
Bardstown-Junc. États-Unis (Kentucky).
Bareilly. L. Indes. OC.
Barga. L. Italie (Lucca).
Bargteheide. F. Allem. (Prusse; Holstein). EW.
Barham. L. Iles Britanniques (Angleterre).
Bar-Harbor (Mont-Désert). États-Unis (Maine)
Bari. N. Italie (Bari).
Bari. S. Italie (Bari).
Barkerville. Amérique anglaise (Colombie angl.).
Barking. L. Iles Britanniques (Angleterre).
Bark-Lake. Amérique anglaise (Ontario).
Barksdale. États-Unis (Virginie).
Barkston-Junction. F. Iles Britann. (Angleterre).
Barkway. L. Iles Britanniques (Angleterre).
Barleben. F. Allemagne (Prusse). EW.
*Barletta. FC. Italie (Bari).
Barlow. États-Unis (Ohio).
Barmen. N/2. Allemagne (Prusse). OW.
Bar-Mills. États-Unis (Maine).
Barmouth. L. Iles Britanniques (Angleterre).
Barmouth-Junction. F. Iles Britann. (Angleterre).
Barna (S. Barcelone). N. Espagne.
Barnaoul. Sibérie (1re région).
Barnard. États-Unis (Kansas).
Barnard. États-Unis (Missouri).
Barnard-Castle. L. Iles Britann. (Angleterre).
Barnegate. États-Unis (New-Jersey).
Barnes. L. Iles Britanniques (Angleterre).
Barnesville. États-Unis (Géorgie).
Barnesville. États-Unis (Ohio).
Barnet. États-Unis (Vermont).
Barnet. L. Iles Britanniques (Angleterre).
Barnetby. F. Iles Britanniques (Angleterre).
Barnett. États-Unis (Géorgie).
Barnham-Junction. F. Iles Britann. (Angleterre).
Barnoldswick. L. Iles Britanniques (Angleterre).
Barnsley. Iles Britanniques (Angleterre).
Barnstable. États-Unis (Massachusetts).
Barnstaple. L. Iles Britanniques (Angleterre).
Barnston. Amérique anglaise (Québec).
Barnstorf. F. Allemagne (Prusse). OW.
Barnsville. États-Unis (Maryland).
Barnt-Green. F. Iles Britanniques (Angleterre).
Baroda. L. Indes. OC.
Baronissi. L. Italie.
Barop. L. Allemagne (Prusse). OW.
Barquina. L. Portugal (Santarem).
Barr. L. Allemagne (Alsace-Lorraine).
Barracas-del-Sud. Amérique du Sud (7e rég.).
Barrackpore. Indes. OC.
Barrafranca. L. Italie.
Barreiro. Portugal (Lisbonne).
Barrh. F. Indes. OC.
Barr-Head. L. Iles Britanniques (Écosse).
Barrie. Amérique anglaise (Ontario).
Barrington. Amérique anglaise (Nouvelle-Écosse).
Barrington. États-Unis (Illinois).
Barrios. L. Espagne (Cadix).
Barrow (Furnes). F. Iles Britann. (Angleterre).
Barrow (on Humber). L. Iles Britann. (Angleterre).
Barrow (Stoness) F. Iles Britann. (Angl.; Leicester).
Barrow-on-Soar. F. Iles Britanniques (Angleterre)
Barry. États-Unis (Illinois).
Barry-Maulde. L. Belgique (Hainaut).
Barrytown. États-Unis (New-York).
Barryville. États-Unis (New-York).
Barse. L. Belgique (Liége).
Barsee Road. F. Indes. OC.
Barsinghausen. F. Allemagne (Prusse). EW.
*Barstead. L. Iles Britanniques (Angleterre).
Barszcrowice. FL. Autriche-Hongrie (Gallicie).
Bartenheim. FL. Allemagne (Alsace-Lorraine).
Bartenstein. L. Allemagne (Prusse). EW.
Bartenstein. L. Allemagne (Wurtemberg).
Bartfeld. L. Autriche-Hongrie (Hongrie).
Barth. L. Allemagne (Prusse). EW.
Bartlett. États-Unis (Illinois).
Bartlett. États-Unis (Iowa).
Bartlett. États-Unis (Tennessee).
Barton. États-Unis (Vermont).
Barton-Landing. États-Unis (Vermont).
Barton-on-Humber. Iles Britanniques (Angleterre).
Barton-under-Needwood. L. Iles Britann. (Angl.).
Bartonville. États-Unis (Vermont).
Bartos-Lehota. FL. Autriche-Hongrie (Hongrie).
Bartow's. États-Unis (Floride).
Bartringen (S. Bertrange). FL. Luxembourg.
Barvaux. L. Belgique (Luxembourg).
Barzdorf. L. Autriche-Hongrie (Silésie).
Basbeck. L. Allemagne (Hanovre; Prusse). EW.
Baschurch. F. Iles Britanniques (Angleterre).
Basco. États-Unis (Illinois).
Bascoup-Chapelle. L. Belgique (Hainaut).
Basècles. FL. Belgique (Hainaut).
Basel. L. Belgique (Flandre orientale).
Basel (S. Bâle). Suisse (Bâle).
Baselice. L. Italie.
Basford. L. Iles Britanniques (Angleterre).
Basiasch (Bazias). Autr.-Hongrie (Confins mil.).
Basilea (S. Bâle). N. Suisse (Bâle).
Basingstoke. Iles Britanniques (Angleterre).
Basket. États-Unis (New-York).
Baslow. L. Iles Britanniques (Angleterre).
Bas-Oha. L. Belgique (Liége).
Basrah. F. Indes. OC.
Bassaleg. L. Iles Britanniques (Angleterre).
Bassano. L. Italie (Vicence).
Bassein-Road. F. Indes. OC.
Bassenthwaite-Lake. F. Iles Britann. (Angleterre).
Basserstorf. L. Suisse (Zurich).
Basse-Terre. Amérique centrale (Guadeloupe).
Bassilly. L. Belgique (Hainaut).
Bassingbourne. L. Iles Britanniques (Angleterre).
Bassora. Turquie d'Asie. A3. B2. C2. D2.
Bassum. F. Allemagne (Prusse). OW.
Bastenaeken (S. Bastogne). L. Belgique (Luxemb.).
Bastia. FL. Italie (Pérouse).
Bastogne (S. Bastenaeken). L. Belgique (Luxemb.).
Batabano. Amérique centrale (Ile de Cuba).
Batalden. L. Norwége.
*Batalha Portugal. (Porto).
Bataszeck. L. Autriche-Hongrie (Hongrie).
Batavia. Ile de Java.
Batavia. États-Unis (Illinois).
Batavia. États-Unis (Iowa).
Batavia. États-Unis (New-York).

Bate. FL. Autriche-Hongrie (Hongrie).
Batesville. États-Unis (Arkansas).
Batesville. États-Unis (Caroline du Sud).
Batesville. États-Unis (Indiana).
Batesville. États-Unis (Mississipi).
Bath. Iles Britanniques (Angleterre).
Bath. Amérique anglaise (Ontario).
Bath. États-Unis (Illinois).
Bath. États-Unis (Maine).
Bath. États-Unis (Michigan).
Bath. États-Unis (New-Hampshire).
Bath. États-Unis (New-York).
Bath. États-Unis (Pensylvanie).
Batheaston. L. Iles Britanniques (Angleterre).
Bathgate. L. Iles Britanniques (Écosse).
Bathurst. Amérique anglaise (Nouv.-Brunswick).
Bathurst. Australie (Nouvelle-Galles du Sud).
Batiscan. Amérique anglaise (Québec).
Batley. L. Iles Britanniques (Angleterre).
Batley-Carr. Iles Britanniques (Angleterre).
Batoe-Radja. L. Ile de Sumatra.
Baton-Rouge. États-Unis (Louisiane).
Batony. FL. Autriche-Hongrie (Hongrie).
Batoum (Batoumi). Turq. d'Asie. A2. B1. C1. D1.
Battaglia. FL. Italie (Padoue).
Battelau. L. Autriche-Hongrie (Moravie).
Battersea. Amérique anglaise (Ontario).
Battipaglia. FL. Italie (Salerne).
Battle. Iles Britanniques (Angleterre).
Battle-Creek. États-Unis (Michigan).
Battle-Ground. États-Unis (Indiana).
Battle-Mountain. États-Unis (Nevada).
Batyn. FL. Autriche-Hongrie (Hongrie).
Batzenheid. FL. Suisse (Saint-Gall).
Baudour. L. Belgique (Hainaut).
Bauerwitz. F. Allemagne (Prusse). EW.
Baulmes. L. Suisse (Vaud).
Bauma. L. Suisse (Zurich).
Baunach. L. Allemagne (Bavière).
Bauschowitz. Autriche-Hongrie (Bohême).
Bautsch. L. Autriche-Hongrie (Moravie).
Bautzen (S. Budissin). Allemagne (Saxe). EW.
Baveno. L. Italie (Novare).
Bawden. Australie (Australie méridionale).
Bawnboy. L. Iles Britanniques (Irlande).
Bawtry. Iles Britanniques (Angleterre).
Baxter-Springs. États-Unis (Kansas).
Bayamo. Amérique centrale (Ile de Cuba).
Bayard. États-Unis (Ohio).
Bayarsd (Les). Suisse (Neuchâtel).
Bay-City. États-Unis (Michigan).
Bay-de-Livre. Amérique anglaise (Terre-Neuve).
Bay-du-Nord. Amérique anglaise (Terre-Neuve).
Bayfield. Amérique anglaise (Ontario).
Bay-Minette. États-Unis (Alabama).
Bayhi Plantation. États-Unis (Louisiane).
Baylis. États-Unis (Illinois).
Baynards. F. Iles Britanniques (Angleterre).
Bayou-Sara. États-Unis (Louisiane).
Bayport. États-Unis (Michigan).
Bayreuth. Allemagne (Bavière).
Bay-Saint-Louis. États-Unis (Missouri).
Bay-Shore (Long Island). États-Unis (New-York).
Bay-Verte. Amérique anglaise (Nouveau-Brunsw.).
Bay-View. États-Unis (Massachusetts).
Bazias (S. Basiasch). L. Autr.-Hongrie (Hongrie).
Bazin (Bœsing). F. Autriche-Hongrie (Hongrie).

Beachburg. Amérique anglaise (Ontario).
Beach-Haven. États-Unis (Pensylvanie).
Beachville. Amérique anglaise (Ontario).
Beacon-Falls. États-Unis (Connecticut).
Beaconsfield. L. Iles Britanniques (Angleterre).
Beal. L. Iles Britanniques (Angleterre).
Bealey. Nouvelle-Zélande.
Beaminster. L. Iles Britanniques (Angleterre).
Beamsville. Amérique anglaise (Ontario).
Beardstown. États-Unis (Illinois).
Bearley. F. Iles Britanniques (Angleterre).
Bear River. Amérique anglaise (Nouvelle-Écosse).
Bear-Valley. États-Unis (Pensylvanie).
Beas. F. Indes. OC.
Beatrice. États-Unis (Nebraska).
Beattie. États-Unis (Kansas).
Beattock. F. Iles Britanniques (Écosse).
Beaufort. États-Unis (Caroline du Nord).
Beaufort. États-Unis (Caroline du Sud).
Beaufort. L. Iles Britanniques (Angleterre).
Beauharnois. Amérique anglaise (Québec).
Beaulieu. L. Iles Britanniques (Angleterre).
Beaulmes. L. Suisse (Vaud).
Beauly. Iles Britanniques (Écosse).
Beaumaris. L. Iles Britanniques (Angleterre).
Beaumont. L. Belgique (Hainaut).
Beaumont. États-Unis (Texas).
Beaur. Indes. OC.
Beauraing. L. Belgique (Namur).
Beauregard. États-Unis (Mississipi).
Beaurivage-Hôtel-Ouchy. L. Suisse (Vaud).
Beaver. États-Unis (Missouri).
Beaver. États-Unis (Utah).
Beaver Creek. États-Unis (Colorado).
Beaver Dam. États-Unis (Kentucky).
Beaver-Dam. États-Unis (Virginie).
Beaver-Dam. États-Unis (Wisconsin).
Beaverfalls. États-Unis (Pensylvanie).
Beaver-Meadow. États-Unis (Alabama).
Beaver-Meadows. États-Unis (Pensylvanie).
Beaver-Station. États-Unis (Pensylvanie).
Beaverton. Amérique anglaise (Ontario).
Beavertown. États-Unis (Pensylvanie).
* Beawur. L. Indes. OC.
Bebenhausen. L. Allemagne (Wurtemberg).
Beblenheim. L. Allemagne (Alsace-Lorraine).
Bebra. F. Allemagne (Prusse; Hesse-C.). OW.
Becancour. Amérique anglaise (Québec).
Beccles. Iles Britanniques (Angleterre).
* Bechooan. F. Indes. OC.
Bechin. L. Autriche-Hongrie (Bohême).
Beckenham-Junction. F. Iles Britann. (Angleterre).
Beckenham-New. FL. Iles Britann. (Angleterre).
Beckenried. L. Suisse (Unterwalden).
Becket. États-Unis (Massachusetts).
Beckford. F. Iles Britanniques (Angleterre).
Beckingen. F. Allemagne (Prusse). OW.
Beckington. L. Iles Britanniques (Angleterre).
Beckum. L. Allemagne (Prusse). OW.
Becskereck (voir Gross). Autr.-Hongrie (Hongrie).
Bedale. L. Iles Britanniques (Angleterre).
Bedburg. F. Allemagne (Prusse). OW.
Beddiah. F. Indes. OC.
Beddington. F. Iles Britanniques (Angleterre).
Bedford. Iles Britanniques (Angleterre).
Bedford. États-Unis (Indiana).
Bedford. États-Unis (Iowa).

Bedford. États-Unis (Ohio).
Bedford. États-Unis (Pensylvanie).
* Bedford-Leigh. F. Iles Britanniques (Angleterre).
Bedford-Springs. B. États-Unis (Pensylvanie).
Bedford Station. États-Unis (New-York).
Bedigliora. L. Suisse (Tessin).
Bedihost. FL. Autriche-Hongrie (Moravie).
Bedlington. L. Iles Britanniques (Angleterre).
Bedwas. F. Iles Britanniques (Angleterre).
Bedworth. L. Iles Britanniques (Angleterre).
Bedwyn. F. Iles Britanniques (Angleterre).
Beebe. États-Unis (Arkansas).
Beech-Creek. États-Unis (Pensylvanie).
Beecher (Will Co). États-Unis (Illinois).
Beecher City (Effingham Co). États-Unis (Illinois).
Beechworth. Australie (Victoria).
Beehea. F. Indes. OC.
Beejapore. F. Indes. OC.
Beek. P. Pays-Bas.
Beeleemora. F. Indes. OC.
Beelitz. L. Allemagne (Prusse). EW.
Beerh. F. Indes. OC.
Beeringen. L. Belgique (Limbourg).
Beeskow. L. Allemagne (Prusse). EW.
Beeson's. États-Unis (Indiana).
Beeston. L. Iles Britanniques (Anglet.; York).
Beeston. L. Iles Britanniques (Angl.; Notting.).
Bega-Szent-Gyorgy. L. Autr.-Hongrie (Hongrie).
Begnins. L. Suisse (Vaud).
Begumabad. F. Indes. OC.
Beilen. P. Pays-Bas.
Beilngries. L. Allemagne (Bavière).
Beilstein. L. Allemagne (Wurtemberg).
Beimerstetten. Allemagne (Wurtemberg).
Beirvelde. L. Belgique (Flandre orientale).
Beiseforth. F. Allemagne (Prusse; Hesse-C.). OW.
Beith. L. Iles Britanniques (Écosse).
Beit-el-din (Deir-el-Kamar). Turquie d'Asie. A3. B2. C2. D2.
Beit-el-Lahm (Bethleem). Tur. d'As. A3. B2. C2. D2.
* Beja. L. Portugal (Beja).
Bejar. Espagne (Salamanque).
Bejchor. L. Autriche-Hongrie (Bohême).
Bejucal. Amérique centrale (Ile de Cuba).
Bekesbourne. F. Iles Britanniques (Angleterre).
Beket. L. Roumanie.
Bela. L. Autriche-Hongrie (Hongrie).
Belabanya. FL. Autriche-Hongrie (Hongrie).
Belaija-Czerkow. Russie d'Europe (Kiew).
Bel-Air. États-Unis (Maryland).
Belbroughton. L. Iles Britanniques (Angleterre).
Beleg. FL. Autriche-Hongrie (Hongrie).
Belem ou Para. Amérique du Sud (Brésil).
Belem (1). Portugal.
Belew. Russie d'Europe (Toula).
Belfast. N. Iles Britanniques (Irlande).
Belfast. États-Unis (Maine).
Belfast. Australie (Victoria).
Belford. L. Iles Britanniques (Angleterre).
Belgachee. F. Indes. OC.
Belgard. L. Allemagne (Prusse). EW.
Belgaum. N. Indes. OC.
Belgioioso. FL. Italie (Pavie).
Belgorod. Russie d'Europe (Koursk).
Belgrade. N. Serbie.
Belgrade. États-Unis (Maine).
Belgrano. Amérique du Sud (8e région).

(1) Ouvert depuis le point du jour jusqu'à la nuit.

Belgrano (National Tel.) Amérique du Sud (3e rég.).
Belhorad. FL. Autriche-Hongrie (Bohême).
Belitzy. Russie d'Europe (Bessarabie).
Belknap. États-Unis (Iowa).
Bellaghy. F. Iles Britanniques (Irlande).
Bellagio. L. Italie (Côme).
Bellaire. États-Unis (Ohio).
Bellalp. BL. Suisse (Valais).
Bellamy's. Amérique anglaise (Ontario).
Bellano. L. Italie (Côme).
Bellary. N. Indes. OC.
Bella-Vista. Amérique du Sud (3e rég.).
Bells-Creek. États-Unis (Nebraska).
Belleben. F. Allemagne (Prusse). EW.
Belleek. L. Iles Britanniques (Irlande).
Belle-Ewart. Amérique anglaise (Ontario).
Belle-Flower. États-Unis (Illinois).
Bellefontaine. États-Unis (Ohio).
Bellefonte. États-Unis (Pensylvanie).
Bellelay. L. Suisse (Berne).
Bellenz (S. Bellinzona). N/2. Suisse (Tessin).
Belle-Plain. États-Unis (Iowa).
Belle-Plain. États-Unis (Minnesota).
Belle-River. États-Unis (Illinois).
Belle-River. Amérique anglaise (Ontario).
Belle-Valley. États-Unis (Ohio).
Belleville. Amérique anglaise (Ontario).
Belleville (Central Argentine Rail.) Amérique du Sud (6e rég.).
Belleville. Amérique du Sud (3e rég.).
Belleville. États-Unis (Illinois).
Belleville. États-Unis (New-York).
Belleville. États-Unis (Ohio).
Belleville. GTR. Amérique anglaise (Ontario).
Bellevue. États-Unis (Alabama).
Bellevue. États-Unis (Iowa).
Bellevue. États-Unis (Michigan).
Bellevue. États-Unis (Ohio).
Bellfield. Etats-Unis (Virginie).
Bellheim. L. Allemagne (Bavière).
Bellingham. F. Iles Britanniques (Angleterre).
Bellinzona. N/2. Suisse (Tessin).
Bellovar. L. Autriche-Hongrie (Croatie).
Bellows-Falls. États-Unis (Vermont).
Bell's. États-Unis (Tennessee).
Bell's-Corners. Amérique anglaise (Ontario).
Bell's-Mills. États-Unis (Pensylvanie).
Bellune. Italie (Bellune).
Belmez. L. Espagne (Cordoue).
Belmont. États-Unis (Californie).
Belmont. États-Unis (Missouri).
Belmont. États-Unis (Ohio).
Belmont (Mont Co). États-Unis (Pensylvanie).
Belmore. États-Unis (Ohio).
Belœil. L. Belgique (Hainaut).
Belœil. Amérique anglaise (Québec).
Beloit. États-Unis (Wisconsin).
Belopoli. Russie d'Europe (Kharkow).
Belostok (Bialystok). N. Russie d'Europe (Grodno).
Belp. L. Suisse (Berne).
Belper. F. Iles Britanniques (Angleterre).
Belsay. L. Iles Britanniques (Angleterre).
Belton. États-Unis (Caroline du Sud).
Belton. États-Unis (Missouri).
Belturbet. L. Iles Britanniques (Irlande).
Belvedere. F. Iles Britanniques (Angleterre).
Belvidere. États-Unis (Illinois).
Belvidere. États-Unis (Nebraska).
Belvidere. États-Unis (New-Jersey).
Belvidere. États-Unis (New-York).
Belvoir. Australie (Victoria).
Bély. FL. Autriche-Hongrie (Hongrie).
Bely-Klutsch. NB. Russie du Caucase (Tiflis).
Belzec. L. Autriche-Hongrie (Gallicie).
Bemba. Amérique centrale (Ile de Cuba).
Bement. États-Unis (Illinois).
Bempflingen. Allemagne (Wurtemberg).
Bemposta. Portugal (Lisbonne).
Benalla. Australie (Victoria).
Benarès. Indes. OC.
Benavente. N. Espagne (Valladolid).
Bencovacz. L. Autriche-Hongrie (Dalmatie).
Bendemeer. Australie (Nouvelle-Galles du Sud).
Bender-Bouchir (S. Abou-Cheher). N. Perse.
Benderi. Russie d'Europe (Bessarabie).
Bendingsbostel. F. Allemagne (Prusse). EW.
Bendorf. L. Allemagne (Prusse). OW.
Benecia. États-Unis (Californie).
Benedictbeuern. L. Allemagne (Bavière).
Benenden. L. Iles Britanniques (Angleterre).
Beneschau. L. Autriche-Hongrie (Bohême).
Beneschau (B.-Kaplitz). L. Autr.-Hongr. (Bohême).
Benevento. F. Italie (Bénévent).
Benfeld. L. Allemagne (Alsace-Lorraine).
*Benghazi. Régence de Tripoli.
Benha. Égypte (Basse Égypte).
Benkendorf. L. Allemagne (Prusse). EW.
Benkoelen. L. Ile de Sumatra.
Benne. FL. Autriche-Hongrie (Transylvanie).
Benneckenstein. L. Allemagne (Prusse). EW.
Bennetts. États-Unis (Indiana).
Bennigsen. F. Allemagne (Prusse). EW.
Benningen-Merlebach. F. Allem. (Als.-Lorraine).
Benninghausen. F. Allemagne (Prusse). E.W.
Bennington. États-Unis (Vermont).
Bennisch. L. Autriche-Hongrie (Silésie).
Bennweier. F. Allemagne (Alsace-Lorraine).
Benrath. F. Allemagne (Prusse). OW.
Bensberg. L. Allemagne (Prusse). OW.
Bensen. FL. Autriche-Hongrie (Bohême).
Bensheim. L. Allemagne (Hesse-Darmstadt). OW.
Benson. États-Unis (Minnesota).
Benson-Landing. États-Unis (Vermont).
Benson. F. Iles Britanniques (Angleterre).
Bentham. L. Iles Britanniques (Angleterre).
Bentheim. Allemagne (Prusse; Hanovre). OW.
Bentley. F. Iles Britanniques (Angleterre; Hamps.)
Bentley. F. Iles Britanniques (Angleterre; Suffolk).
Benton. États-Unis (Alabama).
Benton-Harbor. États-Unis (Michigan).
Bentonsport. États-Unis (Iowa).
Bentschen. F. Allemagne (Prusse). EW.
Benwood. États-Unis (Virginie).
Beodra. L. Autriche-Hongrie (Hongrie).
Beora. Indes. OC.
Beowawee. États-Unis (Nevada).
Beragh. L. Iles Britanniques (Irlande).
Beratzhausen. PF. Allemagne (Bavière).
Beraun. F. Autriche-Hongrie (Bohême).
Berbice. Amérique du Sud (Guyane anglaise).
Berceto. L. Italie (Parme).
Berchem-lez-Anvers. Belgique (Anvers).
Berchem-lez-Audenarde. L. Belgique (Flandre or.)
Bercher. L. Suisse (Vaud).
Berching. L. Allemagne (Bavière).
Berchtesgaden. L. Allemagne (Bavière).
Berdiansk. Russie d'Europe (Tauride).
Berditschew. Russie d'Europe (Kiew).
Berea. États-Unis (Ohio).
Bereghszasz. L. Autriche-Hongrie (Hongrie).
Beregszo. F. Autriche-Hongrie (Hongrie).
Berent. L. Allemagne (Prusse). EW.
Bere-Regis. L. Iles Britanniques (Angleterre).
Berettyo-Ujfallu. FL. Autriche-Hongrie (Hongrie).
Berewlec. F. Indes. OC.
Berg. EL. Allemagne (Bavière).
Berg. F. Norwége.
Berg. PL. Suède.
Berg (Janosbegy). FL. Autriche-Hongrie (Hongrie)
Berg-p.-Stuttgart. L. Allemagne (Wurtemberg).
Bergame. N/2. Italie (Bergame).
Berge-Borbeck. F. Allemagne (Prusse). OW.
Bergedorf. F. Allemagne (V. de Hambourg). EW.
Bergen. F. Allemagne (Bavière).
Bergen. F. Allemagne (Prusse). EW.
Bergen (S. Mons). N. Belgique (Hainaut).
Bergen. États-Unis (New-York).
Bergen. Norwége.
Bergen-auf-Rügen. L. Allemagne (Prusse). EW.
Bergenopzoom. Pays-Bas.
Bergen-Point. États-Unis (New-Jersey).
Bergenthal. FL. Allemagne (Prusse). EW.
Berghausen. FL. Allemagne (Bade).
Bergheim. L. Allemagne (Prusse). OW.
Berg-Reichenstein. L. Autr.-Hongrie (Bohême).
Bergrheinfeld. F. Allemagne (Bavière).
Bergtheim. F. Allemagne (Bavière).
Bergun. Suisse (Grisons).
Bergzabern. L. Allemagne (Bavière).
Bergwitz. F. Allemagne (Prusse). EW.
Berhampore. Indes. OC.
Berhomet. L. Autriche-Hongrie (Bukovine).
Berisal. BL. Suisse (Valais).
Berislaw. N. Russie d'Europe (Kherson).
Berja. L. Espagne (Almeria).
Berka a. d. Ilm. Allemagne (Saxe-Weimar). EW.
Berkeley. L. Iles Britanniques (Angleterre).
Berkeley-Road. F. Iles Britanniques (Angleterre).
Berkhempstead. Iles Britanniques (Angleterre).
Berkshire. États-Unis (New-York).
Berkshire. États-Unis (Vermont).
Berlad. Roumanie.
Berlaer. L. Belgique (Anvers).
Berleburg. L. Allemagne (Prusse). OW.
Berlin. Amérique anglaise (Ontario).
Berlin. États-Unis (Connecticut).
Berlin. États-Unis (Illinois).
Berlin. États-Unis (Michigan).
Berlin. États-Unis (New-Jersey).
Berlin. États-Unis (New-York).
Berlin. États-Unis (Wisconsin).
Berlin. GTR. Amérique anglaise (Ontario).
Berlin. N. Allemagne (Prusse). EW.
Berlinchen. L. Allemagne (Prusse). EW.
Berlin-Falls. États-Unis (New-Hampshire).
Berlingen. L. Suisse (Thurgovie).
Bermeo. L. Espagne (Vizcaja).
Bernalda. L. Italie (Potenza).
Bernardston. États-Unis (Massachusetts).
Bernardsville. États-Unis (New-Jersey).
Bernau. L. Allemagne (Bavière).
Bernau. L. Allemagne (Bade).
Bernau. F. Allemagne (Prusse). EW.
Bernbourg. Allemagne (Anhalt-Bernbourg). EW.

Berncastel. L. Allemagne (Prusse). OW.
Berne. F. Allemagne (Oldenbourg). OW.
Berne. N. Suisse (Berne).
Berneck. L. Allemagne (Bavière).
Berneck. L. Suisse (Saint-Gall).
Bernhardszell. L. Suisse (Saint-Gall).
Bernimont. L. Belgique (Luxembourg).
Bernina. L. Suisse (Grisons).
Bernried. F. Allemagne (Bavière).
Bernstadt i Schl. L. Allem. (Prusse; Silésie). EW.
Bernstein. L. Allemagne (Prusse). EW.
Bernstorf. E. Danemark (Ile de Zélande).
Berolzheim. F. Allemagne (Bavière).
Berrian-Springs. États-Unis (Michigan).
Berriew. L. Iles Britanniques (Angleterre).
Berrima. Australie (Nouvelle-Galles du Sud).
Berthelmingen. F. Allemagne (Alsace-Lorraine).
Berthier. Amérique anglaise (Québec).
Berthoud (S. Burgdorf). Suisse (Berne).
Bertie. Amérique anglaise (Ontario).
Bertram. États-Unis (Iowa).
Bertrange. FL. Luxembourg.
Bertrich. L. Allemagne (Prusse). OW.
Bertrix. L. Belgique (Luxembourg).
Bervie. L. Iles Britanniques (Écosse).
Berwick. F. Iles Britanniques (Angleterre).
Berwick. États-Unis (Ohio).
Berwick. États-Unis (Pensylvanie).
Berwick-on-Tweed. L. Iles Britann. (Angleterre).
Berwyn. F. Iles Britanniques (Angleterre).
Berzee. Belgique (Namur).
Berzelia. États-Unis (Géorgie).
Berzencze. FL. Autriche-Hongrie (Hongrie).
Berzowa. FL. Autriche-Hongrie (Hongrie).
Besaker. L. Norwége.
Besigheim. Allemagne (Wurtemberg).
Bessbrook. L. Iles Britanniques (Irlande).
Best. P. Pays-Bas.
Bestercze (Bistritz a Bistritz). Autriche-Hongrie (Transylvanie).
Bestwig. F. Allemagne (Prusse). OW.
Beszterezebanya (S. Neusohl). N/2. Autriche-Hongrie (Hongrie).
Betanzos. N. Espagne (Coruna).
Betchworth. F. Iles Britanniques (Angleterre).
Bethany. Amérique anglaise (Ontario).
Bethel. États-Unis (Connecticut).
Bethel. États-Unis (Maine).
Bethel. États-Unis (Tennessee).
Bethel. États-Unis (Vermont).
Bethesda. L. Iles Britanniques (Angleterre).
Bethlehem. États-Unis (Pensylvanie).
Bethleem (Beit-el-Lahm). Tur. d'As. A3.B2.C2.D2.
Bethlen. L. Autriche-Hongrie (Transylvanie).
Bettembourg. FL. Luxembourg.
Bettingen. FL. Luxembourg.
Bettsville. États-Unis (Ohio).
Bettsws-y-Coed. L. Iles Britanniques (Angleterre).
Betzdorf. F. Allemagne (Prusse). OW.
Betzigau. F. Allemagne (Bavière).
Beuel. F. Allemagne (Prusse). OW.
Beuggen. FL. Allemagne (Bade).
Beula. États-Unis (Iowa).
Beurig-Saarburg. F. Allemagne (Prusse). OW.
Beutersitz. F. Allemagne (Prusse). EW.
Beuthen-sur-l'Oder. L. Allemagne (Prusse). EW.
Beuthen-in-O. Schl. Allem. (Prusse; Silésie). EW.
Bevagna. L. Italie.
Bevaix. F. Suisse (Neuchâtel).
Bevensen. F. Allemagne (Prusse; Hanovre). EW.
Beveren. L. Belgique (Flandre orientale).
Beverley. L. Iles Britanniques (Angleterre).
Beverloo. L. Belgique (Limbourg).
Beverly. États-Unis (Massachusetts).
Beverly. États-Unis (New-Jersey).
Beverly (Platte Co). États-Unis (Missouri).
Beverst. L. Belgique (Limbourg).
Beverungen. L. Allemagne (Prusse). OW.
Beverwyk. PL. Pays-Bas.
Bevier. États-Unis (Missouri).
Bevois Hill. L. Iles Britanniques (Angleterre).
Bewdley. L. Iles Britanniques (Angleterre).
Bex. L. Suisse (Vaud).
Bexhill. L. Iles Britanniques (Angleterre).
Beyne. L. Belgique (Liége).
Beypore. F. Indes. OC.
Beyrouth. N. Turquie d'Asie. A2. B2. C1. D1.
Bezau. L. Autriche-Hongrie (Vorarlberg).
Bezdan. L. Autriche-Hongrie (Hongrie).
Bezoeki. Ile de Java. ES.
Bezwarrah. N. Indes. OC.
Bhandoop. F. Indes. OC.
Bharwarree. F. Indes. OC.
Bhaugulpore. F. Indes. OC.
Bheelar. F. Indes. OC.
Bhosawul. N. Indes. OC.
Bhowpore. F. Indes. OC.
Bhurtpore. L. Indes. OC.
Bhynder. F. Indes. OC.
Biala. FL. Russie d'Europe (Sedlze).
Bialystock (Bélostock). Russie d'Europe (Grodno).
Bialosliwe. F. Allemagne (Prusse). EW.
Biancavilla. L. Italie (Catane).
Bianconuovo. FL. Italie (Calabre).
Biasca. L. Suisse (Tessin).
Biauze. FL. Italie (Turin).
Bibbiena. L. Italie (Arezzo).
Biberach. FL. Allemagne (Bade).
Biberach (am Ries). L. Allemagne (Wurtemberg).
Biberbruck. L. Suisse (Schwyz).
Biberist. L. Suisse (Soleure).
Biblis. F. Allemagne (Hesse-Darmstadt). OW.
Bic. Amérique anglaise (Québec).
Biccari. L. (Italie).
Bicester. L. Iles Britanniques (Angleterre).
Bichpury. F. Indes. OC.
Bickenbach. F. All. (Hesse-Darmstadt). OW.
Bickleigh. F. Iles Britanniques (Angleterre).
Bickley. L. Iles Britanniques (Angleterre).
Bicske. L. Autriche-Hongrie (Hongrie).
Bideford. L. Iles Britanniques (Angleterre).
Biddabatty. F. Indes. OC.
Biddeford. États-Unis (Maine).
Biddeford. Amér. angl. (île du Prince-Édouard).
Biebesheim. F. Allem. (Hesse-Darmstadt). OW.
Biebrich-Mosbach. F. All. (Prusse; Nassau). OW.
Biechowitz. F. Autriche-Hongrie (Bohême).
Biedenkopf. L. Allemagne (Prusse). OW.
Biel (S. Bienne). Suisse (Berne).
Bielefeld. Allemagne (Prusse). OW.
Bielitz-Biala. Autriche-Hongrie (Silésie).
Biella. Italie (Novare).
Biendorf. F. Allemagne (Prusse). EW.
Bienenbuttel. F. Allem. (Prusse; Hanovre). EW.
Bienne (S. Biel). Suisse (Berne).
Biere. L. Suisse (Vaud).
Bieringen a Neckar Allemagne. (Wurtemberg).
Bierzanow. F. Autriche-Hongrie (Gallicie).
Biesenthal. F. Allemagne (Prusse). EW.
Biessenhofen. F. Allemagne (Bavière).
Bietigheim. Allemagne (Wurtemberg).
Biezelingen. P. Pays-Bas.
Bigbee. États-Unis. (Missouri).
Bigelow. États-Unis (Missouri).
Big-Cedar. États-Unis (Michigan).
Big-Flats. États-Unis (New-York).
Big-Indian. États-Unis (New-York).
Big-Lake. États-Unis (Minnesota).
Big-Lick. États-Unis (Virginie).
Big-Oak-Flat. États-Unis (Californie).
Big-Pond. Amér. angl. (Cap Breton).
Big-Rapids. États-Unis (Michigan).
Big-Run. États-Unis (Ohio).
Big-Spring. États-Unis (Nebraska).
Big-Trees. États-Unis (Californie).
Big-Walnut. États-Unis (Ohio).
Biggar. Iles Britanniques (Écosse).
Biggleswade. L. Iles Britanniques (Angleterre).
Biggsville. États-Unis (Illinois).
Biglen. L. Suisse (Berne).
Bigler (Clearfield Co). États-Unis (Pensylvanie).
Bignasco. L. Suisse (Tessin).
Bihta. Indes. OC.
Bijboi. F. Indes. OC.
Bilari. F. Indes. OC.
Bilbao. N. Espagne (Vizcaja).
Bilcze-Wolica. FL. Autr.-Hong. (Gallicie).
Bildeston. L. Iles Britanniques (Angleterre).
Bilin. L. Autriche-Hongrie (Bohême).
Billerbeck. F. Allemagne (Prusse). EW.
Billericay. L. Iles Britanniques (Angleterre).
Billesdon. L. Iles Britanniques (Angleterre).
Billingborough. L. Iles Britann. (Angleterre).
Billingham. F. Iles Britanniques (Angleterre).
Billinghay. L. Iles Britanniques (Angleterre).
Billingshurst. L. Iles Britanniques (Angleterre).
Biloxi. États-Unis (Mississipi).
Bilsen. L. Belgique (Limbourg).
Bilston. Iles Britanniques (Angleterre).
Bilton-Junction. F. Iles Britann. (Angleterre).
Bimlipatam. Indes. OC.
Binbrook. L. Iles Britanniques (Angleterre).
Binche. Belgique (Hainaut).
Bindaura. F. Indes. OC.
Bingen. Allemagne (Hesse-Darmstadt). OW.
Bingen. États-Unis (Pensylvanie).
Bingerbruck. F. Allemagne (Prusse). OW.
Bingham. États-Unis (Maine).
Bingham. L. Iles Britanniques (Angleterre).
Binghamton. États-Unis (New-York).
Bingley. L. Iles Britanniques (Angleterre).
Binswangen. L. Allemagne (Bavière).
Birchington. F. Iles Britanniques (Angleterre).
Birch-Run. États-Unis (Michigan).
Bircza. L. Autriche-Hongrie (Gallicie).
Birdhill. L. Iles Britanniques (Irlande).
Birdsboro. États-Unis (Pensylvanie).
Birkendorf. L. Allemagne (Bade).
Birkenhead. Iles Britanniques (Angleterre).
Birkenfeld. L. Allemagne (Oldenbourg). OW.
Birket-el-Sab. Égypte.
Birkfeld. L. Autriche-Hongrie (Styrie).
Birmingham. N. Iles Britanniques (Angleterre).
Birmingham. États-Unis (Alabama).

Birmingham. États-Unis (Connecticut).
Birmingham. États-Unis (Michigan).
Birmingham (Alleghany Co). États-Unis (Pensylvanie).
Birnam. F. Iles Britanniques (Écosse).
Birnbaum. L. Allemagne (Prusse). EW.
Birresborn. F. Allemagne (Prusse). OW.
Birrweil. L. Suisse (Argovie).
Birstall. L. Iles Britanniques (Angleterre).
Birtley. L. Iles Britanniques (Angleterre).
Bisaccia. L. Italie (Avellino).
Bisacquino. L. Italie.
Bisceglie. L. Italie (Bari).
Bischdorf. FL. Allemagne (Prusse). EW.
Bischoflak. L. Autriche-Hongrie (Carniole).
Bischofsbourg. L. Allemagne (Prusse). EW.
Bischofsheim. F. Allem. (Hesse-Darmstadt) OW.
Bischofsheim-vor-der-Rhœn. L. Allem. (Bavière).
Bischofstein. L. Allemagne (Prusse). EW.
Bischofswerda. F. Allemagne (Saxe). EW.
Bischofswerder, F. Allemagne (Prusse). EW.
Bischofszell. L. Suisse (Thurgovie).
Bischofteinitz. L. Autriche-Hongrie (Bohême).
Bischweiler. Allemagne (Alsace-Lorraine).
Bisenz L. Autriche-Hongrie (Moravie).
Bishop-Auckland. L. Iles Britann. (Angleterre).
Bishopsbriggs. F. Iles Britanniques (Écosse).
Bishops-Castle. L. Iles Britanniques (Angleterre).
Bishops-Lydeard. L. Iles Britann. (Angleterre).
Bishopstoke L. Iles Britanniques (Angleterre).
Bishop-Stortford. Iles Britanniques (Angleterre).
Bishops-Walham. L. Iles Britann. (Angleterre).
Bishopton. F. Iles Britanniques (Écosse).
*Bishoptone. F. Iles Britanniques (Écosse).
Bisic-Liblic. FL. Autriche-Hongrie (Bohême).
Bismarck. États-Unis (Missouri).
Bismark. États-Unis (Dacotah).
Bismark. F. Allemagne (Prusse). EW.
Bistric près Beneschau. Autr.-Hongr. (Bohême).
Bistric b/Saar. L. Autriche-Hongrie (Moravie).
Bistritz-a.-Bistritz (Besterczc). Autriche-Hongrie (Transylvanie).
Bistritz-a.-Hostein. L. Autr.-Hongr. (Moravie).
Bistritz-sur-la-Waag. L. Autr.-Hongr. (Hongrie).
Biswa-Bridge. F. Indes. OC.
Bitburg. L. Allemagne (Prusse). OW.
Bitche. L. Allemagne (Alsace-Lorraine).
Bitetto. L. Italie (Bari).
Bitolia (Monastir). Turquie d'Eur. A1. B3. C2. D3.
Bitonto. L. Italie (Bari).
Bitschwiller-Thann. L. Allem. (Alsace-Lorraine).
Bitter-Creek. États-Unis (Wyoming).
Bitterfeld. L. Allemagne (Prusse). EW.
Bitterne. L. Iles Britanniques (Angleterre).
Bitton. F. Iles Britanniques (Angleterre).
Bittse. L. Autriche-Hongrie (Hongrie).
Bitzingen. Allemagne (Wurtemberg).
Bivona. L. Italie (Girgenti).
Bizerte. N. Tunisie.
Bjasta. PL. Suède.
Bjersjolagard. FL. Suède.
Bjorneborg. N. Russie d'Europe (Abo-Bjorneborg).
Blackberry. États-Unis (Illinois).
Black-Brook. États-Unis (New-York).
Blackbull. F. Iles Britanniques (Angleterre).
Blackburn. Iles Britanniques (Angleterre).
Black-Buttes. États-Unis (Wyoming).
Black-Cape. Amér. angl. (Québec).
Black-Creek. États-Unis (Ohio).
Black-Creek. États-Unis (Wisconsin).
Black-Diamond. États-Unis (Californie).
Black-Earth. États-Unis (Wisconsin).
Blackford. F. Iles Britanniques (Écosse).
Blackhall. F. Iles Britanniques (Écosse).
Black-Hand. États-Unis (Ohio).
Black-Hawk. États-Unis (Colorado).
Blackhill. L. Iles Britanniques (Angleterre).
Blackjaer. F. Norwége.
Black-Lands. Amér. angl. (Nouv.-Brunswick).
Blacklane. F. Iles Britanniques (Angleterre).
Blacklion. L. Iles Britanniques (Irlande).
Blackpool. F. Iles Britanniques (Angleterre).
Black-River. Amérique anglaise (Québec).
Black-River. Amér. angl. (Cap Breton).
Black-River. Amér. angl. (Terre-Neuve).
Black-River. États-Unis (Ohio).
Black-River. États-Unis (Wisconsin).
Black-River Falls. États-Unis (Wisconsin).
Black-Rock. États-Unis (Idaho).
Black-Rock. États-Unis (New-York).
Blackrock. L. Iles Britann. (Irlande; Dublin).
Blackrock. L. Iles Britann. (Irlande; Coro).
Blackrock. L. Iles Britann. (Irlande; Louth).
Blackrock. L. Iles Britann. (Irlande; Dundalk).
Blackrod. L. Iles Britanniques (Angleterre).
Blackshiels. Iles Britanniques (Écosse).
Blackstone. États-Unis (Illinois).
Blackstone. États-Unis (Massachusetts).
Blackville. États-Unis (Caroline du Sud).
Blackwater. F. Iles Britanniques (Angleterre).
Blackwell. États-Unis (Missouri).
Blackwood. F. Iles Britanniques (Angleterre).
Blaenavon. L. Iles Britanniques (Angleterre).
Blagowestschensk. Russie d'Asie (Sibérie; 3e région).
Blague Gate. F. Iles Britanniques (Angleterre).
Blaichach. F. Allemagne (Bavière).
Blaina. L. Iles Britanniques (Angleterre).
Blair. États-Unis (Nebraska).
Blairadam. L. Iles Britanniques (Écosse).
Blair-Athol. L. Iles Britanniques (Écosse).
Blairgowrie. L. Iles Britanniques (Écosse).
Blairmore. Iles Britanniques (Écosse).
Blairstown. États-Unis (Iowa).
Blairsville. États-Unis (Pensylvanie).
Blairsville-Intersection. États-Unis (Pensylvanie).
Blairton. Amérique anglaise (Ontario).
Blakely. États-Unis (Minnesota).
Blakeney. L. Iles Britanniques (Angleterre).
Blakeney pr. Newnham. L. Iles Brit. (Angleterre).
*Blanchardstown. F. Iles Britanniques (Irlande).
Blanchester. États-Unis (Ohio).
Blanchetown. Australie (Australie méridionale).
Blanchland. L. Iles Britanniques (Angleterre).
Blandain. L. Belgique (Hainaut).
Blandford. Iles Britanniques. (Angleterre).
Blandinsville. États-Unis (Illinois).
Blandon. États-Unis (Pensylvanie).
Blandville. États-Unis (Kentucky).
Blankenberg. F. Allemagne (Mecklembourg-Schwérin). EW.
Blankenberghe. L. Belgique (Flandre occident.).
Blankenburg. L. Allemagne (Brunswick). EW.
Blankenburg. L. All. (Schwarz.-Rudols.). EW.
Blankenese. L. Allem. (Prusse; Holstein). EW.
Blankenhain. L. Allem. (Saxe-Weimar). EW.
Blankenheim. F. Allemagne (Prusse). OW.
Blansko. F. Autriche-Hongrie (Moravie).
Blarney. Iles Britanniques (Irlande).
Blasendorf (S. Balazsfalva). Autriche-Hongrie (Transylvanie).
Blatna. L. Autriche-Hongrie (Bohême).
Blaton. Belgique (Hainaut).
Blatta. L. Autriche-Hongrie (Dalmatie).
Blaubeuren. Allemagne (Wurtemberg).
Blaufelden. Allemagne (Wurtemberg).
Blaydon-on-Tyne. L. Iles Britann. (Angleterre).
Bleiberg. L. Autriche-Hongrie (Carinthie).
Bleiburg. L. Autriche-Hongrie (Carinthie).
Bleicherode. L. Allemagne (Prusse). EW.
Blencow. F. Iles Britann. (Angleterre).
Blenheim. Amér. angl. (Ontario).
Blenheim. Nouvelle-Zélande.
Blessington. L. Iles Britanniques (Irlande).
Bletchingley. L. Iles Britanniques (Angleterre).
Bletchley. Iles Britanniques (Angleterre).
Bleyberg. L. Belgique (Liége).
Bliesbrücken. F. Allemagne (Alsace-Lorraine).
Blieskastel. L. Allemagne (Bavière).
Blindenmarkt. FL. Autr.-Hongrie (Sous l'Enns).
Blissfield. États-Unis (Michigan).
Blisworth. L. Iles Britann. (Angleterre).
Blockley. L. Iles Britann. (Angleterre).
Blocks. États-Unis (Missouri).
Blockzijl. L. Pays-Bas.
Blœmendael. Belgique (Flandre occidentale).
Blœnsdorf. F. Allemagne (Prusse). EW.
Blofield. L. Iles Britanniques (Angleterre).
Blonay. L. Suisse (Vaud).
Blood's. États-Unis (New-York).
Bloom. États-Unis (Illinois).
Bloom. États-Unis (Wisconsin).
Bloomfield. États-Unis (Iowa).
Bloomfield. États-Unis (New-Jersey).
Bloomfield (Jefferson Co). États-Unis (Ohio).
Bloomfield (Trumbull Co). États-Unis (Ohio).
Bloomingdale. États-Unis (New-York).
Blooming-Prairie. États-Unis (Minnesota).
Bloomington. États-Unis (Illinois).
Bloomington. États-Unis (Indiana).
Bloomsburg. Australie (Queensland).
Bloomsburg. États-Unis (Pensylvanie).
Bloomsbury. États-Unis (New-Jersey).
Bloomville. États-Unis (Ohio).
Blossburg. États-Unis (Pensylvanie).
Blount-Springs. États-Unis (Alabama).
Blowic. FL. Autriche-Hongrie (Bohême).
Bloxham. L. Iles Britanniques (Angleterre).
Bloxwich. L. Iles Britanniques (Angleterre).
Bludenz. L. Autriche-Hongrie (Vorarlberg).
Blue-Canon. États-Unis (Californie).
Blue-Creek. État-Unis (Utah).
Blue-Island. États-Unis (Illinois).
Blue-Mound. États-Unis (Illinois).
*Blue-Pits. L. Iles Britanniques (Angleterre).
Blue-River. États-Unis (Wisconsin).
Blue-Vale. Amérique anglaise (Ontario).
Bluff. Nouvelle-Zélande.
Bluff-City. État-Unis (Illinois).
Bluff-Hall. États-Unis (Illinois).
Bluffton. États-Unis (Indiana).
Blumau. FL. Autriche-Hongrie (Tyrol).
Blumberg. Australie (Australie méridionale).
Blumenthal. F. Autr.-Hon (Hongrie).

Blyth. Amérique anglaise (Ontario).
Blyth. Iles Britanniques (Angleterre).
Blyth. L. Iles Britanniques (Angleterre; Notting.).
Blyth-Bridge. F. Iles Britanniques (Angleterre).
Boar's-Head, Hampton (Summer Office). États-Unis (New-Hampshire).
Boat-of-Garten. F. Iles Britanniques (Écosse).
Boba-Janoshaza. FL. Autriche-Hong. (Hongrie).
Bobbio. L. Italie (Pavie).
Bobcaygeon. Amérique anglaise (Ontario).
Bobingen F. Allemagne (Bavière).
Bobitz. F. Allemagne (Mecklemb.-Schwér.). EW.
Bobrka. L. Autriche-Hongrie (Gallicie).
Bobruisk. N. Russie d'Europe (Minsk).
Bochnia. F. Autriche-Hongrie (Gallicie).
Bocholt. L. Allemagne (Prusse). OW.
Bochum. Allemagne (Prusse). OW.
Bockenheim. L. Allemagne (Prusse). OW.
Bocu-de-Sagua. Amérique centrale (Ile de Cuba).
Bodaik. FL. Autriche-Hongrie (Hongrie).
Bodegraven. L. Pays-Bas.
Bodenbach. N Autriche-Hongrie (Bohême).
Bodenheim. F. Allemagne (Hesse-Darmstadt). OW.
Bodenwerder. L. Allemagne (Prusse). OW.
Bodenwohr. PF. Allemagne (Bavière .
Bodio. L. Suisse (Tessin).
Bodjonegoro. L. Ile de Java. ES.
Bodmin. L. Iles Britanniques (Angleterre).
Bodmin-Road. F. Iles Britanniques (Angleterre).
Bodoe. Norwége.
Bodrog-Keresztur. FL. Autr.-Hongr. (Hongrie).
Boeblingen. L. Allemagne (Wurtemberg).
Boécourt. L. Suisse (Berne).
Boeheim-Kirchen. F. Autr.-Hongr. (Sur l'Enns).
Boehmisch-Aicha. L. Autriche-Hongr. (Bohême).
Boehmisch-Brood. L. Autriche-Hongr. (Bohême).
Boehmisch-Kamnitz (Steinschœnau). FL. Autriche-Hongrie (Bohême).
Boehmisch-Leipa. Autriche-Hongrie (Bohême).
Boehmisch-Trubau. Autriche-Hongrie (Bohême).
Bœnen. F. Allemagne (Prusse). OW.
Bœnnigheim. L. Allemagne (Wurtemberg).
Boerssum. F. Allemagne (Brunswick). EW.
Bœsing (Bain). F. Autr.-Hong. (Hongrie).
Boezingen. L. Suisse (Berne).
Bogdanowka. FL. Autriche-Hongrie (Gallicie).
Bogen. L. Allemagne (Bavière).
Bogense. Danemark (Fionie).
Boggs. États-Unis (Californie).
Boghaz-Keny (Tchernavoda). L. Turquie d'Europe. A1. B3. C2. D3.
Boglar. L. Autriche-Hongrie. (Hongrie).
Bognor. Iles Britanniques (Angleterre).
Bogoe. L. Danemark (I. de Bogoe).
Bogouslaw. Russie d'Europe (Kiew).
Bogumilowice. F. Autriche-Hongrie (Gallicie).
Bohmte. F. Allemagne (Prusse). OW.
Bohrau, p. Oels. F. Allemagne (Prusse). EW.
Bohrau (Waldchen). FL. Allemag. (Prusse). EW.
Boiano. L. Italie (Campobasso).
Boinchee. F. Indes. OC.
Bois (Les). L. Suisse (Berne).
Bois-du-Luc. L. Belgique (Hainaut).
Boisheim. F. Allemagne (Prusse). OW.
Bois-le-Duc (Hertogenbosch). Pays-Bas.
Boisschot. L. Belgique (Anvers).
Boisur. F. Indes. OC.
Boitsfort (1). C/HL. Belgique (Brabant).
Boitzenburg. a. d. Elbe. F. Allemagne (Mecklembourg). EW.
Boitzenburg. L. Allemagne (Prusse). EW.
Bojan. L. Autriche-Hongrie (Bukovine).
Bojanovo. F. Allemagne (Prusse). EW.
Bokellen. FL. Allemagne (Prusse). EW.
Bokhara. F. Indes. OC.
Bol. L. Autriche-Hongrie (Dalmatie).
Bolari. F. Indes. OC.
Bolchen. F. Allemagne (Alsace-Lorraine).
Bolckow. États-Unis (Missouri).
Bolechow. L. Autriche-Hongrie (Gallicie).
Bolepore. F. Indes. OC.
Bolgrad. N. Roumanie.
Bolivar. États-Unis (Tennessee).
Bolkenhayn. L. Allemagne (Prusse). EW.
Bolkhow. Russie d'Europe (Orel).
Boll (Bains). L. Allemagne (Wurtemberg).
Bolling. États-Unis (Alabama).
Bollington. Iles Britanniques (Angleterre).
Bollnaes. L. Suéde.
Bollweiler (Bolwiller). F. Allemagne (Alsace-Lorraine).
Bologne. Italie (Bologne).
Bolonhia (S. Bologne). Italie (Bologne).
Bolonia (S. Bologne). Italie (Bologne).
Bolsward. L. Pays-Bas.
Boltigen. L. Suisse (Berne).
Bolton. Iles Britann. (Angleterre).
Bolton. Amérique anglaise (Ontario).
Bolton-Percy. F. Iles Britanniques (Angleterre).
Bolton's. États-Unis (Mississipi).
Bolzaneto. FL. Italie (Gênes).
Bolzano (S. Botzen). N. Autriche-Hongr. (Tyrol).
Bomal. L. Belgique (Luxembourg).
Bombala. Australie (N.-Galles du Sud).
Bombay. N. Indes. OC.
Bombay (Four Corners). États-Unis (New-York).
Bommel. Pays-Bas.
Bomst. F. Allemagne (Prusse). EW.
Bom-Successo. N. Portugal (Lisbonne).
Bonames. F. Allemagne (Prusse). OW.
Bonaparte. États-Unis (Iowa).
Bonar-Bridge. F. Iles Britanniques (Écosse).
Bonaventure. Amérique anglaise (Québec).
Bondeno. L. Italie.
Bonenburg. F. Allemagne (Prusse). OW.
Boness. L. Iles Britanniques (Écosse).
Bon-Mahon. L. Iles Britanniques (Irlande).
Bonn. Allemagne (Prusse). OW.
Bonndorf. L. Allemagne (Bade).
Bonne-Espérance. L. Belgique (Hainaut).
Bonnland. L. Allemagne (Bavière).
Bonsack's. États-Unis (Virginie).
Bonyhad. L. Autriche-Hongrie (Hongrie).
Boodalore. F. Indes. OC.
'Boolundshuhur. F. Indes. OC.
Boom. Belgique (Anvers).
Boone. États-Unis (Iowa).
Boonton. États-Unis (New-Jersey).
Boonville. États-Unis (New-York).
Booterstown. L. Iles Britanniques (Irlande).
Booth-Bay. États-Unis (Maine).
Bootle. L. Iles Britanniques (Angleterre).
Bopfingen. Allemagne (Wurtemberg).
Boppard. L. Allemagne (Prusse). OW.
Boque Chitto. États-Unis (Mississipi).
Boras. Suède.
Borba. L. Portugal (Evora).
Bord-a-Plouffe (Summer office). Amérique anglaise (Québec).
Bordentown. États-Unis (New-Jersey).
Bordighera. FL. Italie.
Boree. F. Indes. OC.
Boree-Bunder. F. Indes. OC.
Boregaum. F. Indes. OC.
Borehavi. F. Indes OC.
Borek. L. Allemagne (Prusse). EW.
Borghetto. FL. Italie.
Borghetto-di-Vara L. Italie (Gênes).
Borgholm. L. Suède (Ile d'Oeland).
Borghorst. L. Allemagne (Prusse). OW.
Borglon (Looz). L. Belgique (Limbourg).
Borgo. L. Autriche-Hongrie (Tyrol).
Borgo. L. Russie d'Europe (Nuland).
Borgo-a-Buggiano. FL. Italie (Lucca).
Borgo-Lavezzaro. FL. Italie (Novare).
Borgomanero. FL. Italie (Novare).
Borgone Susa. FL. Italie (Turin).
Borgo-s-Dounino. L. Italie (Parme).
Borgo. S. Lorenzo. L. Italie.
Borgo-s-Martino. FL. Italie (Turin).
Borgo-s-Sepolcro. L. Italie (Arezzo).
Borgosesia. L. Italie (Novare).
Borgotaro. L. Italie (Parme).
Borgo-Ticino. FL. Italie (Novare).
Borgo-Vercelli. FL. Italie (Novare).
Borhanpore. F. Indes. OC.
Borissoglebsk. Russie d'Europe (Tambow).
Borjom. NB. Russie du Caucase (Tiflis).
Borken. F. Allemagne (Prusse; Hesse-Cassel. OW.
Borken L. Allemagne (Prusse; Westphalie). OW.
Borkenfriede. F. Allemagne (Prusse). EW.
Borkiwielki. FL. Autriche-Hongrie (Gallicie).
Borkum (Ile). L. Allemagne (Prusse). OW.
Bormio. L. Italie (Sondrio).
Borna. F. Allemagne (Saxe). EW.
Borne. P. Pays-Bas.
Bornheim. F. Allemagne (H.-Darmstadt). OW.
Bornhem. L. Belgique (Anvers).
Boroughbridge. L. Iles Britann. (Angleterre).
Borris. L. Iles Britanniques (Irlande).
Borris in Ossory. L. Iles Britanniques (Irlande).
Borriso Kane. L. Iles Britanniques (Irlande).
Borrisoleigh. L. Iles Britanniques (Irlande).
Borrowash. F. Iles Britanniques (Angleterre).
Borsbeck-Wommelghem. L. Belgique (Anvers).
Borsigwerk. F. Allemagne (Prusse). EW.
Borszczow. L. Autriche-Hongrie (Gallicie).
Borszek. BL. Autriche-Hongrie (Transylvanie).
Borth. L. Iles Britanniques (Angleterre).
Bortniki. F. Autriche-Hongrie (Gallicie).
Borynicze. F. Autriche-Hongrie (Gallicie).
Boryslaw. FL. Autriche-Hongrie (Gallicie).
Bosa. L. Italie (Cagliari; Sardaigne).
Boscastle. L. Iles Britanniques (Angleterre).
Boscobel. États-Unis (Wisconsin).
Boseman. États-Unis (Montana).
Bosham. F. Iles Britanniques (Angleterre).
Bosig. FL. Autriche-Hongrie (Bohême).
Boskoop. L. Pays-Bas.
Boskowitz. L. Autriche-Hongrie (Moravie).
Bosland. États-Unis (Kansas).

(1) Ce bureau a un service de jour complet du 1er mai au 1er novembre.

Boston. F. États-Unis (Kentucky).
Boston. États-Unis (Massachusetts).
Boston. États-Unis (Virginie).
Boston. F. Iles Britanniques (Angleterre).
Boston Corners. États-Unis (New-York).
Boston Highlands. États-Unis (Massachusetts).
*Boston Spa. Iles Britanniques (Angleterre).
Boswel. États-Unis (Indiana).
Boszormeny. L. Autriche-Hongrie (Hongrie).
Botesdale. L. Iles Britanniques (Angleterre).
Botfalu. FL. Autriche-Hongrie (Transylvanie).
Bothwel. Amérique anglaise (Ontario).
Bothwell. L. Iles Britanniques (Écosse).
Botkins. États-Unis (Ohio).
Botley. L. Iles Britanniques (Angleterre).
Botosiani (Botuschan). N. Roumanie.
Bottesford. L. Iles Britanniques (Angleterre).
Bottisham. L. Iles Britanniques (Angleterre).
Botzent. N. Autriche-Hongrie (Tyrol).
Boucherville. Amérique angl. (Québec).
Bouchir. (S. Bender-Bouchir). N. Perse.
Bouchout. L. Belgique (Anvers).
Boudry. L. Suisse (Neuchâtel).
Boughton. L. Iles Britanniques (Angleterre).
Bouillon. L. Belgique (Luxembourg).
Bound Brook. États-Unis (New-Jersey).
Bourbon. États-Unis (Indiana).
Bourgas. L. Turquie d'Europe. A1. B2. C1. D3.
Bourg-Saint-Pierre. L. Suisse (Valais).
Bourne. Iles Britanniques (Angleterre).
Bourne End. F. Iles Britann. (Angleterre).
Bournemouth. L. Iles Britanniques (Angleterre).
Bourscheid. L. Allemagne (Prusse). OW.
Bourton-on-the-Water. L. Iles Britann. (Angl.).
Bous. F. Allemagne (Prusse). OW.
Bousk. Russie d'Europe (Briansk).
Bousoulouk. Russie d'Europe (Samara).
*Boussewo. Russie d'Asie (Sibérie; 3e région).
Boussu. Belgique (Hainaut).
Boussu-en-Fagne. L. Belgique (Namur).
Boutte. États-Unis (Louisiane).
Bousval. L. Belgique (Brabant).
Bouveret. L. Suisse (Valais).
Bouwel. L. Belgique (Anvers).
Bovenden. F. Allemagne (Prusse). EW.
Bovey-Tracey. L. Iles Britanniques (Angleterre).
Bovino. FL. Italie (Foggia).
Bovolone. L. Italie (Venise).
Bow. L. Iles Britanniques (Angleterre).
Bowdon. F. Iles Britanniques (Angleterre).
Bowdoinham. États-Unis (Maine).
Bowen. Australie (Queensland).
Bowerstown. États-Unis (Ohio).
*Bowes. F. Iles Britanniques (Angleterre).
Bowling. L. Iles Britanniques (Écosse).
Bowling-Green. États-Unis (Kentucky).
Bowling-Green. États-Unis (Missouri).
Bowlusville. États-Unis (Ohio).
Bowmanville. Amérique anglaise (Ontario).
Bowmanville (G. T. R.). Amér. anglaise (Ontario).
Bowmore. L. Iles Britanniques (Écosse).
Bownes. L. Iles Britanniques (Angleterre).
Bowness. L. Iles Britanniques (Angleterre).
Bow Street. F. Iles Britanniques (Angleterre).
Box. Iles Britanniques (Angleterre).
Boxberg. L. Allemagne (Bade).
Box-Elder. États-Unis (Colorado).
Boxford. L. Iles Britanniques (Angleterre).
Box Hill. F. Iles Britanniques (Angleterre).
Boxhill et Burfort-Bridge. F. Iles Britann. (Angl.).
Boxmeer. L. Pays-Bas.
*Boxmoor. Iles Britanniques (Angleterre).
Boxtel. P. Pays-Bas.
Boyd. États-Unis (Kentucky).
Boyd's. États-Unis (Maryland).
Boyen (Alt.). L. Allemagne (Prusse). EW.
Boykins. États-Unis (Virginie).
Boyle. L. Iles Britanniques (Irlande).
*Bozzolo. L. Italie (Mantoue).
Bra. L. Italie (Coni).
Braceberidge. Amér. angl. (Ontario).
Braceville. États-Unis (Illinois).
Braceville. États-Unis (Ohio).
Brackley. L. Iles Britanniques (Angleterre).
Bracknell. Iles Britanniques (Angleterre).
Brackwede. F. Allemagne (Prusse). OW.
Braco. L. Iles Britanniques (Écosse).
Bracquenies. Belgique (Hainaut).
Braddock's Field. États-Unis (Pensylvanie).
Bradegrube. FL. Allemagne (Prusse). EW.
Bradfield. L. Iles Britanniques (Angleterre).
Bradford. États-Unis (Illinois).
Bradford. Amérique anglaise (Ontario).
Bradford. États-Unis (New-Hampshire).
Bradford. États-Unis (Pensylvanie).
Bradford. États-Unis (Tennessee)
Bradford. États-Unis (Vermont).
Bradford. L. Iles Britanniques (Angleterre).
Bradford. N/2. Iles Britanniques (Angleterre).
Bradford-on-Avon. Iles Britanniques (Angleterre).
Bradford-Junction. États-Unis (Ohio).
Bradford-Station. Amérique anglaise (Ontario).
Bradfort-Village. Amér. angl. (Ontario).
Brading. L. Iles Britanniques (Ile de Wight).
Bradley-Fold. F. Iles Britanniques (Angleterre).
Brady's-Bend. États-Unis (Pensylvanie).
Brady's-Island. États-Unis (Nebraska).
Braemar. L. Iles Britanniques (Écosse).
Braeside. Amérique anglaise (Ontario).
Braga. Portugal (Braga).
Bragance (Bragança). L. Portugal (Bragance).
Braguestadt. L. Russie d'Europe (Uleaborg).
Brahlsdorf. F. All. (Mecklemb.-Schwérin). EW.
Brahnau. F. Allemagne (Prusse). EW.
Braidwood. États-Unis (Illinois).
Braidwood. Australie (Nouvelle-Galles du Sud).
Braila. N. Roumanie.
Brainard. États-Unis (Minnesota).
Braine-l'Alleud. L. Belgique (Brabant).
Braine-le-Château. L. Belgique (Brabant).
Braine-le-Comte. Belgique (Hainaut).
Braintree. États-Unis (Massachusetts).
Braintree. États-Unis (Vermont).
Braintree. L. Iles Britanniques (Angleterre).
Braithwaite. L. Iles Britanniques (Angleterre).
Brake. Allemagne (Oldenbourg). OW.
Brakel. F. Allemagne (Prusse). OW.
Brakenheim. L. Allemagne (Wurtemberg).
Braley's-Station. États-Unis (Massachusetts).
Bralin. F. Allemagne (Prusse). EW.
Brambach. F. Allemagne (Saxe). EW.
*Bramber. F. Iles Britanniques (Angleterre).
Bramham. L. Iles Britann. (Angleterre).
Bramley. Amérique anglaise (Ontario).
Bramley. L. Iles Britanniques (Angleterre; York).
Bramley. L. Iles Britanniques (Angleterre; Surrey).
Bramois. L. Suisse (Valais).
Brampton. Amérique anglaise (Ontario).
Brampton (G. T. R.). Amér. anglaise (Ontario).
Brampton. L. Iles Britanniques (Angleterre).
Brampton (Milton). F. Iles Britann. (Angleterre).
Bramsche. L. Allemagne (Prusse). OW.
Bramstedt. L. Allemagne (Prusse; Holstein). EW.
Brancaster. L. Iles Britanniques (Angleterre).
Branch-River. États-Unis (Floride).
Branchtown, Phila. États-Unis (Pensylvanie).
Branchville. États-Unis (Caroline du Sud).
Brand. F. Allemagne (Prusse). EW.
Brandeis. FL. Autriche-Hongrie (Bohême).
Brandeis-sur-Adler. Autriche-Hongrie (Bohême).
Brandeis-sur-Elbe. L. Autriche-Hongrie (Bohême).
Brandenbourg (A. D. H.). Allemagne (Prusse). EW.
Brandenburg. États-Unis (Kentucky).
Brandizzo. FL. Italie (Turin).
Brandon. États-Unis (Mississipi).
Brandon. États-Unis (Vermont).
Brandon. États-Unis (Wisconsin).
Brandon. Iles Britanniques (Angleterre).
Brandon. F. Iles Britanniques (Anglet.; Suffolk).
Brandywine Springs. États-Unis (Delaware).
Brandywine Village. États-Unis (Delaware).
Branford. États-Unis (Connecticut).
Brannenbourg. F. Allemagne (Bavière).
Branowitz. F. Autriche-Hongrie (Moravie).
Branston. L. Iles Britanniques (Angleterre).
Brantford. Amérique anglaise (Ontario).
Brantford (G. T. R.). Amér. anglaise (Ontario).
Branyicska. FL. Autriche-Hongrie (Transylvanie).
Branzaus. FL. Autriche-Hongrie (Moravie).
Branzoll. FL. Autriche-Hongrie (Tyrol).
Brashear-City. États-Unis (Louisiane).
Brasschaet. L. Belgique (Anvers).
Brasso (Kronstadt). N. Autr.-Hong. (Transylvanie).
Brassus. L. Suisse (Vaud).
Bratka. FL. Autriche-Hongrie (Hongrie).
Brattleboro'. États-Unis (Vermont).
Braubach-sur-Rhin. F. Allemagne (Prusse). OW.
Braughing. F. Iles Britanniques (Angleterre).
Braunau. L. Autriche-Hongrie (Bohême).
Braunau-am-Inn. L. Autriche-Hongrie (Sur l'Enns).
Braunfels a. d. Lahn. L. Allemagne (Prusse). OW.
Braunsbach. L. Allemagne (Wurtemberg).
Braunsberg. L. Allemagne (Prusse). EW.
Braunschweig (Brunswick). FN. Allemagne (Brunswick). EW.
Braunschweig (Brunswick). Allemagne (Brunswick). EW.
Braunston. L. Iles Britanniques (Écosse).
Braunton. L. Iles Britannique (Angleterre).
Bray. L. Iles Britanniques (Irlande).
Brazil. États-Unis (Indiana).
Brazos, Santiago. États-Unis (Texas).
Breamore. F. Iles Britanniques (Angleterre).
Brechelshof. F. Allemagne (Prusse). EW.
Brechin. L. Iles Britanniques (Écosse).
Breckenridge. États-Unis (Minnesota).
Breckenridge. États-Unis (Missouri).
Brecon. L. Iles Britanniques (Angleterre).
Breda. Pays-Bas.
Bredelar. F. Allemagne (Prusse). OW.
Bredstedt. Allemagne (Prusse). EW.
Brée. L. Belgique (Limbourg).
Breese. États-Unis (Illinois).

Brewood. L. Iles Britanniques (Angleterre).
Brégenz. N. Autr.-Hongrie (Vorarlberg).
Brehna. F. Allemagne (Prusse). EW.
Breitenbach. L. Suisse (Soleure).
Breitengussbach. F. Allemagne (Bavière).
Breitenschutzing. FL. Autr.-Hongrie (Sur l'Enns).
Breitenstein. F. Autriche-Hongrie (Sur l'Enns).
Breitingen. F. Allemagne (Saxe). EW.
Brême (Bremen). N. Allemagne (Brême). EW.
Bremen. États-Unis (Ohio).
Bremerhafen. Allemagne (Brême). EW.
Bremervorde. L. Allemagne (Prusse). EW.
Bremgarten. L. Suisse (Argovie).
Bremond. États-Unis (Texas).
Brenchley. L. Iles Britanniques (Angleterre).
Brenets (Les). L. Suisse (Neuchâtel).
Brenham. États-Unis (Texas).
Brenner. FL. Autriche-Hongrie (Tyrol).
Brennet. FL. Allemagne (Bade).
Breno. L. Italie. (Brescia).
Brent. F. Iles Britanniques (Angleterre).
Brentford. L. Iles Britann. (Angleterre).
*Brentford-Road. F. Iles Britann. (Angleterre).
Brentwood. États-Unis (Minnesota).
Brentwood (Long Island). États-Unis (New-York).
Brentwood. États-Unis (Tennessee).
Brentwood. Iles Britanniques (Angleterre).
Brenz. L. Allemagne (Wurtemberg).
Brescello. L. Italie (Reggio nel' Emilia).
Brescia N/2. Italie (Brescia).
Breskens. L. Pays-Bas.
Breslau. N. Allemagne (Prusse). EW.
Breslau. Amérique anglaise (Ontario).
Bressana. FL. Italie (Pavie).
Brest-Litowsk. Russie d'Europe (Grodno).
Bretiége (Bruttelen). BL. Suisse (Berne).
Bretten. FL. Allemagne (Bade).
*Brettesnaes (1). HL. Norwége.
Bretzwyl. L. Suisse (Bâle).
Breukelen. P. Pays-Bas.
Brevick (Brevig). Norwége.
Brevine. L. Suisse (Neuchâtel).
Brewer's Mill. Amér. angl. (Ontario).
Brewerton. États-Unis (New-York).
Brewster. États-Unis (Massachusetts).
Brewsters. États-Unis (New-York).
Breyell. F. Allemagne (Prusse). OW.
Breznitz. L. Autriche-Hongrie (Bohême).
Breznobanya (Bries). L. Autr.-Hongrie (Hongrie).
Brezova-bei-Neusohl. L. Autr.-Hongrie (Hongrie).
Briansk. Russie d'Europe (Orel).
Brianze. FL. Italie (Novare).
Briar-Bluff. États-Unis (Illinois).
Bribiesca. L. Espagne (Burgos).
Bricksburg. États-Unis (New-Jersey).
Bridesburg, Phila. États-Unis (Pensylvanie).
Bridge. L. Iles Britanniques (Angleterre).
Bridgeman's. États-Unis (Michigan).
Bridgend. L. Iles Britanniques (Angleterre).
Bridgend. L. Iles Britanniques (Écosse).
Bridgenorth. Iles Britanniques (Angleterre).
Bridge of Allan L. Iles Britanniques (Écosse).
Bridge of Dun. F. Iles Britanniques (Écosse).
Bridge of Earn. L. Iles Britanniques (Écosse).
*Bridge of Turk. L. Iles Britanniques (Écosse).
Bridgeport. Amérique anglaise (Ontario).
Bridgeport. États-Unis (Alabama).
Bridgeport. Amér. angl. (Cap Breton).
Bridgeport. États-Unis (Connecticut).
Bridgeport. États-Unis (Illinois).
Bridgeport. États-Unis (Indiana).
Bridgeport. États-Unis (Michigan).
Bridgeport. États-Unis (Wisconsin).
Bridgeport (Bedford Co). États-Unis (Pensylvanie).
Bridgeport (Belmont Co). États-Unis (Ohio).
Bridgeport (Montgomery Co). États-Unis (Pensylvanie).
Bridger. États-Unis (Wyoming).
Bridgeton. États-Unis (Missouri).
Bridgeton. États-Unis (New-Jersey).
Bridgetown. Amérique anglaise (Nouv.-Écosse).
Bridgeville. États-Unis (Delaware).
Bridgeville. États-Unis (New-Jersey).
Bridgewater. Amérique anglaise (Nouv.-Écosse).
Bridgewater. Amérique anglaise (Ontario).
Bridgewater. États-Unis (Massachusetts).
Bridgewater. Iles Britanniques (Angleterre).
Bridlington. L. Iles Britanniques (Angleterre).
Bridlington-Quay. L. Iles Britann. (Angleterre).
Bridport. L. Iles Britanniques (Angleterre).
Brieg (S. Brigue). Suisse (Valais).
Brieg. Allemagne (Prusse). EW.
Brielle. P. Pays-Bas.
Brienz. L. Suisse (Berne).
Brierfield. L. Iles Britanniques (Angleterre).
Brierley-Hill. Iles Britanniques (Angleterre).
Bries (Breznobanya). L. Autr.-Hongrie (Hongrie).
Briesen. F. Allemagne (Prusse). EW.
Briesen (près Marienwerder). L. Allemagne (Prusse). EW.
Brigels. L. Suisse (Grisons).
Brigg. L. Iles Britanniques (Angleterre).
Brigham. Amér. angl. (Québec).
Brigham-City. États-Unis (Utah).
Brighisella. L. Italie (Ravenne).
Brighouse. Iles Britanniques (Angleterre).
Bright. Amérique anglaise (Ontario).
Bright. Australie (Victoria).
Brightlingsea L. Iles Britanniques (Angleterre).
Brighton. Amérique anglaise (Ontario).
Brighton. États-Unis (Californie).
Brighton. États-Unis (Illinois).
Brighton. États-Unis (Iowa).
Brighton. États-Unis (Massachusetts).
Brighton. États-Unis (Michigan).
Brighton. N. Iles Britanniques (Angleterre).
Brighton. Nouvelle-Zélande.
Brighton (G. T. R.). Amérique anglaise (Ontario).
Brighton-Station. États-Unis (Ohio).
Brightside. L. Iles Britanniques (Angleterre).
Brigstock. L. Iles Britanniques (Angleterre).
Brigue (Brieg). Suisse (Valais).
Brigus. Amérique anglaise (Terre-Neuve).
Brill. L. Iles Britanniques (Angleterre).
Brilon. L. Allemagne (Prusse). OW.
Brilon-Corbach. F. Allemagne (Prusse). OW.
Brimbo. L. Iles Britanniques (Angleterre).
Brimfield. États-Unis (Illinois).
Brimfield. États-Unis (Indiana).
Brimfield. L. Iles Britanniques (Angleterre).
Brimscombe. L. Iles Britanniques (Angleterre).
Brinckley. États-Unis (Arkansas).
Brindisi (Brindes). N. Italie (Lecce).
Brindisi forte a mare. S. Italie (Lecce).
Brinscall. F. Iles Britanniques (Angleterre).
Brinton's. États-Unis (Pensylvanie).
Brisbane. Australie (Queensland).
Brisbin. États-Unis (New-York).
Brisighella. L. Italie.
Brissago. L. Suisse (Tessin).
Bristol. Amérique anglaise (Québec).
Bristol. États-Unis (Connecticut).
Bristol. États-Unis (Illinois).
Bristol. États-Unis (Indiana).
Bristol. États-Unis (New-Hampshire).
Bristol. États-Unis (Pensylvanie).
Bristol. États-Unis (Rhode-Island).
Bristol. États-Unis (Tennessee).
Bristol. N. Iles Britanniques (Angleterre.)
Bristol Fery. États-Unis (Rhode-Island).
Britannia-Mills. Amérique anglaise (Québec).
Briton-Ferry. Iles Britanniques (Angleterre).
Britt. États-Unis (Iowa).
Brixen. Autriche-Hongrie (Tyrol).
Brixham. L. Iles Britanniques (Angleterre).
Brixlegg. FL. Autriche-Hongrie (Tyrol).
Brixworth. L. Iles Britanniques (Angleterre.)
Broach. Indes. OC.
Broad-Clyst. L. Iles Britanniques (Angleterre).
Broad-Ford. États-Unis (Pensylvanie).
Broadford. L. Iles Britanniques (Écosse).
Broad-Head. États-Unis (Wisconsin).
Broadstairs. L. Iles Britanniques (Angleterre).
Broadway. États-Unis (New-Jersey).
Broadway. L. Iles Britanniques (Angleterre).
Broadwinsor. L. Iles Britanniques (Angleterre).
Brockenhurst. L. Iles Britanniques (Angleterre).
Brockhöfe. F. Allemagne (Prusse). EW.
Brockholes-Junction. F. Iles Britanniques (Angleterre).
Brockley. F. Iles Britanniques (Angleterre).
Brockport. États-Unis (New-York).
Brockville. Amérique anglaise (Ontario).
Brockwille. G. T. R. Amér. angl. (Ontario).
Brocton. États-Unis (New-York).
Brodek. F. Autriche-Hongrie (Moravie).
Brodhead's. États-Unis (New-York).
Brodick. L. Iles Britanniques (Écosse).
Brodie. F. Iles Britanniques (Écosse).
Brody. N/2. Autriche-Hongrie (Gallicie).
Broenoe. L. Norwége.
Brohl. F. Allemagne (Prusse). OW.
Bromberg. Allemagne (Prusse). EW.
Bromborough. L. Iles Britanniques (Angleterre).
Brome-Corner. Amérique anglaise (Québec).
Bromley. L. Iles Britanniques (Angleterre).
Bromley-Cross. F. Iles Britanniques (Angleterre).
Bromsgrove. Iles Britanniques (Angleterre).
Bromton-Falls. Amérique anglaise (Québec).
Bromyard. F. Iles Britanniques (Angleterre).
Brondrut (S. Porrentruy). Suisse (Berne).
Broni. L. Italie (Pavie).
Bronnbach. FL. Allemagne (Bade).
Bronson. États-Unis (Floride).
Bronson's. États-Unis (Michigan).
Bronson's. États-Unis (Pensylvanie).
Bronte. L. Italie (Catane).
Brood-Slavonisch. Autr.-Hongrie (Confins mil.).

(1) Les dépêches sont transmises par la voie électrique jusqu'à Bodoe, de cette ville à Henningsvaer ou à Svolvaer par la poste et ensuite jusqu'à Brettesnaes par le télégraphe. Le transport postal est gratuit.

Brookborough. L. Iles Britanniques (Irlande).
Brookfield. États-Unis (Connecticut).
Brookfield. États-Unis (Massachusetts).
Brookfield. États-Unis (Missouri).
Brookfield. États-Unis (Wisconsin).
Brookhaven. États-Unis (Mississipi).
Brooklands. F. Iles Britanniques (Angleterre).
Brooklin. Amérique anglaise (Ontario).
Brooklin. États-Unis (Iowa).
Brookline. États-Unis (Massachusetts).
Brooklyn. États-Unis (Illinois).
Brooklyn. États-Unis (Texas).
Brooklyn'-Long-Island. États-Unis (New-York).
Brookston. États-Unis (Indiana).
Brookville. États-Unis (Indiana).
Brookville. États-Unis (Iowa).
Brookville. États-Unis (Kansas).
Brookville. États-Unis (Mississipi).
Brookville. États-Unis (Pensylvanie).
Broos (S. Szasz-Varos). L. Autriche-Hongrie (Transylvanie).
Brora. L. Iles Britanniques (Écosse).
Brosley. L. Iles Britanniques (Angleterre).
Brotton. L. Iles Britanniques (Angleterre).
Brough. L. Iles Britanniques (Angleterre).
*Broughton-in-Furness. F. Iles Brit. (Angleterre).
Broughton (Nr Preston). L. Iles Britan. (Angl.).
Broughton. L. Iles Britanniques (Angleterre).
Broughty-Ferry. L. Iles Britanniques (Écosse).
Brousse (Brussa). L. Turq. d'As. A3. B2. C2. D2.
Brouwershaven. P. Pays-Bas.
Brownhelm. États-Unis (Ohio).
Brownhills. L. Iles Britanniques (Angleterre).
Browns. Australie (Victoria).
Brownsburg. États-Unis (Indiana).
Brownsdale. États-Unis (Minnesota).
Brown's-Station. États-Unis (Nevada).
Brownstown. États-Unis (Indiana).
Brownsville. États-Unis (Minnesota).
Brownsville. États-Unis (Missouri).
Brownsville. États-Unis (Tennessee).
Brownsville. États-Unis (Texas).
Brownville. États-Unis (Nebraska).
Brownville. États-Unis (New-York).
Browsville. États-Unis (Indiana).
Broxbourne. Iles Britanniques (Angleterre).
Broxburn. Iles Britanniques (Écosse).
Brucefield. Amérique anglaise (Ontario).
Bruch. FL. Autriche Hongrie (Bohême).
Bruchmuhlbach. L. Allemagne (Bavière).
Bruck. L. Allemagne (Bavière).
Bruckberg. PF. Allemagne (Bavière).
Bruckenau. BL. Allemagne (Bavière).
Bruckenau-Stadt. L. Allemagne (Bavière).
Bruckl. FL. Autriche-Hongrie (Carinthie).
Bruckmuhl. F. Allemagne (Bavière).
Brucksal. Allemagne (Bade).
Bruck-sur-la-Leitha. L. Autr.-Hong. (Sous l'Enns).
Bruck-sur-Mur. Autriche-Hongrie (Styrie).
Brudenel. Amérique anglaise (Ontario).
Bruel. L. Allem. (Mecklembourg-Schwérin). EW.
Bruff. L. Iles Britanniques (Irlande).
Brugelette. L. Belgique (Hainaut).
Bruges. Belgique (Flandre occidentale).
Brugg. L. Suisse (Argovie).
Brugg. FL. Suisse (Berne).
Bruggen. L. Suisse (Saint-Gall).
Bruhl. F. Allemagne (Prusse). OW.
Bruinisse. L. Pays-Bas.
Brujas (S. Bruges). Belgique.
Bruly (Le). L. Belgique (Namur).
Brumath. L. Allemagne (Alsace-Lorraine).
Brummen. P. Pays-Bas.
Brunau-Packebusch. F. Allemagne (Prusse). EW.
Bruneck. L. Autr.-Hong. (Tyrol).
Brundall. F. Iles Britanniques (Angleterre).
Brundrut (S. Porrentruy). Suisse (Berne).
Brünn. N. Autriche-Hongrie (Moravie).
Brünn. F. Autriche-Hongrie (Sous l'Enns).
Brunnadern. L. Suisse (Saint-Gall).
Brunnen. L. Suisse (Schwyz).
Brünnlitz. L. Autr.-Hongrie (Bohême).
Brunsbüttel. L. Allem. (Prusse; Holstein). EW.
Brunshausen. L. Allem. (Prusse; Hanovre). EW.
Brunswick. Allemagne (Brunswick). EW.
Brunswick. États-Unis (Géorgie).
Brunswick. États-Unis (Maine).
Brunswick. États-Unis (Missouri).
Brusau. F. Autriche-Hongrie (Moravie).
Brushe's-Mills. États-Unis (New-York).
Brusio. L. Suisse (Grisons).
Brusterort. L. Allemagne (Prusse). EW.
Bruton. L. Iles Britanniques (Angleterre).
Bruttelen (Bretiège). BL. Suisse (Berne).
Brux. Autriche-Hongrie (Bohême).
Bruxelles. N. Belgique (Brabant).
Bryan. États-Unis (Ohio).
Bryan. États-Unis (Texas).
Bryan. États-Unis (Wyoming).
Bryant. États-Unis (Illinois).
Bryant. États-Unis (Iowa).
Bryant's-Pond. États-Unis (Maine).
Bryn F. Norwège.
Brynamman. F. Iles Britanniques (Angleterre).
Brynmawr. Iles Britanniques (Angleterre).
Bryn-Mawr. États-Unis (Pensylvanie).
Brzezan. L. Autriche-Hongrie (Gallicie).
Brzozow. L. Autriche-Hongrie (Gallicie).
Bubenc. F. Autriche-Hongrie (Bohême).
Bubikon. FL. Suisse (Zurich).
Bublitz. L. Allemagne (Prusse). EW.
Bubrala. F. Indes. OC.
Bubwith. L. Iles Britanniques (Angleterre).
Buccari. L. Autriche-Hongrie (Litt. Hongrie).
Buccheri. L. Italie (Syracuse).
Büch. F. Allemagne (Bavière).
Buchanan. États-Unis (Michigan).
Bucharest. N. Roumanie.
Buchau. L. Autriche-Hongrie (Bohême).
Buchau (am-Federsee). L. Allem. (Wurtemberg).
Buchen. L. Allemagne (Bade).
Buchen. F. Allemagne (Prusse). EW.
Buchholz. Allemagne (Saxe). EW.
Buchloe. F. Allemagne (Bavière).
Buchs. FL. Suisse (Saint-Gall).
Buchsweiler. L. Allem (Alsace-Lorraine).
Buchwald. F. Allemagne (Prusse). EW.
Bucine. FL. Italie (Arezzo).
*Buckassur. F. Indes. OC.
Buckatunna. États-Unis (Mississipi).
Buckau. L. Allemagne (Prusse). EW.
Buck-Creek. États-Unis (Indiana).
Buckden. L. Iles Britanniques (Angleterre).
Buckebourg. F. All. (Lippe-Schaumbourg). EW.
Buckfastleigh. L. Iles Britanniques (Angleterre).
Buckhannon. États-Unis (Virginie).
Buckhaven. L. Iles Britanniques (Ecosse).
Buckhurst-Hill. L. Iles Britanniques (Angleterre).
Buckie. L. Iles Britanniques (Écosse).
Buckingham. Amérique anglaise (Québec).
Buckingham. F. Iles Britanniques (Angleterre).
Buckley. L. Iles Britanniques (Angleterre).
Bucklin. États-Unis (Missouri).
Bucklyvie. FL. Iles Britanniques (Écosse).
Bucksport. États-Unis (Maine).
Bucktearpore. F. Indes. OC.
Bucsa. FL. Autriche-Hongrie (Hongrie).
Buctouche. Amérique anglaise (N.-Brunswick).
Bucyrus. États-Unis (Ohio).
Buczacz. Autriche-Hongrie (Gallicie).
Buda. États-Unis (Illinois).
Budapost (Bude). N. Autriche-Hongrie (Hongrie).
Budapest (Pesth). N. Autr.-Hongrie (Hongrie).
Budapest-Csaszarfurdo (Budapest-Kaiserbad, Csaszarfurdo, Kaiserbad). L. Autr.-Hongrie (Hongrie).
Budapest-Koebanya (Budapest-Steinbruch, Koebanya, Steinbruch). L. Autr.-Hongrie (Hongrie).
Budapest-O'Buda (Budapest-Altofen, O'Buda, Altofen). L. Autr.-Hongrie (Hongrie).
Budapest-Var (Budapestfestung, Bude, Ofen). N. Autr.-Hong. (Hongrie).
Buddenhagen. F. Allemagne (Prusse). EW.
Bude (Budapest-Var, Budapest-Festung). N. Autr.-Hong. (Hongrie).
Bude. L. Iles Britanniques (Angleterre).
Budenheim. F. Allem. (Hesse-Darsmtadt). OW.
Budesti. L. Roumanie
Budigsdorf. F. Autriche-Hongrie (Moravie).
Budingen. L. Allemagne (Hesse-Darmstadt). OW.
Budissin (Bautzen). Allemagne (Saxe). EW.
Budlapore. F. Indes. OC.
Budleigh-Salterton. L. Iles Britann. (Angleterre).
Budrio. L. Italie (Bologne).
Budua. L. Autriche-Hongrie (Dalmatie).
Budweis. N. Autriche-Hongrie (Bohême).
Buena-Vista. États-Unis (Iowa).
Buena-Vista. États-Unis (Ohio).
Buena-Vista (Butler Co). États-Unis (Pensylvanie).
Buenos-Ayres. Amérique du Sud (1re région).
Buffalo. États-Unis (Kansas).
Buffalo. États-Unis (New-York).
Buffalo Mills. États-Unis (Pensylvanie).
Buffalo River. États-Unis (Minnesota).
Buford. États-Unis (Wyoming).
Buggenhout. L. Belgique (Flandre orientale).
Buggoolah. F. Indes. OC.
*Bugwah. Indes. OC.
Buhl. L. Allemagne (Bade).
Buhl p. Gebweiler. L. Allem (Alsace-Lorraine).
Buhler. L. Suisse (Appenzell).
Buhussi. L. Roumanie.
Buildwas-Junction. F. Iles Britann. (Angleterre).
Builth. Iles Britanniques (Angleterre).
Buir. F. Allemagne (Prusse). OW.
Buitenpost. P. Pays-Bas.
Buitenzorg. Ile de Java. OS.
Buje. L. Autriche-Hongrie (Istrie).
Buk. F. Allemagne (Prusse). EW.
Bukaczowce. F. Autriche-Hongrie (Gallicie).
Buke. F. Allemagne (Prusse). OW.
Bukk. FL. Autriche-Hongrie (Hongrie).
Bulach. L. Suisse (Zurich).
Bulger. États-Unis (Pensylvanie).
Bulkley. États-Unis (Illinois).

Bulle. L. Suisse (Fribourg).
Bullet (Le). Suisse (Vaud).
Bullionville. États-Unis (Nevada).
Bull's Island. États-Unis (New-Jersey).
Bulls. Nouvelle-Zélande.
Bulsar. F. Indes. OC.
Bunaburg. FL. Autriche-Hongrie (Bohême).
Bunbury. L. Iles Britanniques (Angleterre).
Buncecton. États-Unis (Missouri).
Buncrana. L. Iles Britanniques (Irlande).
Bünde. F. Allemagne. (Prusse; Hanovre). OW.
Bundikari. F. Indes. OC.
Bundoran. L. Iles Britanniques (Irlande).
Bundoran-Junction. F. Iles Britanniques (Irlande).
Bunessan. L. Iles Britanniques (Écosse).
Bungay. L. Iles Britanniques (Angleterre).
Buninyong. Australie (Victoria).
Bunker-Hill. États-Unis (Illinois).
Bunker-Hill. États-Unis (Indiana).
Bunker-Hill. États-Unis (Kansas).
Bunkerry. F. Indes. OC.
Bunnoo (Edwardesabad). L. Indes. OC.
Buntingford. Iles Britanniques (Angleterre).
Bunzen. L. Suisse (Argovie).
Bunzlau, L. Allemagne (Prusse). EW.
Buochs. L. Suisse (Unterwald).
Burbach. F. Allemagne (Prusse). OW.
Burbach (près Saarbrück). F. All. (Prusse). OW.
Burbage. L. Iles Britanniques (Angleterre).
Burbank. États-Unis (Ohio).
Burdick. États-Unis (Indiana).
Burdinne. L. Belgique (Liège).
Burdwan. Indes. OC.
Bureau-Junction. États-Unis (Illinois).
Büren. Suisse (Berne).
Bures. L. Iles Britanniques (Angleterre).
Burford. L. Iles Britanniques (Angleterre).
Burg (Insel Fehmarn). L. All. (Prusse; Sleswig). EW.
Burg (pr. Magdebourg). L. Allem. (Prusse). EW.
Burgau. L. Autriche-Hongrie (Styrie).
Burgau. L. Allemagne (Bavière).
Burgaw. États-Unis (Caroline du Nord).
Burgbernheim. F. Allemagne (Bavière).
Burgdorf. F. Allemagne (Prusse; Hanovre). EW.
Burgdorf. (S. Berthoud). Suisse (Berne).
Burgebrach. L. Allemagne (Bavière).
Bürgenstock. Bl. Suisse (Unterwald).
Burges Hill. L. Iles Britanniques (Angleterre).
Burgettstown. États-Unis (Pensylvanie).
Burgfarnbach. F. Allemagne (Bavière).
Burggemünden. F. All. (Hesse-Darmstadt). OW.
Burgh. L. Iles Britanniques (Angleterre).
Burghasslach. L. Allemagne (Bavière).
Burghaun. F. Allemagne (Prusse). OW.
Burghausen. L. Allemagne (Bavière).
Burghead. L. Iles Britanniques (Écosse).
Burg-Hill. États-Unis (Ohio).
Burgkemnitz. F. Allemagne (Prusse). EW.
Burgkundstadt. F. Allemagne (Bavière).
Burglen. L. Suisse (Thurgovie).
Burglengenfeld. L. Allemagne (Bavière).
Burglesum. F. Allem. (Prusse; Hanovre). EW.
Burgo-de-Osma. L. Espagne (Soria).
Burgos. N. Espagne (Burgos).
Burgpreppach. L. Allemagne (Bavière).
Burgsinn. PF. Allemagne (Bavière).
Burgstadt. L. Allemagne (Saxe). EW.
Burgsteinfurt. L. Allemagne (Prusse). OW.
Burgurb. F. Indes. OC.
Burhan. F. Indes. OC.
Burhea. F. Indes. OC.
Burhee. Indes. OC.
Burke. États-Unis (New-York).
Burkeville. États-Unis (Virginie).
Burlescombe. F. Iles Britanniques (Angleterre).
Burley-im-Wharfedale. L. Iles Britann. (Anglet.).
Burlingame. États-Unis (Kansas).
Burlington. États-Unis (Iowa).
Burlington. États-Unis (Kansas).
Burlington. États-Unis (New-Jersey).
Burlington. États-Unis (Vermont).
Burlington. États-Unis (Wisconsin).
Burnet. États-Unis (Wisconsin).
Burnettsville. États-Unis (Indiana).
Burngullow. F. Iles Britanniques (Angleterre).
Burnham. L. Iles Britan. (Anglet.; Bucking.).
Burnham. L. Iles Britanniques (Anglet.; Essex).
Burnham. L. Iles Britann. (Anglet.; Norfolk).
Burnham. L. Iles Britann. (Anglet.; Somerset).
Burnham. États-Unis (Maine).
*Burnhaupt. F. Allemagne (Alsace-Lorraine).
Burning-Springs. États-Unis (Virginie).
Burnley. Iles Britanniques (Angleterre).
Burns. États-Unis (New-York).
Burnside. États-Unis (Illinois).
Burnsville. États-Unis (Mississipi).
Burntisland. L. Iles Britanniques (Écosse).
*Burnuggur. L. Indes. OC.
Burrakur. F. Indes. OC.
Burrara. F. Indes. OC.
Burrard Inlet. Amér. angl. (Colombie anglaise).
Burriarpore. F. Indes. OC.
Burringham. L. Iles Britanniques (Angleterre).
Burr Oak. États-Unis (Michigan).
Burrowa. Australie (Nouv.-Galles du Sud).
Burry-Port. L. Iles Britanniques (Angleterre).
Burscough. F. Iles Britanniques (Angleterre).
Burscough-Bridge. F. Iles Britann. (Angleterre).
Burslem. Iles Britanniques (Angleterre).
Burst. L. Belgique (Flandre orientale).
Bürstadt. F. Allemagne (H.-Darmstadt). OW.
Bursztyn. L. Autriche-Hongrie (Gallicie).
Burtigny. L. Suisse (Vaud).
Burtna. F. Indes. OC.
Burton. L. Iles Britanniques (Angleterre).
Burton. États-Unis (Texas).
Burton-Constable. F. Iles Britann. (Angleterre).
Burton-Latimer. L. Iles Britanniques (Angleterre).
Burton-on-Trent. Iles Britanniques (Angleterre).
Burton-Salmon. F. Iles Britann. (Angleterre).
Burwash. L. Iles Britanniques (Angleterre).
Burwell. L. Iles Britanniques (Angl.; Camb.).
Burxdorf. F. Allemagne (Prusse). EW.
Bury. Iles Britanniques (Angleterre).
Bury-Saint-Edmunds. Iles Britann. (Angleterre).
Burzaco. Amérique du Sud (9e région).
Bushey Heath. L. Iles Britanniques (Angleterre).
Busalla. L. Italie (Gênes).
Busby. L. Iles Britanniques (Écosse).
Buscemi. L. Italie.
Buschow. F. Allemagne (Prusse). EW.
Buschtehrad. FL. Autriche-Hongrie (Bohême).
Busenbark. S. États-Unis (Ohio).
Buseu. N. Roumanie.
Bushbury-Junction. F. Iles Britann. (Angleterre).
Bushire (S. Bender-Bouchen, Abou-Cheher). N. Perse.
Bushmills. L. Iles Britanniques (Irlande).
Bushnell. États-Unis (Illinois).
Bushnell. États-Unis (Nebraska).
Buskirks. États-Unis (New-York).
Büsserach. L. Suisse (Soleure).
Busseto. L. Italie.
Bussigny. F. Suisse (Vaud).
Bussoleno. FL. Italie (Turin).
Busswyl. FL. Suisse (Berne).
Bustleton. États-Unis (Pensylvanie).
Busto-Arsizio. L. Italie (Milan).
Bustyahaza. FL. Autriche-Hongrie (Hongrie).
Butera. L. Italie (Caltanisetta).
Butler. États-Unis (Indiana).
Butler. États-Unis (Kentucky).
Butler. États-Unis (Pensylvanie).
Butow. L. Allemagne (Prusse). EW.
Butschowitz. L. Autriche-Hongrie (Moravie).
Butschwyl. L. Suisse (Saint-Gall).
Buttenhausen. L. Allemagne (Wurtemberg).
Buttenwiesen. L. Allemagne (Bavière).
Buttes. L. Suisse (Neuchâtel).
Buttevant. L. Iles Britanniques (Irlande).
Buttington. F. Iles Britanniques (Angleterre).
Buttrio. FL. Italie (Udine).
Buttsted. L. Allemagne (Prusse). EW.
Butzbach. F. Allemagne (Hesse-Darmstadt). OW.
Butzow. L. Allemagne (Mecklembourg). EW.
Buxar. F. Indes. OC.
Buxburn. F. Iles Britanniques (Écosse).
Buxted. F. Iles Britanniques (Angleterre).
Buxtehude. L. Allem. (Prusse; Hanovre). EW.
Buxton. F. Iles Britanniques (Angleterre).
Buysingen. L. Belgique (Brabant).
Buzias. L. Autriche-Hongrie (Hongrie).
Byculla. Indes. OC.
Byers-Green. Iles Britanniques (Angleterre).
Bynea. F. Iles Britanniques (Angleterre).
Byram. États-Unis (Mississipi).
Byramghaut. F. Indes. OC.
Byron. États-Unis (Minnesota).
Byron. États-Unis (New-York).
Byron Hôtel. BL. Suisse (Vaud).
Byske. L. Suède.

Cabanas. Amér. centr. (Cuba).
Cabel. F. Allemagne (Prusse). OW.
Cabeza-del-Buey. Espagne (Badajoz).
* Cabinteely. Iles Britanniques (Irlande).
Cable. États-Unis (Ohio).
Cabo-Carvoeiro. S. Portugal (Leiria).
Cabo-da-Rocca (Oitavos). Sém. (1). Portugal (Lisbonne).
Cabo-de-Espichel. Sém. Portugal (Lisbonne).
Cabot. États-Unis (Vermont).
Cabra. L. Espagne (Cordoue).
Cacak (Tschatschak, Tjatjak). Serbie.

(1) Ouvert depuis le point du jour jusqu'à la nuit.

Caceres. N. Espagne (Caceres).
Cache-Creek. Amérique angl. (Colombie angl.).
Cacouna (Summer office). Amérique anglaise (Québec).
Caddo. États-Unis (Territoire indien).
Cadenabbia. L. Italie (Côme).
Cadet. États-Unis (Missouri).
Cadgoody. F. Indes. OC.
Cadix. N. Espagne (Cadix).
Cadiz. États-Unis (Ohio).
Cadiz Junction. États-Unis (Ohio).
Cadjavica. L. Autriche-Hongrie (Esclavonie).
Caerleon. L. Iles Britanniques (Angleterre).
Caerwyss. L. Iles Britanniques (Angleterre).
Caes-dos-Soldados. Portugal (Lisbonne).
Cagli. L. Italie (Pesaro et Urbin).
Cagliari. N. Italie (Sardaigne: Cagliari).
Cahir. L. Iles Britanniques (Irlande).
* Cahirconslish. L. Iles Britanniques (Irlande).
Cahirciveen L. Iles Britanniques (Irlande).
Cahoka. États-Unis (Missouri).
Cahul. L. Roumanie.
Caianello. FL. Italie (Caserte).
Caibarien. Amérique centrale (Ile de Cuba).
Cainscross. L. Iles Britanniques (Angleterre).
Cainsdorf près Zwickau. L. Allemagne (Saxe). EW.
Caire (Le). Égypte.
Cairnryan. L. Iles Britanniques (Écosse).
Cairo États-Unis (Illinois).
Caistor. L. Iles Britanniques (Angleterre).
Cakovic. FL. Autriche-Hongrie (Bohême).
Calafat. L. Roumanie.
Calais. États-Unis (Maine).
Calamata. Grèce.
Calarasi. Roumanie.
Calatafimi L. Italie (Trapani).
Calatayud N. Espagne (Saragosa).
Calau. L. Allemagne (Prusse). EW.
Calavrita. L. Grèce.
Calbe-sur-la-Saale. L. Allemagne (Prusse). EW.
Calcababio. FL. Italie (Pavie).
Calcar. L. Allemagne (Prusse). OW.
Calci. L. Italie (Pise).
Calcum. F. Allemagne (Prusse). OW.
Calcutta. N. Indes. OC.
Caldas-da-Rainha. Portugal (Leiria).
Caldas-de-Reyes. L. Espagne (Pontevedra).
Caldbeck. L. Iles Britanniques (Angleterre).
Caldera. Amérique du Sud (10e région).
Caldiero. FL. Italie (Vérone).
Caldwel. États Unis (Ohio).
Caledon. Colonie du Cap.
Caledon. L. Iles Britanniques (Irlande).
Caledonia. Amérique anglaise (Ontario).
Caledonia (Boone Co). États-Unis (Illinois).
Caledonia (Pulaski Co). États-Unis (Illinois).
Caledonia. États-Unis (New-York).
Caledonia. États-Unis (Ohio).
Calera. Amérique du Sud (10e région).
Calera. États-Unis (Alabama).
Calevoet. L. Belgique (Brabant).
Calhoun. États-Unis (Missouri).
Calicut. N. Indes. OC.
California États-Unis (Missouri).
California. L. Iles Britanniques (Angleterre).
*Calingapatam. Indes. OC.
Calioub. Égypte.
Calioule. Égypte (Basse Égypte).

Calistoga. États-Unis (Californie).
Call. F. Allemagne (Prusse). OW.
Callaghans. États-Unis (Virginie).
Callahan. États-Unis (Floride).
Callahan's. États-Unis (Californie).
Callander. F. Iles Britanniques (Écosse).
Callao. États-Unis (Missouri).
Callenberg. FL. All. (Saxe-Cobourg-Gotha). OW.
Callenelle. L. Belgique (Hainaut).
Callian. F. Indes. OC.
Calliano. FL. Autriche-Hongrie (Tyrol).
Callicoon. États-Unis (New-York).
Callington. L. Iles Britanniques (Angleterre).
Calmar. États-Unis (Iowa).
Calmbach. Allemagne (Wurtemberg).
Calmpthout. L. Belgique (Anvers).
Calne. L. Iles Britanniques (Angleterre).
Calolzio. FL. Italie (Bergame).
Caloosahatchie-River. États-Unis (Floride).
Calstock. L. Iles Britanniques (Angleterre).
Caltagirone. Italie (Catane).
Caltanisetta. Italie (Caltanisetta).
Calumet. États-Unis (Illinois).
Calumet. États-Unis (Michigan).
Calusa. États-Unis (Illinois).
Caluso. FL. Italie (Turin).
Calvary. États-Unis (Wisconsin).
Calvert. États-Unis (Texas).
Calvine. L. Iles Britanniques (Écosse).
Calw. L. Allemagne (Wurtemberg).
Cam. L. Iles Britanniques (Angleterre).
Camajore. L. Italie.
Camak. États-Unis (Géorgie).
Camalgore. F. Indes. OC.
Cambiano. FL. Italie (Turin).
Cambo. L. Iles Britanniques (Angleterre).
Camborne. L. Iles Britanniques (Angleterre).
Cambray. Amérique anglaise (Ontario).
Cambria. États-Unis (Wisconsin).
Cambridge. Iles Britanniques (Angleterre).
Cambridge. États-Unis (Illinois).
Cambridge City. États-Unis (Indiana).
Cambridge. États-Unis (Maryland).
Cambridge. États-Unis (Massachusetts).
Cambridge. États-Unis (New-York).
Cambridge. États-Unis (Ohio).
Cambridge. États-Unis (Pensylvanie).
Cambridge. Nouvelle-Zélande.
Cambridgeport. États-Unis (Massachusetts).
Camden. États-Unis (Arkansas).
Camden. États-Unis (Caroline du Sud).
Camden. États-Unis (Maine).
Camden. États-Unis (Missouri).
Camden. États-Unis (New-Jersey).
Camden. États-Unis (New-York).
Camden. États-Unis (Ohio).
Camden-Station, Baltimore. États-Unis (Maryland).
Camelford. L. Iles Britanniques (Angleterre).
Camen. F. Allemagne (Prusse). OW.
Camenz. F. Allemagne (Prusse). EW.
Camerano. L. Italie (Ancône).
Camerino. L. Italie (Macerata).
Camerlata. L. Italie (Côme).
Cameron. États-Unis (Illinois).
Cameron États-Unis (Missouri).
Cameron. États-Unis (New-York).
Cameron. États-Unis (Pensylvanie).
Cameron. États-Unis (Virginie).

Cameron-Bridge. F. Iles Britanniques (Écosse).
Camilla. États-Unis (Géorgie).
Camillus. États-Unis (New-York).
Caminha. L. Portugal (Vianna-do-Castello).
Camlachie. Amérique anglaise (Ontario).
Cammini. L. Allemagne (Prusse; Poméranie). EW.
Camnago. FL. Italie (Côme).
Camogli. L. Italie (Gênes).
Camolin. L. Iles Britanniques (Irlande).
Camp a. Rh. Allemagne (Prusse; Nassau). OW.
Campagna. L. Italie (Salerne).
Campbell. États-Unis (Minnesota).
Campbell. États-Unis (New-York).
Camp Douglas. États-Unis (Utah).
Camp Douglas. États-Unis (Wisconsin).
Campbellford. Amérique anglaise (Ontario).
Campbell Hall. États-Unis (New-York).
Campbell's. Amérique anglaise (Ontario).
Campbellsburg. États-Unis (Kentucky).
Campbellton. Amér. anglaise (Nouv.-Brunswick).
Campbellton. Australie (Nouvelle-Galles du Sud).
Campbelltown. Iles Britanniques (Écosse).
Campbelton. Tasmanie.
Campden. L. Iles Britanniques (Angleterre).
Camperdown. Australie (Victoria).
Campher. BL. Suisse (Grisons).
Campiglia. L. Italie (Pise).
Campina. Roumanie.
*Campinaire. Belgique (Hainaut).
Campi-Salentina. L. Italie (Lecce).
Campobasso. Italie (Campobasso).
Campobello di Mazzara. L. Italie.
Campocologno. L. Suisse (Grisons).
Campolung. Roumanie.
Campo-Maior. L. Portugal (Portalegre).
Campomarino. FL. Italie (Campobasso).
Camposampiero. L. Italie (Padoue).
Camp-Point. États-Unis (Illinois).
Camp Stambaugh. États-Unis (Wyoming).
Camptonville. États-Unis (Californie).
Campville États-Unis (New-York).
Canaan. États-Unis (Connecticut).
Canaan. États-Unis (New-Hampshire).
Canaan-Four-Corners. États-Unis (New-York).
Canada-Gomez. Amérique du Sud (6e région).
Canajoharie. États-Unis (New-York).
Canal-Dover. États-Unis (Ohio).
Canal-House p. Port-Dundas. F. Iles Brit. (Écosse).
Canal-Winchester. États-Unis (Ohio).
Canandaigua. États-Unis (New-York).
Canaseraga. États-Unis (New-York).
Canastota. États-Unis (New-York).
Canaveral. L. Espagne (Caceres).
Cancello. FL. Italie (Caserte).
Candela. L. Italie (Foggia).
Candia Lomellina. FL. Italie (Pavie).
Candie (S. Candia). Turquie (Ile de Crète).
Candor. États-Unis (New-York).
Canée (La) (S. Hania). Turquie (Ile de Crète).
Canelli. F. Italie (Alexandrie).
Canelones. Amérique du Sud (1re région).
Caneyville. États-Unis (Kentucky).
Canfield. États-Unis (Illinois).
Canfield. Amérique anglaise (Ontario).
Canfield. États-Unis (Ohio).
Canford. L. Iles Britanniques (Angleterre).
Canicatti. Italie (Girgenti).
Canisteo. États-Unis (New-York).

Cannanore. Indes. OC.
Cannelton. États-Unis (Indiana).
Cannelton. États-Unis (Virginie).
Canning. F. Indes. OC.
Canning. Amérique anglaise (N.-Écosse).
Cannington. Amérique anglaise (Ontario).
Cannington. L. Iles Britanniques (Angleterre).
Cannobbio. L. Italie (Novare).
Cannock. L. Iles Britann. (Angleterre).
Canœ Station. États-Unis (Alabama).
Canonbie. L. Iles Britanniques (Écosse).
Canonsburg. États-Unis (Pensylvanie).
Canosa-di-Puglia. L. Italie (Bari).
Canquenes. Amérique du Sud (10e région).
Canstatt. Allemagne (Wurtemberg).
Cantalupo. FL. Italie (Alexandrie).
Cantalupo del Sannio. L. Italie.
Cantareira. L. Portugal (Porto).
Canterbury. Amérique angl. (Nouveau-Brunswick).
Canterbury. États-Unis (Delaware).
Canterbury. Iles Britann. (Angleterre).
Canth. F. Allemagne (Prusse). EW.
Canton. États-Unis (Illinois).
Canton. États-Unis (Kentucky).
Canton (Baltimore). États-Unis (Maryland).
Canton. États-Unis (Massachusetts).
Canton. États-Unis (Mississipi).
Canton. États-Unis (Missouri).
Canton. États-Unis (New-York).
Canton. États-Unis (Ohio).
Canton. États-Unis (Pensylvanie).
Cantu. L. Italie (Côme).
Canyonville. États-Unis (Orégon).
Cap (Le). Colonie du Cap.
Capaccio. L. Italie (Salerne).
Cape Cove. Amérique anglaise (Québec).
Cape Girardeau. États-Unis (Missouri).
Capelle-au-Bois. Belgique (Brabant).
Capellen. F. Allemagne (Prusse). OW.
Capellen. L. Belgique (Anvers).
Capellen-Wevelinghofen. F. Allem. (Prusse). OW.
Cape May City. États-Unis (New-Jersey).
Cape Moreton. Australie (Queensland).
Capenissi. L. Grèce continent. (Acarnanie).
Cape North. Amérique angl. (Cap Breton).
Cape Otway. Australie (Victoria).
Cape Rosier. Amérique anglaise (Québec).
Cape Rouge (Summer Office). Amérique anglaise (Québec).
Capestrano. L. Italie (Naples).
Cape Shank. Australie (Victoria).
Cape Tormentine. Amér. angl. (Ile du Prince-Édouard).
Cape Tormentine. Amérique anglaise (Nouveau-Brunswick).
Cape-Traverse. Amérique anglaise (Ile du Prince-Édouard).
Cape Vincent. États-Unis (New-York).
Capheaton. L. Iles Britann. (Angleterre).
Capo-d'Armi. Sem. Italie (Calabre).
Capo-d'Istria. F. Autriche-Hongrie (Istrie).
Capon-Springs. États-Unis (Virginie).
Capo-Spartivento. Sem. Italie (Calabre).
Capoue. L. Italie (Caserte).
Cap Saint-Ignace. Amér. angl. (Québec).
Cappamore. L. Iles Britanniques (Irlande).
Cappeln. L. Allemagne (Prusse; Sleswig). EW.
Cappoquin. L. Iles Britanniques (Irlande).
Cappuccini-d'Ancona. Sém. Italie. (Ancône).
Capri. Sém. L. Italie (Naples).
Capua (Capoue). L. Italie.
Caracal. Roumanie.
Caraquette. Amér. angl. (Nouveau-Brunswick).
Caravaggio. FL. Italie (Bergame).
Carbon. États-Unis (Indiana).
Carbon. États-Unis (Wyoming).
Carbonaro-al-Ticino. V. Cava-Carbonara. FL. Italie (Pavie).
Carbondale. États-Unis (Illinois).
Carbondale. États-Unis (Kansas).
Carbondale. États-Unis (Pensylvanie).
Carbonear. Am. anglaise (Terre-Neuve).
Carcagente. L. Espagne (Valencia).
Carcavellos. Portugal.
Cardenas. Amérique centrale (Ile de Cuba).
Cardiff. N. Iles Britanniques (Angleterre).
Cardigan. L. Iles Britanniques (Angleterre).
Cardington. États-Unis (Ohio).
Cargill. F. Iles britanniques (Écosse).
Cariati. L. Italie (Cosenza).
Carillon. Amérique anglaise (Québec).
Carisbrook. Australie (Victoria).
Carizal-Alto. Amérique du Sud (10e région).
Carizal-Bajo. Amérique du Sud (10e région).
Cark. F. Iles Britann. (Angleterre).
Carleton. Amérique anglaise (Nebraska).
Carleton. Amérique anglaise (Québec).
Carleton-Place. Amérique anglaise (Ontario).
Carleton Place Village. Amér. angl. (Ontario).
Carlingen. FL. Allemagne (Alsace-Lorraine).
Carlinville. États-Unis (Illinois).
Carlisle. États-Unis (Indiana).
Carlisle. États-Unis (Iowa).
Carlisle. États-Unis (Ohio).
Carlisle. États-Unis (Pensylvanie).
Carlisle. Iles Britanniques (Angleterre).
Carloforte. Italie (Cagliari).
Carlopago. L. Autriche-Hongrie (Croatie).
Carlow. L. Iles Britanniques (Irlande).
Carlowitz. L. Autriche-Hongrie (Confins militaires).
Carlsbad L. BC. Autriche-Hongrie (Bohême).
Carlsbrunn. B. Autriche-Hongrie (Silésie).
Carlsburg. Autriche-Hongrie (Transylvanie).
Carlshafen. F. Allem. (Prusse; Hesse-Cassel). OW.
Carlshamn. Suède.
Carlskrona. Suède.
Carlsruh. L. Allemagne (Prusse). EW.
Carlsruhe. N. Allemagne (Bade).
Carlstad (S. Karlstad). Suède.
Carlstadt. Autriche-Hongrie (Croatie).
Carlstadt. F. Allemagne (Bavière).
Carlstein. FL. Autriche-Hongrie (Bohême.)
Carlton. Amér. angl. (Ontario).
Carlton. États-Unis (Michigan).
Carlton. États-Unis (Wisconsin).
Carlton. L. Iles Britanniques (Angleterre; Notting.).
Carlton. FL. Iles Britanniques (Angleterre; York).
Carluke. L. Iles Britanniques (Écosse).
Carlyle. États-Unis (Illinois).
Carmagnola. FL. Italie (Turin).
Carman. États-Unis (Illinois).
Carmansville. États-Unis (New-York).
Carmarthen. L. Iles Britanniques (Angleterre).
Carmarthen-Junction. F. Iles Britann. (Anglet.).
Carmel. États-Unis (Maine).
Carmel. États-Unis (New-York).
Carmen. Amérique du Sud (2e région).
Carmi. États-Unis (Illinois).
Carmona. L. Espagne (Séville).
Carnarvon. Iles Britanniques (Angleterre).
Carndonagh. L. Iles Britanniques (Angleterre).
Carnew. L. Iles Britanniques (Irlande).
Carnforth. L. Iles Britanniques (Angleterre).
Carno. F. Iles Britanniques (Angleterre).
Carnoustie. L. Iles Britanniques (Écosse).
Carnwath. L. Iles Britanniques (Écosse).
Carolina (La). L. Espagne (Jaen).
Caroline. États-Unis (New-York).
Carolinenfeld. F. Allemagne (Bavière).
Carolinenhorst. F. Allemagne (Prusse). EW.
Carolinensiel. L. Allem. (Prusse; Hanovre). OW.
Carondelet. États-Unis (Missouri).
Caronia. L. Italie (Messine).
Caroor. F. Indes. OC.
Carouge. L. Suisse (Genève).
*Carovigno. FL. Italie (Lecce).
Carp. Amér. angl. (Ontario).
Carpanzano. L. Italie (Cosenza).
Carpenter. États-Unis (Iowa).
Carpi. L. Italie (Modène).
Carr. États-Unis (Colorado).
Carr. États-Unis (Illinois).
Carradale. L. Iles Britanniques (Écosse).
Carrare. Italie (Massa).
Carregal-do-Sal. L. Portugal (Vizeu).
Carrickfergus. L. Iles Britanniques (Irlande).
Carrick-Junction. F. Iles Britanniques (Irlande).
Carrickmacross. L. Iles Britanniques (Irlande).
Carrick-on-Shannon. Iles Britanniques (Irlande).
Carrick-on-Suir. L. Iles Britanniques (Irlande).
Carrigaholt. L. Iles Britanniques (Irlande).
Carrigaline. L. Iles Britanniques (Irlande).
Carrilian Wharf. Amér. angl. (Québec).
Carroll. États-Unis (Iowa).
Carroll (Fairfield Co). États-Unis (Ohio).
Carroll (Ottawa Co) États-Unis (Ohio).
Carroll. États-Unis (Tennessee).
Carrollton. États-Unis (Illinois).
Carrollton. États-Unis (Missouri).
Carrollton. États-Unis (New-York).
Carron. F. Iles Britanniques (Écosse).
Carronbrook. Amérique anglaise (Ontario).
Carshalton. L. Iles Britanniques (Angleterre).
Carsoli. L. Italie (Aquilée).
Carson-City. États-Unis (Nevada).
Carstairs. F. Iles Britanniques (Écosse).
Cartaxo. L. Portugal (Santarem).
Carter. États-Unis (Wyoming).
Cartersburg. États-Unis (Indiana).
Cartersville. États-Unis (Géorgie).
Carthage. États-Unis (Alabama).
Carthage. États-Unis (Illinois).
Carthage. États-Unis (Missouri).
Carthage. États-Unis (New-York).
Carthage. États-Unis (Ohio).
Carthagène. N. Espagne (Murcie).
Cartmel. L. Iles Britanniques (Angleterre).
Cartwright's. États-Unis (Orégon).
Carvassara. Grèce continent. (Acarnanie).
Carver. États-Unis (Minnesota).
Carwar. Indes. OC.
Carwitz. F. Allemagne (Prusse). EW.
*Carwood. L. Iles Britanniques (Angleterre).
*Carytena. Grèce.

Casacalenda. L. Italie.
*Casalbordino. FL. Italie (Chieti).
Casalbuono. L. Italie (Salerne).
Casalbuttano. FL. Italie (Crémone).
Casale. L. Italie (Alexandrie).
Casalecchio. FL. Italie (Bologne).
Casalmaggiore. L. Italie (Crémone).
Casaletto-Vaprio. FL. Italie (Crémone).
Casalnuovo. FL. Italie (Naples).
Casalpusterlengo. FL. Italie (Milan).
Casamicciola. L. Italie (Naples).
Casarsa-della-Delizia. FL. Italie (Udine).
Cascaes (1) (Sém.). Portugal (Lisbonne).
Casciana. L. Italie.
Cascina. FL. Italie (Pise).
Cascumpec. Amér. angl. (Ile du Prince-Édouard).
*Casebruciate. FL. Italie (Ancône).
Casekow. F. Allemagne (Prusse). EW.
Caselle-Torinese. FL. Italie (Turin).
Caserte. Italie (Caserte).
Caserville. États-Unis (Michigan).
Casey. États-Unis (Iowa).
Caseyville. États-Unis (Illinois).
Cashel. L. Iles Britanniques (Irlande).
Casino-di-Terra. FL. Italie (Pise).
Casoria. L. Italie (Naples).
Caspe. L. Espagne (Saragosse).
Cassadaga. États-Unis (New-York).
Cassano. FL. Italie (Milan).
Cassano-al-Jonio. L. Italie (Cosenza).
Cassano-delle-Murgie. L. Italie (Bari).
Cassel. L. Allemagne (Prusse; Hesse-Cassel). OW.
Casselman. États-Unis (Pensylvanie).
Cassilis. Australie (Nouvelle-Galles du Sud).
Cassine. FL. Italie (Alexandrie).
Cassino-S.-Germano. Italie (Caserte).
Cassopolis. États-Unis (Michigan).
Cassville-Junction. États-Unis (New-York).
Castagnole-Lanze. FL. Italie (Alexandrie).
Castalia. L. États-Unis (Iowa).
Castamboul. L. Turquie d'Asie. A3. B2. C2. D2.
Castasegna. L. Suisse (Grisons).
Casteggio. L. Italie (Pavie).
Castel. F. Allem. (Hesse-Darmstadt). OW.
Castel-di-Sangro. L. Italie (Aquilée).
Castel-Bolognèse. FN. Italie (Ravenne).
Castelfiorentino. L. Italie (Florence).
Castelfranco. FL. Italie (Trévise).
Castelfranco. L. Italie (Bologne).
Castelfranco-di-Sotto. L. Italie.
*Castelgandolfo. E. Italie.
Castelguelfo. FL. Italie (Bologne).
Castell. L. Allemagne (Bavière).
Castellabate. L. Italie.
Castellalfero. FL. Italie (Alexandrie).
Castellamare-di-Stabia. Italie (Naples).
Castellamare-di-Alcamo. L. Italie (Trapani).
Castellana. L. Italie (Bari).
Castellaneta. L. Italie (Lecce).
Castellastua. L. Autriche-Hongrie (Dalmatie).
Castellaun. L. Allem (Prusse). OW.
Castelleone. FL. Italie (Crémone).
Castello. FL. Italie (Florence).
Castello-Branco. Portugal.
Castellon-de-la-Plana. N. Espagne.
Castelmaggiore. FL. Italie (Bologne).
Castelnuovo-di-Sotto. L. Italie (Nell'Emilia).
Castelnuovo-Garfagnana. L. Italie (Massa).
Castel-Nuovo. Autriche-Hongrie (Dalmatie).
Castelnuovo-Belbo. FL. Italie (Alexandrie).
Castelnuovo-ne-Monti. L. Italie (Nell'Emilia).
Castel-Planio. FL. Italie (Ancône).
Castel-San-Giovanni. L. Italie (Plaisance).
Castel-San-Pietro. FL. Italie (Bologne).
Casteltermini. L. Italie (Girgenti).
Castelvetrano. L. Italie (Trapani).
Casterton. Australie (Victoria).
Castiglione-delle-Stiviere. L. Italie (Mantoue).
Castiglione-Fiorentino. FL. Italie (Arezzo).
Castile. États-Unis (New-York).
Castine. États-Unis (Maine).
Castlebar. Iles Britanniques (Irlande).
Castlebellingham. L. Iles Britanniques (Irlande).
Castleblakeney. Iles Britanniques (Irlande).
Castleblaney. L. Iles Britanniques (Irlande).
Castle-Bytham. L. Iles Britanniques (Angleterre).
Castle-Cary. L. Iles Britanniques (Angleterre).
Castle-Cary. F. Iles Britanniques (Écosse).
Castle-Comer. L. Iles Britanniques (Irlande).
Castle-Connel. L. Iles Britanniques (Irlande).
Castle-Dawson. L. Iles Britanniques (Irlande).
Castlederg. L. Iles Britanniques (Irlande).
Castledermot. L. Iles Britanniques (Irlande).
Castle-Donington. L. Iles britann. (Angleterre).
Castle-Douglas. L. Iles Britanniques (Écosse).
Castle-Eden-Station. L. Iles Britann. (Angleterre).
Castlefin. L. Iles Britanniques (Irlande).
Castlefor. L. Iles Britanniques (Angleterre).
Castle-Hedingham. F. Iles Britann. (Angleterre).
Castle-Howard. F. Iles Britanniques (Angleterre).
Castle-Island. L. Iles Britanniques (Irlande).
Castlemaine. Australie (Victoria).
Castlemartyr. L. Iles Britanniques (Irlande).
Castlepoint. Nouvelle-Zélande.
Castlerea. L. Iles Britanniques (Irlande).
Castle-Rock. États-Unis (Utah).
Castlerock. F. Iles Britanniques (Irlande).
Castleton. L. Iles Britanniques (Angleterre).
Castleton. Amérique anglaise (Ontario).
Castleton. États-Unis (Illinois).
Castleton. États-Unis (New-York).
Castleton. États-Unis (Vermont).
Castletown. L. Iles Britanniques (Angl. I. de Man).
Castletown. L. Iles Britanniques (Écosse).
Castletown-Bere. L. Iles Britanniques (Irlande).
Castletown-Portland. L. Iles Britann. (Angleterre).
Castletown-Roche. L. Iles Britanniques (Irlande).
Castlewellan. L. Iles Britanniques (Irlande).
Castor-Land. États-Unis (New-York).
Castricum. PL. Pays-Bas.
Castrogiovanni. L. Italie (Caltanizetta).
Castrop. F. Allemagne (Prusse). OW.
Castroreale L. Italie (Messine).
Castro-Urdiales. L. Espagne (Santander).
Castrovillari. N/2. Italie (Cosenza).
Castroville. États-Unis (Californie).
Catane. N. Italie (Catane).
Catanzaro. N/2 Italie (Catanzaro).
Catasauqua. États-Unis (Pensylvanie).
Catawba. États-Unis (Ohio).
Catawissa. États-Unis (Pensylvanie).
Catenanuova. FL. Italie.
Caterham. L. Iles Britanniques (Angleterre).
Caterham-Junction. F. Iles Britann. (Anglet.).
Caterham-Valley. Iles Britanniques (Angleterre).
Catfish. États-Unis (Pensylvanie).
Catlenburg. F. Allemagne (Prusse). EW.
Catlettsburg. États-Unis (Kentucky).
Catlin. États-Unis (Illinois).
Cato. États-Unis (New-York).
Catskill. États-Unis (New-York).
Catskill-Station. États-Unis (New-York).
Cattal. F. Iles Britanniques (Angleterre).
Cattaraugus. États-Unis (New-York).
Cattaro. N. Autriche-Hongrie (Dalmatie).
Catterick. L. Iles Britanniques (Angleterre).
Cattolica (La). FL. Italie (Forli).
Cattolica. L. Italie (Girgenti).
Caub A. R. F. Allemagne (Prusse; Nassau). OW.
Caughnawaga. Amérique anglaise (Québec).
Causapscal. Amérique anglaise (Québec).
Cava-Carbonara FL. Italie (Pavie).
Cava-di-Tirreni. L. Italie (Salerne).
Cavalla L. Turquie d'Europe. A1. B2. C1. D3.
Cavalese. L. Autriche-Hongrie (Tyrol).
Cavallermaggiore. L. Italie (Cuneo).
Cava-Manara. FL. Italie (Pavie).
Cavan. L. Iles Britanniques (Irlande).
Cavarzere. L. Italie (Venise).
Cave-City. États-Unis (Kentucky).
Cavendish. États-Unis (Vermont).
Cave-Spring. États-Unis (Géorgie).
Cavigliano. L. Suisse (Tessin).
Cawood. L. Iles britanniques (Angleterre).
Cawnpore. Indes. OC.
Cawthorne. L. Iles Britanniques (Angleterre).
Caxton. L. Iles Britanniques (Angleterre).
Caythorpe. L. Iles Britanniques (Angleterre).
Cayuga. Amérique anglaise (Ontario).
Cayuga. États-Unis (New-York).
Caywood. États-Unis (Ohio).
Cazbin. Perse.
Cazenovia. États-Unis (Illinois).
Cazenovia. États-Unis (New-York).
Ceccano. FL. Italie.
Cecelia. États-Unis (Kentucky).
Cecina. FL. Italie (Pise).
Cedarburgh. États-Unis (Wisconsin).
Cedar-City. États-Unis (Missouri).
Cedar-City. États-Unis (Utah).
Cedar-Falls. États-Unis (Iowa).
Cedar-Keys. États-Unis (Floride).
Cedar-Rapids. États-Unis (Iowa).
Cedar-River. États-Unis (Michigan).
Cedar-Springs. États-Unis (Michigan).
Cedarville. États-Unis (New-York).
Cedarville. États-Unis (Ohio).
Cefalu. L. Italie (Palerme).
Cefn-y-Bedd. L. Iles britanniques (Angleterre).
Ceglie-Messapico. L. Italie.
Cejtic. FL. Autriche-Hongrie (Bohême).
Celbridge. L. Iles Britanniques (Irlande).
Celerina. L. Suisse (Grisons).
Celigny. L. Suisse (Genève).
Cellardyke. L. Iles Britanniques (Écosse).
Celle. Allemagne (Prusse; Hanovre). EW.
Celles. L. Belgique (Hainaut).
Celorico. L. Portugal (Guarda).
Cemaes. L. Iles britanniques (Angleterre).
Cemmes-Road. F. Iles Britanniques. (Angleterre).
Centallo. FL. Italie (Cuneo).

(1) Ouvert depuis le lever du jour jusqu'à la nuit.

Centerton. États-Unis (Ohio).
Cento. L. Italie (Ferrare).
Central Bridge. États-Unis (New-York).
Central-City. États-Unis (Colorado).
Central-Dépôt (Montgommery C°). États-Unis (Virginie).
Centralia. États-Unis (Illinois).
Centralia. États-Unis (Missouri).
Centralia. États-Unis (Pensylvanie).
Central-Square. États-Unis (New-York).
Central-Station (Doddridge Co). États-Unis (Virginie).
Centre-Brook. États-Unis (Connecticut).
Centre-Harbor. États-Unis (New-Hampshire).
Centre-Junction. États-Unis (Iowa).
Centre-Point. États-Unis (Iowa).
Centretown. États-Unis (Missouri).
Centre Valley. États-Unis (Pensylvanie).
Centre-Waterboro'. États-Unis (Maine).
Centreville. Amérique anglaise (Ontario).
Centreville. États-Unis (Californie).
Centreville. États-Unis (Indiana).
Centreville. États-Unis (Iowa).
Centreville (Marquette Co). États-Unis (Michigan).
Centreville (Clinton Co). États-Unis (New-York).
Centreville (Crawford Co). États-Unis (Pensylvanie).
Centreville (St-Joseph Co). États-Unis (Michigan).
Centuripe. L. Italie.
Céphalonie. Grèce (Iles).
Ceprano. FL. Italie (Rome.)
Ceraino. FL. Italie (Vérone).
Cercan-Pischely. F. Autriche-Hongrie (Bohême).
Cerda. FL. Italie (Palerme).
Cerea. L. Italie (Vérone).
Ceres. L. Iles Britanniques (Écosse).
Cerevic. L. Autriche-Hongrie (Esclavonie).
Cerfignano. S. Italie (Lecce).
Cerfontaine. L. Belgique (Namur).
Ceriale. FL. Italie.
Cerignola. L. Italie (Foggia).
Cerlier. L. Suisse (Berne).
Cerne. L. Iles Britanniques (Angleterre).
Cernier. L. Suisse (Neuchâtel).
Cernobbio. L. Italie (Côme).
Cerreto-Sannita. L. Italie (Bénévent).
Cerro-Gordo. États-Unis (Illinois).
Certaldo. FL. Italie (Florence).
Certosa. FL. Italie (Pavie).
Cervignano. L. Autriche-Hongrie (Littoral d'Ø. r.)
Cesena. L. Italie (Forli).
Cettinje. N. Montenegro.
Ceva. L. Italie (Cuneo).
Cevio. L. Suisse (Tessin).
Ceylon. États-Unis (Ohio).
Chabatz. N. Servie.
Chable. L. Suisse (Valais).
Chacevater. L. Iles Britanniques (Angleterre).
Chacahoula. États-Unis (Louisiane).
Chadd's-Ford. États-Unis (Pensylvanie).
Chadwell. L. Iles Britanniques (Angleterre).
Chagford. Iles Britanniques (Angleterre).
Chalcis. Grèce (Eubée).
Chalfont-Saint-Giles. L. Iles Britann. (Angleterre).
Chalford. Iles Britanniques (Angleterre).
Chalisgaum. F. Indes. OC.
Chalk-Farm. Iles Britanniques (Écosse).
Challow. F. Iles Britanniques (Angleterre).
Chalouf. Égypte (Isthme de Suez).
Cham. PF. Allemagne (Bavière).
Cham. FL. Suisse (Zug).
Cham (Damas). L. Turq. d'As. A3. B2. C2. D2.
Chambersburg. États-Unis (Pensylvanie).
Chambly. Amérique anglaise (Québec).
Chambrelien. FL. Suisse (Neuchâtel).
Chamois. États-Unis (Missouri).
Champaign. États-Unis (Illinois).
Champery. L. Suisse (Valais).
Champion. États-Unis (Michigan).
Champlain. États-Unis (New-York).
Chanar. Amérique du Sud (3e région).
Chanaval. Amérique du Sud (10e région).
Chance Inn. L. Iles Britanniques (Écosse).
Chanda. Indes. OC.
Chandernagor. F. Indes. OC.
Chanderville. États-Unis (Illinois).
Chandnee. F. Indes. OC.
Chandore. F. Indes. OC.
Chandpore. F. Indes. OC.
Chantier n° 34. Égypte (Isthme de Suez).
Chantier n° 42. Égypte (Isthme de Suez).
Chantier n° 83. Égypte (Isthme de Suez).
Chanute. États-Unis (Kansas).
Chapel Allerton. L. Iles Britann. (Angleterre).
Chapel Arm. Amérique anglaise (Terre-Neuve).
Chapel in the Fryth. F. Iles Britann. (Angleterre).
Chapel-Hill. États-Unis (Texas).
Chapelizod. L. Iles Britanniques (Irlande).
Chapeltown. L. Iles Britanniques (Angleterre).
Chapin. États-Unis (Illinois).
Chapman's. États-Unis (Kansas)
Chapman's. États-Unis (Pensylvanie).
Chappabate. F. Indes. OC.
Chappaqua. États-Unis (New-York).
Chard. L. Iles Britanniques (Angleterre).
Chard-Junction. F. Iles Britanniques (Angleterre).
Charfield. F. Iles Britanniques (Angleterre).
Chariton. États-Unis (Iowa).
Charkow (Skharkow). N. Russie d'Eur. (Kharkow).
Charlbury. L. Iles Britanniques (Angleterre).
Charlemont. États-Unis (Massachusetts).
Charleroi. N. Belgique (Hainaut).
Charles-City. États-Unis (Iowa).
Charleston. États-Unis (Caroline du Sud).
Charleston. États-Unis (Illinois).
Charleston. États-Unis (Missouri).
Charleston. États-Unis (Tennessee).
Charleston (Kanawha Co). États-Unis (Virginie).
Charlestown. États-Unis (Massachusetts).
Charlestown. États-Unis (New-Hampshire).
Charlestown (Jefferson Co). États-Unis (Virginie).
Charlestown. États-Unis (Indiana).
Charlestown. L. Iles Britanniques (Angleterre).
Charlestown. L. Iles Britanniques (Écosse).
Charleton. Nouvelle-Zélande.
Charleville. L. Iles Britanniques (Irlande).
Charlotte. États-Unis (Caroline du Nord).
Charlotte. États-Unis (Iowa).
Charlotte. États-Unis (Michigan).
Charlotte. États-Unis (New-York).
Charlottenberg. FL. Suède.
Charlottenbourg. Allemagne (Prusse). EW.
Charlottenhof b. Gœrlitz. F. Allem. (Prusse). EW.
Charlottesville. États-Unis (Virginie).
Charlottetown. Am. angl. (Ile du Prince-Édouard).
Charlton. États-Unis (Massachusetts).
*Charlton. Iles Britanniques (Angleterre).
Charlton-Kings. L. Iles Britanniques (Angleterre).
Charmey. L. Suisse (Fribourg).
Charmouth. L. Iles Britanniques (Angleterre).
Charolee. F. Indes. OC.
Chartham. F. Iles Britanniques (Angleterre).
Chas. Amérique du Sud (9e région).
Chascomus. Amérique du Sud (9e région).
Chase's. États-Unis (Maryland).
Chaska. États-Unis (Minnesota).
Chastre. L. Belgique (Brabant).
Chatburn. F. Iles Britanniques (Angleterre).
Château. États-Unis (Territoire indien).
Château-d'Oex. L. Suisse (Vaud).
Chateauguay. États-Unis (New-York).
Chatel-Saint-Denis. L. Suisse (Fribourg).
Château-Salins (Salzbourg). L. Allem. (Alsace-Lor.).
Chatelineau. N. Belgique (Hainaut).
Chatham. Amérique anglaise (Nouv.-Brunswick).
Chatham. Amérique anglaise (Ontario).
Chatham. Amérique anglaise (Québec).
Chatham. États-Unis (Illinois).
Chatham. États-Unis (Massachusetts).
Chatham, Four Corners. États-Unis (New-York).
Chatham. Iles Britanniques (Angleterre).
Chathill. Iles Britanniques (Angleterre).
Chatsworth. Amérique anglise (Ontario).
Chattanooga. États-Unis (Tennessee).
Chatteris. L. Iles Britanniques (Angleterre).
Chatton. L. Iles Britanniques (Angleterre).
Chattsworth. États-Unis (Illinois).
Chaud-Fontaine. Belgique (Liége).
Chaudière-Junction. Amérique angl. (Québec).
Chaumont. BL. Suisse (Neuchâtel).
Chaumont. États-Unis (New-York).
Chaux (La). L. Suisse (Vaud).
Chaux (La). L. Suisse (Vaud).
Chaux-de-Fonds (La) N. 2. Suisse (Neuchâtel).
Chaux-du-Milieu L. Suisse (Neuchâtel).
Chaves. L. Portugal (Villa-Real).
Chavornay. FL. Suisse (Vaud).
Cheadle. L. Iles Britann. (Angl. Staffordshire).
Cheadle. L. Iles Britann. (Angl. Cheshire).
Cheam. L. Iles Britanniques (Angleterre).
Chebanse. États-Unis (Illinois).
Cheddar. L. Iles Britanniques (Angleterre).
Cheechawutnee. F. Indes. OC.
Cheerapoonjee. Indes. EC.
Cheever. États-Unis (New-York).
Chef-Menteur. États-Unis (Louisiane).
*Chelford. F. Iles Britanniques (Angleterre).
Chelmsford. Iles Britanniques (Angleterre).
*Chelsea. Iles Britann. (Angleterre).
Chelsea. Amérique anglaise (Québec).
Chelsea. États-Unis (Iowa).
Chelsea. États-Unis (Massachusetts).
Chelsea. États-Unis (Michigan).
Chelsea. États-Unis (Vermont).
Chelsfield. F. Iles Britanniques (Angleterre).
Cheltenham. États-Unis (Missouri).
Cheltenham. Iles Britanniques (Angleterre).
Chemnitz. N. Allemagne (Saxe). EW.
Chenango-Forks. États-Unis (New-York).
Chenee. Belgique (Liége).
Chene-Thonex. L. Suisse (Genève).
Chengleroyen's-Choultry. F. Indes. OC.
Chenoa. États-Unis (Illinois).
Chepstow. Iles Britanniques (Angleterre).
Cheribon. Java. OS.

Cherokee. États-Unis (Alabama).
Cherokee. États-Unis (Iowa).
Cherokee. États-Unis (Kansas).
Cherokee Flat. États-Unis (Californie).
Cherryfield. États-Unis (Maine).
Cherryvale. États-Unis (Kansas).
Cherry-Valley. États-Unis (Illinois).
Cherry-Valley. États-Unis (Massachusetts).
Cherry-Valley. États-Unis (New-York).
Cherso. L. Autriche-Hongrie (Istrie).
Cherson (Skherson). Russie d'Europe (Kherson).
Chertsey. L. Iles Britann. (Angleterre).
Cherubusco. États-Unis (Indiana).
Chesaning. États-Unis (Michigan).
Chesapeake-City. États-Unis (Maryland).
Chesham. L. Iles Britanniques (Angleterre).
Cheshire. États-Unis (Connecticut).
Cheshunt. L. Iles Britanniques (Angleterre).
Chester. Amérique anglaise (Nouvelle-Écosse).
Chester. États-Unis (Caroline du Sud).
Chester. États-Unis (Connecticut).
Chester (Rendolph Co). États-Unis (Illinois).
Chester. États-Unis (Massachusetts).
Chester. États-Unis (New-York).
Chester. États-Unis (Pensylvanie).
Chester. États-Unis (Vermont).
Chester. États-Unis (Virginie).
Chester. États-Unis (Wisconsin).
Chester. N. Iles Britanniques (Angleterre).
Chesterfield. Iles Britann. (Angleterre).
Chesterford. F. Iles Britann. (Angleterre).
Chester-le-Street. L. Iles Britann. (Angleterre).
Chesterton. Iles Britanniques (Angleterre).
Chesterton. États-Unis (Indiana).
Chestertown. États-Unis (Maryland).
Chestertown. États-Unis (New-York).
Chesterville. Amérique anglaise (Ontario).
Chetopa. États-Unis (Kansas).
Cheviot. Nouvelle-Zélande.
Chevroux. L. Suisse (Vaud).
Chew-Magna. L. Iles Britanniques (Angleterre).
Chexbres. FL. Suisse (Vaud).
Cheyboygan. États-Unis (Michigan).
Cheyenne. États-Unis (Wyoming).
Cheyenne-Wells. États-Unis (Colorado).
Chiaramonte. L. Italie (Syracuse).
Chiaravalle. L. Italie (Ancône).
Chiari. L. Italie (Brescia).
Chiaromonte. L. Italie (Potenza).
Chiasso. L. Suisse (Tessin).
Chiavari. L. Italie (Gênes).
Chiavenna (Clefen Cleven). L. Italie (Sondrio).
Chicacole. L. Indes. OC.
Chicago. États-Unis (Illinois).
Chicago-Junction. États-Unis (Illinois).
Chichester. Iles Britanniques (Angleterre).
Chickasaw. États-Unis (Iowa).
Chickies. États-Unis (Pensylvanie).
Chicksagoor. F. Indes. OC
Chiclana. L. Espagne (Cadix).
Chico. États-Unis (Californie).
Chicopee. États-Unis (Massachusetts).
Chicopee-Falls. États-Unis (Massachusetts).
Chieti. Italie (Chieti).
*Chienti. FL. Italie (Foggia).
Chignolo-Pò. FL. Italie (Pavie).
Chigwell. L. Iles Britanniques (Angleterre).
Chigwell Road. L. Iles Britanniques (Angleterre).
Childersburg. États-Unis (Alabama).
Chilham. L. Iles Britanniques (Angleterre).
Chillan. Amérique du Sud (10° région).
Chillicothe. États-Unis (Missouri).
Chillicothe. États-Unis (Ohio).
Chilliwhack. Amér. angl. (Colombie anglaise).
Chilterne. Australie (Victoria).
Chilton-Hills, Phila. États-Unis (Pensylvanie).
Chilton. États-Unis (Wisconsin).
Chilworth F. Iles Britanniques (Angleterre).
Chimay. Belgique (Hainaut).
Chinchpoogly. F. Indes. OC.
Chinchwud. F. Indes. OC.
Chindwara. F. Indes. OC.
Chinese-Camp. États-Unis (Californie).
Chinnamapett. F. Indes. OC.
Chio. (S. Sakiz). N. Turquie d'Asie (Ile de Chio.)
Chioggia. L. Italie (Venise).
Chiomonte. FL. Italie (Turin).
Chippenham. Iles Britanniques (Angleterre).
Chippewa. Amérique anglaise (Ontario).
Chippewa-Falls. États-Unis (Wisconsin).
Chipping-Norton. L. Iles Britann. (Angleterre).
Chipping-Norton-Junction. F. Iles Britanniques (Angleterre).
Chipping-Sodbury. L. Iles Britann. (Angleterre).
Chiraz. N. Perse.
Chirck. L. Iles Britanniques (Angleterre).
Chirnside. L. Iles Britanniques (Écosse).
Chislehurst. Iles Britanniques (Angleterre).
Chitpore-Junction. F. Indes. OC.
Chittagong. N. Indes. OC.
Chittenango. États-Unis (New-York).
Chittenango-Station. États-Unis (New-York).
Chiusa Sclafani. L. Italie.
Chiusi. FL. Italie (Sienne).
Chivasso. L. Italie (Turin).
Chivilcoy. Amérique du Sud (4° région).
Chlumcan. FL. Autriche-Hongrie (Bohême).
Chlumec. L. Autriche-Hongrie (Bohême).
Chlumec près Wittingau. F. Aut.-Hong. (Bohême).
Chobham. L. Iles Britanniques (Angleterre).
Chodau. FL. Autriche-Hongrie (Bohême)
Chodorow. FL. Autriche-Hongrie (Gallicie).
Chodziesen. L. Allemagne (Prusse). EW.
Choindez. L. Suisse (Berne).
Chogdah. F. Indes. OC.
Chola. F. Indes. OC.
Choodangah. F. Indes. OC.
Chorin. F. Allemagne (Prusse). EW.
Chorzow. F. Allem. (Prusse). EW.
Chottebor. FL. Autriche-Hongrie (Bohême).
Chotzen. L. Autriche-Hongrie (Bohême).
Chouhar. L. Belouchistan.
Choumla. N. Turquie d'Europe. A1. B3. C2 D3.
Chowbent. L. Iles Britanniques (Angleterre).
Chrast. L. Autriche-Hongrie (Bohême).
Chrisman. États-Unis (Illinois).
Christburg. L. Allemagne (Prusse). EW.
Christchurch. Iles Britanniques (Angleterre).
Christchurch. Nouvelle-Zélande.
Christiana. États-Unis (Pensylvanie).
Christiania. N. Norwége.
Christiansand. Norwége.
Christiansburg. États-Unis (Virginie).
Chistiansfeld. L. Allem. (Prusse; Schleswig). EW.
Christianstad. Suède.
Chistianstadt. L. Allemagne (Prusse). EW.
Christiansund. Norwége.
Christineberg. FL. Suède.
Christinehamm. Suède.
Chropin. FL. Autriche-Hongrie (Moravie).
Chrudim. L. Autriche-Hongrie (Bohême).
Chudleigh. L. Iles Britanniques (Angleterre).
Chula. États-Unis (Virginie).
Chulmleigh. L. Iles Britann. (Angleterre).
Chumargaum. F. Indes. OC.
Chumla. (Voir Choumla). Turquie d'Europe.
Chunar. F. Indes. OC.
*Chundna. F. Indes. OC.
Chundowsee. F. Indes. OC.
Chunga-Munga. F. Indes. OC.
Chunoo. F. Indes. OC.
Chur (S. Coire). N/2. Suisse (Grisons).
Church. L. Iles Britanniques (Angleterre).
Church-Buttes. États-Unis (Wyoming).
Church's-Falls. Amérique anglaise (Ontario).
Church-Fenton. F. Iles Britanniques (Angleterre).
Church-Run. États-Unis (Pensylvanie).
Church-Stoke. L. Iles Britann. (Ang. Montgomery).
Church-Stretton. L. Iles Britann. (Angleterre).
Churchville. États-Unis (New-York).
Churney-Road. F. Indes. OC.
Churwalden. L. Suisse (Grisons).
Churston. F. Iles Britanniques (Angleterre.)
Chybi. F. Autriche-Hongrie (Silésie).
Chyritz. FL. Autriche-Hongrie (Moravie).
Chyrow. FL. Autriche-Hongrie (Gallicie).
Cianciana. L. Italie.
Cicero. États-Unis (Indiana).
Ciego-de-Avila. Amér. centr. (Ile de Cuba).
Cienfuegos. Amér. centr. (Ile de Cuba).
Cieszanow. L. Autriche-Hongrie (Gallicie).
Cigliano. L. Italie.
Cimarron. États-Unis (New-Mexico).
Cilli. Autriche-Hongrie (Styrie).
Cimbrishamm. L. Suède.
Cimpolung. Roumanie.
Cincinnati. États-Unis (Iowa).
Cincinnati. États-Unis (Ohio).
Cinderford. L. Iles Britanniques (Angleterre).
Ciney. Belgique (Namur).
Cingoli. L. Italie.
Cinquefronde. L. Italie (Calabre).
Cintra. C/H. Portugal (Lisbonne).
Circleville. États-Unis (Ohio).
Cirencester. Iles Britanniques (Angleterre).
Ciriè. FL. Italie (Turin).
Ciro. L. Italie (Catanzaro).
Cisano. FL. Italie (Bergame).
Citronelle. États-Unis (Alabama).
Cittadella. L. Italie (Padoue).
Citta-della-Pieve. L. Italie (Pérouse).
Citta-Ducale. L. Italie (Aquilée).
Citta-di-Castello. L. Italie (Pérouse).
Citta S. Angelo. L. Italie (Terano).
Cittanova. L. Autriche-Hongrie (Istrie).
Cittanuova. L. Italie (Calabre).
Cittavecchia. L. Autriche-Hongrie (Dalmatie).
City-Point. États-Unis (Virginie).
Ciudadela. Espagne (Minorque).
Ciudad-Réal. N. Espagne (Ciudad-Réal).
Ciudad-Rodrigo. Espagne (Salamanque).
Cividale. L. Italie (Udine).
Civita-Castellana. L. Italie (Rome).
Civita-Nova-Marche. L. Italie (Macerata).

Civitavecchia. Italie (Rome).
Civitella di Romagna. L. Italie.
Clachan. L. Iles Britanniques (Écosse).
Clady. L. Iles Britanniques (Irlande).
Cladowo (Kladowo). Serbie.
Clam-Lake. États-Unis (Michigan).
Clandeboye. L. Iles Britanniques (Irlande).
Clapham. F. Iles Britanniques (Angleterre).
Clara. L. Iles Britanniques (Irlande).
Clare. Australie (Australie méridionale).
Clare. États-Unis (Michigan).
Clare. L. Iles Britanniques (Angleterre).
Clare (Claremorris). L. Iles Britanniques (Irlande).
Claremont. États-Unis (Iowa).
Claremont. États-Unis (Minnesota).
Claremont. États-Unis (New-Hampshire).
Claremont. États-Unis (New-Jersey).
Claremorris (Clare). L. Iles Britann. (Irlande).
Clarens. L. Suisse (Vaud).
Clarence. Amérique anglaise (Ontario).
Clarence. États-Unis (Iowa).
Clarence. États-Unis (Missouri).
Clarendon. États-Unis (Arkansas).
Clarendon-Centre. Amérique anglaise (Québec).
Clarendon-Springs (Summer office). États-Unis (Vermont).
Clarina. L. Iles Britann. (Irlande, Limerick).
Clarinda. États-Unis (Iowa).
Clarion. États-Unis (Pensylvanie).
Clarke (Lake Co). États-Unis (Indiana).
Clark's (Daviess Co). États-Unis (Indiana).
Clarksboro'. États-Unis (New-Jersey).
Clarksburg. Amérique anglaise (Ontario).
Clarksburg. États-Unis (Michigan).
Clarksburg. États-Unis (Virginie).
Clarksdale. États-Unis (Illinois).
Clark's-Ferry. États-Unis (Pensylvanie).
Clark's-Hill. États-Unis (Indiana).
Clarkson. États-Unis (Michigan).
Clark's-Station. États-Unis (Indiana).
Clark's-Summit. États-Unis (Pensylvanie).
Clarksville. États-Unis (Iowa).
Clarksville. États-Unis (Ohio).
Clarksville. États-Unis (Tennessee).
Clarksville (Cameron Co). États-Unis (Texas).
Clarksville (Red River Co). États-Unis (Texas).
Clausthal. L. Allemagne (Prusse; Hanovre). EW.
Claverack. États-Unis (New-York).
Claverdon. F. Iles Britann. (Angleterre).
Clay-Banks. États-Unis (Wisconsin).
Clayburg. États-Unis (New-York).
Clay City. États-Unis (Illinois).
Clay Cross. L. Iles Britanniques (Angleterre).
Claypole. F. Iles Britanniques (Angleterre).
Clay-Station. États-Unis (New-York).
Clayton. États-Unis (Delaware).
Clayton. États-Unis (Illinois).
Clayton. États-Unis (Indiana).
Clayton. États-Unis (Iowa).
Clayton. États-Unis (Michigan).
Clayton. États-Unis (New-York).
Clayton-le-Moor. L. Iles Britann. (Angleterre).
Clayton West. L. Iles Britanniques (Angleterre).
Clayville. États-Unis (New-York).
Clear-Creek. États-Unis (Texas).
Clearfield (Clearfield Co). États-Unis (Pensylvanie).
Clear-Lake. États-Unis (Iowa).
Clear-Lake. États-Unis (Minnesota).
Cleator Mor. L. Iles Britanniques (Angleterre).
Cleckheaton. Iles Britanniques (Angleterre).
Cleethorpe. L. Iles Britanniques (Angleterre).
Clefen (S. Chiavenna). L. Italie.
Cleuze. L. Allem. (Prusse; Hanovre). EW.
Cleobury-Mortimer. L. Iles Britann. (Angleterre).
Clerf (Clervaux). Luxembourg.
Clermont. Australie (Queensland).
Clervaux (Clerf). Luxembourg.
Cles. L. Autriche-Hongrie (Tyrol).
Cleve. Allemagne (Prusse). OW.
Clevedon. L. Iles Britanniques (Angleterre).
Cleveland. Australie (Queensland).
Cleveland. États-Unis (Ohio).
Cleveland. États-Unis (Tennessee).
Cleven (S. Chiavienna). L. Italie.
Cleves. États-Unis (Ohio).
Cley. L. Iles Britann. (Angleterre).
Clifden. L. Iles Britanniques (Angleterre).
Clifland. États-Unis (Iowa).
Clifford. Amérique anglaise (Ontario).
Clifton. F. Iles Britann. (Angleterre).
Clifton. Amérique anglaise (Nouveau-Brunswick).
Clifton. Amérique anglaise (Ontario).
Clifton-House, Swampscott. États-Unis (Massachusetts).
Clifton-Bridge. F. Iles Britann. (Angleterre).
Clifton (Iroquois Co). États-Unis (Illinois).
Clifton. États-Unis (Missouri).
'Clifton-Junction. Iles Britanniques (Angleterre).
Clifton-Springs. États-Unis (New-York).
Cliftonville. Iles Britanniques (Angleterre).
Climax. États-Unis (Michigan).
Clinge (La). L. Belgique (Flandre orientale).
Clinton. Amérique anglaise (Colombie anglaise).
Clinton. Amérique anglaise (Ontario).
Clinton. États-Unis (Connecticut).
Clinton. États-Unis (Illinois).
Clinton. États-Unis (Indiana).
Clinton. États-Unis (Iowa).
Clinton. États-Unis (Louisiane).
Clinton. États-Unis (Maine).
Clinton. États-Unis (Massachusetts).
Clinton. États-Unis (Michigan).
Clinton. États-Unis (Mississipi).
Clinton. États-Unis (Missouri).
Clinton. États-Unis (New-York).
Clinton. États-Unis (Ohio).
Clinton. États-Unis (Wisconsin).
Clinton-Corners. États-Unis (New-York).
Clinton (Laurens Co). États-Unis (Pensylvanie).
Clinton-Mills. États-Unis (New-York).
Clintonville. États-Unis (New-York).
Clitheroe. Iles Britann. (Angleterre).
Cloghan. L. Iles Britanniques (Irlande).
Clogheen. L. Iles Britanniques (Irlande).
Clogher. L. Iles Britanniques (Irlande).
Clonakilty. Iles Britanniques (Irlande).
Clonee. L. Iles Britanniques (Irlande).
Clones. L. Iles Britanniques (Irlande).
Clonmel. L. Iles Britanniques (Irlande).
Clontarf. L. Iles Britanniques (Irlande).
Cloppenburg. L. Allem. (Oldenbourg). OW.
Closter. États-Unis (New-Jersey).
Clough. L. Iles Britanniques (Irlande).
Cloughjordan. L. Iles Britanniques (Irlande).
Clove (Branch-Junction). États-Unis (New-York).
Clovelly. L. Iles Britanniques (Irlande).
Clover. États-Unis (Virginie).
Cloverdale. États-Unis (Californie).
Cloverport. États-Unis (Kentucky).
Cloyne. L. Iles Britanniques (Irlande).
Clun. L. Iles Britanniques (Angleterre).
Clunes. Australie (Victoria).
Clusone. L. Italie (Bergame).
Clydach. L. Iles Britann. (Angleterre).
Clyde. États-Unis (Michigan).
Clyde. États-Unis (New-York).
Clyde. États-Unis (Ohio).
Clyde. Nouvelle-Zélande.
Clymer. États-Unis (New-York).
Clymers. États-Unis (Indiana).
Coachford. L. Iles Britanniques (Irlande).
Coagh. L. Iles Britanniques (Irlande).
Coalbrookdale. L. Iles Britanniques (Angleterre).
Coalburg. États-Unis (Ohio).
Coalburg. États-Unis (Virginie).
Coaley-Junction (Dursley). F. Iles Britanniques (Angleterre).
Coalfield. États-Unis (Virginie).
Coal-Island. L. Iles Britanniques (Irlande).
Coal-Point. États-Unis (New-York).
Coalport. États-Unis (New-Jersey).
Coal-Port. États-Unis (Pensylvanie).
Coalvalley. États-Unis (Illinois).
Coalville. États-Unis (Utah).
Coalville. F. Iles Britanniques (Angleterre).
Coatbridge. L. Iles Britanniques (Écosse).
Coatesville. États-Unis (Pensylvanie).
Coaticooke. Amérique anglaise (Québec).
Coatopa. États-Unis (Alabama).
Coatsburg. États-Unis (Illinois).
Coatsville. États-Unis (Indiana).
Cobalt. États-Unis (Connecticut).
Cobham. L. Iles Britanniques (Angleterre; Kent).
Cobham. L. Iles Britann. (Angleterre; Surrey).
Coblenz. Allemagne (Prusse). OW.
Cobleskill. États-Unis (New-York).
Cobourg. Allemagne (Saxe-Cobourg-Gotha). EW.
Cobourg. G. TR. Amérique anglaise (Ontario).
Cobourg. Amérique anglaise (Ontario).
Coccaglio. FL. Italie (Brescia).
Cochecton. États-Unis (New-York).
Cochem. Allemagne (Prusse). OW.
Cocheren. FL. Allemagne (Alsace-Lorraine).
Cochin. N. Indes. OC.
Cochran. États-Unis (Indiana).
Cochranton. États-Unis (Pensylvanie).
Cocksburnspath. L. Iles Britanniques (Écosse).
Cockermouth. L. Iles Britanniques (Angleterre).
Cockeysville. États-Unis (Maryland).
Coconada. N. Indes. OC.
Coddenham. L. Iles Britanniques (Angleterre).
Codford-St-Marie. L. Iles Britann. (Angleterre).
Codnor. L. Iles Britanniques (Angleterre).
Codnor-Park. F. Iles Britanniques (Angleterre).
Codogno. L. Italie (Milan).
Codoor. F. Indes. OC.
Codroipo. FL. Italie (Udine).
Cœlleda. L. Allemagne (Prusse). EW.
Cœln (S. Cologne). N. Allemagne (Prusse). OW.
Cœpenick. F. Allemagne (Prusse). EW.
Cœrlin. L. Allemagne (Prusse). EW.
Cœsfeld. L. Allemagne (Prusse). OW.
Cœslin. Allemagne (Prusse). EW.

Cœthen. Allem. (Anhalt-Cothen). EW.
Cœymans. États-Unis (New-York).
Coffeeville. États-Unis (Mississipi).
Coffeyville. États-Unis (Kansas).
Coggeshall. L. Iles Britanniques (Angleterre).
Coggiola. L. Italie (Novare).
Cogoleto. FL. Italie (Gênes).
Cohasset. États-Unis (Massachusetts).
Cohasset-Narrows. États-Unis (Massachusetts).
Cohoes. États-Unis (New-York).
Coimbatoor. F. Indes. OC.
Coïmbre (Coïmbra). N/2. Portugal (Coïmbre).
Coire (S. Chur). N/2. Suisse (Grisons).
Cokesbury. États-Unis (Caroline du Sud).
Colac. Australie (Victoria).
Colar Road. F. Indes. OC.
Colberg. Allemagne (Prusse). EW.
Colbert. États-Unis (Territoire indien).
Colborne. Amérique anglaise (Ontario).
Colborne G. T. R. Amérique anglaise (Ontario).
Colby. États-Unis (Wisconsin).
Colchester. États-Unis (Connecticut).
Colchester. États-Unis (Illinois).
Colchester (North Hill). Iles Britann. (Angleterre).
Coldspring. États-Unis (Indiana).
Cold-Spring. États-Unis (New-York).
Cold-Water. États-Unis (Michigan).
Cold-Water. États-Unis (New-York).
Coldwater. Amérique anglaise (Ontario).
Coldwater. États-Unis (Mississipi).
Coldstream. Iles Britanniques (Écosse).
Coldstream. Iles Britanniques (Angleterre).
Cole près Bruton. F. Iles Britann. (Angleterre).
Colebrook. États-Unis (Michigan).
Coleford. Iles Britanniques (Angleterre).
Coleman's. États-Unis (New-Hampshire).
Coleraine. L. Iles Britanniques (Irlande).
Coleraine. Australie (Victoria).
Coleshill. L. Iles Britann. (Angleterre).
Colfax. États-Unis (Californie).
Colfax. États-Unis (Indiana).
Colfax. États-Unis (Iowa).
Colford. L. Iles Britann. (Angleterre).
Colgong. F. Indes. OC.
Colico. L. Italie (Côme).
Colinsburgh. L. Iles Britanniques (Écosse).
* Collarmele. L. Italie (Aquila).
College-Corners. États-Unis (Ohio).
Collegno. FL. Italie (Turin).
Colle-di-Val-d'Elsa. L. Italie (Sienne).
Colle-Paradiso (Sém.). Italie (Forli).
Colliers. États-Unis (New-York).
Collierville. États-Unis (Tennessee).
Collingham. L. Iles Britanniques (Angleterre).
Collingwood. Amérique anglaise (Ontario).
Collingwood. Australie (Victoria).
Collingwood-Station. Amér. angl. (Ontario).
Collins. États-Unis (Illinois).
Collins. États-Unis (Ohio).
Collins Bay. Amérique anglaise (Ontario).
Collinsville. États-Unis (Alabama).
Collinsville. États-Unis (Connecticut).
Collon. L. Iles Britanniques (Irlande).
Collooney. L. Iles Britanniques (Irlande).
Colmar. États-Unis (Illinois).
Colmar. Allemagne (Alsace-Lorraine).
Colmar-Berg. FL. Luxembourg.
Colmonell. L. Iles Britanniques (Écosse).
Colnbrook. L. Iles Britanniques (Angleterre).
Colne. L. Iles Britanniques (Angleterre).
Colo. États-Unis (Iowa).
Colobraro. L. Italie (Potenza).
Cologna Veneta. L. Italie (Vérone).
Cologne. N. Allemagne (Prusse). OW.
Cologny. L. Suisse (Genève).
Colombier. L. Suisse (Neuchâtel).
Colombo. N. Indes (Ceylan).
Colomo. États-Unis (Michigan).
Colon. Amérique centrale (Ile de Cuba).
Colon (Aspinwall). Amérique du Sud (Nouvelle-Grenade).
Colon. États-Unis (Michigan).
Colona. États-Unis (Illinois).
Colonella (Sém.). L. Italie (Teramo).
Colonia. Amérique du Sud (1re région).
Colonia (S. Cologne). Allemagne (Prusse). OW.
Colonnade-Hotel, Phila. États-Unis (Pensylvanie).
Colony. États-Unis (Kansas).
Colorado-Springs. États-Unis (Colorado).
Colorno. L. Italie (Parme).
Colsterworth. Iles Britanniques (Angleterre).
Coltishall. L. Iles Britanniques (Angleterre).
Colt's-Factory. États-Unis (Connecticut).
Columbia. États-Unis (Caroline du Sud).
Columbia. États-Unis (Californie).
Columbia. États-Unis (Missouri).
Columbia (Lancaster Co). États-Unis (Pensylvanie).
Columbia. États-Unis (Tennessee).
Columbia-City. États-Unis (Indiana).
Columbia (Venango Co). États Unis (Pensylvanie).
Columbiana. États-Unis (Alabama).
Columbiana. États-Unis (Ohio).
Columbus. États-Unis (Géorgie).
Columbus. États-Unis (Indiana).
Columbus. États-Unis (Kansas).
Columbus. États-Unis (Kentucky).
Columbus. États-Unis (Mississipi).
Columbus. États-Unis (Nebraska).
Columbus. États-Unis (Ohio).
Columbus. États-Unis (Pensylvanie).
Columbus. États-Unis (Texas).
Columbus. États-Unis (Wisconsin).
Columbus-Grove. États-Unis (Ohio).
Columbus-Junction. États-Unis (Iowa).
Colusa. États-Unis (Californie).
* Colwall. F. Iles Britanniques (Angleterre).
Colwyn. L. Iles Britanniques (Angleterre).
Colyton. L. Iles Britanniques (Angleterre).
Comacchio. L. Italie (Ferrare).
Comballaz (La). BL. Suisse (Vaud).
Comber. L. Iles Britanniques (Irlande).
Combermere. Amérique anglaise (Ontario).
Comblain-au-Pont. L. Belgique (Liége).
Comblain-la-Tour. L. Belgique (Liége).
Combremont-le-Grand. L. Suisse (Vaud).
Côme. N/2. Italie (Côme).
Comillah. Indes. OC.
Comillas. PL. Espagne (Santander).
Comines. F. Belgique (Flandre occidentale).
Comisa. L. Autriche-Hongrie (Dalmatie).
Comiso. L. Italie (Syracuse).
Comitini. L. Italie (Palerme).
Commercally. F. Indes. OC.
Communipaw St K. Yards. États-Unis (New-Jersey).
Como. Amérique anglaise (Québec).
Como. États-Unis (Wyoming).
Como (Lago). Italie (Côme).
Company's-Shops. États-Unis (Caroline du Nord).
Compiobbi. FL. Italie.
Compstall. L. Iles Britanniques (Angleterre).
Compton. Amérique anglaise (Québec).
Compton. États-Unis (Illinois).
Comrie. L. Iles Britanniques (Écosse).
Comstock. États-Unis (Iowa).
Comstock's-Landing. États-Unis (New-York).
Comstock's-Mill. États-Unis (Orégon).
Concepcion. Amérique du Sud (10e région).
Concepcion de l'Uruguay. Am. du Sud (3e rég.).
Concise. L. Suisse (Vaud).
Concord. États-Unis (Californie).
Concord. États-Unis (Caroline du Nord).
Concord. États-Unis (Michigan).
Concord. États-Unis (Massachusetts).
Concord. États-Unis (New-Hampshire).
Concord (Eric Co). États-Unis (Pensylvanie).
Concordia. États-Unis (Missouri).
Concordville (Delaware Co). États-Unis (Pensylvanie).
Condamine. Australie (Queensland).
Condé. Northern. FL. Allemagne (Alsace-Lorraine).
Condove. FL. Italie (Turin).
Cone. États-Unis (Iowa).
Conegliano. L. Italie (Trévise).
Conemaugh. États-Unis (Pensylvanie).
Conesus. États-Unis (New-York).
Confluence. États-Unis (Pensylvanie).
Cong. L. Iles Britanniques (Irlande).
Congleton. L. Iles Britanniques (Angleterre).
Congresbury. F. Iles Britanniques (Angleterre).
Coni (Cuneo). L. Italie.
Conjecode. F. Indes. OC.
Conjeverum. F. Indes. OC.
Coningsby. L. Iles Britanniques (Angleterre).
Conisborough. L. Iles Britanniques (Angleterre).
Coniston. L. Iles Britanniques (Angleterre).
Conitz. L. Allemagne (Prusse). EW.
Connaghur. F. Indes. OC.
Connah's-Quay. L. Iles Britanniques (Angleterre).
Conneaut. États-Unis (Ohio).
Conneautville. États-Unis (Pensylvanie).
Connellsville. États-Unis (Pensylvanie).
Connersville. États-Unis (Indiana).
Conn-River. Amérique anglaise (Terre-Neuve).
Conover. États-Unis (Iowa).
Consecon. Amérique anglaise (Ontario).
Conselve. L. Italie.
Consett. L. Iles Britanniques (Angleterre).
Consolacion-del-Sur. Amér. centr. (Ile de Cuba).
Constadt. L. Allemagne (Prusse). EW.
Constantine. États-Unis (Michigan).
Constantinople. N. Turq. d'Eur. A1, B2, C1, D3.
Constanz. Allemagne (Bade).
Constitucion. Amérique du Sud (10e région).
Conters. L. Suisse (Grisons).
Contich. Belgique (Anvers).
Contoocookville. États-Unis (New-Hampshire).
Convers. FL. Suisse (Neuchâtel).
Conversano. L. Italie (Bari).
Conway. L. Iles Britanniques (Angleterre).
Conway. États-Unis (Iowa).
Conway. États-Unis (Missouri).
Conway. États-Unis (New-Hampshire).
* Conwyl. F. Iles Britanniques (Angleterre).
Conyers. États-Unis (Géorgie).

Conz. F Allemagne (Prusse). OW.
Cooch-Behar. L. Indes. OC.
Cookham. F. Iles Britanniques (Angleterre).
Cookley. L. Iles Britanniques (Angleterre).
Cooksbridge. F. Iles Britanniques (Angleterre).
Cookstown. Iles Britanniques (Irlande).
Cookstown-Junction-Railway-Station. L. Iles Britanniques (Irlande).
Coompta. Indes. OC.
Cooma. Australie (Nouvelle-Galles du Sud).
Cooper. États-Unis (Alabama).
Coopers. États-Unis (New-York).
Cooper's-Lake. États-Unis (Wyoming).
Coopersburg. États-Unis (Pensylvanie).
Cooper's-Point. États-Unis (New-Jersey).
Cooperstown. États-Unis (New-York).
Cooperstown-Junction. États-Unis (New-York).
Coopersville. États-Unis (Michigan).
Coopum. F. Indes. OC.
Coorla. F. Indes. OC.
Cootehill. L. Iles Britanniques (Irlande).
Cootipooram. F. Indes. OC.
Copac. États-Unis (Michigan).
Copake. États-Unis (New-York).
Copenhagen. États-Unis (New-York).
Copenhague (Kjœbenhavn). N. Danemark.
Copetown. Amérique anglaise (Ontario).
Copiapo. Amérique du Sud (10ᵉ région).
Copparo. L. Italie (Bologne).
Copperopolis. États-Unis (Californie).
Coppet. L. Suisse (Vaud).
Copplestone. F. Iles Britanniques (Angleterre).
Coquimbo. Amérique du Sud (10ᵉ région).
Corato. L. Italie (Bari).
Corbach. L. Allemagne (Waldeck). OW.
Corbandale. États-Unis (Tennessee).
Corbeck-Loo. L. Belgique (Brabant).
Corbetha. F. Allemagne (Prusse). EW.
Corbridge. L. Iles Britanniques (Angleterre).
Corby. L. Iles Britanniques (Angleterre).
Corcelles. FL. Suisse (Neuchâtel).
Cordel. F. Allemagne (Prusse). OW.
Cordoba (S. Cordoue). Espagne (Cordoue).
Cordoue. Espagne (Cordoue).
Cordova. Amérique du Sud (3ᵉ région).
Cordova (Central-Argentine-Rail). Amérique du Sud (6ᵉ région).
Cordova. États-Unis (Illinois).
Corfe-Castle. L. Iles Britanniques (Angleterre).
Corfou. Grèce (Ile de Corfou).
Corgemont. L. Suisse (Berne).
Corigliano. L. Italie (Cosenza).
Corinaldo. L. Italie.
Corinne. États-Unis (Utah).
Corinth. États-Unis (Mississipi).
Corinthe. Grèce (Argolide).
Cork. N. Iles Britanniques (Irlande).
Corleone. L. Italie (Palerme).
Corleto-Perticara. L. Italie.
Cormons. L. Autriche-Hongrie (littoral d'Illyrie).
Cornelius. États-Unis (Orégon).
Corneto-Tarquinia. L. Italie (Rome).
Cornhill ou Coldstream. F. Iles Britanniques (Angleterre).
Cornhill. F. Iles Britanniques (Écosse).
Corniglio. L. Italie. (Parme).
Corning. États-Unis (Iowa).
Corning. États-Unis (Missouri).
Corning. États-Unis (New-York).
Cornland. États-Unis (Illinois).
Cornwall. Amérique anglaise (Ontario).
Cornwall. États-Unis (New-York).
Cornwall-Bridge. États-Unis (Connecticut).
Cornwall G. T. R. Amérique anglaise (Ontario).
Cornwall (Lebanon Co). États-Unis (Pensylvanie).
Cornwallis. États-Unis (Virginie).
Cornwells. États-Unis (Pensylvanie).
Corofin. L. Iles Britanniques (Irlande).
Corogne (La). N. Espagne (Coruna).
Corondo. Amérique du Sud (3ᵉ région).
Coronel. Amérique du Sud (10ᵉ région).
Corpus-Christi. États-Unis (Texas).
Correggio. L. Italie (Nell' Emilia).
Correiogeral. Portugal (Lisbonne).
Corrientes. Amérique du Sud (3ᵉ région).
Corry. États-Unis (Pensylvanie).
Corsena (Bains de). B. Italie.
Corsham. Iles Britanniques (Angleterre).
Corsicana. États-Unis (Texas).
Corsico. FL. Italie (Milan).
Corstorphine. L. Iles Britanniques (Écosse).
Cortaillod. L. Suisse (Neuchâtel).
Cortemarck. L. Belgique (Flandre occidentale).
Cortenberg. L. Belgique (Brabant).
Corteolona. FL. Italie (Pavie).
Cortes (1). Portugal (Lisbonne).
Cortina-d'Ampezzo. L. Autriche-Hongrie (Tyrol).
Cortland. États-Unis (Illinois).
Cortland. États-Unis (New-York).
Cortona. L. Italie (Arezzo).
Cortryk (S. Courtrai). Belgique (Flandre occid.).
Corunna. États-Unis (Indiana).
Corunna. Amérique anglaise (Ontario).
Corunna. États-Unis (Michigan).
Corunna (S. Corogne). N. Espagne (Coruna).
Corvallis. États-Unis (Orégon).
Corwen. L. Iles Britanniques (Angleterre).
Corwin. États-Unis (Indiana).
Corwin. États-Unis (Ohio).
Coryton. F. Iles Britanniques (Angleterre).
Cosel. Allemagne (Prusse). EW.
Cosenza. Italie (Cosenza).
Cosham. L. Iles Britanniques (Angleterre).
Coshocton. États-Unis (Ohio).
Cossen. F. Allemagne (Saxe). EW.
Cossie Bridge. F. Indes. OC.
Cossonay. L. Suisse (Vaud).
Costigliole-d'Asti. FL. Italie (Alexandrie).
Coswig. F. Allem. (Anhalt-Dessau). EW.
Coswig. F. Allemagne (Saxe). EW.
Côte Saint-Paul. Amérique anglaise (Québec).
Coteau Landing. Amérique anglaise (Québec).
Coteau G. T. R. Amérique anglaise (Québec).
Côte-aux-Fées. L. Suisse (Neuchâtel).
Cotrone. Italie (Catanzaro).
Cottbus. Allemagne (Prusse). EW.
Cottenham. L. Iles Britanniques (Angleterre).
Cottingham. L. Iles Britanniques (Angleterre).
Cottonwood. États-Unis (Californie).
Cottonwood-Falls. États-Unis (Kansas).
Couillet. F. Belgique (Hainaut).
Coultersville. États-Unis (Illinois).
Council-Bluffs. États-Unis (Iowa).
Council-Grove. États-Unis (Kansas).
Council-Hill. États-Unis (Illinois).
Coundon. L. Iles Britanniques (Angleterre).
Courcelles-sur-Nied. F. Allemagne (Alsace-Lorraine).
Courcelles. L. Belgique (Hainaut).
Courcelles-Chaussy. F. Allem. (Alsace-Lorraine).
Courmayeur. L. Italie (Turin).
Courtelary. L. Suisse (Berne).
Courtland. États-Unis (Alabama).
Courtney. États-Unis (Texas).
Courtrai. N. Belgique (Flandre occidentale).
Court-Saint-Étienne. L. Belgique (Brabant).
Couvet. L. Suisse (Neuchâtel).
Couvin. L. Belgique (Namur).
* Cove (Craigrownie). L. Iles Britanniques (Écosse).
Cove Creek. États-Unis (Utah).
Coventry-Centre. États-Unis (Rhode-Island).
Coventry-Station. États-Unis (New-York).
Coventry. N/2. Iles Britanniques (Angleterre).
Covilha. L. Portugal (Castellobranco).
Covilputty. F. Indes. OC.
Covington. États-Unis (Géorgie).
Covington. États-Unis (Indiana).
Covington. États-Unis (Kentucky).
Covington. États-Unis (Ohio).
Covington. États-Unis (Pensylvanie).
Covington. États-Unis (Virginie).
Cowan. États-Unis (Tennessee).
Cowansville. Amérique anglaise (Québec).
Cowansville-Station. Amér. angl. (Québec).
Cow Bay. Amérique anglaise (Cap Breton).
* Cowbit. F. Iles Britanniques (Angleterre).
Cowbridge. L. Iles Britanniques (Angleterre).
Cowdenbeath. F. Iles Britanniques (Écosse).
Cowes. L. Iles Britanniques (Ile de Wight).
Cowfold. L. Iles Britanniques (Angleterre).
Cowlairs. F. Iles Britanniques (Écosse).
Cowles-Station. États-Unis (Alabama).
Cowlitz-Station. États-Unis (Washington).
Coxhoe. L. Iles Britanniques (Angleterre).
Coxsackie. États-Unis (New-York).
Coxsackie-Station. États-Unis (New-York).
Coxwold. F. Iles Britanniques (Angleterre).
Cozzen's Hotel, West-Point (Summer office). B. États-Unis (New-York).
Cozzo-Spadaro (Sém.) Italie (Syracuse).
Crab-Orchard. États-Unis (Kentucky).
Cracovie. N. Autriche-Hongrie (Gallicie).
Cradley-Heath. L. Iles Britanniques (Angleterre).
Craig. États-Unis (Missouri).
Craigellachie. Iles Britanniques (Écosse).
Craigellachie-Junction. F. Iles Britann. (Écosse).
Craighurst. Amérique anglaise (Ontario).
* Craigrownie (Cove). Iles Britann. (Écosse).
Craig's-Road. Amérique anglaise (Québec).
Craigsville. États-Unis (Virginie).
Crail. L. Iles Britanniques (Écosse).
Crailsheim. Allemagne (Wurtemberg).
Craïova. N. Roumanie.
Cramlington. L. Iles Britanniques (Angleterre).
Cranberry-Summit. États-Unis (Virginie).
Cranbourne. L. Iles Britanniques (Angleterre).
Cranbrook. Iles Britanniques (Angleterre).
Cranenburg. F. Allemagne (Prusse). OW.
Cranford. États-Unis (New-Jersey).
Cranidi (Kranidi). Grèce continent. (Argolide).
Cranleigh. L. Iles Britanniques (Angleterre).

(1) Ouvert seulement pendant la session des Cortès.

Cranz. L. Allemagne (Prusse). EW.
Crapaud. États-Unis (Ile du Prince-Édouard).
Crassier. L. Suisse (Vaud).
Crathes. F. Iles Britanniques (Écosse).
Craughwell. L. Iles Britanniques (Irlande).
Craven-Arms. L. Iles Britanniques (Angleterre).
Crawford. États-Unis (Mississipi).
Crawford (Crawford Co). États-Unis (Michigan).
Crawford's-Quarry (Presqu'île Co). État-Unis (Michigan).
Crawfordsville. États-Unis (Indiana).
Crawley. Iles Britanniques (Angleterre).
Cream-Ridge. États-Unis (New-Jersey).
Crediton. L. Iles Britann. (Angleterre).
Creemore. Amérique anglaise (Ontario).
Crectown. L. Iles Britanniques (Écosse).
Crefeld. Allemagne (Prusse). OW.
Creglingen L. Allemagne (Wurtemberg).
Crema L. Italie (Crémone).
Crementschoug. N. Russie d'Europe (Poltawa).
Cremone. Italie (Crémone).
Crensitz. F. Allemagne (Prusse). EW.
Crescent-City. États-Unis (Illinois).
Cresco. États-Unis (Iowa).
Crespano Veneto. L. (Italie).
Crespino. L. Italie. (Rovigo).
Cressier. L. Suisse (Neuchâtel).
Cresson. États-Unis (Pensylvanie).
Crestline. États-Unis (Ohio).
Creston. États-Unis (Illinois).
Creston. États-Unis (Iowa).
Creston. États-Unis (Wyoming).
Creswell. F. Iles Britann. (Angleterre).
Creswick. Australie (Victoria).
Crete. États-Unis (Illinois).
Crete. États-Unis (Nebraska).
Crettyard. L. Iles Britanniques (Irlande).
Creutzburg. Allem. (Prusse; Silésie). EW.
Creuzthal. L. Allemagne (Prusse). OW.
Creutznach (Kreuznach). Allemagne (Prusse). OW.
Crevalcore. L. Italie.
Crève-Cœur. L. Pays-Bas.
Crewe. Iles Britann. (Angleterre).
Crewkerne. L. Iles Britann. (Angleterre).
Criccieth. F. Iles Britann. (Angleterre).
Criccieth. L. Iles Britanniques (Angleterre, Carnarvon).
Crickhowell. L. Iles Britanniques (Angleterre).
Cricklade. L. Iles Britann. (Angleterre).
Crieff. L. Iles Britanniques (Écosse).
*Crigglestone. F. Iles Britann. (Angleterre).
Crimmitzschau. Allemagne (Saxe). EW.
Crisfield. États-Unis (Maryland).
Crittenden. États-Unis (New-York).
Crocker. États-Unis (Missouri).
Crockett. États-Unis (Texas).
Croepelin. L. Allemagne (Mecklembourg-Schwérin). EW.
Croft. L. Iles Britann. (Angleterre).
Crofton. États-Unis (Kentucky).
*Crofthead. F. Iles Britanniques (Écosse).
Cromarty. L. Iles Britanniques (Écosse).
Cromer. L. Iles Britann. (Angleterre).
Cromford. L. Iles Britann. (Angleterre).
Cromwell. États-Unis (Connecticut).
Cromwell. États-Unis (Iowa).
Cromwell. Nouvelle-Zélande.
Cronach (S. Kronach). F. Allemagne (Bavière).
Cronenberg. L. Allemagne (Prusse). OW.
Cronfestu. L. Belgique (Hainaut).
Cronstadt. N. Russie d'Europe (Saint-Pétersbourg).
Crook. L. Iles Britann. (Angleterre).
Crookhaven. L. Iles Britanniques (Irlande).
*Crooklands. F. Iles Britanniques (Angleterre).
Croom. L. Iles Britanniques (Irlande).
Cropredy. F. Iles Britanniques (Angleterre).
*Crosby. F. Iles Britann. (Angleterre).
Crosby-Mills. Amérique anglaise (Ontario).
Crossen-sur-l'Oder. L. Allemagne (Prusse). EW.
Crossen (près Zeitz). F. Allemagne (Prusse). EW.
Crossgar. L. Iles Britanniques (Irlande).
Crossgates. L. Iles Britanniques (Écosse).
Crosshill. L. Iles Britanniques (Écosse).
Cross Hills. L. Iles Britanniques (Angleterre).
Cross-Inn. L. Iles Britann. (Angleterre).
Crossmaglen. L. Iles Britanniques (Irlande).
Cross-Plains. États-Unis (Wisconsin).
Croston. L Iles Britanniques (Angleterre).
Crothersville. États-Unis (Indiana).
Croton. États-Unis (Iowa).
Croton. États-Unis (New-York).
Croton-Falls. États-Unis (New-York).
Croupagne (S. Krupanj). L. Serbie.
Crowcombe-Heathfield. F. Iles Britan. (Angleterre).
Crowland. L. Iles Britann. (Angleterre).
Crowle. L. Iles Britann. (Angleterre).
Crown-Point. États-Unis (Indiana)
Crow-Point. États-Unis (New-York).
Crowthorne. L. Iles Britanniques (Angleterre).
Crow-Wing. États-Unis (Minnesota).
Croy. F. Iles Britanniques (Écosse).
Croydon. Iles Britanniques (Angleterre).
Croydon-Central. F. Iles Britann. (Angleterre).
Croydon-East (Croydonnew). Iles Britann. (Angleterre).
Croydon-South. F. Iles Britann. (Angleterre).
Croydon-West. F. Iles Britann. (Angleterre).
Cruger. États-Unis (Illinois).
Cruger's. États-Unis (New-York).
Crumlin. L. Iles Britanniques (Irlande).
Crumlin. L. Iles Britann. (Angleterre).
Cruyshautem. L. Belgique (Flandre orientale).
Crynant. F. Iles Britann. (Angleterre).
Crystal-Lake. États-Unis (Illinois).
Crystal-Springs. États-Unis (Dacotah).
Crystal-Springs. États-Unis (Mississipi).
Csaba. L. Autriche-Hongrie (Hongrie).
Csaba (Keresztur). F. Autriche-Hongrie (Hongrie).
Csacza. L. Autriche-Hongrie (Hongrie).
Csakany. FL. Autriche-Hongrie.
Csakathurn. L. Autriche-Hongrie (Hongrie).
Csakova. L. Autriche-Hongrie (Hongrie).
Csany. Fl. Autriche-Hongrie (Hongrie).
Csap. FL. Autriche-Hongrie (Hongrie).
Csapo-Radnot. FL. Autr.-Hongrie (Transylvanie).
Csaszarfurdo (Kaiserbad Budapest). L. Autriche-Hongrie (Hongrie).
Cseffa. FL. Autriche-Hongrie (Hongrie).
Csekiesz (S. Lanschütz) FL. Autriche-Hongrie (Hongrie).
Cserwenka. L. Autriche-Hongrie (Hongrie).
Csetnek. L. Autriche-Hongrie (Hongrie).
Csikszereda. L. Autr.-Hongrie (Transylvanie).
Csikvar. F. Autriche-Hongrie (Hongrie).
*Csongrad. L. Autriche-Hongrie (Hongrie).
Csorvas. FL. Autriche-Hongrie (Hongrie).
Csucsa. FL. Autr.-Hongrie (Transylvanie).
Csurgo. FL. Autriche-Hongrie (Hongrie).
Cuarnens. L. Suisse (Vaud).
Cuba. Amér. centrale (Ile de Cuba).
Cuba. États-Unis (Illinois).
Cuba. États-Unis (Missouri).
Cuba. États-Unis (New-York).
Cucciago. FL. Italie (Côme).
Cuckfield. Iles Britann. (Angleterre).
*Cuddalore. L. Indes. OC.
Cuddapah. F. Indes. OC.
Cudowa. L. Allemagne (Prusse). EW.
Cudrefin. L. Suisse (Vaud).
Cudumbatheor. F. Indes. OC.
Cudumudy. F. Indes. OC.
Cuença. N. Espagne (Cuença).
Cuesmes. L. Belgique (Hainaut).
Cuglieri. L. Italie (Cagliari).
Culenborg. Pays-Bas.
Culham. F. Iles Britanniques (Angleterre).
Culla-Voe. Iles Britanniques (Shetland, 2e région).
Cullen. Iles Britanniques (Écosse).
Culleybackey. F. Iles Britanniques (Irlande).
Cullompton. L. Iles Britanniques (Angleterre).
Cully. L. Suisse (Vaud).
Culm. L. Allemagne (Prusse). EW.
Culmbach. L. Allemagne (Bavière).
Culmsée. L. Allemagne (Prusse). EW.
Culpepper C. H. États-Unis (Virginie).
Culputty. F. Indes. OC.
Culross. L. Iles Britanniques (Écosse).
Culter. F. Iles Britanniques (Écosse).
Cults. F. Iles Britanniques (Écosse).
Cumberland. Amérique anglaise (Ontario).
Cumberland. États-Unis (Indiana).
Cumberland. États-Unis (Maine).
Cumberland États-Unis (Maryland).
Cumberland-Mills. États-Unis (Maine).
Cumminsville. États-Unis (Ohio).
Cumnoch. L. Iles Britanniques (Écosse).
Cuneo (S. Coni). Italie (Coni).
Cunningham. États-Unis (Alabama).
Cunningham. États-Unis (Missouri).
Cupar-Angus. L. Iles Britanniques (Écosse).
Cupar-Fife. L. Iles Britanniques (Écosse).
Cupra-Maritima. FL. Italie.
Curico. Amérique du Sud (10e région).
Curio. L. Suisse (Tessin).
Curllsville. États-Unis (Pensylvanie).
Curragh-Camp. L. Iles Britanniques (Irlande).
Currie. L. Iles Britanniques (Écosse).
Curtea-de-Argesi. L. Roumanie.
Curve-bei-Metz. FL. Allemagne (Alsace-Lorraine).
Curzola. L. Autriche-Hongrie (Dalmatie).
Cushendall. L. Iles Britanniques (Irlande).
Custar. États-Unis (Ohio).
Custrin. Allemagne (Prusse). EW.
Cuthbert. États-Unis (Géorgie).
Cutler. États-Unis (Indiana).
Cutro. L. Italie. (Calabre).
Cuttack. N. Indes. OC.
Cuttalay. F. Indes. OC.
Cuttingsville. États-Unis (Vermont).
Cuxhaven. Allemagne (ville de Hambourg). EW.
Cuxton. F. Iles Britann. (Angleterre).
Cuyahoga-Falls. États-Unis (Ohio).
Cwm-Amman. L. Iles Britann. (Angleterre).

Cwmaman. L. Iles Britann. (Angleterre).
Cwmbach. L. Iles Britanniques (Angleterre).
Cwmbran. L. Iles Britann. (Angleterre).
Cwmburla. L. Iles Britanniques (Angleterre).
Cybulka. FL. Autriche-Hongrie (Bohême).
Cymmer. L. Iles Britann. (Angleterre).
Cynthia. F. Indes. OC.
Cynthiana. États-Unis (Kentucky).
Cypress-City. États-Unis (Texas).
Czarna. F. Autriche-Hongrie (Gallicie).
Czarnikau. L. Allemagne (Prusse). EW.
Czaslau. L. Autriche-Hongrie (Bohême).
Czegled. Autriche-Hongrie (Hongrie).
Czempin F. Allemagne (Prusse). EW.
Czenstochowa. F. Russie d'Europe (Petrokow).
Czerepkoutz. FL. Autriche-Hongrie (Bukovine).
Czernahora. L. Autriche-Hongrie (Moravie).
Czernitz. F. Allemagne (Prusse). EW.
Czernowitz N. Autriche-Hongrie (Bukovine).
Czerwinsk. F. Allemagne (Prusse). EW.
Czerwionka. F. Allemagne (Prusse). EW.
Cziffer (Ziffer). F. Autriche-Hongrie (Hongrie).
Czirpitz. F. Allemagne (Prusse). EW.
Czortkow. L. Autriche-Hongrie (Gallicie).

D

Daboura. F. Indes. OC.
Dacca. N. Indes. EC.
Dachau. L. Allemagne (Bavière).
Dachrieden. F. Allemagne (Prusse). EW.
Dachsen. FL. Suisse (Zurich).
Dachsfelden (S. Tavannes). L. Suisse (Berne).
Dadree. F. Indes. OC.
Dadur. F. Indes. OC.
Daerligen. FL. Suisse (Berne).
Dagebull. L. Allem. (Prusse; Schleswig). EW.
Dahlen. F. Allemagne (Saxe). EW.
Dahlen. L. Allemagne (Prusse). OW.
Dahlhausen. F. Allemagne (Prusse). OW.
Dahmsdorf-Müncheberg. F. Allem. (Prusse). EW.
Dahn. L. Allemagne (Bavière).
Dailly. L. Iles Britanniques (Écosse).
Daisy-Field. F. Iles Britann. (Angleterre).
Dakotah. États-Unis (Illinois).
Dal. F. Norwége.
Dalaroe. L. Suède.
Dalbeattie. L. Iles Britanniques (Écosse).
Dalby. Australie (Queensland).
Dalcross. F. Iles Britanniques (Écosse).
Dale. États-Unis (New-York).
Dalguise. F. Iles Britanniques (Écosse).
Dalhousie. Amérique anglaise (N.-Brunswick).
Dalkeith. L. Iles Britanniques (Écosse).
Dalkey. L. Iles Britanniques (Irlande).
Dallas. États-Unis (Illinois).
Dallas. États-Unis (Texas).
Dallas Centre. États-Unis (Iowa).
Dallau. FL. Allemagne (Bade).
Dalles. États-Unis (Orégon).
Dalmaspidal. F. Iles Britanniques (Écosse).
Dalmellington. L. Iles Britanniques (Écosse).
Dalreoch. Iles Britanniques (Écosse).
Dalry. L. Iles Britanniques (Écosse).
Dalston. L. Iles Britanniques (Angleterre).
Dalston-Junction. F. Iles Britann. (Angleterre).
Dalton. F. Iles Britann. (Angleterre).
Dalton. États-Unis (Géorgie).
Dalton. États-Unis (Massachusetts).
Dalton. États-Unis (Missouri).
Dalton-in-Furness. L. Iles Britann. (Angleterre).
Dalton-Junction. F. Iles Britann. (Angleterre).
*Dalvey. F. Iles Britanniques (Écosse).
Dalwhinnie. F. Iles Britanniques (Écosse).
Dalya. L. Autr.-Hongrie (Esclavonie).
Damagodium. L. Indes. OC.
Damanhour. Égypte (Basse Égypte).
Damariscotta. États-Unis (Maine).
Damas (Cham). Turquie d'Asie. A3. B2. C2. D2.
Damaun-Road. F. Indes. OC.
Dambool. Indes (Ceylan).
Dambrau. F. Allemagne (Prusse). EW.
Damergaum. F. Indes. OC.
Damm-Alt (S. Alt Damm.) L. Allem. (Prusse). EW.
Dammgarten. L. Allemagne (Prusse). EW.
Danbury. États-Unis (Connecticut).
Danbury. États-Unis (New-Hampshire).
Danby. États-Unis (Vermont).
*Dandreedih. F. Indes. OC.
Dane. États-Unis (Wisconsin).
Dane Hill. F. Iles Britanniques (Angleterre).
Danforth. États-Unis (Maine).
Danhari. F. Indes. OC.
Danielsonville. États-Unis (Connecticut).
Dannemarie. L. Allemagne (Alsace-Lorraine).
Dannemora. États-Unis (New-York).
Danneuberg. L. Allem. (Prusse; Hanovre). EW.
Danos (Dunesdorf). FL. Autr.-Hong. (Transylvanie).
Dansville. États-Unis (New-York)
Dantzig. N/3. Allemagne (Prusse). EW.
Danvers. États-Unis (Illinois).
Danvers. États-Unis (Massachusetts).
Danville. Amérique anglaise (Québec).
Danville. États-Unis (Illinois).
Danville. États-Unis (Indiana).
Danville. États-Unis (Iowa).
Danville. États-Unis (Kentucky).
Danville. États-Unis (Pensylvanie).
Danville. États-Unis (Tennessee).
Danville. États-Unis (Vermont).
Danville. États-Unis (Virginie).
Danville-Junction. États-Unis (Maine).
*Daporee. Indes. OC.
Darany. F. Autriche-Hongrie (Hongrie).
Darbajee. F. Indes. OC.
Darbo. F. Norwége.
Darby. États-Unis (Pensylvanie).
Darching. F. Allemagne (Bavière).
Darda. FL. Autriche-Hongrie (Hongrie).
Dardanelles (1). Turquie d'Asie. A2. B2. C1. D1.
Dardenne. États-Unis (Missouri).
Dargun. L. Allem. (Mecklem.-Schwérin). EW.
Dariabad. F. Indes. OC.
Darien. États-Unis (Connecticut).
Darien. États-Unis (Géorgie).
Darien. États-Unis (New-York).
Darien. États-Unis (Wisconsin).
Darjeeling. L. Indes. OC.
Darkehmen. L. Allemagne (Prusse). EW.
Darlaston. L. Iles Britanniques (Angleterre).
Darlington. États-Unis (Maryland).
Darlington. Iles Britanniques (Angleterre).
Darmstadt. Allem. (Hesse-Darmstadt). OW.
Daroca. L. Espagne (Saragosse).
Darsham. F. Iles Britann. (Angleterre).
Dartford. Iles Britann. (Angleterre).
Dartmouth. L. Iles Britann. (Angleterre).
Daruwar. L. Autr.-Hongrie (Esclavonie)
Darwen. Iles Britann. (Angleterre).
Darwin. États-Unis (Minnesota).
Dasic. FL. Autriche-Hongrie (Bohême).
Dassel. États-Unis (Minnesota).
Dassnitz. FL. Autriche-Hongrie (Bohême).
Dassow. L. All. (Mecklembourg-Schwérin). EW.
Datschitz. L. Autriche Hongrie (Moravie).
Dauba. L. Autriche-Hongrie (Bohême).
Daun. L. Allemagne (Prusse). OW.
Dauphin. États-Unis (Pensylvanie).
Dava. F. Iles Britanniques (Écosse).
Dave. L. Belgique (Namur).
Davenport. Amérique anglaise (Ontario).
Davenport. États-Unis (Iowa).
Daventry. L. Iles Britanniques (Angleterre).
Davidsons-Mains. L. Iles Britann. (Écosse).
Davis. États-Unis (Illinois).
Davisburg. États-Unis (Michigan).
Davison. États-Unis (Michigan).
Davisville. États-Unis (Californie).
Davos-Dorfli. L. Suisse (Grisons).
Davos-Platz. L. Suisse (Grisons).
Dawley. L. Iles Britanniques (Angleterre).
Dawlish. L. Iles Britanniques (Angleterre).
Dawson. États-Unis (Géorgie).
Dawson. États-Unis (Pensylvanie).
Daylesford. Australie (Victoria).
Dayton. États-Unis (Illinois).
Dayton. États-Unis (Michigan).
Dayton. États-Unis (Nevada).
Dayton. États-Unis (New-Jersey).
Dayton. États-Unis (New-York).
Dayton. États-Unis (Ohio).
Deal. Iles Britanniques (Angleterre).
Deal. États-Unis (New-Jersey).
Dean. États-Unis (Iowa).
Dean. F. Iles Britanniques (Angleterre).
Dean's-Corners. États-Unis (New-York).
Deansville. États-Unis (Wisconsin).
Dearborn. États-Unis (Michigan).
Deatsville. États-Unis (Alabama).
Debenham. L. Iles Britann. (Angleterre).
Debica. L. Autriche-Hongrie (Gallicie).
Debreczin. N. Autriche-Hongrie (Hongrie).
Decatur. États-Unis (Alabama).
Decatur. États-Unis (Illinois).
Decatur. États-Unis (Indiana).
Decatur. États-Unis (Michigan).
Decherd. États-Unis (Tennessee).
Decimomannu. FL. Italie.
Decksal. F. Indes. OC.

(1) En cas d'interruption du câble de l'Hellespont, la station est transférée à Kilid-Bahar. Les dépêches pour les Dardanelles payent alors une surtaxe de 0 fr. 50 cent. pour frais de transport par le bateau de Kilid-Bahar aux Dardanelles.

Decorah. États-Unis (Iowa).
Dédé Agadj. Turquie d'Europe. A1. B2. C1. D3.
Deddington. L. Iles Britann. (Angleterre).
Dedemsvaart. P. Pays-Bas.
Dedham. États-Unis (Massachusetts).
Dedham. L. Iles Britann. (Angleterre).
Deebhora. F. Indes. OC.
Deepcar. L. Iles Britann. (Angleterre).
Deep-Creek. États-Unis (Nevada).
Deep-Creek. États-Unis (Utah).
Deep-River. États-Unis (Connecticut).
Deerfield. États-Unis (Illinois).
Deerfield. États-Unis (Massachusetts).
Deer-Logde. États-Unis (Montana).
Deer-River. États-Unis (New-York).
Deer-Trail. États-Unis (Colorado).
Dees. L. Autriche-Hongrie (Transylvanie).
Deesa. N. Indes. OC.
Deewa. F. Indes. OC.
Deezbull. L. Allem. (Prusse; Sleswig). EW.
Defford. F. Iles Britanniques (Angleterre).
Defiance. États-Unis (Ohio).
Degersfors. FL. Suède.
Degersheim. L. Suisse (Saint-Gall).
Deggendorf. L. Allemagne (Bavière).
Deggingen-a.-d.-Fils. L. Allem. (Wurtemberg).
Degow. F. Allemagne (Prusse). EW.
De Graff. États-Unis (Ohio).
Dehra. L. Indes. OC.
Deidesheim L. Allemagne (Bavière).
Deining. PF. Allemagne (Bavière)
Deir-el-Kamar (Beit-ed-Din). Turquie d'Asie. A3. B2. C2. D2.
Deisenhofen. F. Allemagne (Bavière).
De Kalb. États-Unis (Missouri).
De Kalb-Junction. États-Unis (Illinois).
De Kalb-Junction. États-Unis (New-York).
Delanco États-Unis (New-Jersey).
Delano. États-Unis (Minnesota).
Delano. États-Unis (Pensylvanie).
De Lassus. États-Unis (Missouri).
Delavan. États-Unis (Illinois).
Delavan. États-Unis (Minnesota).
Delaware. Amérique anglaise (Ontario).
Delaware. États-Unis (Iowa).
Delaware. États-Unis (New-Jersey).
Delaware. États-Unis (Ohio).
Delaware-City. États-Unis (Delaware).
Delbruck. F. Allemagne (Prusse). OW.
Delden. P. Pays-Bas.
Délémont (S. Delsberg). Suisse (Berne).
Delevan. États-Unis (Wisconsin).
Delfshaven. Pays-Bas.
Delft. Pays-Bas.
Delfzyl. L. Pays-Bas.
Delhi. États-Unis (Iowa).
Delhi. États-Unis (Louisiane).
Delhi. États-Unis (Michigan).
Delhi. États-Unis (Ohio).
Delhi. Indes. OC.
Deliceto. L. Italie (Foggia).
Delitzsch. L. Allemagne (Prusse). EW.
Dellach. FL. Autriche-Hongrie (Carinthie).
Delmar. États-Unis (Delaware).
Delmar. États-Unis (Iowa).
Delmenhorst. L. Allemagne (Oldenbourg). OW.
Delnice. F. Autriche-Hongre (Croatie).
Delph. L. Iles Britann. (Angleterre).
Delphi. États-Unis (Indiana).
Delphos. États-Unis (Ohio).
Delsberg (S. Délémont). Suisse (Berne).
Delta. États-Unis (Louisiane).
Delta. États-Unis (Ohio).
Delvin. L. Iles Britanniques (Irlande).
Demerari. Amérique du Sud (Guyane anglaise).
Demeeser. FL. Autriche-Hongrie (Hongrie).
Demitzama. L. Grèce (Arcadie).
Demmin. Allemagne (Prusse). EW.
Demopolis. États-Unis (Alabama).
Demoret. L. Suisse (Vaud).
Denbigh. L. Iles Britann. (Angleterre).
Denby-Dale L. Iles Britann. (Angleterre).
Denderleeuw. Belgique (Flandre orientale).
Dendermonde (S. Termonde). Belgique (Flandre orientale).
Denholm. L. Iles Britanniques (Écosse).
Denia. L. Espagne (Valence).
Deniliquin. Australie (Nouvelle-Galles du Sud).
Denkendorf. L. Allemagne (Bavière).
Denison. États-Unis (Texas).
Denissowka. Russie d'Asie (Sibérie; 3e région).
Dennison. États-Unis (Iowa).
Dennison (Tuscarawas Co). États-Unis (Ohio).
Dennison (Summit C°). États-Unis (Ohio).
Denny. L. Iles Britanniques (Écosse).
Dennysville. États-Unis (Maine).
Densborn. F. Allemagne (Prusse). OW.
Dentecane. L. Italie (Avellino).
Denton. L. Iles Britanniques (Angleterre).
Denver. États-Unis (Colorado).
Denver. États-Unis (Illinois).
Denver. États-Unis (Indiana).
Denville. États-Unis (New-Jersey).
Denzlingen. L. Allemagne (Bade).
Deobund. F. Indes. OC.
Deolalee. N. Indes. OC.
Deoree. F. Indes. OC.
Depere. États-Unis (Wisconsin).
Deposit. États-Unis (New-York).
Deptford-Wharf. F. Iles Britann. (Angleterre).
Deputy. États-Unis (Indiana).
Dera, Gazee-Khan. Indes. OC.
Dera-Ismail-Khan. L. Indes. OC.
Derbent. Russie du Caucase (Dagestan).
Derby. N. Iles Britanniques (Angleterre).
Derby. États-Unis (Connecticut).
Derby. États-Unis (Iowa).
Derby. États-Unis (New-York).
Derby-Line. États-Unis (Vermont).
Dereham. L. Iles Britanniques (Angleterre).
Derewenky. Russie d'Europe (Koursk).
Dermbach. L. Allemagne (Prusse). EW.
Dernis. L. Autriche-Hongrie (Dalmatie).
Derry. États-Unis (New-Hampshire).
Derry. États-Unis (Pensylvanie).
Derrygonnelly. L. Iles Britanniques (Irlande).
Dersingham. L. Iles Britanniques (Angleterre).
Derwyd Road. F. Iles Britann. (Angleterre).
De Ryp. L. Pays-Bas.
Des Arc. États-Unis (Arkansas).
Desborough. F. Iles Britanniques (Angleterre).
Desenzano. L. Italie (Brescia).
Desert. Amérique anglaise (Québec).
Desford. F. Iles Britanniques (Angleterre).
Deshle. États-Unis (Ohio).
Desio. FL. Italie (Milan).
Des Joachim's. Amérique anglaise (Québec).
Des Moines. États-Unis (Iowa).
Des Plaines. États-Unis (Illinois).
Des Rivières. Amérique anglaise (Québec).
De Soto. États-Unis (Illinois).
De Soto. États-Unis (Iowa).
De Soto. États-Unis (Kansas).
De Soto. États-Unis (Mississipi).
De Soto. États-Unis (Missouri).
Dess. F. Iles Britanniques (Écosse).
Dessau. Allemagne (Anhalt-Dessau). EW.
Desselghem. L. Belgique (Flandre occidentale
Detmold. L. Allemagne (Lippe-Detmold). OW.
Detroit. États-Unis (Michigan).
Detroit Junction. États-Unis (Michigan).
Detroit Lake. États-Unis (Minnesota).
Detta. L. Autriche-Hongrie (Hongrie).
Dettelbach. L. Allemagne (Bavière).
Dettweiler. F. Allemagne (Alsace-Lorraine).
Deurle. F. Belgique (Flandre orientale).
Deurne. P. Pays-Bas.
Deutsch-Boly-Tottos (Nemet Boly-Tottos). Autriche-Hongrie (Hongrie).
Deutschbrood. L. Autriche-Hongrie (Bohême).
Deutscherone. L. Allemagne (Prusse). EW.
Deutsch-Eylau. L. Allemagne (Prusse). EW.
Deutsch-Kralup. FL. Autriche-Hongrie (Bohême).
Deutsch-Landsberg. L. Autr.-Hongrie (Styrie).
Deutsch-Liebau. L. Autriche-Hongrie (Moravie).
Deutz. Allemagne (Prusse). OW.
Deux-Ponts (S Zweibrucken). Allem. (Bavière).
Deva. Autriche-Hongrie (Transylvanie).
Deva. L. Espagne (Guipuzcoa).
De Vall's-Bluff. États-Unis (Arkansas).
Devant-les-Ponts. F. Allemagne (Alsace-Lorraine).
Devecser. FL. Autriche-Hongrie (Hongrie).
Deventer. Pays-Bas.
Deveny-Ujfalu (Neudorf in Ungarn). F. Autriche-Hongrie (Hongrie).
Déversoir. Égypte (Isthme de Suez).
Devesas. L. Portugal (Porto).
Devil's-Gate. États-Unis (Utah).
Devizes. L. Iles Britanniques (Angleterre).
Devonport. Iles Britanniques (Angleterre).
Devoran. L. Iles Britanniques (Angleterre).
*Devynock. F. Iles Britanniques (Angleterre).
Dewsbury. L. Iles Britanniques (Angleterre
De Witt. États-Unis (Illinois).
De Witt. États-Unis (Iowa).
De Witt. États-Unis (Missouri).
De Witt. États-Unis (Nebraska).
Dexter. États-Unis (Iowa).
Dexter. États-Unis (Maine).
Dexter. États-Unis (Michigan).
Dexter. États-Unis (New-York).
Dexterville. États-Unis (Wisconsin).
Deynze. Belgique (Flandre orientale).
Dhanoo Road. F. Indes. OC.
Dharwar. L. Indes. OC.
Dhobree. Indes. OC.
Dholepore. L. Indes. OC.
Dhollera. L. Indes. OC.
Dhooliah. L. Indes. OC.
Dhond. F. Indes. OC.
Dhurrarah. F. Indes. OC.
Dhurum-Khundee. F. Indes. OC.
Diablerets (Ormont-Dessus). L. Suisse (Vaud).
Diakowar. L. Autr.-Hongrie (Esclavonie).

Diamante. Amérique du Sud (3ᵉ région).
Diamond-Harbour. Indes. OC.
Diamond-Springs. États-Unis (Nevada).
Dianomarina. L. Italie (Port-Maurice).
Diarbekir. N. Turquie d'Asie. A3. B2. C2. D2.
Dickerson. États-Unis (Texas).
Dickinson's-Landing. Amér. anglaise (Ontario).
Dickinson's-Landing. G. T. R. Am. ang. (Ontario).
Dickson. États-Unis (Pensylvanie).
Dickson. États-Unis (Tennessee).
Didcot. F. Iles Britanniques (Angleterre).
Didsbury. L. Iles Britanniques (Angleterre).
Dieburg. F. Allemagne (Hesse-Darmstadt). OW.
Diedenhofen (Thionville). Allem. (Alsace-Lorraine).
Diedorf. F. Allemagne (Bavière).
Dieghem. L. Belgique (Brabant).
Diekirch. L. Luxembourg.
Dielsdorf. F. Suisse (Zurich).
Diemendorf. F. Allemagne (Bavière).
Diepenbeck. L. Belgique (Limbourg).
Diepholz. L. Allemagne (Prusse; Hanovre). OW.
Dieren. P. Pays-Bas.
Diessen. L. Allemagne (Bavière).
Diessenhofen. L. Suisse (Thurgovie).
Diest. Belgique (Brabant).
Dietendorf. F. Allem. (Saxe-Cobourg-Gotha). EW.
Dietfurt. L. Allemagne (Bavière).
Dietfurt. FL. Suisse. (Saint-Gall).
Dietikon. FL. Suisse (Zurich).
Dietmannsried. F. Allemagne (Bavière).
Dieuze. L. Allemagne (Alsace-Lorraine).
Diez a. d. Lahn. L. Allem. (Prusse; Nassau). OW.
Digby. Amérique anglaise (Nouv.-Écosse).
Dighton. États-Unis (Massachusetts).
Dignano. L. Autriche-Hongrie (Istrie).
Dildernagore. F. Indes. OC.
Dillenburg. L. Allemagne (Prusse). OW.
Dillingen a. d. Saar. F. Allemagne (Prusse). OW.
Dillingen. L. Allemagne (Bavière).
Dimmock. États-Unis (Virginie).
Dimondale. États-Unis (Michigan).
Dinant. Belgique (Namur).
Dinapore. L. Indes. OC.
Dinas. L. Iles Britanniques (Angleterre).
Dinas-Cross. L. Iles Britanniques (Angleterre).
Dindigul. F. Indes. OC.
Dingelstedt. F. Allemagne (Prusse). EW.
Dinglingen. FL. Allemagne (Bade).
Dingolfing. L. Allemagne (Bavière).
Dinkelsbühl. L. Allemagne (Bavière).
Dingwall. L. Iles Britanniques (Écosse).
Dinkelscherben. F. Allemagne (Bavière).
*Dinmore. F. Iles Britanniques (Angleterre).
*Dinnet. F. Iles Britanniques (Écosse).
Dinnyes. F. Autriche-Hongrie (Hongrie).
Dinslaken. F. Allemagne (Prusse). OW.
Dinton. L. Iles Britanniques (Angleterre).
Diosgyœr. F. Autriche-Hongrie (Hongrie).
Dioszeg. F. Autriche-Hongrie (Hongrie).
Dipton. L. Iles Britanniques (Angleterre).
Dirksland. PL. Pays-Bas.
Dirmstein. L. Allemagne (Bavière).
Dirschau. Allemagne (Prusse). EW.
Disentis. L. Suisse (Grisons).
Disley. L. Iles Britanniques (Angleterre).
Dison. L. Belgique (Liége).
Diss. Iles Britanniques (Angleterre).
Dittersbach. F. Allemagne (Prusse). EW.
Dittersdorf. FL. Autriche-Hongrie (Moravie).
Ditton. L. Iles Britanniques (Angleterre).
Ditzingen. Allemagne (Wurtemberg).
Divacca. F. Autriche-Hongrie (Littoral d'Illyrie).
Divide. États-Unis (Colorado).
Dix-Island. États-Unis (New-York).
Dixmont. États-Unis (Pensylvanie).
Dixmunde. Belgique (Flandre occidentale).
Dixon. États-Unis (Californie).
Dixon. États-Unis (Illinois).
Dixon. États-Unis (Missouri).
Djocjokarta. Java. OS.
Djoulfa. N. Russie du Caucase (Érivan).
Dobbertin. L. Allem. (Mecklembourg-Schwérin). EW.
Dobbs'-Ferry. États-Unis (New-York).
Dobcross L. Iles Britanniques (Angleterre).
Doberan. L/EC. Allemagne (Mecklembourg). EW.
Dobersberg. L. Autriche-Hongrie (Sous l'Enns).
Dobrawitz. L. Autriche-Hongrie (Bohême).
Dobrichowitz. FL. Autriche-Hongrie (Bohême).
Dobrilugk-Kirchain. F. Allemagne (Prusse). EW.
Dobris. L. Autriche-Hongrie (Bohême).
Dobromil. L. Autriche-Hongrie (Gallicie).
Dobrowlany. FL. Autriche-Hongrie (Gallicie).
Dobruschka. Autriche-Hongrie (Bohême).
Dobschau (Dobsina). L. Autr.-Hongrie (Hongrie).
Docking. L. Iles Britanniques (Angleterre).
Dodge-Centre. États-Unis (Minnesota).
Dodge-City. États-Unis (Kansas).
Dodson. États-Unis (Ohio).
Dodworth. L. Iles Britanniques (Angleterre).
Doebeln. Allemagne (Saxe). EW.
Doe Gully-Tunnel. États-Unis (Virginie).
Doehill. F. Iles Britanniques (Angleterre).
Doelitz. F. Allemagne (Prusse). EW.
Dœllens Radung. F. Allemagne (Prusse). EW.
Dœlsach. FL. Autriche-Hongrie (Tyrol).
Dœnhofstaldt. FL. Allemagne (Prusse). EW.
Doerzbach. L. Allemagne (Wurtemberg).
Dœsborgh. L. Pays-Bas.
Dœtinchem. L. Pays-Bas.
Dogdyke. F. Iles Britanniques (Angleterre).
Dogern. L. Allemagne (Bade).
Doische. L. Belgique (Namur).
Dokkum. Pays-Bas.
Dolgelly. L. Iles Britanniques (Angleterre).
Dolhain. Belgique (Liége).
Dolina. L. Autriche-Hongrie (Gallicie).
Dollar. L. Iles Britanniques (Écosse).
Dollnstein. F. Allemagne (Bavière).
Dolni-Milanovatz. L. Serbie.
Dolny-Miholjac. L. Autr.-Hongrie (Esclavonie).
Dolo. L. Italie (Venise).
Dolton. États Unis (Illinois).
Dombaas (Dovre). Norwége.
Dombovar. FL. Autriche-Hongrie (Hongrie).
Dombrau. FL. Autriche-Hongrie (Silésie).
Dombresson. L. Suisse (Neuchâtel).
Dombrowka. F. Allemagne (Prusse). EW.
Dombrowo. F. Russie d'Europe (Petrokow).
Domegliara. L. Italie (Vérone).
Domina-Schœnlind. FL. Autr.-Hongr. (Bohême).
Dominique (La). Amérique centrale (Antilles).
Dommeldange (Dommeldingen). FL. Luxembourg.
Dommau. L. Allemagne (Prusse). EW.
Domnesti. L. Roumanie.
Domodossola. L. Italie (Novare).
Domstadtl. FL. Autriche-Hongrie (Moravie).
Don. Amérique anglaise (Ontario).
Donaghadee. L. Iles Britanniques (Irlande).
Donahue. États-Unis (Californie).
Donaldson. États-Unis (Pensylvanie).
Donald's. États-Unis (Caroline du Sud).
Donaueschingen. Allemagne (Bade).
Donaustauf. L. Allemagne (Bavière).
Donauworth. Allemagne (Bavière).
Donawitz. FL. Autriche-Hongrie (Styrie).
Don-Benito. Espagne (Badajoz).
Doncaster. Iles Britanniques (Angleterre).
Donegal. L. Iles Britanniques (Irlande).
Doneraile. L. Iles Britanniques (Irlande).
Dongergaum. F. Indes. OC.
Dongio. L. Suisse (Tessin).
Dongola. États-Unis (Illinois).
Doniphan. États-Unis (Kansas).
Donington. L. Iles Britanniques (Angleterre).
Donovan. États-Unis (Illinois).
Donselaar. Amérique du Sud (9ᵉ région).
Dooduch. F. Indes. OC.
Doomraon. F. Indes. OC.
Doongree. F. Indes. OC.
Doorgapore. F. Indes. OC.
Dorbazee. F. Indes. OC.
Dorchester. Iles Britanniques (Angleterre).
Dorchester. Amérique anglaise (N.-Brunsw.)
Dorchester. États-Unis (Massachusetts).
Dorchester. États-Unis (Nebraska).
Dordrecht. Pays-Bas.
Dorfen. F. Allemagne (Bavière).
Dorking. Iles Britanniques (Angleterre).
Dornach. F. Allemagne (Alsace-Lorraine).
Dornap. F. Allemagne (Prusse). OW.
Dornbirn. L. Autriche-Hongrie (Vorarlberg)
Dornick (S. Tournay). Belgique (Hainaut).
Dornegg. FL. Autr.-Hongr. (Carniole).
Dornigheim-Hochstadt. F. Allem. (Prusse). OW.
Dornoch. L. Iles Britanniques (Écosse).
Dorohoi. Roumanie.
Dorpat. Russie d'Europe (Livonie).
Dorr. États-Unis (Michigan).
*Dorrington. F. Iles Britanniques (Angleterre).
Dortmund. Allemagne (Prusse). OW.
Dorum. L. Allemagne (Prusse; Hanovre). EW.
Dottignies. L. Belgique (Flandre occidentale).
Dottikon. L. Suisse (Argovie).
Dotzweil. L. Suisse (Thurgovie).
Douanne (S. Twann). FL. Suisse (Berne).
Doublebois. F. Iles Britanniques (Angleterre).
Doubno. Russie d'Europe (Wolhynie).
Doucet's-Landing. Amérique anglaise (Québec)
Doud's. États-Unis (Iowa).
Douglas. Amérique anglaise (Ontario).
Douglas. L. Iles Britanniques (Écosse).
*Douglas. Iles Britanniques (Ile du Man).
Douglastown. Amérique anglaise (Québec).
Dounc. L. Iles Britanniques (Écosse).
Dour. Belgique (Hainaut).
Dover (Douvres). Iles Britanniques (Angleterre).
Dover. États-Unis (Delaware).
Dover. États-Unis (Maine).
Dover. États-Unis (Minnesota).
Dover. États-Unis (New-Hampshire).
Dover. États-Unis (New-Jersey).
Dovercourt. Iles Britanniques (Angleterre).
Dover-Harbour. F. Iles Britann. (Angleterre).
Dover-Pier. N. Iles Britanniques (Angleterre).

Dover-Plains. États-Unis (New-York).
Dover-Priory. F. Iles Britanniques (Angleterre).
Dovre (Dombaas). Norwége.
Dowagiac. États-Unis (Michigan).
Downer's-Grove. États-Unis (Illinois).
Dowlais. L. Iles Britanniques (Angleterre).
*Dowlaishwaram. L. Indes. OC.
Downey. L. États-Unis (Iowa).
Downieville. États-Unis (Californie).
Downham. L. Iles Britanniques (Angleterre).
Downing. États-Unis (Missouri).
Downingtown. États-Unis (Pensylvanie).
Downpatrick. L. Iles Britanniques (Irlande).
Downton. L. Iles Britanniques (Angleterre).
Dowra. L. Iles Britanniques (Irlande).
Dowville. États-Unis (Iowa).
Doylestown. États-Unis (Ohio).
Doylestown. États-Unis (Pensylvanie).
Dragassiani. L. Roumanie.
Dragoer. P. Danemark (Ile d'Amack).
Dragten. L. Pays-Bas.
Drake's-Branch. États-Unis (Virginie).
Drakesville. États-Unis (New-Jersey).
Dramburg. L. Allemagne (Prusse). EW.
Drammen. Norwége.
Dransfeld. F. All. (Prusse; Hanovre). EW.
Draperstown. L. Iles Britanniques (Irlande).
Drauck (1) (Dravatorok). L. Autr.-Hong. (Esclavonie).
Draycott. L. Iles Britanniques (Angleterre).
Drayton. Amérique anglaise (Ontario).
Drayton (2). F. Iles Britanniques (Angleterre).
Drebber. F. Allemagne (Prusse). OW.
Drebkau. L. Allemagne (Prusse). EW.
Drei-Aehren (Trois-Épis). L. All. (Alsace-Lorr.).
Dreileben-Drackenstedt. F. All. (Prusse). EW.
Drem. L. Iles Britanniques (Écosse).
Drengfurt. L. Allemagne (Prusse). EW.
Drenkova. L. Autr.-Hongrie (Confins militaires).
Drensteinfurt. F. Allemagne (Prusse). OW.
Dresde. N. Allemagne (Saxe). EW.
Dresden. Amérique anglaise (Ontario).
Dresden. États-Unis (Ohio).
Dresden. États-Unis (Tennessee).
Driburg. F. Allemagne (Prusse). OW.
Driebergen (Driebergen-Leits). P. Pays-Bas.
Driesen. L. Allemagne (Prusse). EW.
Driffield. L. Iles Britanniques (Angleterre).
Drifton. États-Unis (Pensylvanie).
Driftwood. États-Unis (Pensylvanie).
*Drigg. F. Iles Britanniques (Angleterre).
Drimoleague L. Iles Britanniques (Irlande).
Drochtersen. L. Allem. (Prusse; Hanovre). EW.
Droebak. L. Norwége.
Drogheda. Iles Britanniques (Irlande).
Drohobycz. Autriche-Hongrie (Gallicie).
Droitwich. L. Iles Britanniques (Angleterre).
Dromod. L. Iles Britanniques (Irlande).
Dromore. L. Iles Britanniques (Irlande; Down).
Dromore. F. Iles Britanniques (Irlande; Tyrone).
Dronfield. L. Iles Britanniques (Angleterre).
Dronryp. P. Pays-Bas.
Drontheim (Trondhjem). Norwége.
Drossen. L. Allemagne (Prusse). EW.
Drottningholm (3). BL. Suède.
Drouskeniky. BL. Russie d'Europe (Grodno).
Droxford. L. Iles Britanniques (Angleterre).
Droylsden. L. Iles Britanniques (Angleterre).
Drumbo. Amérique anglaise (Ontario).
Drumburgh. F. Iles Britanniques (Écosse).
Drumcollogher. F. Iles Britanniques (Irlande).
Drumcondra. L. Iles Britanniques (Irlande).
Drumkeerin. L. Iles Britanniques (Irlande).
Drumlish. L. Iles Britanniques (Irlande).
Drumlithie. Iles Britanniques (Écosse).
Drummondville. Amérique anglaise (Ontario).
Drummondville. Amérique anglaise (Québec).
Drummore. L. Iles Britanniques (Écosse).
Drumnadrochit. L. Iles Britanniques (Écosse).
Drumquin. L. Iles Britanniques (Irlande).
Drumshambo. L. Iles Britanniques (Irlande).
Drumsna. L. Iles Britanniques (Irlande).
Drumsough. F. Iles Britanniques (Irlande).
Drybrook. L. Iles Britanniques (Angleterre).
Dry-Creek. Australie (Australie méridionale).
Dryden. États-Unis (New-York).
Drymen. F. Iles Britanniques (Écosse).
Drytown. États-Unis (Californie).
Duanesburg. États-Unis (New-York).
Dubbeln. BL. Russie d'Europe (Livonie).
Dubbo. Australie (Nouvelle-Galles du Sud).
Duben. L. Allemagne (Prusse). EW.
Dubendorf. FL. Suisse (Zurich).
Dubhai. F. Indes. OC.
Dubica. L. Autriche-Hongrie (Confins militaires).
Dublany-Kranzberg. FL. Autr.-Hongr. (Gallicie).
Dublin. N. Iles Britanniques (Irlande).
Dublin. États-Unis (Indiana).
Dublin. États-Unis (New-Hampshire).
Dublin. États-Unis (Virginie).
Dubton. F. Iles Britanniques (Écosse).
Dubuque. États-Unis (Iowa).
Ducherow. F. Allemagne (Prusse). EW.
Duck-Hill. États-Unis (Mississipi).
Duckla. Autriche-Hongrie (Gallicie).
Duddington. L. Iles Britanniques (Angleterre).
Duderstadt. L. Allem. (Prusse; Hanovre). EW.
Dudley. Iles Britanniques (Angleterre).
Dudley. États-Unis (Illinois).
Dudley. États-Unis (Pensylvanie).
Dudley-Port. F. Iles Britanniques (Angleterre).
Dudweiler. FL. Allemagne (Prusse). OW.
Duffel. L. Belgique (Anvers).
Duffield. L. Iles Britanniques (Angleterre).
Duffin's-Creek. Amérique anglaise (Ontario).
Duffryn. F. Iles Britanniques (Angleterre).
Dufftown. L. Iles Britanniques (Écosse).
Dugaresa. F. Autr.-Hongr. (Croatie).
*Dugenta. FL. Italie. (Benevento).
Dugosello. FL. Autriche-Hongrie (Croatie).
Dugshae. L. Indes. OC.
Duhringshoff. F. Allemagne (Prusse). EW.
Duisbourg. Allemagne (Prusse). OW.
Duisbourg-Hochfeld. Allemagne (Prusse). OW.
Duleck. L. Iles Britanniques (Irlande).
Dulken. L. Allemagne (Prusse). OW.
Dullit. L. Suisse (Vaud).
Dulmen. F. Allemagne (Prusse). OW.
Duluth. États-Unis (Minnesota).
Dulverton. L. Iles Britanniques (Angleterre).
Dumbarton. L. Iles Britanniques (Écosse).
Dum-Dum. F. Indes. OC.
Dumferline. L. Iles Britanniques (Écosse).
Dumfries. Iles Britanniques (Écosse).
Dunabourg. N. Russie d'Europe (Witebsk).
Dunadry. F. Iles Britanniques (Irlande).
Duna-Foldvar. L. Autriche-Hongrie (Hongrie).
Dunakecz. F. Autriche-Hongrie (Hongrie).
Dun-Alastair. L. Iles Britanniques (Écosse)
Dunapentele. L. Autriche-Hongrie (Hongrie).
Dunaskin. Iles Britanniques (Écosse).
Dunbar. États-Unis (Pensylvanie).
Dunbar. Iles Britanniques (Écosse)
Dunbeath. L. Iles Britanniques (Écosse).
Dunblane. Iles Britanniques (Écosse).
Dunbridge. F. Iles Britanniques (Angleterre).
Duncan. États-Unis (Illinois).
Duncan-City. États-Unis (Michigan).
Duncannon. L. Iles Britanniques (Irlande).
Duncannon. États-Unis (Pensylvanie).
Duncanville. Amérique anglaise (Ontario).
Dunchurch. L. Iles Britanniques (Angleterre).
Dundalk. L. Iles Britanniques (Irlande).
Dundas. États-Unis (Minnesota).
Dundas. Amérique anglaise (Ontario).
Dundee. Amérique anglaise (Québec).
Dundee. États-Unis (Michigan).
Dundee. États-Unis (New-York).
Dundee. N. Iles Britanniques (Écosse).
Dundrum. L. Iles Britanniques (Irlande, Dublin).
Dundrum. L. Iles Britanniques (Irlande, Down).
Dunedin. Nouvelle-Zélande.
Dun Ellen. États-Unis (New-Jersey).
Dunesdorf (Danes). L. Autr.-Hongr. (Transylvanie).
Dunfanaghy. L. Iles Britanniques (Irlande).
Dunfermline. L. Iles Britanniques (Écosse).
Dunford-Bridge. F. Iles Britann. (Angleterre).
Dungannon (Tyrone). L. Iles Britann. (Irlande).
Dungarvan. L. Iles Britanniques (Irlande).
Dungiven. L. Iles Britanniques (Irlande).
Dunham. Amérique anglaise (Québec).
Dunham. F. Iles Britanniques (Angleterre).
Dunilovgrad. L. Montenegro.
Dunkeld. L. Iles Britanniques (Écosse).
Dunkineely. L. Iles Britanniques (Irlande).
Dunkirk. États-Unis (Indiana).
Dunkirk. États-Unis (New-York).
Dunlap. États-Unis (Illinois).
Dunlap. États-Unis (Iowa).
Dunlavin. L. Iles Britanniques (Irlande).
Dunleer. L. Iles Britanniques (Irlande).
Dunleith. États-Unis (Illinois).
Dunmanway. L. Iles Britanniques (Irlande).
Dunmoe. L. Iles Britanniques (Angleterre).
Dunmore. États-Unis (Pensylvanie).
Dunmore. L. Iles Britanniques (Irlande).
*Dunmore-East. L. Iles Britanniques (Irlande).
Dunmow. L. Iles Britanniques (Angleterre).
Dunmurry. Iles Britanniques (Irlande).
Dunning. L. Iles Britanniques (Écosse).
Dunning's. États-Unis (Pensylvanie).
Dunolly. Australie (Victoria).
Dunoon. L. Iles Britanniques (Écosse).
Dunphail. F. Iles Britanniques (Écosse).
Dunragit. F. Iles Britanniques (Écosse).
Dunreith. États-Unis (Indiana).

(1) Ouvert pendant le service des bateaux à vapeur sur le Danube.
(2) Ouvert pendant les courses de Goodwood; 6 franc de frais d'exprès à payer au départ.
(3) Ouvert du 1er mai au 31 octobre.

Dunrossnetz. L. Iles Britan. (Portland; 1re rég.).
Dunse. L. Iles Britanniques (Irlande).
*Dunshaughlin. L. Iles Britanniques (Écosse).
Dunstable. Iles Britanniques (Angleterre).
Dunster. L. Iles Britanniques (Angleterre).
Dunton-Green. F. Iles Britanniques (Angleterre).
Dunvegan. L. Iles Britanniques (Écosse).
Dunville. Amérique anglaise (Ontario).
Dunwich. Australie (Queensland).
Dupont. États-Unis (Indiana).
Du Pont's Mills. États-Unis (Delaware).
Duquoin. États-Unis (Illinois).
*Duradji. Turquie d'Asie. A3. B2. C2. D2.
Durah. Australie (Queensland).
Durand. États-Unis (Illinois).
Durant. États-Unis (Iowa).
Durant. États-Unis (Mississipi).
Durazzo. L. Turquie d'Europe. A1. B2. C1. D3.
Duren. L. Allemagne (Prusse). OW.
Durham. Amérique anglaise (Ontario).
Durham. États-Unis (New-Hampshire).
Durham. Iles Britanniques (Angleterre).
Durham's. États-Unis (Caroline du Nord).
Durkheim. L. Allemagne (Bavière).
Durlach. L. Allemagne (Bade).
Durlesbach. Allemagne (Wurtemberg).
Durmersheim. L. Allemagne (Bade).
Dürnkrut. F. Autriche-Hongrie (Sur l'Enns)
Durnten. L. Suisse (Zurich).
Durrenberg. F. Allemagne (Prusse). EW.
Durrenzimmern. F. Allemagne (Bavière).
Durrheim. L. Allemagne (Bade).
Durrow. L. Iles Britanniques (Irlande).
Durrus. L. Iles Britanniques (Irlande).
Dursley. L. Iles Britanniques (Angleterre).
Dursley (Coaley Junction). F. Iles Britann. (Anglet.)
Durston. F. Iles Britanniques (Angleterre).
Dushore. États-Unis (Pensylvanie).
Dusnik. FL. Autriche-Hongrie (Bohême).
Dusseldorf. Allemagne (Prusse). OW.
Dussnang. L. Suisse (Thurgovie).
Dutchess Junction. États-Unis (New-York).
Dutch Flat. États-Unis (Californie).
Dutzendteich. PF. Allemagne (Bavière).
Duvre (S Douvres). Iles Britanniques (Angleterre).
Dux. L. Autriche-Hongrie (Bohême).
Duxbury. États-Unis (Massachusetts).
Dux-Ladowitz. FL. Autriche-Hongrie (Bohême).
Dwight. États-Unis (Illinois).
Dyce. F. Iles Britanniques (Écosse).
Dyer. États-Unis (Indiana).
Dyersville. États-Unis (Iowa).
*Dyffugn. F. Iles Britanniques.
Dygaum. F. Indes. OC.
Dyhernfurth. F. Allemagne (Prusse). EW.
*Dylta. L. Suède.
Dymchurch. L. Iles Britanniques (Angleterre).
Dynow. L. Autriche-Hongrie (Gallicie).
Dysart. L. Iles Britanniques (Écosse).
Dzieditz. F. Autriche-Hongrie (Silésie).

E

Eagle. États-Unis (Pensylvanie).
Eagle. États-Unis (Wisconsin).
Eagle-Bridge. États-Unis (New-York).
Eagle-Hawk. Australie (Victoria).
Eagle-Lake. États-Unis (Minnesota).
Eagle-Lake. États-Unis (Texas).
Eagle-River. États-Unis (Michigan).
Eardisley. L. Iles Britanniques (Angleterre).
Earl. États-Unis (Illinois).
Earlestown. L. Iles Britanniques (Angleterre).
Earley. F. Iles Britanniques (Angleterre).
Earlham. États-Unis (Iowa).
Earlington. États-Unis (Kentucky).
Earl-Park. États-Unis (Indiana).
Earls-Barton. L. Iles Britanniques (Angleterre).
Earl-Schilton. L. Iles Britanniques (Angleterre).
Earls-Colne. L. Iles Britanniques (Angleterre).
Earls-Heaton. L. Iles Britanniques (Angleterre).
Earlstone. L. Iles Britanniques (Écosse).
Earlswood. F. Iles Britanniques (Angleterre).
Earlville. États-Unis (Iowa).
Earlville. États-Unis (New-York).
Easdale. L. Iles Britanniques (Écosse).
Easingwold. Iles Britanniques (Angleterre).
East-Abington. États-Unis (Massachusetts).
East-Albany. États-Unis (New-York).
East-Andover. États-Unis (New-Hampshire).
East-Ardsley. L. Iles Britanniques (Angleterre).
East-Aurora. États-Unis (New-York).
East-Batavia. États-Unis (Illinois).
East-Berkshire. États-Unis (Vermont).
East-Bloomfield. États-Unis (New-York).
East-Boston. États-Unis (Massachusetts).
Eastbourne. L. Iles Britanniques (Angleterre).
East-Brady's-Bend. États-Unis (Pensylvanie).
Eastbridgewater. États-Unis (Massachusetts).
East-Brookfield. États-Unis (Massachusetts).
East-Cambridge. États-Unis (Massachusetts).
East-Canaan. États-Unis (Connecticut).
East-Chatam. États-Unis (New-York).
East-Cowes. L. Iles Britanniques (Angleterre).
Eastdale. L. Iles Britanniques (Écosse).
East-Dennis. États-Unis (Massachusetts).
East Des Moines. États-Unis (Iowa).
East-Dorset. États-Unis (Vermont).
East-Douglas. États-Unis (Massachusetts).
East-Fairfield. États-Unis (Vermont).
East-Farleigh. F. Iles Britanniques (Angleterre).
East-Franklin. États-Unis (Vermont).
East-Greenwich. États-Unis (Rhode-Island).
East-Grinstead. Iles Britanniques (Angleterre).
East-Hampton. États-Unis (Massachusetts).
East-Hampton. L. I. États-Unis (New-York).
East-Hardwick. États-Unis (Vermont).
East-Harptree. L. Iles Britanniques (Angleterre).
East-Hartford. États-Unis (Connecticut).
East-Hendred. L. Iles Britanniques (Angleterre).
East-Ilsley. L. Iles Britanniques (Angleterre).
Eastington. L. Iles Britanniques (Angleterre).
East-Killingly. États-Unis (Connecticut).
East-Kingston. États-Unis (New-Hampshire).
East-Lebanon. États-Unis (Maine).
East-Leavenworth. États-Unis (Missouri).
East-Liberty. États-Unis (Pensylvanie).
East-Liverpool. États-Unis (Ohio).
East-London. Colonie du Cap.
East-Lyme. États-Unis (Connecticut).
East-Machias. États-Unis (Maine).
East-Maitland. Australie (Nouv.-Galles du Sud.)
East-Mulsey. L. Iles Britanniques (Angleterre).
East-Nebraska-City. États-Unis (Iowa).
East-New-Market. États-Unis (Maryland).
Easton. États-Unis (Maryland).
Easton. États-Unis (Missouri).
Easton. États-Unis (Pensylvanie).
Easton. Iles Britanniques (Angleterre).
Easton. L. Iles Britann. (Angl.; Northamptonsh.)
East-Orange. États-Unis (Iowa).
East-Peckham. L. Iles Britanniques (Angleterre).
East-Port. États-Unis (Maine).
East-Rochester. États-Unis (New-Hampshire).
East-Rudham. L. Iles Britanniques (Angleterre).
Eastry. L. Iles Britanniques (Angleterre).
East-Saginaw. États-Unis (Michigan).
East-Saint-Louis. États-Unis (Illinois).
East-Sandy. États-Unis (Pensylvanie).
East-Saugus. États-Unis (Massachusetts).
East-Tawas City. États-Unis (Michigan).
East-Templeton. Amérique anglaise (Québec).
East-Thompson. États-Unis (Connecticut).
East-Wakefield. États-Unis (New-Hampshire).
East-Wallingford. États-Unis (Vermont).
Eastwood. F. Iles Britanniques (Angleterre).
East-Worcester. États-Unis (New-York).
Eaton. États-Unis (Indiana).
Eaton. États-Unis (Ohio).
Eaton-Rapids. États-Unis (Michigan).
Eatontown-Junction. États-Unis (New-Jersey).
Eau-Claire. États-Unis (Wisconsin).
Eaux-Vives. L. Suisse (Genève).
Ebbw-Vale. L. Iles Britanniques (Angleterre).
Ebeleben. L. Allemagne (Schwarzb-Sondershausen). EW.
Ebelsbach. F. Allemagne (Bavière).
Ebeltoft. Danemark (Jutland).
Ebenfurt. L. Autriche-Hongrie (Sous l'Enns).
Ebenhausen. F. Allemagne (Bavière).
Ebensee. L. Autriche-Hongrie (Sous l'Enns).
Ebensfeld. F. Allemagne (Bavière).
Eberbach. L. Allemagne (Bade).
Ebermannstadt. L. Allemagne (Bavière).
Ebern. L. Allemagne (Bavière).
Ebersbach. Allemagne (Saxe). EW.
Ebersbach. a. Fils. Allemagne (Wurtemberg).
Ebersberg. L. Allemagne (Bavière).
Ebersdorf. F. Allemagne. (Saxe-Cob.-Gotha). EW.
Ebersdorf. L. Allemagne (Reuss-Schleiz). EW.
Ebersdorf-Markersdorf. FL. Autriche-Hongrie (Bohême).
Ebersheim. FL. Allemagne (Alsace-Lorraine).
Eberstadt. F. Allemagne (H.-Darmstadt). OW.
Eberstein. FL. Autriche-Hongrie (Carinthie).
Ebervale. États-Unis (Pensylvanie).
Ebingen. L. Allemagne (Wurtemberg).
Ebnat. L. Suisse (Saint-Gall).
Eboli. L. Italie (Salerne).
Ebstorf. F. Allemagne (Prusse). EW.
Ecaussines. Belgique (Hainaut).
Ecclefechan. Iles Britanniques (Écosse).
Eccles. Iles Britanniques (Angleterre).
Eccleshall. L. Iles Britanniques (Angleterre).
Eccleshill. L. Iles Britanniques (Angleterre).

Ecclesville. Amérique anglaise (Ontario).
Echallens. Suisse (Vaud).
Echapore. F. Indes. OC.
Echem. F. Allemagne (Prusse). EW.
Echo. États-Unis (Utah).
Echt. P. Pays-Bas.
Echternach. L. Luxembourg.
Echuca. Australie (Victoria).
Ecija. L. Espagne (Cordoue).
Eckartshausen. Allemagne (Wurtemberg).
Eckelson. États-Unis (Dacotah).
Eckenaes (S. Eckeness). L. Russie d'Europe (Nuland).
Eckernforde. L. Allem. (Prusse; Sleswig). EW.
Eckhart. États-Unis (Maryland).
Eckington. L. Iles Britanniques (Angleterre).
Eckley. États-Unis (Pensylvanie).
Edam. L. Pays-Bas.
Edderton. F. Iles Britanniques (Écosse).
Eddieville. États-Unis (Iowa).
Eddleston. F. Iles Britanniques (Écosse).
Eddyville. États-Unis (New-York).
Ede. P. Pays-Bas.
Eden. Australie (Nouvelle-Galles du Sud).
Edenbridge. L. Iles Britanniques (Angleterre).
Edenderry. L. Iles Britanniques (Irlande).
Edenfield. L. Iles Britanniques (Angleterre).
Edenham. L. Iles Britanniques (Angleterre).
Edenkoben. Allemagne (Bavière).
Ederbauer. Autriche-Hongrie (Sur l'Enns).
Edgecomb House Groton. États-Unis (Connecticut).
Edgefield-Junction. États-Unis (Tennessee).
Edgerton. États-Unis (Ohio).
Edgerton. États-Unis (Wisconsin).
Edgeware. L. Iles Britanniques (Angleterre).
Edgewood. États-Unis (Illinois).
Edgeworthstown. L. Iles Britanniques (Irlande).
Edinbourg. N. Iles Britanniques (Écosse).
Edinburg. États-Unis (Indiana).
Edinburg. États-Unis (Virginie).
Edinburgh. États-Unis (Illinois).
Edinghem (S. Enghien). Belgique (Hainaut).
Edington Road. F. Iles Britanniques (Angleterre).
Edirné (S. Andrinople). N. Turq. d'Eur. A1. B3. C2. D3
Edolo. L. Italie (Brescia).
Edrom. F. Iles Britanniques (Écosse).
Edwardesabad (Bunnoo). L. Indes. OC.
Edwards. États-Unis (Illinois).
Edwards. États-Unis (New-York).
Edward's. États-Unis (Mississipi).
Edwardsburg. GTR. Amérique Angl. (Ontario).
Edwardsburg. Amérique Anglaise (Ontario).
Edwardsburg. États-Unis (Michigan).
Edwardsport. États-Unis (Indiana).
Edwards ville. États-Unis (Illinois).
Edwards ville. États-Unis (Kansas).
Edwardsville Crossing. États-Unis (Illinois).
Edwinton. États-Unis (Dacotah).
Edzell. L. Iles Britanniques (Écosse).
Eecke. L. Belgique (Flandre orientale).
Eecloo. Belgique (Flandre orientale).
Eerneghem. L. Belgique (Flandre occidentale).
Eferding. L. Autriche-Hongrie (Sur l'Enns).
Effingham. États-Unis (Illinois).
Efremow. Russie d'Europe (Toula).
Efringen. L. Allemagne (Bade).
Egeln. L. Allemagne (Prusse). EW.
Eganville. Amérique anglaise (Ontario).
Egelsbach. F. Allemagne (Hesse-Darmstadt). OW.
Eger. N. Autriche.-Hongrie (Bohême).
Eger (S. Erlau). Autriche-Hongrie (Hongrie).
Egeres. FL. Autriche-Hongr. (Transylvanie).
Egersund (S. Ekers.). N/2. Norwége.
Egerton. L. Iles Britanniques (Angleterre; Lancashire).
Egerton. L. Iles Britanniques (Anglet.; Kent).
Egestorf. F. Allemagne (Prusse). EW.
Egg. L. Autriche-Hongrie (Vorarlberg).
Egg. L. Suisse (Zurich).
Eggenbourg. FL. Autr.-Hongrie (Sous l'Enns).
Eggenburg. L. Autriche-Hongrie (Sous l'Enns).
Eggenfelden. Allemagne (Bavière).
Eggenstein. Allemagne (Bade).
Eggersdorf. F. Allemagne (Prusse). EW.
Eggesford. Iles Britanniques (Angleterre).
Egg Harbor City. États-Unis (New-Jersey).
Eggiwyl. L. Suisse (Berne).
Eggishorn. BL. Suisse (Valais).
Eggmühl. PF. Allemagne (Bavière).
Eggolsheim. F. Allemagne (Bavière).
Egham. L. Iles Britanniques (Angleterre).
Eghezée. L. Belgique (Namur).
Eglisau. L. Suisse (Zurich).
Egloffstein. L. Allemagne (Bavière).
Egmond. L. Pays-Bas.
Egmondville. Amérique anglaise (Ontario).
Egremont. L. Iles Britanniques (Angleterre; Lancashire).
Egremont. L. Iles Britanniques (Angl.; Kent).
Egutpoora. F. Indes. OC.
Egypt. États-Unis (Mississipi).
Ehingen a. Donau. Allemagne (Wurtemberg).
Ehrang. F. Allemagne (Prusse). OW.
Ehrenbourg. FL. Autriche-Hongrie (Tyrol).
Ehrenbreitstein. L. Allemagne (Prusse). OW.
Ehrenfeld. F. Allemagne (Prusse). OW.
Ehrenhausen. F. Autriche-Hongrie (Styrie).
Ehringshausen. F. Allemagne (Prusse). OW.
Eibau. L. Allemagne (Saxe). EW.
Eibenstock. Allemagne (Saxe). EW.
Eibiswald. L. Autriche-Hongrie (Styrie).
Eichenhorst. F. Allemagne (Prusse). EW.
Eichhofen. PF. Allemagne (Bavière).
*Eichhorn. L. Autriche-Hongrie (Moravie).
Eichicht. F. Allemagne (Schw.-Rudolstadt). EW.
Eicholzheim. FL. Allemagne (Bade).
Eichow. F. Allemagne (Prusse). EW.
Eichstaedt. L. Allemagne (Bavière).
Eichstetten. L. Allemagne (Bade).
Eichtersheim. L. Allemagne (Bade).
Eickendorf. F. Allemagne (Prusse). EW.
Eidskog. F. Norwége.
Eidsvold. F. Norwége.
Eilenburg. L. Allemagne (Prusse). EW.
Eilsen. BL. Allemagne (Schaumb.-Lip). EW.
Eilsleben. F. Allemagne (Prusse). EW.
Einbeck. L. Allemagne (Prusse; Hanovre). EW.
Eindhoven. Pays-Bas.
Einoed. FL. Autriche Hongrie (Styrie)
Einsiedel. L. Autriche-Hongrie (Bohême).
Einsiedeln. L. Suisse (Schwyz).
Einsingen. Allemagne (Wurtemberg).
Eipel. L. Autriche-Hongrie (Bohême).
Eisenach. Allemagne (Saxe-Weimar). EW.
Eisenberg. L. Allemagne (Saxe-Altenbourg). EW.
Eisenberg. L. Autriche-Hongrie (Moravie).
Eisenberg. FL. Autriche-Hongrie (Bohême).
Eisenbrod. F. Autriche-Hongrie (Bohême).
Eisenerz. L. Autriche-Hongrie (Styrie).
Eisenstadt (S. Kis Mart.). L. Autriche-Hongrie. (Hongrie).
Eisenstein. L. Autriche-Hongrie (Bohême).
Eisfeld. F. Allemagne (Saxe-Meiningen). EW.
Eisgrube. Autriche-Hongrie (Moravie).
Eisk (S. Yeisk). Russie d'Europe (Couban).
Eisleben. Allemagne (Prusse). EW.
Eislingen. Allemagne (Wurtemberg).
Eistrup. F. Allemagne (Prusse; Hanovre). EW.
Eitorf. F. Allemagne (Prusse). OW.
Eiwanowitz. FL. Autriche-Hongrie (Moravie).
Ekaterinburg. N. Russie d'Europe (Perm).
Ekaterinodar. Russie du Caucase (Couban).
Ekaterino-Nikolskoie. Russie d'Asie (Sibérie; 3e région).
Ekaterinoslaw. Russie d'Europe (Ekaterinoslaw)
Ekeness (S. Eckenaes) L. Russie d'Europe (Nuland)
Ekensund. L. Allemagne (Sleswig-Holstein). EW
Ekersund. N/2. Norwége.
Ekesjo. L. Suède.
Elamanore. F. Indes. OC.
Elba. États-Unis (Michigan).
*Elbassan. L. Turquie d'Europe. A1. B3. C2. D3.
Elberfeld. N/2. Allemagne (Prusse). OW.
Elbeteinitz. F. Autriche-Hongrie (Bohême).
Elbing. Allemagne (Prusse). EW.
Elbingerode. L. Allemagne (Prusse). EW.
Elbogen. L. Autriche-Hongrie (Bohême).
Elbogen-Neusattel. FL. Autr.-Hongrie (Bohême).
Elburg-Epe. P. Pays-Bas.
Elche. Espagne (Alicante).
Eldagsen. F. Allemagne (Prusse). EW.
El Dorado. États-Unis (Arkansas).
El Dorado. États-Unis (Californie).
Eldorado. États-Unis (Illinois).
Eldred. États-Unis (Pensylvanie).
Eldridge. États-Unis (Iowa).
Elephant-Point. Indes. EC.
Elesd. L. Autriche-Hongrie (Hongrie).
Eletz. Russie d'Europe (Orel).
Eleventh Siding. États-Unis (Dacotah).
El Ferdane. Égypte (Isthme de Suez).
Elford. L. Iles Britanniques (Angleterre).
Elgersburg. L. Allemagne (Saxe-Cob.-Gotha). EW
Elgg. L. Suisse (Zurich).
Elgin. Amérique anglaise (Ontario).
Elgin. Amérique anglaise (Québec).
Elgin. États-Unis (Illinois).
Elgin. Iles Britanniques (Écosse).
Elgine. États-Unis (Iowa).
Elgni. Amérique du Sud (10e région).
El Guisr. Égypte (Isthme de Suez).
Elie. L. Iles Britanniques (Écosse).
Elisabethstadt. L. Autriche-Hongrie (Transylvanie)
Elizabeth. États-Unis (New-Jersey).
Elizabeth-Furnace. États-Unis (Virginie).
Elizabethgrad. Russie d'Europe (Kherson).
Elizabethpol. L. Russie du Caucase (Elizabethpol)
Elizabethport. États-Unis (New-Jersey).
Elizabethtown. États-Unis (Indiana).
Elizabethtown. États-Unis (Kentucky).
Elizabethtown (Essex Co). États-Unis (New-York)
Elizabethtown. États-Unis (Ohio).
Elizabethtown (Lancaster Co). États-Unis (Pensylvanie).

Elizabethville. États-Unis (Pensylvanie).
Elk Grove. États-Unis (Californie).
Elkhart. États-Unis (Illinois).
Elkhart. États-Unis (Indiana).
Elkhart. États-Unis (Texas).
Elkhart. États-Unis (Wisconsin).
Elkhorn. États-Unis (Nebraska).
Elkhorn. États-Unis (Wisconsin).
Elko. États-Unis (Nevada.)
Elk Point. États-Unis (Dacotah).
Elkport. États-Unis (Iowa).
Elk River. États-Unis (Minnesota).
Elkton. États-Unis (Maryland).
Elland. L. Iles Britanniques (Angleterre).
Ellaville. États-Unis (Floride).
Ellenburg. États-Unis (New-York).
Ellenserdamm. F. Allemagne (Oldenbourg). OW.
Ellenville. États-Unis (New-York).
Ellesmere. L. Iles Britanniques (Angleterre).
Ellesmere Port. F. Iles Britanniques (Angleterre).
Elletsville. États-Unis (Indiana).
Ellicott's City. États-Unis (Maryland).
Ellicotville. États-Unis (New-York).
Ellingen. L. Allemagne (Bavière).
Ellis. États-Unis (Californie).
Ellis. États-Unis (Kansas).
Elliston. États-Unis (Kentucky).
Ellon. L. Iles Britanniques (Écosse).
Ellrich. L. Allemagne (Prusse). EW.
Ellsworth. États-Unis (Illinois).
Ellsworth. États-Unis (Indiana).
Ellsworth. États-Unis (Kansas).
Ellsworth. États-Unis (Maine).
Ellwangen. L. Allemagne (Wurtemberg).
Ellwood. États-Unis (Iowa).
Elm. F. Allemagne (Prusse). OW.
Elm. L. Suisse (Glaris).
Elma. États-Unis (New-York).
Elm Creek. États-Unis (Nebraska).
Elmer. États-Unis (New-Jersey).
Elmer's End. F. Iles Britanniques (Angleterre).
Elmesthorpe. F. Iles Britanniques (Angleterre).
Elm Grove. États-Unis (Wisconsin).
Elmham. L. Iles Britanniques (Angleterre).
Elmhult. FL. Suède.
Elmhurst. États-Unis (Illinois).
Elmira. Amérique anglaise (Ontario).
Elmira. États-Unis (New-York).
Elmore. États-Unis (Ohio).
Elmore Station. États-Unis (Alabama).
Elmsdale. Amérique anglaise (Nouvelle-Écosse).
Elmshorn. L. Allemagne (Prusse; Holstein). EW.
Elmswell. F. Iles Britanniques (Angleterre).
Elmwood. États-Unis (Illinois).
Elonges. L. Belgique (Hainaut).
Elopatak (1). BL. Autriche-Hongrie (Transylvanie).
Elora. Amérique anglaise (Ontario).
El Paso. États-Unis (Illinois).
Elphin. L. Iles Britanniques (Irlande).
Elrod. États-Unis (Pensylvanie).
Elroy. États-Unis (Wisconsin).
Elsdorf. F. Allemagne (Prusse). OW.
Elsecar. F. Iles Britanniques (Angleterre).
Elseneur. Danemark (Ile Zélande).
Elsfleth. Allemagne (Oldenbourg). OW.
Elsnigk. F. Allemagne (Anhalt). EW.
Elster (2). B. Allemagne (Saxe). EW.
Elster. F. Allemagne (Saxe). EW.
Elsterberg. L. Allemagne (Saxe). FW.
Elstersdorf. F. Allemagne (Bavière).
Elstree. F. Iles Britanniques (Angleterre).
Elten. F. Allemagne (Prusse). OW.
Eltmann. L. Allemagne (Bavière).
Eltville-sur-Rhin. F. Allem. (Prusse; Nassau). OW.
Elvas. N. Portugal (Portalegre).
Elvaston. États-Unis (Illinois).
Elverum. F. Norwége.
Elwood. États-Unis (Illinois).
Elwood. États-Unis (Indiana).
Elwood. États-Unis (Kansas).
Elwood. États-Unis (New-Jersey).
Ely. États-Unis (Iowa).
Ely. Iles Britann. (Angleterre).
Elyria. États-Unis (Ohio).
Elz. F. Allemagne (Prusse). OW.
Elzach. L. Allemagne (Bade).
Elze. F. Allemagne (Prusse; Hanovre). EW.
Emanuelsegen. FL. Allemagne (Prusse). EW.
Emaus. États-Unis (Pensylvanie).
Embleton. F. Iles Britanniques (Angleterre).
Embrach. L. Suisse (Zurich).
Embreeville. États-Unis (Pensylvanie).
Embro. Amérique anglaise (Ontario).
Emden. N. Allemagne (Prusse; Hanovre). OW.
Emerald. États-Unis (Ohio).
Emerson. États-Unis (Iowa).
Emigrant Gap. États-Unis (Californie).
Eminence. États-Unis (Kentucky).
Emirghian. E. Turquie d'Europe. A1. B2. C1. D3.
Emlenton. États-Unis (Pensylvanie).
Emmendingen. L. Allemagne (Bade).
Emmenhof (Filature). L. Suisse (Soleure).
Emmenmatt. FL. Suisse (Berne).
Emmerich. Allemagne (Prusse). OW.
Emmerthal. F. Allemagne (Prusse). EW.
Emmet. États-Unis (Michigan).
Emmingen. F. Allemagne (Prusse). EW.
Emod. FL. Autriche-Hongrie (Hongrie).
Empedrado. Amérique du Sud (3e région).
Empel. F. Allemagne (Prusse). OW.
Empingham. L. Iles Britanniques (Angleterre).
Empire City. États-Unis (Nevada).
Empoli. L. Italie (Florence).
Emporia. États-Unis (Kansas).
Emporium. États-Unis (Pensylvanie).
Ems. Allemagne (Prusse; Nassau). OW.
Emskirchen. F. Allemagne (Bavière).
Emstetten. F. Allemagne (Prusse). OW.
Emsworth. L. Iles Britanniques (Angleterre).
Emyvale. L. Iles Britanniques (Irlande).
Enchampilly. L. Indes. OC.
Enchenberg. FL. Allemagne (Alsace-Lorraine).
Endersbach. Allemagne (Wurtemberg).
Endingen. L. Allemagne (Bade).
Endingen. L. Suisse (Argovie).
End of Track. États-Unis (Wisconsin).
Endorf. F. Allemagne (Bavière).
Enfield. États-Unis (Caroline du Nord).
Enfield. États-Unis (Illinois).
Enfield. États-Unis (Iowa).
Enfield. L. États-Unis (New-Hampshire).
Enfield. Iles Britanniques (Angleterre).
Enfield. Iles Britanniques (Irlande).
Engelberg. L. Suisse (Unterwald).
Engelbourg. L. Suisse (Saint-Gall).
Engelhartszell. L. Autriche-Hongrie (Sur l'Enns).
Engelholm. L. Suède.
Engelsberg. L. Autriche-Hongrie (Silésie).
Engelskirchen. L. Allemagne (Prusse). OW.
Engen. L. Allemagne (Bade).
Engers. F. Allemagne (Prusse). OW.
Enghien. Belgique (Hainaut).
Engi. L. Suisse (Glaris).
Engis. FL. Belgique (Liége).
Englefield Green. L. Iles Britann. (Angleterre).
Englewood. États-Unis (Illinois).
Englewood. États-Unis (New-Jersey).
English Camp. États-Unis (Washington territoire).
Englishtown. États-Unis (New-Jersey).
Eningen b. Reutlingen. L. Allemagne (Wurtemberg).
Enkhuizen. L. Pays-Bas.
Enkœping. L. Suède.
Ennenda. L. Suisse (Glaris).
Ennis. États-Unis (Texas).
Ennis. L. Iles Britanniques (Irlande).
Enniscorthy. L. Iles Britanniques (Irlande).
Enniskerry. L. Iles Britanniques (Irlande)
Enniskillen. Amériq. anglaise (Nouv.-Brunswick).
Enniskillen. Amérique anglaise (Ontario).
Enniskillen. F. Iles Britanniques (Irlande).
Ennistimon. L. Iles Britanniques (Irlande).
Enns. Autr.-Hongrie (Sur l'Enns).
Enon Valley. États-Unis (Pensylvanie).
Enos. Turquie d'Europe. A1. B2. C1. D3.
Enosburg Falls. États-Unis (Vermont).
Enschède. Pays-Bas.
Ensdorf. F. Allemagne (Prusse). OW.
Ensheim. L. Allemagne (Bavière).
Ensisheim. L. Allemagne (Alsace-Lorraine).
Ensival. Belgique (Liége).
Enstone. L. Iles Britanniques (Angleterre).
Enterprise. États-Unis (Mississipi).
Enterprise (Warren Co). États-Unis (Pensylvanie).
Entlebuch. L. Suisse (Lucerne).
Entwistle. F. Iles Britanniques (Angleterre).
Enzberg. F. Allemagne (Wurtemberg).
Epagny. L. Suisse (Fribourg).
Epauvillers. L. Suisse (Berne).
Eperies. L. Autriche-Hongrie (Hongrie).
Epfendorf. Allemagne (Wurtemberg).
Epfenhausen. F. Allemagne (Bavière).
Ephraim. États-Unis (Utah).
Eplatures. FL. Suisse (Neuchâtel).
Eppelheim. FL. Allemagne (Bade).
Eppelsheim. F. Allem. (Hesse-Darmstadt). OW.
Epping. États-Unis (New-Hampshire).
Epping. L. Iles Britanniques (Angleterre).
Eppingen. L. Allemagne (Bade).
Epsom. Iles Britanniques (Angleterre).
Epsom-Downs. F. Iles Britanniques (Angleterre).
Epsworth. L. Iles Britanniques (Angleterre).
Epworth. États-Unis (Iowa).
Equality. États-Unis (Illinois).
Erba. L. Italie (Côme).
Erbach. Allemagne (Wurtemberg).
Erbach i. O. Allemagne (Hesse-Darmstadt). OW.
Erbesdorf. FL. Autriche-Hongrie (Silésie).

(1) Ouvert du 15 juin au 30 septembre.
(2) Ouvert du 10 mai au 30 septembre.

Ercsi. L. Autriche-Hongrie (Hongrie).
Erding. L. Allemagne (Bavière).
Erdington. L. Iles Britanniques (Angleterre).
Erdmannsdorf. L. Allemagne (Prusse). EW.
Erdmannsdorf. F. Allemagne (Saxe). EW.
Erdod. FL. Autr.-Hongrie (Esclavonie).
Erdorf. F. Allemagne (Prusse). OW.
Erekli (Héraclée). Turquie d'Asie. A2. B2. C1. D1.
Erfurt. Allemagne (Prusse). EW.
Ergastiria (Laurion). Grèce (Attique).
Ergoldsbach. PF. Allemagne (Bavière).
Ericeira. L. Portugal (Lisbonne).
Eridge. F. Iles Britanniques (Angleterre.)
Erie. États-Unis (Illinois).
Erie. États-Unis (Pensylvanie).
Erin. Amérique anglaise (Ontario).
Erin. États-Unis (Tennessee).
*Erinpoorah. L. Indes. OC.
Érivan. N. Russie du Caucase (Érivan).
Erked. FL. Autriche-Hongrie (Transylvanie).
Erkelenz. L. Allemagne (Prusse). OW.
Erkner. F. Allemagne (Prusse). EW.
Erkhrat. F. Allemagne (Prusse). OW.
Erlach (S. Cerlier). L. Suisse (Berne).
Erlangen. Allemagne (Bavière).
Erlau. F. Allemagne (Saxe). EW.
Erlau (S. Eger). Autriche-Hongrie (Hongrie).
Erlen. FL. Suisse (Thurgovie).
Erlenbach. L. Suisse (Berne).
Erlenbach. L. Suisse (Zurich).
*Ermakowo. Russie d'Asie (Sibérie, 3e région).
Ermatingen. L. Suisse (Thurgovie).
Ermershausen. L. Allemagne (Bavière).
Ermetzhofen. F. Allemagne (Bavière).
Ermington. L. Iles Britanniques (Angleterre).
Ermsleben. L. Allemagne (Prusse). EW.
Ernestown. Amérique anglaise (Ontario).
Ernsthal. L. Allemagne (Bade).
Ernsthofen. FL. Autriche-Hongrie (Sous l'Enns).
Erode. F. Indes. OC.
Erode Junction. F. Indes. OC.
Erolzheim. L. Allemagne (Wurtemberg).
Erquelines. Belgique (Hainaut).
Errol. F. Iles Britanniques (Écosse).
Ersekujvar (Neuhœusel). Autr.-Hongrie (Hongrie).
Ersingen. FL. Allemagne (Bade).
Erstein. L. Allemagne (Alsace-Lorraine).
Erving. États-Unis (Massachusetts).
Erwetegem. L. Belgique (Flandre orientale).
Erwin Centre. États-Unis (New-York).
Erzebetvaros (Elisabethstadt). L. Autriche-Hongrie (Transylvanie).
Erzeroum. Turquie d'Asie. A3. B1. C2. D2.
Erzingen. F. Allemagne (Bade).
Escanaba. États-Unis (Michigan).
Eschede. F. Allemagne (Prusse; Hanovre). EW.
Eschelkam. L. Allemagne (Bavière).
Eschenau. Allemagne (Wurtemberg).
Eschenbach. L. Allemagne (Bavière).
Eschenbach. L. Suisse (Lucerne).
Eschlikon. L. Suisse (Thurgovie).
Escholzmatt. L. Suisse (Lucerne).
Esch-sur-Alzette. L. Luxembourg.
Eschwege. Allemagne (Prusse). OW.
Eschweiler. L. Allemagne (Prusse). OW.
Eschweiler-Aue. F. Allemagne (Prusse). OW.
Escurial (San-Lorenzo del). Espagne (Madrid).
Esemael. L. Belgique (Brabant).
Esens. L. Allemagne (Prusse; Hanovre). OW.
Esher. F. Iles Britanniques (Angleterre; Surrey).
Esher. Iles Britann. (Angleterre).
Eskbank. F. Iles Britanniques (Écosse).
*Eski-Baba (Baba-Eski, Babaï-Atik). Turquie d'Europe. A1. B3. C2. D3.
Eskilstuna. Suède.
Esloef. F. Suède.
Esneux. L. Belgique (Liège).
Esperance. États-Unis (New-York).
Esperod. FL. Suède.
Espevaer. HL. Norwége.
Espozende. L. Portugal (Braga).
Espytown (Columbia Co). Ét.-Unis (Pensylvanie).
Espyville (Crawford Co). Ét.-Unis (Pensylvanie).
Esquimault. Amér. angl. (Ile de Vancouver).
Esquina. Amérique du Sud (3e région).
Esschen. L. Belgique (Anvers).
Essegg-Festung. L. Autr.-Hongrie (Esclavonie).
Essegg-Oberstadt. N. Autr.-Hongrie (Esclavonie).
Essegg-Unterstadt. Autr.-Hongrie (Esclavonie).
Essen. Allemagne (Prusse). OW.
Essen-Bahnhof (S. Alten-Essen). F. Allemagne (Prusse). OW.
Essendine. F. Iles Britanniques (Angleterre).
Essendon. Iles Britanniques (Angleterre).
Essendorf. Allemagne (Wurtemberg).
Essex. États-Unis (Connecticut).
Essex. États-Unis (Iowa).
Essex. États-Unis (Massachusetts).
Essex. États-Unis (New-York).
Essex-Junction. États-Unis (Vermont).
Essingen. Allemagne (Wurtemberg).
Essleben. F. Allemagne (Bavière).
Esslingen. Allemagne (Wurtemberg).
Estavayer S. Staffiss. L. Suisse (Fribourg).
Este. L. Italie (Padoue).
Este's-Ranch. États-Unis (Orégon).
Estepona. L. Espagne (Malaga).
Estinnes-Haulchin. L. Belgique (Hainaut).
Eston. L. Iles Britanniques (Angleterre).
Estremoz. Portugal (Evora).
Esztergom (Gran). L. Autr.-Hongrie. (Hongrie).
Esztergom (Nana). F. Autr.-Hongrie. (Hongrie).
Etalle. L. Belgique (Luxembourg).
Etarsee. F. Indes. OC.
Etawah. F. Indes. OC.
Etchemen. Amérique anglaise (Québec).
Etchingham. F. Iles Britanniques (Angleterre).
Etichove. L. Belgique (Flandre orientale).
Etna. États-Unis (Maine).
Etna. États-Unis (New-York).
Etna Green. États-Unis (Indiana).
Etola. F. Indes. OC.
Ettelbruck. L. Luxembourg.
Etten. P. Pays-Bas.
Ettenheim. L. Allemagne (Bade).
Etterzhausen. PF. Allemagne (Bavière).
Ettlingen. L. Allemagne (Bade).
Ettlingen-Stadt. L. Allemagne (Bade).
Etwall. L. Iles Britanniques (Angleterre).
Etzelwang. PF. Allemagne (Bavière).
Eubigheim. FL. Allemagne (Bade).
Euclid. États-Unis (Ohio).
Euerdorf. L. Allemagne (Bavière).
Eufaula. États-Unis (Alabama).
Eugène City. États-Unis (Orégon).
Eulau. FL. Autriche-Hongrie (Bohême).
Eupatoria. Russie d'Europe (Tauride).
Eupen. Allemagne (Prusse). OW.
Eureka. États-Unis (Illinois).
Eureka. États-Unis (Missouri).
Eureka. États-Unis (Nevada).
Eureka. États-Unis (Utah).
Euskirchen. F. Allemagne (Prusse). OW.
Euston. Australie (Nouvelle-Galles du Sud).
Eutaw. États-Unis (Alabama).
Eutin. L. Allemagne (Oldenbourg). EW.
Eutingen. L. Allemagne (Bade).
Euxton-Junction. F. Iles Britann. (Angleterre).
Evans. États-Unis (Colorado).
Evansburg. États-Unis (Pensylvanie).
Evans-Mills. États-Unis (New-York).
Evanston. États-Unis (Illinois).
Evanston. États-Unis (Wyoming).
Evansville. États-Unis (Indiana).
Evansville. États-Unis (Wisconsin).
Evansville, Terre haute and Chicago Junction. Etats-Unis (Indiana).
Evanton. F. Iles Britanniques (Écosse).
Evart. États-Unis (Michigan.)
Evenwood. L. Iles Britanniques (Angleterre).
Evercreech. L. Iles Britanniques (Angleterre).
Everett (Bedford Co). États-Unis (Pensylvanie).
Evergreen. États-Unis (Alabama).
Eversberg. F. Allemagne (Prusse). OW.
Evershot. F. Iles Britanniques (Angleterre).
Everson. États-Unis (Pensylvanie).
Everton. Amérique anglaise (Ontario).
Evesham. L. Iles Britanniques (Angleterre).
Evolène. L. Suisse (Valais).
Evora. Portugal. (Evora.)
Ewell. F. Iles Britanniques (Angleterre; Kent).
*Ewell. F. Iles Brittanniques (Angleterre; Surrey).
Ewings. États-Unis (Kentucky).
Ewyas-Harold. L. Iles Britanniques (Angleterre).
Exeter. Amérique anglaise (Ontario).
Exeter. États-Unis (New-Hampshire).
Exeter. États-Unis (Nebraska).
Exeter N. Iles Britanniques (Angleterre).
Exin. L. Allemagne (Prusse). EW.
Exminster. F. Iles Britanniques (Angleterre).
Exmouth. L. Iles Britanniques (Angleterre).
Eyach. Allemagne (Wurtemberg).
Eyam. L. Iles Britanniques (Angleterre).
Eydtkuhnen. Allemagne (Prusse). EW.
Eye. L. Iles Britanniques (Angleterre).
Eyemouth. L. Iles Britanniques (Écosse).
Eylau (Preussisch). Allemagne (Prusse). EW.
Eyne. L. Belgique (Flandre orientale).
Eynesford. F. Iles Britanniques (Angleterre).
Eynsham. L. Iles Britanniques (Angleterre).
Eyota. États-Unis (Minnesota).
Eyrecourt. L. Iles Britanniques (Irlande).
Eysk. Russie d'Europe (Couban).
Eythra. F. Allemagne (Saxe). EW.

F

Faaborg. Danemark (Ile de Fionie).
Fabriano. L. Italie (Ancône).
***Facit.** F. Iles Britanniques (Angleterre).
Facset. L. Autriche-Hongrie (Hongrie).
Factoryville. États-Unis (New-York).
Factoryville. États-Unis (Pensylvanie).
Faenza. L. Italie (Ravenne).
Fagundas. États-Unis (Pensylvanie).
Fagythium. Grèce (Laconie).
Fahrwangen. L. Suisse (Argovie).
Faido. L. Suisse (Tessin).
Failsworth. L. Iles Britanniques (Angleterre).
Fair-Bluff. États-Unis (Caroline du Nord).
Fairburg. États-Unis (Nebraska).
Fairbury. États-Unis (Illinois).
Fairchance (Fayette Co). États-Unis (Pensylvanie).
Fairchild. États-Unis (Wisconsin).
Fairfield. États-Unis (Californie).
Fairfield. États-Unis (Connecticut).
Fairfield. États-Unis (Illinois).
Fairfield. États-Unis (Iowa).
Fairfield. États-Unis (Maine).
Fairfield. États-Unis (Nebraska).
Fairfield. États-Unis (Vermont).
Fairford. L. Iles Britanniques (Angleterre).
Fair-Haven. États-Unis (Connecticut).
Fair-Haven. États-Unis (New-York).
Fair-Haven. États-Unis (Vermont).
Fairhope. États-Unis (Pensylvanie).
Fairland. États-Unis (Illinois).
Fairmont. États-Unis (Indiana).
Fairmount États-Unis (Kansas).
Fairmount. États-Unis (Nebraska).
Fairmount. États-Unis (Virginie).
Fairmount-Locks. États-Unis (Pensylvanie).
Fairmount, Philadelphie. États-Unis (Pensylv.).
Fairport. États-Unis (New-York).
Fairview (Butler Co). États-Unis (Pensylvanie).
Fairview (Harrisson Co). États-Unis (Ohio).
Fairview (Luzerne Co). États-Unis (Pensylvanie).
Fairview. États-Unis (Utah).
Fairville. Amérique anglaise (Nouv.-Brunswick).
Fakenham. L. Iles Britanniques (Angleterre).
Falahill. L. Iles Britanniques (Écosse).
Falciu. L. Roumanie.
Falconara-Maritima. L. Italie (Ancône).
Falconers. États-Unis (New-York).
Falfied. L. Iles Britanniques (Angleterre).
Falgendorf. F. Autriche-Hongrie (Bohême).
Falkenau-bei-Eger. L. Autr.-Hongrie (Bohême).
Falkenau - bei - Haida. FL. Autriche - Hongrie (Bohême).
Falkenberg. L. Suède.
Falkenberg b. Freienwald. F. Allem. (Prusse). EW.
Falkenberg-bei-Herzberg a. d. Elster. F. Allemagne (Prusse). EW.
Falkenberg. i. o. Schl. L. Allem. (Prusse). EW.
Falkenberg (Faulquemont). F. Allemagne (Alsace-Lorraine).
Falkenburg. L. Allemagne (Prusse). EW.
Falkenstein. L. Allemagne (Bavière).
Falkenstein. F. Allemagne (Saxe). EW.
Falkirk. L. Iles Britanniques (Écosse).
Falkœping. L. Suède.
Fall-Brook. États-Unis (Pensylvanie).
Fall Creek. États-Unis (Illinois).
Fallersleben. F. Allemagne (Prusse). EW.
Fallingbostel. L. Allemagne (Prusse). EW.
Fall-River. États-Unis (Massachusets).
Fall-River. États-Unis (Wisconsin).
Falls-City. États-Unis (Nebraska).
Falls-City. États-Unis. (Pensylvanie).
Falls-Village. États-Unis (Connecticut).
Falmer. F. Iles Britanniques (Angleterre).
Falmouth. États-Unis (Kentucky).
Falmouth. États-Unis (Maine).
Falmouth. États-Unis (Massachusetts).
Falmouth. Iles Britanniques (Angleterre).
Falstone. F. Iles Britanniques (Angleterre).
Falticeni. Roumanie.
Falun. Suède.
Familleureux. L. Belgique (Hainaut).
Fano. L. Italie (Pesaro et Urbin).
Fao. N. Turquie d'Asie. A3. B2. C2. D2.
Farciennes. Belgique (Hainaut).
Fareham. L. Iles Britanniques (Angleterre).
Fargo. États-Unis (Dacotah).
Faribault. États-Unis (Minnesota).
Faringdon. Iles Britanniques (Angleterre).
Farington. F. Iles Britanniques (Angleterre).
Farley. États-Unis (Iowa).
Farmer-City. États-Unis (Illinois).
Farmersville. Amérique anglaise (Ontario).
Farmersville. États-Unis (Louisiane).
Farmer-Village. États-Unis (New-York).
Farmingdale. États-Unis (New-Jersey).
Farmington. États-Unis (Connecticut).
Farmington. États-Unis (Illinois).
Farmington. États-Unis (Iowa).
Farmington. États-Unis (Maine).
Farmington. États-Unis (Minnesota).
Farmington. États-Unis (New-Hampshire).
Farmington. États-Unis (Utah).
Farmington. États-Unis (Virginie).
Farmland. États-Unis (Indiana).
Farmville. États-Unis (Virginie).
Farnborough. Iles Britanniques (Angleterre)
Farnborough-Road. L. Iles Britann. (Angleterre).
Farnborough (près Beckenham). L. Iles Britanniques (Angleterre).
Farnham. Amérique anglaise (Québec).
Farnham. L. Iles Britanniques (Angleterre).
Farningham. F. Iles Britanniques (Angleterre).
Farnworth. L. Iles Britanniques (Angleterre).
Faro. Portugal (Faro).
Farragut. États-Unis (Iowa).
Farrandsville. États-Unis (Pensylvanie).
Farran's-Point. Amérique anglaise (Ontario).
Farrels-Flat. Australie (Australie méridionale).
Farschweiler-Puttlingen. F. All. (Alsace-Lorraine).
Farsund. Norwège.
Farwell's. États-Unis (Michigan).
Fasano. L. Italie (Bari).
Father-Point. Amérique anglaise (Québec).
Fauglia (Acciajolo). F. Italie (Pise).
Faulbrück. F. Allemagne (Prusse). EW.
Faulquemont (S. Falkenberg). All. (Alsace-Lorr.).
Fauquemont (Valkenborg). Pays-Bas.
Fava (S. Fao). Turquie d'Asie. A3. B2. C2. D2.
Favara. L. Italie (Girgenti).
Faversham. Iles Britanniques (Angleterre).
Favignana. Italie (Trapani).
Fawley. L. Iles Britanniques (Angleterre).
Faxe. L. Danemark (Ile Zélande).
Fayette. États-Unis (Iowa).
Fayette. États-Unis (Mississipi).
Fayette. États-Unis (Missouri).
Fayette (Fulton Co). États-Unis (Ohio).
Fayetteville. États-Unis (New-York).
Fay-Gate. F. Iles Britanniques (Angleterre).
Fayville. États-Unis (Massachusetts).
Fazeley. L. Iles Britanniques (Angleterre).
Fearn. F. Iles Britanniques (Écosse).
Featherston. L. Nouvelle-Zélande.
Featherstone. F. Iles Britanniques (Angleterre).
Feckenham. L. Iles Britanniques (Angleterre).
Fedderwardersiel. Allemagne (Oldenbourg). OW.
Fegersheim. L. Allemagne (Alsace-Lorraine).
Fegyvernek. F. Autriche-Hongrie (Hongrie).
Fehertemplon (Weisskirchen). Autriche-Hongrie (Confins militaires).
Fehraltdorf. L. Suisse (Zurich).
Fehring. FL. Autriche-Hongrie (Styrie).
Feigendorf (Mikeszasza). FL. Autriche-Hongrie (Transylvanie).
Feistritz-bei-Marburg. FL. Autr.-Hongr. (Styrie).
Feistritz in Wochein. L. Autr.-Hong. (Carniole).
Fekete Ardo. FL. Autriche-Hongrie (Hongrie).
Feldafing. F. Allemagne (Bavière).
Feldbach. L. Autriche-Hongrie (Styrie).
Feldkirch. Autriche-Hongrie (Vorarlberg).
Feldkirchen. F. Allemagne (Bavière).
Feldkirchen. FL. Autriche-Hongrie (Carinthie).
Feldmoching. PF. Allemagne (Bavière).
Feled. F. Autriche-Hongrie (Hongrie).
Felegyhaza. L. Autriche-Hongrie (Hongrie).
Felixdorf. F. Autriche-Hongrie (Sous l'Enns).
Felizzano. FL. Italie (Alexandrie).
Fellbach. Allemagne (Wurtemberg).
Fellers. L. Suisse (Grisons).
Fellheim. F. Allemagne (Bavière).
Felline. L. Russie d'Europe (Livonie).
Fellin. L. Iles Britanniques (Angleterre).
Fellingsbro. L. Suède.
Fels (S. Larochette). L. Luxembourg.
Felsenau. L. Suisse (Berne).
Felsœbanya. L. Autriche-Hongrie (Hongrie).
Felstead. L. Iles Britanniques (Angleterre).
Feltham. Iles Britanniques (Angleterre).
Felton. États-Unis (Delaware).
Felton. L. Iles Britanniques (Angleterre).
Feltre. L. Italie (Bellune).
Feluy-Arquennes. FL. Belgique (Hainaut).
Felvincz. FL. Autriche-Hongrie (Transylvanie).
Fence-Houses. F. Iles Britanniques (Angleterre).
Fenelon-Falls. Amérique anglaise (Ontario).
Fenestrelle. L. Italie (Turin).
Fenny-Compton. L. Iles Britanniques (Angleterre).
Fenny-Stratford. L. Iles Britanniques (Angleterre).
Fenyes-Litke. FL. Autriche-Hongrie (Hongrie).
Fenton. États-Unis (Illinois).
Fentonville. États-Unis (Michigan).
Fenton. L. Iles Britanniques (Angleterre).
Fenwick. États-Unis (Connecticut).
Fenwick-Hall. États-Unis (Connecticut).

Ferbinti. L. Roumanie.
Ferdinandshof. F. Allemagne (Prusse). EW.
Ferdinandhegy (Ferdinandsberg). L. Autriche-Hongrie (Hongrie).
Ferentino. L. Italie (Rome).
Fergus. Amérique anglaise (Ontario).
Fergus Falls. Etats-Unis (Minnesota).
Ferguson. États-Unis (Missouri).
Fermo. L. Italie (Ascoli-Piceno).
Fermoy. L. Iles Britanniques (Irlande).
Fernandina. États-Unis (Floride).
Ferns. Iles Britanniques (Angleterre).
Ferozabad. F. Indes. OC.
Ferozepore. L. Indes. OC.
Ferrandina. L. Italie (Potenza).
Ferrare. N/2. Italie (Ferrare).
Ferrari. Amérique du Sud (9e région).
Ferrière (La). L. Suisse (Berne).
Ferris. États-Unis (Illinois).
Ferrol (Le). N. Espagne (Coruna).
Ferryhill. Iles Britanniques (Angleterre).
Ferrysburgh. États-Unis (Michigan).
Ferryside. L. Iles Britanniques (Angleterre).
Festiniog. L. Iles Britanniques (Angleterre).
Fethard. L. Iles Britanniques (Irlande; Waterford).
Fethard. L. Iles Britanniques (Irlande; Clonm.).
Fetsund. F. Norwége.
Fettan L. Suisse (Grisons).
Fettercairn. L. Iles Britanniques (Écosse).
Feucht. PF. Allemagne (Bavière).
Feuchtwangen. L. Allemagne (Bavière).
Feuerbach. Allemagne (Wurtemberg).
Fexhe-le-Haut-Clocher. Belgique (Liége).
Fianona. L. Autriche-Hongrie (Istrie).
Ficarolo. L. Italie (Rovigo).
Ficulle. FL. Italie (Pérouse).
Fiddown. L. Iles Britanniques (Irlande).
Fideris-Bad. BL. Suisse (Grisons).
Fiderisdorf. L. Suisse (Grisons).
Fiesch. L. Suisse (Valais).
Fifth-Siding. États-Unis (Dacotah).
Fighting-Coks. F. Iles Britanniques (Angleterre).
Figline. FL. Italie (Florence).
Figueira-da-Foz. Portugal (Coïmbre).
Figueras. N. Espagne (Gerona).
Filadelfia. L. Italie.
Filehen. L. Allemagne (Prusse). EW.
Filey. L. Iles Britanniques (Angleterre).
Filiasi (Filiachy). L. Roumanie (Juil de Josu).
Filipesti. Roumanie.
Filipstad. L. Suède.
Fillmore. États-Unis (Utah).
Fimber. F. Iles Britanniques (Angleterre).
Finale. L. Italie (Modène).
'Finalmarina (Finalpia). L. Italie (Gênes).
'Finalpia (Finalmarina). L. Italie (Gênes).
Finchingfield. L. Iles Britanniques (Angleterre).
Findlay. États-Unis (Ohio).
Finedon. L. Iles Britanniques (Angleterre).
Fingal. Amérique anglaise (Ontario).
Finkenheerd. F. Allemagne (Prusse). EW.
Finkenwalde. F. Allemagne (Prusse). EW.
Finnentrop. F. Allemagne (Prusse). OW.
Finningley. F. Iles Britanniques (Angleterre).
Finspong. PL. Suède.
Finsterwalde. L. Allemagne (Prusse). EW.
Finstingen. F. Allemagne (Alsace-Lorraine).
Fintona. L. Iles Britanniques (Irlande).
Fiora (S. Fluelen). Suisse (Uri).
Fiorenzuola d'Arda. L. Italie (Plaisance).
Firchau. FL. Allemagne (Prusse). EW.
Firenze (S. Florence). N. Italie (Florence).
Firsby. F. Iles Britanniques (Angleterre).
Firth. États-Unis (Nebraska).
Fischah. L. Allemagne (Bavière).
Fischbach. L. Allemagne (Bavière).
Fischbach. F. Allemagne (Prusse). OW.
Fischbach. E. Allemagne (Prusse). EW.
Fischbach in Schlesien. BL. Allem. (Prusse). EW.
Fischen. L. Allemagne (Bavière).
Fischenbach. E. Allemagne (Saxe). EW.
Fischenthal. L. Suisse (Zurich).
Fischhausen. L. Allemagne (Prusse). EW.
Fischingen. L. Suisse (Thurgovie).
Fisherville. États-Unis (New-Hampshire).
Fishguard. L. Iles Britanniques (Angleterre).
Fishkill. États-Unis (New-York).
Fishkill-Village. États-Unis (New-York).
Fishponds. L. Iles Britanniques (Angleterre).
Fisks. États-Unis (Wisconsin).
Fitchburg. États-Unis (Massachusetts).
Fithian. Etats-Unis (Illinois).
Fitzwilliam. États-Unis (New-Hampshire).
Fiume. N. Autriche-Hongrie (Littoral Hongrois).
Fiumicino. L. Italie (Rome).
Fivemiletown. L. Iles Britanniques (Irlande).
Fivizzano. L. Italie (Massa).
Fjellbacka. L. Suède.
Fjerritsler. L. Danemark (Jutland).
Flaach. L. Suisse (Zurich).
Flaavaer. L/HC. Norwége.
Flacht. F. Allemagne (Prusse). OW.
Fladbury. FL. Iles Britanniques (Angleterre).
Flamborough. L. Iles Britanniques (Angleterre).
Flatbush. L. I. États-Unis (New-York).
Flatow. L. Allemagne (Prusse). EW.
Flat-Rock. États-Unis (Michigan).
Flawinne. L. Belgique (Namur).
Flawyl. L. Suisse (Saint-Gall).
Fleetwood. États-Unis (Pensylvanie).
Fleetwood. L. Iles Britanniques (Angleterre).
Flekkefjord. Norwége.
Flemalle. F. Belgique (Liége).
Fleming's. États-Unis (Géorgie).
Flemington. Amériq. angl. (Caroline du Nord).
Flemington. États-Unis (New-Jersey).
Flemington. États-Unis (Virginie).
Flensbourg. N/2. Allem. (Prusse; Sleswig). EW.
Fléron. L. Belgique (Liége).
Flessingue ou Vlissingen. Pays-Bas.
Fletching. L. Iles Britanniques (Angleterre).
Fleurier. L. Suisse (Neuchâtel).
Fleurus. Belgique (Hainaut).
Flieden. F. Allemagne (Prusse). OW.
Flims. L. Suisse (Grisons).
Flint. États-Unis (Michigan).
Flint. L. Iles Britanniques (Angleterre).
Flœrsheim. F. Allemagne (Prusse). OW.
Flobecq. L. Belgique (Hainaut).
Floeha. F. Allemagne (Saxe). EW.
Flonheim. F. Allemagne (Hesse-Darmstadt). OW.
Flora. États-Unis (Illinois).
Floreffe. Belgique (Namur).
Florence. États-Unis (Alabama).
Florence. États-Unis (Caroline du Sud).
Florence. États-Unis (Illinois).
Florence. États-Unis (Kansas).
Florence. États-Unis (Massachusetts).
Florence. États-Unis (New-Jersey).
Florence. N. Italie (Florence).
Florence-Court. L. Iles Britanniques (Irlande).
Florennes. L Belgique (Namur).
Florenville. L. Belgique (Luxembourg).
Flores. Amérique du Sud (4e région).
Flores (Las). Amérique du Sud (9e région).
Florida. États-Unis (New-York).
Floridsdorf. F. Autriche-Hongrie (Sous l'Enns).
Floroe. L/HC. Norwége.
Floss. L. Allemagne (Bavière).
Floyd. États-Unis (Iowa).
Floyd's Hill. États-Unis (Colorado).
Fluela. L. Suisse (Grisons).
Fluelen (S. Fiora). Suisse (Uri).
Flums. L. Suisse (Saint-Gall).
Flühli. L. Suisse (Lucerne).
Flunten. Suisse (Zurich).
Flurrybridge. L. Iles. Britanniques (Irlande).
Flushing. L. Iles Britanniques. (Angleterre).
Flushing, Long Island. États-Unis (New-York).
Fochaber. L. Iles Britanniques (Écosse).
'Fochriw. F. Iles Britanniques (Angleterre).
Focsciani. N. Roumanie.
Foedemes. F. Autriche-Hongrie (Hongrie).
Foederlach. FL. Autriche-Hongrie (Carinthie).
Fogaras. L. Autriche-Hongrie (Transylvanie).
Foggia. N/2. Italie (Foggia).
Fohnsdorf. FL. Autriche-Hongrie (Styrie).
Foiano della Chiana. Italie (Arezzo) (1).
Földvar. FL. Autriche-Hongrie (Transylvanie).
Folkestone. Iles Britanniques (Angleterre).
Folkestone Harbour. F. Iles Britann. (Angleterre).
Folkestone Junction. F. Iles Britann. (Angleterre).
Folkingham. L. Iles Britanniques (Angleterre).
'Folkington. Iles Britanniques (Angleterre).
Follonica. F. Italie (Grosseto).
Folsom. États-Unis (Californie).
Fonda. États-Unis (New-York).
Fondi. L. Italie (Caserte).
Fon du Lac. États-Unis (Minnesota).
Fon du Lac. États-Unis (Wisconsin).
Fontaine-l'Évêque. Belgique (Hainaut).
Fontaines. L. Suisse (Neuchâtel).
Fontainemelon. L. Suisse (Neuchâtel).
Fontainhas. Portugal (Portalegre).
Fontana. États-Unis (Kansas).
Fonthill. Amérique anglaise (Ontario).
Fontoy. F. Allem (Alsace-Lorraine).
Foots Cray. L. Iles Britanniques (Angleterre).
Forbach. L. Allemagne (Alsace-Lorraine).
Forbach. F. Allemagne (Bade).
Forbes. FL. Autriche-Hongrie (Bohême).
Forbes. Australie (Nouvelle-Galles du Sud).
Forbes. États-Unis (Missouri).
Forch. L. Suisse (Zurich).
Forcheim. F. Allemagne (Bavière.)
Forchies. L. Belgique (Hainaut).
Ford. F. Iles Britanniques (Angleterre).
Ford. Iles Britanniques (Écosse).
Forderstedt. F. Allemagne (Prusse). EW.
Fordham. L. États-Unis (New-York).

(1) Ouvert pendant la durée du camp.

Fordham. Iles Britanniques (Angleterre).
Fordingbridge. L. Iles Britann. (Angleterre).
Fordon. L. Allemagne (Prusse). EW.
Fordoun. Iles Britanniques (Écosse).
Foreman-Station. États-Unis (Illinois).
Forest. États-Unis (Illinois).
Forest. États-Unis (Mississipi).
Forest. États-Unis (New-York).
Forest. États-Unis (Ohio).
Forest City. États-Unis (Californie).
Forest City. États-Unis (Illinois).
Forest City. États-Unis (Missouri).
Forest Row. L. Iles Britanniques (Angleterre).
Forester. États-Unis (Michigan).
Foresters. États-Unis (Indiana).
Forest Hill. États-Unis (Californie).
Forest Hill Station. États-Unis (Massachusetts).
Forest Lake. États-Unis (Minnesota).
Forest (Stalle). L. Belgique (Brabant).
Forestville. États-Unis (Caroline du Nord).
Forestville. États-Unis (Michigan).
Forestville. États-Unis (New-York).
Forfar. Iles Britanniques (Écosse).
Forge Mill. F. Iles Britanniques (Angleterre).
Forio d'Ischia (Sém.). Italie (Naples).
Forkhill. L. Iles Britanniques (Irlande).
Forks Pocono. États-Unis (Pensylvanie).
Forks of Clear Creek. États-Unis (Colorado).
Forli. Italie (Forli).
Forlimpopoli. FL. Italie (Forli).
Formby. F. Iles Britann. (Angleterre).
Formia. L. Italie (Caserte).
Forres. L. Iles Britanniques (Écosse).
Forrest. Amérique anglaise (Ontario).
Forrest City. Etats-Unis. (Arkansas).
Forreston. États-Unis (Illinois).
Forro Encs. FL. Autriche-Hongrie (Hongrie).
Forst. L. Allemagne (Prusse). EW.
Forsythe. États-Unis (Géorgie).
Fort Ann. États-Unis (New-York).
Fort Atkinson. États-Unis (Iowa).
Fort Atkinson. États-Unis (Wisconsin).
Fort Augustus. L. Iles Britanniques (Écosse).
Fort Benton. États-Unis (Montana).
Fort Beaufort. Colonie du Cap.
Fort Branch. États-Unis (Indiana).
Fort Bridger. États-Unis (Wyoming).
Fort Covington. États-Unis (New-York).
Fort-de-France. Amérique centr. (Martinique).
Fort Deposit. États-Unis (Alabama).
Fort Dodge. États-Unis (Iowa).
Fort Dodge. États-Unis (Kansas).
Fort Edward. États-Unis (New-York).
Fort Erie. Amérique anglaise (Ontario).
Forteviot. F. Iles Britanniques (Écosse).
Fort Fetterman. États-Unis (Wyoming).
Fort Gaines. États-Unis (Géorgie).
Fort Garry (Manitoba). Amer. angl. (Colombie angl).
Fort Georges Station. L. Iles Britann. (Écosse).
Fort Gibson. Etats-Unis (Territoire indien).
Fort Hamilton. LI. États-Unis (New-York).
Fort Hope. Amérique anglaise (Colomb. anglaise).
Fort Jackson. États-Unis (Louisiane).
Fort Jones. États-Unis (Californie).
Fort Laramie. États-Unis (Wyoming).
Fort Leavenworth. Etats-Unis (Kansas).
Fort Madison. États-Unis (Iowa).
Fort Mac Pherson. États-Unis (Nebraska).

Fort Mifflin, Phila. États-Unis (Pensylvanie).
Fort Mills. États-Unis (Caroline du Sud).
Fort Payne. États-Unis (Alabama).
Fort Plain. États-Unis (New-York).
Fort Randall. États-Unis (Dacotah).
Fort Riley. États-Unis (Kansas).
Fort Ripley. États-Unis (Minnesota).
Fort Rose. L. Iles Britanniques (Écosse).
Fort Sanders. États-Unis (Wyoming).
Fort Scott. États-Unis (Kansas).
Fort Scully. États-Unis (Dacotah).
Fort Shaw. États-Unis (Montana).
Fort Spring. États-Unis (Virginie).
Fort Steele. États-Unis (Wyoming).
Fort Tejon. États-Unis (Californie).
Fort Ticonderoga. États-Unis (New-York).
Fort Union. États-Unis (New-Mexico).
Fort Valley. États-Unis (Géorgie).
Fort Washington. États-Unis (New-York).
Fort Wayne. États-Unis (Indiana).
Fort William. L. Iles Britanniques (Écosse).
Fort Yale. Amérique anglaise (Colomb. anglaise).
Forte Spuria (Sém). Italie (Messine).
Forton. L. Iles Britanniques (Angleterre).
Fortress Monroe. États-Unis (Virginie).
Fortrose. L. Iles Britanniques (Écosse).
Fortuneswell. Iles Britanniques (Angleterre).
Fort Ville. États-Unis (Indiana).
Fossaccsia. F. Italie (Chieti).
Fossano. L. Italie (Coni).
Fossato-di-Vico. FL. Italie (Pérouse).
Fosses. L. Belgique (Namur).
Fossombrone. L Italie (Pesaro et Urbin).
Fosters. États-Unis (Ohio).
Fostoria. États-Unis (Ohio).
Foulsham. L. Iles Britanniques (Angleterre).
Fountain. États-Unis (Indiana).
Fountain. États-Unis (Minnesota).
Fountain Green. États-Unis (Utah).
Four-Crosses. L. Iles Britanniques (Angleterre).
Fourth Siding. États-Unis (Dacotah).
*Fowes. L. Iles Britanniques (Angleterre.)
Fowey. L. Iles Britanniques (Angleterre).
Fowler. États-Unis (Illinois).
Fowler. Etats-Unis (Indiana).
Fowler. États-Unis (Michigan).
Fowler. États-Unis (Ohio).
Fowlerwille. États-Unis (Michigan).
Foxboro. États-Unis (Massachusetts).
Foxburgh. États-Unis (Pensylvanie).
Fox Chase, Phila. États-Unis (Pensylvanie).
Foxcroft. États-Unis (Maine).
Foxford. L. Iles Britanniques (Irlande).
Foxe Lake. États-Unis (Wisconsin).
*Fox Field. F. Iles Britanniques (Angleterre).
Fox River. Amérique anglaise (Québec).
Foxton. Nouvelle-Zelande.
Foynes. L. Iles Britanniques (Irlande).
Fozcoa (S. Villanova de Fozcoa). Portugal (Guarda).
Frackville. États-Unis (Pensylvanie).
Fraettingsdorf. FL. Autr.-Hongrie (Sous l'Enns).
Fraga. L. Espagne (Huesca).
Fraire. L. Belgique (Namur).
Frameries. Belgique (Hainaut).
Framingham. États-Unis (Massachusetts).
Framingham. L. Iles Britann. (Angleterre).
Frampton Cotterell. L. Iles Britann. (Angleterre).
Frampton-in-Severn. L. Iles Britann. (Angleterre).

*Francavilla al Mare. FL. Italie (Chieti).
Francfort-sur-Mein. N. Allemagne (Prusse). OW.
Francfort-sur-Oder. Allemagne (Prusse). EW.
Franciscoville. États-Unis (Michigan).
Francisville. États-Unis (Indiana).
Franckford. L. Iles Britanniques (Irlande).
Francofonte. L. Italie (Syracuse).
Francker. Pays-Bas.
Franière. L. Belgique (Namur).
Frankenberg. L. Allemagne (Saxe). EW.
Frankenhausen. Allemagne (Prusse). EW.
Frankenmarkt. F. Autriche-Hongrie (Sur l'Enns).
Frankenstein. Allemagne (Prusse). EW.
Frankenthal. L. Allemagne (Bavière).
Frankford. Amérique anglaise (Ontario).
Frankford, Philadelphie. États-Unis (Pensylvanie).
Frankfort. États-Unis (Illinois).
Frankfort. États-Unis (Indiana).
Frankfort. États-Unis (Kentucky).
Frankfort États-Unis (Maine).
Frankfort. États-Unis (Michigan).
Fankfort. États-Unis (New-York).
Frankfort. États-Unis (Ohio).
Franklin. Amérique anglaise (Ontario).
Franklin. États-Unis (Indiana).
Franklin. États-Unis (Kentucky).
Franklin. États-Unis (Louisiane).
Franklin. États-Unis (Massachusetts).
Franklin. États-Unis (Missouri).
Franklin. États-Unis (New-Hampshire).
Franklin. États-Unis (Pensylvanie).
Franklin. États-Unis (Tennessee).
Franklin. États-Unis (Utah).
Franklin (Warren Co). États-Unis (Ohio).
Franklin Falls. États-Unis (New-York).
Franklin Grove. États-Unis (Illinois).
Franklin. États-Unis (Vermont).
Franklinton. États-Unis (Caroline du Nord).
Franklinville. États-Unis (New-York).
Frankstadt. L. Autriche-Hongrie (Moravie).
Franksville. États-Unis (Wisconsin).
Franktown. États-Unis (Nevada)
Frant. L. Iles Britanniques (Angleterre).
Franzburg. L. Allemagne (Prusse). EW.
Franzdorf. F. Autriche-Hongrie (Carniole).
Franzensbad. L/BC. Autriche-Hongrie (Bohême).
Franzensfeste. F. Autriche-Hongrie (Tyrol).
Franzensthal. L. Autriche-Hongrie (Bohême).
Frascati. L. Italie (Rome).
Fraserburgh. Iles Britanniques (Écosse).
Frasnes. L. Belgique (Hainaut).
Frassineto. FL. Italie (Arezzo).
Frastanz. F. Autriche-Hongrie (Vorarlberg).
Fratta Maggiore. FL. Italie (Naples).
Fratta Polesine. L. Italie (Rovigo).
Frattes. L. Italie (Naples).
Fraubrunnen. L. Suisse (Berne).
Frauenbourg. Russie d'Europe (Courlande).
Frauenberg. L. Autriche-Hongrie (Bohême).
Frauenburg. L. Allemagne (Prusse). EW.
Frauenfeld. Suisse (Thurgovie).
Fraustadt. L. Allemagne (Prusse). EW.
Frayle-Muerto. Amérique du Sud (6e région).
Frazeesburg. États-Unis (Ohio).
Freden. F. Allemagne (Prusse; Hanovre). EW.
Fredensborg. E. Danemark (Zélande).
Fredericia. N. Danemark (Jutland).
Frederick. États-Unis (Illinois).

Frederick. États-Unis (Iowa).
Frederick. États-Unis (Maryland).
Frederick Junction. États-Unis (Maryland).
Fredericksborg. Danemark (Zélande).
Fredericksburg. États-Unis (Ohio).
Fredericksburg. États-Unis (Virginie).
Frederickshald. Norwége.
Frederick's-Hall. États-Unis (Virginie).
Frederickshavn. Danemark (Jutland).
Fredericksund. L. Danemark (Zélande).
Frederickstad. Norwége.
Fredericksvaern. L. Norwége.
Fredericksvoerk. L. Danemark (Zélande).
Fredericton. Amér. angl. (Nouveau-Brunswick).
Fredericton Junction. Amérique anglaise (Nouveau-Brunswick).
Fredericktown. (Madison Co). États-Unis (Missouri).
Fredericktown. États-Unis (Ohio).
Fredonia. États-Unis (New-York).
Fredonia. États-Unis (Pensylvanie).
Fredonia. États-Unis (Wisconsin).
Freeburg. États-Unis (Illinois).
Freedom. États-Unis (Indiana).
Freedom. États-Unis (Ohio).
Freedom (Beaver Co). États-Unis (Pensylvanie).
Freehold. États-Unis (New-Jersey).
Freehold. États-Unis (Pensylvanie).
Freeland's. États-Unis (Michigan).
Freeling. Australie (Australie méridionale).
Freemansburg. États-Unis (Pensylvanie).
Freemantle. Iles Britanniques (Angleterre).
Freeport. États-Unis (Illinois).
Freeport. États-Unis (Maine).
Freeport. États-Unis (Pensylvanie).
Freeport États-Unis (Washington territoire).
Freeville Junction. États-Unis (New-York).
Fregeneda. Espagne (Salamanque).
Fregung. L. Allemagne (Bavière).
Freiberg. L. Autriche-Hongrie (Moravie).
Freiberg (S. Freiburg). Allemagne (Bade).
Freiberg. Allemagne (Saxe). EW.
Freibourg (S. Fribourg). Suisse (Fribourg).
Freiburg-en-Brisgau. Allemagne (Bade).
Freiburg. L. Allemagne (Prusse; Silésie). EW.
Freiburg. L. Allemagne (Prusse; Hanovre). EW.
Freiburg-sur-la-Unstrut. L. Allem. (Prusse). EW.
Frienbach. L. Suisse (Schwyz).
Freienfeld. FL. Autriche-Hongrie (Tyrol).
Freienwalde. L. Allem. (Prusse; Poméranie). EW.
Freienwalde-s.-l'Oder. L. Allem. (Prusse). EW.
Freiheit. L. Autriche-Hongrie (Bohême).
Freiheitau. F. Autriche-Hongrie (Silésie).
Freihœls. PF. Allemagne (Bavière).
Freilassing. F. Allemagne (Bavière).
Freinsheim. L. Allemagne (Bavière).
Freirina. Amérique du Sud (10e région).
Freising. L. Allemagne (Bavière).
Freistadt. L. Autriche-Hongrie (Sur l'Enns).
Freistadt-sur-la-Waag. L. Autr.-Hongr. (Hongrie).
Freiwaldau. L/BC. Autriche-Hongrie (Silésie).
Frelighsburg. Amérique anglaise (Québec).
Fremington. P. Iles Britanniques (Angleterre).
Fremont. États-Unis (Caroline du Nord).
Fremont. États-Unis (Michigan).
Fremont. États-Unis (Nebraska).
Fremont. États-Unis (Ohio).
Frenchman's Bay. Amérique anglaise (Ontario).
Frenchpark. L. Iles Britanniques (Irlande).

(1) Ouvert du 1er mai au 30 septembre.

French Mountain. États-Unis (New-York).
Frenchtown. États-Unis (New-Jersey).
Frenier. États-Unis (Louisiane).
Freren. L. Allemagne (Prusse; Hanovre). OW.
Frere Street. F. Indes. OC.
Fresen (S. Reifnig-Fresen). Autr.-Hongrie (Styrie).
Freshford. Iles Britanniques (Angleterre).
Freshford. L. Iles Britanniques (Irlande).
Freshwater. L. Iles Britanniques (Ile de Wight).
Fresno. États-Unis (Californie).
Freudenstadt. L. Allemagne (Wurtemberg).
Freudenthal. Autriche-Hongrie (Silésie).
Freudenthal. L. Allemagne (Wurtemberg).
Frewsburg. États-Unis (New-York).
Freyre. Amérique du Sud (4e région).
Freystadt. L. Allemagne (Bavière).
Freystadt. L. Allemagne (Prusse; Silésie). EW.
Fribourg. Suisse (Fribourg).
Frick. L. Suisse (Argovie).
Friedau. F. Autriche-Hongrie (Styrie).
Friedauwerk. L. Autriche-Hongrie (Styrie).
Friedberg. L. Allemagne (Bavière).
Friedberg. L. Autriche-Hongrie (Styrie).
Friedberg i-Hessen. L. Allemagne (Prusse). OW.
Friedeberg. L. Allem. (Prusse; Neumarkt). EW.
Friedeberg-sur-Queis. L. Allem. (Prusse). EW.
Friedeck. L. Autriche-Hongrie (Silésie).
Friedland. L. Allemagne (Prusse; Silésie). EW.
Friedland. L. Allemagne (Mecklembourg). EW.
Friedland. L. Autriche-Hongrie (Bohême).
Friedland in Hannover. F. Allem. (Prusse). EW.
Friedland in M. L. Autriche-Hongrie (Moravie).
Friedland in Ostpreussen. L. Allem. (Prusse). EW.
Friedland p. Kriegdorf. L. Aut-Hong. (Moravie).
Friedrichall ou Jagstfeld. Allem. (Wurtemberg).
Friedrichroda. L. Allemagne (Saxe-Cobourg-Gotha). EW.
Friedrichsfed. F. Allemagne (Bade).
Friedrichsgrube. F. Allemagne (Prusse). EW.
Friedrichshafen. Allemagne (Wurtemberg).
Friedrichshagen. BF. Allemagne (Prusse). EW.
Friedrichsham. L. Russie d'Europe (Wyborg).
Friedrichshutte près Tarnowitz F. Allemagne (Prusse). EW.
Friedrichsort. L. Allem. (Prusse; Sleswig). EW.
Friedrichsruh. F. Allemagne (Prusse). EW.
Friedrichstadt. L. Allem. (Prusse; Sleswig). EW.
Friedrichsthal. F. Allemagne (Prusse). OW.
Friedrichswerth. L. Allemagne (Saxe-Cobourg-Gotha). EW.
Friedrich Wilhelm Hütte bei Troisdorf. F. Allemagne (Prusse). OW.
Frielingen. F. Allemagne. (Prusse). EW.
Friendship. États-Unis (New-York).
Friesach. L. Autriche-Hongrie (Carinthie).
Friesack F. Allemagne (Prusse). EW.
Frigento. L. Italie (Avellino).
Friockheim. L. Iles-Britanniques (Écosse).
Frischau FL. Autriche-Hongrie (Moravie).
Fritzlar. L. Allemagne (Prusse). OW.
Fritzow. F. Allemagne (Prusse). EW.
Frizington. FL. Iles Britanniques (Angleterre).
Frodingham. F. Iles Britanniques (Angleterre).
Frodsham. L. Iles Britanniques (Angleterre).
Froebell. F. Allemagne (Prusse). EW.
Froendenberg. F. Allemagne (Prusse). OW.
Froet.stedt. F. Allem. (Saxe-Cobourg-Gotha). EW.
Froevi. FL. Suède.

Frog Level. États-Unis (Caroline du Sud).
Frogner. F. Norwége.
Frog Point. États-Unis (Dacotah).
Frohbourg. F. Allemagne (Saxe). EW.
Frohbourg. BL. Suisse (Soleure).
Frohnleiten. F. Autriche-Hongrie (Styrie).
Frome. Iles Britanniques (Angleterre).
Fronhausen. F. Allem. (Prusse; H.-Cassel). OW.
Frontenac. États-Unis (Minnesota).
Front-Royal. États-Unis (Virginie).
Frose. F. Allemagne (Prusse). EW.
Frosinone. L. Italie (Rome).
Frostburg. États-Unis (Maryland).
Frosterley. Iles Britanniques (Angleterre).
Frost's Point. États-Unis (New-Hampshire).
Frost's Station. États-Unis (Tennessee).
Frugarolo. FL. Italie (Alexandrie).
Frutigen. L. Suisse (Berne).
Fryeburg. États-Unis (Maine).
Fucecchio. L. Italie (Florence).
Fuezes-Abony. FL. Autriche-Hongrie (Hongrie).
Fulbourne. L. Iles Britanniques (Angleterre).
Fulda. L. Allem. (Prusse; H.-Cassel). OW.
Fulek. FL. Autriche-Hongrie (Hongrie).
Fuligno. Italie (Pérouse).
Fullerton (Clarion Co). États-Unis (Pensylvanie).
Fullerton (Lehigh Co). États-Unis (Pensylvanie).
Fulnek. L. Autriche-Hongrie (Moravie).
Fulton. États-Unis (Illinois).
Fulton. États-Unis (Kentucky).
Fulton. États-Unis (Missouri).
Fulton. États-Unis (New-York).
Fulton. États-Unis (Ohio).
Fulsztyn-Gleboka. FL. Autriche-Hongrie (Galicie).
Fundao. L. Espagne (Castello-Branco).
Funfkirchen (Pecs). N. Autr.-Hongrie (Hongrie).
Funfkirchen-grube (Pecs Banya). F. Autriche-Hongrie (Hongrie).
Fured (1). BL. Autriche-Hongrie (Hongrie).
Furnaceville. États-Unis (New-York).
Furnes. Belgique (Flandre occidentale).
Furness Abbey. FL. Iles Britann. (Angleterre).
Furnissville. États-Unis (Indiana).
Fürnitz. FL. Autriche-Hongrie (Carinthie).
Furreedpore. F. Indes. OC.
Furrucknuggur. F. Indes. OC.
Furstenau. L. Allemagne (Prusse; Hanovre). OW.
Furstenberg. F. Allemagne (Prusse). EW.
Furstenfeld. L. Autriche-Hongrie (Styrie).
Furstenwalde. L. Allemagne (Prusse). EW.
Furth. F. Allemagne (Bavière).
Furth. L. Allemagne (Hesse-Darmstadt). OW.
Further Kreuzung. F. Allemagne (Bavière).
Furth-vor-Wald. PF. Allemagne (Bavière).
Furtwangen. L. Allemagne (Bade).
Furusund. L. Suède.
Fusignano. L. Italie (Ravenne).
Fusio. L. Suisse (Tessin).
Fussen. L. Allemagne (Bavière).
Futtehgunge. F. Indes. OC.
Futtehpore. F. Indes. OC.
Futwah. F. Indes. OC.
Futtyghur. Indes. OC.
Fuzes-Abony. FL. Autriche-Hongrie (Hongrie).
Fuzine. F. Autriche-Hongrie (Croatie).
Fyfe Lake. États-Unis (Michigan).
Fyvie. L. Iles Britanniques (Écosse).
Fyzabad. L. Indes. OC.

G

Gaabense. H. Danemark (I. Falster).
Gabel. L. Autriche-Hongrie (Bohême).
Gabelbachgeruth. F. Allemagne (Bavière).
Gablonz. L. Autriche-Hongrie (Bohême).
Gacs. L. Autriche-Hongrie (Hongrie).
Gadsden. États-Unis (Tennessee).
Gaedheim. F. Allemagne (Bavière).
Gaenserndof. F. Autriche-Hongrie (Sous l'Enns).
Gaesti. L. Roumanie.
Gaéte. L. Italie (Caserte).
Gaflenz. FL. Autriche-Hongrie (Sur l'Enns).
Gaggenau. FL. Allemagne (Bade).
Gaggiano. FL. Italie (Milan).
Gaiepoora. F. Indes. OC.
Gaildorf. L. Allemagne (Wurtemberg).
Gailingen. L. Allemagne (Bade).
Gaimersheim. F. Allemagne (Bavière).
Gaines. États-Unis (Michigan).
Gainesville. États-Unis (Floride).
Gainesville. États-Unis (New-York).
Gainford. L. Iles Britanniques (Angleterre).
Gainsbosrough. L. Iles Britanniques (Angleterre).
Gais. L. Suisse (Appenzell).
Gaisbach. FL. Autriche-Hongrie (Sur l'Enns).
Gaissin. Russie d'Europe (Podolie).
Gaje-Wyzne. FL. Autriche-Hongrie (Gallicie).
Galantha. F. Autriche-Hongrie (Hongrie).
Galashiels. Iles Britanniques (Écosse).
Galata (Constantin.). N. Turq. d'Eur. A1. B2. C1. D3.
Galatina. L. Italie (Lecce).
Galatz. N. Roumanie.
Galaydi. Grèce (Livadie).
Galeata. L. Italie.
Galena. États-Unis (Illinois).
Galesburg. États-Unis (Illinois).
Galesburgh. États-Unis (Michigan).
Galgocz (Freistadt a Waag). Aut.-Hong. (Hongrie).
Galien. États-Unis (Michigan).
Galion. États-Unis (Ohio).
Gallaghers. États-Unis (Missouri).
Gallarate. L. Italie (Milan).
Gallatin. États-Unis (Missouri).
Gallatin. États-Unis (Montana).
Gallatin. États-Unis (Tennessee).
Galles (Pointe de). N. Indes (Ceylan).
Gallipoli. L. Italie (Lecce).
Gallipoli. N. Turquie d'Europe. A1. B2. C1. D3.
Gallipolis. États-Unis (Ohio).
Gallitzen. États-Unis (Pensylvanie).
Galston. Iles Britanniques (Écosse).
Galszecs. L. Autriche-Hongrie (Hongrie).
Galt. Amérique angl. (Ontario).
Galt. États-Unis (Californie).
Galva. États-Unis (Illinois).
Galveston. États-Unis (Indiana).
Galveston. États-Unis (Texas).
Galway. Iles Britanniques (Irlande).
Gambier. États-Unis (Ohio).
Gambourg. L. Allemagne (Bade).
Gaming. L. Autriche-Hongrie (Sous l'Enns).
Gamlacarleby. N. Russie d'Europe (Wasa).
Gamleby. L. Suède.
* Gamlingay. L. Iles Britanniques (Angleterre).
Gammerages. L. Belgique (Brabant).
Gammertingen. L. Allem. (Hohenzollern). EW.
Gampola. L. Indes (Ile de Ceylan).
Gananoque. Amérique anglaise (Ontario).
Gananoque. G.T.R Amérique angl. (Ontario).
Gand. N. Belgique (Flandre orientale).
Gandara. Amérique du Sud (9e région).
Gandersheim. F. Allemagne (Brunswick). EW.
Gandia. L. Espagne (Valencia).
Gandino. L. Italie (Bergame).
Ganserndorf. L. Autr.-Hongr. (Sous l'Enns).
Gansevoort. États-Unis (New-York).
Garan-Berzencze. FL. Autriche-Hongrie (Hongrie).
Gardelegen. L. Allemagne (Prusse). EW.
Garden Grove. États-Unis (Iowa).
Garden Island. Amérique anglaise (Ontario).
Gardiner. États-Unis (Maine).
Gardiner. États-Unis (New-York).
Garding. L. Allemagne (Prusse; Sleswig). EW.
Gardner. États-Unis (Illinois).
Gardner. États-Unis (Massachusetts).
Gardner. États-Unis (Tennessee).
Gardner's Switch (Luzerne Co). États-Unis (Pensylvanie).
Garforth. L. Iles Britann. (Angleterre).
Gargnano. L. Italie (Brescia).
Gargrave. L. Iles Britanniques (Angleterre).
Garia. Amérique anglaise (Terre-Neuve).
Garland. États-Unis (Pensylvanie).
Garlieston. L. Iles Britanniques (Écosse).
Garmisch L. Allemagne (Bavière). *
Garmouth. L. Iles Britanniques (Écosse).
Garnant. F. Iles Britanniques (Angleterre).
Garner. États-Unis (Iowa).
Garner. États-Unis (Mississipi).
Garnett. États-Unis (Kansas).
Garnkirk. F. Iles Britanniques (Écosse).
Garrahwarra. F. Indes. OC.
Garrett's. États-Unis (Pensylvanie).
Garrettsville. États-Unis (Ohio).
Garrison's. États-Unis (New-York).
Garrote. États-Unis (Californie).
Garstang. L. Iles Britanniques (Angleterre).
Garston Docks. L. Iles Britann. (Angleterre).
Gartenfeld (près Mainz). F. Allemagne. (Hesse-Darmstadt). OW.
Gartley. F. Iles Britanniques (Écosse).
Gartsherrie. F. Iles Britanniques (Écosse).
Garvagh. L. Iles Britanniques (Irlande).
Garve. L. Iles Britanniques (Écosse).
Garve F. Iles Britanniques (Écosse).
Garysburg. États-Unis (Caroline du Nord).
Garz. L. Allemagne (Prusse; I. de Rugen). EW.
Garz-sur-Oder. L. Allemagne (Prusse). EW.
Gaspe. Amérique anglaise (Québec).
Gasport. États-Unis (New-York).
Gassett's. États-Unis (Vermont).
Gastein (1). L/BC. Autriche-Hongrie (Salzbourg).
Gastuche. L. Belgique (Brabant).
Gatehouse. L. Iles Britanniques (Écosse).
Gatersleben. F. Allemagne (Prusse). EW.
Gateshead. Iles Britanniques (Angleterre).
Gathurst. F. Iles Britanniques (Angleterre).
Gatineau Mills. Amer. angl. (Québec).
Gatineau Point. Amérique Anglaise (Québec).
* Gating. Iles Britanniques (Angleterre).
Gatschina. Russie d'Europe (Saint-Pétersbourg).
Gastschino. Russie d'Europe (Saint-Pétersbourg).
Gatton. Australie (Queensland).
Gau-Algesheim. F. Allem. (Hesse-Darmstadt). OW.
Gaubickelheim. F. Allem. (Hesse-Darmstadt). OW.
Gaulsheim. F. Allem. (Hesse-Darmstadt). OW.
Gauting. F. Allemagne (Bavière).
Gavere. L. Belgique (Flandre occidentale).
Gavorrano. FL. Italie.
Gawler-Town. Australie (Australie méridionale).
Gaya. L. Autriche-Hongrie (Moravie).
Gayndah. Australie (Queensland).
Gayton. L. Iles Britanniques (Angleterre).
Gaza (S. Ghaza). N. Turquie d'Asie. A3. B2. C2. D2.
Gazeeabad. F. Indes. OC.
Gazeabad Junction. F. Indes. OC.
Gazzada. FL. Italie (Côme).
Gebrazhofen. Allemagne (Wurtemberg).
Gedinne. L. Belgique (Namur).
Gee-Cross. L. Iles Britanniques (Angleterre).
Geelong. Australie (Victoria).
Geerardsbergen (S. Grammont). Belgique (Flandre orientale).
Geertruidenberg. L. Pays-Bas.
Geertsbergen (S. Grammont). Belgique (Flandre orientale).
Geestemunde. Allemagne (Prusse; Hanovre). EW.
Gefle. Suède.
Gefrees. L. Allemagne (Bavière).
Gehren. L. Allemagne (Schwarzb-Sondersh). EW.
Geilenkirchen L. Allemagne (Prusse). OW.
Geisa. L. Allemagne (Saxe-Weimar). EW.
Geiselhoering. PF. Allemagne (Bavière).
Geisenfeld. L. Allemagne (Bavière).
Geisenheim a. R. F. Allem. (Prusse; Nassau). OW.
Geisingen. FL. Allemagne (Bade).
Geislingen. Allemagne (Wurtemberg).
Geisweid. F. Allemagne (Prusse). OW.
Geithain. F. Allemagne (Saxe). EW.
Geldenaaken (S. Jodoigne). Belgique (Brabant).
Geldermalsen. P. Pays-Bas.
Geldern. L. Allemagne (Prusse). OW.
Gellendorf. F. Allemagne (Prusse). EW.
Gelnhausen. F. Allemagne (Prusse). OW.
Gelsa. L. Autriche-Hongrie (Dalmatie).
Gelse. FL. Autriche-Hongrie (Hongrie).
Gelsenkirchen. F. Allemagne (Prusse). OW.
Gelterkinden. L. Suisse (Bâle).
Gemar. L. Allemagne (Alsace-Lorraine).
Gembloux. Belgique (Namur).
Gemert. L. Pays-Bas.
Gemona. L. Italie (Udine).
Gemünden. L. Allemagne (Bavière).
Genappe. L. Belgique (Brabant).
Genebra (S. Genève). Suisse N. (Genève).
Generalskistol. F. Autriche-Hongrie (Croatie).
Gênes. N. Italie (Gênes).
Geneseo. États-Unis (Illinois).
Geneseo. États-Unis (New-York).
Geneva. États-Unis (Géorgie).

(1) Ouvert du 15 avril au 31 octobre.

Geneva. États-Unis (Illinois).
Geneva. États-Unis (New-York).
Geneva. États-Unis (Ohio).
Geneva-Lake. États-Unis (Wisconsin).
Geneva (S. Genève). N. Suisse (Genève).
Genève. N. Suisse (Genève).
Geneveys-s-Coffrane. FL. Suisse (Neuchâtel).
Genf (S. Genève). N. Suisse (Genève).
Gengenbach. FL. Allemagne (Bade).
Gennep. P. Pays-Bas.
Genoa. États-Unis (Nevada).
Genoa. États-Unis (Ohio).
Génoa (S. Gênes). N. Italie (Gênes).
Genova (S. Gênes). N. Italie (Gênes).
Gensingen-Horveiler. F. Allemagne (Hesse-Darmstadt). OW.
Gensungen. F. Allem. (Prusse; Hesse-Cassel). OW.
Gentbrugge. L. Belgique (Flandre orientale).
Gente (S. Gand). Belgique (Flandre orientale).
Genthin. L. Allemagne (Prusse). EW.
Genthod. L. Suisse (Genève).
Genua (S. Gênes). N. Italie (Gênes).
Genzano. L. Italie (Potenza).
George. Colonie du Cap.
* Georgenberg (S. Szepes Szombat). L. Autriche-Hongrie (Hongrie).
Georgensgmünd. L. Allemagne (Bavière).
Georgetown. Amér. angl. (Ile du Prince-Édouard).
Georgetown. Amérique anglaise (Ontario).
Georgetown. Amérique du Sud (Demerari).
Georgetown. États-Unis (Californie).
Georgetown. États-Unis (Colorado).
Georgetown. États-Unis (Connecticut).
Georgetown. États-Unis (Delaware).
Georgetown. États-Unis (Géorgie).
Georgetown. États-Unis (Minnesota).
Georgetown. États-Unis (Ohio).
Georgetown. États-Unis (District de Colombie).
Georgetown. G. T. R. Amér. angl. (Ontario).
Georgeville. Amérique angl. (Québec).
Georgia. États-Unis (Vermont).
Georgiana. États-Unis (Alabama).
Georgiewsk. Russie du Caucase (Stawropol).
Georgswalde. L. Autriche-Hongrie (Bohême).
Georgswalde-Ebersbach. FL. Autriche-Hongrie (Bohême).
Gera. L. Allemagne (Reuss). EW.
Gerabronn. L. Allemagne (Wurtemberg).
Gerace. L. Italie (Reggio de Calabre).
Gerasdof. FL. Autriche-Hongrie (Sous l'Enns).
Gerdauen. L. Allemagne (Prusse). EW.
*Gerebtzowskaia. Russie d'Asie (Sibérie, 3e région).
Geridi. F. Indes. OC.
Gerlachsheim. L. Allemagne (Bade).
Gerlafingen. L. Suisse (Soleure).
Germantown Junction. États-Unis (Pensylvanie).
Germantown, Phil. États-Unis (Pensylvanie).
Germantown. États-Unis (Tennessee).
Germantown. États-Unis (Wisconsin).
Germersheim. L. Allemagne (Bavière).
Gernrode. L. Allemagne (Anhalt). EW.
Gernrode. F. Allemagne (Prusse). EW.
Gernsbach. L. Allemagne (Bade).
Gernsheim. L. Allemagne (Hesse-Darmstadt). OW.
Gerolstein. F. Allemagne (Prusse). OW.
Gerolzhofen. L. Allemagne (Bavière).
Gerona (S. Girone). Espagne (Gerona).
Gerpinnes. L. Belgique (Hainaut).
Gerrard's-Cross. L. Iles Britann. (Angleterre).
Gerresheim. F. Allemagne (Prusse). OW.
Gersau. L. Suisse (Schwyz).
Gersdorf. F. Autriche-Hongr. (Sous l'Enns).
Gersdorff-Heide. F. Allemagne (Prusse). EW.
Gerstetten. L. Allemagne (Wurtemberg).
Gersthofen. F. Allemagne (Bavière).
Gerstungen. F. Allemagne (Saxe-Weimar). OW.
Gervais. États-Unis (Orégon).
Gerwisch. F. Allemagne (Prusse). EW.
Gescher. L. Allemagne (Prusse). OW.
Geseke. L. Allemagne (Prusse). OW.
Gessenay. L. Suisse (Berne).
Gessertshausen. F. Allemagne (Bavière).
Gettysburg. États-Unis (Pensylvanie).
Gevelsberg. L. Allemagne (Prusse). OW.
Gfehl. L. Autriche-Hongrie (Hongrie).
Ghaza (S. Gaza). N. Turq. d'As. A3. B2. C2. D2.
Gheel. L. Belgique (Anvers).
Ghent (S. Gand). N. Belgique (Flandre orientale).
Ghent. États-Unis (New-York).
Ghidour. F. Indes. OC.
Ghilarza. L. Italie (Cagliari).
Ghislenghien. L. Belgique (Hainaut).
Ghistelles. L. Belgique (Flandre occidentale).
Ghogah. F. Indes. OC.
Ghotee. F. Indes. OC.
Giard. États-Unis (Iowa).
Giardini. FL. Italie (Messine).
Giarre. L. Italie (Catane).
Gibraltar. États-Unis (Michigan).
Gibraltar. Iles Britanniques (Gibraltar).
Gibson. États-Unis (Illinois).
Gibsonburg. États-Unis (Pensylvanie).
Gibson's Pt. États-Unis (Pensylvanie).
Gibson's Station. États-Unis (Territoire indien).
Giddings. États-Unis (Texas).
Giebichenstein. L. Allemagne (Prusse). EW.
Giengen. L. Allemagne (Wurtemberg).
Giessbach. BL. Suisse (Berne).
Giessen. Allemagne (Hesse-Darmstadt). OW.
Gifhorn. L. Allemagne (Prusse; Hanovre). EW.
Gijon. N. Espagne (Oviedo).
Gilberton. États-Unis (Pensylvanie).
Gilead. États-Unis (New-Hampshire).
Gilford. Amérique anglaise (Ontario).
Gilford. L. Iles Britanniques (Irlande).
Gilgenbourg. L. Allemagne (Prusse). EW.
Gillespie. États-Unis (Illinois).
Gillett's. États-Unis (Pensylvanie).
Gilling. F. Iles Britanniques (Angleterre).
Gillingham. L. Iles Britanniques (Angleterre).
Gill's Landing. États-Unis (Wisconsin).
Gilly. Belgique (Hainaut).
Gilly. L. Suisse (Vaud).
Gilman. États-Unis (Illinois).
Gilman's. États-Unis (Alabama).
Gilmore. États-Unis (Nebraska).
Gilroy. États-Unis (Californie).
Gilson. États-Unis (Illinois).
Gilwern. L. Iles Britanniques (Angleterre).
Gimel. L. Suisse (Vaud).
Ginevra (S. Genève). N. Suisse (Genève).
Gingen près Gesslingen. Allem. (Wurtemberg).
Ginosa. L. Italie (Lecce).
Gioiosa Marea. L. Italie (Messine).
Gioja del Colle. L. Italie (Bari).
Gioja Tauro. L. Italie (Reggio de Calabre).
Giovinazzo. FL. Italie (Bari).
Girard. États-Unis (Illinois).
Girard. États-Unis (Kansas).
Girard. États-Unis (Ohio).
Girard. États-Unis (Pensylvanie).
Girardville. États-Unis (Pensylvanie).
Girgenti. N/2. Italie (Girgenti).
Girone (Gerona). Espagne (Gerona).
Girvan. L. Iles Britanniques (Écosse).
* Girvar. F. Iles Britanniques (Écosse).
Gisborne. Australie (Victoria).
Gisburn. L. Iles Britanniques (Angleterre).
Gisikon. FL. Suisse (Lucerne).
Gisperleben. F. Allemagne (Prusse). EW.
Gitomir (S. Jitomir, Schitomir). N. Russie d'Europe (Welhynie).
Gittefelde. L. Allemagne (Brunswick). EW.
Gittelde. F. Allemagne (Brunswick). EW.
Giubiasco. L. Suisse (Tessin).
Giulianova. L. Italie (Teramo).
Giurgevogiurgiu. N. Roumanie.
Gjatsk. Russie d'Europe (Smolensk).
Gjœvik. L. Norwége.
Gladbach-Bergisch. L. Allemagne (Prusse). OW.
Gladbach-München. Allemagne (Prusse). OW.
Glade Springs. États-Unis (Virginie).
Gladewater. États-Unis (Texas).
Gladstone. Australie (Queensland).
Glaisdale. L. Iles Britanniques (Angleterre).
Glamis. F. Iles Britanniques (Écosse).
Gland. FL. Suisse (Vaud).
Glanegg. FL. Autriche-Hongrie (Carinthie).
Glanmire. L. Iles Britanniques (Irlande).
Glanton. L. Iles Britanniques (Angleterre).
Glaris. N/2. Suisse (Glaris).
Glarus (S. Glaris). Suisse (Glaris).
Glasco États-Unis (New-York).
Glasford. États-Unis (Illinois).
Glasgow. N. Iles Britanniques (Écosse).
Glasgow-Junction. États-Unis (Kentucky).
Glasnevin. L. Iles Britanniques (Irlande).
Glassboro'. États-Unis (New-Jersey).
Glassford. États-Unis (Illinois).
Glasslough. L. Iles Britann. (Irlande, Monaghan).
Glasson-Dock. L. Iles Britanniques (Angleterre).
Glastonbury. L. Iles Britanniques (Angleterre).
Glattfelden. L. Suisse (Zurich).
Glatz. Allemagne (Prusse). EW.
Glauchau. Allemagne (Saxe). EW.
Glauzig. L. Allemagne (Anhalt-Cothen). EW.
Gleichenberg. L/BC. Autriche-Hongrie (Styrie).
Gleisdorf. FL. Autriche-Hongrie (Styrie).
Gleiwitz. Allemagne (Prusse). EW.
Glen Allen. États-Unis (Missouri).
Glenarm. L. Iles Britanniques (Irlande).
Glenbegh Rossbegh. L. Iles Britann. (Irlande).
Glenbeulah. États-Unis (Wisconsin).
Glenbrook. États-Unis (Nevada).
Glen Carbon. États-Unis (Pensylvanie).
Glencarse. F. Iles Britanniques (Écosse).
Glencoe. Amérique anglaise (Ontario).
Glencoe. États-Unis (Minnesota)
Glencoe. États-Unis. (Pensylvanie).
Glencoe. L. Iles Britanniques (Écosse).
Glen Cove, L. I. États-Unis (New-York).
Glendale. États-Unis (Iowa).
Glendale. États-Unis (Ohio).

Glenelg. Australie (Australie méridionale).
Glen Gardner. Etats-Unis (New-Jersey).
Glengariff. L. Iles Britanniques (Irlande).
Glenham. États-Unis (New-York).
Glen-Innis. Australie (Nouvelle-Galles-du-Sud).
Glen-Loch. États-Unis (Pensylvanie).
Glenluce. Iles Britanniques (Ecosse).
Glenn-Mills. États-Unis (Pensylvanie).
Glensdale. États-Unis (New-York).
Glen's Falls. États-Unis (New-York).
Glenville. États-Unis (Ohio).
Glenwood. États-Unis (Iowa).
Glenwood. États-Unis (Missouri).
Gleschendorf. F. Allemagne (Oldenbourg). EW.
Gletsch. BL. Suisse (Valais).
Glew. Amérique du Sud. (9e région.)
Glidden. États-Unis (Iowa).
Glin. L. Iles Britanniques (Irlande).
Glina. L. Autriche-Hongrie (Confins militaires).
Glina-Nawarya. FL. Autriche-Hongrie (Galicie.)
Globe Station. États-Unis (Illinois).
Gloewen. F. Allemagne (Prusse). EW.
Glogau. Allemagne (Prusse). EW.
Gloggnitz. FN. Autriche-Hongrie (Sous l'Enns).
Glommen. F. Allemagne (Prusse). EW.
Glons. L. Belgique (Liége).
Glossop. L. Iles Britanniques (Angleterre).
Gloucester. Iles Britanniques (Angleterre).
Gloucester. Amérique anglaise (Ontario).
Gloucester États-Unis (Massachusetts).
Gloucester City. États-Unis (New-Jersey).
Gloukhow. Russie d'Europe (Tchernigow).
Glovelier. L. Suisse (Berne).
Glover's Gap. États-Unis (Virginie).
Gloversville. États-Unis (New-York).
Gluckstadt. L. Allemagne (Prusse; Holstein). EW.
Glynde. F. Iles Britanniques (Angleterre).
Glyndon. États-Unis (Minnesota).
Glyn Neath F. Iles Britanniques (Angleterre).
Gmund. L. Allemagne (Bavière).
Gmund a der Rems. Allemagne (Wurtemberg).
Gmunden. Autriche-Hongrie (Sur l'Enns).
Gmund i-Karthen. L. Autr.-Hongrie (Carinthie).
Gmund i Niederosterr. L. Autr.-Hong. (Sous l'Enns).
Gnadau. F. Allemagne (Prusse). EW.
Gnadenfrei. L. Allemagne (Prusse). EW.
Gnesen. Allemagne (Prusse). EW.
Gnesta. FL. Suède.
Gniewkowo. L. Allemagne (Prusse). EW.
Gnoien. L. Allem. (Mecklembourg-Schwérin) EW.
Goa. L. Indes. OC.
Goalparah. L. Indes. OC.
Goalundo. N. Indes. OC.
Gobowen. F. Iles Britanniques (Angleterre).
Goch. F. Allemagne (Prusse). OW.
Godalming. L. Iles Britanniques (Angleterre).
Godarville. L. Belgique (Hainaut.)
Godelau-Erfelden. F. Allemagne (Hesse-Darmstadt). OW.
Goderich. Amérique anglaise (Ontario).
Goderich Station. Amérique ang. (Ontario).
Godesberg. L. Allemagne (Prusse). OW.
Godfrey. États-Unis (Illinois).
Godfrey. États-Unis (Kansas).
Godinne. L. Belgique (Namur).
Godley. F. Iles Britanniques (Angleterre).
Godstone. L. Iles Britanniques (Angleterre).
Goed. F. Autriche-Hongrie (Hongrie).
Goedereede. L. Pays-Bas.
Goeding. L. Autriche-Hongrie (Moravie).
Goedollo. E. Autriche-Hongrie (Hongrie).
Goeggingen. FL. Allemagne (Bade).
Goellersdorf. FL. Autriche-Hongrie (Sous l'Enns).
Goellheim. L. Allemagne (Bavière).
Goellnitz. L. Autriche-Hongrie (Hongrie).
Goenningen. L. Allemagne (Wurtemberg).
Goenyoe. L. Autriche-Hongrie (Hongrie).
Goepfritz. FL. Autriche-Hongrie (Sous l'Enns).
Goeppingen. Allemagne (Wurtemberg).
Gœrbersdorf. L. Allemagne. (Prusse.) EW.
Goerkau. L. Autriche-Hongrie (Bohême).
Goerlitz. N. Allemagne (Prusse). EW.
Goes. Pays-Bas.
Goeschenen. L. Suisse (Uri).
Gœssnitz. F. Allemagne (Saxe-Altenbourg). EW.
Goessweinstein. L. Allemagne (Bavière).
Gœteborg (S.-Gothembourg). N. Suède.
Gœttingen. Allemagne (Prusse; Hanovre). EW.
Goetzendorf. F. Autriche-Hongrie (Sous l'Enns).
Goetzis. F. Autriche-Hongrie (Vorarlberg).
Gogar. F. Iles Britanniques (Écosse).
Gogolin. F. Allemagne (Prusse). EW.
Goito. L. Italie (Mantoue).
Gola. FL. Autriche-Hongrie (Hongrie).
Golborne. L. Iles Britanniques (Angleterre).
Golcar. L. Iles Britanniques (Angleterre).
Golc-Jenikau. L. Autriche-Hongrie (Bohême).
Golconda. États-Unis (Nevada).
Goldach. L. Suisse. (Saint-Gall).
Goldap. L. Allemagne (Prusse). EW.
Goldbeck. F. Allemagne (Prusse). EW.
Goldberg. L. Allemagne (Prusse). EW.
Goldberg-in-Mecklenbourg. L. Allemagne. (Mecklenbourg-Schwérin.) EW.
Golden Bridge. États-Unis (New-York).
Golden City. États-Unis (Colorado).
Golden Fleece. Australie (Queensland).
Golden Grove. F. Iles Britanniques (Angleterre).
Gold Hill. États-Unis (Nevada).
Goldingen. L. Russie d'Europe (Courlande).
Gold Run. États-Unis (Californie).
Goldsboro. États-Unis (Caroline du Nord).
Goldsborough. Etats-Unis (Maryland).
Goldshoefe. Allemagne (Wurtemberg).
Gollmitz. F. Allemagne (Prusse). EW.
Gollnow. L. Allemagne (Prusse). EW.
Gollub. L. Allemagne (Prusse). EW.
Golspie. Iles Britanniques (Écosse).
Golwood. F. Indes. OC.
Golzow. F. Allemagne (Prusse). EW.
Gombos. FL. Autriche-Hongrie (Hongrie).
Gomirje. F. Autriche-Hongrie (Croatie).
Gomshall. F. Iles Britanniques (Angleterre).
Gonnesa. FL. Italie (Cagliari).
Gonobitz. L. Autriche-Hongrie (Styrie).
Gonsenheim. F. Allem. (Hesse-Darmstadt). OW.
Gonzaga. L. Italie (Mantoue).
Goodoor. F. Indes. OC.
Goodland. États-Unis (Indiana).
Goodman. États-Unis (Mississipi).
Goodspeed's-Landing. États-Unis (Connecticut).
Goodwood. Amérique anglaise (Ontario).
Goolburga. F. Indes. OC.
Goole. L. Iles Britanniques (Angleterre).
Goolwa. Australie (Australie méridionale).
Goona. L. Indes. OC.
Goondacal Junction. F. Indes. OC.
Goor. L. Pays-Bas.
Goorgaon. F. Indes. OC.
Gooriatum. F. Indes. OC.
Gooskarah. F. Indes. OC.
* Gooty. N. Indes. OC.
* Gorbitza. Russie d'Asie (Sibérie; 3e région).
Goraie. F. Indes. OC.
Goraie Bridge. F. Indes. OC.
Gorcum (Gorinchem). Pays-Bas.
Gordon's Ferry. États-Unis (Iowa).
Gordonsville. États-Unis (Virginie).
Gore-Bridge. L. Iles Britanniques (Écosse).
Goresbridge. L. Iles Britanniques (Angleterre).
* Gorey. L. Iles Britanniques (Ile de Jersey).
Gorey. L. Iles Britanniques (Irlande).
Gorham. États-Unis (Maine).
Gorham. États-Unis (New-Hampshire).
Gorham. États-Unis (New-York).
Gorice (S. Goritz) Autr.-Hongrie (Litt. d'Illyrie).
Goricza. F. Autriche-Hongrie (Croatie).
Gorinchem (Gorcum). Pays-Bas.
Goring F. Iles Britanniques (Angleterre).
Goritz (S. Gorz). N. Autr.-Hongrie (Litt. d'Illyrie).
Gorlago. FL. Italie (Bergame).
Gorlice. L. Autriche-Hongrie (Galicie).
Gorni-Milanowaz. Serbie.
Gorond. FL. Autriche-Hongrie (Hongrie).
Gorostiaga. Amérique du Sud. (4e région.)
* Gorragh-Wood. F. Iles Britanniques (Irlande).
Gorredijk. L. Pays-Bas.
Gorrie. Amérique anglaise (Ontario).
Gorschkowitzy. F. Russie d'Europe (Petrokow).
Gorssel. P. Pays-Bas.
Gort. L. Iles Britanniques (Irlande).
Gorton. L. Iles Britanniques (Angleterre).
Gorz (S. Goritz). Autr.-Hongrie (Littoral d'Illyrie).
Gosaingunge. F. Indes. OC.
Gosberton. L. Iles Britanniques (Angleterre).
Goshen. États-Unis (Californie).
Goshen. États-Unis (Indiana).
Goshen. États-Unis (New-York).
Goshent. États-Unis (Virginie).
Goslar. Allemagne (Prusse; Hanovre). EW.
Gospich. N. Autriche-Hongrie (Confins militaires).
Gosport. États-Unis (Indiana).
Gosport. Iles Britanniques (Angleterre).
Gossau. L. Suisse (Saint-Gall).
Gossau. L. Suisse (Zurich).
Gosselies. Belgique (Hainaut).
Gossensass. FL. Autriche-Hongrie (Tyrol).
Gotha. Allemagne (Saxe-Cobourg-Gotha). EW.
Gothenbourg (S. Goteborg). N. Suède.
Gottenheim. FL. Allemagne (Bade).
Gottesberg. L. Allemagne (Prusse). EW.
Gottmadingen. FL. Allemagne (Bade).
Gottschee. L. Autriche-Hongrie (Carniole).
Gouda. Pays-Bas.
Goudhurst. L. Iles Britanniques (Angleterre).
Goulburn. Australie (Nouvelle-Galles du Sud).
Gouldsboro'Sta (Mayne Co). États-Unis (Pensylv.).
Gould's-Landing (Summer office). Amérique anglaise (Ontario).
Goulette (La). Tunisie.
Gourdon. FL. Iles Britanniques (Écosse).
Gourock. L. Iles Britanniques (Écosse).
Gouvea. L. Portugal (Guarda).
Gouverneur. États-Unis (New-York).

Gouvy. Belgique (Luxembourg).
Gouy-lez-Piéton. Belgique (Hainaut).
*Governolo. L. Italie.
Gowan. L. Iles Britanniques (Écosse).
Gower-Road. F. Iles Britanniques (Angleterre).
Gowhatty. Indes. OC.
Gowran. L. Iles Britanniques (Irlande).
Gowrie. États-Unis (Iowa).
Goya. Amérique du Sud. (3e région.)
Gozzano. FL. Italie (Novare).
Graben. FL. Allemagne (Bade).
Grabow. F. Allemagne (Mecklembourg). EW.
Grabow A/Oder. L. Allemagne (Prusse). EW.
Gracehill. L. Iles Britanniques (Irlande).
Gradischte. L. Serbie.
Gradiska. L. Autriche-Hongrie (Littoral d'Illyrie).
Gradiska. L. Turquie d'Europe. A1. B3. C2. D3.
Graefenberg. BL. Autriche-Hongrie (Silésie).
Graefenhainchen. F. Allemagne (Prusse). EW.
Graefentonna. L. Allem. (Saxe-Cob.-Goth.) EW.
Graenichen. L. Suisse (Argovie).
Graetz. L. Allemagne (Prusse). EW.
Grafenau. L. Allemagne (Bavière).
Grafenberg. L. Allemagne (Bavière).
Grafenberg. F. Allemagne (Prusse). OW.
Grafenstein. FL. Autriche-Hongrie (Carinthie).
Graffenstaden. F. Allemagne (Alsace-Lorraine).
Grafing. F. Allemagne (Bavière).
Grafrath. L. Allemagne (Prusse). OW.
Grafrath. F. Allemagne (Bavière).
Grafton. Amérique anglaise (Ontario).
Grafton Station. Amérique angl. (Ontario).
Grafton. Australie (Nouvelle-Galles du Sud).
Grafton. États-Unis (Massachusetts).
Grafton. États-Unis (Nebraska).
Grafton. États-Unis (New-Hampshire).
Grafton. États-Unis (Ohio).
Grafton. États-Unis (Virginie).
Grafton. États-Unis (Wisconsin).
Gragnano. L. Italie (Naples).
Grahampton. États-Unis (Kentucky).
Grahamston. F. Iles Britanniques (Écosse).
Grahamstone. Nouvelle-Zélande.
Graham's Town. Colonie du Cap.
Grahamville. États-Unis (Caroline du Sud).
Graigue. L. Iles Britanniques (Irlande).
Gramat-Neusiedl. F. Autr.-Hongrie (Sous l'Enns).
Grambow. F. Allemagne (Prusse). EW.
Grammont (Gerardsbergen). Belgique (Fl. or.).
Grampound. L. Iles Britanniques (Angleterre).
Grampound Road. L. Iles Britann. (Angleterre).
Gramschütz. F. Allemagne (Prusse). EW.
Gran (S. Estergom). L. Autr.-Hongrie (Hongrie).
Granada. États-Unis (Colorado).
Granby. Amérique anglaise (Québec).
Granby. États-Unis (Connecticut).
Granby City. États-Unis (Missouri).
Grand Blanc. États-Unis (Michigan).
Grandchester. Australie (Queensland).
Grandcour. L. Suisse (Vaud).
Grand Crossing. États-Unis (Illinois).
Grand Crossing. États-Unis (Minnesota).
Grand Forks. États-Unis (Dacotah).
Grand Forks. États-Unis (Minnesota).
Grand Greve. Amérique anglaise (Québec).
Grand-Halleux. L. Belgique (Luxembourg).
Grand-Haven. États-Unis (Michigan).
Grand Island. États-Unis (Californie).
Grand Island. États-Unis (Nebraska).
Grand-Junction. États-Unis (Iowa).
Grand-Junction. États-Unis (Michigan).
Grand-Junction. États-Unis (Tennessee).
Grand-Ledge. États-Unis (Michigan).
Grand Meadow. États-Unis (Minnesota).
*Grandola. L. Portugal (Lisbonne).
Grand Rapids. États-Unis (Michigan).
Grand Rapids. États-Unis (Wisconsin).
Grand Ridge. États-Unis (Illinois).
Grand River. Amérique anglaise (Québec).
Grand-Saconnex. L. Suisse (Genève).
Grandson. L. Suisse (Vaud).
Grand Tower. États-Unis (Illinois).
Grand Tunnel Colliery. États-Unis (Pensylvanie).
Grandview. États-Unis (Indiana).
Grandy's Brook. Amérique angl. (Terre-Neuve).
Grangaerde. L. Suède.
Grange. F. Iles Britanniques (Écosse).
Grange. L. Iles Britanniques (Angleterre).
Granges. L. Suisse (Vaud).
Grangemouth. L. Iles Britanniques (Écosse).
Granger. États-Unis (Wyoming).
Grange Road. F. Iles Britanniques (Angleterre).
Granges (Les). L. Suisse (Soleure).
Granite Canon. États-Unis (Wyoming).
Granite City. États-Unis (Utah).
Graniteville. États-Unis (Caroline du Sud).
Granitza. N. Russie d'Europe (Keltze).
Granmichele. L. Italie (Catane).
Gran-Nana (Esztergom-Nana). F. Autr.-Hongrie (Hongrie).
Gransee. L. Allemagne (Prusse). EW.
Grant (Kankakee Co). États-Unis (Illinois).
Grant. États-Unis (New-York).
Grantham. L. Iles Britanniques (Angleterre).
Granton. Amérique anglaise (Ontario).
Granton. F. Iles Britanniques (Écosse).
Grantown. L. Iles Britanniques (Écosse).
*Grantown-Bridge. F. Iles Britanniques (Écosse).
Grant Road. F. Indes. OC.
Grants House. F. Iles Britanniques (Écosse).
Grant's Pass. États-Unis (Orégon).
Granville. États-Unis (New-York).
Granville. États-Unis (Ohio).
Granville. États-Unis (Wisconsin).
Grapeland. États-Unis (Texas).
Graslitz. L. Autriche-Hongrie (Bohême).
Grasmere. L. Iles Britanniques (Angleterre).
Grasshopper Falls. États-Unis (Kansas).
Grass-Lake. États-Unis (Michigan).
Grasstein. FL. Autriche-Hongrie (Tyrol).
Grass-Valley. États-Unis (Californie).
Grateley. L. Iles Britanniques (Angleterre).
Gratwein. F. Autriche-Hongrie (Styrie).
Gratzen. L. Autriche-Hongrie (Bohême).
Graudenz. Allemagne (Prusse). EW.
Grave. L. Pays-Bas.
Grave Creek. États-Unis (Orégon).
Gravellona di Pallanza. L. Italie (Novare).
Gravel-Pit. États-Unis (Ohio).
S'Graven-Braken (Braine-le-Comte). Belgique (Hainaut).
S'Gravenhage (S. la Haye). N. Pays-Bas.
Gravenhurst. Amérique anglaise (Ontario).
Gravenstein. L. Allem. (Prusse; Sleswig). EW.
Gravesend. Iles Britanniques (Angleterre).
Gravezande (S'Gravezande). L. Pays-Bas.
Gravina in Puglia. L. Italie (Bari).
Grayland. États-Unis (Illinois).
Grays. L. Iles Britanniques (Angleterre).
Gray's Ferry Phila. États-Unis (Pensylvanie).
Grayson. États-Unis (Kentucky).
Graytown. États-Unis (Ohio).
Grayville. États-Unis (Illinois).
Graz. N. Autriche-Hongrie (Styrie).
Great-Ayton. L. Iles Britanniques (Angleterre).
Great-Bardfield. L. Iles Britann. (Angleterre).
Great-Barrington. États-Unis (Massachusetts).
Great Bend. États-Unis (Kansas).
Great-Bend. États-Unis (New-York).
Great-Bend. États-Unis (Pensylvanie).
Great-Chesterford. L. Iles Britann. (Angleterre).
Great-Easton. L. Iles Britanniques (Angleterre; Leicester).
Great-Eccleston. L. Iles Britann. (Angleterre).
Great-Falls. États-Unis (New-Hampshire).
Great-Grimsby. F. Iles Britanniques (Angleterre).
Great-Hadham. L. Iles Britanniques (Angleterre).
Great-Harwood. L. Iles Britanniques (Angleterre).
Great-Horton. L. Iles Britanniques (Angleterre).
Great-Malvern. F. Iles Britanniques (Angleterre).
Great-Missenden. L. Iles Britann. (Angleterre).
Great-Ponton. F. Iles Britanniques (Angleterre)
Great Shelford. L. Iles Britanniques (Angleterre)
Great-Valley. États-Unis (New-York).
Great Village. Amér. angl. (Nouvelle-Écosse).
Great-Wakering. L. Iles Britann. (Angleterre).
Great-Waltham. L. Iles Britanniques (Angleterre).
Grebenstein. F. Allem. (Prusse.-Hesse-Cassel). OW
Greding. L. Allemagne (Bavière).
Greece City. États-Unis (Pensylvanie).
Greeley. États-Unis (Colorado).
Green-Bay. États-Unis (Wisconsin).
Green Bay Junction. États-Unis (Wisconsin).
Greenbrier. États-Unis (Tennessee).
Greenbrier-White-Sulphur-Springs. États-Unis (Virginie).
Greenbrook. États-Unis (New-Jersey).
Greenburn. L. Iles Britanniques (Écosse).
Greenbush. États-Unis (Michigan).
Greencastle. États-Unis (Indiana).
Greencastle. États-Unis (Pensylvanie).
*Greencastle. L. Iles Britanniques (Irlande).
Greene. États-Unis (Iowa).
Greene. États-Unis (New-York).
Greene. États-Unis (Rhode-Island).
Greenfield. États-Unis (Illinois).
Greenfield. États-Unis (Indiana).
Greenfield. États-Unis (Massachusetts).
Greenfield. États-Unis (Ohio).
Greenfield. États-Unis (Wisconsin).
Greenfield. L. Iles Britanniques (Angleterre).
*Greenhill. F. Iles Britanniques (Angleterre).
Greenhill. L. Iles Britanniques (Écosse).
Greenhithe. Iles Britanniques (Angleterre).
Greene Lake. États-Unis (Wisconsin).
Greenland. États-Unis (Michigan).
Greenlaw. L. Iles Britanniques (Écosse).
Greenleaf. États-Unis (Wisconsin).
Greenock. Australie (Australie méridionale).
Greenock. Iles Britanniques (Écosse).
Greenodd. F. Iles Britanniques (Angleterre).
Greenpoint. L. I. États-Unis (New-York).
Green-Pond. États-Unis (Alabama).
Green-Pond. États-Unis (Caroline du Sud).

Greenport. L. I. États-Unis (New-York).
Green-Ridge. États-Unis (Missouri).
Green River. États Unis (Utah).
Green-River. États-Unis (Wyoming).
Greensboro'. États-Unis (Alabama).
Greensboro'. États-Unis (Caroline du Nord).
Greensboro'. États-Unis (Maryland).
Greensboro'. États-Unis (Vermont).
Greensburg. États-Unis (Indiana).
Greensburg. États-Unis (New-Jersey).
Greensburg. États-Unis (Pensylvanie).
Green-Springs. États-Unis (Ohio).
Green Spring Run. États-Unis (Virginie).
Greenstreet. L. Iles Britanniques (Angleterre).
Greenupsburg. États-Unis (Kentucky).
Greenview. États-Unis (Illinois).
Greenville. États-Unis (Alabama).
Greenville. États-Unis (Caroline du Sud). .
Greenville. États-Unis (Michigan).
Greenville. États-Unis (Ohio).
Greenville (Mercer Co). États-Unis (Pensylvanie).
Greenville. États-Unis (Tennessee).
Greenville-Village. Amér. angl. (Québec).
Greenwich. États-Unis (Connecticut).
Greenwich. États-Unis (New-York).
Greenwich. États-Unis (Ohio).
Greenwich. L. Iles Britanniques (Londres).
Greenwich-Point Phila. États-Unis (Pensylvanie).
Greenwood. Amérique anglaise (Ontario).
Greenwood. États-Unis (Californie).
Greenwood. États-Unis (Caroline du Sud).
Greenwood. États-Unis (Indiana).
Greenwood. États-Unis (Michigan).
Greenwood. États-Unis (New-York).
Greenwood. États-Unis (Virginie).
Greetland. L. Iles Britanniques (Angleterre).
Greetsyhl. L. Allemagne (Prusse). OW.
Grefrath. F. Allemagne (Prusse). OW.
Greifenberg. I. Uckermake. F. Allem. (Pr.). EW.
Greifenberg. L. Allem. (Prusse; Poméranie). EW.
Greifenbourg. FL. Autriche-Hongrie (Carinthie).
Greifendorf. F. Autriche-Hongrie (Moravie).
Greifenhagen. L. Allemagne (Prusse). EW.
Greifenstein. FL. Autriche-Hongrie (Sous l'Enns).
Greiffenberg. L. Allemagne (Prusse; Silésie). EW.
Greifswald. Allemagne (Prusse). EW.
Greig. États-Unis (New-York).
Grein. L. Autriche-Hongrie (Sur l'Enns).
Greiz. Allemagne (Reuss). EW.
Grellingen. L. Suisse (Berne).
Grenaa. Danemark (Jutland).
Grenada. États-Unis (Mississipi).
Grenade. Amérique centrale (Antilles).
Grenade. N. Espagne (Grenade).
Grenchen (S. les Granges). L. Suisse (Soleure).
Grenfell. Australie (Nouvelle-Galles-du-Sud).
Grenna. L. Suède.
Grenville. Amérique anglaise (Québec).
Grenzach. FL. Allemagne (Bade).
Gresford. L. Iles Britanniques (Angleterre).
Gresley. F. Iles Britanniques (Angleterre).
Cretna. F. Iles Britanniques (Angleterre).
Greussen. L. Allemagne (Schwarzbourg). EW.
Greven. F. Allemagne (Prusse). OW.
Grevenbroich. L. Allemagne (Prusse). OW.
Grevenbrück. F. Allemagne (Prusse). OW.
Grevenmacher. L. Luxembourg.

Grevismühlen. F. Allemagne (Mecklembourg-Schwérin). EW.
Grey-Abbey. L. Iles Britanniques (Irlande).
Grey-Court. États-Unis (New-York).
Greymouth. Nouvelle-Zélande.
Greystone. L. Iles Britanniques (Irlande).
Greytown. Nouvelle-Zélande.
Grez-Doiceau. L. Belgique (Brabant).
Griazi. Russie d'Europe (Tambow).
Gridley. États-Unis (Illinois).
Griesbach (1). Bf. Allemagne (Bade).
Griesbach. L. Allemagne (Bavière).
Griesheim. F. Allemagne (Hesse-Darmstadt). OW.
Griessen. FL. Allemagne (Bade).
Griesskirchen. F. Autriche-Hongrie (Sur l'Enns).
Griffin. États-Unis (Géorgie).
Griffin. États-Unis (Missouri).
Griffin's-Corners. États-Unis (New-York).
Griffin's-Cove. Amérique anglaise (Québec).
Griggsville. États-Unis (Illinois).
Grignano. F. Autriche-Hongrie (Littoral d'Illyrie).
Grimesville. États-Unis (New-York).
Grimma. Allemagne (Saxe). EW.
Grimmen. L. Allemagne (Prusse). EW.
Grimmenthal. F. Allemagne (Saxe-Meiningen). OW.
Grimsby. Amérique anglaise (Ontario).
Grimsby. L. Iles Britanniques (Angleterre).
Grimsby-Docks. Iles Britanniques (Angleterre).
Grimsel. B. Suisse (Berne).
Grimstad. Norwége.
Grindelwad. L. Suisse (Berne).
Grindstone City. États-Unis (Michigan).
Gringley-on-the-Hill. L. Iles Brit. (Angleterre).
Grinnell. États-Unis (Iowa).
Grissee. L. Ile de Java. ES.
Grisslehamn. L. Suède.
Grizehne. F. Allemagne (Prusse). EW.
Grodek. L. Autriche-Hongrie (Galicie).
Grodno. N. Russie d'Europe (Grodno).
Grodsisk? F. Russie d'Europe (Varsovie).
Grœbers. F. Allemagne (Prusse). EW.
Grœbzig. L. Allemagne (Anhalt-Dessau). EW.
Grœnenbach. L. Allemagne (Bavière).
Grœnendaël. L. Belgique (Brabant).
Grœnhard. FL. Allemagne (Bavière).
Grœningen. L. Allemagne (Prusse). EW.
Groenlo. L. Pays-Bas.
Grœschelmauth. FL. Autriche-Hongrie (Moravie).
Grœsbeeck. États-Unis (Texas).
Groetoe. F. Norwége.
Grœtzingen. FL. Allemagne (Bade).
Grohnde. L. Allemagne (Prusse). OW.
Grombach. L. Allemagne (Bade).
Gronau. L. Allemagne (Prusse). OW.
Groningue. Pays-Bas.
Grono. L. Suisse (Grisons).
Groombridge. L. Iles Britanniques (Angleterre).
Grorud. F. Norwége.
Gros-Hettingen. F. Allemagne (Alsace-Lorraine).
Grosmont. L. Iles Britanniques (Angleterre).
Gross-Ammensdorf. F. Allem. (Prusse.) EW.
Gross-Auheim. F. Allemagne (Prusse; Hesse-Cassel). OW.
Gross-Becskerek. Autriche-Hongrie (Hongrie).
Gross-Beeren. F. Allemagne (Prusse). EW.
Gross-Behnitz. F. Allemagne (Prusse). EW.
Gross-Boschpol. F. Allemagne (Prusse . EW.

Gross-Enyed (S. Nagy-Enyed). L. Autriche-Hongrie (Transylvanie).
Gross-Enzersdorf. FL. Autr.-Hongrie (Sous l'Enns).
Grossflorian. FL. Autriche-Hongrie (Styrie).
Gross-Hœchstetten. L. Suisse (Berne).
Gross-Karben. F. Allemagne (Prusse). OW.
Gross-Karlowitz. L. Autriche-Hongrie (Moravie).
Gross-Kikinda (Nagy-Kikinda). Autriche-Hongrie (Hongrie).
Gross-Kreutz. F. Allemagne (Prusse). EW.
Gross-Linteln. F. Allemagne (Prusse). EW.
Gross-Maros. L. Autriche-Hongrie (Hongrie).
Gross-Meseritsch. L. Autriche-Hongrie (Moravie).
Gross-Mosty. L. Autriche-Hongrie (Galicie).
Gross-Neuendorf. L. Allemagne (Prusse). EW.
Gross-Rambin. F. Allemagne (Prusse). EW.
Grossramming. FL. Autriche-Hongrie. (Sur l'Enns).
Grossreifling. FL. Autriche-Hongrie (Styrie).
Gross-Rohrheim. F. Allemagne (Hesse-Darmstadt). OW.
Gross-Rosen. F. Allemagne (Prusse). EW.
Gross-Sieghart. L. Autriche-Hongrie (Sous l'Enns).
Gross-Strehlitz. L. Allemagne (Prusse). EW.
Gross-Weikersdorf. FL. Autr.-Hong. (Sous l'Enns).
Grossachsen. FL. Allemagne (Bade).
Grossachsenheim. Allemagne (Wurtemberg).
Grossaitingen. F. Allemagne (Bavière).
Grossbothen. F. Allemagne (Saxe). EW.
Grossbottwar. L. Allemagne (Wurtemberg).
Grosschœnau. F. Allemagne (Saxe). EW.
Grosse-Isle. États-Unis (Michigan).
Grossenbuseck. F. Allem. (Hesse-Darmstadt). OW.
Grossenhayn. Allemagne (Saxe). EW.
*Grossenluder. F. Allemagne (Prusse). OW.
Grosseto. Italie (Grosseto).
Grossgerau. F. Allemagne (Hesse-Darmstadt). OW.
Grossgottern. F. Allemagne (Prusse). EW.
Grosshesselohe. F. Allemagne (Bavière).
Grosskanitza. N. Autriche-Hongrie (Hongrie).
Grossroehrsdorf. F. Allemagne (Saxe). EW.
Grosswangen. L. Suisse (Lucerne).
Grosswardein (Nagy-Varad). N. Autriche-Hongrie (Hongrie).
Grosswasser. FL. Autriche-Hongrie (Moravie).
Gross-Wisternitz. FL. Autriche-Hongrie (Moravie.)
Grosswossek. FL. Autriche-Hongrie (Hongrie).
Groton. États-Unis (New-York).
Groton-Bank. États-Unis (Connecticut).
Grottamare. FL. Italie (Ascoli-Piceno).
Grottaminarda. L. Italie (Avellino).
Grottau. L. Autriche-Hongrie (Bohême).
Grotte. L. Italie (Girgenti).
Grottkau. L. Allemagne (Prusse). EW.
Groubeschow. L. Russie d'Europe (Lublin).
Grout's-Corner. États-Unis (Massachusetts).
Grouw. L. Pays-Bas.
*Grove-Ferry. F. Iles Britanniques (Angleterre).
Groveport. États-Unis (Ohio).
Groveton. États-Unis (New-Hampshire).
Grueningen. L. Suisse (Zurich).
Grulich. L. Autriche-Hongrie (Bohême).
Grumo-Appula. Italie (Bari).
Grunau. FL. Allemagne (Prusse). EW.
Grunbach. Allemagne (Wurtemberg).
Grunberg. Allemagne (Prusse). EW.
Grunberg. in Oberhessen. L. Allemagne (Hesse-Darmstadt). OW.

(1) Ouvert du 1er juin au 30 septembre.

Grund-Georgenthal. FL. Autr.-Hongrie (Bohême).
Grunheide. F. Allemagne (Prusse). EW.
Grunsfeld. FL. Allemagne (Bade).
Grünstadt. L. Allemagne (Bavière).
Grusch. L. Suisse (Grisons).
Grussbach. L. Autriche-Hongrie (Moravie).
Grybow. L. Autriche-Hongrie (Galicie).
Gryon. L. Suisse (Vaud).
Grypskerk. P. Pays-Bas.
Gschwend. L. Allemagne (Wurtemberg).
Gstaad. L. Suisse (Berne).
Gstatterboden. FL. Autriche-Hongrie (Styrie).
Gsteig p. Gessenay. L. Suisse (Berne).
Guadalajara. N. Espagne (Guadalajara).
Guadeloupe (La). Amérique centrale (Antilles).
Guadix. L. Espagne (Grenade).
Guaimaro. Amérique centrale (île de Cuba).
Gualdo-Tadino. FL. Italie (Pérouse).
Gualeguay. Amérique du Sud. (3e région.)
Gualeguaychu. Amérique du Sud. (3e région.)
Guanaja. Amérique centrale (île de Cuba).
Guarda. Portugal (Guarda).
Guarda. Suisse (Grisons).
Guarinaro. Amérique centrale (île de Cuba).
Guastalla. L. Italie (Reggio-d'Émilie).
Gubbio. L. Italie (Pérouse).
Guben. Allemagne (Prusse). EW.
Guckshagen. F. Allemagne (Prusse). OW.
Gudduck. L. Indes. OC.
Gudensberg. L. Allemagne (Prusse). OW.
Guebwiller (Gebweiler). Allem. (Alsace-Lorraine).
Guelph. Amérique anglaise (Ontario).
Guelph. G. T. R. Amérique anglaise (Ontario).
*Guemar. L. Allemagne (Alsace-Lorraine).
Guernesey. Iles Britanniques (îles de la Manche).
Guglingen. L. Allemagne (Wurtemberg).
Guhmer. F. Indes. OC.
Guhrau. L. Allemagne (Prusse). EW.
Guide-Bridge. F. Iles Britanniques (Angleterre).
Guildford. Iles Britanniques (Angleterre).
Guilford. États-Unis (Connecticut).
Guilsborough. L. Iles Britanniques (Angleterre).
Guimaraes. Portugal (Braga).
Guines. Amérique centrale (île de Cuba).
Guisborough. F. Iles Britanniques (Angleterre).
Guiseley. L. Iles Britanniques (Angleterre).
Gula-Fejervar (Karoly, Fegerbourg, Carlsbourg). Autriche-Hongrie (Transylvanie).
Güldenboden. F. Allemagne (Prusse). EW.
Güldenhoff. F. Allemagne (Prusse). EW.
Gulik (S. Julich). Allemagne (Prusse). OW.
Gumbinnen. Allemagne (Prusse). EW.
Gumeracka. Australie (Australie méridionale).
Gumern. FL. Autriche-Hongrie (Carinthie).
Gum-Island. F. États-Unis (Texas).
Gumlingen. FL. Suisse (Berne).
Gummersbach. L. Allemagne (Prusse). OW.
Gumpoldskirchen. Autr.-Hongrie. (Sous l'Enns).
Gundagai. Australie (Nouvelle-Galles du Sud).
Gundelfingen. L. Allemagne (Bavière).
Gundelsdorf. F. Allemagne (Bavière).
Gundelsheim. L. Allemagne (Wurtemberg).
Gundersheim. F. Allem. (Hesse-Darmstadt). OW.
Guneshkhind. N. Indes. OC.
Gunnebo. PL. Suède.
Gunnislake. L. Iles Britanniques (Angleterre).
Gunnison. États-Unis (Utah).
Güns (Koszeg). L. Autriche-Hongrie (Hongrie).
Gunskirchen. L. Autriche-Hongrie. (Sur l'Enns).
Guntersblum. F. Allem. (Hesse-Darmstadt). OW.
Guntersdorf. FL. Autriche-Hongrie. (Sous l'Enns).
Guntershausen. F. Allemagne (Prusse; Hesse-Cassel). OW.
Guntershofen. F. Allemagne (Alsace-Lorraine).
Guntoor. L. Indes. OC.
Guntown. États-Unis (Mississipi).
Günzach. F. Allemagne (Bavière).
Günzbourg. L. Allemagne (Bavière).
Günzenhausen. Allemagne (Bavière).
Gupont. FL. Belgique (Luxembourg).
Gura'Humora. L. Autriche-Hongrie (Bukowine).
Gurhi Huseroo. F. Indes. OC.
Gurkow. F. Allemagne (Prusse). EW.
Gurnee. États-Unis (Illinois).
Gurnigel. BL. Suisse (Berne).
Gurten. FL. Autriche-Hongrie (Sous l'Enns).
Güsen. F. Allemagne (Prusse). EW.
Gusow. F. Allemagne (Prusse). EW.
Gustavsburg. F. Allemagne (Hesse-Darmstadt). OW.
Gusten. L. Allemagne (Anhalt). EW.
Gustrow. Allemagne (Mecklembourg). EW.
Gutach. FL. Allemagne (Bade).
Gutenbach. L. Allemagne (Bade).
Gutenfeld. F. Allemagne (Prusse). EW.
Gutenstein. L. Autriche-Hongrie. (Sous l'Enns).
Gutersloh. L. Allemagne (Prusse). OW.
Guthrie. États-Unis (Iowa).
Guthrie. États-Unis (Kentucky).
Guthrie. F. Iles Britanniques (Écosse).
Gutstadt. L. Allemagne (Prusse). EW.
Guttenburg. États-Unis (Iowa).
Guttentag. L. Allemagne (Prusse). EW.
Guttingen. L. Suisse (Thurgovie).
Gutzkow. L. Allemagne (Prusse). EW.
Guymard. États-Unis (New-York).
Gwadel (S. Gwadur). Béloutchistan.
Gwadur. Béloutchistan.
Gwalior. L. Indes. OC.
*Gwincar-Road. F. Iles Britanniques (Angleterre).
Gwozdziec. L. Autriche-Hongrie (Galicie).
Gyanafalva (Jaennersdorf). FL. Autriche-Hongrie.
Gyères. FL. Autriche-Hongrie (Transylvanie.)
Gyergyo-Szens-Miklos. L. Autriche-Hongrie. (Transylvanie).
Gyertyamos. F. Autriche-Hongrie (Hongrie).
Gyoengyoes. Autriche-Hongrie (Hongrie).
Gyoer (Raale). L. Autriche-Hongrie (Hongrie).
Gyoma. FL. Autriche-Hongrie (Hongrie).
Gyomorœ. FL. Autriche-Hongrie (Hongrie).
Gyorok. FL. Autriche-Hongrie (Hongrie).
Gypsum. États-Unis (Ohio).
Gythion. Grèce (Laconie).
Gyula. L. Autriche-Hongrie (Hongrie).
Gyurgyevacz (Szent Gyorgy). L. Autriche-Hongrie (Croatie).

H

Haag. L. Allemagne (Bavière; Haut-Palatinat).
Haag. F. Autriche-Hongrie. (Sous l'Enns).
Haag (S. la Haye, S'Gravenhague). N. Pays-Bas.
Haagen. L. Allemagne (Bade).
Haan. F. Allemagne (Prusse). OW.
Haar. F. Allemagne (Bavière; Haut-Palatinat).
Haarlem. Pays-Bas.
Haarlemmermeer. L. Pays-Bas.
Habana (S. Havane). Amér. centr. (île de Cuba).
Habay-la-Neuve. L. Belgique (Luxembourg).
Habay-la-Vieille. L. Belgique (Luxembourg).
Habelschwerdt. L. Allemagne (Prusse). EW.
Habsheim. F. Allemagne (Alsace-Lorraine).
Habstein. FL. Autriche-Hongrie (Bohême).
Hackbridge. F. Iles Britanniques (Angleterre).
Hackensack. États-Unis (New-Jersey).
Hackettstown. États-Unis (New-Jersey).
Hadamar. F. Allemagne (Prusse). OW.
Haddenham. L. Iles Britanniques (Angleterre).
Haddington, Phila. États-Unis (Pensylvanie).
Haddington. L. Iles Britanniques (Écosse).
Haddiscoe. F. Iles Britanniques (Angleterre).
Haddonfield. États-Unis (New-Jersey).
Hadersdorf-près-Krems. FL. Autriche-Hongrie. (Sous l'Enns).
Hadersleben. L. Allem. (Prusse; Schleswig). EW.
Hadfield. L. Iles Britanniques (Angleterre).
Hadham. F. Iles Britanniques (Angleterre).
Hadhaz. FL. Autriche-Hongrie (Hongrie).
Hadikfalva. FL. Autriche-Hongrie (Bukowine).
Hadleigh. L. Iles Britanniques (Angleterre).
Hadley. États-Unis (New-York).
Hadley. États-Unis (Pensylvanie).
Hadlow. L. Iles Britanniques (Angleterre).
Hadlow-Cowe. Amérique anglaise (Québec).
Hadmersleben. F. Allemagne (Prusse). EW.
Haeltert. L. Belgique (Flandre orientale).
Haemelerward. F. Allemagne (Prusse). EW.
Haemerten. F. Allemagne (Prusse). EW.
Haeren. L. Belgique (Brabant).
Haerlebeke. Belgique (Flandre occidentale).
Haestholmen. L. Suède.
Haetzingen. L. Suisse (Glaris).
Haga. F. Norwége.
Hagen. F. Allemagne (Prusse; Hanovre). EW.
Hagen. Allemagne (Prusse; Westphalie). OW.
Hagenbuchach. F. Allemagne (Bavière).
Hagendingen (Hagondange). F. Allemagne (Alsace-Lorraine).
Hagenow. L. Allemagne (Mecklembourg). EW.
Hagerstown. États-Unis (Indiana).
Hagerstown. États-Unis (Maryland).
Haggerleases. F. Iles Britanniques (Angleterre).
Haggi-Kara. N. Turquie d'Asie A3-B2-C2-D2.
Hagley. L. Iles Britanniques (Angleterre).
Hague (S. la Haye). N. Pays-Bas.
Haguenau. Allemagne (Alsace-Lorraine).
Hahn. F. Allemagne (Oldenbourg). OW.
Hahndorf. Australie (Australie méridionale).
Haid. L. Autriche-Hongrie (Bohême).
Haida. L. Autriche-Hongrie (Bohême).
Haidenschaft. L. Autriche-Hongrie (Illyrie).
Haidhausen. L. Allemagne (Bavière).
Haidhof. PF. Allemagne (Bavière).
Haiger. F. Allemagne (Prusse). OW.
Haigersloch. L. Allemagne (Hohenzollern).
Hailsham. L. Iles Britanniques (Angleterre).
Hainau. L. Allemagne (Prusse). EW.
Hainbourg. L. Autriche-Hongrie (Sous l'Enns).

Haindorf. L. Autriche-Hongrie (Bohême).
Hainesport. États-Unis (New-Jersey).
Haine-Saint-Pierre. Belgique (Hainaut).
Hainfeld. L. Autriche-Hongrie (Sous l'Enns).
Hainichen. L. Allemagne (Saxe). EW.
Hajd Boszormeny. L. Autriche-Hongrie (Hongrie).
Hajmasker. FL. Autriche-Hongrie (Bohême).
Hakin. L. Iles Britanniques (Angleterre).
Hal. Belgique (Brabant).
Halap. FL. Autriche-Hongrie (Hongrie).
Halbau. F. Allemagne (Prusse). EW.
Halbe. F. Allemagne (Prusse). EW.
Halbeath. F. Iles Britanniques (Écosse).
Halberstadt. Allemagne (Prusse). EW.
Hale. États-Unis (Iowa).
Halesowen. L. Iles Britanniques (Angleterre).
Halesworth. L. Iles Britanniques (Angleterre).
Halewood. L. Iles Britanniques (Angleterre).
Halfweg. PL. Pays-Bas.
Halicz. L. Autriche-Hongrie (Galicie).
Halifax. L. Amérique anglaise (Nouvelle-Écosse)
Halifax. États-Unis (Caroline du Nord).
Halifax. États-Unis (Pensylvanie).
Halifax. Iles Britanniques (Angleterre).
*Hall. L. Iles Britanniques (Angleterre).
Hall-a-Kocher. Allemagne (Wurtemberg).
Hall-près-Steyr. L/BC. Autr.-Hongrie (Sur l'Enns).
Hall-près-Inspruck. L. Autriche-Hongrie (Tyrol).
Halle. L. Allemagne (Prusse; Westphalie). EW.
Halle-sur-Saal. N. Allemagne (Prusse). EW.
Halleck. États-Unis (Nevada).
Hallein. L. Autriche-Hongrie (Salzbourg).
Halliwell. L. Iles Britanniques (Angleterre).
Hallowell. États-Unis (Maine).
Hall's. États-Unis (Missouri).
Hallsberg. FL. Suède.
Hallstadt. L. Autriche-Hongrie (Sur l'Enns).
Hallstahammar. L. Suède.
Hallville. États-Unis (Texas).
Halmi. L. Autriche-Hongrie (Hongrie).
Halmstad. Suède.
Hals. L. Danemark.
Halsey. États-Unis (Orégon).
*Halsha. F. Indes. OC.
Halskow. H. Danemark (I. Zélande).
Halstead. Iles Britanniques (Angleterre).
Haltern. F. Allemagne (Prusse). OW.
Haltingen. FL. Allemagne (Bade).
Haltwhistle. F. Iles Britanniques (Angleterre).
Halver. L. Allemagne (Prusse). OW.
Hamadan. N. Perse.
Hamar C/HL. Norwége.
Hambach. F. Allemagne (Alsace-Lorraine).
Hambledon. L. Iles Britanniques (Angleterre).
Hambourg. N. Allemagne (Ville libre). EW.
Hambrook. L. Iles Britanniques (Angleterre).
Hamburg Station. Amérique anglaise (Ontario).
Hamburg. États-Unis (Iowa).
Hamburg. États-Unis (New-York).
Hamburg. États-Unis (Pensylvanie).
Hamden. États-Unis (Ohio).
Hameln. Allemagne (Prusse; Hanovre). EW.
Hamilton. Amérique angl. (Ontario).
Hamilton. Australie (Victoria).
Hamilton. États-Unis (Illinois).
Hamilton. États-Unis (Minnesota).
Hamilton (Caldwell Co) États-Unis (Missouri).
Hamilton. États-Unis (Nevada).
Hamilton. États-Unis (New-York).
Hamilton. États-Unis (Ohio).
Hamilton. Iles Britanniques (Écosse).
Hamilton. Nouvelle-Zélande.
Hamlet. États-Unis (Indiana).
Hamm. Allemagne (Prusse). OW.
Hamme. L. Belgique (Flandre occident.).
Hamme Mill. L. Belgique (Brabant).
Hammelburg. L. Allemagne (Bavière).
Hammer. F. Allemagne (Prusse). EW.
Hammerau. F. Allemagne (Bavière).
Hammerfest. Norwége.
*Hammerwich. F. Iles Britann. (Angleterre).
Hammond. États-Unis (Michigan).
Hammond. États-Unis (Wisconsin).
Hammonds. États-Unis (Louisiane).
Hammondsport. États-Unis (New-York).
Hammonton. États-Unis (New-Jersey).
Hamoir. L. Belgique (Liége).
Hampden. États-Unis (Maine).
Hampden Corner. États-Unis (Maine).
Hampden. Nouvelle-Zélande.
Hampton. Amérique anglaise (New-Brunswick).
Hampton. Amérique anglaise (Ontario).
Hampton. États-Unis (Géorgie).
Hampton. États-Unis (Illinois).
Hampton. États-Unis (New-Hampshire).
Hampton. États-Unis (Utah).
Hampton. FL. Iles Britanniques (Angleterre).
Hampton. L. Iles Britanniques (Angleterre).
Hampton Court. F. Iles Britanniques (Angleterre).
Hampton in Arden. L. Iles Britann. (Angleterre).
Ham Street. L. Iles Britanniques (Angleterre).
Ham-sur-Heure. FL. Belgique (Hainaut).
Hamworthy. F. Iles Britanniques (Angleterre).
Hanau. All. (Prusse; Hesse-Cassel). OW.
Hancock. États-Unis (Maryland).
Hancock. États-Unis (Michigan).
Hancock. États-Unis (Minnesota).
Hancock. États-Unis (New-York).
Handcross. L. Iles Britanniques (Angleterre).
Handforth. L. Iles Britanniques (Angleterre).
Handsworth-Woodhouse. L. Iles Brit. (Angl.).
Handzaeme. L. Belgique (Flandre occidentale).
Hanging Rock. États-Unis (Ohio).
Hania (La Canée). Turquie d'Asie (Ile de Crète).
Hanibal. États-Unis (New-York).
Hankins. États-Unis (New-York).
Hanley. L. Iles Britanniques (Angleterre).
Hanley Castle. L. Iles Britanniques (Angleterre).
Hanna (La Porte Co). États-Unis (Indiana).
Hannibal. États-Unis (Missouri).
Hannsdorf. L. Autriche-Hongrie (Moravie).
Hannut. L. Belgique (Liége).
Hanover. Amérique anglaise (Ontario).
Hanover. États-Unis (Kansas).
Hanover (Columbiana Co). États-Unis (New-Hampshire).
Hanover. États-Unis (Michigan).
Hanover (Columbiana Co). États-Unis (Ohio).
Hanover (Licking Co). États-Unis (Ohio).
Hanover. États-Unis (Pensylvanie).
Hanover. C. H. États-Unis (Virginie).
Hanover. États-Unis (Wisconsin).
Hanover-Junction. États-Unis (Pensylvanie).
Hanover-Junction. États-Unis (Virginie).
Hanovre. N. All. (Prusse; Hanovre). EW.
Hansbecke. L. Belgique (Flandre orientale).
Hausdorf. F. Allemagne (Prusse). EW.
Hanslope. L. Iles Britanniques (Angleterre).
Hanson. États-Unis (Kentucky).
Hansweert. L. Pays-Bas.
Hantsport. Amérique angl. (Nouvelle-Écosse).
Hanworth. L. Iles Britanniques (Angleterre).
Hanzinne. L. Belgique (Namur).
Haparanda. Suède.
Haps. P. Pays-Bas.
Hapsal. L. Russie d'Europe (Esthonie).
Harbatshofen. F. Allemagne (Bavière).
Harbor Creek. États-Unis (Pensylvanie).
Harbor Grace. Amérique angl. (Terre-Neuve).
Harbourg. F. Allemagne (Bavière).
Harbourg. Allemagne (Prusse; Hanovre). EW.
Harbury. F. Iles Britanniques (Angleterre).
Harby. L. Iles Britanniques (Angleterre).
Hardeeville. États-Unis (Caroline du Sud).
Hardegarijp. P. Pays-Bas.
Harderwijk. L. Pays-Bas.
Hardheim. L. Allemagne (Bade).
Hardt près Siegen. F. Allemagne (Prusse). OW.
Hardwagunge. F. Indes. OC.
Hardwick. États-Unis (Vermont).
Harecastle. F. Iles Britanniques (Angleterre).
Harefield. L. Iles Britanniques (Angleterre).
Harewood. L. Iles Britanniques (Angleterre).
Harff. F. Allemagne (Prusse). OW.
Harford. États-Unis (New-York).
Harford Mills. États-Unis (New-York).
Harkany. BL. Autriche-Hongrie (Hongrie).
Harlau (Harlaou). L. Roumanie (Bottosani).
Harlem. États-Unis (Missouri).
Harlem. États-Unis (New-York).
Harleston. L. Iles Britanniques (Angleterre).
Harling. L. Iles Britanniques (Angleterre).
Harlingen. Pays-Bas.
Harling Road. F. Iles Britanniques (Angleterre).
Harlington. L. Iles Britanniques (Angleterre).
Harlow. L. Iles Britanniques (Angleterre).
Harmelen. P. Pays-Bas.
Harmignies. L. Belgique (Hainaut).
Harmony. États-Unis (Indiana).
Haro. L. Espagne (Logrono).
Harownee. F. Indes. OC.
Harpenden. L. Iles Britanniques (Angleterre).
Harper's Ferry. États-Unis (Iowa).
Harper's Ferry. États-Unis (Territoire de Washington).
Harpersville. États-Unis (New-York).
Harrington. États-Unis (Delaware).
Harrington. États-Unis (Maine).
Harrington. L. Iles Britanniques (Angleterre).
Harris. L. Iles Britanniques (Écosse).
Harrisburg. Amérique anglaise (Ontario).
Harrisburg. États-Unis (Illinois).
Harrisburg. États-Unis (Orégon).
Harrisburg. États-Unis (Pensylvanie).
Harrisburgh. États-Unis (Texas).
Harrisburg Stockyards. États-Unis (Pensylvanie).
Harrison. États-Unis (Ohio).
Harrisonburg. États-Unis (Virginie).
Harrison Square. États-Unis (Massachusetts).
Harrisonsville. États-Unis (Missouri).
Harriston. Amérique anglaise (Ontario).
Harrisville. États-Unis (Michigan).
Harrisville. États-Unis (New-Hampshire).
Harrisville. États-Unis (Pensylvanie).

Harrodsburg. États-Unis (Indiana).
Harrogate. Iles Britanniques (Angleterre).
Harrold. L. Iles Britanniques (Angleterre).
Harrow. L. Iles Britanniques (Angleterre).
Harrow-Weald. L. Iles Britanniques (Angleterre)
Harsdorf. F. Allemagne (Bavière).
Harstad. L. Norvége.
Harsum. F. Allemagne (Prusse). EW.
Hart. États-Unis (Michigan).
Hartberg. L. Autriche-Hongrie (Styrie).
Hartfield. F. Iles Britanniques (Angleterre).
Hartford. États-Unis (Connecticut).
Hartford. États-Unis (Indiana).
Hartford. États-Unis (Kansas).
Hartford. États-Unis (Michigan).
Hartford. États-Unis (Vermont).
Hartford. États-Unis (Wisconsin).
Hartford. L. Iles Britann. (Angleterre).
Hartford Bridge (Hartley-Row). L. Iles Britanniques (Angleterre).
Hartington. L. Iles Britanniques (Angleterre).
Hartland. États-Unis (Vermont).
Hartland. États-Unis (Wisconsin).
Hartland. L. Iles Britanniques (Angleterre).
Hartlepool. L. Iles Britanniques (Angleterre).
Hartley. Australie (Nouvelle-Galles du Sud).
Hartley Roow (Hartford-Bridge). L. Iles Britanniques (Angleterre).
Hartmanitz. L. Autriche-Hongrie (Bohême).
Hartmannshof. PF. Allemagne (Bavière).
Hartsells. États-Unis (Alabama).
Hart's Falls. États-Unis (New-York).
Harvard. États-Unis (Illinois).
Harvard. États-Unis (Nebraska).
Harvey. York Co. Amérique anglaise (Nouveau-Brunswick).
Harwich. États-Unis (Massachusetts).
Harwich. Iles Britanniques (Angleterre).
Harwood (Summer office). Amér. ang. (Ontario).
Harzbourg. F. Allemagne (Brunswick). EW.
Harzgerode. L. Allemagne (Anhalt). EW.
Hasbergen. Allemagne (Prusse). OW.
Haselunne. Allemagne (Prusse). OW.
Hasenpoth. L. Russie d'Europe. (Courlande).
* Haskeny. Turquie d'Europe. A1-B3-C2-D3.
Haslach. FL. Allemagne (Bavière).
Haslau. L. Autriche-Hongrie (Bohême).
Hasle. L. Allemagne (Bade).
Haslemere. L. Danemark (I. de Bornholm).
Haslingden. F. Iles Britanniques (Angleterre).
Haspe. L. Allemagne (Prusse). OW.
Haspelmoor. F. Allemagne (Bavière).
Hasperde. F. Allemagne (Prusse). EW.
Hasselt. L. Belgique (Limbourg).
Hassfurt. L. Allemagne (Bavière).
Hassloch. L. Allemagne (Bavière).
Hassmerssheim. FL. Allemagne (Bade).
Hassock's Gate. F. Iles Britanniques (Angleterre).
Hassop. F. Iles Britanniques (Angleterre).
Haste. F. Allemagne (Prusse; Hesse-Cassel). EW.
Hastière. L. Belgique (Namur).
Hastings. Amérique anglaise (Ontario).
Hastings. États-Unis (Michigan).
Hastings. États-Unis (Minnesota).
Hastings. États-Unis (Nebraska).
Hastings. Iles Britanniques (Angleterre).
Haswell. L. Iles Britanniques (Angleterre).
Hatborough. Etats-Unis (Pensylvanie).
Hatche. F. Iles Britanniques (Angleterre).
Hatfield. L. Iles Britanniques (Angleterre).
Hatfield (Herts). L. Iles Britanniques (Angleterre).
Hatherleigh. L. Iles Britanniques (Angleterre).
Hathersage L. Iles Britanniques (Angleterre).
Hatna. FL. Autriche-Hongrie (Bukowine).
Hatszeg. L. Autriche-Hongrie (Transylvanie).
Hattem P. Pays-Bas.
Hattenheim. F. Allemagne (Prusse; Nassau). OW.
Hattersheim. F. Allem. (Hesse-Darmstadt). OW.
Hattingen. FL. Allemagne (Bade).
Hattingen. L. Allemagne (Prusse). OW.
Hatton. F. Iles Britanniques (Angleterre).
Hattrass. F. Indes. OC.
Hatt's Camp. Et.-Unis (Territoire de Washington).
Hatvan. F. Autriche-Hongrie (Hongrie).
Hatzfeld. L. Autriche-Hongrie (Hongrie).
Haugesund. Norwége.
Haughley. L. Iles Britanniques (Angleterre).
Haugsdorf. FL. Autriche-Hongrie (Sous l'Enns).
Hauptweil. L. Suisse (Thurgovie).
Hausach. L. Allemagne (Bade).
Hausen-sur-Albis. L. Suisse (Zurich).
Hausham. F. Allemagne (Bavière).
Hauto. États-Unis (Pensylvanie).
Haut-Pré. Belgique (Liége).
Hauts-Geneveys. FL. Suisse (Neuchâtel).
Havana. États-Unis (New-York).
Havane (La) (Habana). Amér. cent. Ile de Cuba.
Havanna. États-Unis (Illinois).
Havant. Iles Britanniques (Angleterre).
Havelange. L. Belgique (Namur).
Havelberg. L. Allemagne (Prusse). EW.
Havelock. Amérique anglaise (Québec).
Havelock. Nouvelle-Zélande.
Haverfordwest. L. Iles Britanniques (Angleterre).
Haverhill. États-Unis (Massachusetts).
Haverhill. États-Unis (New-Hampshire).
Haverhill. Iles Britanniques (Angleterre).
Havering. L. Iles Britanniques (Angleterre).
Haversin. L. Belgique (Namur).
Haverstraw. États-Unis (New-York).
Haverthwaite. F. Iles Britanniques (Angleterre).
Havinnes. L. Belgique (Hainaut).
Havnvik. L. Norwége.
Havre de Grâce. États-Unis (Maryland).
Havré. Belgique (Hainaut).
Hawarden. L. Iles Britanniques (Angleterre).
Hawera. Nouvelle-Zélande.
Hawes. L. Iles Britanniques (Angleterre).
Hawesville. États-Unis (Kentucky).
Hawick. Iles Britanniques (Écosse).
Hawkesbury. Amérique anglaise (Cap Breton).
Hawkesbury. Amérique anglaise (Ontario).
Hawkesbury Mills. Amérique anglaise (Ontario).
Hawkins. États-Unis (Texas).
Hawk's Nest. États-Unis (Virginie).
Hawkstone. Amérique anglaise (Ontario).
Hawhshead. L. Iles Britanniques (Angleterre).
Hawkhurst. Iles Britanniques (Angleterre).
Hawkwood. Australie (Queensland).
Hawley. Etats-Unis (Minnesota).
Hawley. États-Unis (Pensylvanie).
Haworth. L. Iles Britanniques (Angleterre).
Hawthornden. F. Iles Britanniques (Écosse).
Haxey. L. Iles Britanniques (Angleterre).
Hay. Australie (Nouvelle-Galles du Sud).
Hay. L. Iles Britanniques (Angleterre).
Haya (S. La Haye). Pays-Bas.
Hayange. L. Allemagne (Alsace-Lorraine).
Haydenville. États-Unis (Massachusetts).
Haydenville. États-Unis (Ohio).
Haydock. L. Iles Britanniques (Angleterre).
Haydon Bridge. L. Iles Britanniques (Angleterre).
Haye (La) (Gravenhagen). N. Pays-Bas.
Hayes. L. Iles Britanniques (Angleterre).
Hayfield. L. Iles Britanniques (Angleterre).
Hayle. L. Iles Britanniques (Angleterre).
Hayling. F. Iles Britanniques (Angleterre).
Hayling-Island. L. Iles Britanniques (Angleterre).
Hays City. États-Unis (Kansas).
Haysville. États-Unis (Alabama).
Hayton. États-Unis (Wisconsin).
Haywards. États-Unis (Minnesota).
Hayward's Heath. F. Iles Britann. (Angleterre).
Hayville. États-Unis (Pensylvanie).
Hazard. États-Unis (Wyoming).
Hazardville. États-Unis (Pensylvanie).
Hazel Grove. L. Iles Britanniques (Angleterre).
Hazelwood. États-Unis (Pensylvanie).
Hazlehurst. États-Unis (Mississipi).
Hazleton. États-Unis (Indiana).
Hazleton. États-Unis (Pensylvanie).
Headcorn. L. Iles Britanniques (Angleterre).
Headford. L. Iles Britanniques (Irlande).
Headingley. L. Iles Britanniques (Angleterre).
Healdsburg. États-Unis (Californie).
*Healey Hall. F. Iles Britanniques (Angleterre).
Heanor. Iles Britanniques (Angleterre).
Heapbridge. L. Iles Britanniques (Angleterre).
Hearne. États-Unis (Texas).
Hearts'Content. Amérique anglaise (Terre-Neuve).
Heathcote. Australie (Victoria).
Heathfield. L. Iles Britanniques (Angleterre).
Hebburn. L. Iles Britanniques (Angleterre).
Hebden-Bridge L. Iles Britanniques (Angleterre).
Hebron. États-Unis (Indiana).
Hebron. États-Unis (Utah).
Hebron-Damnitz. F. Allemagne (Prusse). EW.
Hechingen. Allemagne (Hohenzollern).
Heckington. L. Iles Britanniques (Angleterre).
Heckmondwike. L. Iles Britanniques (Angleterre).
Heckscherville États-Unis (Pensylvanie).
Hedel. P. Pays-Bas.
Hedemora. L. Suède.
Hedemunden. F. Allemagne (Prusse). EW.
Hednesford. L. Iles Britanniques (Angleterre).
Hedon. L. Iles Britanniques (Angleterre).
Heen. F. Norwége.
Heenvliet. P. Pays-Bas.
Heer-Agimont. L. Belgique (Namur).
Heerenveen. Pays-Bas.
Hegyes-Halom (Strass Somerein). F. Autriche-Hongrie (Hongrie).
Heide. F. Allemagne (Prusse; Holstein). EW.
Heideck. L. Allemagne (Bavière).
Heide-Gersdorf. F. Allemagne (Prusse). EW.
Heidelberg. Allemagne (Bade).
Heidelsheim. FL. Allemagne (Bade).
Heiden. L. Suisse (Appenzell).
Heidenheim. L. Allemagne (Bavière).
Heidenheim an der Brenz. Allem. (Wurtemberg)
Heidershorf. L. Allemagne (Prusse). EW.
Heidesheim. FL. Allem. (Hesse-Darmstadt). OW
Heidingsfeld. F. Allemagne (Bavière).
Heigenbruken. F. Allemagne (Bavière).

Heilbronn. Allemagne (Wurtemberg).
Heiligenbeil. L. Allemagne (Prusse). EW.
Heiligenberg. L. Allemagne (Bade).
Heiligendamm. BL. Allem. (Mecklembourg). EW.
Heiligenhafen. L. Allem. (Prusse; Holstein). EW.
Heiligenstadt. L. Allemagne (Prusse). EW.
Heiligkreuz. F. Allemagne (Alsace-Lorraine).
Heilsberg. L. Allemagne (Prusse). EW.
Heilsbronn. L. Allemagne (Bavière).
Heimbach. F. Allemagne (Prusse). OW.
Heimdal. F. Norwége.
Heimenschwand. L. Suisse (Berne).
Heinrichau. F. Allemagne (Prusse). EW.
Heinrichswalde. L. Allemagne (Prusse). EW.
Heinsberg. L. Allemagne (Prusse). OW.
Heissen. F. Allemagne (Prusse). OW.
Heitersheim. FL. Allemagne (Bade).
Hejasfalva. FL. Autriche-Hongrie (Transylvanie).
Hela. L. Allemagne (Prusse). EW.
Helchteren. L. Belgique (Limbourg).
Helder (Le). P. Pays-Bas.
Hele. F. Iles Britanniques (Angleterre)
Heledomond. Australie (Queensland).
Helena. Amérique anglaise (Québec).
Helena. États-Unis (Arkansas).
Helena. États-Unis (Caroline du Sud).
Helena. États-Unis (Montana).
Helena. États-Unis (New-York).
Helensburgh. L. Iles Britanniques (Écosse).
Heligoland (Helgoland), Iles Brit. Heligoland.
Heligoland (Helgoland). Iles Brit. Sém. Heligoland.
Hellertown. États-Unis (Pensylvanie).
Hellevoetsluis. P. Pays-Bas.
Hellin. Espagne (Albacete).
Helmarshausen L. Allemagne (Prusse). OW.
Helmbrechts. L. Allemagne (Bavière).
Helmond. L. Pays-Bas.
Helmsdale. L. Iles Britanniques (Écosse).
Helmshore. F. Iles Britanniques (Angleterre).
Helmsley. L. Iles Britanniques (Angleterre).
Helmstadt. L. Allemagne (Bade).
Helmstedt. F. Allemagne (Brunswick) EW.
Helpstone. F. Iles Britanniques (Angleterre).
Helsingborg. Suède.
Helsinge. L. Danemark (île de Zélande).
Helsingfors. N. Russie d'Europe (Nuland).
Helsingoer (S. Elseneur). Danem. (île de Zélande).
Helston. Iles Britanniques (Angleterre).
Hematite. États-Unis (Missouri).
Hemau. L. Allemagne (Bavière).
Hemel-Hempstead L. Iles Britann. (Angleterre).
Hemelingen. F. Allemagne (Prusse). OW.
Hemmingen. F. Allemagne (Alsace-Lorraine).
Hemmingen. L. Allemagne (Wurtemberg).
Hemmingford. Amérique anglaise (Québec).
Hempstead. États-Unis (Texas).
Hemsbach. L. Allemagne (Bade).
Hemsworth. F. Iles Britanniques (Angleterre).
Henderson. États-Unis (Caroline du Nord).
Henderson. États-Unis (Kentucky).
Henderson. États-Unis (Maryland).
Henderson. États-Unis (Minnesota).
Henderson. États-Unis (New-York).
Henderson. États-Unis (Tennessee).
Henfenfeld. F. Allemagne (Bavière)
Henfield. L. Iles Britanniques (Angleterre).
Hengelo. L. Pays-Bas.
Hengersberg. L. Allemagne (Bavière).
Henggart. L. Suisse (Zurich).
Henjaum (Ile de). Golfe Persique.
Henley in Arden. L. Iles Britann. (Angleterre).
Henley-on-Thames. L. Iles Britann. (Angleterre).
Hennef. L. Allemagne (Prusse). OW.
Hennersdorf. FL. Autriche-Hongrie (Silésie).
Henniker. États-Unis (New-Hampshire).
Henningswaer (1). H. Norwége.
Henrietta. États-Unis (New-York).
Henrietta. États-Unis (Pensylvanie).
Henry. États-Unis (Illinois).
Henryville. États-Unis (Pensylvanie).
Heusden. L. Pays-Bas.
Henuyères. L. Belgique (Hainaut).
Henzada. L. Indes. EC.
Heppen (S. Wilhelmshafen). L. Allemagne (Oldenbourg). OW.
Heppenheim. F. Allem. (Hesse-Darmstadt). OW.
Héraclée (Erekli). Turquie-d'Asie A2. B2. C1. D1.
Heras (Las). Amérique du Sud (4e région).
Herbertingen. Allemagne (Wurtemberg).
Herbesthal. F. Allemagne (Prusse). OW.
Herbesthal. Belgique (Liége).
Herbolzheim. FL. Allemagne (Bade).
Herborn. F. Allemagne (Prusse). OW.
Hercules-Bad (S. Mehadia). Autriche-Hongrie (Confins militaires).
Herdecke. L. Allemagne (Prusse). OW.
Herdorf. F. Allemagne (Prusse). OW.
Hereford. Iles Britanniques (Angleterre).
Hereford-Bars-Court. F. Iles Britann. (Angleterre).
Herend. FL. Autriche-Hongrie (Hongrie).
Herenthals. Belgique (Anvers).
Herford. L. Allemagne (Prusse). OW.
Hergatz. F. Allemagne (Bavière).
Heringen. F. Allemagne (Prusse). EW.
Heringsdorf. L. Allemagne (Prusse). EW.
Herisau. Suisse (Appenzell).
Herkimer. États-Unis (New-York).
Herlasgrün. F. Allemagne (Saxe). EW.
Herleshausen F. Allemagne (Prusse; Hesse-Cassel). OW.
Herlisheim. F. Allemagne (Alsace-Lorraine).
Hermagor. L. Autriche-Hongrie (Carinthie).
Hermance. L. Suisse (Genève).
Hermanic. F. Autriche-Hongrie (Bohême).
Hermanmestec. L. Autriche-Hongrie (Bohême).
Hermann. États-Unis (Missouri).
Hermann. États-Unis (Minnesota).
Hermannseifen. L. Autriche-Hongrie (Bohême).
Hermannshutte. FL. Autriche-Hongrie (Bohême).
Hermannstadt (S. Nagy-Szeben). N. Autr.-Hongrie (Transylvanie).
Hermon. États-Unis (New-York).
Hermsdorf. L. Allemagne (Prusse). EW.
Hernando. États-Unis (Mississipi).
Herne. F. Allemagne (Prusse). OW.
Herne Bay. L. Iles Britanniques (Angleterre).
Herning. L. Danemark (Jutland).
Heron Lake. États-Unis (Minnesota).
Hernœsand. Suède.
Herny. F. Allemagne (Alsace-Lorraine).
Herrenalb. L. Allemagne (Wurtemberg).
Herrenberg. L. Allemagne (Wurtemberg).
Herrendorf. FL. Autriche-Hongrie (Bohême).
Herrenprotsch. F. Allemagne (Prusse). EW.
Herrick Centre (Susquehanna Co). États-Unis (Pensylvanie).
Herrieden. L. Allemagne (Bavière).
Herrliberg. L. Suisse (Zurich).
Herrlingen. Allemagne (Wurtemberg).
Herrljunga. FL. Suède.
Herrnbergtheim. F. Allemagne (Bavière).
Herrnhut. F. Allemagne (Saxe). EW.
Herrnstadt L. Allemagne (Prusse). EW.
Hersbruck. L. Allemagne (Bavière).
Hersey. États-Unis (Michigan).
Hersey. États-Unis (Minnesota).
Hersey. États-Unis (Wisconsin).
Hersfeld. L. Allemagne (Prusse; Hesse-Cassel). OW.
Herstal. L. Belgique (Liége).
Hertford. Iles Britanniques (Angleterre).
Hertogenbosch (S. Bois le-Duc) Pays-Bas.
Herve. L. Belgique (Liége).
Hervey City. États-Unis (Illinois).
Herxheim. L. Allemagne (Bavière).
Herzberg-sur-Harz. L. Allemagne (Prusse; Hanovre). EW.
Herzberg (Merseburg). L. Allem. (Prusse). EW.
Herzele. L. Belgique (Flandre orientale).
Herzogenaurach. L. Allemagne (Bavière).
Herzogenbuchsée. L. Suisse (Berne).
Herzogenburg. L. Autriche-Hongrie (Sous l'Enns).
Herzogenrath. F. Allemagne (Prusse). OW.
Hespeler. Amérique anglaise (Ontario).
Hessle. L. Iles Britanniques (Angleterre).
Hessleholm. FL. Suède.
Hessigkofen. L. Suisse (Soleure).
Hethars. F. Autriche-Hongrie (Hongrie).
Hett-Loo. L/EC. Pays-Bas.
Hetton-le-Hole. L. Iles Britanniques (Angleterre).
Hettstadt. L. Allemagne (Prusse). EW.
Hetzendorf. F. Autriche-Hongrie (Sous l'Enns).
Heudeber-Darmstadt. F. Allemagne (Prusse). EW.
Heufeld. F. Allemagne (Bavière).
Heustrich. BL. Suisse (Berne).
Hexham. F. Australie (Victoria).
Hexham. Iles Britanniques (Angleterre).
Heybridge. L. Iles Britanniques (Angleterre).
Heydekrug. L. Allemagne (Prusse). EW.
Heyford. F. Iles Britanniques (Angleterre).
Heyst. L. Belgique (Flandre occidentale).
Heytesbury. L. Iles Britanniques (Angleterre).
Heyst-op-den-Berg. L. Belgique (Anvers).
Heywood. Iles Britanniques (Angleterre).
Hiawatha. États-Unis (Kansas).
Hickman. États-Unis (Kentucky).
Hickory. États-Unis (Mississipi).
Hickory. États-Unis (Pensylvanie).
Hick-Ferry. États-Unis (Pensylvanie).
Hicksville L. I. États-Unis (New-York).
Hidas-Nemethi. FL. Autriche-Hongrie (Hongrie
Hieflau. FL. Autriche-Hongrie (Styrie).
Higganum. États-Unis (Connecticut).
Higginsville. États-Unis (Missouri).
Higham. F. Iles Britanniques (Angleterre).
Higham-Ferrers. L. Iles Britanniques (Angleterre).
Highgate Centre. États-Unis (Vermont).
Highgate Falls. États-Unis (Vermont).
Highbridge. L. Iles Britanniques (Angleterre).
Highbridge. F. Iles Britanniques (Angleterre).
High-Bridge. États-Unis (New-Jersey).
Higher-Hurst. L. Iles Britanniques (Angeterre

(1) Les dépêches sont transmises jusqu'à Bodoe par le télégraphe, et de cette ville à Henningswaer, par la poste. — Le transport postal est gratuit.

High-Falls. États-Unis (New-York).
High-Hill. États-Unis (Missouri).
Highland. États-Unis (Kansas).
Highland. États-Unis (Michigan).
Highland-Light. États-Unis (Massachusetts).
Highland-Park. États-Unis (Illinois).
Highlands. États-Unis (New-Jersey).
Highlands. États-Unis (New-York).
High-Point. États-Unis (Caroline du Nord).
High-Spire. États-Unis (Pensylvanie).
Hightstown. États-Unis (New-Jersey).
Highworth. L. Iles Britanniques (Angleterre).
High-Wycombe. Iles Britanniques (Angleterre).
Hijar. L. Espagne (Teruel).
Hilbert. États-Unis (Wisconsin).
Hilchenbach. L. Allemagne (Prusse). OW.
Hildburghausen L. Allem. (Saxe-Meiningen). EW.
Hilden. L. Allemagne (Prusse). OW.
Hildenborough. F. Iles Britanniques (Angleterre).
Hildesheim. Allemagne (Prusse; Hanovre). EW.
Hillborough. L. Iles Britanniques (Irlande).
Hilleroed. Danemark (île de Zélande).
Hillesheim. F. Allemagne (Prusse). OW.
Hillhead. L. Iles Britanniques (Écosse).
Hilliard's. États-Unis (Michigan).
Hilliard's. États-Unis (Ohio).
Hillington. L. Iles Britanniques (Angleterre).
Hillsboro. États-Unis (Alabama).
Hillsboro. États-Unis (Caroline du Nord).
Hillsboro. États-Unis (Illinois).
Hillsboro. États-Unis (Ohio).
Hillsboro-Bridge États-Unis (New-Hampshire).
Hillsborough. Amérique anglaise (Nouv.-Bruns.).
Hillsburg. Amérique anglaise (Ontario).
Hillsdale. Amérique anglaise (Ontario).
Hillsdale. États-Unis (Illinois).
Hillsdale. États-Unis (Iowa).
Hillsdale. États-Unis (Kansas).
Hillsdale. États-Unis (Michigan).
Hillsdale. États-Unis (New-York).
Hillsdale. États-Unis (Wyoming).
Hillville. États-Unis (Pensylvanie).
Hilm-Kematen. FL. Autriche-Hongr. (Sous l'Enns).
Hilpolstein. L. Allemagne (Bavière).
Hilsboro'. États-Unis (Indiana).
Hilversum. L. Pays-Bas.
Hilzingen. L. Allemagne (Bade).
Himberg. F. Autr.-Hongrie (Sous l'Enns).
Hinckley. États-Unis (Minnesota).
Hinckley. Iles Britanniques (Angleterre).
Hindelbank. FL. Suisse (Berne).
Hindley. L. Iles Britanniques (Angleterre).
Hindon. L. Iles Britanniques (Angleterre).
Hingham. L. Iles Britanniques (Angleterre).
Hingham. États-Unis (Massachusetts).
Hingunghat. L. Indes. OC.
Hinsdale. États-Unis (Illinois).
Hinsdale. États-Unis (Massachusetts).
Hinsdale. États-Unis (New-Hampshire).
Hinsdale. États-Unis (New-York).
Hinton. États-Unis (Virginie).
Hinton-St-Georges. L. Iles Britann. (Angleterre).
Hinweil. L. Suisse (Zurich).
Hiogo. Japon.
Hipperholme. F. Iles Britanniques (Angleterre).
Hirschaid. F. Allemagne (Bavière).
Hirschau. L. Allemagne (Bavière).

Hirschberg. Allemagne (Prusse; Silésie). EW.
Hirschberg. L. Autriche-Hongrie (Bohême).
Hirschholm. L. Danemark (Zélande).
Hirt. FL. Autriche-Hongrie (Carinthie).
Hirtshals. Danemark (Jutland).
Hirtshals. S. Danemark (Jutland).
Hirwain. L. Iles Britanniques (Angleterre).
Hirzel. L. Suisse (Zurich).
Histon. F. Iles Britanniques (Angleterre).
Hitchin. Iles Britanniques (Angleterre).
Hittisau. L. Autriche-Hongrie (Vorarlberg).
Hitzacker. L. Allemagne (Prusse; Hanovre). EW.
Hitzkirch. L. Suisse (Lucerne).
Hjellum. F. Norwége.
Hjo. PL. Suède.
Hjoerring. Danemark (Jutland).
Hliboka FL. Autriche-Hongrie (Bukowine).
Hlinsko. FL. Autriche-Hongrie (Bohême).
Hlubocep. FL. Autriche-Hongrie (Bohême).
Hluboszek. FL. Autriche-Hongrie (Galicie).
Hobart. États-Unis (Indiana).
Hobart. États-Unis (Minnesota).
Hobartstown. Tasmanie.
Hoboken. L. Belgique (Anvers).
Hoboken. États-Unis (New-Jersey).
Hobro. Danemark (Jutland).
Hochdahl. F. Allemagne (Prusse). OW.
Hochdorf. L. Suisse (Lucerne).
Hœchenschwand. L. Allemagne (Bade).
Hochessin. États-Unis (Delaware).
Hochfeld. F. Allemagne (Prusse). OW.
Hochfelden. F. Allemagne (Alsace-Lorraine).
Hochhausen. FL. Allemagne (Bade).
Hochheim. F. Allemagne (Prusse). OW.
Hochneukirch. L. Allemagne (Prusse). OW.
Hochpetsch. FL. Autriche-Hongrie (Bohême).
Hochstadt. F. Allemagne (Bavière).
Hockenheim. FL. Allemagne (Bade).
Hockley. États-Unis (Texas).
Hoddesdon. Iles Britanniques (Angleterre).
Hodmezoe-Vasarhely. FL. Autr.-Hongr. (Hongrie).
Hodge's Dépôt. États-Unis (Caroline du Sud).
Hoechst. L. Allemagne (Prusse). OW.
Hœchst in Oberhessen. F. Allemagne (Hesse-Darmstadt). OW.
Hoechstadt a Donau. L. Allemagne (Bavière).
Hoechstadt-sur-Aisch. L. Allemagne (Bavière).
Hoednitz, FL. Autriche-Hongrie. (Moravie).
Hoefen. Allemagne (Wurtemberg).
Hœganaes. PL. Suède.
Hoehr. L. Allemagne (Prusse). OW.
Hoenebach. F. Allemagne (Prusse). OW.
Hoenefos. F. Norwége.
Hoengen. F. Allemagne (Prusse). OW.
Hoengg. L. Suisse (Zurich).
Hoenningen F. Allemagne (Prusse). OW.
Hœrde. L. Allemagne (Prusse). OW.
Hoerdt. F. Allemagne (Alsace-Lorraine).
Hoerlkofen. F. Allemagne (Bavière).
Hoersand. F. Norwége.
Hoersching. FL. Autriche-Hongrie (Sur l'Enns).
Hoerschlag. FL. Autriche-Hongrie (Sur l'Enns).
Hoerstel. F. Allemagne (Prusse; Hanovre). OW.
Hoesel. F. Allemagne (Prusse). OW.
Hoesselt. L. Belgique (Limbourg).
Hoetzelsdorf. FL. Autriche-Hongrie (Sous l'Enns).
Hoexter. L. Allemagne (Prusse). OW.

Hof. L. Suisse. (Berne).
Hof. N. Allemagne (Bavière).
Hoffen. F. Allemagne (Alsace-Lorraine).
Hoffenheim. FL. Allemagne (Bade).
Hofgastein (1). BL. Autriche-Hongrie (Salzbourg)
Hofgeismar. F. Allem. (Prusse; Hesse-Cassel). OW
Hofheim. L. Allemagne (Bavière).
Hofheim. F. Allemagne (Hesse-Darmstadt). OW
Hogansburg. États-Unis (New-York).
Hoghton-près-Preston. F. Iles Britanniques (Angleterre).
Hohenau. F. Autriche-Hongrie (Sous l'Enns).
Hohenbruck. L. Autriche-Hongrie (Bohême).
Hohenburg. L. Allemagne (Bavière).
Hohenebra. F. Allemagne (Schwarzbourg-Sondershausen). EW.
Hohenelbe. Autriche-Hongrie (Bohême).
Hohenems. L. Autriche-Hongrie (Vorarlberg).
Hohenfurth. L. Autriche-Hongrie (Bohême).
Hohenheim. L. Allemagne (Wurtemberg).
Hohenmauth. FL. Autriche-Hongrie (Bohême).
Hohenmauth Zamrsk. FL. Autriche-Hongrie (Bohême).
Hohenschwangau. L. Allemagne (Bavière).
Hohenstadt. L. Autriche-Hongrie (Moravie).
Hohenstein. FL. Autriche-Hongrie (Bohême).
Hohenstein (près Dantzig). F. Allemagn (Prusse). EW.
Hohenstein (près Kœnigsberg). L. Allemagn (Prusse). EW.
Hohenstein Ernstthal. L. Allemagne (Saxe). EW
Hohnstorf. F. Allemagne (Prusse; Hanovre). EW
Hohokus. États-Unis (New-Jersey).
Hokah. États-Unis (Minnesota).
Hokendauqua. États-Unis (Pensylvanie).
Hokitika. Nouvelle-Zélande.
Holaubkau. FL. Autriche-Hongrie (Bohême).
Holbeach. L. Iles Britanniques (Angleterre).
Holbeck. F. Iles Britanniques (Angleterre).
Holbœck. Danemark (île de Zélande).
Holborn-Hill. L. Iles Britanniques (Angleterre).
Holbrook. L. Iles Britanniques (Angleterre).
Holden. États-Unis (Missouri).
Holdmezo-Vasarhely. Autriche-Hongrie (Hongrie)
Holers (S.Villers-la-Ville). L. Belgique (Namur).
Holland. États-Unis (Michigan).
Holland. États-Unis (New-York).
Holland. États-Unis (Ohio).
Holland (Preussich) L. Allemagne (Prusse). EW
Holland's Landing. Amérique anglaise (Ontario)
Holleschau. L. Autriche-Hongrie (Moravie).
Holley. États-Unis (New-York).
Hollfeld. L. Allemagne (Bavière).
Hollidaysburg. États-Unis (Pensylvanie).
Hollingbourne. L. Iles Britanniques (Angleterre)
Hollinwood. Iles Britanniques (Angleterre).
Hollis. États-Unis (Illinois).
Hollister. États-Unis (Californie).
Holliston. États-Unis (Massachusetts).
Holly. États-Unis (Michigan).
Hollymount. L. Iles Britanniques (Angleterre).
Holly-Springs. États-Unis (Mississipi).
Holme. F. Iles Britanniques (Angleterre).
Holmesburg Junction. États-Unis (Pensylvanie).
Homeschapel. L. Iles Britanniques (Angleterre).
Holme-Rook. L. Iles Britanniques (Angleterre).
Holmestrand. Norwége.

(1) Ouvert du 15 avril au 31 octobre.

Holme-Upon-Spalding. L. Iles Brit. (Angleterre).
Holmfirth. L. Iles Britanniques (Angleterre).
Holmsund. PL. Suède.
Holmwood. F. Iles Britanniques (Angleterre).
Holona (Ablona, Avlona, Valona). Turquie d'Europe. A1. B2. C1. D3.
Holstebro. Danemark (Jutland).
Holstein. États-Unis (Wisconsin).
Holsworthy. L. Iles Britanniques (Angleterre).
Holt. États-Unis (Missouri).
Holt. L. Iles Britanniques (Angleterre; Wiltshire).
Holt. L. Iles Britanniques (Angleterre; Norfolk).
Holton. États-Unis (Indiana).
Holton. États-Unis (Michigan).
Holtschitz-Seestadtl. FL. Autr.-Hongrie (Bohême).
Holyhead. L. Iles Britanniques (Angleterre).
Holyoke. États-Unis (Massachusetts).
Holyrood. Amérique anglaise (Terre-Neuve).
Holytown. L. Iles Britanniques (Écosse).
Holywell. F. Iles Britanniques (Angleterre).
Holywood. L. Iles Britanniques (Irlande).
Holzdorf. F. Allemagne (Prusse). EW.
Holzheim. F. Allemagne (Alsace-Lorraine).
Holzkirchen. L. Allemagne (Bavière).
Holzminden. F. Allemagne (Brunswick). OW.
Holzwickede. F. Allemagne (Prusse). OW.
Homberg. L. Allemagne (Prusse). OW.
Homberg, près Ruhrort. F. Allem. (Prusse). OW.
Hombok. FL. Autriche-Hongrie (Moravie).
Hombourg v. d. Hohe. Allemagne (Prusse). OW.
Hombourg in Pfalz. L. Allemagne (Bavière).
*Hombourg-Redange. L. Allem. (Alsace-Lorraine).
Hombrechtikon. L. Suisse (Zurich).
Homburg a/d Rossel. F. Allem. (Alsace-Lorraine).
Homel. Russie d'Europe (Mohilew).
Homer (Champaign Co). États-Unis (Illinois).
Homer. États-Unis (Louisiane).
Homer. États-Unis (Michigan).
Homer. États-Unis (New-York).
Homewood. États-Unis (Illinois).
Homewood. États-Unis (Pensylvanie).
Homonna. L. Autriche-Hongrie (Hongrie).
Homorod. FL. Autriche-Hongrie (Transylvanie).
*Honawur. Indes. OC.
Honea Path. États-Unis (Caroline du Sud).
Honeoye Falls. États-Unis (New-York).
Honesdale. États-Unis (Pensylvanie).
Hong-Kong. Chine.
Honington. F. Iles Britanniques (Angleterre).
Honiton. L. Iles Britanniques (Angleterre).
Honley. L. Iles Britanniques (Angleterre).
Honnef. L. Allemagne (Prusse). OW.
Hoo. L. Iles Britanniques (Angleterre).
Hooblee. L. Indes. OC.
Hoogeveen. PL. Pays-Bas.
Hoogezand. L. Pays-Bas.
Hooghly. F. Indes. OC.
Hooghly Point. Indes. OC.
Hoogstraeten. L. Belgique (Anvers).
Hook-Norton. L. Iles Britanniques (Angleterre).
Hookset. États-Unis (New-Hampshire).
Hooley Hill. L. Iles Britanniques (Angleterre).
Hooper. États-Unis (Nebraska).
Hoopston. États-Unis (Illinois).
Hoorn. Pays-Bas.
Hoosack-Tunnel. États-Unis (Massachusetts).
Hoosick-Falls. États-Unis (New-York).
Hopbottom. États-Unis (Pensylvanie).
Hope. L. Iles Britanniques (Angleterre).
Hopedale. États-Unis (Illinois).
Hopkins. États-Unis (Minnesota).
Hopkins. États-Unis (Missouri).
Hopkinsville. États-Unis (Kentucky).
Hopkinton. États-Unis (Iowa).
Horatitz. FL. Autriche-Hongrie (Bohême).
Horazdowic. FL. Autriche-Hongrie (Bohême).
Horb. Allemagne (Wurtemberg).
Horbury. L. Iles Britanniques (Angleterre).
Horbury Junction. F. Iles Britann. (Angleterre).
Horchheim. F. Allemagne (Prusse). OW.
Horezu. L. Roumanie (Valcea).
Horfield. L. Iles Britanniques (Angleterre).
Horgen. L. Suisse (Zurich).
Horgos. FL. Autriche-Hongrie (Hongrie).
Horicon. États-Unis (Wisconsin).
Horitz. L. Autriche-Hongrie (Bohême).
Horley. L. Iles Britanniques (Angleterre).
Horn. L. Autriche-Hongrie (Sous l'Enns).
Horn. FL. Suisse (Thurgovie).
Horn. L. Suède.
Hornbach. L. Allemagne (Bavière).
Hornberg. L. Allemagne (Bade).
Hornby. L. Iles Britanniques (Angleterre).
Horncastle. L. Iles Britanniques (Angleterre).
Hornchurch. L. Iles Britanniques (Angleterre).
Horndean. Iles Britanniques (Angleterre).
Horndon-on-the Hill. L. Iles Britann. (Angleterre).
Hornellsville. États-Unis (New-York).
Horn Lake. États-Unis (Mississipi).
Hornsea. L. Iles Britanniques (Angleterre).
Hornspier. États-Unis (Wisconsin).
Horodenka. L. Autriche-Hongrie (Galicie).
Horowitz. F. Autriche-Hongrie (Bohême).
Horrabridge. L. Iles Britanniques (Angleterre).
Horrem. F. Allemagne (Prusse). OW.
Horrem Dormagen. F. Allemagne (Prusse). OW.
Horse Cave. États-Unis (Kentucky).
Horsebridge. F. Iles Britanniques (Angleterre)
Horseheads. États-Unis (New-York).
Horsens. Danemark (Jutland).
Horsforth. L. Iles Britanniques (Angleterre).
Horsham. Iles Britanniques (Angleterre).
Horse Shoe. États-Unis (New-Jersey).
Horsmonden. L. Iles Britanniques (Angleterre)
Horst Sevenum. P. Pays-Bas.
Horten. Norwége.
Horwich. L. Iles Britanniques (Angl. Lancashire.)
Horwich Junction. F. Iles Britann. (Angleterre).
Hospenthal. BL. Suisse (Uri).
Hospes. États-Unis (Iowa).
Hospital. L. Iles Britanniques (Irlande).
Hostivitz. FL. Autriche-Hongrie (Bohême.).
Hoszszumezo. FL. Autriche-Hongrie (Hongrie).
Hôtel Pilate (S. Alpanach). L. Suisse (Unterwalden).
Hôtel-Salines Bex. BL. Suisse (Vaud).
Hotimurdan. L. Indes. OC.
Hot Springs. États-Unis (Arkansas).
Hot Springs. États-Unis (Nevada).
Hotzenplotz. L. Autriche-Hongrie (Silésie).
Houdeng. Belgique (Hainaut).
Houffalize. L. Belgique (Luxembourg).
Hougham. F. Iles Britanniques (Angleterre).
Houghton. États-Unis (Michigan).
Houghton le Spring. L. Iles Britann. (Angleterre).
Hougoerde. L. Belgique (Brabant).
Hougsund. F. Norwége.
Houlton. États-Unis (Maine).
Hounslow. L. Iles Britanniques (Angleterre).
Housatonic. États-Unis (Massachusetts).
Houston. États-Unis (Minnesota).
Houston. États-Unis (Texas).
Houstonia. États-Unis (Missouri).
Houten. P. Pays-Bas.
Hove. F. Iles Britanniques (Angleterre).
Hovingham. L. Iles Britanniques (Angleterre).
Howard (Centre Co). États-Unis (Pensylvanie).
Howard (Montcalm Co). États-Unis (Michigan).
Howard Station (Cass Co). États-Unis (Michigan).
Howden. L. Iles Britanniques (Angleterre).
Howell. États-Unis (Michigan).
Howe's Cave. États-Unis (New-York).
Howlett. États-Unis (Illinois).
Howrah. F. Indes. OC.
Howth. L. Iles Britanniques (Irlande).
Hoya. L. Allemagne (Prusse). EW.
Hoyer. L. Allemagne (Prusse; Sleswig). EW.
Hoyeswerda. L. Allemagne (Prusse). EW.
Hoylake. L. Iles Britanniques (Angleterre).
Hoyland. L. Iles Britanniques (Angleterre).
Hradek. F. Autriche-Hongrie (Hongrie).
Hradish (S. Ung. Hradish). F. Autriche-Hongrie (Hongrie).
Hrastnig. F. Autriche-Hongrie (Styrie).
Hruschau. L. Autriche-Hongrie (Silésie).
Huasco. Amérique du Sud. (10e région.)
Hubbard (Trumbull C°). États-Unis (Ohio).
Hubbardsville. États-Unis (New-York).
Huckeswagen. L. Allemagne (Prusse). OW.
Hückingen (Uckange). F. Allem. (Alsace-Lorraine).
Hucknall-Torkard. L. Iles Britann. (Angleterre).
Huddersfield. Iles Britanniques (Angleterre).
Hude. F. Allemagne (Oldenbourg). OW.
Hudikswall. Suède.
Hudson. États-Unis (Illinois).
Hudson. États-Unis (Massachusetts).
Hudson. États-Unis (Michigan).
Hudson. États-Unis (New-York).
Hudson. États-Unis (Ohio).
Hudson. États-Unis (Wisconsin).
Hudson City. États-Unis (New-Jersey).
Huelva. N. Espagne (Huelva).
Huesca. N. Espagne (Huesca).
Hufingen. L. Allemagne (Bade).
Hughes. États-Unis (Colorado).
Hugo. États-Unis (Colorado).
Hugstetten. FL. Allemagne (Bade).
Huissen. L. Pays-Bas.
Hull. Amérique anglaise (Québec).
Hull. États-Unis (Massachusetts).
Hull. N. Iles Britanniques (Angleterre).
Hullein. F. Autriche-Hongrie (Moravie).
Hull Loading. Amérique anglaise (Québec).
Hull's. États-Unis (Illinois).
Hulpe (La). L. Belgique (Brabant).
Hüls. F. Allemagne (Prusse). OW.
Hulshorst. P. Pays-Bas.
Hulst. L. Pays-Bas.
Hulton. États-Unis (Pensylvanie).
Humansdorp. Colonie du Cap.
Humbird. États-Unis (Wisconsin).
Humboldt. États-Unis (Kansas).
Humboldt. États-Unis (Nebraska).
Humboldt. États-Unis (Nevada).
Humboldt. États-Unis (Tennessee).

Humeston. États-Unis (Iowa).
Hümme. F. Allemagne (Prusse). OW.
Hummelshayn. E. Allem. (Saxe; Altenbourg). EW.
Hummelstown. États-Unis (Pensylvanie).
Humpoletz. L. Autriche-Hongrie (Bohême).
Hundlingen. FL. Allemagne (Alsace-Lorraine).
Hundsbach. F. Allemagne (Alsace-Lorraine).
Hundsfeld. F. Allemagne (Prusse). EW.
Hundwyl. L. Suisse (Appenzell).
Hunfeld. F. Allemagne (Prusse). OW.
Hungen. L. Allemagne (Hesse-Darmstadt). OW.
Hungerford. L. Iles Britanniques (Angleterre).
Huningue. L. Allemagne (Alsace-Lorraine).
Hunnewell. États-Unis (Missouri).
Hunnewell Furnace. États-Unis (Kentucky).
Hunstanton Saint-Edmuns. L. Iles Britann. (Angleterre).
Hunter's Point (LI). États-Unis (New-York)
Hunterstown Mills. Amérique anglaise (Québec).
Huntertown. États-Unis (Indiana).
Huntingdon. Amérique anglaise (Québec).
Huntingdon. États-Unis (Pensylvanie).
Huntingdon. États-Unis (Tennessee).
Huntingdon. Iles Britanniques (Angleterre).
Huntington. États-Unis (Indiana).
Huntington. États-Unis (Massachusetts).
Huntington. États-Unis (Virginie).
Huntington Depot (LI). États-Unis (New-York).
Huntley. États-Unis (Illinois).
Huntly. Iles Britanniques (Écosse).
Hunt's. États-Unis (New-York).
Huntsville. États-Unis (Alabama).
Huntsville. États-Unis (Missouri).
Huntsville. États-Unis (Texas).
Hurdah. F. Indes. OC.
Hurdui. F. Indes. OC.
Hurdwar. L. Indes. OC.
Hurfva. FL. Suède.
Hurlford. L. Iles Britanniques (Écosse).
Huron. États-Unis (Indiana).
Huron. États-Unis (Ohio).
Huron City (Huron Co). États-Unis (Michigan).
Hurreepore. Indes. OC.
Hurricane. États-Unis (Virginie).
Hurruppa. F. Indes. OC.
Hursood. F. Indes. OC.
Hurst Castle. N. Indes. OC.
Hurst Green. L. Iles Britanniques (Angleterre).
Hurst Pierpoint. Iles Britanniques (Angleterre).
Hurtsmonceux. L. Iles Britanniques (Angleterre).
Husbands-Bosworth. L. Iles Britann. (Angleterre).
Husi. N. Roumanie.
Hussiatyn. Autriche-Hongrie (Galicie).
Husum. Allemagne (Prusse; Sleswig). EW.
Huszth. L. Autriche-Hongrie (Hongrie).
Hutchens. États-Unis (Texas).
Hutchinson. États-Unis (Kansas).
Hutt. Nouvelle-Zélande.
Hutteldorf. FL. Autriche-Hongrie (Sous l'Enns).
Hutten. L. Suisse (Zurich).
Huttenberg. FL. Autriche-Hongrie (Carinthie).
Huttwyl. L. Suisse (Berne).
Huy-Tilleul. L. Belgique (Liége).
Huyton. L. Iles Britanniques (Angleterre).
Hvalstad. F. Norwége.
Hvetlanda. PL. Suède.
Hyannis. États-Unis (Massachusetts).
Hyde. Iles Britanniques (Angleterre).
Hyde Park. États-Unis (Massachusetts).
Hyde Park. États-Unis (New-York).
Hyde Park. États-Unis (Pensylvanie).
Hyde Park. États-Unis (Vermont).
Hydetown. États-Unis (Pensylvanie).
Hydeville. États-Unis (Vermont).
Hydra. Grèce (Iles).
Hydrabad (Deccan). Indes. OC.
Hydrabad (Sind). N. Indes. OC.
Hyon-Ciply. L. Belgique (Hainaut).
Hythe. F. Iles Britanniques (Essex).
Hythe. L. Iles Britanniques (Hampshire).
Hythe. L. Iles Britanniques (Kent).

I

Ibnbüren. F. Allemagne (Prusse; Hanovre). OW.
Ibraïla (S. Braila-Brailow). N. Roumanie.
Ichenhausen. L. Allemagne (Bavière).
Ichtershausen. L. Allemagne (Saxe-Cobourg-Gotha). EW.
Idaho. États-Unis (Colorado).
Idar. L. Allemagne. (Oldenbourg.) OW.
Idle. L. Iles Britanniques (Angleterre).
Idria. L. Autriche-Hongrie (Carniole).
Iedo. (S. Yeddo.) (Japon.)
Iéna. Allemagne (Saxe-Weimar). EW.
Iesi. L. Italie (Ancône).
Iferten (S. Yverdon). Suisse (Vaud).
Iglau. Autriche-Hongrie (Moravie).
Iglesias. Italie (Cagliari; Sardaigne).
Igling. F. Allemagne. (Bavière.)
Iglo. Autriche-Hongrie (Hongrie).
Ihringen. FL. Allemagne (Bade).
Ihrhove. F. Allemagne (Prusse). OW.
*Ihtiman. Turquie d'Europe. A1. B3. C2. D3.
Ikran. F. Indes. O. C.
Ilanz. L. Suisse (Grisons).
Ilchester. L. Iles Britanniques (Angleterre).
Ile de Man (Douglas). Iles Britann. (Angleterre).
Ilford. L. Iles Britanniques (Angleterre).
Ilfracombe. L. Iles Britanniques (Angleterre).
Ilion. États-Unis (New-York).
Ilkeston. L. Iles Britanniques (Angleterre).
Ilkley. L. Iles Britanniques (Angleterre).
Illapel. Amérique du Sud. (10e région.)
Illava. L. Autriche-Hongrie (Hongrie).
Illertissen. F. Allemagne (Bavière).
Illfurth. F. Allemagne (Alsace-Lorraine).
Illingen. Allemagne (Wurtemberg).
Illiopolis. États-Unis (Illinois).
Illkirchen-Grafenstaden. L. Allem. (Alsace-Lorr.)
Illnau. L. Suisse (Zurich).
Illok. L. Autriche-Hongrie (Esclavonie).
Illye. FL. Autriche-Hongrie (Transylvanie).
Ilmenau. L/BC. Allemagne (Saxe-Weimar). EW.
Ilminster. L. Iles Britanniques (Angleterre).
Ilsenbourg. L. Allemagne (Prusse). EW.
Ilz. L. Autriche-Hongrie (Styrie).
Imlay City. États-Unis (Michigan).
Immelborn. F. Allemagne (Saxe-Meiningen). OW.
Immendingen. L. Allemagne (Bade).
Immenstadt. Allemagne (Bavière).
Imnau. L. Allemagne (Prusse). EW.
Imola. L. Italie (Bologne).
Imoschy. L. Autriche-Hongrie (Dalmatie).
Imst. L. Autriche-Hongrie (Tyrol).
*Inca. Espagne (Majorque).
Ince. L. Iles Britanniques (Angleterre).
*Inchicore. L. Iles Britanniques (Irlande).
Inchture. F. Iles Britanniques (Écosse).
Incisa. FL. Italie (Florence).
Inden. F. Allemagne. (Prusse.) OW.
Independence. États-Unis (Iowa).
Independence. États-Unis (Missouri).
Independence. États-Unis (Ohio).
Independent. États-Unis (Iowa).
Index Point. États-Unis (Rhode-Island).
India. L. Autriche-Hongrie (Esclavonie).
Indiana. États-Unis (Pensylvanie).
Indianapolis. États-Unis (Indiana).
Indian-Brook. Amérique anglaise (Cap Breton).
India Creek. États-Unis (Illinois).
Indian-Creek. États-Unis (Pensylvanie).
Indianola. États-Unis (Iowa).
Indianola. États-Unis (Texas).
Indore. N. Indes. OC.
Indramaijoe. L. Ile de Java. OS.
Indrapoera. L. Sumatra. OS.
Industry. États-Unis (Pensylvanie).
Ingatestone. Iles Britanniques (Angleterre).
Ingelheim. F. Allemagne (Hesse-Darms.). OW.
Ingelmunster. Belgique (Flandre occidentale).
Ingenheim. L. Allemagne (Bavière).
Ingersoll. Amérique anglaise (Ontario).
Ingleby. F. Iles Britanniques (Angleterre).
Ingleside Hôtel. États-Unis (Massachusetts).
Ingleton. L. Iles Britanniques (Angleterre).
Inglewood. Australie (Victoria).
Ingolstadt. Allemagne (Bavière).
Ingonish. Amérique anglaise (Cap Breton).
Ingramsdorf. F. Allemagne (Prusse). EW.
Ingweiler. F. Allemagne (Alsace-Lorraine).
Inistioge. L. Iles Britanniques (Irlande).
Innellan. L. Iles Britanniques (Écosse).
Innerleithen. L. Iles Britanniques (Écosse).
Innichen. FL. Autriche-Hongrie (Tyrol).
Inningen. F. Allemagne (Bavière).
Innishannon. L. Iles Britanniques (Irlande).
*Innokentiewka. Russie d'Asie (Sibérie; 3e région).
Inowraclaw. L. Allemagne (Prusse). EW.
Ins (S. Anet). L. Suisse (Berne).
Insane Asylum Milledgeville. États-Unis (Géorg.).
Insch. L. Iles Britanniques (Écosse).
Insprück. N. Autriche-Hongrie (Tyrol).
Insterburg. N. Allemagne (Prusse). EW.
Instow. F. Iles Britanniques (Angleterre).
Interlaken. Suisse (Berne).
Intra. L. Italie (Novare).
Inverarnsey. F. Iles Britanniques (Écosse).
Inverary. L. Iles Britanniques (Écosse).
Invercargill. Nouvelle-Zélande.
Inverell. Australie (Nouvelle-Galles du Sud).
Inveresk. F. Iles Britanniques (Écosse).
Invergarry. L. Iles Britanniques (Écosse).
Invergordon. L. Iles Britanniques (Écosse).
Inverkeithing. L. Iles Britanniques (Écosse).

Invermay. Amérique anglaise (Ontario).
Inverness. Iles Britanniques (Écosse).
Invershin. F. Iles Britanniques (Écosse).
Inverurie. Iles Britanniques (Écosse).
Inwood. États-Unis (Indiana).
Ioensou. Russie d'Europe (Kouopio).
Iola. États-Unis (Kansas).
Ione City. États-Unis (Californie).
Ionia. États-Unis (Michigan).
Iowa. États-Unis (Illinois).
Iowa City. États-Unis (Iowa).
Iowa Falls. États-Unis (Iowa).
Iowa Hill. États-Unis (Californie).
Ipava. États-Unis (Illinois).
Iphofen. F. Allemagne (Bavière).
Ipolysagh. L. Autriche-Hongrie (Hongrie).
Ipswich. Australie (Queensland).
Ipswich. États-Unis (Massachusetts).
Ipswich. Iles Britanniques (Angleterre).
Ira. Etats-Unis New-York).
Irbit. Russie d'Asie (Sibérie; 1re région).
Ireg. L. Autriche-Hongrie (Hongrie).
Ireland. États-Unis (Pensylvanie).
Ireleth. F. Iles-Britanniques (Angleterre).
Irish-Creek. Amérique anglaise (Ontario).
Irkoutsk. N. Russie d'Asie. (Sibérie; 2e région).
*Irkoutskoé. Russie d'Asie. (Sibérie; 3e région).
Iron Bridge (for Coalbrookdale). L. Iles Britanniques (Angleterre).
Irondale. États-Unis (Missouri).
Irondale. États-Unis (New-York).
Irondale. États-Unis (Ohio).
Irondale. États-Unis (Virginie).
Iron Mines, Londonderry. Amér. angl. (N-Écosse).
Iron Mountain. États-Unis (Missouri).
Iron Mountain. États-Unis (Wisconsin).
Iron Ridge. États-Unis (Wisconsin).
Ironton. États-Unis (Alabama).
Ironton. États-Unis (Missouri).
Ironton. États-Unis (Ohio).
Ironville. L. Iles Britanniques (Angleterre).
Iroquois. Amérique anglaise (Ontario).
Iroquois. États-Unis (Illinois).
Irrenlohe. PF. Allemagne (Bavière).
Irthlingborough. L. Iles Britanniques (Angleterre).
Irun. N. Espagne (Guipuzcoa).
Irvine. L. Iles Britanniques (Écosse).
Irvinestown. L. Iles Britanniques (Irlande).
Irvineton. États-Unis (Pensylvanie).
Irving. États-Unis (Illinois).
Irving. États-Unis (New-York).
Irvington. États-Unis (New-York).
Irwin's. États-Unis (Pensylvanie).
Isabel. États-Unis (Illinois).
Isaszegh. F. Autriche-Hongrie (Hongrie).
Ischia. L. Italie (Naples).
Ischitella. L. Italie.
Ischl. L/BC. Autriche-Hongrie (Sur l'Enns).
Ischua. États-Unis (New-York).
Iseghem. F. Belgique Flandre occidentale).
Iselle. L. [illegible]
Isenburg. F. Allemagne Hesse-Darmstdt). OW.
Isenheim. L. Allemagne (Alsace-Lorraine).
Iseo. L. Italie (Brescia).
Iserlohn. Allemagne (Prusse). OW.
Isernia. L. Italie (Campobasso).
Isfield. F. Iles Britanniques (Angleterre).
Ishpeming. États-Unis (Michigan).
Isili. L. Italie (Sardaigne).
Isinours. États-Unis (Minnesota).
Iskenderoun (S. Alexandrette). Turquie d'Asie. A2. B2. C1. D1.
Island Lake. États-Unis (Minnesota).
Island Pond. États-Unis (Vermont).
Isle (L'). L. Suisse (Vaud).
Isle-of-Withorn. L. Iles Britanniques (Angleterre).
Isle Orsay. L. Iles Britanniques (Écosse).
Isle Verte. Amérique anglaise (Québec).
Isleworth. L. Iles Britanniques (Angleterre).
Islikon. FL. Suisse (Thurgovie).
Ismail. N. Roumanie.
Ismailia. Égypte (Isthme de Suez).
Ismid. Turquie d'Asie. A2. B2. C1. D1.
Isny. L. Allemagne (Wurtemberg).
*Isola d'Asti. FL. Italie (Alexandrie).
Isola del Cantone. FL. Italie (Gênes).
Isola della Scala. L. Italie.
Isola del Liri. L. Italie (Caserte).
*Isoletta. FL. Italie (Caserte).
Ispahan. N. Perse.
Ispringen. L. Allemagne (Bade).
*Issenheim. L. Allemagne (Alsace-Lorraine).
Istamboul (Constantinople). Turquie d'Europe. A1. B2. C1. D3.
Istvanfalu (S. Stephanshütte). F. Autriche-Hongrie (Hongrie).
Ithaca. États-Unis (New-York).
Ithaque. Grèce (Iles).
Itri. L. Italie (Caserte).
Itzehoe. Allemagne (Prusse; Holstein). EW.
Itzkany. L. Autriche-Hongrie (Bukowine).
Iuka. États-Unis (Illinois).
Iuka. États-Unis (Mississipi).
Ivanjitza. L. Serbie.
Ivanic-var. (Ivanic-Festung). L. Autriche-Hongrie (Croatie).
Ives'-Station. États-Unis (Connecticut).
Ivica. Espagne (île d'Ivica).
Ivréa. L. Italie (Turin).
Ivy-Bridge. L. Iles Britanniques (Angleterre).
Iwangorod. Russie d'Europe (Lublin).
Iwanoffka. L. Russie d'Europe (Ekaterinoslaw).
Iwern-Minster. L. Iles Britanniques (Angleterre).
Iwonicz (1) BL. Autriche-Hongrie (Galicie).
Ixworth. L. Iles Britanniques (Angleterre).
Izioum. Russie d'Europe (Kharkow).
Izlaz. L. Roumanie.
Izsak. L. Autriche-Hongrie (Hongrie).

J

Jabbeke. Belgique (Flandre occident.).
Jablonowo. FL. Allemagne (Prusse). EW.
Jablunkau. L. Autriche-Hongrie (Silésie).
Jaca. Espagne (Huesca).
Jackson. États-Unis (Californie).
Jackson. États-Unis (Michigan).
Jackson. États-Unis (Mississipi).
Jackson (Jackson Co). États-Unis (Ohio).
Jackson. États-Unis (Tennessee).
Jacksonport. États-Unis (Arkansas).
Jackson River. États-Unis (Virginie).
Jacksonville. États-Unis (Floride).
Jacksonville. États-Unis (Illinois).
Jacksonville. États-Unis (Missouri).
Jacksonville. États-Unis (Orégon).
Jacksonville. États-Unis (Texas).
Jacobabad. L. Indes. OC.
Jacobeny. L. Autriche-Hongrie (Bukowine).
Jacob's Creek. États-Unis (Pensylvanie).
Jacobstadt. L. Russie d'Europe (Wasa).
Jadersberg. F. Allemagne (Oldenbourg). OW.
Jaegerndorf. Autriche-Hongrie (Silésie).
Jaen. N. Espagne (Jaen).
Jaennersdorf (Gyanafalva). FL. Autriche-Hongrie (Hongrie).
Jaffa. L. Turquie d'Asie. A2. B2. C1. D1.
Jaffna. Indes (île de Ceylan).
Jagadispore. F. Indes. OC.
Jagnina. L. Autriche-Hongrie (Dalmatie).
Jagodina. N. Serbie.
Jagotee. F. Indes OC.
Jagstfeld (Voir Friedrichshall). Allem. (Wurtemb.).
Jagstzell. Allemagne (Wurtemberg).
Jako. FL. Autriche-Hongrie (Hongrie).
Jakwara. F. Indes. OC.
Jalesur-Road. F. Indes. OC.
Jalta. Russie d'Europe (Tauride).
Jam. F. Autriche-Hongrie (Hongrie).
Jamaïca. L. I. États-Unis (New-York).
Jamaïca Plains. États-Unis (Massachusetts).
Jamaïque (La). Amérique centrale (Antilles).
Jambes. L. Belgique (Namur).
Jamesburg. États-Unis (New-Jersey).
Jamesport. États-Unis (Missouri).
Jamestown. États-Unis (Californie).
Jamestown. États-Unis (Dakotah).
Jamestown. États-Unis (Indiana).
Jamestown. États-Unis (New-York).
Jamestown. États-Unis (Pensylvanie).
Jamesville. États-Unis (New-York).
Jamieson. Australie (Victoria).
Jamioulx. L. Belgique (Hainaut).
Jamnitz. L. Autriche-Hongrie (Moravie).
Jamoigne. L. Belgique (Luxembourg).
Janesville. États-Unis (Iowa).
Janesville. États-Unis (Minnesota).
Janesville. États-Unis (Wisconsin).
Jamtarrah. F. Indes. OC.
Janina. L. Turquie d'Europe. A1. B3. C2. D3.
Janoshegy (Berg). FL. Autr.-Hongrie (Hongrie).
Jannowitz. F. Allemagne (Prusse). EW.
Janow. L. Russie d'Europe (Lublin).
Japara (Koedoes). L. Java. ES.
Jarmen. L. Allemagne (Prusse). EW.
Jarmeritz. FL. Autriche-Hongrie (Moravie).
Jarocin. L. Allemagne (Prusse). EW.
Jaromer. L. Autriche-Hongrie (Bohême).
Jaroslau. Autriche-Hongrie (Galicie).
Jaroslaw. N. Russie d'Europe (Jaroslaw).

(1) Ouvert du 1er mai au 30 septembre.

Jarratt's. États-Unis (Virginie).
Jarrow. L. Iles Britanniques (Angleterre).
Jask. N. Belouchistan.
Jaska. FL. Autriche-Hongrie (Croatie).
Jaslo. L. Autriche-Hongrie (Galicie).
Jassenova. F. Autr.-Hongrie (Confins militaires).
Jassenovac. L. Autr.-Hongrie (Confins militaires).
Jassy. N. Roumanie.
Jastrow. L. Allemagne (Prusse). EW.
Jaszbereny. FL. Autriche-Hongrie (Hongrie).
Jativa. L. Espagne (Valence).
Jatowlie. F. Indes. OC.
Jatznik. F. Allemagne (Prusse). EW.
Jauche.. L. Belgique (Brabant).
Jauer. L. Allemagne (Prusse). EW.
Jauerbourg. FL. Autriche-Hongrie (Carniole).
Jauernig. L. Autriche-Hongrie (Silésie).
Javea. N. Espagne (Valence).
Jaworow. L. Autriche-Hongrie (Galicie).
Jawur. F. Indes. OC.
Jeansville (Luzerne Co). États-Unis (Pensylvanie).
Jedburgh. Iles Britanniques (Écosse).
Jeddo. (S. Yeddo.) Japon.
Jeddo. États-Unis (Pensylvanie).
Jeempeer. F. Indes. OC.
Jefferson. États-Unis Ohio).
Jefferson. États-Unis (Orégon).
Jefferson. États-Unis (Texas).
Jefferson. États-Unis (Wisconsin).
Jefferson Barracks. États-Unis (Missouri).
Jefferson City. États-Unis (Missouri).
Jeffersonville.États-Unis (Indiana).
Jegenstorf. L. Suisse (Berne).
Jehwoor. F. Indes. OC.
Jekaterinbourg. N. Russie d'Europe (Perm).
Jekaterinoslaw. Russie d'Europe (Jekaterinoslaw).
* Jelloo. F. Indes. OC.
Jemalabad. Perse.
Jembach. FL. Autriche-Hongrie (Tyrol).
Jemelle. Belgique (Namur).
Jemeppe. Belgique (Liége).
Jemgum. L. Allemagce (Prusse). OW.
Jemison. États-Unis (Alabama).
Jemmapes. Belgique (Hainaut).
Jenbach. BL. Autriche-Hongrie (Tyrol).
Jenicheir (Larisse). Turq. d'Eur. A1. B3. C2. D3.
Jenness Beach. États-Unis (New-Hampshire).
Jenschowitz. L. Autriche-Hongrie (Bohême).
Jeppener. Amérique du Sud. (9e région.)
Jerelderie. Australie (Nouvelle-Galles du Sud).
Jeres de la Frontera (S. Xerès). Espagne (Cadix).
Jerle. FL. Suède.
Jerôme. États-Unis (Missouri).
Jersey. Iles Britanniques (iles de la Manche).
Jersey City. États-Unis (New-Jersey).
Jersey-Shore. États-Unis (Pensylvanie).
Jerseyville. États-Unis (Illinois).
Jérusalem. L. Turquie d'Asie. A3. B2. C2. D2.
Jerxheim. F. Allemagne (Brunswick). EW.
Jessnitz (près Dessau). F. All. (Anhalt-Dessau) EW.
Jessnitz (près Guben). F. Allemagne (Prusse). EW.
Jessore. Indes. OC.
Jessup. États-Unis (Iowa).
Jessup's Landing. États-Unis (New-York).
Jestetten. L. Allemagne (Bade).
Jesup. États-Unis (Géorgie).
Jesus-Maria. Amérique du Sud. (3e région.)
Jetersville. États-Unis (Virginie).
Jette. L. Belgique (Brabant).
Jettingen. F. Allemagne (Bavière).
Jetwar. F. Indes. OC.
Jetzelsdorf. L. Autriche-Hongrie (Sous l'Enns).
Jever. Allemagne (Oldenbourg). OW.
Jewett. États-Unis (Texas).
Jeypore. Indes. OC.
Jezierna. FL. Autriche-Hongrie (Galicie).
Jezierzany. L. Autriche-Hongrie (Galicie).
Jezupol. F. Autriche-Hongrie (Galicie).
Jheelum. L. Indes. OC.
Jheenjuck. F. Indes. OC.
Jhoond-Road. F. Indes. OC.
Jicin. Autriche-Hongrie (Bohême).
Jiguani. Amérique centrale (île de Cuba).
Jinonitz. FL. Autriche-Hongrie (Bohême).
Jitomir. N. Russie d'Europe (Wolhynie).
Jiu (S. Tirgu-Jiu). Roumanie.
Joachimthal. L Autriche-Hongrie (Bohême).
Joannas. États-Unis (Pensylvanie).
Jodoigne. Belgique (Brabant).
Johangeorgenstadt. L. Allemagne (Saxe). EW.
Johannisbad. BL. Autriche-Hongrie (Styrie).
Johannisbourg. Allemagne (Prusse). EW.
Johnshaven. L. Iles Britanniques (Écosse).
Johnson. États-Unis (Vermont).
Johnsonbourg. États-Unis (Pensylvanie).
Johnsonville. États-Unis (New-York).
Johnsonville. États-Unis (Tennessee).
Johnstone. L. Iles Britanniques (Écosse).
Johnstown. États-Unis (New-York).
Johnstown. États-Unis (Pensylvanie).
Johnstown. L. Iles Britanniques (Irlande).
Jokie. F. Indes. OC.
Joliet. États-Unis (Illinois).
Joliette. Amérique anglaise (Québec).
Jollarpett Junction. F. Indes. OC.
Jolsva. FL. Autriche-Hongrie (Hongrie).
Jonesboro. États-Unis (Géorgie).
Jonesboro. États-Unis (Indiana).
Jonesboro. États-Unis (Tennessee).
Jonesburg. États-Unis (Missouri).
Jones' Station. États-Unis (Ohio).
Jonesville. États-Unis (Indiana).
Jonesville. États-Unis (Michigan.)
Jonesville. États-Unis (Vermont).
Jonkœping. Suède.
Jooris-Weert-St-Georges. L. Belgique (Brabant).
Jordan. États-Unis (New-York).
Jordan Alum Spring. États-Unis (Virginie).
Jordanow. L. Autriche-Hongrie (Galicie).
Jordon. États-Unis (Kentucky).
Josefihütte. FL. Autriche-Hongrie (Bohême).
Josefstadt-Festung. N. Aut.-Hong. (Bohême).
Josefsthal. L. Autriche-Hongrie (Bohême).
Josefsthal-Kosmanos. FL. Aut.-Hong. (Bohême).
Josgat. N. Turquie d'Asie. A3. B2. C2. D2.
Joslowitz L. Autriche-Hongrie (Moravie).
Jossa. F. Allemagne (Prusse). OW.
Joure. L. Pays-Bas.
Jowra. L. Indes. OC.
Joy. États-Unis (Illinois).
Jubbulpore. N. Indes. OC.
Jucha. F. Allemagne (Prusse). EW.
Juchen. L. Allemagne (Prusse). OW.
Juda. États-Unis (Wisconsin).
Juddubpore. F. Indes. OC.
Judenbourg. Autriche-Hongrie (Styrie).
Judendorf. F. Autriche-Hongrie (Styrie).
Judschen. F. Allemagne (Prusse). EW.
Jugenheim. L. Allemagne (Prusse). OW.
Juggadaree. F. Indes. OC.
Juist (Ile) L. Allemagne (Prusse). OW.
Julesburg. États-Unis (Nebraska).
Julgaum. F. Indes. OC.
Julian. États-Unis (Pensylvanie).
Julich (S. Juliers) L. Allemagne (Prusse). OW.
Juliers. (S. Julich). L. Allemagne (Prusse). OW.
Jullum. F. Indes. OC.
Jullundhur. L. Indes. OC.
Jullundhur Cantonment. F. Indes. OC.
Jullundhur City. F. Indes. OC.
Julpigorie. Indes. OC.
Jumalpore. F. Indes. OC.
Jumet. L. Belgique (Hainaut).
Jummooee. F. Indes. OC.
Junction City. États-Unis (Kansas).
Junction City. États-Unis (Ohio).
Junction City. États-Unis (Orégon).
Jundialea. F. Indes. OC.
Juneau. États-Unis (Wisconsin).
Jungbunzlau. Autriche-Hongrie (Bohême).
Jungwoschitz. L. Autriche-Hongrie (Hongrie).
Juniata. États-Unis (Nebraska).
Jünkerath. F. Allemagne (Prusse). OW.
Jupille. L. Belgique (Liége).
Jurbise. Belgique (Hainaut).
Jurdani. FL. Autriche-Hongrie (Istrie).
Jusrah. F. Indes. OC.
Jussy. L. Suisse (Genève).
Justiniana Secunda (Kustendil; Ulpianum). Turquie d'Europe. A1. B3. C2. D3.
Juswanthnagore. F. Indes. OC.
Juterbog. Allemagne (Prusse). EW.
Jvongshaie. F. Indes. OC.

K

Kaaden. L. Autriche-Hongrie (Bohême).
Kaaden Brunnersdorff. FL. Aut.-Hong. (Bohême).
Kaal-Kapolna. FL. Autriche-Hongrie (Hongrie).
Kaba. FL. Autriche-Hongrie (Hongrie).
Kabret. Égypte (Isthme de Suez).
Kachan (S. Kashan). Perse.
Kacza. FL. Autriche-Hongrie (Transylvanie).
Kadina. Australie (Australie mérid.).
Kadjory. B/N. Russie du Caucase (Tiflis).
Kadolzburg. L. Allemagne (Bavière).
Kadolz-Mailberg. FL. Autriche-Hongrie (Sous l'Enns).
Kaferthal. L. Allemagne (Bade).
Kaesmark. Autriche-Hongrie (Croatie).
Kafr-ez-Zaiat. Égypte (Basse-Égypte).
Kahilia. F. Indes. OC.
Kahla. L. Allem. (Saxe-Altenbourg). EW.
Kahlenbergerdœfl. FL. Autr.-Hong. (Sous l'Enns).

Kaiapoi. Nouvelle-Zélande.
*Kaidalowskaia. Russie d'Asie (Sibérie, 3e rég.).
Kaikoura. Nouvelle-Zélande.
Kaiseraugst. L. Suisse (Argovie).
Kaiserbad (Czaszarfurdo). L. Aut.-Hong. (Hongrie).
Kaiserslautern. L. Allemagne (Bavière).
Kaiserstuhl. L. Suisse (Argovie).
Kaiserswaldau. F. Allemagne (Prusse). EW.
Kaiserswerth. L. Allemagne (Prusse). OW.
Kaisheim. L. Allemagne (Bavière).
Kakanui. Nouvelle-Zélande.
Kakhovka. Russie d'Europe (Tauride).
Kakuri. F. Indes. OC.
Kalama. États-Unis (Territoire de Washington).
Kalamazoo. États-Unis (Michigan).
Kalan (Zejkfalva). FL. Aut. Hong (Transylvanie).
Kaldenkirchen. F. Allemagne (Prusse). OW.
Kalei Sultanié (Dardanelles, Tschanak-Kalessi). Turquie d'Asie. A2. B2. C1. D1.
Kalgane (par Kiachta). Chine.
Kalisch. N. Russie d'Europe (Kalisch).
Kalix ou Nederkalix. Suède.
Kalk. L. Allemagne (Prusse). OW.
Kalka. L. Indes. OC.
Kallehne. F. Allemagne (Prusse). EW.
Kallevaag. H. Norwége.
Kallundborg. Danemark (île de Zélande).
Kalmar. Suède.
Kalocsa. L. Autriche-Hongrie (Hongrie).
Kalouga. Russie d'Europe (Kalouga).
Kalscheuren. F. Allemagne (Prusse). OW.
Kalsdorf. F. Autriche-Hongrie (Styrie).
Kaltbrunn. L. Suisse (Saint-Gall).
Kalusz. L. Autriche-Hongrie (Galicie).
Kalwang. FL. Autriche-Hongrie (Styrie).
Kalwaria. L. Russie d'Europe (Souvalki).
Kamenetz-Podolsk. Russie d'Europe (Podolie).
Kamenz. L. Allemagne. (Saxe). EW.
Kamenitz-bei-Eule L. Autriche-Hongrie (Bohême)
Kamionka-Strumilova. L. Aut.-Hong. (Galicie).
Kamischine. Russie d'Europe (Saratoff).
Kamischlow. Russie d'Asie (Sibérie, 1re région).
Kammer. L. Autriche-Hongrie (sur l'Enns).
Kamnitz (S.Böhm-Kamnitz). Aut.-Hong. (Bohême).
Kamouraska. Amérique anglaise (Québec).
Kampen. Pays-Bas.
Kamptee. Indes. OC.
Kanab. États-Unis (Utah).
Kanawha Falls. États-Unis (Virginie).
Kandern. L. Allemagne (Bade).
Kanchraparah. F. Indes. OC.
Kandersteg Gemmi. BL. (Suisse) Berne.
Kandy. N. Indes (Ceylan).
Kane. États-Unis (Illinois).
Kane. États-Unis (Pensylvanie).
Kanew. Russie d'Europe (Kiew).
Kangaum. Indes. OC.
Kanitz (Eibenschütz). FL. Aut.-Hong. (Moravie).
Kanizza (S.Gross-Kanizza)N. Aut.-Hong. (Hongrie).
Kankakee. États-Unis (Illinois).
Kansas. États-Unis (Illinois).
Kansas City. États-Unis (Missouri).
Kantara. Égypte (Isthme de Suez).
Kanturk. L. Iles Britanniques (Irlande).
Kanyam. F. Indes. OC.
Kapfenberg. F. Autriche-Hongrie (Styrie).
Kaplitz. L. Autriche-Hongrie (Bohême).
Kaposvar. Autriche-Hongrie (Hongrie).

Kaposztafalu (Kapsdorf). F. Aut.-Hong.(Hongrie).
Kappel. L. Suisse (Saint-Gall).
Kaproneza (Kapreinitz). L. Aut.-Hong. (Croatie).
Kapsdorf (Kaposzafalu). F. Aut.-Hong. (Hongrie).
Kapunda. Australie (Australie mérid.).
Karacsonfalva (Krecsunel). FL. Autriche-Hongrie (Transylvanie).
Karalee. F. Indes. OC.
Karanovatz. L. Serbie.
Karansebes. L. Autr.-Hongrie (Confins milit.).
Karassoubazar. Russie d'Europe. (Tauride).
Karatchew. Russie d'Europe (Orel).
Karbitz. L. Autriche-Hongrie (Bohême).
Karczag. F. Autriche-Hongrie (Hongrie)
Kardiyohi. États-Unis (Minnesota).
Karf. F. Allemagne (Prusse). EW.
Karical. Indes. OC.
Karkeon. F. Indes. OC.
Karlsborg. L. Suède.
Karlsdorf (Karoly Falva). L. Autr.-Hong. (Confins milit.).
Karlshamn (Carlshamn). Suède.
Karlshütte. F. Autriche-Hongrie (Moravie).
Karlskrona (Carlscrona). Suède.
Karlstadt. L. Allemagne (Bavière).
Karlstadt. Suède.
Karn's City. États-Unis (Pensylvanie).
Karolinenthal. Autriche-Hongrie (Bohême).
Karolyfalva (Karlsdorf). L. Autr.-Hongrie (Confins militaires).
Karoly Fejervar (S. Carlsbourg Gula Fejervar). Autriche-Hongrie (Transylvanie).
Karolyvaros (S. Carlstadt). Aut.-Hong. (Kalisch).
Karoneza (S. Kopreinitz). L. Aut.-Hong. (Croatie).
Kars. Amérique angl. (Ontario).
Karstadt. F. Allemagne (Prusse). EW.
Karthaus. L. Allemagne (Prusse). EW.
Karwin. F. Autriche-Hongrie (Silésie).
*Karytena. Grèce (Continent).
*Kasakewitschewo. Russie d'Asie (Sibérie, 3e rég.).
Kaschau (Kassa) N. Autriche-Hongrie (Hongrie).
Kaschitz-Schœnhof. FL. Autr.-Hongrie (Bohême).
Kashan. Perse.
Kasoag. États-Unis (New-York).
Kasota. États-Unis (Minnesota).
Kasson. États-Unis (Minnesota).
Kastel. L. Allemagne (Bavière).
Kastenreith. FL. Autriche-Hongrie (Sur l'Enns).
Kasveen. (S. Cazbin). Perse.
Kati-Kati. Nouvelle-Zélande.
Katonah. États-Unis (New-York).
Katovic. FL. Autriche-Hongrie (Bohême).
Katrineholm. FL. Suède.
Kattenlenne. F. Allemagne (Prusse). OW.
Kattenhofen. L. Allemagne (Alsace-Lorraine).
Kattowitz. Allemagne (Prusse). EW.
Katwijk. L. Pays-Bas.
Kaufbeuren. Allemagne (Bavière).
Kaufering. F. Allemagne (Bavière).
Kawkawlin. États-Unis (Michigan).
Kaysersberg. L. Allemagne (Alsace-Lorraine).
Kaysville. États-Unis (Utah).
Kazan. N. Russie d'Europe (Kazan).
Kazeroun. Perse.
Kaznau. FL. Autriche-Hongrie (Bohême).
Keadby. F. Iles Britanniques (Angleterre).
Keady. L. Iles Britanniques (Irlande).
Keamaree. F. Indes. OC.

Kearney. États-Unis (Missouri).
Kearney Junction. États-Unis (Nebraska).
Kearney' Station. États-Unis (Nebraska).
Kearsney. F. Iles Britann. (Angleterre).
Keating (Clinton Co). États-Unis (Pensylvanie).
Keating's Summit (Mc Kean Co). États-Unis (Pensylvanie).
*Kechan. L. Turquie d'Europe. A1. B3. C2. D3.
Kecskemet. L. Autriche-Hongrie (Hongrie).
Kedirie. Java. ES.
Keem. F. Indes. OC.
Keene. États-Unis (New-Hampshire).
Kecrang. Australie (Victoria).
Keeseville. États-Unis (New-York).
Kefermarkt. F. Autriche-Hongrie (Sur l'Enns).
Kegworth. L. Iles Britanniques (Angleterre).
Kehl. Allemagne (Bade).
Keighley. Iles Britann. (Angleterre).
Keim. F. Indes. OC.
Keirwadee. F. Indes. OC.
Keith. L. Iles Britanniques (Écosse).
Keithsburg. États-Unis (Illinois).
Keitum. L. Allemagne (Prusse; île de Sylt-Sleswig). EW.
Kekerangu. Nouvelle-Zélande.
Kelheim. L. Allemagne (Bavière).
Kellerberg. F. Allemagne (Prusse). OW.
Kellinghusen. L. Allem. (Prusse; Holstein). EW.
Kellmünz. F. Allemagne (Bavière).
Kellogg. États-Unis (Iowa).
Kellogg. États-Unis (Minnesota).
Kells. F. Iles Britanniques (Irlande).
Kellysville. États-Unis (Pensylvanie).
Kelmarsh. L. Iles Britann. (Angleterre).
Kelso. L. Iles Britanniques (Écosse).
Kelsterbach. F. Allem. (Hesse-Darmstadt). OW.
Kelton. États-Unis (Utah).
Keltsch. O/S. F. Allemagne (Prusse). EW.
Keltschan. L. Autriche-Hongrie (Moravie).
Keltze. Russie d'Europe (Keltze).
Kelvedon. Iles Britann. (Angleterre).
Kemberg. L. Allemagne (Prusse). EW.
Kemecse. FL. Autriche-Hongrie. (Hongrie).
Kemerton. L. Iles Britanniques (Angleterre).
Kemmelbach. F. Autr.-Hongrie (Sous l'Enns).
Kemnath-Neustadt. PF. Allemagne (Bavière).
Kemnath Stadt. L. Allemagne (Bavière).
Kemnay. F. Iles Britanniques (Écosse).
Kemnitz - Alt (S. Alt-Kemnitz). F. Allemagne (Prusse). EW.
Kempen (près Crefeld). L. Allem. (Prusse). OW.
Kempen (près Ostrowo). Allemagne (Prusse). EW.
Kempsey. L. Iles Britann. (Angleterre).
Kempten. Allemagne (Bavière).
Kempten (près Bingen). F. Allemagne (Hesse-Darmstadt). OW.
Kemptthal. FL. Suisse (Zurich).
Kemptville. Amérique angl. (Ontario).
Kemptville (G. T. R.) Amérique angl. (Ontario).
Kendal. Iles Britann. (Angleterre).
Kendallville. États-Unis (Indiana).
Kendworth. L. Iles Britann. (Angleterre).
Kenley. F. Iles Britann. (Angleterre).
Kenmare. L. Iles Britanniques (Irlande).
Kenmore. Amérique angl. (Ontario).
Kennebunk. États-Unis (Maine).
Kennebunk Dépôt. États-Unis (Maine).
Kennedy. États-Unis (New-York).

Kennedyville. États-Unis (Maryland).
Kenners. États-Unis (Louisiane).
Kennethmont. F. Iles Britann. (Angleterre).
Kennett Square. États-Unis (Pensylvanie).
Kenosha. États-Unis (Wisconsin).
Kensington, Philadelphie. États-Unis (Pensylvanie).
Kent. États-Unis (Connecticut).
Kent. États-Unis (Ohio).
Kentland. États-Unis (Indiana).
Kenton. États-Unis (Delaware).
Kenton. États-Unis (Tennessee).
Kent's Bank. F. Iles Britann. (Angleterre).
Kentville. Amérique anglaise. (Nouvelle-Écosse).
Kenzingen. L. Allemagne (Bade).
Keokuk. États-Unis (Iowa).
Keokuk-Junction. États-Unis (Illinois).
Kerensk. Russie d'Europe (Penza).
Keressoun. F. Turquie d'Asie. A2. B1. C1. D1.
Keresztur. FL. Autriche-Hongrie (Hongrie).
Kerhonkson. États-Unis (New-York).
Kerkhoven. États-Unis (Minnesota).
Kermanshah (S. Kirmanchah). N. Perse.
Kermpt. L. Belgique (Limbourg).
Kerns. L. Suisse (Unterwald).
Kersztes-Nyarad. FL. Autriche-Hongrie (Croatie).
Kertsch. N. Russie d'Europe (Tauride).
Kesh. L. Iles Britanniques (Irlande).
Keskastel. F. Allemagne (Alsace-Lorraine).
Kesmark (S. Kœsmarkt). Aut.-Hong. (Croatie).
Kessingland. L. Iles Britann. (Angleterre).
Kessweil. L. Suisse (Thurgovie).
Kesta. États-Unis (Iowa).
Kestenholz. F. Allemagne (Alsace-Lorraine).
Kestert-sur-Rhin. F. Allemagne (Prusse). OW.
Keswick. États-Unis (Virginie).
Keswick. L. Iles Britann. (Angleterre).
Keszthely. L. Autriche-Hongrie (Hongrie).
Ketegyhaza. FL. Autriche-Hongrie (Hongrie).
Kettenheim. F. Allemagne (Hesse-Darmstadt). OW.
Kettering. Iles Britann. (Angleterre).
Kettle. L. Iles Britanniques (Écosse).
Kettle River. États-Unis (Minnesota).
Kettwig. L. Allemagne (Prusse). OW.
Keuprulu. L. Turquie d'Europe. A1. B3. C2. D3.
Kevalore. F. Indes. OC.
Kevelaer. F. Allemagne (Prusse). OW.
Kew. L. Iles Britann. (Angleterre).
Kewanee. États-Unis (Illinois).
Kewaunee. États-Unis (Wisconsin).
Kewbridge. F. Iles Britanniques (Angleterre).
*Kew Garden's. F. Iles Britann. (Angleterre).
Keymer-Junction. F. Iles Britann. (Angleterre).
Keynsham. L. Iles Britanniques (Angleterre).
Keysville. États-Unis (Virginie).
Key-West. États-Unis (Floride).
Kezdi-Vasarhely. L. Autr.-Hongrie (Transylvanie).
Khabarowka. Russie d'Asie (Sibérie, 3e rég.).
Khaga. F. Indes. OC.
Khamgaum. F. Indes. OC.
Khanab. F. Indes. OC.
Khanawalla. F. Indes. OC.
Khandalla. F. Indes. OC.
Khankeer. F. Indes. OC.
Khanaoo Junction. F. Indes. OC.
Kharkow. N. Russie d'Europe (Kharkow).
Kharraghora. F. Indes. OC.
*Khasa. F. Indes. OC.
Kheirgaum. F. Indes. OC.
Kherson. Russie d'Europe (Kherson).
Kholm. L. Russie d'Europe (Lublin).
Khoorjah. F. Indes. OC.
Khotin. L. Russie d'Europe (Bessarabie).
Khull. Indes. OC.
Khundwa. L. Indes. OC.
Khunna. F. Indes. OC.
Khurda. F. Indes. OC.
Khurdee. F. Indes. OC.
Khurmatar. F. Indes. OC.
Khutowlee. F. Indes. OC.
Khwalinsk. Russie d'Europe (Saratow).
Kiachta (Région de Baykal). Russie d'Asie. (Sibérie, 2e région).
Kiama. Australie (Nouvelle-Galles-du-Sud).
Kiandra. Australie (Nouvelle-Galles-du-Sud).
Kibris (Chypre). Turquie (île de Chypre).
Kibworth. F. Iles Britann. (Angleterre; Leicester).
Kibworth Harcourt. L. Iles Britanniques (Angleterre; Leicester).
Kidder. États-Unis (Missouri).
Kidderminster. Iles Britanniques (Angleterre).
Kidder's Camp. États-Unis (terr. de Washington).
Kiddersminster. F. Iles Brit. (Angl.; Worcester).
Kidlington. Iles Britann. (Angleterre).
Kidonia (S. Aivali). Turq. d'Asie. A2. B2. C1. D1.
Kidwelly. L. Iles Britanniques (Angleterre).
Kiefersfelden. F. Allemagne (Bavière).
Kiel. N/2. Allemagne (Prusse; Holstein). EW.
Kiel. États-Unis (Wisconsin).
Kielau. F. Allemagne (Prusse). EW.
Kielder. F. Iles Britanniques (Angleterre).
Kieritzsch. F. Allemagne (Saxe). EW.
Kiesen. FL. Suisse (Berne).
Kiew. N. Russie d'Europe (Kiew).
Kikinda (S. Gross-Kikinda). Aut.-Hong. (Hongrie).
Kilbeggan. L. Iles Britanniques (Irlande).
Kilbirnie. L. Iles Britanniques (Écosse).
Kilbrittain. L. Iles Britanniques (Irlande).
Kilbourne City. États-Unis (Wisconsin).
Kilburn. L. Iles Britanniques (Angleterre).
Kilchberg. Allemagne (Wurtemberg).
Kilchberg. L. Suisse (Zurich).
Kilcok. L. Iles Britanniques (Irlande).
Kilcreggan. L. Iles Britanniques (Écosse).
Kilcullen. L. Iles Britanniques (Irlande).
Kildare. L. Iles Britanniques (Irlande).
Kildary. F. Iles Britanniques (Écosse).
Kildorrery. L. Iles Britanniques (Irlande).
Kildwick. F. Iles Britanniques. (Angleterre).
Kildysart. L. Iles Britanniques (Irlande).
Kilfinane. L. Iles Britanniques (Irlande).
Kilgor. États-Unis (Texas).
Kilia. L. Roumanie.
Kilid Bahar (1). Turquie d'Europe. A1. B3. C1. D3.
Kilkee. L. Iles Britanniques (Irlande).
Kilkeel. L. Iles Britanniques (Irlande).
Kilkenny. L. Iles Britanniques (Irlande).
Killaloe. L. Iles Britanniques (Irlande).
Killarney. L. Iles Britanniques (Irlande).
Killenaule. L. Iles Britanniques (Irlande).
Killiecrankie. F. Iles Britanniques (Écosse).
Killin. L. Iles Britanniques (Écosse).
Killiney. L. Iles Britanniques (Irlande).
Killorglin. L. Iles Britanniques (Irlande).
Killough. L. Iles Britanniques (Irlande).
Killucan. L. Iles Britanniques (Irlande).
Killybegs. L. Iles Britanniques (Irlande).
Killygordon. F. Iles Britanniques (Irlande).
Killyleigh. L. Iles Britanniques (Irlande).
Kilmacthomas. L. Iles Britanniques (Irlande).
Kilmalloch. L. Iles Britanniques (Irlande).
Kilmallock Railway Station. L. Iles Brit. (Irlande).
Kilmarnock. Iles Britanniques (Écosse).
Kilmartin. L. Iles Britanniques (Écosse).
Kilmore. Australie (Victoria).
Kilomètre, 24. Égypte (Isthme de Suez).
Kilomètre, 34. Égypte (Isthme de Suez).
Kilomètre, 54. Égypte (Isthme de Suez).
Kilomètre, 133. Égypte (Isthme de Suez).
Kilomètre, 146. Égypte (Isthme de Suez).
Kilrea. L. Iles Britanniques (Irlande).
Kilrush. L. Iles Britanniques (Irlande).
Kilsby. L. Iles Britann. (Angleterre).
Kilsyth. L. Iles Britanniques (Écosse).
Kiltyclogher. L. Iles Britanniques (Irlande).
Kilwinning. L. Iles Britanniques (Écosse).
Kilworth. L. Iles Britanniques (Irlande).
Kimberley. États-Unis (Minnesota).
Kimbles. États-Unis (Pensylvanie).
Kimbolton. Iles Britanniques (Angleterre).
Kimmswick. États-Unis (Missouri).
Kimpolung. L. Autriche-Hongrie (Bukowine).
Kinburn. Amérique angl. (Ontario).
Kincardine. Amérique anglaise (Ontario).
Kincardine. L. Iles Britanniques (Écosse).
Kincraig. F. Iles Britanniques (Écosse).
Kindberg. F. Autriche-Hongrie (Styrie).
Kinderhook. États-Unis (New-York).
Kinding. L. Allemagne (Bavière).
Kineton. L. Iles Britanniques (Angleterre).
King. Amérique anglaise (Ontario).
King-Edward-Station. F. Iles Britann. (Écosse).
Kinghorn. L. Iles Britanniques (Écosse).
Kingsbridge. L. Iles Britanniques (Angleterre).
Kingsbridge-Road. F. Iles Britann. (Angleterre).
Kingsclere. L. Iles Britanniques (Angleterre).
Kingscliffe. L. Iles Britanniques (Angleterre).
Kingscote. L. Iles Britanniques (Angleterre).
Kingscourt. L. Iles Britanniques (Irlande).
Kingscross. L. Iles Britanniques (Angleterre).
Kingsessing, Phila. États-Unis (Pensylvanie).
Kingskerswel. F. Iles Britanniques (Angleterre).
Kingsland. L. Iles Britanniques (Angleterre).
Kingsman. États-Unis (Maine).
King's-Langley. L. Iles Britanniques (Angleterre).
Kings Lynn *ou* Lynn Regis. F. Iles Britanniques (Angleterre).
Kings-Norton. L. Iles Britanniques (Angleterre).
King's Stanley. L. Iles Britann. (Angleterre).
King's Sutton. L. Iles Britanniques (Angleterre).
Kingston. Amérique angl. (Ontario).
Kingston. Amérique centrale (Antilles; Jamaïque).
Kingston. Australie (Australie méridionale).
Kingston G. T. R. Amérique angl. (Ontario).
Kingston-Hill. États-Unis (Rhode-Island).
Kingston-on-Sea. F. Iles Britann. (Angleterre).
Kingston. États-Unis (Californie).
Kingston. États-Unis (Géorgie).
Kingston. États-Unis (New-Jersey).
Kingston. États-Unis (New-York).
Kingston. États-Unis (Rhode-Island).
Kingston Springs. États-Unis (Tennessee).

(1) La station de Kilid Bahar n'est ouverte que lorsque celle des Dardanelles est fermée.

Kingston. Amér. angl. (N.-Brunswick).
Kingston (Luzerne Co). États-Unis (Pensylvanie).
Kingston-on-Thames. L. Iles Brit. (Angl.; Surrey).
Kingstown. Iles Britanniques (Irlande).
Kingsville. États-Unis (Caroline du Sud).
Kingsville. États-Unis (Caroline du Sud).
Kingsville. États-Unis (Kansas).
Kingsville. États-Unis (Ohio).
Kingswear. F. Iles Britanniques (Angleterre).
Kingswinford. L. Iles Britanniques (Angleterre)
Kingswood. L. Iles Britanniques (Angleterre).
Kington. L. Iles Britanniques (Angleterre).
Kingussie. L. Iles Britanniques (Écosse).
King William's Town. Colonie du Cap.
Kinkora. États-Unis (New-Jersey).
Kinloss. F. Iles Britanniques (Écosse).
Kinmundy. États-Unis (Illinois).
Kinn. H. Norwége.
Kinna. PL. Suède.
Kinnetty. L. Iles Britanniques (Irlande).
Kinney. États-Unis (Illinois).
Kinross. Iles Britanniques (Écosse).
Kinsale. F. Iles Britanniques (Irlande).
Kinsman. États-Unis (Ohio).
Kinston. États-Unis (Caroline du Nord).
Kintbury. F. Iles Britanniques (Angleterre).
Kintore Iles Britanniques (Écosse).
Kinvara. L. Iles Britanniques (Irlande.).
Kinver. L. Iles Britanniques (Angleterre).
Kiparissie. Grèce (Messénie).
Kipfenberg. L. Allemagne (Bavière).
Kippen. L. Iles Britanniques (Écosse).
Kipton. États-Unis (Ohio).
Kiralyhaza. FL. Autriche-Hongrie (Hongrie).
Kiralytelek. FL. Autriche-Hongrie (Hongrie).
Kirby. États-Unis (Ohio).
Kirchberg. FL. Allemagne (Bade).
Kirchberg (Jagst). L. Allemagne (Wurtemberg).
Kirchberg. L. Suisse (Berne).
Kirchberg in Sachsen. L. Allemagne (Saxe). EW.
Kirchberg A/Wagram. FL. Aut.-Hong. (Sous l'Enns).
Kirchbichl. FL. Autriche-Hongrie (Tyrol).
Kirchdorf L. Autriche-Hongrie (Sur l'Enns).
Kirchen. F. Allemagne (Prusse). OW.
Kirchenlaibach. PF. Allemagne (Bavière).
Kirchenlamitz. L. Allemagne (Bavière).
Kirchentellinsfurth. Allemagne (Wurtemberg).
Kirchenthumbach L. Allemagne (Bavière).
Kirchhain. F. Allem. (Prusse; Hesse-Cassel). OW.
Kirchheim p. Heidelberg. F. Allemagne (Bade).
Kirchheim-a/Neckar. Allemagne (Wurtemberg).
Kirchheimbolanden. L. Allemagne (Bavière).
Kirchheim-sur-Teck. Allemagne (Wurtemberg).
Kirchhorsten. L. All. (Lippe-Schaumbourg). EW.
Kirchseeon. F. Allemagne (Bavière).
Kirchstetten. FL. Autr.-Hongrie (Sous l'Enns).
Kirchthurnen. L. Suisse (Berne).
Kirchweyhe. F. Allemagne (Prusse). OW.
Kircubbin. L. Iles Britanniques (Irlande).
Kirkbride's Insane Asylum, Phila. États-Unis (Pensylvanie).
Kirkburton. L. Iles Britanniques (Angleterre).
Kirkby. F. Iles Britann. (Angleterre; Lancashire).
Kirkby-in-Ashfield. F. Iles Britann. (Angleterre).
Kirkby-Ireleth. F. Iles Britanniques (Angleterre).
Kirkby-Lonsdale. L. Iles Britann. (Angleterre).
Kirkby-Moorside. L. Iles Britann. (Angl.; Yorkshire).
Kirkby-Stephen. F. Iles Britann. (Angleterre).

Kirkcaldy. L. Iles Britanniques (Écosse).
Kirkcowan. Iles Britanniques (Écosse).
Kirkcudbright. L. Iles Britanniques (Écosse).
Kirkee. F. Indes. OC.
Kirkham. L. Iles Britann. (Angleterre; Lancastre).
Kirkham. F. Iles Britanniques (Angl.; Yorkshire).
Kirkiesum. F. Indes. OC.
Kirkintilloch. L. Iles Britanniques (Écosse).
Kirklington. L. Iles Britanniques (Angleterre).
Kirkliston. L. Iles Britanniques (Écosse).
Kirkoswald. L. Iles Britanniques (Angleterre).
Kirkstall. L. Iles Britanniques (Angleterre).
Kirkstall-Forge. F. Iles Britann. (Angleterre).
Kirkstead. F. Iles Britanniques (Angleterre).
Kirksville. États-Unis (Missouri).
Kirkwall. Iles Britanniques (Orcades).
Kirkwhelpington. L. Iles Britann. (Angleterre).
Kirkwood. États-Unis (Delaware).
Kirkwood. États-Unis (New-Jersey).
Kirkwood. États-Unis (Missouri).
Kirmanchah. Perse.
Kirn. F. Allemagne (Prusse). OW.
Kirn. L. Iles Britanniques (Écosse).
Kirnach. FL. Allemagne (Bade).
Kirriemuir. L. Iles Britanniques (Écosse).
Kirschdrauf (Szepes-Varalja). L. Aut.-Hong. (Hong.).
Kirtarpore. F. Indes. OC.
Kirtlebridge. F. Iles Britanniques (Écosse).
Kirtlington. L. Iles Britanniques (Angleterre).
Kirton-Lindsey. L. Iles Britann. (Angleterre).
Kisa. L. Suède.
Kis-Ber. FL. Autriche-Hongrie (Hongrie).
Kischinew. Russie d'Europe (région de Bessarabie).
Kis-Czell (Klein-Czell). FL. Autr.-Hongrie (Hongrie).
Kis-Kapus (Klein Kopisch, Koptse). FL. Autriche-Hongrie (Transylvanie).
Kis-Keszi. FL. Autriche-Hongrie (Hongrie).
Kis-Koros. L. Autriche-Hongrie (Hongrie).
Kis-Korpad. FL. Autriche-Hongrie (Hongrie).
Kis-Ladna. F. Autriche-Hongrie (Hongrie).
Kis-Marton (Eisenstadt). L. Aut.-Hong. (Transyl.).
Kissengunge. F. Indes. OC.
Kissingen. Allemagne (Bavière).
Kisslegg. L. Allemagne (Wurtemberg).
Kis-Szeben (Zeeben). F. Autr.-Hongrie (Hongrie).
Kistagne. L. Autriche-Hongrie (Dalmatie).
Kis-Telek. F. Autr.-Hongrie (Transylvanie).
Kis-Terenye. F. Autriche-Hongrie (Hongrie).
Kistrand. Norwége.
Kisucza-Ujhely. FL. Autriche-Hongrie (Hongrie).
Kis-Unyom. FL. Autriche-Hongrie (Hongrie).
Kisuyszallas (Novo-M.). FL. Autr.-Hong. (Hongrie).
Kis-Varda. L. Autriche-Hongrie (Hongrie).
Kis-Zombor. L. Autriche-Hongrie (Hongrie).
Kisztelek. F. Autriche-Hongrie (Hongrie).
Kit-Carson. États-Unis (Colorado).
Kittaning (Armstrong Co). États-Unis (Pensylvanie).
Kittanning Point (Blair Co). États-Unis (Pensylv.).
Kittrell's. États-Unis (Caroline du Nord).
Kittybrewster. F. Iles Britanniques (Écosse).
Kitzbühel. L. Autriche-Hongrie (Tyrol).
Kitzingen. L. Allemagne (Bavière).
Kiveton-Park. L. Iles Britanniques (Angleterre).
Kjeo. Norwége.
Kjerteminde. Danemark (île de Fionie).
Kjœbenhavn (Copenhague). N. Danemark (île de Zélande).

Kjoege. Danemark (île de Zélande).
Kladen. F. Allemagne (Prusse). EW.
Kladno. L. Autriche-Hongrie (Bohême).
Kladowo (Cladova). Serbie.
Kladrup. F. Autriche-Hongrie (Bohême).
Klagenfurt. N. Autriche-Hongrie (Carinthie).
Klamm. F. Autriche-Hongrie (Sous l'Enns).
Klampenborg. C-HL. Danemark (île de Zélande).
Klardorf. PF. Allemagne (Bavière).
Klattau. L. Autriche-Hongrie (Bohême).
Klausen. FL. Autriche-Hongrie (Tyrol).
Klausenbourg. N. Autr.-Hongrie (Transylvanie).
*Klay. F. Autriche-Hongrie (Galicie).
Kleblach-Lind. FL. Autriche-Hongrie (Carinthie).
Klein-Czell (Kis-Czell). FL. Autr.-Hong. (Hongrie).
Klein-Dietwyl. L. Suisse (Berne).
Kleinen. F. Allem. (Mecklembourg-Schwérin). EW.
Kleineubroich. F. Allemagne (Prusse). OW.
Klein-Furra. F. Allemagne (Prusse). EW.
Klein Guie. F. Allemagne (Prusse). EW.
Kleinheubach. L. Allemagne (Bavière).
Klein Kahn. FL. Autriche-Hongrie (Bohême).
Klein-Kopisch (Kis-Kapus, Koptse). FL. Autriche-Hongrie (Transylvanie).
Kleinlangheim. L. Allemagne (Bavière).
Klein-Laufenbourg (Laufenbourg-Klein). L. Allemagne (Bade).
Klein-Mohrau. L. Autriche-Hongrie (Silésie).
Kleinmünchen. L. Autr.-Hongrie (Sur l'Enns).
Kleinrederchingen. FL. Allem. (Alsace-Lorraine).
Kleinreitling. FL. Autriche-Hongrie (Sur l'Enns).
Klein-Umstadt. F. Allem. (Hesse-Darmstadt). OW.
Kleinwinternheim (Ober-Olm). F. Allemagne (Hesse-Darmstadt). OW.
Klenak. L. Autriche-Hongrie (Confins militaires).
Klengen. FL. Allemagne (Bade).
Klineburg. Amérique anglaise (Ontario).
Klingenberg. L. Allemagne (Bavière).
Klingenberg. F. Allemagne (Saxe). EW.
Klingenmunster. L. Allemagne (Bavière).
Klingnau. L. Suisse (Argovie).
Klintehamn. L. Suède (île de Gottland).
Klobuk. FL. Autriche-Hongrie (Bohême).
Kloeften. F. Norwége.
Kloesterle. L. Autriche-Hongrie (Bohême).
Klomin. L. Autriche-Hongrie (Bohême).
Klomnitzy. F. Russie d'Europe (Petrokow).
Klopschen. F. Allemagne (Prusse). EW.
Klosterneubourg. FL. Autr.-Hongrie (Sous l'Enns).
Klosters. L. Suisse (Grisons).
Kloster-Wennigsen. F. Allemagne (Prusse). EW.
Kloten. L. Suisse (Zurich).
Kluse-Dorpen. F. Allemagne (Prusse). OW.
Knaphill. L. Iles Britanniques (Angleterre).
Knapp's. États-Unis (New-York).
Knaresboro. L. Iles Britanniques (Angleterre).
Knauthayn. F. Allemagne (Saxe). EW.
Kniagevaz (S. Knjazovatz). L. Serbie.
*Kniagewskaia. Russie d'Asie (Sibérie; 3ᵉ région).
Kniaze. FL. Autriche-Hongrie (Galicie).
Knighton. L. Iles Britanniques (Angleterre).
Knight's-Landing. États-Unis (Californie).
Knightstown. États-Unis (Indiana).
Knightsville. États-Unis (Indiana).
Knin. L. Autriche-Hongrie (Dalmatie).
Knittelfeld. FL. Autriche-Hongrie (Styrie).
Knob Lick. États-Unis (Missouri).
Knob Noster. États-Unis (Missouri).

Knock. F. Iles Britanniques (Écosse).
Knocklong. Railway-Station. L. Iles Britanniques (Irlande).
Knottingley. L. Iles Britanniques (Angleterre).
Knowersville. États-Unis (New-York).
Knowle. L. Iles Britanniques (Angleterre).
Knowlton. Amérique anglaise (Québec).
Knoxville. États-Unis (Illinois).
Knoxville. États-Unis (Tennessee).
Knudshoved. H. Danemark (île de Fionie).
Knutsford. Iles Britanniques (Angleterre).
Kobbelbude. F. Allemagne (Prusse). EW.
Kobervig (Kobervik). L. Norwége.
Kobier. FL. Allemagne (Prusse). EW.
Kochel. L. Allemagne (Bavière).
Kocsard. FL. Autriche-Hongrie (Transylvanie).
Kodersdorf. F. Allemagne (Prusse). EW.
Koebanya (Budapest-Kœbanya, Budapest-Steinbruch). L. Autriche-Hongrie (Hongrie).
Koebolkut. Autriche-Hongrie (Hongrie).
Kœdoes (Japara). L. Java. ES.
Koefering. PF. Allemagne (Bavière).
Kœflach. FL. Autriche-Hongrie (Styrie).
Kœkange. F. Pays-Bas.
Koellikon. L. Suisse (Argovie).
Kœnig. F. Allemagne (Hesse-Darmstadt). OW.
Kœniggraetz. Autriche-Hongrie (Bohême).
Kœnigheim. L. Allemagne (Bade).
Kœniginhof. L. Autriche-Hongrie (Bohême).
Kœnigsbach. FL. Allemagne (Bade).
Kœnigsberg. N. Allemagne (Prusse). EW.
Kœnigsberg-i-Neumark. L. Allem. (Prusse). EW.
Kœnigsb.-Maria-Kulm. FL. Autr-Hong. (Bohême).
Kœnigsbronn. Allemagne (Wurtemberg).
Kœnigschaffhausen. L. Allemagne (Bade).
Kœnigsdorf. F. Allemagne (Prusse). OW.
Kœnigsee. L. Allem. (Schwarzb-Rud.). EW.
Kœnigshain. FL. Autriche-Hongrie (Bohême).
Kœnigshofen. F. Allemagne (Alsace-Lorraine).
Kœnigshofen. L. Allemagne (Bavière).
Kœnigshutte (Stadt). L. Allem. (Prusse). EW.
Kœnigslutter. FL. Allemagne (Brunswick). EW.
Kœnigstein (Stadt). L. Allemagne (Saxe). EW.
Kœnigstein. L. Allemagne (Prusse). OW.
Kœnigswald. FL. Autriche-Hongrie (Bohême).
Kœnigswart. FL. Autriche-Hongrie (Bohême).
Kœnigswinter. L. Allemagne (Prusse). OW.
Kœnigswusterhausen. F. Allem. (Prusse). EW.
Kœnigszelt. F. Allemagne (Prusse). EW.
Kœnitz. F. Allemagne (Schw.-Rudolstadt). EW.
Kœnnern. F. Allemagne (Prusse). EW.
Kœping. L. Suède.
Kœrbisdorf. L. Allemagne (Prusse). EW.
Kœrner. L. Allemagne (Saxe-Cobourg). EW.
Kœstendorf. FL. Autriche-Hongrie (Salzbourg).
Kœstritz. F. Allem. (Reuss-Schleiz). EW.
Kœszeg (Güns). Autriche-Hongrie (Hongrie).
Kœtschach. L. Autriche-Hongrie (Carinthie).
Kœtschau. F. Allemagne (Prusse). EW.
Kœtzschenbroda. L. Allemagne (Saxe). EW.
Kœtzting. L. Allemagne (Bavière).
Kogenheim. FL. Allemagne. (Alsace-Lorraine).
Kohalom (Reps). L. Autr.-Hongrie (Transylvanie).
Kohat. L. Indes. OC.
Kohlfurt. F. Allemagne (Prusse). EW.
Kohlscheidt. F. Allemagne (Prusse). OW.
Kojetein. FL. Autriche-Hongrie (Moravie).

Kokomo. États-Unis (Indiana).
Koksa. F. Indes. OC.
Kolapore. Indes. OC.
Kolbelmoor. L. Allemagne (Bavière).
Kolbuszow. L. Autriche-Hongrie (Galicie).
Kolding. Danemark (Jutland).
Kolec. FL. Autriche-Hongrie (Bohême).
Kolin. N. Autriche-Hongrie (Bohême).
Kolionschky. F. Russie d'Europe (Petrokow).
Kollbrunnen. L. Suisse (Zurich).
Kolleschowitz. L. Autriche-Hongrie (Bohême).
Kolo. Russie d'Europe (Kalisch).
Koloméa. Autriche-Hongrie (Galicie).
Kolomna. Russie d'Europe (Moscou).
Kolos-Kara. FL. Autriche-Hongrie (Transylvanie).
Kolozsvar (Klausenbourg) N. Autriche-Hongrie (Transylvanie).
Komancza. FL. Autriche-Hongrie (Galicie).
Komarvaros. F. Autriche-Hongrie (Hongrie).
Komoka. Amérique anglaise (Ontario).
Komorn (Komaro'm.) N. Autr.-Hongrie (Hongrie).
Komotau. Autriche-Hongrie (Bohême).
Kondipuram. F. Indes. OC.
Kongelf. L. Suède.
Kongsbaeka. L. Suède.
Kongsberg. F. Norwége.
Kongsvinger. F. Norwége.
Konia. Turquie d'Asie. A3. B2. C2. D2.
Kônig. F. Allemagne (Hesse-Darmstadt). OW.
Konigsberg. L. Autriche-Hongrie (Silésie).
Konigshofen. FL. Allemagne (Bade).
Koninc. Russie d'Europe (Kalisch).
Konitz. L. Autriche-Hongrie (Moravie).
Konolfingen. F. Suisse (Berne).
Konop. FL. Autriche-Hongrie (Hongrie).
Koom. L. Perse.
Koomarkolly. F. Indes. OC.
Kooringa. Australie (Australie méridionale).
Koorun. F. Indes. OC.
Kooshtea. F. Indes. OC.
Kopervik (Kobervig). L/HC. Norwége.
Koppitz. L. Allemagne (Prusse). EW.
Koptsc (Kis-Kapus, Klein, Kopisch). FL. Autriche Hongrie (Transylvanie).
Kopreinitz. L. Autriche-Hongrie (Hongrie).
Kopyczynce. L. Autriche-Hongrie (Hongrie).
Korbisdorf. L. Allemagne (Prusse). EW.
Kordachary. F. Indes. OC.
Kormend. FL. Autriche-Hongrie (Hongrie).
Koritschan. L. Autriche-Hongrie (Moravie).
Kork. FL. Allemagne (Bade).
Kormoczbanya (Kremnitz). L. Autriche-Hongrie (Hongrie).
Korneubourg. F. Autr.-Hongrie (Sous l'Enns).
Kornthal. Allemagne (Wurtemberg).
Kornwestheim. Allemagne (Wurtemberg).
*Korokolwe. Russie d'Asie (Sibérie, 3e région).
Korolowka. L. Autriche-Hongrie (Galicie).
Koros (Kreutz). L. Autriche-Hongrie (Croatie).
Korruckpore. F. Indes. OC.
Korschen. F. Allemagne (Prusse). EW.
Korsnaes. FL. Suède.
Korsoër. Danemark (Ile de Zélande).
Korszow. F. Autriche-Hongrie (Galicie).
Korytnicza. BL. Autriche-Hongrie (Hongrie).
Kosen. L/BC. Allemagne (Prusse). EW.
Kosgee. F. Indes. OC.

Koskocx. FL. Autriche-Hongrie (Hongrie).
Koslow. N. Russie d'Europe.
Kosmanos. L. Autriche-Hongrie (Hongrie).
Kosse. États-Unis (Texas).
Kossen. L. Autriche-Hongrie (Tyrol).
Kossow. L. Autriche-Hongrie (Galicie).
Kossuth. États-Unis (Iowa).
Kostainitza. Autriche-Hongrie (Confins militaires).
Kostel. FL. Autriche-Hongrie (Moravie).
Kosteletz. F. Autriche-Hongrie (Bohême).
Kosten.. L. Allemagne (Prusse). EW.
Kosten. FL. Autriche-Hongrie (Bohême).
Kostroma. L. Russie d'Europe (Kostroma).
Kostrzyn. L. Allemagne (Prusse). EW.
Kothmaissling. F. Allemagne (Bavière).
Kotomiers.. F. Allemagne (Prusse). EW.
Kotree. F. Indes. OC.
Kottori. F. Autriche-Hongrie (Hongrie).
Kotzmann. L. Autriche-Hongrie (Bukowine).
Kouche-Adassi (Scala-Nuova) Turquie d'Asie. A2 B2. C1. D1.
*Koudsou-Chérif (Jérusalem). Turquie d'Asie. A3. B2. C2. D2.
*Koukéléwa. Russie d'Asie (Sibérie, 3e région).
*Koulskaïa. Russie d'Asie (Sibérie, 3e région).
*Koumara. Russie d'Asie (Sibérie, 3e région.
Koungour. Russie d'Europe. (Perm).
Kounowa. FL. Autriche-Hongrie (Bohême).
Koursk. N. Russie d'Europe (Koursk).
Kousnetzk. Russie d'Europe (Saratow).
Koutaïss. N. Russie du Caucase (Koutaiss).
Koutno. F. Russie d'Europe (Varsovie).
Koutts. États-Unis (Indiana).
Kowall. F. Russie d'Europe (Plotzk).
Kowalewo. FL. Allemagne (Prusse). EW.
Kowel. N. Russie d'Europe (Wolhynie).
Kowno. N. Russie d'Europe (Kowno).
Kozlow. Russie d'Europe (Tambow).
Kozma. FL. Autriche-Hongrie (Hongrie).
Kozmin. L. Allemagne (Prusse). EW.
Krabbendijke. P. Pays-Bas.
Kragenhof. L. Allemagne (Prusse). OW.
Krageroe. Norwége.
Kragoniévaz. N. Serbie.
Krainburg. L. Autriche-Hongrie (Carniole).
Krakau (S. Cracovie). N. Autr.-Hongrie (Galicie).
Kraljevec. F. Autriche-Hongrie (Hongrie).
Kralovan. F. Autriche-Hongrie (Hongrie).
Kralowitz. L. Autriche-Hongrie (Bohême).
Kralup. L. Autriche-Hongrie (Bohême).
Kranichsfeld. F. Autriche-Hongrie (Styrie).
Kranidi. Grèce.
Krapin-Marks. L. Autriche-Hongrie (Croatie).
Krapina (Teplitz) (1). BL. Autr.-Hongrie (Croatie).
Krasiczin. L. Autriche-Hongrie (Galicie).
Krasne. FL. Autriche-Hongrie (Galicie).
Krasnoe-Selo. E. Russie d'Eur. (S'-Pétersbourg).
Krasnojarsk. N. Russie d'Asie (Sibérie, 2e région.
Krasnostaw. L. Russie d'Europe (Lublin).
Kraszna. L. Autriche-Hongrie (Hongrie).
Kratzau. L. Autriche-Hongrie (Bohême).
Krautbausen. F. Allemagne (Prusse). OW.
Krautheim. L. Allemagne (Bade).
Kray. F. Allemagne (Prusse). OW.
Krecsunel (Karacsonfalva). FL. Aut.-Hong. (Transyl.)
Kreibitz-Neüdorfel. FL. Autr.-Hongrie (Bohême).
Kreiensen. F. Allemagne (Brunswick). EW.

(1) Ouvert du 1er juin au septembre.

Krementez. L. Russie d'Europe (Wolhynie).
Krementschurg. N. Russie d'Europe (Poltowa).
Kremnitz (Kormoczbanya) L. Autr.-Hong. (Hongrie).
Krems. L. Autriche-Hongrie (Sous l'Enns).
Kremsier. L. Autriche-Hongrie (Moravie).
Kremsmünster. L. Autriche-Hongrie (Sur l'Enns).
Krems près Kœflach. FL. Autr.-Hong. (Styrie).
Kressnitz. FL. Autriche-Hongrie (Carniole).
Kreussen. L. Allemagne (Bavière).
Kreuz. Allemagne (Prusse). EW.
Kreuz. L. Autriche-Hongrie (Croatie).
Kreuzen. BL. Autriche-Hongrie (Sur l'Enns).
Kreuzlingen. L. Suisse (Thurgovie).
Kreuznach. Allemagne (Prusse). OW.
Kreuzwertheim. L. Allemagne (Bavière).
Kriegern. FL. Autriche-Hongrie (Bohême).
Krieglach. F. Autriche-Hongrie (Styrie).
Kriegsdorf. FL. Autriche-Hongrie (Moravie).
Kriens. L. Suisse (Lucerne).
Krima-Neudorf. FL. Autriche-Hongrie (Bohême).
Krippen. F. Allemagne (Saxe). EW.
Kristianstad. Suède.
Kristineberg. F. Suède.
Kristineham. Suède.
Kristinestadt. L. Russie d'Europe (Wasa).
Kristna. F. Indes. OC.
Kritzendorf. FL. Autriche-Hongrie (Sur l'Enns).
Krivadia. FL. Autriche-Hongrie (Transylvanie).
Krivan. FL. Autriche-Hongrie (Hongrie).
Kröderen. F. Norwége.
Krojanke. F. Allemagne (Prusse). EW.
Kromau. FL. Autriche-Hongrie (Moravie).
Krompach. L. Autriche-Hongrie (Hongrie).
Kronach. L. Allemagne (Bavière).
Kronau. FL. Autriche-Hongrie (Carniole).
Kronbühl. L. Suisse (Saint-Gall).
Kronheim. F. Allemagne (Bavière).
Kronstadt. N. Autr.-Hongr. (Transylvanie).
Kronweiler. F. Allemagne (Prusse). OW.
Krosno. L. Autriche-Hongrie (Galicie).
Krotoschin. Allemagne (Prusse). EW.
Krottendorf. FL. Autriche-Hongrie (Styrie).
Krozingen. FL. Allemagne (Bade).
Krumau. L. Autriche-Hongrie (Bohême).
Krumbach. L. Autriche-Hongrie (Vorarlberg).
Krumbach. L. Allemagne (Bavière).
Krumnusbaum. FL. Autr.-Hongrie (Sous l'Enns).
Krumpendorf. FL. Autriche-Hongrie (Carinthie).
Krupa. FL. Autriche-Hongrie (Bohême).
Krupanj (Croupagne). L. Serbie.
Kruschevatz. L. Serbie.
Krynica. BL. Autriche-Hongrie (Galicie).
Krystinopol. L. Autriche-Hongrie (Galicie).
Krzeszowice. F. Autriche-Hongrie (Galicie).
Krzizanowitz. F. Allemagne (Prusse). EW.
Kubin. L. Autriche-Hongrie (Hongrie).
Kublis. L. Suisse (Grisons).
Kuczurmare. FL. Autriche-Hongrie (Bukowine).
Kufstein. L. Autriche-Hongrie (Tyrol).
Kufstein. F. Autriche-Hongrie (Tyrol).
Kujgaum. F. Indes. OC.
Kujrah. F. Indes. OC.
Kula. L. Autriche-Hongrie (Hongrie).
Kulikery. F. Indes. OC.
Kulitalay. F. Indes. OC.
Kullenberg. FL. Autriche-Hongrie (Carniole).
Kulleseid. HL. Norwége.
Kulm. FL. Autriche-Hongrie (Bohême).
Kulm (Unterkulm). Suisse (Argovie).
Kunderki. F. Indes. OC.
Kundl. FL. Autriche-Hongrie (Tyrol).
Kungsgarden. FL. Suède.
Kunsdorf. FL. Autriche-Hongrie (Carinthie).
Kun-Szent-Miklos. L. Autriche-Hongrie (Hongrie).
Kunzelsau. L. Allemagne (Wurtemberg).
Kunzendorf. FL. Autriche-Hongrie (Moravie).
Kuopio. Russie d'Europe (Kuopio).
Kupferberg. FL. Autriche-Hongrie (Bohême).
Kupferdreh. F. Allemagne (Prusse). OW.
*Kupfern (Weyer). FL. Autr.-Hongrie (Sur l'Enns).
Kupferzell. L. Allemagne (Wurtemberg).
Kuppenheim. FL. Allemagne (Bade).
Kuppersteig. F. Allemagne (Prusse). OW.
Kups. F. Allemagne (Bavière).
Kurchuna. F. Indes. OC.
Kurch. F. Indes. OC.
Kurjut. F. Indes. OC.
Kurkulla. F. Indes. OC.
Kurnik. L. Allemagne (Prusse). EW.
Kurnool. L. Indes. OC.
Kurrachée. N. Indes. OC.
Kurrubgaum. F. Indes. OC.
Kurruck Baile. F. Indes. OC.
Kurtics. FL. Autriche-Hongrie (Hongrie).
Kuschwarda. L. Autriche-Hongrie (Bohême).
Kusel. L. Allemagne (Bavière).
Kusnacht. L. Suisse (Zurich).
Kussarah. F. Indes. OC.
Kussnacht. Suisse (Schwyz).
Kussowlee. L. Indes. OC.
Kustendil (Ulpianum, Justiniana Secunda). Turquie d'Europe. A1. B3. C2. D3.
Kustendjé. L. Turquie d'Europe. A1. B2. C1. D3.
Kutcha Koo. F. Indes. OC.
Kutina. L. Autriche-Hongrie (Croatie).
Kutnee. F. Indes. OC.
Kuttenberg. L. Autriche-Hongrie (Bohême).
Kuttenthal. FL. Autriche-Hongrie (Bohême).
Kutty. L. Autriche-Hongrie (Galicie).
Kutztown. États-Unis (Pensylvanie).
Kvaerndrup. L. Danemark (Fionie).
Kwassitz. L. Autriche-Hongrie (Moravie).
Kyamba. Australie (N.-Galles du Sud).
Kyllbourg. F. Allemagne (Prusse). OW.
Kyneton. Australie (Victoria).
Kyritz. L. Allemagne (Prusse). EW.
Kythnos. Grèce (îles).

L.

Laa. FL. Autriche-Hongrie (Sous l'Enns.)
Laaber. PF. Allemagne (Bavière).
Laage. L. Allem. (Mecklembourg-Schwérin). EW.
Laak. FL. Autriche-Hongrie (Carniole).
Laase. F. Autriche-Hongrie (Carniole).
Laasphe. L. Allemagne (Prusse). OW.
Labadie. États-Unis (Missouri).
La Baie. Amérique anglaise (Québec).
L'Abeele. L. Belgique (Flandre occidentale).
Laberweinting. PF. Allemagne (Bavière).
Labes. L. Allemagne (Prusse). EW.
Labiau. L. Allemagne (Prusse). EW.
Labischin. L. Allemagne (Prusse). EW.
La Bran. États-Unis (Colorado).
Labuissière. L. Belgique (Hainaut).
Lacadie. Amérique anglaise (Québec).
La Canée. Turquie d'Asie (I. Crète).
Laceby. L. Iles Britanniques (Angleterre).
Lacedonia. L. Italie (Avellino).
Laceyville. États-Unis (Pensylvanie).
Lachen. L. Suisse (Schwyz).
La Chaux. L. Suisse (Vaud).
Lachine. Amérique anglaise (Québec).
Lachine Junc. Amérique anglaise (Québec).
Lachine Locks. Amérique anglaise (Québec).
Lachute. Amérique anglaise (Québec).
Lackawana and Bloomsburg-Junction. États-Unis (Pensylvanie).
Lackawaxen. États-Unis (Pensylvanie).
Laclède. États-Unis (Missouri).
La Clinge (Clinge la) L. Belg. (Flandre orientale).
Lacock. L. Iles Britanniques (Angleterre).
Lacolle. Amérique anglaise (Québec).
Lacon. États-Unis (Illinois).
Lacona. États-Unis (New-York).
Laconia. États-Unis (New-Hampshire).
Laconner. États-Unis (territoire de Washington).
La Crescent. États-Unis (Minnesota).
La Croix. États-Unis (Indiana).
La Crosse. États-Unis (Indiana).
Lacrosse. États-Unis (Wisconsin).
Ladamos (Ladendorf, Lamnes). Autriche-Hongrie (Transylvanie).
Laddonia. États-Unis (Missouri).
Ladenburg. FL. Allemagne (Bade).
Ladendorf. FL. Autriche-Hongrie (Sous l'Enns).
Ladoga. États-Unis (Indiana).
Ladybank. L. Iles Britanniques (Écosse).
Lady's Bridge. F. Iles Britanniques (Écosse).
Laeken. Belgique (Brabant).
Lærdalsoren (Leirdalsoren). L. Norwége.
Lafayette. États-Unis (Illinois).
Lafayette. États-Unis (Indiana).
Lafayette. États-Unis (New-York).
Lafayette. États-Unis (Tennessee).
Lafferde. L. Allemagne (Prusse). EW.
Lafourche. États-Unis (Louisiane).
Lage. L. Allemagne (Lippe-Detmold). OW.
Laglio. L. Italie (Turin).
Lagoa. L. Portugal (Faro).
Lagonegro. L. Italie (Potenza).
Lagos. Portugal (Faro).
La Grange. États-Unis (Géorgie).
La Grange. États-Unis (Indiana).
La Grange. États-Unis (Kentucky).
La Grange. États-Unis (Missouri).
La Grange (Jefferson Co). États-Unis (Ohio).
La Grange. États-Unis (Tennessee).
La Grangeville. États-Unis (New-York).
Lagro. États-Unis (Indiana).
La Harpe. États-Unis (Illinois).
Lahat. L. Ile de Sumatra.
Lahinch. L. Iles Britanniques (Irlande).
Lahore. N. Indes. OC.
Lahr. L. Allemagne (Bade).

La Hulpe. L. Belgique (Brabant).
Laibach. N. Autriche-Hongrie (Carniole).
Laichingen. L. Allemagne (Wurtemberg).
Laingha. Indes. EC.
Laingsburgh. États-Unis (Michigan).
Lairg. L. Iles Britanniques (Écosse).
*Laister-Dyke. F. Iles Britanniques (Angleterre).
Lajta-Szent-Miklos. FL. Autr.-Hongr. (Hongrie).
Lake. États-Unis (Indiana).
Lake. États-Unis (Michigan).
Lake. États-Unis (Mississipi).
Lake. États-Unis (Texas).
Lake. États-Unis (Wisconsin).
Lake Charles. États-Unis (Louisiane).
Lake City. États-Unis (Floride).
Lake City. États-Unis (Minnesota).
Lake Crystal. États-Unis (Minnesota).
Lake Field. Amérique anglaise (Ontario).
Lake Forest. États-Unis (Illinois).
Lake George. États-Unis (New-York).
Lake Mahopac (Summer office). Amérique anglaise (Québec).
Lake Metapedia. États-Unis (New-York).
Lake Mohawk. États-Unis (New-York).
Lake Shore Junction. États-Unis (Wisconsin).
Lakeside. États-Unis (Minnesota).
Lake Village. États-Unis (New-Hampshire).
Lake Wiew. États-Unis (New-York).
Lakenan. États-Unis (Missouri).
Lakenheat. F. Iles Britanniques (Angleterre).
Lakeville. États-Unis (Connecticut).
Lakeport. États-Unis (Michigan).
Lalapetta. F. Indes. OC.
Lalendorf. F. Allemagne (Mecklembourg-Schwérin). EW.
Lamar. États-Unis (Mississipi).
La Marina. L. Ile de Malte.
Lambach. F. Autriche-Hongrie (Sur l'Enns).
Lamberhurst. L. Iles Britanniques (Angleterre).
Lambertville. États-Unis (New-Jersey).
Lambourne. L. Iles Britanniques (Angleterre).
Lambrecht. L. Allemagne (Bavière).
Lambsheim. L. Allemagne (Bavière).
Lambton. Amérique anglaise (Ontario).
Lamego. L. Portugal (Viseu).
Lamie. N. Grèce (Phtiotide-Phocide).
Lamington. F. Iles Britanniques (Écosse).
Lamlash. L. Iles Britanniques (Écosse).
Lamnes (Ladamos, Ladendorf). FL. Autriche Hongrie (Transylvanie).
La Moille. États-Unis (Illinois).
Lamokin (Delaware Co). États-Unis (Pensylvanie).
Lamonte. États-Unis (Missouri).
* Lampeter. L. Iles Britanniques (Angleterre).
Lamphey. F. Iles Britanniques (Angleterre).
Lamson's. États-Unis (New-York).
La Mulata. Amérique centrale (Cuba).
Lana. FL. Autriche-Hongrie (Bohême).
Lanæken. L. Belgique (Limbourg).
Lanark. Amérique anglaise (Ontario).
Lanark. États-Unis (Illinois).
Lanark. Iles Britanniques (Écosse).
Lancaster. Amérique anglaise (Ontario).
Lancaster. États-Unis (Massachusetts).
Lancaster. États-Unis (Missouri).
Lancaster. États-Unis (New-Hampshire).
Lancaster. États-Unis (New-York).
Lancaster. États-Unis (Ohio).
Lancaster. États-Unis (Pensylvanie).
Lancaster. Iles Britanniques (Angleterre).
Lanciano. L. Italie (Chieti).
Lancing. F. Iles Britanniques (Angleterre).
*Lancken. L. Allemagne (Prusse). EW.
Lancut. F. Autriche-Hongrie (Galicie).
Landau à Isar. L. Allemagne (Bavière).
Landau i/Pfalz. L. Allemagne (Bavière).
Landeck. Autriche-Hongrie (Tyrol).
Landeck (1). L. Allemagne (Prusse). EW.
Landecke (Wetpreussen). L. Allem. (Prusse). EW.
Landeghem. Belgique (Flandre orientale).
Landelies. L. Belgique (Hainaut).
Landen. Belgique (Liège).
Landenburg. États-Unis (Pensylvanie).
Landeshut. Allemagne (Prusse). EW.
Landisville. États-Unis (Pensylvanie).
Landonvillers. F. Allemagne (Alsace-Lorraine).
Landore. F. Iles Britanniques (Angleterre).
Landquart. L. Suisse (Grisons).
Landsberg. L. Allemagne (Bavière).
Landsberg. L. Allemagne (Prusse orientale). EW.
Landsberg, près Halle. F. Allem. (Prusse). EW.
Landsberg-sur-Warthe. Allemagne (Prusse). EW.
Landscauter. L. Belgique (Flandre orientale).
Landshut. Allemagne (Bavière).
Landskron. F. Autriche-Hongrie (Bohême).
Landskrona. Suède.
Landstrass. L. Autriche-Hongrie (Carniole).
Landstuhl. L. Allemagne (Bavière).
Lanesboro. États-Unis (Minnesota).
Langen. F. Allemagne (Hesse-Darmstadt). OW.
Langenaes. HL. Norwége.
Langenargen. L. Allemagne (Wurtemberg).
Langenau. L. Allemagne (Wurtemberg).
Langenau. FL. Autriche-Hongrie (Bohême).
Langenbach. PF. Allemagne (Bavière).
Langenberg. L. Allemagne (Prusse). OW.
Langenbielau. L. Allemagne (Prusse). EW.
Langenbruk. F. Autriche-Hongrie (Bohême).
Langenbrück. (Bâle-Campagne). L. Suisse (Bâle).
Langenbrücken. L. Allemagne (Bade).
Langenburg. L. Allemagne (Wurtemberg).
Langendreer. F. Allemagne (Prusse). OW.
Langenfeld. F. Allemagne (Bavière).
Langenfeld. F. Allemagne (Prusse). OW.
Langenisarhofen. PF. Allemagne (Bavière).
Langenkandel. L. Allemagne (Bavière).
Langenlois. L. Autriche-Hongrie (Sous l'Enns).
Langenlonsheim. F. Allemagne (Prusse). OW.
Langenoels. F. Allemagne (Prusse). EW.
Langensalza. L. Allemagne (Prusse). EW.
Langenschemmern. Allemagne (Wurtemberg).
Langenschwalbach. L. Allemagne (Prusse; Nassau) OW.
Langenselbold. F. Allemagne (Prusse). OW.
Langenthal. Suisse (Berne).
Langenwang. F. Autriche-Hongrie (Styrie).
Langenweddingen. F. Allemagne (Prusse). EW.
Langenzeen. L. Allemagne (Bavière).
Langerwehe. F. Allemagne (Prusse). OW.
Langesund. L. Norwége.
Langfuhr. F. Allemagne (Prusse). EW.
Langgoens. F. Allemagne (Hesse-Darmstadt). OW.
Langhemarck. L. Belgique (Flandre orientale).
Langholm. L. Iles Britanniques (Écosse).
Langhornes's Bridge. Australie (Australie mérid.).
Langlau. F. Allemagne (Bavière).
Langley. États-Unis (Caroline du Sud).
Langley Mill. F. Iles Britanniques (Angleterre).
Langnau. L. Suisse (Berne).
Langnau. L. Suisse (Zurich).
Langport. L. Iles Britanniques (Angleterre).
Langschede. F. Allemagne (Prusse). OW.
Langstadt. F. Allemagne (Hesse-Darmstadt). OW.
Langwedel. F. Allemagne (Prusse). EW.
Lanklaer. L. Belgique (Limbourg).
Lannach. FL. Autriche-Hongrie (Styrie).
Lanowlee. F. Indes. OC.
Lanschutz. F. Autriche-Hongrie (Hongrie).
Lansdale (Montgomery Co). États-Unis (Pensylvanie).
Lansdowne. Amérique anglaise (Ontario).
L'Anse. États-Unis (Michigan).
Lansford. États-Unis (Pensylvanie).
Lansing. États-Unis (Illinois).
Lansing. États-Unis (Iowa).
Lansing. États-Unis (Michigan).
Lansing. États-Unis (Minnesota).
Lansingburg. États-Unis (New-York).
Lanusei. L. Italie (Sardaigne; Cagliari).
Lanzendorf. F. Autriche-Hongrie (Sous l'Enns).
Laona. États-Unis (New-York).
La Palma. L. Espagne (Huelva).
La Para. États-Unis (Texas).
La Paz. Amérique du Sud (3e rég.).
La Peer. États-Unis (Michigan).
Lapford. F. Iles Britanniques (Angleterre).
La Pierre House, Phila. États-Unis (Pensylvanie).
Lapinte. Belgique (Flandre orientale).
La Plata. États-Unis (Missouri).
La Platte. États-Unis (Nebraska).
Laporte. États-Unis (Indiana).
Laporte. États-Unis (Iowa).
Lapoutroye. L. Allemagne (Alsace-Lorraine).
La Prairie. États-Unis (Illinois).
Laprairie. Amérique anglaise (Québec).
Larabees. États-Unis (Pensylvanie).
Laramie City. États-Unis (Wyoming).
Larbert. F. Iles Britanniques (Écosse).
Laredo. L. Espagne (Santander).
Laren. P. Pays-Bas.
Largo. L. Iles Britanniques (Écosse).
Largs. L. Iles Britanniques (Écosse).
Larino. L. Italie (Campobasso).
Larisse. L. Turquie d'Europe. A1. B3. C2. D3.
Larium. Grèce.
Larkhall. L. Iles Britanniques (Écosse).
Larkinsville. États-Unis (Alabama).
Larne. L. Iles Britanniques (Irlande).
Larned. États-Unis (Kansas).
La Roche. L. Belgique (Luxembourg).
La Roche. L. Suisse (Fribourg).
La Rochette (S. Fels). L. Luxembourg.
Lartington. F. Iles Britanniques (Angleterre).
Larue. États-Unis (Ohio).
La Salle. États-Unis (Illinois).
La Salle. États-Unis (New-York).
Las Heras. Amérique du Sud (4e rég.)
Las Flores. Amérique du Sud (9e rég.).
Las Flores. États-Unis (Californie).
Las Legas. États-Unis (Nouveau-Mexique).
La Sambre. L. Belgique (Hainaut).

(1) Ouvert du 1er juillet au 1er octobre.

Laskowice. F. Allemagne (Prusse). EW.
Lassau. L. Allemagne (Prusse). EW.
Lassnitz. FL. Allemagne (Hesse-Darmstadt). OW.
L'Assomption. Amérique anglaise (Québec).
Lassulgaum. F. Indes. OC.
Lasswade. L. Iles Britanniques (Écosse).
Latchingdon. L. Iles Britanniques (Angleterre).
Laterina. FL. Italie (Arezzo).
Lathen. F. Allemagne (Prusse; Hanovre). OW.
Lathrop. États-Unis (Missouri).
Latisana. L. Italie (Udine).
Latrobe. États-Unis (Californie).
Latrobe. États-Unis (Pensylvanie).
Latronico. L. Italie (Potenza).
Lathrop. États-Unis (Californie).
Lattaquie (Lazkie). Turq. d'As. A2. B2. C1. D1.
Laubach. L. Allemagne (Hesse-Darmstadt). OW.
Lauban. Allemagne (Prusse). EW.
Laubenheim. F. Allem. (Hesse-Darmstadt). OW.
Lauberson. L. Suisse (Vaud).
Laucha. L. Allemagne (Prusse). EW.
Lauchheim. Allemagne (Wurtemberg).
Lauda. FL. Allemagne (Bade).
Lauder. L. Iles Britanniques (Écosse).
Lauderdale. États-Unis (Mississipi).
Lauenburg-i-Lauenbg. L. Allem. (Prusse). EW.
Lauenburg-i-Pom. L. Allemagne (Prusse; Poméranie). EW.
Lauf. PF. Allemagne (Bavière).
Laufach. F. Allemagne (Bavière).
Laufelfingen. F. Suisse (Bâle).
Laufen. L. Allemagne (Bavière).
Laufen. L. Suisse (Berne).
Laufenbourg. L. Suisse (Argovie).
Laufenburg-Klein. L. Allemagne (Bade).
Lauffen-sur-Neckar. Allemagne (Wurtemberg).
Laugharne. L. Iles Britanniques (Angleterre).
Lauingen. L. Allemagne (Bavière).
Laun. L. Autriche-Hongrie (Bohême).
Launceston. L. Iles Britanniques (Angleterre).
Launceston. Tasmanie.
Launsdorf. FL. Autriche-Hongrie (Carinthie).
Laupen. L. Suisse (Berne).
Laupheim. Allemagne (Wurtemberg).
Laura. FL. Italie (Salerne).
Laurahütte. F. Allemagne (Prusse). EW.
Laurel. États-Unis (Indiana).
Laurel. États-Unis (Maryland).
Laurel Fork Junction. États-Unis (Virginie).
Laurel Hill, Phila. États-Unis (Pensylvanie).
Laurel Iron Works. États-Unis (Pensylvanie).
Laurenburg-sur-Lahn. F. All. (Prusse; Nassau) OW.
Laurence. États-Unis (Ohio).
Laurencekirk. L. Iles Britanniques (Écosse).
Lauria. L. Italie (Potenza).
Laurinburg. États-Unis (Caroline du Nord).
Lauringen. L. Allemagne (Bavière).
Laurino. L. Italie.
Laurion (Ergastiria). Grèce (Attique).
Lauriston. F. Iles Britanniques (Écosse).
Laurvik. Norwége.
Lausanne. N/2. Suisse (Vaud).
Lautenburg. L. Allemagne (Prusse). EW.
Lauter. F. Allemagne (Bavière).
Lauter. F. Allemagne (Saxe). EW.
Lauterbach. L. Allemagne (Hesse-Darmstadt) OW.
Lauterberg. L. Allemagne (Prusse; Hanovre) EW.
Lauterbourg. L. Allemagne (Alsace-Lorraine).
Lauterbrunnen. L. Suisse (Berne).
Lauterecken. L. Allemagne (Bavière).
Lautrach. F. Autriche-Hongrie (Vorarlberg).
Lautschin. L. Autriche-Hongrie (Bohême).
Lavagna. L. Italie (Gênes).
La Valette. Ile de Malte.
Lavalle. États-Unis (Wisconsin).
Lavello. L. Italie.
Lavenham. L. Iles Britanniques (Angleterre).
Lavergne. États-Unis (Tennessee).
Lavey-les-Bains. BL. Suisse (Vaud).
Lavin. L. Suisse (Grisons).
Lavino. FL. Italie (Bologne).
Lavis. FL. Autriche-Hongrie (Tyrol).
Lawler. États-Unis (Iowa).
Lawndale. États-Unis (Illinois).
Lawrence. États-Unis (Kansas).
Lawrence. États-Unis (Massachusetts).
Lawrence. États-Unis (New-Jersey).
Lawrence. États-Unis (New-York).
Lawrence. Nouvelle-Zélande.
Lawrenceburg. États-Unis (Indiana).
Lawrenceburg. États-Unis (Pensylvanie).
Lawrencetown. Amérique anglaise (Nouv.-Écosse).
Lawrenceville. États-Unis (Illinois).
Lawrenceville (Tioga C°). États-Unis (Pensylvanie).
Lawson. États-Unis (Missouri).
Lawton. États-Unis (Géorgie).
Lawton. États-Unis (Michigan).
Laxa. FL. Suède.
Laxenburg. FL. Autriche-Hongrie (Sous l'Enns).
Laxey. L. Iles Britanniques (île de Man).
Layton's. États-Unis (Pensylvanie).
Lazaret de Saint-Simon. Espagne (Pontevedra).
Lazareto. L. Portugal (Lisbonne).
Lazisk. F. Allemagne (Prusse). EW.
Lazkiet (Lattaquie). Turq. d'Asie. A2. B2. C1. D1.
Lazy. F. Russie d'Europe (Keltze).
Lazzaro. FL. Italie (Reggio de Calabre).
Leadenham. L. Iles Britanniques (Angleterre).
Leadgate. L. Iles Britanniques (Angleterre).
Leadhills. L. Iles Britanniques (Écosse).
League Island, Phila. États-Unis (Pensylvanie).
Leake. L. Iles Britanniques (Angleterre).
Leaman Place. États-Unis (Pensylvanie).
Leamington. Iles Britanniques (Angleterre).
Leamside. F. Iles Britanniques (Angleterre).
Leap. Iles Britanniques (Irlande).
Leasburg. États-Unis (Missouri).
Leatherhead. L. Iles Britanniques (Angleterre).
Leau. L. Belgique (Brabant).
Leavenworth. États-Unis (Kansas).
Leavittsburg. États-Unis (Ohio).
Lebanon. États-Unis (Illinois).
Lebanon. États-Unis (Indiana).
Lebanon. États-Unis (Kentucky).
Lebanon. États-Unis (Missouri).
Lebanon. États-Unis (New-Hampshire).
Lebanon. États-Unis (Ohio).
Lebanon. États-Unis (Pensylvanie).
Lebanon-Junction. États-Unis (Kentucky).
Lebanon (Springs). (Summer office). États-Unis (New-York).
*Lebba. FL. Italie.
Lebedyne. Russie d'Europe (Kharkow).
Lebbin. L. Allemagne (Prusse). EW.
Lebeny-szent-Miklos. F. Autr.-Hongr. (Hongrie).
Leberau. F. Allemagne (Alsace-Lorraine).
Lebring. F. Autriche-Hongrie (Styrie).
Lebus. L. Allemagne (Prusse). EW.
Lecce. Italie (Lecce).
Lecco. Italie (Côme).
Lechlade. L. Iles Britanniques (Angleterre).
Leck. L. Allemagne (Prusse; Schleswig). EW.
Ledbetter. États-Unis (Texas).
Ledbury. L. Iles Britanniques (Angleterre).
Lede. L. Belgique (Flandre orientale).
Ledec. L. Autriche-Hongrie (Bohême).
Lee. États-Unis (Massachusetts).
Leeds. N. Iles Britanniques (Angleterre).
Leeds Junction. États-Unis (Maine).
Leeds Point. États-Unis (New-Jersey).
Leek. L. Iles Britanniques (Angleterre).
Leer. Allemagne (Prusse; Hanovre). OW.
Leerdam. L. Pays-Bas.
Lees. L. Iles Britanniques (Angleterre).
Leesburg. États-Unis (Géorgie).
Leesburg. États-Unis (Ohio).
Leesburg. États-Unis (Virginie).
Lee's Summit. États-Unis (Missouri).
Leetonia. États-Unis (Ohio).
Leetsdale. États-Unis (Pensylvanie).
Leeuwarden. Pays-Bas.
Lefroy. Amérique anglaise (Ontario).
Legenye-Mihaly. FL. Autriche-Hongr. (Hongrie).
Leghorn (S. Livourne). N. Italie.
Legnano. FL. Italie (Milan).
Legnano. L. Italie (Vérone).
Legrad. FL. Autriche-Hongrie (Hongrie).
Lehesten. L. Allemagne (Saxe-Meiningen). EW.
Lehigh. États-Unis (Utah).
Lehigh Colliery. États-Unis (Pensylvanie).
Lehigh Gap. États-Unis (Pensylvanie).
Lehrberg. F. Allemagne (Bavière).
Lehrte. F. Allemagne (Prusse; Hanovre). EW.
Leibitsch. L. Allemagne (Prusse). EW.
Leibnitz. L. Autriche-Hongrie (Styrie).
Leicester. États-Unis (Massachusetts).
Leicester. N. Iles Britanniques (Angleterre).
Leicester-Junction. États-Unis (Vermont).
Leichlingen. F. Allemagne (Prusse). OW.
Leiden (Leyde). Pays-Bas.
Leigh. Iles Britanniques (Angleterre; Essex).
Leigh. L. Iles Britanniques (Angleterre; Lancastre).
Leighlinbridge. L. Iles Britanniques (Irlande).
Leighton. États-Unis (Iowa).
Leighton. F. Iles Britanniques (Angleterre).
Leighton Buzzard. N. Iles Britann. (Angleterre.)
Leihighthon. États-Unis (Pensylvanie).
Leinefelde. F. Allemagne (Prusse). EW.
Leintwardine. L. Iles Britanniques (Angleterre).
Leipa (S. Bohmisch-Leipa). Autr.-Hongr. (Hongr.).
Leipheim. F. Allemagne (Bavière).
Leipnik. L. Autriche-Hongrie (Moravie).
Leipsic. États-Unis (Ohio).
Leipzig. N. Allemagne (Saxe). EW.
Leirdalsœren. L. Norwége.
Leiria. Portugal (Leiria).
Leisnig. N. Allemagne (Saxe). EW.
Leiston. L. Iles Britanniques (Angleterre).
Leith. Amérique anglaise (Ontario).
Leith. Iles Britanniques (Écosse).
Leithfield. Nouvelle-Zélande.
Leith Walk. F. Iles Britanniques (Écosse).
Leitmeritz. Autriche-Hongrie (Bohême).

Leitomischl. L. Autriche-Hongrie (Bohême).
Leixlip. L. Iles Britanniques. (Irlande).
Lekenik. F. Autriche-Hongrie (Croatie).
Leksand. L. Suède.
Leland. États-Unis (Illinois).
Le Loo. L/EC. Pays-Bas.
Lemar's. États-Unis (Iowa).
Lembecq. L. Belgique (Brabant).
Lemberg. N. Autriche-Hongrie (Galicie).
Lemberg. F. Allem. (Alsace-Lorraine).
Lemförde. F. Allemagne (Prusse). OW.
Lemgo. L. Allemagne (Lippe-Detmold). OW.
Lemmer. L. Pays-Bas.
Lemont. États-Unis. (Illinois).
Lemvig. Danemark (Jutland).
Lena. États-Unis (Illinois).
Lenawee Junction. États-Unis (Michigan).
Lend. L. Autriche-Hongrie (Sur l'Enns).
Lendinara. L. Italie (Rovigo).
Lenesic. FL. Autriche-Hongrie (Bohême).
Lenexa. États-Unis (Kansas).
Lengenfeld. L. Allemagne (Saxe). EW.
Lengenfeld. FL. Autriche-Hongrie (Carniole).
Lengerich. F. Allemagne (Prusse). OW.
Lengfeld. F. Allemagne (Hesse-Darmstadt). OW.
Lenggries. L. Allemagne (Bavière).
Lengnau. L. Suisse (Argovie).
Lengsfeld. L. Allemagne (Saxe-Weimar). OW.
Lenham. L. Iles Britanniques (Angleterre).
Lenk. L. Suisse (Berne).
Lennep. Allemagne (Prusse). OW.
Lennick-Saint-Quentin. L. Belgique (Brabant).
Lennoxtown. L. Iles Britanniques (Écosse).
Lennoxville. Amérique anglaise (Québec).
Lenox. États-Unis (Illinois).
Lenox Furnace. États-Unis (Massachusetts).
Lenox Village. États-Unis (Massachusetts).
Lens. L. Belgique (Hainaut).
Lentini. L. Italie (Syracuse).
Lenton. F. Iles Britanniques (Angleterre).
Lentran. F. Iles Britanniques (Écosse).
Lentschitza. L. Russie d'Europe (Kalisch).
Lenz. L. Suisse (Grisons).
Lenzbourg. L. Suisse (Argovie).
Lenzie. F. Iles Britanniques (Écosse).
Lenzkirch. L. Allemagne (Bade).
Leoben. Autriche-Hongrie (Styrie).
Leobersdorf. F. Autr.-Hongrie (Sous l'Enns).
Leobschütz. L. Allemagne (Prusse). EW.
Leominster. États-Unis (Massachusetts).
Leominster. Iles Britanniques (Angleterre).
Léon. N. Espagne (Léon).
Leon. États-Unis (Iowa).
Leon. États-Unis (Ohio).
Léonberg. Allemagne (Wurtemberg).
Léonforte. L. Italie (Catane).
Leopoldsberg. FL. Autriche-Hongrie (Sous l'Enns)
Leopolshöhe. FL. Allem. (Bade).
Leova. L. Roumanie.
Lepavina. FL. Autriche-Hongrie (Croatie).
L'Épiphanie. Amérique anglaise (Québec).
Lepsény. F. Autriche-Hongrie (Hongrie).
Lequeitio. L. Espagne (Vizcaja).
Ler. F. Norwége.
Lercara. L. Italie (Palerme).
Lerici. L. Italie (Gênes).
Lerida. N. Espagne (Lerida).

Leroy. États-Unis (Illinois).
Leroy. États-Unis (Michigan).
Leroy. États-Unis (Minnesota).
Le Roy. États-Unis (New-York).
Lervik. L. Norwége.
Lerwick. Iles Britanniques (Shetland; 1re région).
Lesa. L. Italie (Novare).
Leschede. F. Allemagne (Prusse). OW.
Leschnitz. F. Allemagne (Prusse). EW.
Les Cygnes. États-Unis (Kansas).
Les Granges. FL. Suisse (Soleure).
Lésina. Autriche-Hongrie (Dalmatie).
Leslie. Iles Britanniques (Écosse).
Leslie's Run. États-Unis (Pensylvanie).
Leslieville. Amérique anglaise (Ontario).
Lesmahagon. L. Iles Britanniques (Écosse).
Le Sueur. États-Unis (Minnesota).
Less. FL. Autriche-Hongrie (Hongrie).
Lessines. Belgique (Hainaut).
Lestina. FL. Autriche-Hongrie (Bohême).
Letmathe. F. Allemagne (Prusse). OW.
Letohatchie. États-Unis (Alabama).
*Letojanni. FL. Italie (Messine).
Letschin. L. Allemagne (Prusse). EW.
Letterfrak. L. Iles Britanniques (Irlande).
Letterkenny. L. Iles Britanniques (Irlande).
Lettowitz. F. Autriche-Hongrie (Moravie).
Letzlingen. E. Allemagne (Prusse). EW.
Leucade. Grèce (île de Sainte-Maure).
Leuchars. L. Iles Britanniques (Écosse).
Leukdorf. L. Suisse (Valais).
Leukerbad. BL. Suisse (Valais).
Leutenberg. L. Allem. (Schw.-Rudolstadt). EW.
Leutershausen. L. Allemagne (Bavière).
Leutesdorf. F. Allemagne (Prusse). OW.
Leutkirch. Allemagne (Wurtemberg).
Leutschau. L. Autriche-Hongrie (Hongrie).
Leuven (S. Louvain). Belgique (Brabant).
Leuze. Belgique (Hainaut).
Leuze-Longchamps. L. Belgique (Namur).
Leva (S. Levencz). L. Autriche-Hongrie (Hongrie).
Levadie. Grèce (Attique).
Levanger. L. Norwége.
Leven. L. Iles Britanniques (Angleterre).
Leven. Iles Britanniques (Écosse).
Levencz. L. Autriche-Hongrie (Hongrie).
Levenshulme. L. Iles Britanniques (Angleterre).
Levico. L. Autriche-Hongrie (Tyrol).
Levis. Amérique anglaise (Québec).
Lewes. États-Unis (Delaware).
Lewes. Iles Britanniques (Angleterre).
Lewin. L. Allemagne (Prusse). EW.
Lewisburg. États-Unis (Pensylvanie).
Lewisburg Junction. États-Unis (Pensylvanie).
Lewis Centre. États-Unis (Ohio).
Lewisport. États-Unis (Kentucky).
Lewiston. États-Unis (Illinois).
Lewiston. États-Unis (Maine).
Lewiston. États-Unis (Minnesota).
Lewistown. États-Unis (New-Jersey).
Lewistown. États-Unis (Pensylvanie).
Lewisville. États-Unis (Indiana).
Lexden. L. Iles Britanniques (Angleterre).
Lexington. États-Unis (Caroline du Nord).
Lexington. États-Unis (Illinois).
Lexington. États-Unis (Kentucky).
Lexington. États-Unis (Massachusetts).

Lexington. États-Unis (Michigan).
Lexington. États-Unis (Missouri).
Lexington. États-Unis (Virginie).
Lexington (Richland C°). États-Unis (Ohio).
Lexington (Scott C°). États-Unis (Indiana).
Leyburn. Iles Britanniques (Angleterre).
Leyde. Pays-Bas.
Leyland. L. Iles Britanniques (Angleterre).
Libau. Russie d'Europe (Courlande).
Libejic. L. Autriche-Hongrie (Bohême).
Liberton. L. Iles Britanniques (Écosse).
Liberty. États-Unis (Indiana).
Liberty. États-Unis (Missouri).
Liberty (Steuben Co). États-Unis (New-York).
Liberty. États-Unis (Texas).
Liberty. États-Unis (Virginie).
Liberty (Guernsey Co). États-Unis (Ohio).
Liberty (Henry Co). États-Unis (Ohio).
Liberty Landing. États-Unis (Missouri).
Libertyville. États-Unis (Illinois).
Libnoves. FL. Autriche-Hongrie (Bohême).
Libochowitz. L. Autriche-Hongrie (Bohême).
Libramont. L. Belgique (Luxembourg).
Libschitz. F. Autriche-Hongrie (Bohême).
Lic. F. Autriche-Hongrie (Croatie).
Licata. Italie (Sicile; Girgenti).
Lich. F. Allemagne (Hesse-Darmstadt). OW.
Lichfield. Iles Britann. (Angleterre).
Lichtenau. L. Allemagne (Bade).
Lichtenau. L. Allemagne (Bavière).
Lichtenau. F. Allemagne (Prusse). EW.
Lichtenberg. L. Allemagne (Bavière).
Lichtenfels. L. Allemagne (Bavière).
Lichtensteig. L. Suisse (Saint-Gall).
Lichtenstein. L. Allemagne (Saxe). EW.
Lichtenstein. L. Autriche-Hongrie (Bohême).
Lichtenwald. F. Autriche-Hongrie (Styrie).
Lichterfelde. F. Allemagne (Prusse). EW.
Lichtervelde. Belgique (Flandre occidentale).
Lick-Run. États-Unis (Ohio).
Liddes. L. Suisse (Valais).
Lidford. F. Iles Britanniques (Angleterre).
Lidkaeping. Suède.
Lido. L. Italie.
Lidoriki. Grèce (Livadie).
Liebau. L. Allemagne (Prusse; Silésie). EW.
Liebau Stadt. L. Allemagne (Prusse). EW.
Liebenau. F. Allem. (Prusse; Hesse-Cassel) OW.
Liebenau. F. Autriche-Hongrie (Bohême).
Liebenstein (1). L. Allem. (Saxe-Meiningen). EW.
Liebenwalde. L. Allemagne (Prusse). EW.
Liebenwerda. L. Allemagne (Prusse). EW.
Liebenzell. L. Allemagne (Wurtemberg).
• Liebeseele. L. Allemagne (Prusse). EW.
Liebmuhl. L. Allemagne (Prusse). EW.
Lieboch. FL. Autriche-Hongrie (Styrie).
Liebstadt. L. Allemagne (Prusse). EW.
Liebstadtl. F. Autriche-Hongrie (Bohême).
Liebwerda. BL. Autriche-Hongrie (Bohême).
Liége. N. Belgique (Liége).
Liegnitz. Allemagne (Prusse). EW.
Lienz. Autriche-Hongrie (Tyrol).
*Liepvre. L. Allemagne (Alsace-Lorraine).
Lier. F. Norwége.
Lierde-Sainte-Marie. L. Belg. (Flandre orientale
Lierre. Belgique (Anvers).
Liers. L. Belgique (Liége).

(1) Ouvert du 1er juillet au 1er octobre.

Liesing. F. Autriche-Hongrie (Sous l'Enns).
Liestal. L. Suisse (Bâle).
Lieu (Le). L. Suisse (Vaud).
Liezen. L. Autriche-Hongrie (Styrie).
Lifton. F. Iles Britanniques (Angleterre).
Lightcliffe. F. Iles Britanniques (Angleterre).
Ligna. Amérique du Sud (10e rég.).
Ligne. L. Belgique (Hainaut).
Ligny. L. Belgique (Namur).
Ligonier. États-Unis (Indiana).
Lilapore Road. F. Indes. OC.
Lilesville. Etats-Unis (Caroline du Nord).
Lilienfeld. L. Autriche-Hongrie (Sous l'Enns).
Lilla Edet. L. Suède.
Lillehammer. Norwége.
Lillesand. L. Norwége.
Lillestrommen. F. Norwége.
Lillieslief. L. Iles Britanniques (Écosse).
Lillo. Belgique (Anvers).
Lima. États-Unis (Indiana).
Lima. États-Unis (New-York).
Lima (Allen Co). États-Unis (Ohio).
Limache. Amérique du Sud (10e rég.).
Limanow. L. Autriche-Hongrie (Galicie).
Limbach. L. Allemagne (Saxe). EW.
Limberg-Maissau. FL. Aut.-Hong. (Sous l'Enns).
Limburg-sur-Lahn. L. Allemagne (Prusse; Nassau) OW.
Limburg près Hagen. F. Allemagne (Prusse). OW.
Limehouse. Amérique anglaise (Ontario).
Limerick. Iles Britanniques (Irlande).
Limerick Railway station. L. Iles Britanniques (Irlande).
Limersheim. FL. Allemagne (Alsace-Lorraine).
Lime Springs. États-Unis. (Iova).
Limestone. États-Unis (New-York).
Limito. FL. Italie (Milan).
Limpach. L. Suisse (Berne).
Limree. L. Indes. OC.
Linares. Amérique du Sud (10e rég.).
Linares. L. Espagne (Jaen).
Linby. F. Iles Britanniques (Angleterre).
Lincent. L. Belgique (Liége).
Lincoln. États-Unis (Illinois).
Lincoln. États-Unis (Maine).
Lincoln. États-Unis (Nebraska).
Lincoln. Iles Britanniques (Angleterre).
Lincoln University. États-Unis (Pensylvanie).
Lincolnville. États-Unis (Pensylvanie).
Linda-Windisch. F. Allemagne (Prusse). EW.
Lindal. Iles Britanniques (Angleterre).
Lindau. Allemagne (Bavière).
Linde. F. Allemagne (Prusse). EW.
Linde. F. Allemagne (Prusse; Hanovre). EW.
Linden. États-Unis (Michigan).
Linden. États-Unis (New-Jersey).
Linden. États-Unis (New-York).
Lindenau. F. Allemagne (Prusse). EW.
Lindenberg. L. Allemagne (Bavière).
Lindern. F. Allemagne (Prusse). OW.
Lindewiese. L. Autriche-Hongrie (Silésie).
Lindfield. L. Iles Britanniques (Angleterre).
Lindhorst. F. All. (Schaumburg-Lippe). EW.
Lindley. Iles Britanniques (Angleterre).
Lindow. L. Allemagne (Prusse). EW.
Lindsay. Amérique anglaise (Ontario).
Lindsay. États-Unis (Ohio).
Linesville. États-Unis (Pensylvanie).
Lineville. États-Unis (Iowa).
Lingan. Amérique anglaise (Cap-Breton).
Lingen. Allemagne (Prusse; Hanovre). OW.
Linkenheim. FL. Allemagne (Bade).
Linkœping. Suède.
Linkwood. États-Unis (Maryland).
Linlithgow. L. Iles Britanniques (Écosse).
Linndale. États-Unis (Ohio).
Linnich. L. Allemagne (Prusse). OW.
Lintgen. FL. Luxembourg.
Linththal. L. Suisse (Glaris).
Linton. États-Unis (Iowa).
Linton. F. Iles Britaniques (Anglet.; Cambr.).
Linton. L. Iles Britanniques (Angleterre; Kent).
Linton. F. Iles Britanniques (Écosse).
Linton's. Australie (Victoria).
Linwood. États-Unis (Pensylvanie).
Linz-sur-Danube. N. Autr.-Hongrie (Sur l'Enns).
Linz-sur-Rhin. L. Allemagne (Prusse). OW.
Liorna (S. Livourne). N. Italie.
Lipetzk. Russie d'Europe (Tambow).
Liphook. L. Iles Britanniques (Angleterre).
Lipik. BL. Autriche-Hongrie (Esclavonie).
Lipno. Russie d'Europe (Plotzk).
Lippa. L. Autriche-Hongrie (Hongrie).
Lippehne. L. Allemagne (Prusse). EW.
Lippspringe. L. Allemagne (Prusse). OW.
Lippstadt. L. Allemagne (Prusse). OW.
Lipto-Szt-Mikloss. L. Autr.-Hongrie (Hongrie).
Lisa. L. Autriche-Hongrie (Bohême).
Lisbellaw. L. Iles Britanniques (Irlande).
Lisboa (S. Lisbonne) N. Portugal.
Lisbon. États-Unis (Iowa).
Lisbon. États-Unis (Maine).
Lisbon. États-Unis (New-Hampshire).
Lisbon. États-Unis (New-York).
Lisbon Falls. États-Unis (Maine).
Lisbonne. N. Portugal (Lisbonne).
Lisburn. L. Iles Britanniques (Irlande).
Liscard. L. Iles Britanniques (Angleterre).
Lischan. FL. Autriche-Hongrie (Bohême).
Lisdoonvarna. L. Iles Britanniques (Irlande).
Liskeard. L. Iles Britann. (Angleterre).
Lisko. L. Autriche-Hongrie (Galicie).
Lisle. États-Unis (New-York).
L'Islet. Amérique anglaise (Québec).
Lismore. L. Iles Britanniques (Irlande).
Lisnakea. Iles Britanniques (Irlande).
Liss. F. Iles Britanniques (Angleterre).
Lissa. Allem. (Prusse; Posen). EW.
Lissa (Ile). Autriche-Hongrie (Dalmatie).
Lissa (Leuchtthurm) (phare de Lissa). SL. Autriche Hongrie (Dalmatie).
Lissa in Posen (près Breslau). F. Allemagne (Prusse). EW.
Listowell. Amérique anglaise (Ontario).
Listowell. L. Iles Britanniques (Irlande).
Liszka-Tolcsva. FL. Autr.-Hongrie (Hongrie).
Litchfield. États-Unis (Connecticut).
Litchfield. États-Unis (Illinois).
Litchfield. États-Unis (Kentucky).
Litchfield. États-Unis (Minnesota).
Litchfield. États-Unis (Ohio).
Litovic. FL. Autriche-Hongrie (Bohême).
Littai. F. Autriche-Hongrie (Carniole).
Littau. F. Autriche-Hongrie (Moravie).
Little Bitham. F. Iles Britanniques (Angleterre).
Little Boars Head. États-Unis (New-Hampshire).
Littleborough. L. Iles Britanniques (Angleterre).
Little Cottonwood (Mines or Central City). États-Unis (Utah).
Little Falls. États-Unis (Minnesota).
Little-Falls. États-Unis (New-York).
Little Glace Bay. Amér. anglaise (Cap-Breton).
Little-Hampton. Iles Britanniques (Angleterre).
Little Hulton. L. Iles Britanniques (Angleterre).
Little Indian. États-Unis (Illinois).
Little Lever. L. Iles Britanniques (Angleterre).
Little Metis. Amérique anglaise (Québec).
Little Mountain. États-Unis (Ohio).
Little-Port. L. Iles Britann. (Angleterre).
Little River. Australie (Victoria).
Little Rock. États-Unis (Arkansas).
Littlestown. États-Unis (Pensylvanie).
Little Suamico. États-Unis (Wisconsin).
Littleton. États-Unis (Caroline du Nord).
Littleton. États-Unis (Massachusetts).
Littleton. États-Unis (New-Hampshire).
Littleton. États-Unis (Virginie).
Little Valley. États-Unis (New-York).
Livan. États-Unis (Utah).
Live Oak. États-Unis (Floride).
Livermore. États-Unis (Californie).
Livermore Falls. États-Unis (Maine).
Liverpool. Australie (Nouvelle-Galles du Sud).
Liverpool. Amérique anglaise (Nouvelle-Écosse).
Liverpool. États-Unis (New-York).
Liverpool. N. Iles Britanniques (Angleterre).
*Liversedge. F. Iles Britanniques (Angleterre).
Livingston. États-Unis (Alabama).
Livingston. États-Unis (Kentucky).
Livonia. États-Unis (New-York).
Livorno (S. Livourne). N. Italie (Livourne).
Livorno Vercellese. FL. Italie (Novare).
Livourne. N. Italie (Livourne).
Liwadia (Jalta). Russie d'Europe (Tauride).
Lizard (Le). N. Iles Britanniques. (Angleterre).
Ljusne. PL. Suède.
Llaillay. Amérique du Sud (10e région).
Llanarthney. F. Iles Britanniques (Angleterre).
Llanberis. L. Iles Britanniques (Angleterre).
Llanboidy. L. Iles Britanniques (Angleterre).
Llanbrynmair. L. Iles Britanniques (Angleterre).
Llandaff. L. Iles Britanniques (Angleterre).
Llandebie. FL. Iles Britanniques (Angleterre).
Llanderfel. F. Iles Britanniques (Angleterre).
Llandilo. L. Iles Britanniques (Angleterre).
Llandovery. L. Iles Britanniques (Angleterre).
Llandrillo. F. Iles Britanniques (Angleterre).
Llandrindod. L. Iles Britanniques (Angleterre).
Llandudno. (Udna). L. Iles Britann. (Angleterre).
Llandyssil. L. Iles Britanniques (Angleterre).
Llanelly. L. Iles Britanniques (Angleterre).
Llanerchymedd. Iles Britanniques (Angleterre).
Llanes. Espagne (Oviedo).
Llanfachreth. L. Iles Britanniques (Angleterre).
Llanfairfechan. L. Iles Britanniques (Angleterre).
Llanfairpwll. L. Iles Britanniques (Angleterre).
Llanfyllin. L. Iles Britanniques (Angleterre).
Llangadock. L. Iles Britanniques (Angleterre).
Llangefni. L. Iles Britanniques (Angleterre).
Llangenneck. F. Iles Britanniques (Angleterre).
Llangollen. L. Iles Britanniques (Angleterre).
Llanidloes. L. Iles Britanniques (Angleterre).
Llanrhystid. L. Iles Britanniques (Angleterre).
Llanstephan. L. Iles Britanniques (Angleterre)

Llanswrt. L. Iles Britanniques (Angleterre).
Llantrissant. L. Iles Britanniques (Angleterre).
Llantwit Major. L. Iles Britanniques (Angleterre).
Llanwrda. F. Iles Britanniques (Angleterre).
Llanwrtyd. Iles Britanniques (Angleterre).
Llanymynech. L. Iles Britann. (Angleterre).
Llewellyn. États-Unis (Pensylvanie).
Llynclys. F. Iles Britanniques (Angleterre).
Loachapoka. États-Unis (Alabama).
Loanhead. L. Iles Britanniques (Écosse).
Loano. L. Italie (Gênes).
Lobberich. F. Allemagne (Prusse). OW.
Lobbes. L. Belgique (Hainaut).
Lobenstein. L. Allemagne (Reuss-Schleiz). EW.
Lobethal. Australie (Australie mérid[le]).
Lobith. L. Pays-Bas.
Lobos. Amérique du Sud (4e région).
Lobositz. L. Autriche-Hongrie (Bohême).
Lobsens. L. Allemagne (Prusse). EW.
Locarno. L. Suisse (Tessin).
Locate di Triulzi. FL. Italie (Milan).
Lochalsh. L. Iles Britanniques (Écosse).
Lochau. F. Autriche-Hongrie (Vorarlberg).
Lochbach. L. Suisse (Berne).
Loch Broom. L. Iles Britanniques (Écosse).
Lochcarron. L. Iles Britanniques (Écosse).
Lochearnhead. L. Iles Britanniques (Écosse).
Lochee. L. Iles Britanniques (Écosse).
Lochem. P. Pays-Bas.
Lochgelly. L. Iles Britanniques (Écosse).
Lochgilphead. L. Iles Britanniques (Écosse).
Lochhausen. F. Allemagne (Bavière).
Lochmaben. FL. Iles Britanniques (Écosse).
Lochmaddy. L. Iles Britanniques (Écosse).
Lochwinnoch. L. Iles Britanniques (Écosse).
Lochwood. L. Iles Britanniques (Angleterre).
Lockeport. Amérique anglaise (Nouv.-Écosse).
Lockerbie. Iles Britanniques (Écosse).
Lock Haven. États-Unis (Pensylvanie).
Lockland. États-Unis (Ohio).
Lock, n° 17. États-Unis (Ohio).
Lockport. États-Unis (Illinois).
Lockport. États-Unis (New-York).
Locle. L. Suisse (Neuchâtel).
Loco. L. Suisse (Tessin).
Locorotondo. L. Italie (Bari).
Locust Pt. Baltimore. États-Unis (Maryland).
Loda. États-Unis (Illinois).
Loddon. L. Iles Britanniques (Angleterre).
Lodelinsart. Belgique (Hainaut).
Lodgehill. F. Iles Britanniques (Angleterre).
Lodge Pole. États-Unis (Nebraska).
Lodi. États-Unis (New-York).
Lodi. L. Italie (Milan).
Lodi. États-Unis (Wisconsin).
Lodze. Russie d'Europe (Petrokow).
Loebau. Allemagne (Saxe). EW.
Loebau. L. Allemagne (Prusse occident.). EW.
Loeberod. FL. Suède.
Loëche-la-Ville. L. Suisse (Valais).
Loëche-les-Bains. BL. Suisse (Valais).
Loecknitz. F. Allemagne (Prusse). EW.
Lœcse. L. Autriche-Hongrie (Hongrie).
Lœffingen. L. Allemagne (Bade).
Lœfvestad. FL. Suède.
Lœgstoer. PL. Danemark.
Lœhnberg-sur-Lahn. Allemagne (Prusse). EW.
Lœhne. L. Allemagne (Prusse). OW.
Loekken. L. Danemark (Jutland).
Lœrchingen. L. Allemagne (Alsace-Lorraine).
Lœrrach. L. Allemagne (Bade).
Lœtzen. L. Allemagne (Prusse). EW.
Lœvœ. FL. Autriche-Hongrie (Hongrie).
Lœwen. L. Allemagne (Prusse). EW.
Lœwenberg. L. Allemagne (Prusse). EW.
Lœwenhagen. F. Allemagne (Prusse). EW.
Lofthouse. L. Iles Britanniques (Angleterre).
Lofthouse-in-Cleveland. L. Iles Britann. (Angleterre).
Logan. États-Unis (Iowa).
Logan. États-Unis (Ohio).
Logan. États-Unis (Utah).
Logan Iron Works (Juniata Co). États-Unis (Pensyl.).
Logan Iron Works (Mifflin Co). États-Unis (Pensyl.).
Logan's. États-Unis (Missouri).
Logansport. États-Unis (Indiana).
Logelbach. F. Allemagne (Alsace-Lorraine).
Logrono. N. Espagne (Logrono).
Lohhof. F. Allemagne (Bavière).
Lohr. L. Allemagne (Bavière).
Loitsh. F. Autriche-Hongrie (Carniole).
Loitz. L. Allemagne (Prusse). EW.
Loja. Espagne (Grenade).
Lokeren. Belgique (Flandre orientale).
L'Olive. L. Belgique (Hainaut).
Lollar. F. Allemagne (Hesse-Darmstadt). OW.
Lom (Lom-Palanka). Turq. d'Eur. A1. B 3. C 2. D 3.
Lomas-de-Zamora. Amérique du Sud (9e région).
Lomax. États-Unis (Alabama).
Lomax. États-Unis (Illinois).
Lomello. FL. Italie (Pavie).
Lombardville. États-Unis (Illinois).
Lommitz (pr. Wittingau). F. Aut.-Hong. (Bohême).
Lomnitz. L. Autriche-Hongrie (Bohême).
Lompret. L. Belgique (Hainaut).
Lomscha. Russie d'Europe (Lomscha).
Lonaconing. États-Unis (Maryland).
Lonato. FL. Italie (Brescia).
Londerzeel. L. Belgique (Brabant).
Londesboroug. Amérique anglaise (Ontario).
London. Amérique anglaise (Ontario).
London. États-Unis (Ohio).
London. N. Iles Britann. (Angleterre).
Londonderry. États-Unis (Ohio).
Londonderry. N/2. Iles Britanniques (Irlande).
London G. T. R. Amérique anglaise (Ontario).
Lone Rock. États-Unis (Wisconsin).
Lone Tree. États-Unis (Nebraska).
Longarone. L. Italie (Bellune).
Long Ashton. L. Iles Britanniques (Angleterre).
Long Bennington. L. Iles Britann. (Angleterre).
Long Branch. États-Unis (New-Jersey).
Long Buckby. L. Iles Britanniques (Angleterre).
Longbush. Nouvelle-Zélande.
Long Eaton. Iles Britanniques (Angleterre).
Longerich. Allemagne (Prusse). OW.
Longford. L. Iles Britanniques (Irlande).
Longford. Tasmanie.
Longhgall. Iles Britanniques (Écosse).
Long Harbor. Amérique anglaise (Terre-Neuve).
*Longhope. Iles Britann. (Iles Orcades).
Longirod. L. Suisse (Vaud).
Long Lake. États-Unis (Minnesota).
Longlier. Belgique (Luxembourg).
Long Melford. L. Iles Britann. (Angleterre).
Longniddry. F. Iles Britanniques (Écosse).
Longnor. L. Iles Britanniques (Angleterre).
Longport ou Burslem. Iles Britann. (Angleterre).
Longridge. L. Iles Britanniques (Angleterre).
Longside. F. Iles Britanniques (Écosse).
Long-Preston. L. Iles Britanniques (Angleterre).
Long Stanton. F. Iles Britanniques (Angleterre).
Long Stratton. L. Iles Britanniques (Angleterre).
Long Sutton. L. Iles Britanniques (Angleterre).
Longton. F. Iles Britanniques (Angleterre).
Longtown. L. Iles Britanniques (Angleterre).
Longueuil. Amérique anglaise (Québec).
Long View. États-Unis (Texas).
Longwood. Amérique anglaise (Ontario).
Longwood. Australie (Victoria).
Lonigo. L. Italie (Vicence).
Lonmay. L. Iles Britanniques (Écosse).
Lonoke. États-Unis (Arkansas).
Lonsdale. Amérique Anglaise (Rhode-Island).
Lonsée. Allemagne (Wurtemberg).
*Lontschakowo. Russie d'Asie (Sibérie, 3e région).
Lonyabanya. FL. Autriche-Hongrie (Hongrie).
Loo (Le). (S. Loo het). L/EC. Pays-Bas.
Loodiana. F. Indes. OC.
Looe. L. Iles Britanniques (Angleterre).
Loogootee. États-Unis (Indiana).
Lookout. États-Unis (Wyoming).
Lookout Mountain House (Summer office). États-Unis (Tennessee).
Loomis. États-Unis (Michigan).
Loonee. F. Indes. OC.
Loorsdorf. F. Autriche-Hongrie (Sous l'Enns).
Looz. L. Belgique (Limbourg).
Loque. F. Autriche-Hongrie (Croatie).
*Lora del Rio. Espagne (Séville).
Loraine. États-Unis (Illinois).
Lorca. Espagne (Murcie).
Lorch. F. Allemagne (Prusse; Nassau). OW.
Lorch. Allemagne (Wurtemberg).
Lordville. États-Unis (New-York).
Loreo. L. Italie.
Loreto. Amérique du Sud (3e région).
Loreto. L. Italie (Ancône).
Loreto Aprutino. L. Italie (Teramo).
L'Original. Amérique anglaise (Ontario).
Lorsch. L. Allem. (Hesse-Darmstadt). OW.
Los Angeles. États-Unis (Californie).
Los Banos. États-Unis (Californie).
Loschitz. L. Autriche-Hongrie (Moravie).
Losenstein. FL. Autriche-Hongrie (Sur l'Enns).
Loslau. L. Allemagne (Prusse). EW.
Losoncz. Autriche-Hongrie (Hongrie).
Los Palacios. Amérique centrale (Ile de Cuba).
Los Punas. Amérique centrale (Ile de Cuba).
Lossiemouth. L. Iles Britanniques (Écosse).
Lost Nation. États-Unis (Iowa).
*Lostock-Hall. F. Iles Britanniques (Angleterre).
Lostock Junction. F. Iles Britann. (Angleterre).
Lostwithiel. L. Iles Britanniques (Angleterre).
Lota. Amérique du Sud (10e région).
Loth. FL. Belgique (Brabant).
Loudon. États-Unis (Iowa).
Loudon. États-Unis (Pensylvanie).
Loudon. États-Unis (Tennessee).
Loudonville. États-Unis (Ohio).
Loughall. L. Iles Britanniques (Irlande).
Loughborough. L. Iles Britanniques (Angleterre).
Loughbrickland. Iles Britanniques (Irlande).
Loughrea. Iles Britanniques (Irlande).

Loughton. F. Iles Britanniques (Angleterre).
Louisa. États-Unis (Kentucky).
Louisa C. H. États-Unis (Virginie).
Louisenhof. F. Allemagne (Prusse). EW.
Louisenthal. F. Allemagne (Prusse). OW.
Louisiana. États-Unis (Missouri).
Louisville. États-Unis (Kentucky).
Louisville. États-Unis (Nebraska).
Louisville (Stark Co). États-Unis (Ohio).
Loukow. FL. Russie d'Europe (Sedlze).
Loulé. L. Portugal (Faro).
Louth. L. Iles Britanniques (Angleterre).
Louth. L. Iles Britanniques (Irlande).
Loutzk. Russie d'Europe (Wolhynie).
Louvain. N. Belgique (Brabant).
Louvière (La). Belgique (Hainaut).
Lovania (S. Louvain). Belgique (Brabant).
Lovao (S. Louvain). Belgique (Brabant).
Lovedale for Alice. Colonie du Cap.
Lovelady. États-Unis (Texas).
Loveland. États-Unis (Ohio).
Lovington. États-Unis (Illinois).
Low. Amérique anglaise (Québec).
Low Heads. Tasmanie.
Lowell. États-Unis (Massachusetts).
Lowell. États-Unis (Michigan).
Lowell. États-Unis (Nebraska).
Lowell. États-Unis (Wisconsin).
Lowell (Mahoning Co). États-Unis (Ohio).
Lowen (S. Louvain). Belgique (Brabant).
Lower Gornal. H. L. Iles Britann. (Angleterre).
Lower Greenhill. F. Iles Britanniques (Écosse).
Lower Ince. L. Iles Britanniques (Angleterre).
Lower Merton. F. Iles Britann. (Angleterre).
Lower Salem. États-Unis (Ohio).
Lowestoft. Iles Britanniques (Angleterre).
Lowisa. L. Russie d'Europe (Nuland).
Lowitsch. Russie d'Europe (Keltsche).
Low Lights. L. Iles Britanniques (Angleterre).
Lowmor. L. Iles Britanniques (Angleterre).
Lowmoor. États-Unis (Iowa).
Low-Moor. L. Iles Britann. (Angleterre; Lancash.).
Lowndsboro. États-Unis (Alabama).
Lowville. États-Unis (New-York).
Loxstedt. F. Allemagne (Prusse). EW.
Loznitza. Serbie.
Luana. États-Unis (Iowa).
Luarca. L. Espagne (Oviedo).
Lubaczow. L. Autriche-Hongrie (Galicie).
Lubbecke. L. Allemagne (Prusse). OW.
Lubben. Allemagne (Prusse). EW.
Lubbenau. L. Allemagne (Prusse). EW.
Lubeck. Allemagne (ville libre). EW.
Luben. L. Allemagne (Prusse). EW.
Lubien. BL. Autriche-Hongrie (Galicie).
Lubitsch. L. Russie d'Europe (Plock).
Lublin. Russie d'Europe (Lublin).
Lublinitz. L. Allemagne (Prusse). EW.
Lubochna. F. Autriche-Hongrie (Hongrie).
Lubz. L. Allem. (Mecklembourg-Schwérin). EW.
Lucan. Amérique anglaise (Ontario).
Lucan. L. Iles Britanniques (Irlande).
Lucan G. T. R. Amérique anglaise (Ontario).
Lucas. États-Unis (Ohio).
Lucca. N/2. Italie (Lucca).
Lucca (Bagni di). L. Italie (Lucca).
Lucena. ML. Espagne (Cordoue).
Lucens. L. Suisse (Vaud).
Lucera. L. Italie (Poggia).
Lucerne. N/2. Suisse (Lucerne).
Luchow. L. Allemagne (Prusse; Hanovre). EW.
Lucignano. FL. Italie.
Lucin. États-Unis (Nevada).
Luckady. F. Indes. OC.
Luckau. L. Allemagne (Prusse). EW.
Luckenwalde. L. Allemagne (Prusse). EW.
Lucknow. Amérique anglaise. (Ontario).
Lucknow. Indes. OC.
Lucky-Serai. F. Indes. OC.
Lucques. N/2. Italie. (Lucques).
Lucques-les-Bains. BL Italie (Lucques).
Luctor. F. Indes. OC.
Lucsiona. F. Autriche-Hongrie (Hongrie).
Ludas. FL. Autriche-Hongrie (Hongrie).
Luddenden-Foot. L. Iles Britann. (Angleterre).
Ludenscheidt. L. Allemagne (Prusse). OW.
Ludington. États-Unis (Michigan).
Luditz. L. Autriche-Hongrie (Bohême).
Ludlow. États-Unis (Pensylvanie).
Ludlow. Iles Britanniques (Angleterre).
Ludlow. États-Unis (Vermont).
Ludlow Grove. États-Unis (Ohio).
Ludlowville. États-Unis (New-York).
Ludwigsbourg. Allemagne (Wurtemberg).
Ludwigfselde. F. Allemagne (Prusse). EW.
Ludwigshafen. N. Allemagne (Bade).
Ludwigshafen. L. Allemagne (Bavière).
Ludwigslust Allemagne (Mecklembourg). EW.
Ludwigsort. F. Allemagne (Prusse). EW.
Ludwigstadt L. Allemagne. (Bavière).
Luffenham. Iles Britanniques (Angleterre).
Lugano. Suisse (Tessin).
Lugar. L. Iles Britanniques (Écosse).
Lugau. F. Allemagne (Saxe). EW.
Lugo. Espagne (Lugo).
Lugo. Italie (Ravenne).
Lugos. Autriche-Hongrie (Hongrie).
Luhatschowitz. L. Autriche-Hongrie (Moravie).
Luhe. F. Allemagne (Bavière).
Lujan. Amérique du Sud (4e région.)
Lukawika-Lisko. FL. Autriche-Hongrie (Galicie).
Luik (S. Liége). N. Belgique (Liége).
Lulea. Suède.
Lumberton. États-Unis (Caroline du Nord).
Lumphanan. F. Iles Britanniques (Écosse).
Luncarty. F. Iles Britanniques (Écosse).
Lund. Suède.
Lundemo. F. Norwége.
Lunden. L. Allemagne (Prusse; Holstein). EW.
Lundenburg. Autriche-Hongrie (Moravie).
Lunebourg. Allemagne (Prusse; Hanovre). EW.
Lunenburg. Amérique anglaise (Nouvelle-Écosse).
Lungern. L. Suisse (Unterwald).
Luppa-Dahlen. Allemagne (Saxe). EW.
Lupkow. FL Autriche-Hongrie (Galicie).
Lurgan. L. Iles Britanniques (Irlande).
Lussin-Grande. L. Autriche-Hongrie (Istrie).
Lussin-Piccolo. Autriche-Hongrie (Istrie).
Lustin. FL. Belgique (Namur).
Lustleigh. F. Iles Britanniques (Angleterre).
Luthern. L. Suisse (Lucerne).
Lutjenburg. L. Allemagne (Prusse; Holstein). EW.
Luton. F. Iles Britanniques (Angleterre).
Lutry. L. Suisse (Vaud).
Luttenberg. L. Autriche-Hongrie (Styrie).
Lutterbach. F. Allemagne (Alsace-Lorraine).
Lutter-sur-Baremberg. F. Allemagne (Brunswick). EW.
Lutterworth. L. Iles Britanniques (Angleterre).
Lüttich (S. Liége). Belgique (Liége).
Luttre. F. Belgique (Hainaut).
Luttringhausen. L. Allemagne (Prusse). OW.
Lutzelbourg. F. Allemagne (Alsace-Lorraine).
Lutzelflhu-Goldbach. L. Suisse (Berne).
Lutzelhausen. L. Allemagne (Alsace-Lorraine).
Luvino. L. Italie (Côme).
Luxembourg. Luxembourg.
Luzan. F. Autriche-Hongrie (Bukowine).
Luzerne. États-Unis (New-York).
Luzerne. N/2. Suisse (Lucerne).
Luz-na-Foz-de-Douro (1). Sém. Portugal.
Luzna-Lizan. FL. Autriche-Hongrie (Bohême).
Luzzara. L. Italie.
Lybster. L. Iles Britanniques (Angleterre).
Lyck. L. Allemagne (Prusse). EW.
Lydbrook. L. Iles Britanniques (Angleterre).
Lydd. L. Iles Britanniques (Angleterre).
Lydney. L. Iles Britanniques (Angleterre).
Lye. L. Iles Britanniques (Angleterre).
Lykens. États-Unis (Pensylvanie).
Lyle. États-Unis (Minnesota).
Lyme. États-Unis (Connecticut).
Lyme. Iles Britanniques (Angleterre).
Lymington. Iles Britanniques (Angleterre).
Lymm. Iles Britanniques (Angleterre).
Lympstone. L. Iles Britanniques (Angleterre).
Lyn G. T. R. Amérique anglaise (Ontario).
Lyn. Amérique anglaise (Ontario).
Lynchburg. États-Unis (Ohio).
Lynchburg. États-Unis (Virginie).
Lynden Amérique anglaise (Ontario).
Lyndhurst. L. Iles Britanniques (Angleterre).
Lyndhurst-Road. F. Iles Britann. (Angleterre).
Lyndoch. Australie (Australie méridionale).
Lyndon. États-Unis (Illinois).
Lyndon. États-Unis (Wisconsin).
Lyndonville. États-Unis (Vermont).
Lyngby. C/HL. Danemark (île de Seeland).
Lyngen. L. Norwége.
Lyngoer. L. Norwége.
Lynn. États-Unis (Illinois).
Lynn. États-Unis (Indiana).
Lynn. États-Unis (Massachusetts).
Lynn. Iles Britanniques (Angleterre).
Lynnville. États-Unis (Tennessee).
Lynton. L. Iles Britanniques (Angleterre).
Lyons. États-Unis (Iowa).
Lyons. États-Unis (New-York).
Lyons. États-Unis (Pensylvanie).
Lyons. États-Unis (Wisconsin).
Lysaker. F. Norwége.
Lysekill. L. Suède.
Lyss. FL. Suisse (Berne).
Lytham. Iles Britanniques (Angleterre).
Lyttelton. Nouvelle-Zélande.
Lytton. Amérique anglaise (Colombie anglaise).
Lytton. Australie (Queensland).

(1) Ouvert depuis le point du jour jusqu'à la nuit.

M

Maalsnaes. L. Norwège.
Maarsbergen. P. Pays-Bas.
Maarsen. L. Pays-Bas.
Maasbracht. P. Pays-Bas.
Maasluis. Pays-Bas.
Mabou. Amérique anglaise (Cap-Breton).
Macarsca. L. Autriche-Hongrie (Dalmatie).
Maccagno superiore. L. Italie.
Macclesfield. L. Australie (Australie méridionale).
Macclesfleed. Iles Britanniques (Angleterre).
Mac Donalds'Choully. F. Indes. OC.
Mac Donnel Bay. Australie (Australie méridionale).
Macduff. L. Iles Britanniques (Écosse).
Macedo de Cavalleiros. L. Portugal (Bragance).
Macerata. Italie (Macerata).
Mac-Grath's-Flat. Australie (Australie méridionale).
Machelen. L. Belgique (Flandre orientale).
Machen. Iles Britanniques (Angleterre).
Machias. États-Unis (Maine).
Machias. États-Unis (New-York).
Machynlleth. L. Iles Britanniques (Angleterre).
Mac-Kay. Australie (Queensland).
Mackinaw. États-Unis (Illinois).
Macksburg. États-Unis (Ohio).
Mac Leod. F. Indes. OC.
Macomb. États-Unis (Illinois).
Macomer. L. Italie (Sardaigne; Cagliari).
Macon. États-Unis (Caroline du Nord).
Macon. États-Unis (Géorgie).
Macon. États-Unis (Illinois).
Macon. États-Unis (Mississipi).
Macon City. États-Unis (Missouri).
Macon Station. États-Unis (Alabama).
Macrom. L. Iles Britanniques (Irlande).
Maddalena. L. Italie (Sassari).
Maddaloni. L. Italie (Caserte).
Madderley. F. Iles Britanniques (Écosse).
Madeira. États-Unis (Ohio).
Madeley. L. Iles Britann. (Angleterre; Stafford).
Madeley. L. Iles Britanniques (Angleterre; Salop).
Madelia. États-Unis (Minnesota).
*Madère. Portugal (île de Madère).
Madioen. L. Java. ES.
Madisco. États-Unis (Nouveau Brunswick).
Madison. États-Unis (Alabama).
Madison. États-Unis (Connecticut).
Madison. États-Unis (Floride).
Madison. États-Unis (Géorgie).
Madison. États-Unis (Indiana).
Madison. États-Unis (Mississipi).
Madison. États-Unis (Missouri).
Madison. États-Unis (New-Jersey).
Madison. États-Unis (Ohio).
Madison. États-Unis (Wisconsin).
Madisonville. États-Unis (Kentucky).
Madisonville. États-Unis (Ohio).
Madoc. Amérique Anglaise (Ontario).
Madra. F. Indes. OC.
Madras. N. Indes. OC.
Madrid. N. Espagne (Madrid).
Madrid. États-Unis (New-York).
Madrid Dépôt. États-Unis (New-York).
Maehrisch-Budwitz. L. Autr.-Hongrie (Moravie).
Maehrish Neustadt. L. Autr.-Hongrie (Moravie).
Maehrisch-Ostrau (S. Ostrau-Maehrisch). L. Autriche-Hongrie (Hongrie).
Maehrisch-Rothwasser. L. Autriche-Hongrie (Moravie).
Maehrisch-Trubau. L. Autriche-Hongrie (Moravie).
Maennedorf. L. Suisse (Zurich).
Maerkisch-Friedland. L. Allemagne (Prusse). EW.
Maerstetten. F. Suisse (Thurgovie).
Maerzdorf. F. Allemagne (Prusse). EW.
Maeseyck. L. Belgique (Limbourg).
Maesteg. Iles Britann. (Angleterre).
Maestricht. Pays-Bas.
Maffersdorf. L. Autriche-Hongrie (Bohême).
Mafra. L. Portugal (Lisbonne).
Magadino. L. Suisse (Tessin).
Magdebourg. N/2. Allemagne (Prusse). EW.
Magelang. L. Java. OS.
Magenta. FL. Italie (Milan).
Maggia. L. Suisse (Tessin).
Maghera. L. Iles Britanniques (Irlande).
Magherafelt. L. Iles Britanniques (Irlande).
Maghull. L. Iles Britanniques (Angleterre).
Magilligan. L. Iles Britanniques (Irlande)
Magione. FL. Italie (Pérouse).
Magliano-Sabino. L. Italie (Pérouse).
Magnolia. États-Unis (Caroline du Nord).
Magnolia. États-Unis (Maryland).
Magnolia. États-Unis (Mississipi).
Magnor. F. Norwège.
Magocs. FL. Autriche-Hongrie (Hongrie).
Magog. Amérique anglaise (Québec).
Magurelle. Roumanie.
Magyar-Boly. FL. Autriche-Hongrie (Hongrie).
Magyar-Ovar (Ungarisch Altenburg). L. Autriche-Hongrie (Hongrie).
Mahableshwar. L. Indes. OC.
Mahalu-Khsmee. F. Indes. OC.
Mahomet. États-Unis (Illinois).
Mahanoy City. États-Unis (Pensylvanie).
Mahanoy Plane. États-Unis (Pensylvanie).
Mahanoy Station. États-Unis (Pensylvanie).
Maharajpore. F. Indes. OC.
Mahlwinkel. F. Allemagne (Prusse). EW.
Mahim. F. Indes. OC.
Mahmoodpoore. F. Indes. OC.
Mahon. Espagne (Minorque).
Mahone Bay. Amérique angl. (Nouvelle-Écosse).
Mahoning. États-Unis (Ohio).
Mahoningtown. États-Unis (Pensylvanie).
Mahrenberg. L. Autriche-Hongrie (Styrie).
Maida. L. Italie (Catanzaro).
Maidenhead. Iles Britanniques (Angleterre).
Maiden-Newton. L. Iles Britanniques (Angleterre).
Maidstone. Iles Britanniques (Angleterre).
Maienfeld. L. Suisse (Grisons).
Mailand (S. Milan). N. Italie.
Mailputty. F. Indes. OC.
Mainau. FL. Allemagne (Bade).
Mainbernheim. F. Allemagne (Bavière).
Mainburg. L. Allemagne (Bavière).
Maindee. L. Iles Britanniques (Angleterre).
Maine-Prairie. États-Unis (Californie).
Mainhardt. L. Allemagne (Wurtemberg).
Mainkur F. Allemagne (Prusse; Hesse-Cassel). OW
Mainleus. F. Allemagne (Bavière).
Mainstokheim. L. Allemagne (Bavière).
Mainz (Voir Mayence). Allemagne (Prusse; Hesse-Darmstadt). OW.
Maiori. L. Italie (Salerne).
Maisach. F. Allemagne (Bavière).
Maitland. Amérique anglaise (Nouvelle-Écosse).
Maitland. Amérique anglaise (Ontario).
Maizières bei Metz. F. Allemagne (Alsace-Lorraine).
Majteny. FL. Autriche-Hongrie (Hongrie).
Makanda. États-Unis (Illinois).
Maketu. Nouvelle-Zélande.
Makkum. L. Pays-Bas.
Mako. L. Autriche-Hongrie (Hongrie).
Makow. L. Autriche-Hongrie (Galicie).
Malabar Point. Indes. OC.
Malaga. N. Espagne (Malaga).
Malahide. L. Iles Britanniques (Irlande).
Malapane. FL. Allemagne (Prusse). EW.
Malchin. Allemagne (Prusse; Mecklembourg). EW
Malchow. L. All. (Pr.; Mecklemb.-Schwérin). EW
Malcolm. États-Unis (Iowa).
Maldeghem. FL. Belgique (Flandre orientale).
Malden. États-Unis (Illinois).
Malden. États-Unis (New-York).
Malderen. L. Belgique (Brabant).
Maldeuten. L. Allemagne (Prusse). EW.
Maldon. Australie (Victoria).
Maldon. Iles Britanniques (Angleterre).
Male. L. Autriche-Hongrie (Tyrol).
Malettes. L. Suisse (Berne).
Malhaur. F. Indes. OC.
Maliabad. F. Indes. OC.
Malin. L. Iles Britanniques (Irlande).
Malines. N. Belgique (Anvers).
Malleray. L. Suisse (Berne).
Malligaum. Indes. OC.
Malloor. F. Indes. OC.
Mallorytown. Amérique anglaise (Ontario).
Mallow. L. Iles Britanniques (Irlande).
Malmédy. L. Allemagne (Prusse). OW.
*Malmerspach. L. Allemagne (Alsace-Lorraine).
Malmesbury. Iles Britanniques (Angleterre).
*Malmigeskoie. Russie d'Asie (Sibérie; 3e région).
Malmisch. Russie d'Europe (Wiatka).
Malmoe. N. Suède.
Malmsbury. Australie (Victoria).
Malone. États-Unis (New-York).
Malott-Park. États-Unis (Indiana).
Malpas. L. Iles Britanniques (Angleterre).
Mals. L. Autriche-Hongrie (Tyrol).
Malsch. L. Allemagne (Bade).
Malstatt. F. Allemagne (Prusse). OW.
Malte (voir la Valette). Ile de Malte.
Malters. L. Suisse (Lucerne).
Malton. Amérique anglaise (Ontario).
Malton. L. Iles Britanniques (Angleterre).
Maltsch. F. Allemagne (Prusse). EW.
Malvaglia. L. Suisse (Tessin).
Malvern. États-Unis (Iowa).
Malvern. États-Unis (Ohio).

Malvern (Great). L. Iles Britann. (Angleterre).
Malvern Link. L. Iles Britanniques (Angleterre).
Malvern-Wells. L. Iles Britann. (Angleterre).
Malwah. F. Indes. OC.
Mamaroneck. États-Unis (New-York).
Mamer. FL. Luxembourg.
Mammern. L. Suisse (Thurgovie).
Mammoth Cave. États-Unis (Kentucky).
Manaar. Indes (Ceylan).
Manacor. Espagne (îles Baléares).
Manage. Belgique (Hainaut).
Manahawkin. États-Unis (New-Jersey).
Manaparay. F. Indes. OC.
Manassas. États-Unis (Virginie).
Manawa. États-Unis (Wisconsin).
Manayunk (Mifflin Co). États-Unis (Pensylvanie).
Manayunk Phila. États-Unis (Pensylvanie).
Manchac. États-Unis (Louisiane).
Manchester. Amérique anglaise (Ontario).
Manchester. États-Unis (Illinois).
Manchester. États-Unis (Iowa).
Manchester. États-Unis (Massachusetts).
Manchester. États-Unis (Michigan).
Manchester. États-Unis (New-Hampshire).
Manchester. États-Unis (New-Jersey).
Manchester. États-Unis (Ohio).
Manchester. États-Unis (Pensylvanie).
Manchester. États-Unis (Vermont).
Manchester. Iles Britanniques (Angleterre).
Manciano. L. Italie (Grosseto).
Mancoor. F. Indes. OC.
Mandal. Norwége.
Mandla. F. Indes. OC.
Manduria. L. Italie (Lecce).
Mandwa. F. Indes. OC.
Manea. L. Iles Britanniques (Angleterre).
Manerbio. FL. Italie (Brescia).
Manfredonia. L. Italie (Foggia).
Mangalore. Indes. OC.
Mangolding. PF. Allemagne (Bavière).
Mangotsfield-Junction. F. Iles Britann. (Anglet.).
Mangualde. L. Portugal (Vizeu).
Manhattan. États-Unis (Kansas).
Manhattanville. États-Unis (New-York).
Maniachee. F. Indes. OC.
Manickpore. F. Indes. OC.
Manilla. Amérique anglaise (Ontario).
Manistee. Etats-Unis (Michigan).
Maniton House, Colorado Springs. Ét.-Un. (Color.).
Manitowac. États-Unis (Wisconsin).
Mankato. États-Unis (Minnesota).
Manlius Station. États-Unis (New-York).
Mannheim. N. Allemagne (Bade).
Manningtree. L. Iles Britanniques (Angleterre).
Mann's Choice. Etats-Unis (Pensylvanie).
Mannsville. États-Unis (New-Vork).
Manoora. Australie (Australie méridionale.)
Manorbier. F. Iles Britanniques (Angleterre).
Manor Hamilton. L. Iles Britanniques (Irlande).
Manor (Long Island). États-Unis (New-York).
Manor. États-Unis (Texas).
Manor Station. États-Unis (Pensylvanie).
Manotic. Amérique anglaise (Ontario).
Manowrie. F. Indes. OC.
Manresa. L. Espagne (Barcelone).
Mansfeld. L. Allemagne (Prusse). EW.
Mansfield. États-Unis (Massachusetts).
Mansfield. États-Unis (Ohio).
Mansfield. L. Iles Britanniques (Angleterre).
Mansfield (Alleghany Co). États-Unis (Pensylvanie).
Mansfield (Tioga Co). États-Unis (Pensylvanie).
Manson. États-Unis (Iowa).
Mansonville. Amérique anglaise (Québec).
Manteno. Etats-Unis (Illinois).
Manti. États-Unis (Utah).
Manton. F. Iles Britanniques (Angleterre).
Mantoue. Italie (Mantoue).
Mantua, États-Unis (Ohio).
Mantua (W. Phila). États-Unis (Pensylvanie).
Manumuskin. États-Unis (New-Jersey).
Manunka-Chunk. États-Unis (New-Jersey).
Manzanarès. N. Espagne (Ciudad-Real).
Mapello Ambivero. FL. Italie (Bergame).
Maple Plain. Etats-Unis (Minnesota).
Maple River. États-Unis (Dacotah).
Mapleton. États-Unis (Illinois).
Maquoketa. États-Unis (Iowa).
Maquon. États-Unis (Illinois).
Marano Veneziano. FL. Italie (Venise).
' Marano (Marche). Italie (Bologne).
Marathon. États-Unis (New-York).
Marazion. L. Iles Britanniques (Angleterre).
Marbach. L. Allemagne (Bade).
Marbach. L. Allemagne (Wurtemberg).
Marbach-sur-Danube. L. Autr.-Hongrie (S^t l'Enns).
Marbais. FL. Belgique (Brabant).
Marbehan. L. Belgique (Luxembourg).
Marbella. Espagne (Malaga).
Marblehead. États-Unis (Massachusetts).
Marble Hill. États-Unis (Missouri).
Marble Rock. États-Unis (Iowa).
Marbourg. Allemagne (Prusse; Hesse-Cassel). OW.
Marbourg. N. Autriche-Hongrie (Styrie).
Marcellus. Etats-Unis (Michigan).
March. FL. Iles Britanniques (Angleterre).
Marche. L. Belgique (Luxembourg).
Marche-les-Dames. L. Belgique (Namur).
Marche-lez-Ecaussines. L. Belgique (Hainaut).
Marchegg. F. Autriche-Hongrie (Sous l'Enns).
Marchena. L. Espagne (Séville).
Marchiennes. Belgique (Hainaut).
Marchtrenk. FL. Autriche-Hongrie (Sur l'Enns).
Marchwood. L. Iles Britanniques (Angleterre).
Marciana Marina. L. Italie.
' Marcianise. FL. Italie.
Marckolsheim. L. Allemagne (Alsace-Lorraine).
Marco. Etats-Unis (Indiana).
Marcos-Paz. Amérique du Sud (4e région).
Marcus. États-Unis (Iowa).
Marden. FL. Iles Britanniques (Angleterre).
Marein. F. Autriche-Hongrie (Styrie).
Marengo. États-Unis (Illinois).
Marengo. États-Unis (Iowa).
' Margao. Indes. OC.
Margaretville. Etats-Unis (New-York).
Margate. Iles Britanniques (Angleterre).
Marggrabowa. L. Allemagne (Prusse). EW.
Margiczan. F. Autriche-Hongrie (Hongrie).
Margineni. L. Roumanie.
Marhch. F. Indes. OC.
Maria. Amérique anglaise (Québec).
Mariager. L. Danemark (Jutland).
Maria-Lierde. L. Belgique (Flandre orientale).
Mariampol. Russie d'Europe (Souwalki).
Maria-Rast. FL. Autriche-Hongrie (Styrie).
Maria-Ratschitz-Oberleistensdorf. F. Autriche-Hongrie (Bohême).
Maria-Saal. FL. Autriche-Hongrie (Carinthie).
Mariaschein. FL. Autriche-Hongrie (Bohême).
Mariastein. L. Suisse (Soleure).
Maria-Worth. L. Autriche-Hongrie (Carinthie).
Mariazell. L. Autriche-Hongrie (Styrie).
Maribo. Danemark (île de Lolland).
Mariefred. L. Suède.
Mariel. Amérique centrale (île de Cuba).
Mariembourg. Belgique (Namur).
Mariémont. Belgique (Hainaut).
Marienbad. Autriche-Hongrie (Bohême).
Marienberg. L. Allemagne (Saxe). EW.
Marienborn. F. Allem. (Hesse-Darmstadt). OW.
Marienbourg. Allemagne (Prusse). EW.
Marienwerder. Allemagne (Prusse). EW.
Mariestadt. Suède.
Marietta. États-Unis (Géorgie).
Marietta. États-Unis (Ohio).
Marietta. États-Unis (Pensylvanie).
' Mariinsk. Russie d'Asie (Sibérie; 3e région).
Marigliano. L. Italie.
Marine City. États-Unis (Michigan).
Marines Lines. F. Indes. OC.
Marinette. États-Unis (Wisconsin).
Marinha-Grande. L. Portugal (Leira).
Marion. États-Unis (Alabama).
Marion. États-Unis (Caroline du Sud).
Marion. États-Unis (Indiana).
Marion. États-Unis (Iowa).
Marion. États-Unis (Mississipi).
Marion. États-Unis (New-Jersey).
Marion. États-Unis (Ohio).
Marion. États-Unis (Virginie).
Marion-Junction. États-Unis (Alabama).
Marion Station. Etats-Unis (Orégon).
Marioupol. N. Russie d'Europe (Ékaterinoslaw).
Marissa. États-Unis (Illinois).
Markdorf. L. Allemagne (Bade).
Markelo. P. Pays-Bas.
Market-Deeping. L. Iles Britann. (Angleterre).
Market-Drayton. L. Iles Britann. (Angleterre).
Market-Harborough. Iles Britann. (Angleterre).
Market Hill. L. Iles Britanniques (Irlande).
Market-Lavington. L. Iles Britann. (Angleterre).
Market-Rasen. L. Iles Britanniques (Angleterre).
Market-Weighton. L. Iles Britann. (Angleterre).
Markgrœningen. L. Allemagne (Wurtemberg).
Markham. Amérique anglaise (Ontario).
Markfield. L. Iles Britanniques (Angleterre).
Markinch. Iles Britanniques (Écosse).
Markirch (Ste-Marie-aux-Mines) Allem. (Als.-Lorr.).
Marklesburg. États-Unis (Pensylvanie).
Marklissa. L. Allemagne (Prusse). EW.
Markneukirchen. L. Allemagne (Saxe). EW.
Markoondie. F. Indes. OC.
Markranstadt. F. Allemagne (Saxe). EW.
Markschelken (Nagy Selik, Sejka Mare). FL. Autriche-Hongrie (Transylvanie).
Marksdorf (Markusfalva). F. Autr.-Hongr. (Hongrie).
Mark's-Tey. F. Iles Britanniques (Angleterre).
Marksuhl. F. Allemagne (Saxe-Weimar). OW.
Marktbibart. F. Allemagne (Bavière).
Marktbreit. L. Allemagne (Bavière).
Markteinersheim. F. Allemagne (Bavière).
Marktl. F. Allemagne (Bavière).
Markt-Erlbach. L. Allemagne (Bavière).

Marktheindenfeld. L. Allemagne (Bavière).
Marktschorgast. F. Allemagne (Bavière).
Marktsteft. L. Allemagne (Bavière).
Markt-Tuffer (S. Tuffer). Autr.-Hongrie (Styrie).
Markusfalva (Marksdorf). F. Autriche-Hongrie (Hongrie).
Markyate-Street. L. Iles Britanniques (Angleterre).
Marlboro. États-Unis (Massachusetts).
Marlboro Depot. États-Unis (New-Hampshire).
Marlboro Village. États-Unis (New-Hampshire).
Marlborough. Australie (Queensland).
Marlborough. Iles Britanniques (Angleterre).
Marlin. États-Unis (Texas).
Marloie. L. Belgique (Luxembourg).
Marlow. L. Iles Britann. (Angleterre).
* Marmaritza (S. Mermerice). Turquie d'Asie. A2. B2. C1. D1.
Marmaros-Szigeth. Autriche-Hongrie (Hongrie).
Marmora. Amérique anglaise (Ontario).
Marne. L. Allemagne (Prusse; Sleswig). EW.
Maroa. États-Unis (Illinois).
Marols-Weisach. L. Allemagne (Bavière).
Maros Ludas. FL. Autriche-Hongrie (Transylvanie).
Maros-Vasarhely. Autr.-Hongrie (Transylvanie).
Marple. L. Iles Britanniques (Angleterre).
Marquand. États-Unis (Missouri).
Marquette. États-Unis (Michigan).
Marsala. Italie (Trapani).
Marschendorf. F. Autriche-Hongrie (Bohême).
Marsden. L. Iles Britanniques (Angleterre).
Marseilles. États-Unis (Illinois).
Marshall. États-Unis (Minnesota).
Marshall. États-Unis (Michigan).
Marshall. États-Unis (Texas).
Marshalls. Etats-Unis (Kentucky).
Marshalltown. États-Unis (Iowa).
Marshchapel. L. Iles Britanniques (Angleterre).
Marshfield. États-Unis (Missouri).
Marshfield. Etats-Unis (Wisconsin).
Marshfield. L. Iles Britanniques (Angleterre).
* Marsh-Lane. F. Iles Britanniques (Angleterre).
Marsiconovo. L. Italie (Potenza).
Marske-by-the-Sea. L. Iles Britann. (Angleterre).
Marstal. Danemark (Ile de Féroë).
Marstrand. L. Suède.
Martelange. L. Belgique (Luxembourg).
Martelle. Etats-Unis (Iowa).
Marten. F. Allemagne (Prusse). OW.
Marthalen. L. Suisse (Zurich).
Martham. L. Iles Britanniques (Angleterre).
Martigny. L. Suisse (Valais).
Martin. États-Unis (Ohio).
Martina Franca. L. Italie.
Martinengo. L. Italie (Venise).
Martinez. États-Unis (Californie).
Martinez. États-Unis (Utah).
Martinique (La). Amérique centrale (Antilles).
Martin's. États-Unis (New-York).
Martin's-Bluff. États-Unis (Washington).
Martinsbruck. L. Suisse (Grisons).
Martinsburg. États-Unis (Missouri).
Martinsburg. États-Unis (New-York).
Martinsburg. États-Unis (Pensylvanie).
Martinsburg. États-Unis (Virginie).
Martin's Ferry. Etats-Unis (Ohio).
Martinsville. États-Unis (Indiana).
Martinsville-Clinton Co. États-Unis (Ohio).
Martock. L. Iles Britanniques (Angleterre).
Marton. Nouvelle-Zélande.
Martonvasar. F. Autriche-Hongrie (Hongrie).
Marubbiu. FL. Italie.
Marvin. États-Unis (Iowa).
Maryborough. Australie (Queensland).
Maryborough. Australie (Victoria).
Maryborough. L. Iles Britanniques (Irlande).
Marydell. Etats-Unis (Maryland).
Maryhill. L. Iles Britanniques (Écosse).
Maryland. États-Unis (New-York).
Maryport. Iles Britanniques (Angleterre).
Marysville. États-Unis (Californie).
Marysville. États-Unis (Kansas).
Marysville. États-Unis (Ohio).
Marysville. États-Unis (Pensylvanie).
Marytavy. F. Iles Britanniques (Angleterre).
Maryville. États-Unis (Missouri).
Marzaboto. FL. Italie (Bologne).
Masborough. F. Iles Britanniques (Angleterre).
Mascoutah. États-Unis (Illinois).
Masham. L. Iles Britanniques (Angleterre).
Maskinonge. Amérique anglaise (Québec).
Masmunster. L. Allemagne (Alsace-Lorraine).
Mason (Effingham C°). États-Unis (Illinois).
Mason. États-Unis (Michigan)
Mason City (Mason C°). États-Unis (Illinois).
Mason City. Etats-Unis (Iowa).
Mason. États-Unis (Tennessee).
Mason Village. États-Unis (New-Hampshire).
Masonville. États-Unis (Iowa).
Massa. Italie (Massa).
Massafra. L. Italie (Lecce).
Massa Lombarda. L. Italie.
Massa-Lubrense. S. Italie (Naples).
Massa-Maritima. L. Italie (Grosseto).
Massa Polesine. L. Italie (Rovigo).
Massa Superiore. L. Italie.
Massena. États-Unis (New-York).
* Massevaux. L. Allemagne (Alsace-Lorraine).
Massey's Cross Roads. États-Unis (Maryland).
Massillon. États-Unis (Ohio).
Masterton. Nouvelle-Zélande.
Mastig. F. Autriche-Hongrie (Bohême).
Mast Hope. États-Unis (Pensylvanie).
Masulipatam. L. Indes. OC.
Matagne-la-Grande. L. Belgique (Namur).
Matane. Amérique anglaise (Québec).
Matanzas. Amérique centrale (île de Cuba).
Matapedia. Amérique anglaise (Québec).
Matarello. FL. Autriche-Hongrie (Tyrol).
Mataro. L. Espagne (Barcelone).
Matelica. L. Italie (Macerata).
Matera. L. Italie (Potenza).
* Matheran. L. Indes. OC.
Mathozinhos. L. Portugal (Porto).
Matilda. Amérique anglaise (Ontario).
Matlock-Bath. Iles Britanniques (Angleterre).
Matlock-Bridge. L. Iles Britanniques (Angleterre).
Matoura. Nouvelle-Zélande.
Matrei. FL. Autriche-Hongrie (Tyrol).
Matsqui. Amer. angl. (Colombie anglaise).
Mattapoisett. Etats-Unis (Massachusetts).
Mattawamkeag. États-Unis (Maine).
Mattawan. États-Unis (Michigan).
Matteavan. États-Unis (New-York).
Mattersdorf. L. Autriche-Hongrie (Hongrie).
Matteson. États-Unis (Illinois).
Mattierzoll. F. Allemagne (Brunswick). EW.
Mattighofen. L. Autriche-Hongrie (Sur l'Enns).
Mattishall. L. Iles Britanniques (Angleterre).
Mattituck L. I. États-Unis (New-York).
Mattoon. États-Unis (Illinois).
Matteson. Etats-Unis (Illinois).
Mattuglie. FL. Autriche-Hongrie (Istrie).
Mattweil. L. Suisse (Thurgovie).
Matzenheim. FL. Allemagne (Alsace-Lorraine).
Matzleinsdorf. F. Autriche-Hongrie (Sous l'Enns).
Mauch Chunk. États-Unis (Pensylvanie).
Mauchline. L. Iles Britanniques (Écosse).
Maud Junction. F. Iles Britanniques (Écosse).
Mauds. Etats-Unis (Ohio).
Mauer. L. Allemagne (Bade).
Mauerkirchen. L. Autriche-Hongrie (Sur l'Enns).
Maulbronn. Allemagne (Wurtemberg).
Maumee City. États-Unis (Ohio).
Maur. L. Suisse (Zurich).
Mausheim. PF. Allem (Bavière).
Mauston. États-Unis (Wisconsin).
Mautern. FL. Autriche-Hongrie (Styrie).
Mauthausen. L. Autriche-Hongrie (Sur l'Enns).
Maxau. Allemagne (Bade).
Maybole. L. Iles Britanniques (Écosse).
Mayen. L. Allemagne (Prusse). OW.
Mayence (S. Mainz). All. (Hesse-Darmstadt). OW.
Mayens. L. Suisse (Valais).
Mayfield. Etats-Unis (Californie).
Mayfield. États-Unis (Kentucky).
Mayfield. L. Iles Britanniques (Anglet.; Stafford).
Mayfield. L. Iles Britann. (Angleterre; Sussex).
Mayhew. États-Unis (Mississipi).
Maynard. États-Unis (Iowa).
Maynard. États-Unis (Massachusetts).
Maynooth. L. Iles Britanniques (Irlande).
May's Landing. Etats-Unis (New-Jersey).
Maysville. États-Unis (Kentucky).
Mayting. F. Indes. OC.
Mayville. États-Unis (New-York).
Mazomanie. États-Unis (Wisconsin).
Mazzara del Vallo. L. Italie (Trapani).
Mazzarino. L. Italie (Caltanisetta).
Mc Alister. États-Unis (territoire Indien).
Mc Adam. Amérique anglaise (N.-Brunswick).
Mc Clure (Snyder Co). Etats-Unis (Pensylvanie).
Mc Comb City. Etats-Unis (Mississipi).
Mc Connelsburg. États-Unis (Pensylvanie).
Mc Connellsville. États-Unis (Ohio).
Mc Coy's. États-Unis (Ohio).
Mc Dade. États-Unis (Texas).
Mc Donald. États-Unis (Pensylvanie).
Mc Farland. Etats-Unis (Wisconsin).
Mc Grawille. États-Unis (New-York).
Mc Grath's Flat. Australie (Australie mérid.).
Mc Gregor. États-Unis (Iowa).
Mc Henry. Etats-Unis (Illinois).
Mc Kees (Blair Co). Etats-Unis (Pensylvanie).
Mc Keesport. États-Unis (Pensylvanie).
Mc Kenzie. États-Unis (Tennessee).
Mc Kindree. Etats-Unis (Virginie).
Mc Kinney. États-Unis (Texas).
Mc Lean. États-Unis (Illinois).
Mc Lean. États-Unis (New-York).
Mc Leansboro'. États-Unis (Illinois).
Mc Leod. États-Unis (Kentucky).
Mc Pherson Station. États-Unis (Nebraska).
Mc Veytown. États-Unis (Pensylvanie).
Meadowvale. Amérique anglaise (Ontario).

Meadville. États-Unis (Missouri).
Meadville. États-Unis (Pensylvanie).
Meafort. Amérique anglaise (Ontario).
Meagaum. F. Indes. OC.
Mealhada. L. Portugal (Aveiro.).
Meana-di-Susa. FL. Italie (Turin).
Mean Meer. L. Indes. OC.
Mears. États-Unis (Michigan).
Mebanesville. États-Unis (Caroline du Nord).
Mechanicsburg. États-Unis (Illinois).
Mechanicsburg. États-Unis (Ohio).
Mechanicsburg. États-Unis (Pensylvanie).
Mechanic Falls. États-Unis (Maine).
Mechanicsville. États-Unis (Iowa).
Mechanicsville. États-Unis (New-York).
Mechernich. F. Allemagne (Prusse). OW.
Mechlen (S. Malines). N. Belgique (Anvers).
Mecholup. FL. Autriche-Hongrie (Bohême).
Meckenbeuren. Allemagne (Wurtemberg).
Meckesheim. FL. Allemagne (Bade).
Mede. L. Italie (Pavie).
Medemblik. L. Pays-Bas.
Medfield. États-Unis (Massachusetts).
Medford. États-Unis (Minnesota).
Medford. États-Unis (New-Jersey).
Media. États-Unis (Pensylvanie).
Mediash. L. Autriche-Hongrie (Transylvanie).
Medicine Bow. États-Unis (Wyoming).
Medina. Amérique du Sud (3ᵉ région).
Medina. États-Unis (New-York).
Medina. États-Unis (Ohio).
Medina. États-Unis (Wisconsin).
Medina del Campo. L. Espagne (Valladolid).
Medinasidonia. L. Espagne (Cadix).
Medon. États-Unis (Tennessee).
Medora. États-Unis (Illinois).
Medora. États-Unis (Indiana).
Medway. États-Unis (Massachusetts).
Medyka. F. Autriche-Hongrie (Galicie.).
Meenen (S. Menin). Belgique (Flandre occident.).
Meerane. Allemagne (Saxe). EW.
Meer Gunge. F. Indes. OC.
Meerholz. F. Allemagne (Prusse). OW.
Meersburg. L. Allemagne (Bade).
Meerssen. P. Pays-Bas.
Meerut Indes. OC.
Meerut Cantonment. F. Indes. OC.
Meerut City. F. Indes. OC.
Megalopolis. L. Grèce (Arcadie).
Megara. L. Grèce (Attique et Béotie).
Meggen. Suisse (Lucerne).
Megibougié. Russie d'Europe (Podolie).
Mehadia Bad (1). Autriche-Hongrie (Confins mil.).
Meherrin. États-Unis (Virginie).
Mehlem. F. Allemagne (Prusse). OW.
Mehlsack. L. Allemagne (Prusse). EW.
Mehltheuer. F. Allemagne (Saxe). EW.
Mehmoodabad. F. Indes. OC.
Mehoopany. États-Unis (Pensylvanie).
Mehrhoog. F. Allemagne (Prusse). OW.
Meidling. F. Autriche-Hongrie (Sous l'Enns).
Meigle. L. Iles Britanniques (Écosse).
Meijam. F. Indes. OC.
Meilen. L. Suisse (Zurich).
Meinberg. BL. Allemagne (Lippe-Detmold). OW.
Meinersen. F. Allemagne (Prusse). EW.
Meiningen. L. Allemagne (Saxe-Meiningen). EW.

Meiringen. L. Suisse (Berne).
Meisdorf. L. Allemagne (Prusse). EW.
Meisenheim. L. Allemagne (Prusse). OW.
Meissen. Allemagne (Saxe). EW.
Meitingen. F. Allemagne (Bavière).
Meitzendorf. F. Allemagne (Prusse). EW.
Meja. F. Autriche-Hongrie (Croatie).
Mekhow. Russie d'Europe (Keltze).
Melano. L. Suisse (Tessin).
Melbourne. Amérique anglaise (Québec).
Melbourne. Australie (Victoria).
Melbourne. Iles Britann. (Angleterre; Cambridge).
Melbourne. Iles Britann. (Angleterre; Derbyshire).
Melchnau. L. Suisse (Berne).
Meldola. L. Italie (Forli).
Meldorf. L. Allemagne (Prusse; Holstein). EW.
Melegnano. FL. Italie (Milan).
Melencze. L. Autriche-Hongrie (Hongrie).
Melenki. Russie d'Europe (Wladimir).
Melfi. Italie (Potenza).
Melford. F. Iles Britanniques (Angleterre).
Melhus. F. Norwége.
Melilli. L. Italie (Syracuse).
Melito. FL. Italie.
Melito. FL. Italie (Reggio de Calabre).
Melitopol. Russie d'Europe (Tauride).
Melksham. L. Iles Britanniques (Angleterre).
Melle. F. Allemagne (Prusse; Hanovre). OW.
Melle. Belgique (Flandre occidentale).
Mellenville. États-Unis (New-York).
Mellingen. L. Suisse (Argovie).
Mellor-Brook. L. Iles Britanniques (Angleterre).
Melmerby. F. Iles Britanniques (Angleterre).
Mellrischstadt. L. Allemagne (Bavière).
Melnik. Autriche-Hongrie (Bohême).
Melocheville. Amérique anglaise (Québec).
Melreux. FL. Belgique (Luxembourg).
Melrose. Australie (Australie méridionale).
Melrose. États-Unis (Californie).
Melrose. États-Unis (Iowa).
Melrose. États-Unis (Minnesota).
Melrose. Iles Britanniques (Écosse).
Mels. L. Suisse (Saint-Gall).
Melsungen. F. Allem. (Prusse; Hesse-Cassel). OW.
Meltham. L. Iles Britanniques (Angleterre).
Meltingen. L. Suisse (Soleure).
Melton Mowbray. Iles Britanniques (Angleterre).
Melton Mowbray. Tasmanie.
Melvin. États-Unis (Illinois).
Melzo. FL. Italie (Milan).
Mem. PL. Suède.
Memel. N. Allemagne (Prusse). EW.
Memmingen. L. Allemagne (Bavière).
Memphis. États-Unis (Indiana).
Memphis. États-Unis (Missouri).
Memphis. États-Unis (Tennessee).
Memramcook. États-Unis (Nouveau-Brunswick).
Menai-Bridge. L. Iles Britanniques (Angleterre).
Menden. L. Allemagne (Prusse). OW.
Mendon. États-Unis (Illinois).
Mendon. États-Unis (Michigan).
Mendota. États-Unis (Illinois).
Mendota. États-Unis (Minnesota).
Mendoza. Amérique du Sud (9ᵉ région).
Mendrisio. L. Suisse (Tessin).
Mendzirgetz. FL. Russie d'Europe (Sedlze).
Menfi. L. Italie (Girgenti).

Mengala. L. Sumatra.
Mengede. F. Allemagne (Prusse). EW.
Mengen. Allemagne (Wurtemberg).
Mengkofen. L. Allemagne (Bavière).
Menheniot. F. Iles Britanniques (Angleterre).
Menin. F. Belgique (Flandre occidentale).
Menlo Park. États-Unis (Californie).
Menlo Park. États-Unis (New-Jersey).
Menningen. FL. Allem. (Bade). OW.
Menomonee. États-Unis (Wisconsin).
Menomonie. États-Unis (Michigan).
Mensguth. L. Allemagne (Prusse). EW.
Mentor. États-Unis (Ohio).
Mentz (S. Mayence). Allemagne (Hesse-Darmstadt).
Menzikon. L. Suisse (Argovie).
Menzonio. L. Suisse (Tessin).
Meopham. F. Iles Britanniques (Angleterre).
Meppel. Pays-Bas.
Meppen. F. Allemagne (Prusse; Hanovre). OW.
Mequinenza. L. Espagne (Saragosse).
Meramec. États-Unis (Missouri).
Meran. N/2. Autriche-Hongrie (Tyrol).
Merbes-le-Château. L. Belgique (Hainaut).
Mercara. N. Indes. OC.
Merced. États-Unis (Californie).
Mercèdes. Amérique du Sud (2ᵉ région).
Mercer. Nouvelle-Zélande.
Mercer (Mercer Co). États-Unis (Pensylvanie).
Mercers. États-Unis (Kentucky).
Mercersbury. États-Unis (Pensylvanie).
Merchantville. États-Unis (New-Jersey).
Merchingen. L. Allemagne (Bade).
Mercziſalva (S. Merczidorf). FL. Aut.-Hong. (Hong.)
Merczidorf (S. Mercziſalva) FL. Aut.-Hong. (Hongrie)
Mere. L. Iles Britanniques (Angleterre).
Meredith. Australie (Victoria).
Meredith Village. États-Unis (New-Hampshire).
Meredosia. États-Unis (Illinois).
Merenschwand. L. Suisse (Argovie).
Mergentheim. Allemagne (Wurtemberg).
Merida. Espagne (Badajos).
Meriden. États-Unis (Connecticut).
Meriden. États-Unis (Illinois).
Meriden. États-Unis (Minnesota).
Meriden. Iles Britanniques (Angleterre).
Meridian. États-Unis (Kansas).
Meridian. États-Unis (Mississipi).
Mering. F. Allemagne (Bavière).
Merlemont. FL. Belgique (Namur).
Merlo. Amérique du Sud (4ᵉ région).
Mermenteau. États-Unis (Louisiane).
*Mermerice. (S. Marmaritza). Turquie d'Asie. A2. B2. C1. D1.
Merrickville. Amérique anglaise (Ontario).
Merrilan. États-Unis (Wisconsin).
Merrimac. États-Unis (Wisconsin).
Merriton. Amérique anglaise (Ontario).
Merriwa. Australie (N.-Galles du Sud).
Mersch. L. Luxembourg.
Merschbourg. Allemagne (Prusse). EW.
Mersham. L. Iles Britanniques (Angleterre).
Mersine. L. Turquie d'Asie. A2. B2. C1. D1.
Merstham. F. Iles Britann. (Angleterre).
Merthyr. F. Iles Britanniques (Angleterre).
Merthyr Tydvil. L. Iles Britanniques (Angleterre).
Mertingen. F. Allemagne (Bavière).
Mertola. L. Portugal (Beja).

(1) Ouvert du 10 mai au 30 septembre.

Mertzweiler. F. Allemagne (Alsace-Lorraine).
Merwinsville. États-Unis (Connecticut).
Merxem. L. Belgique (Anvers).
Merxheim. FL. Allemagne (Alsace-Lorraine).
Merzbach. L. Allemagne (Bavière).
Merzig. L. Allemagne (Prusse). OW.
Merzwiese. F. Allemagne (Prusse). EW.
Meschede. L. Allemagne (Prusse). OW.
Meseritz. L. Allemagne (Prusse). EW.
Meshoppen. États-Unis (Pensylvanie).
Mesic. FL. Autriche-Hongrie (Bohême).
Messancy. L. Belgique (Luxembourg).
Messel. F. Allemagne (Hesse-Darmstadt). OW
Messendorf. FL. Autriche-Hongrie (Styrie).
Messene (S. Nissi). L. Grèce continentale.
Messine. N. Italie (Messine).
Messinghausen. F. Allemagne (Prusse). OW.
Messkirch. L. Allemagne (Bade).
Mestre. L. Italie (Venise).
Mesum. F. Allemagne (Prusse). OW.
Meta. L. Italie (Naples).
Metamora. États-Unis (Illinois).
Metamora. États-Unis (Indiana).
Metcalf. Amérique anglaise (Ontario).
Metelin (S. Midelli-Mitylène). Turquie d'Asie (Iles).
Metgethen. F. Allemagne (Prusse). EW.
Methot's Mills. Amérique anglaise (Québec).
Methot's Mill. Amérique anglaise (Québec).
Methuen. États-Unis (Massachusetts).
Methven. F. Iles Britanniques (Écosse).
Metis (Grand). Amérique anglaise (Québec).
Metkowich. Autriche-Hongrie (Dalmatie).
Mettapolium. F. Indes. OC.
Metten. L. Allemagne (Bavière).
Mettenheim. F. Allem. (Hesse-Darmstadt). OW.
Mettet. L. Belgique (Namur).
Mettkau. F. Allemagne (Prusse). EW.
Mettlach. F. Allemagne (Prusse). OW.
Mettmann. L. Allemagne (Prusse). OW.
Mettmenstetten. PL. Suisse (Zurich).
Metuchin. Etats-Unis (New-Jersey).
Metz. Allemagne (Alsace-Lorraine).
Metzerwiese. L. Allemagne (Alsace-Lorraine).
Metzig (P. Messancy). Belgique (Luxembourg).
Metzingen. Allemagne (Wurtemberg).
Meulœbeke. L. Belgique (Flandre occidentale).
Mouselwitz. F. Allemagne (Saxe-Altenbourg). EW.
Mevagissey. L. Iles Britanniques (Angleterre).
Mewe. L. Allemagne (Prusse). EW.
Mexborough. L. Iles Britanniques (Angleterre.)
Mexia. Etats-Unis (Texas).
Mexico. États-Unis (Missouri).
Mexico. États-Unis (New-York).
Meyers' Mill. États-Unis (Pensylvanie).
Meyringen. L. Suisse (Berne).
Mézières. L. Suisse (Vaud).
Mezo Bereny. FL. Autriche-Hongrie (Hongrie).
Mezœlaborcz. FL. Autriche-Hongrie (Hongrie).
Mezœlak, FL. Autriche-Hongrie (Hongrie).
Mezo Keresztes. FL. Autriche-Hongrie (Hongrie).
Mezo Kovesd. FL. Autriche-Hongrie (Hongrie).
Mezo Nyarad. FL. Autriche-Hongrie (Hongrie).
Mezo Telegd. FL. Autriche-Hongrie (Hongrie).
Mezo Tur. F. Autriche-Hongrie (Hongrie).
Mezzo-Lombardo. L. Autriche-Hongrie (Tyrol).
Mhow. Indes. OC.
Miala. F. Allemagne (Prusse). EW.
Miami. États-Unis (Missouri).
Miamisburgh. États-Unis (Ohio).
Miasteczko. F. Allemagne (Prusse). EW.
Michaelston-y-Fedew. L. Iles Brit. (Angleterre.)
Micheldever. Iles Britanniques (Angleterre).
Micheldorf. L. Autriche-Hongrie (Sur l'Enns).
Michelstadt. Allemagne (Hesse-Darmstadt). OW.
Micheroux. L. Belgique (Liége).
Michigan City. États-Unis (Indiana).
Mickleham. L. Iles Britanniques (Angleterre).
Mid-Calder. F. Iles Britanniques (Écosse).
Middelbourg. Pays-Bas.
Middelfart. Danemark. (Ile de Fionie.)
Middelharnis. PL. Pays-Bas.
Middleboro. États-Unis (Massachusetts).
Middleburg (Snider Co). États-Unis (Pensylvanie).
Middlebury. États-Unis (Vermont).
Middlefield. Etats-Unis (Connecticut).
Middlefield. États-Unis (Massachusetts).
Middle-Granville. États-Unis (New-York).
Middle-Haddam. Etats-Unis (Connecticut).
Middleham. L. Iles Britanniques (Angleterre).
Middleport. États-Unis (Illinois).
Middleport. États-Unis (New-York).
Middleport. États-Unis (Ohio).
Middlesbrough. L. Iles Britanniques (Angleterre).
Middlesex. États-Unis (Vermont).
Middlesex (Mercer Co). États-Unis (Pensylvanie).
Middleton. Amérique anglaise (Nouv.-Écosse).
Middleton. États-Unis (Tennessee).
Middleton. États-Unis (Wisconsin).
Middleton. L. Iles Britann. (Angleterre; Lancastre).
Middleton. L. Iles Britanniques (Irlande).
Middleton-Junction. F. Iles Britann. (Angleterre).
Middleton Teesdale. F. Iles Britann. (Angleterre).
Middletown. États-Unis (Connecticut).
Middletown. États-Unis (Delaware).
Middletown. États-Unis (Indiana).
Middletown. Etats-Unis (Iowa).
Middletown. États-Unis (New-York).
Middletown. États-Unis (Ohio).
Middletown. Etats-Unis (Pensylvanie).
Middleville. États-Unis (Michigan).
Middlewich. L. Iles Britanniques (Angleterre).
Midgham. F. Iles Britanniques (Angleterre).
Midhurst. Iles Britanniques (Angleterre).
Midilly (S. Metelin, Mitylène). Turquie d'Asie (Ile Metelin).
Midland. États-Unis (Ontario).
Midlands. Etats-Unis (Michigan).
Midnapore. L. Indes. OC.
Midsommer-Norton. L. Iles Britann. (Angleterre).
Midway. Etats-Unis (Californie).
Midway. États-Unis (Géorgie).
Midway. États-Unis (Kentucky).
Mielec. L. Autriche-Hongrie (Galicie).
Mielnica. L. Autriche-Hongrie (Galicie).
Mieres. L. Espagne (Oviedo).
Mies. L. Autriche-Hongrie (Tyrol).
Miesbach. F. Allemagne (Bavière).
Mieste. F. Allemagne (Prusse). EW.
Mifflin. États-Unis (Pensylvanie).
Mifflinburg. États-Unis (Pensylvanie).
Migliaro. L. Italie (Bologne).
Miglionico. L. Italie (Potenza).
Mignano. FL. Italie (Caserte).
Mihaleni. N. Roumanie.
Mihalyfalva. FL. Autriche-Hongrie (Hongrie).
Mikeszasza (S. Feigendorf). FL. Aut.-Hong. (Hong.)
*Mikailowskoie. Russie d'Asie (Sibérie, 3e région).
*Mikhailo Semenowskoie. Russie d'Asie (Sibérie, 3e région).
Mikola. FL. Autriche-Hongrie (Hongrie).
Mikolajow-Drohowyze. FL. Aut.-Hongr. (Galicie).
Mikulince. L. Autriche-Hongrie (Galicie).
Milan. États-Unis (Illinois).
Milan. États-Unis (Indiana).
Milan. États-Unis (New-Hampshire).
Milan. États-Unis (Ohio).
Milan. États-Unis (Pensylvanie).
Milan. États-Unis (Tennessee).
Milan. N. Italie (Milan).
Milang. Australie (Australie méridionale).
Milazzo. L. Italie (Messine).
*Milborne Port. L. Iles Britann. (Angleterre).
Milboro. États-Unis (Virginie).
Milbrac. États-Unis (Californie.).
Milburn. États-Unis (New-Jersey).
Milburne. Amérique anglaise (Ontario).
Milbury. États-Unis (Ohio).
Milden (S. Moudon). Suisse (Vaud).
*Mildenhall. L. Iles Britanniques (Angleterre).
Milehouse. 83. États-Unis (Colombie anglaise).
Miles. États-Unis (Iowa).
Milesburg. États-Unis (Pensylvanie).
*Miles-Platting. F. Iles Britanniques. (Angleterre).
Mileto. L. Italie (Catanzaro).
Milford. Amérique anglaise (Ontario).
Milford. L. États-Unis (Connecticut).
Milford. États-Unis (Delaware).
Milford. Etats-Unis (Illinois).
Milford. États-Unis (Indiana).
Milford. États-Unis (Massachusetts).
Milford. États-Unis (Michigan).
Milford. États-Unis (New-Hampshire).
Milford. États-Unis (New-Jersey).
Milford (Hamilton Ce). États-Unis (Ohio).
Milford. États-Unis (Pensylvanie).
Milford. États-Unis (Virginie).
Milford. L. Iles Britanniques (Angleterre).
Milford. L. Iles Britanniques (Irlande).
Milford Centre. (Union Ce). États-Unis (Ohio).
Milford-Junction. F. Iles Britann. (Angleterre).
Militello in Val-di-Catania. L. Italie (Catane).
Militsch. L. Allemagne (Prusse). EW.
Mill. P. Pays-Bas.
Mill Bridge. États-Unis (Maine).
Millbridge. L. Iles Britanniques (Angleterre).
Millbrook. Amérique anglaise (Ontario).
Millbrook. États-Unis (Illinois).
Millbrook. États-Unis (New-York).
Millbrook Station. Amérique anglaise (Ontario).
Millbury. Etats-Unis (Massachusetts).
Mill City. États-Unis (Nevada).
Mill Cove. Amérique anglaise (Québec).
Mill Creek (Huntingdon Ce). Etats-Unis (Pensylv).
Mill Creek (Luzerne Ce). États-Unis (Pensylvanie).
Mill Creek. États-Unis (Wisconsin).
Milledgeville. États-Unis (Géorgie).
Millen. États-Unis (Géorgie).
Miller Farm. États-Unis (Pensylvanie).
Mille Roches. Amérique anglaise (Ontario).
Miller's. États-Unis (Indiana).
Millersburg. États-Unis (Indiana).
Millersburg. États-Unis (Pensylvanie).
Millers' Dale. F. Iles Britanniques (Angleterre).
Millersburg. (Holmes Ce). Etats-Unis (Ohio).

Miller's Landing. États-Unis (Missouri).
Miller's Station. États-Unis (Pensylvanie).
Millerstown (Butler C°). États-Un. (Pensylvanie).
Millerstown (Lehigh C°). Ét.-Unis (Pensylvanie).
Millerstown (Perry C°). États-Unis (Pensylvanie).
Millerton. États-Unis (New-York).
Milleschoutz. FL. Autrich-Hongrie (Bukowine).
Millfield. L. Iles Britanniques (Angleterre).
Millican. États-Unis (Texas).
Milliken. F. Iles Britanniques (Écosse).
Millington. Etats-Unis (Illinois),
Millom-Olbornhill. F. Iles Britann. (Angleterre).
Mill Point. Amérique anglaise (Ontario).
Millport. L. Iles Britanniques (Écosse).
Mill Port. États-Unis (New-York).
Mill Street. L. Iles Britanniques (Irlande).
Mill Village. États-Unis (Pensylvanie).
Millville. États-Unis (Massachusetts).
Millville. États-Unis (New-Jersey).
Millville. États-Unis (Pensylvanie).
Millwood. États-Unis (Kentucky).
Milmort. L. Belgique (Liége).
Milna. L. Autriche-Hongrie (Dalmatie).
Milnathort. L. Iles Britanniques (Écosse).
Milngavie. L. Iles Britanniques (Écosse).
Milnrow. F. Iles Britanniques (Angleterre).
Milnsbridge. L. Iles Britanniques (Angleterre).
Milntenberg. L. Allemagne (Bavière).
Milnthorpe. Iles Britanniques (Angleterre).
Miloslaw. L. Allemagne (Prusse). EW.
Milroy. Etats-Unis (Pensylvanie).
Milspe. F. Allemagne (Prusse). OW.
Miltitz. F. Allemagne (Saxe). EW.
Milton Abbas. F., Iles Britanniques (Angleterre).
Milton. Amérique anglaise (Ontario).
Milton. États-Unis (Californie).
Milton. États-Unis (Floride).
Milton. Etats-Unis (Illinois).
Milton. États-Unis (Indiana).
Milton. États-Unis (Massachusetts).
Milton. États-Unis (New-Hampshire).
Milton. États-Unis (Ohio).
Milton. États-Unis (Pensylvanie).
Milton. États-Unis (Vermont).
Milton. Etats-Unis (Virginie).
Milton. États-Unis (Wisconsin).
Milton Farm. États-Unis (Pensylvanie).
Milton-Junction. États-Unis (Wisconsin).
Milton (Van Buren C°). États-Unis (Iowa).
Miltown-Malbay. L. Iles Britanniques (Irlande).
Miltzow. F. Allemagne (Prusse). EW.
Milverton. L. Iles Britanniques (Angleterre).
Milwaukee. États-Unis (Wisconsin).
Milwaukee Stockyards. États-Unis (Wisconsin).
Milwaukie. Etats-Unis (Orégon).
Minard. L. Iles Britanniques (Écosse).
Minburn. États-Unis (Iowa).
Minchinhampton. L. Iles Britann. (Angleterre).
Minden. Allemagne (Prusse). OW.
Minden. États-Unis (Louisiane).
Mindelheim. L. Allemagne (Bavière).
Minehead. L. Iles Britanniques (Angleterre).
Mine la Motte. États-Unis (Missouri).
Mineo. L. Italie (Catane).
Mineola. États-Unis (Texas).
Mineola Long Island. États-Unis (New-York).
Mineral City. États-Unis (Ohio).
Mineral Hill. États-Unis (Nevada).
Mineral Point. États-Unis (Missouri).
Mineral Point. États-Unis (Pensylvanie).
Minervino Murge. L. Italie (Bari).
Minersville. États-Unis (Pensylvanie).
Minerva. États-Unis (Ohio).
Minet-el-Gam. Égypte.
Minetto. États-Unis (New-York).
Minety. F. Iles Britanniques (Angleterre).
Mingo. États-Unis (Ohio).
Mingo Junction. États-Unis (Ohio).
Minier. États-Unis (Illinois).
Minneapolis. États-Unis (Minnesota).
Minneska. États-Unis (Minnesota).
Minnesota City. États-Unis (Minnesota).
Minnig. FL. Autriche-Hongrie (Sur l'Enns).
Minn-Junction. États-Unis (Wisconsin).
Minonk. États-Unis (Illinois).
Minooka. États-Unis (Illinois).
Minsk. Russie d'Europe (Minsk).
Minsk. FL. Russie d'Europe (Varsovie).
*Minster. L. Iles Britanniques (Angleterre).
Minsterley. L. Iles Britanniques (Angleterre).
Mintaro. Australie (Australie méridionale).
Mintlaw. L. Iles Britanniques (Écosse).
Mira. L. Italie.
Mirabella-Eclano. L. Italie (Avellino).
Miranda de Ebro. N. Espagne (Burgos).
Mirandella. Portugal (Bragance).
Mirandola. L. Italie (Modène).
*Mirandola (Romagne). FL. Italie (Bologne).
Mirano. L. Italie (Venise).
Miranpore Khutra. F. Indes. OC.
Mirfield. F. Iles Britanniques (Angleterre).
Mirskofen. PF. Allemagne (Bavière).
Mirzapore. L. Indes. OC.
Misburg. F. Allemagne (Prusse). EW.
Misdroy. L. Allemagne (Prusse). EW.
Mischline. L. Iles Britanniques (Angleterre).
Mishawaka. États-Unis (Indiana).
Misilmeri. L. Italie (Palerme).
Miskolcz. N. Autriche-Hongrie (Hongrie).
Mislitz. FL. Autriche-Hongrie (Moravie).
Mislye. F. Autriche-Hongrie (Hongrie).
Misocco (Misox). L. Suisse (Grisons).
Misox (S. Misocco). L. Suisse (Grisons).
Mission-Point. Amérique anglaise (Québec).
Mississipi City. États-Unis (Mississipi).
Mission of San Jose. États-Unis (Californie).
Missolonghi. Grèce (Acarnanie-Étolie).
Missouri City. États-Unis (Missouri).
Missouri River. États-Unis (Iowa).
Missouri Valley Junction. États-Unis (Iowa).
Misteck. Autriche-Hongrie (Moravie).
Mistelbach-Poisdorf. F. Autriche-Hongrie (Sous l'Enns).
Mistley. F. Iles Britanniques (Angleterre).
Mistretta. L. Italie (Messine).
Mitau. Russie d'Europe (Courlande).
Mitcham. Iles Britanniques (Angleterre).
Mitcham Junction. F. Iles Britann. (Angleterre).
Mitcheldean. L. Iles Britanniques (Angleterre).
Mitcholl. Amérique anglaise (Ontario).
Mitchell. États-Unis (Illinois).
Mitchell. États-Unis (Indiana).
Mitchell. États-Unis (Iowa).
Mitchelstown. L. Iles Britanniques (Irlande).
Mitchellville. États-Unis (Iowa).
Mitloedi. L. Suisse (Glaris).
Mitrowitz. Autriche-Hongrie (Confins militaires).
Mittellangenau. L. Autriche-Hongrie (Bohême).
Mittelsinn. PF. Allemagne (Bavière).
Mittelwalde. L. Allemagne (Prusse). EW.
Mitteneaque. États-Unis (Massachusetts).
Mittenwald. L. Allemagne (Bavière).
Mitterburg (S. Pisino). Autriche-Hongrie (Istrie).
Mitterfels. L. Allemagne (Bavière).
Mitterndorf. F. Autriche-Hongrie (Styrie).
Mitternsdorf-Moos-brunn. FL. Autriche-Hongrie (Sous l'Enns).
Mittersendling. F. Allemagne (Bavière).
Mitterteich. L. Allemagne (Bavière).
Mittweida. L. Allemagne (Prusse; Saxe). EW.
Mitylène (S. Metelin, Medelli). Turquie d'Asie (île Metelin).
Mixnitz. F. Autriche-Hongrie (Styrie).
Mizil. L. Roumanie.
Mjœndalen. F. Norwége.
Mlawa. L. Russie d'Europe (Plotsk).
Mnichovic-Strancic. FL. Autr.-Hongrie (Bohême).
Moama. Australie (Nouvelle-Galles du Sud).
Moark. États-Unis (Arkansas).
Moate. L. Iles Britanniques (Irlande).
Moat-Lane. F. Iles Britanniques (Angleterre).
Moberly. États-Unis (Missouri).
Mobile. États-Unis (Alabama).
Mochenwangen. Allemagne (Wurtemberg).
Mocker. FL. Allemagne (Prusse). EW.
Mockrehna. F. Allemagne (Prusse). EW.
Modave. L. Belgique (Liége).
Modbury. L. Iles Britanniques (Angleterre).
Modène. N/2. Italie (Modène).
Modesto. Etats-Unis (Californie).
Modica. Italie (Syracuse).
Modjokerto. L. Java. ES.
Modoc City. États-Unis (Pensylvanie),
Modos. L. Autriche-Hongrie (Hongrie).
Modugno. L. Italie (Bari).
Mœckmühl. Allemagne (Wurtemberg).
Mœdishofen. PF. Allemagne (Bavière).
Mœdling. F. Autriche-Hongrie (Sous l'Enns).
Mœdritz. FL. Autriche-Hongrie (Moravie).
Mœgelsdorf. F. Allemagne (Bavière).
Moehlin. L. Suisse (Argovie).
Moelk. F. Autriche-Hongrie (Sous l'Enns).
Moelln-in-Lauenburg. L. Allem. (Prusse). EW.
Moelln-in-Mecklemburg. F. Allemagne (Mecklembourg-Schwérin). EW.
Mœnchaltorf. L. Suisse (Zurich).
Moencheof. F. Allem. (Prusse; Hesse Cassel). OW.
Moerdjik. P. Pays-Bas.
Mœrdyk. P. Pays-Bas.
Moensteras. L. Suède.
Moërbeke. L. Belgique (Flandre orientale).
Moerell. L. Suisse (Valais).
Moers. L. Allemagne (Prusse). OW.
Moesel. FL. Autriche-Hongrie (Carinthie).
Moessingen. Allemagne (Wurtemberg).
Moesskirch. Allemagne (Bade
Moettingen. F. Allemagne (Bavière).
Moettling. L. Autriche-Hongrie (Carniole).
Moffat. Iles Britanniques (Écosse).
Mogelsberg. Suisse (Saint-Gall).
Moggio. L. (Italie).
Mogglingen. Allemagne (Wurtemberg).
Mogilno. L. Allemagne (Prusse). EW.
Mogliano de Trévise. FL. Italie (Trévise).

Mogulserai. F. Indes. OC.
Moguncia (S. Mayence). Allem. (Hesse-Darmstadt).
Moha. Autriche-Hongrie (Hongrie).
Mohacs. Autriche-Hongrie (Hongrie).
Mohar. F. Indes. OC.
Mohawk. États-Unis (New-York).
Mohesnunda. F. Indes. OC.
Mohilew-sur-le-Dniéper. Russie d'Europe (Mohilew).
Mohilew-Podolsk. Russie d'Europe (Podoli).
Mohill. L. Iles Britanniques (Irlande).
Mohol. F. Indes. OC.
Mohona. F. Indes. OC.
Mohr's-Corners. Amérique anglaise (Ontario).
Mohrungen. L. Allemagne (Prusse). EW.
Moinesti. Roumanie.
Moingona. États-Unis (Iowa).
Moira. États-Unis (New-York).
* Moira. F. Iles Britann. (Angleterre).
Moira. L. Iles Britanniques (Irlande).
Mokamey. F. Indes. OC.
Mokelumne-Hill. États-Unis (Californie).
Mokelumne Station. États-Unis (Californie).
Mokena. États-Unis (Illinois).
Mokko-Mokko. Sumatra. OS.
Mokrin. L. Autriche-Hongrie (Hongrie).
Mola-di-Bari L. Italie (Bari).
Mold. L. Iles Britann. (Angleterre).
Moldauthein. L. Autriche-Hongrie (Bohême).
Molde. Norwége.
Mold'-Green. L. Iles Britann. (Angleterre).
Moldoen. L/HC. Norwége.
Molfetta. L. Italie (Bari).
Molina. Amérique du Sud (10 région).
Moline. États-Unis (Illinois).
Molino. États-Unis (Floride).
Moliterno. L. Italie (Potenza).
Mollens. L. Suisse (Vaud).
Molnari. F. Autriche-Hongrie (Hongrie).
Molsheim. Allemagne (Alsace-Lorraine).
Mombach. F. Allemagne (Hesse-Darmstadt). OW.
Momence. États-Unis (Illinois).
Momignies. L. Belgique (Hainaut).
Mommenheim. FL. Allem. (Alsace-Lorraine).
Mona. États-Unis (Iowa).
Monaco (S. Munich). Allemagne (Bavière).
Monaco. Principauté de Monaco.
Monaghan. L. Iles Britanniques (Irlande).
Monasterevan. L. Iles Britanniques (Irlande).
Monasterszyska. L. Autriche-Hongrie (Galicie).
Monastir (Bitolia) Turq. d'Eur. A1. B3. C2. D3.
Moncalieri. L. Italie (Turin).
Moncalvo. FL. Italie (Alexandrie).
Moncorvo. L. Portugal (Bragance).
Moncton. Am. angl. (N. Brunswick).
Mondamin. États-Unis (Iowa).
Mondavio. L. Italie.
Mondolfo. L. Italie.
Mondonedo. L. Espagne (Lugo).
Mondorf. L. Luxembourg (Grand-Duché).
Mondovi-Breo. L. Italie (Coni).
Mondovi-Piazza. L. Italie (Coni).
Mondsee. L. Autriche-Hongrie (Sur l'Enns).
Monee. États-Unis (Illinois).
Moneygall. L. Iles Britanniques (Irlande).
Moneymore. L. Iles Britanniques (Irlande).
Monfalcone. L. Autriche-Hongrie (Littoral d'Illyrie).

Mongaup. États-Unis (New-York).
Monheim. L. Allemagne (Bavière).
Monghyr Fort. F. Indes. OC.
Moniaive. L. Iles Britanniques (Écosse)
Monica. États-Unis (Illinois).
Monifieth. F. Iles Britanniques (Écosse).
Monkstown. L. Iles Britanniques (Irlande).
Monkton. Amer. angl. (Ontario).
Monmouth. États-Unis (Illinois).
Monmouth. États-Unis (Iowa).
Monmouth. États-Unis (Maine).
Monmouth. L. Iles Britanniques (Angleterre).
Monmouth-Junction. États-Unis (New-Jersey).
Monnikendam. L. Pays-Bas.
Mono-Mills. Amérique anglaise (Ontario).
Monona. États-Unis (Iowa).
Monopoli. L. Italie (Bari).
Monor. F. Autriche-Hongrie (Hongrie).
Monostor. FL. Autriche-Hongrie (Hongrie).
Monotony. États-Unis (Colorado).
Monréal-del-Campo. L. Espagne (Teruel).
Monroe. États-Unis (Iowa).
Monroe. États-Unis (Louisiane).
Monroe. États-Unis (Michigan).
Monroe. États-Unis (Missouri).
Monroe. États-Unis (New-York).
Monroe. États-Unis (Wisconsin).
Monroe Furnace. États-Unis (Ohio).
Monroeville. États-Unis (Indiana).
Monroeville. États-Unis (Ohio).
Mons. N. Belgique (Hainaut).
Monsélice. L. Italie (Padoue).
Monsheim. F. Allemagne (Hesse-Darmstadt). OW.
Monson. États-Unis (Massachusetts).
Monster. L. Pays-Bas.
Monsummano. L. Italie (Lucques).
Monsville. L. Belgique (Hainaut).
Monswiller. L. Allemagne (Alsace-Lorraine).
Montabaur. L. Allemagne (Prusse). EW.
Montagnana. L. Italie (Padoue).
Montagnano. L. Italie (Bari).
Montague. États-Unis (Massachusetts).
Montague. États-Unis (Michigan).
Montaguto. L. Italie.
Montalbano Jonico. L. Italie (Potenza).
* Montallegro. L. Italie (Girgenti).
Montalto di Castro. FL. Italie (Rome).
Montau-Bogsan (S. Bany-Bogsan). Autriche-Hongrie (Hongrie).
Montbovon. L. Suisse (Fribourg).
Mont-Clair. États-Unis (New-Jersey).
Monte-a-Corbe V. Massa Lubrense. SL. Italie (Naples).
Monte-Amiata. FL. Italie (Grosseto).
Montebello. Amérique anglaise (Québec).
Montebello Vicentino. FL. Italie (Vicence).
Montebelluna. L. Italie.
Montecalvo. FL. Italie (Avellino).
Montecatini. BL. Italie (Lucques).
Monte-Catini (Bagni di). B. Italie.
Montecchio. L. Italie.
Montechiaro-sul-Chiese. L. Italie (Brescia).
Monteconero (Sém.). Italie (Ancône).
Montefalco. L. Italie.
Montefiascone. L. Italie (Rome).
Monte-Generoso. BL. Suisse (Tessin).
Monte-Itala (Sém.). Italie (Messine).
Monteith. États-Unis (Michigan).

Monteleone di Calabria. Italie (Catanzaro).
Montelupo-Fiorentino. FL. Italie (Florence).
Montemaggiore. FL. Italie (Palerme).
Montemor-o-Novo. Portugal (Évora).
Montemurro. L. Italie.
*Montepeloso. L. Italie (Potenza).
Monte Pellegrino. S. Italie.
Montepescali. FL. Italie (Grosseto).
Monteponi. Italie (Cagliari).
Montepulciano. L. Italie (Sienne).
Monterey. États-Unis (Californie).
Monterosso Almo. L. Italie (Syracuse).
Monterotondo. FL. Italie.
Monte-s.-Angelo. L. Italie (Foggia).
Monte S. Vito. L. Italie.
Monte Saraceno (Sém.). L. Italie (Foggia).
Montescaglioso. L. Italie (Potenza).
Montesilvano. FL. Italie (Teramo).
Montevallo. États-Unis (Alabama).
Montevarchi. L. Italie (Arezzo).
* Monte-Vico-à-Laco-Ameno (Sem.). L. Italie.
Montevideo. Amérique du Sud.
Montezuma. États-Unis (Géorgie).
Montezuma. États-Unis (Indiana).
Montfaucon. L. Suisse (Berne).
Montgomery. États-Unis (Alabama).
Montgomery. États-Unis (Illinois).
Montgomery. États-Unis (Missouri).
Montgomery. États-Unis (New-York).
Montgomery. L. Iles Britanniques (Angleterre).
Montgomery. F. Indes. OC.
Montgomery's. États-Unis (Indiana).
Monthey. L. Suisse (Valais).
Monticello. États-Unis (Indiana).
Monticello. États-Unis (Iowa).
Monticello. États-Unis (Washington territoire).
Monticello-Junction. États-Unis (Floride).
Monticello (Piatt C°). États-Unis (Illinois).
Montigny. L. Belgique (Hainaut).
Montigny, près Metz. F. Allem. (Alsace-Lorraine).
Montjoie (S. Montschau) L. Allemagne (Prusse). OW.
Montlaville. L. Suisse (Vaud).
Montmorency. États-Unis (Indiana).
Montorso. FL. Italie (Pérouse).
Montour. États-Unis (Iowa).
Montpelier. États-Unis (Indiana).
Montpelier. États-Unis (Vermont).
* Montrath. L. Iles Britanniques (Irlande).
Montréal. Amérique anglaise (Québec).
Montreal Junction. Amérique anglaise (Québec).
Montreux. L. Suisse (Vaud).
Montricher. L. Suisse (Vaud).
Montrose. États-Unis (Illinois).
Montrose. États-Unis (Iowa).
Montrose. États-Unis (Missouri).
Montrose. États-Unis (New-York).
Montrose. Iles Britanniques (Écosse).
Montrose Station. États-Unis (Pensylvanie).
Montrose. États-Unis (Pensylvanie).
Mont-Saint-Guibert. L. Belgique (Brabant).
Montschau (S.-Montjoie). Allem. (Prusse). OW.
Montville. États-Unis (Connecticut).
Montzen. L. Belgique (Liége).
Monument. États-Unis (Kansas).
Monymusk. F. Iles Britanniques (Écosse).
Monza. L. Italie (Milan).
Monzingen. F. Allemagne (Prusse). OW.
Moodanoor. F. Indes. OC.

Moodus. États-Unis (Connecticut).
Moor's Junction. Etats-Unis (New-York).
Mooltan. Indes. OC.
Moons. États-Unis (New-York).
Moonta. Australie (Australie méridionale).
Moorarvee. F. Indes. OC.
Moor. FL. Autriche-Hongrie (Hongrie).
Moore. Amérique anglaise (Ontario).
Moore's Hill. États-Unis (Indiana).
Moore's Landing. États-Unis (Texas).
Moorestown. Etats-Unis (New-Jersey).
Mooresville. États-Unis (New-York).
Mooreheads. Etats-Unis (Pensylvanie).
Mooresville. États-Unis (Indiana).
Moorfield. F. Iles Britanniques (Angleterre).
Moorhampton. F. Iles Britanniques (Angleterre).
Moorhead. Etats-Unis (Minnesota).
Moor Rove. F. Iles Britanniques (Angleterre).
Moorslede-Passchandaele. L. Belgique (Flandre occidentale).
Moorsville. États-Unis (Missouri).
Moortazapore. F. Indes. OC.
Moortzeele. L. Belgique (Flandre orientale).
Moosburg. PF. Allemagne (Bavière).
Moose Lake. Etats-Unis (Minnesota).
Moose River États-Unis. (New-York).
Moosham. PF. Allemagne (Bavière).
Moosic. États-Unis (Pensylvanie).
Moosup. Etats-Unis (Californie).
Moradabad. Indes. OC.
Moragy. FL. Autriche-Hongrie (Hongrie).
Morano Calabro. L. Italie (Cosenza).
Morapore. F. Indes. OC.
Morar. L. Indes. OC.
Morat (S. Murten). L. Suisse (Fribourg).
Moravia. États-Unis (New-York).
Moravice. F. Autriche-Hongrie. (Croatie.)
Morawan. F. Autriche-Hongrie (Bohême).
Morawitza. F. Autriche-Hongrie (Hongrie).
Morbegno. L Italie (Sondrio).
Morchard Bishop. L. Iles Britan. (Angleterre).
Morchenstern. L. Autriche-Hongrie (Bohême).
Morcote. L. Suisse (Tessin).
Morden. F. Iles Britanniques (Angleterre.
Morecamb. L. Iles Britanniques (Angleterre).
Morehead City. États-Unis (Caroline du Nord).
Morella. L. Espagne (Castellon de la Plana).
Morenci. États-Unis (Michigan).
Moreno. Amérique du Sud (4e région).
Moresnet. L. Belgique (Liège).
Moreton. F. Iles Britanniques (Angleterre).
Moreton Hampstead. L. Iles Britan. (Angleterre).
Moreton in Marsh Iles Britanniques (Angleterre).
Morgan (Marquette C°). États-Unis (Michigan).
Morgan's (Newaygo C°). Etats-Unis (Michigan).
Morgansville. États-Unis (Géorgie).
Morgenroth. L. Allemagne (Prusse). EW.
Morges. Suisse (Vaud).
Morgins. BL. Suisse (Valais).
Morhet. L. Belgique (Luxembourg).
Mori. FL. Autriche-Hongrie (Tyrol).
Moriah Centre. Etats-Unis (New-York).
Morialmé. L. Belgique (Namur).
Moriens. États-Unis (New-York).
Morlanwelz. Belgique (Namur).
Morley. États-Unis (Michigan).
Morley. États-Unis (New-York).
Morley. L. Iles Britanniques (Angleterre).
Morley (Scott Co). États-Unis (Missouri).
Morningsind. F. Iles Britanniques (Écosse).
Morning Sun. États-Unis (Iowa).
Mornington. L. Australie (Victoria).
Moron. Amérique du Sud (4e région).
Moron. L. Espagne (Séville).
Moroni. États-Unis (Utah).
Morovic. L. Autriche-Hongrie (Confins militaires).
Morpeth. Australie (Nouvelle-Galles du Sud).
Morpeth. L. Iles Britanniques (Angleterre).
Morris. États-Unis (Illinois).
Morris. États-Unis (Indiana).
Morris. Etats-Unis (Minnesota).
Morrisania. États-Unis (New-York).
Morrisburg. Amérique anglaise (Ontario).
Morrison (Whiteside Co). États-Unis (Illinois).
Morrison. États-Unis (Missouri).
Morrisonville. États-Unis (Illinois).
Morris Run. États-Unis (Pensylvanie).
Morriston. L. Iles Britanniques (Angleterre).
Morristown. (Shelby C°). États-Unis (Indiana).
Morristown. États-Unis (New-Jersey).
Morristown. États-Unis (Tennessee).
Morrisville. États-Unis (North Carolina).
Morrisville. (Bucks Co.). États-Unis (Pensylvanie).
Morrisville. États-Unis (Vermont).
Morrow. États-Unis (Ohio).
Morschansk. Russie d'Europe (Tambow).
Morschen-Alt. L. Allemagne (Prusse). OW.
Morse. États-Unis (Iowa).
Morsee. (S. Morges) Suisse (Vaud).
Mortara. L. Italie (Pavie).
Mortimer. L. Iles Britanniques (Angleterre).
Mortlake. Australie (Victoria).
Morton. Amérique anglaise (Ontario).
Morton (Cook Co). Etats-Unis (Illinois).
Mosback. Allemagne (Bade).
Moschganzen. Autriche-Hongrie (Styrie).
Mosciska. F. Autriche-Hongrie (Galicie).
Moscou. N. Russie d'Europe (Moscou).
Moscow. États-Unis (Kentucky).
Moscow. États-Unis (Pensylvanie).
Moscow. États-Unis (Tennessee).
Moszczin. F. Allemagne (Prusse). EW.
Moselem. États-Unis (Pensylvanie).
Moseley. L. Iles Britanniques (Angleterre).
Mossel Bay. Colonie du Cap.
Moselle. États-Unis (Missouri).
Moses Gate. F. Iles Britann. (Angleterre).
Moslawina. L. Autriche-Hongrie (Slavonie).
Mosoly. L. Autriche-Hongrie (Hongrie).
Mosso S. Maria. L. Italie.
Moss. Norwége.
Moss Bank. Iles Britann. (îles Shetland; 2e région).
Mosseley. L. Iles Britanniques (Angleterre).
Mossoul. N. Turq. d'As. A3. B2. C2. D2.
Mostar. Turquie d'Europe. A1. B3. C2. D3.
Mosto-Nebanitz. FL. Autriche-Hongrie (Bohême).
Mostyn-Quay. L. Iles Britanniques (Angleterre).
Motala. Suède.
Motherwell. Iles Britanniques (Écosse).
Motiers. L. Suisse (Neuchâtel).
Motley. États-Unis (Minnesota).
Motril. Espagne (Malaga).
Motta di Livenza. L. Italie (Trévise).
Mott Haven. Etats-Unis (New-York).
Mottram. L. Iles Britanniques (Angleterre).
Motueka. Nouvelle-Zélande.
Moudon. L. Suisse (Vaud).
Moulinette. Amérique anglaise (Ontario).
Moulins. F. Allemagne (Alsace-Lorraine).
Moulmain. Australie (Nouvelle-Galles du Sud).
Moulmein. Indes. EC.
Moulsford. F. Iles Britanniques (Angleterre).
Moulton. États-Unis (Iowa).
Moulton. L. Iles Britanniques (Angleterre).
Mound (The). F. Iles Britanniques (Écosse).
Mound City (Pulaski C°). États-Unis (Illinois).
Mounds (Brown Co). États-Unis (Illinois).
Moundsville. États-Unis (West Virginia).
Mountain-Ash. L. Iles Britanniques (Angleterre).
Mountain Lake. États-Unis (Minnesota).
Mountain View. États-Unis (Californie).
Mount-Airy. Etats-Unis (Maryland).
Mount-Airy, Phila. Etats-Unis (Pensylvanie).
Mount-Auburn. États-Unis (Iowa).
Mount Barker. Australie (Australie méridionale).
Mount-Carmel. États-Unis (Illinois).
Mount Charles. L. Iles Britanniques (Irlande).
Mount-Dallas. Etats-Unis (Pensylvanie).
Mountbellew-Bridge. L. Iles Britann. (Irlande).
Mt Brydges. Amérique anglaise (Ontario).
Mt Carbon. États-Unis (Illinois).
Mt Carbon. États-Unis (Pensylvanie).
Mt Carmel. États-Unis (Pensylvanie).
Mt Carroll. États-Unis (Illinois).
Mt Clare (Baltimore). États-Unis (Maryland).
Mt Clemens. États-Unis (Michigan).
Mt Forest. Amérique anglaise (Ontario).
Mt Gambier. Australie (Australie méridionale).
Mt Gilead. États-Unis (Ohio).
Mt Holly. États-Unis (New-Jersey).
Mt Holly Springs. États-Unis (Pensylvanie).
Mount-Jackson. Etats-Unis (Virginie).
Mt Joy. États-Unis (Pensylvanie).
Mt Kisco. États-Unis (New-York).
Mountmellick. L. Iles Britanniques (Irlande).
Mount Morris. États-Unis (Michigan).
Mt Morris. États-Unis (New-York).
Mt Nelson. Tasmanie.
Mt Nugent. L. Iles Britanniques (Irlande).
Mount-Olive. Etats-Unis (Caroline du Nord).
Mt Pleasant. Australie (Australie méridionale).
Mount-Plersant (Summer office). Et.-U. (Delaware).
Mt Pleasant. États-Unis (Iowa).
Mt Pleasant. États-Unis (New-York).
Mt Pleasant (Westmorland C°). États-Unis (Pensylvanie).
Mt Pleasant. États-Unis (Utah).
Mt Pleasant. L. Iles Britanniques (Angleterre).
Mt Pulaski. États-Unis (Illinois).
* Mountrath. Iles Britanniques (Irlande).
Mount Savage. États-Unis (Maryland).
Mount-Savage Junction. États-Unis (Maryland).
Mountsorrel. L. Iles Britanniques (Angleterre).
Mount Sterling. États-Unis (Illinois).
Mount-Sterling. Etats-Unis (Iowa).
Mount-Sterling. États-Unis (Kentucky).
Mount Torrens. Australie (Australie méridionale).
Mount Uniacke. Amérique anglaise (N.-Écosse).
Mount-Union. Etats-Unis (Pensylvanie).
Mount Vernon. États-Unis (Illinois).
Mount Vernon. États-Unis (Indiana).
Mount Vernon. États-Unis (Iowa).
Mount Vernon (Summer Office). États-Unis (New-Hampshire).

Mount Vernon. États-Unis (New-York).
Mount Vernon. États-Unis (Ohio).
Mourom. Russie d'Europe (Wladimir).
Mouscron. Belgique (Flandre occidentale).
Moussey. FL. Allemagne (Alsace-Lorraine).
Moussoul. N. Turq. d'A. A3. B2. C2. D2.
Moustier. Belgique (Namur).
Moutier. L. Suisse (Berne).
Moville. L. Iles Britanniques (Irlande).
Moy. L. Iles Britanniques (Irlande).
Moyamensing Phila. États-Unis (Pensylvanie).
Moyeuvre Grand. L. Allemagne (Alsace-Lorraine).
Moynalty. L. Iles Britanniques (Irlande).
Mozuffernuggur. F. Indes. OC.
Mrakau. FL. Autriche-Hongrie (Bohême).
Mroozen. L. Allemagne (Prusse). EW.
Mseno. Autriche-Hongrie (Bohême).
Mszana. F. Autriche-Hongrie (Galicie).
Mücheln. L. Allemagne (Prusse). EW.
Much-Wenlock. L. Iles Britanniques (Angleterre).
Mudau. L. Allemagne (Bade).
Mudgee. Australie (Nouvelle-Galles du Sud).
Muddapur. F. Indes. OC.
Muddikurry. F. Indes. OC.
Muddunpore. F. Indes. OC.
Mud-Point. Indes. OC.
Mugeln près Pirna. F. Allemagne (Saxe). EW.
Muggendorf. L. Allemagne (Bavière).
Muggensturm. FL. Allemagne (Bade).
Mugowan. F. Indes. OC.
Muglitz. L. Autriche-Hongrie (Moravie).
Mugrah. F. Indes. OC.
Muhlacker. Allemagne (Wurtemberg).
Muhlbach. FL. Autriche-Hongrie (Tyrol).
Muhlberg. L. Allemagne (Prusse). EW.
Muhlburg. Allemagne (Bade).
Muhldorf. L. Allemagne (Bavière).
Muhlehorn. FL. Suisse (Glaris).
Muhlen. L. Suisse (Grisons).
Muhlenbach. L. Autr.-Hongrie (Transylvanie).
Muhlhausen. L. Allemagne (Bavière).
Mulhlhausen. Allem. (Prusse; Thuringe). EW.
Muhlhausen (Preussich). F. Allem. (Prusse). EW.
Muhlhausen-Elster. Allemagne (Saxe).
Muhlheim-sur-Danube. L. Allem. (Wurtemberg).
Muhlingen. L. Allemagne (Bade).
Muhlthal. F. Allemagne (Bavière).
Muir. États-Unis (Michigan).
Muirkirk. Iles Britanniques (Écosse).
Muir-of-ord. F. Iles Britanniques (Écosse).
Mujgaon. F. Indes. OC.
Mukkadumpore. F. Indes. OC.
Mulben. F. Iles Britanniques (Écosse).
Mulberg. BL. Suisse (Thurgovie).
Muldon. États-Unis (Mississipi).
Mulkapore. F. Indes. OC.
Mullapooram. F. Indes. OC.
Mullarpore. F. Indes. OC.
Mulleer. F. Indes. OC.
Mulhausen. FL. Allemagne (Bade).
Mulheim-sur-Rhin. Allemagne (Prusse). OW.
Mulheim-sur-Ruhr. Allemagne (Prusse). OW.
Mulhouse (Mulhausen). Allem. (Alsace-Lorraine).
Mullfort. F. Allemagne (Prusse). OW.
Mullheim. L. Allemagne (Bade).
Mullheim. FL. Suisse (Thurgovie).
Mullinahone. L. Iles Britann. (Irlande; Tipperary).
Mullingar. L. Iles Britanniques (Irlande).
Müllrose. L. Allemagne (Prusse). EW.
Mumbles. L. Iles Britanniques (Angleterre).
Mumbles-Road. F. Iles Britanniques (Angleterre).
Mumford. États-Unis (Alabama).
Mümling-Grumbach. F. Allemagne (Hesse-Darmstadt). OW.
Mumliswyl. L. Suisse (Soleure).
Mumph. L. Suisse. (Argovie).
Münchberg. L. Allemagne (Bavière).
Muncheberg. L. Allemagne (Prusse). EW.
Munchen Au. L. Allemagne (Bavière).
Munchen (S. Munich). N. Allemagne (Bavière).
Münchebuchsee. FL. Suisse (Berne).
Munchen-Giesing. L. Allemagne (Bavière).
Munchengrætz. L. Autriche-Hongrie (Bohême).
Munchweilen. L. Suisse (Thurgovie).
Munchweiler a glan. L. Allemagne (Bavière).
Muncie. États-Unis (Indiana).
Muncy. États-Unis (Pensylvanie).
Munden. L. Allemagne (Prusse; Hanovre). EW.
Munder. F. Allemagne (Prusse). EW.
Munderkingen. L. Allemagne (Wurtemberg).
Mundford. L. Iles Britanniques (Angleterre).
Mundisore. Indes. OC.
Mundolsheim. FL. Allemagne (Alsace-Lorraine).
Munfordsville. États-Unis (Kentucky).
Mungdoo. Indes. EC.
Munglepore. F. Indes. OC.
Munich. N. Allemagne (Bavière).
Munkacs. L. Autriche-Hongrie (Hongrie).
Munkedal. P. Suède.
Munlochy. L. Iles Britanniques (Écosse).
Munmar. F. Indes. OC.
Münnerstadt. L. Allemagne (Bavière).
Munshigunge. F. Indes. OC.
Munsingen. L. Allemagne (Wurtemberg).
Munsingen. FL. Suisse (Berne).
Munster. F. Allemagne (Prusse). EW.
Munster in Westphalen. Allemagne (Prusse). OW.
Munster. L. Suisse (Berne).
Munster. L. Suisse (Lucerne).
Munster. L. Suisse (Valais).
Munster. L. Allem. (Alsace-Lorraine).
Munsterberg. L. Allemagne (Prusse). EW.
Munsterbilsen. L. Belgique (Limbourg).
Munsterlingen. FL. Suisse (Thurgovie).
Munster-sur-Stein. Allemagne (Prusse). OW.
Mununpore. F. Indes. OC.
Munzingen. L. Allemagne (Bade).
Muotathal. L. Suisse (Schwitz).
Mura-Keresztur. FL. Autriche-Hongrie (Hongrie).
Murau. L. Autriche-Hongrie (Styrie).
Murcie. N. Espagne (Murcie).
Mureck. L. Autriche-Hongrie (Styrie).
Murfreesboro. Etats-Unis (Tennessee).
Murg. L. Allemagne (Bade).
Murgenthal. FL. Suisse (Berne).
Muri. L. Suisse (Argovie).
Murlenbach. F. Allemagne (Prusse). OW.
Murnau. L. Allemagne (Bavière).
Murolee. F. Indes. OC.
Murphysboro. États-Unis (Illinois).
Murphy's Camp. États-Unis (Californie).
Murray. États-Unis (Iowa).
Murray (Orléans Co). États-Unis (New-York).
Murrayfield. L. Iles Britanniques (Écosse).
Murrayville. États-Unis (Illinois).
Murree. Indes. OC.
Murrhardt. L. Allemagne (Wurtemberg).
Murrow. F. Iles Britanniques (Angleterre).
Murrurundi. Australie (N.-Galles du Sud).
Mursen (S. Morges). Suisse (Vaud).
Murten (S. Morat). L. Suisse (Fribourg).
Murthly. F. Iles Britanniques (Écosse).
Murviedro. N. Espagne (Valence).
Murzzuschlag. Autriche-Hongrie (Styrie).
Muscatine. États-Unis (Iowa).
Muscoda. États-Unis (Wisconsin).
Musei. FL. Italie.
Muskau. L. Allemagne (Prusse). EW.
Muskegan. États-Unis (Michigan).
Muskoda. Etats-Unis (Minnesota).
Muskogee. États-Unis (Territoire indien).
Musquash. Amér. anglaise (Nouveau-Brunswick).
Mussawud. F. Indes. OC.
Mussbach. L. Allemagne (Bavière).
Musselburgh. L. Iles Britanniques (Écosse).
Mussomeli. L. Italie (Caltanisetta).
Mussoorie. L. Indes. OC.
Muswell Broock. Australie (N.-Galles du Sud).
Muthill. L. Iles Britanniques (Écosse).
Mutignano. FL. Italie (Teramo).
Muttra. L. Indes. OC.
Mutzig. L. Allemagne (Alsace-Lorraine).
Myanoung. L. Indes. EC.
Myerstown (Lebanon C°). États-Unis (Pensylvanie).
Myhere. F. Indes. OC.
Mylau. L. Allemagne (Saxe). EW.
Myjec. F. Indes. OC.
Mymarce. F. Indes. OC.
Myre. L. Norwége.
Myrick's. États-Unis (Massachusetts).
Myschkowo. F. Russie d'Europe (Keltze).
Myslowitz. Allemagne (Prusse). EW.
Mysore. Indes. OC.
Mystic. États-Unis (Connecticut).
Mytholmroyd. L. Iles Britanniques (Angleterre).
Mzensk. Russie d'Europe (Orel).

N

Naaldwyk. L. Pays-Bas.
Naarden. L. Pays-Bas.
Naas. L. Iles Britanniques (Irlande).
Nabburg. PF. Allemagne (Bavière).
Nabresina. FL. Autriche-Hongrie (Litt. d'Illyrie).
Nachod. L. Autriche-Hongrie (Bohême).
Nachterstedt. F. Allemagne (Prusse). EW.
Nacimiento. Amérique du Sud (10e région).
Nackenheim. F. Allem. (Hesse-Darmstadt). OW.
Nadas. FL. Autriche-Hongrie (Transylvanie).
Nadworna. L. Autriche-Hongrie (Galicie).
Nadyby-Wojutycze. FL. Autr.-Hongr. (Galicie).
Naenzen. F. Allemagne (Brunswick). EW.
Naessjoe. F. Suède.
Naestved. Danemark (Zélande).

Nafels-Molis. L. Suisse (Glaris).
Nagasaki. Japon.
Nagercoil. Indes. OC.
Naggery. F. Indes. OC.
Nagold. L. Allemagne (Wurtemberg).
Nagpore. N. Indes. OC.
Nagy-Atad-Szob. FL. Autriche-Hongr. (Hongrie).
Nagy-Bajom. L. Autriche-Hongrie (Hongrie).
Nagy-Banya. L. Autriche-Hongrie (Hongrie).
Nagy-Becskerek (Gross-Becskerek). Autriche-Hong. (Hongrie).
Nagy-Bittse. L. Autriche-Hongrie (Hongrie).
Nagy-Bocsko. L. Autriche-Hongrie (Hongrie).
Nagy-Czenk (Zinkendorf). FL. Aut.-Hong. (Hongrie).
Nagy-Enyed (S. Gross-Enyed). Autriche-Hongrie (Transylvanie).
Nagy-Igmand. FL. Autriche-Hongrie (Hongrie).
Nagy-Kallo. L. Autriche-Hongrie (Hongrie).
Nagy-Karoly. Autriche-Hongrie (Hongrie).
Nagy-Kikinda (S. Kikinda). Autr.-Hongr. (Hongrie.)
Nagy-Koros. L. Autriche-Hongrie (Hongrie).
Nagy-Maros (Gross-Maros). L. Autriche-Hongrie (Hongrie).
Nagy-Marton (Mattersdorf). FL. Autriche-Hongrie (Hongrie).
Nagy-Mihaly. L. Autriche-Hongrie (Hongrie).
Nagy-Roecze. L. Autriche-Hongrie (Hongrie).
Nagysaros. F. Autriche-Hongrie (Hongrie).
Nagy-Selyk (Markschel Ken, Sejka-Mare). FL. Autriche-Hongrie (Transylvanie).
Nagy-Somkut. L. Autriche-Hongrie (Hongrie).
Nagy-Surany. L. Autriche-Hongrie (Hongrie).
Nagy-Szalatna L. Autriche-Hongrie (Hongrie).
Nagy-Szeben (Hermannstadt). N. Autr.-Hongrie (Transylvanie).
Nagy-Szent-Miklos. L. Autriche-Hongr. (Hongrie).
Nagy-Szollos. L. Autriche-Hongrie (Hongrie).
Nagy-Szombat (Tyrnau). Autr.-Hongrie (Hongrie).
Nagy-Varad (Grosswardein). N. Autriche-Hongrie (Hongrie).
Naila. L. Allemagne (Bavière).
Nailsea. L. Iles Britanniques (Angleterre).
Nailsworth. L. Iles Britanniques (Angleterre).
Nairn. L. Iles Britanniques (Écosse).
Nairne. Australie (Australie méridionale).
Najdongree. F. Indes. OC.
Nakel. Allemagne (Prusse). EW.
Nakhitschewan. Russie du Caucase (Érivan).
Nakskow. Danemark (Ile de Lolland).
Nameche. L. Belgique (Namur).
Nameoki. États-Unis (Illinois).
Nameszto. L. Autriche-Hongrie (Hongrie).
Namiest. L. Autriche-Hongrie (Moravie).
Namslau. L. Allemagne (Prusse). EW.
Namsos. Norwége.
Namur. N. Belgique (Namur).
Nandgaum. F. Indes. OC.
Nandore. F. Indes. OC.
Nandrin. L. Belgique (Liége).
Nanhofen. F. Allemagne (Bavière).
Nankin. Etats-Unis (Ohio).
Naninne. Belgique (Namur).
Nantgaredig. F. Iles Britanniques (Angleterre).
Nanticoke. États-Unis (Pensylvanie).
Nantwich. Iles Britanniques (Angleterre).
Nanuet. États-Unis (New-York).
Napa-City. États-Unis (Californie).
Napagedl. F. Autriche-Hongrie (Moravie).
Napanee. Amérique anglaise (Ontario).
Napanee. G. T. R. Amérique anglaise (Ontario).
Napier. Nouvelle-Zélande.
Napierville. États-Unis (Illinois).
Naples. N. Italie (Naples).
Napoléon. États-Unis (Michigan).
Napoléon (Henry Co). États-Unis (Ohio).
Napoli (S. Nauplie). Grèce continentale.
Nara. F. Indes. OC.
Narberth. L. Iles Britanniques (Angleterre).
Narberth-Road. F. Iles Britanniques (Angleterre).
Narborough. F. Iles Britann. (Angl., Norfolk).
Naroboroug. L. Iles Britann. (Angleterre, Leicester).
Narel. F. Indes. OC.
Nargaum. F. Indes. OC.
Narkeeta. États-Unis (Mississipi).
'Narkuldangah. F. Indes. OC.
Narni. L. Italie (Pérouse).
Naro. L. Italie (Girgenti).
Narracoorte. Australie (Australie méridionale).
Narragansett-Pier. États-Unis (Rhode-Island).
Narrowsburg. États-Unis (New-York).
Narsdorf. F. Allemagne (Saxe). EW.
Narwa. Russie d'Europe (Saint-Pétersbourg).
Naseby. Nouvelle-Zélande.
Nashotah. États-Unis (Wisconsin).
Nashua. États-Unis (Iowa).
Nashua. États-Unis (New-Hampshire).
Nashville. États-Unis (Illinois).
Nashville. États-Unis (Tennessee).
Nasice. L. Autriche-Hongrie (Esclavonie).
Naso. L. Italie (Messine).
Nassau. F. Allemagne (Prusse; Nassau). OW.
Nassereith. L. Autriche-Hongrie (Tyrol).
Nassick. Indes. OC.
Nassick-Road. F. Indes. OC.
Nassow. F. Allemagne (Prusse). EW.
Naszod (Neszendu, Nuszdorf). L. Autriche-Hongrie (Transylvanie).
Natchez. États-Unis (Mississipi).
Natick. États-Unis (Massachusetts).
National Drove-Yards. États-Unis (New-York).
Natoye. L. Belgique (Namur).
Natrona. États-Unis (Pensylvanie).
Nauders. L. Autriche-Hongrie (Tyrol).
Nauen. L. Allemagne (Prusse). EW.
Nauenburg-in-Preussen. F. Allem. (Prusse). EW.
Nauendorf-in-Preussen. F. Allem. (Prusse). EW.
Naugard. L. Allemagne (Prusse). EW.
Naugatuck. États-Unis (Connecticut).
Nauheim. F. Allemagne (Prusse; Hesse-Cassel). OW
Nauheim-Bad. L. Allem. (Prusse; Hesse-Darm). OW
Nauheim-in-Hessen. F. Allem. (Hesse-Darm.). OW
Naumburg-s.-Saale. Allemagne (Prusse). EW.
Naunhof. F. Allemagne (Saxe). EW.
Naupactos. Grèce continentale (Acarnanie).
Nauplie (Napoli). Grèce continentale (Argolide).
Naval-Asylum, Phila. Etats-Unis (Pensylvanie).
Navalmoral de la Motta. L. Espagne (Tolède).
Navan. L. Iles Britanniques (Irlande).
Navarin (S. Pylos). L. Grèce (Messénie).
Navasota. États-Unis (Texas).
Navelli. L. Italie (Aquilée).
Navenby. F. Iles Britanniques (Angleterre).
Navy-Yard, Phila. Etats-Unis (Pensylvanie).
Navy-Yard, Washington. États-Unis (Colombie).
Nawabgunge. F. Indes. OC.
Nawadeah. F. Indes. OC.
Nayland (Milford). Iles Britanniques (Angleterre).
Neamtz (Tirgu-Neamtz). Roumanie.
Neapel (S. Naples). N. Italie (Gênes).
Neath. Iles Britanniques (Angleterre).
Nebikon. FL. Suisse (Lucerne).
Nebo. Australie (Queensland).
Nebo. États-Unis (Illinois).
Nebraska. États-Unis (Indiana).
Nebraska City. États-Unis (Nebraska).
Necessidades. N. Portugal (Lisbonne).
Nechanitz. L. Autriche-Hongrie (Bohême).
Nechin. L. Belgique (Hainaut).
Nechlin. F. Allemagne (Prusse). EW.
Neckarau. L. Allemagne (Bade).
Neckarbischofsheim. L. Allemagne (Bade).
Neckkarelz L. Allemagne (Bade).
Neckargemünd. L. Allemagne (Bade).
Neckarhausen. F. Allem. (Prusse; Hohenz.). EW.
Neckarsulm. Allemagne (Wurtemberg).
Neckarthailfingen. Allemagne (Wurtemberg).
Nedamungalum. F. Indes. OC.
Nederkalix. L. Suède.
Nederzwalm. L. Belgique (Flandre orientale).
Nekoma. États-Unis (Illinois).
Needham. États-Unis (Massachusetts).
Needham-Markett. L. Iles Britann. (Angleterre).
Neemcha. F. Indes. OC.
Neemgaum. F. Indes. OC.
Neemuch. Indes. OC.
Neenah. États-Unis (Wisconsin).
Neermor. F. Allemagne (Prusse). OW.
Neerpelt. L. Belgique (Limbourg).
Nefiche. Égypte.
Negapatam. N. Indes. OC.
Negaunee. États-Unis (Michigan).
Negotin. N. Serbie.
Neheim. L. Allemagne (Prusse). OW.
Neheim-Hüsten. F. Allemagne (Prusse). OW.
Nelson-in-Marsden. L. Iles Britann. (Angleterre).
Neidenburg. Allemagne (Prusse). EW.
Neidestein. F. Allemagne (Bade).
Neischlot. Russie d'Europe (Saint-Michel).
Neisse. Allemagne (Prusse). EW.
Nekoma. États-Unis (Illinois).
Nellore. L. Indes. OC.
Nelson. Nouvelle-Zélande.
Nelsonville. États-Unis (Ohio).
Nèmes-Melitics. F. Autriche-Hongrie (Hongrie).
Nemethi-Szathmar (S. Szathmar-Nemethi). Autriche-Hongrie (Hongrie).
Nenagh. L. Iles Britanniques (Irlande).
Nendza. F. Allemagne (Prusse). EW.
Nenndorf. L. Allemagne (Anhalt). EW.
Nennhausen. F. Allemagne (Prusse). EW.
Nenthead. L. Iles Britanniques (Angleterre).
Nenzing. F. Autriche-Hongrie (Vorarlberg).
Neoga. États-Unis (Illinois).
Neola. États-Unis (Iowa).
Neosho. États-Unis (Missouri).
Neosho-Falls. États-Unis (Kansas).
Nemet-Boly-Tottos (Deutsch-Boly-Tottos). F. Autriche-Hongrie (Hongrie).
Nephi. États-Unis (Utah).
Nepomuc. L. Autriche-Hongrie (Bohême).
Neponset. États-Unis (Illinois).
Neratovic. FL. Autriche-Hongrie (Bohême).
Neresheim. L. Allemagne (Wurtemberg).

Nereto. L. Italie.
Neriad. F. Indes. OC.
Nersingen. F. Allemagne (Bavière).
Nervi. FL. Italie (Gênes).
Neshanic. États-Unis (New-Jersey).
Nesquehoning. États-Unis (Pensylvanie).
Nesselwang. L. Allemagne (Bavière).
Nesslau. L. Suisse (Saint-Gall).
Nessonvaux. Belgique (Liége).
Nesterchitz. F. Autriche-Hongrie (Bohême).
Neston. L. Iles Britanniques (Angleterre).
Nestved. Danemark. (Ile de Zélande).
Neszenda (Naszod, Nuszdorf). L. Autriche-Hong. (Transylvanie).
Netherstowey. L. Iles Britanniques (Angleterre).
Nethortown. L. Iles Britanniques (Angleterre).
Nethybridge. F. Iles Britanniques (Écosse).
Netley-Abbey. L. Iles Britanniques (Angleterre).
Netolitz. L. Autriche-Hongrie (Bohême).
Netstall. L. Suisse (Glaris).
Netzschkau. F. Allemagne (Saxe). EW.
Neu-Arad (Uj-Arad). FL. Autr.-Hongrie (Hongrie).
Neubaeu. PF. Allemagne (Bavière).
Neubau-Kreuzstœtten. FL. Autriche-Hongrie (sous l'Enns).
Neu-Becse. Autriche-Hongrie (Hongrie).
Neuberg. FL. Autriche-Hongrie (Styrie).
Neuberun. F. Allemagne (Prusse). EW.
Neubistritz. L. Autriche-Hongrie (Bohême).
Neubrandenbourg. Allem. (Mecklembourg). EW.
Neu-Breisach (Neufbrisach). Allem. (Alsace-Lorr.).
Neubukow. L. Allemagne (Meck-Schwerin). EW.
Neuburg-sur-le-Danube. Allemagne (Bavière).
Neubydzow. Autriche-Hongrie (Bohême).
Neuchâtel. N/2. Suisse (Neuchâtel).
Neu-Cunersdorf. F. Allemagne (Prusse). EW.
Neudamm. L. Allemagne (Prusse). EW.
Neudau. FL. Autriche-Hongrie (Bohême).
Neudeck-bei-Tarnowitz. L. Allem. (Prusse). EW.
Neudek. L. Autriche-Hongrie (Bohême).
Neudenau. FL. Allemagne (Bade).
Neudengen. FL. Allemagne (Bade).
Neudorf. F. Autriche-Hongrie (Moravie).
Neudorf-Deveny-Ujfalu. F. Autriche-Hongrie (Hongrie).
Neuenahr. L. Allemagne (Prusse). OW.
Neuenburg. L. Allemagne (Prusse). EW.
Neuenburg. Allemagne (Wurtemberg).
Neuenburg (S. Neuchâtel) N/2. Suisse. (Neuchâtel).
Neuenhagen. F. Allemagne (Prusse). EW.
Neuenmarkt. F. Allemagne (Bavière).
Neuenstad. L. Allemagne (Wurtemberg).
Neuenstadt (S. Neuveville). L. Suisse (Berne).
Neuenstein. Allemagne (Wurtemberg).
Neuerburg. L. Allemagne (Prusse). EW.
Neuern. L. Autriche-Hongrie (Bohême).
Neufahrn (près Ergosbach). PF. Allem. (Bavière).
Neufahrn (près Freising). PF. Allemagne (Bavière).
Neufahrwasser. L. Allemagne (Prusse). EW.
Neuf-Brisach. Allemagne (Alsace-Lorraine).
Neufchâteau L. Belgique (Luxembourg).
*Neufelden. L. Autriche-Hongrie (sur l'Enns).
Neuffen. L. Allemagne (Wurtemberg).
Neufra-p.-Rottweil. Allemagne (Wurtemberg).
Neufvilles. L. Belgique (Hainaut).
Neugedein. L. Autriche-Hongrie (Bohême).
Neugersdorf. L. Allemagne (Saxe). EW.
Neugradisca. N. Autriche-Hongrie (Confins milit.).
Neuhaldensleben. L. Allemagne (Prusse). EW.
Neuharlingersiel. L. Allemagne (Prusse). OW.
Neuhaus. L. Autriche-Hongrie (Bohême).
Neuhaus-a.-d.-Donau. L. Autr.-Hongr. (sur l'Enns).
Neuhaus-a.-d.-Elbe. L. Allemagne (Prusse). EW.
Neuhaus (Bad) (1). BL. Autriche-Hongrie (Styrie).
Neuhaus-sur-Oste. L. Allem (Prusse; Hanovre). EW
Neuhausel. Autriche-Hongrie (Hongrie).
Neuhausen. FL. Suisse (Schaffouse).
Neuhausen-auf-den-Fildern. L. Allem. (Wurtemb.)
Neuhauser. F. Allemagne (Prusse). EW.
Neuhof. F. Allemagne (Prusse). OW.
Neuhof-b.-Liegnitz. F. Allemagne (Prusse). EW.
Neuhof-bei-Kuttenberg. L. Autriche-Hongrie (Bohême).
Neuhof-bei-Tuschkau. FL. Autr.-Hong. (Bohême).
Neuhofen-Friedensau. L. Allemagne.
Neukalen. L. Allemagne (Meckl.-Schwerin). EW.
Neukirchen. PF. Allemagne (Bavière).
Neukirchen-i/Nied-Bayern L. Allem. (Bavière).
Neukirchen (pr. Hersfed). F. Allem. (Prusse; Hesse-Cas.) OW.
Neukirchen (près Wickrath). L. All. (Prusse). OW
Neukirch-Egnach. L. Suisse (Thurgovie).
Neukuhren. BL. Allemagne (Prusse). EW.
Neulengbach. L. Autriche-Hongrie (sous l'Enns).
Neu-Lewin. L. Allemagne (Prusse). EW.
Neulussheim. FL. Allemagne (Bade).
Neumark. F. Allemagne (Saxe). EW.
Neumark. L. Allemagne (Prusse). EW.
Neumark-i/Bohmen. L. Autr.-Hongr. (Bohême).
Neumark-in-Oberbayern. L. Allemagne (Bavière).
Neumarkt. L. Allemagne (Prusse). EW.
Neumarkt. L. Autriche-Hongrie (sur l'Enns).
Neumarkt. L. Autriche-Hongrie (Galicie).
Neumarkt. FL. Autriche-Hongrie (Styrie).
Neumarkt. FL. Autriche-Hongrie (Tyrol).
Neumarkt in Oberpfalz. L. Allemagne (Bavière).
Neumarktl. L. Autriche-Hongrie (Carniole).
Neumunster. Allemagne (Prusse; Holstein). EW.
Neumunster. Suisse (Zurich).
Neumbourg-v.-Wald. L. Allemagne (Bavière).
Neunkirch. FL. Suisse (Schaffouse).
Neunkirchen. L. Autriche-Hongrie (sous l'Enns).
Neunkirchen (près Saarbruck). L. Allem. (Prusse). OW.
Neunkirchen (pr. Siegen). F. Allem. (Prusse). OW.
Neuœtting, Stadt. L. Allemagne (Bavière).
Neupaka. FL. Autriche-Hongrie (Bohême).
Neu-Peth. L. Autriche-Hongrie (Hongrie).
Neu-Rausnitz. L. Autriche-Hongrie (Moravie).
Neurode. L. Allemagne (Prusse). EW.
Neurode-bei-Leignitz. F. Allemagne (Prusse). EW.
Neuruppin. Allemagne (Prusse). EW.
Neu-Saint-Johann. L. Suisse (Saint-Gall).
Neusalz. L. Allemagne (Prusse). EW.
Neusalza. L. Allemagne (Saxe). EW.
Neusandec. Autriche-Hongrie (Galicie).
Neusatz. Autriche-Hongrie (Hongrie).
Neusohl. Autriche-Hongrie (Hongrie).
Neuss. Allemagne (Prusse). OW.
Neustadt. F. Allemagne. (Prusse; Hesse-Cas.) OW.
Neustadt. L. Allemagne (Prusse; Holstein). EW.
Neustadt. L. Allemagne (Bade).
Neustadt. L. Allemagne (Prusse; Silésie). EW.
Neustadt-a-Mettau. L. Autr.-Hongrie (Bohême).
Neustadt-an-der-Saale. L. Allemagne (Bavière).
Neustadt-b/Saar. L. Autriche-Hongrie (Moravie).
Neustadt (I. Westpreussen). L. All. (Prusse). EW.
Neustadt (R.-L.-Coln). L. Allem. (Prusse). OW.
Neustadt (près Pine). L. Allemagne (Prusse). EW.
Neustadt-sur-Aisch. L. Allemagne (Bavière).
Neustadt-sur-Dosse. F. Allemagne (Prusse). EW.
Neustadt-Eberswalde. Allemagne (Prusse). EW.
Neustadt-p.-Cologne. F. Allem. (Prusse). OW.
Neustadt-sur-Hayde. F. Allemagne (Saxe-Cobourg-Gotha). EW.
Neustadt-sur-la-Waag. L. Autr.-Hongr. (Hongrie).
Neustadt-sur-le-Danube. L. Allemagne (Bavière).
Neustadt-sur-l'Orla. L. Allem. (Saxe-Weimar). EW
Neustadt-s.-Rubenberge. F. Allemagne. (Prusse-Hanovre). EW.
Neustadt-sur-la-Hardt. L. Allemagne (Bavière).
Neustadt-Waldnaab. PF. Allemagne (Bavière).
Neustad (pr. Magdebourg). L. Allem. (Prusse). EW.
Neustadt-sur-Warthe. Allemagne (Prusse). EW.
*Neustadtl. L. Allemagne (Saxe). EW.
Neustettin. Allemagne (Prusse). EW.
Neustraschitz. FL. Autriche-Hongrie (Bohême
Neustrelitz. Allemagne (Mecklembourg). EW.
Neu-Szony. F. Autriche-Hongrie (Hongrie).
Neuteich. L. Allemagne (Prusse). EW.
Neutitschein. L. Autriche-Hongrie (Moravie.
Neutomysl. L. Allemagne (Prusse). EW.
Neutra. Autriche-Hongrie (Hongrie).
Neuulm. Allemagne (Bavière).
Neu-Verbasz. L. Autriche-Hongrie (Hongrie).
Neuveville (S.-Neuenstadt). L. Suisse (Berne).
Neuwedel. L. Allemagne (Prusse). EW.
Neuwelt. L. Autriche-Hongrie (Bohême)
Neuwerk (Ile). Allem. (ville de Hambourg). EW.
Neuwied. Allemagne (Prusse). OW.
Neuwied-Weissenthurm. F. Allem. (Prusse). OW.
Neuzelle. F. Allemagne (Prusse). EW.
Neuzen. Pays-Bas.
Nevada. États-Unis (Iowa).
Nevada. États-Unis (Ohio).
Nevada City. États-Unis (Californie).
Nevada City. États-Unis (Missouri).
Neviges. F. Allemagne (Prusse). OW.
Newace. F. Indes. OC.
New-Albany. États-Unis (Indiana).
New-Albin. États-Unis (Iowa).
Newark. L. Iles Britanniques (Angleterre).
Newark. États-Unis (Delaware).
Newark. États-Unis (New-Jersey).
Newark (Wayne Co). États-Unis (New-York).
Newark. États-Unis (Ohio).
Newark-on-Trent. F. Iles Britann. (Angleterre).
Newark-Valley. États-Unis (New-York).
New-Athens. États-Unis (Illinois).
New-Aukum. Etats-Unis (Washington).
New-Baltimore. États-Unis (Michigan).
New-Barnet. L. Iles Britanniques (Angleterre).
New-Bedford. États-Unis (Massachusetts).
New-Bern. États-Unis (Caroline du Sud).
Newberry (Lycoming Co). États-Unis (Pensylv.).
Newberry. États-Unis (Caroline du Sud).
New-Bethleem. États-Unis. (Pensylvanie).
New-Bloomfield. États-Unis (Missouri).
Newbliss. L. Iles Britanniques (Irlande).
Newbiggin-on-the-Sea. L. Iles Britann. (Anglet.).
Newboro. Amérique anglaise (Ontario).

(1) Ouvert du 1er juin au 30 septembre.

New-Boston. États-Unis (Illinois).
New-Boston. États-Unis (Michigan).
New-Braunfels. États-Unis (Texas).
New-Bridge. L. Iles Britanniques (Irlande).
New-Bridge ou Ponty-Pridd. F. Iles Britanniques (Angleterre).
New-Brighton. États-Unis (Pensylvanie).
New-Brighton. L. Iles Britanniques (Angleterre).
New-Britain. États-Unis (Connecticut).
New-Brompton. L. Iles Britanniques (Angleterre).
New-Brunswick. États-Unis (New-Jersey).
New-Buckenham. L. Iles Britann. (Angleterre).
New-Buffalo. États-Unis (Michigan).
Newburg. États-Unis (Indiana).
Newburg. Amérique anglaise (Ontario).
Newburg. États-Unis (New-York).
Newburg. États-Unis (Virginie).
Newburgh. États-Unis (Ohio).
Newburgh. F. Iles Britanniques (Angleterre).
Newburgh. L. Iles Britanniques (Écosse).
Newbury. Amérique anglaise (Ontario).
Newbury. États-Unis (Vermont).
Newbury. Iles Britanniques (Angleterre).
Newburyport. États-Unis (Massachusetts).
Newby-Bridge. (Lakeside). F. Iles Britann. (Anglet.)
New-Cambria. États-Unis (Missouri).
New-Canaan. États-Unis (Connecticut).
New-Canton. États-Unis (Illinois).
New Carlisle. Amérique anglaise (Québec).
New-Carlisle. États-Unis (Indiana).
New-Castle. Amérique anglaise (Ontario).
New-Castle. Australie (Nouvelle-Galles du Sud).
New-Castle. États-Unis (Californie).
New-Castle. États-Unis (Indiana).
New-Castle. États-Unis (Pensylvanie).
New-Castle. L. Iles Britann. (Irlande; Limerick).
New-Castle G. T. R. Amérique anglaise (Ontario).
Newcatle-on-Tyne. N. Iles Britann. (Angleterre).
Newcastle. Amérique angl. (Nouveau-Brunswick).
Newcastle. États-Unis (Delaware).
Newcastle. Nouvelle-Zélande.
Newcastle. L. Iles Britanniques (Irlande; Down).
Newcastle-Emlin. L. Iles Britanniq. (Angleterre).
Newcastle-under-Lyne. Iles Britann. (Angleterre).
Newcastleton. L. Iles Britanniques (Écosse).
New-Chicago. États-Unis (Kansas).
Newchurch. F. Iles Britanniques (Angleterre).
New-Comerstown. États-Unis (Ohio).
New-Cumnock L. Iles Britanniques (Écosse).
New-Édinburgh. Amérique anglaise (Ontario).
New-Égypt. États-Unis (New-Jersey).
Newell. États-Unis (Iowa).
Newera-Ellia. L. Indes (Ile de Ceylan).
New-England. États-Unis (Ohio).
Newent. L. Iles Britanniques (Angleterre).
New-Florence. États-Unis (Missouri).
New-Florence. États-Unis (Pensylvanie).
New-Galloway. L. Iles Britanniques (Écosse).
New-Glascow. Amériq. anglaise (Nouv.-Écosse).
New-Gloucester. États-Unis (Maine).
New-Grand-Chain. États-Unis (Illinois).
New-Hamburg. Amérique anglaise (Ontario).
New-Hamburg. États-Unis (New-York).
New-Hampton. États-Unis (Iowa).
New-Hampton-Junction. États-Unis (New-Jersey).
New-Hartford. États-Unis (Connecticut).
New-Hartford. États-Unis (Iowa).
New-Hartford. États-Unis (New-York).
Newhaven. L. Iles Britanniques (Angleterre).
New-Haven. États-Unis (Connecticut).
New-Haven. États-Unis (Indiana).
New-Haven. États-Unis (Kentucky).
New-Haven. États-Unis (Vermont).
New-Haven. Wharf. F. Iles Britann. (Angleterre).
New-Hey. F. Iles Britanniques (Angleterre).
New-Holland. États-Unis (Ohio).
New-Holland. L. Iles Britanniques (Angleterre).
New-Hope. États-Unis (Pensylvanie).
New-Iberia. États-Unis (Louisiane).
Newick. L. Iles Britanniques (Angleterre).
Newington. F. Iles Britanniques (Angleterre).
New-Jefferson. États-Unis (Iowa).
New-Lebanon. États-Unis (New-York).
New-Lenton. L. Iles Britanniques (Angleterre).
New-Lexington. États-Unis (Ohio).
New-Lisbon. États-Unis (Ohio).
New-Lisbon. États-Unis (Wisconsin).
New-Liverpool (Summer Office). Amérique anglaise (Québec).
New-London. États-Unis (Connecticut).
New-London. États-Unis (Iowa).
New-London. États-Unis (Ohio).
New-London. États-Unis (Wisconsin).
New-London (Warren Co). États-Unis (Pensylv.).
New-Lowell. Amérique anglaise (Ontario).
Newlin. L. Iles Britanniques (Angleterre).
New-Lyme. États-Unis (Ohio).
Newmacher. F. Iles Britanniques (Écosse).
New-Madison. États-Unis (Ohio).
Newmains. L. Iles Britanniques (Écosse).
New-Malden. L. Iles Britanniques (Angleterre).
Newmansville. États-Unis (Floride).
New-Market. Amérique anglaise (Ontario).
New-Market. États-Unis (New-Hampshire).
New-Market. États-Unis (Ohio).
New-Market. États-Unis (Virginie).
Newmarket. L. Iles Britanniques (Angleterre).
New-Market. L. Iles Britanniques (Irlande).
New-Market-Junction. États-Unis (New-Hampshire)
New-Market-on-Fergus. L. Iles Britann. (Irlande).
Newmarket Station. Amérique anglaise (Ontario).
New-Memphis. États-Unis (Illinois).
New-Milford. États-Unis (Connecticut).
New-Milford. États-Unis (Pensylvanie).
New-Milford. Iles Britanniques (Angleterre).
Newmill. L. Iles Britanniques (Angleterre).
New-Mils. L. Iles Britanniques (Angleterre).
New-Mill-End F. Iles Britanniques (Angleterre).
Newnan. États-Unis (Géorgie).
Newnham. L. Iles Britanniques (Angleterre).
New-Orléans. États-Unis (Louisiane).
New-Oxford. États-Unis (Pensylvanie).
New-Paltz. États-Unis (New-York).
New-Paris. États-Unis (Ohio).
New-Philadelphia. États-Unis (Illinois).
New-Philadelphia. États-Unis (Ohio).
New-Philadelphia. États-Unis (Pensylvanie).
New-Pitsligo. L. Iles Britanniques (Écosse).
New-Plymouth. Nouvelle-Zélande.
New-Point. États-Unis (Indiana).
New-Portage. États-Unis (Ohio).
Newport. Amérique anglaise (Québec).
Newport. États-Unis (Arkansas).
Newport. États-Unis (Delaware).
Newport. États-Unis (Kentucky).
Newport. États-Unis (Maine).
Newport. États-Unis (Minnesota).
Newport. États-Unis (New-Hampshire).
Newport. États-Unis (Rhode-Island).
Newport (Perry Co). États-Unis (Pensylvanie).
Newport (Vermillon Co). États-Unis (Indiana).
Newport. États-Unis (Vermont).
Newport. Iles Britanniques (Ile de Wight).
Newport. L. Iles Britanniques (Irlande).
Newport. Iles Britanniques (Irlande).
Newport. L. Iles Britanniques (Angleterre).
Newport. Iles Britanniques (Angleterre; Monmouth).
Newport. Iles Britanniques (Salop).
Newport. L. Iles Britanniques (Yorkshire).
Newport. L. Iles Britanniques (Écosse).
Newport. L. Iles Britanniques (Essex).
Newport-Mill-Strett. L. Iles Britanniques (Écosse).
Newport Pagnel. Iles Britanniques. (Angleterre).
New-Quay. L. Iles Britann. (Anglet. Cornouailles).
New-Quay. L. Iles Britann. (Angleterre; Cardigan).
New-Richmond. Amérique anglaise (Québec).
New-River-Falls. États-Unis (Virginie).
New-Rochelle. États-Unis (New-York).
New-Romney. L. Iles Britanniques. (Angleterre).
New-Ross. L. Iles Britanniques (Irlande).
Newry. Amérique anglaise. (Ontario).
Newry. Iles Britanniques (Irlande).
New-Saybrook. États-Unis (Connecticut).
New-Scotland. États-Unis (New-York).
News-Ferry. États-Unis (Virginie).
Newstead. Australie (Victoria).
New-Straitsville. États-Unis (Ohio).
*New-Swindon. L. Iles Britanniques (Angleterre).
Newton. États-Unis (Iowa).
Newton. États-Unis (Kansas).
Newton. États-Unis (Massachusetts).
Newton. États-Unis (Mississipi).
Newton. États-Unis (New-Jersey).
Newton. États-Unis (New-Hampshire).
Newton. États-Unis (Ohio).
Newton. F. Iles Britanniques (Angleterre).
Newton-Abbot. Iles Britanniques (Angleterre).
Newtonards. L. Iles Britanniques (Irlande).
Newton-Barry. L. Iles Britanniques (Irlande).
*Newton-Bridge. F. Iles Britanniques (Angleterre).
Newton-Butler. L. Iles Britanniques (Irlande).
Newton-Centre. États-Unis (Massachusetts).
Newton-Forbes. L. Iles Britanniques (Irlande).
Newton-Hamilton. États-Unis (Pensylvanie).
Newton-Hamilton. L. Iles Britanniques (Irlande).
Newton-in-Cartmel. L. Iles Britann. (Angleterre).
Newton-in-the-Wil. L. Iles Britan. (Angleterre).
Newton-Heath. L. Iles Britanniques (Angleterre).
Newton - Montgomeryshire. Iles Britanniques (Angleterre).
Newtonmore. F. Iles Britanniques (Écosse).
Newton-Mount-Kennedy. L. Iles Brit. (Irlande).
Newton-Road. F. Iles Britanniques (Angleterre).
Newton-on-Trent. L. Iles Britann. (Angleterre).
Newton-Saint-Boswell's. L. Iles Britan. (Écosse).
Newton-Stewart. L. Iles Britanniques (Irlande).
Newtonville. Amérique anglaise (Ontario).
Newtonville. États-Unis (Massachusetts).
Newtown. États-Unis (Connecticut).
Newtown. États-Unis (New-Jersey).
Newtown (Bucks Co). États-Unis (Pensylvanie).
Newtown-Limavady. F. Iles Britanniques (Irlande).
Newtyle. F. Iles Britanniques (Écosse).
New-Ulm. États-Unis (Minnesota).

New-Vienna. États-Unis (Ohio).
Newville. États-Unis (Pensylvanie).
New-Walsingham. L. Iles Britann. (Angleterre).
New-Washington. États-Unis (Ohio).
New-Waverly. États-Unis (Indiana).
New-Westminster. Amérique angl. (Colombie).
New-Whittington. L. Iles Britann. (Angleterre).
New-Windsor. États-Unis (Illinois).
New-Windsor. États-Unis (New-York).
New-York City. États-Unis (New-York).
New-York-Mills. États-Unis (New-York).
New-York-Mine. États-Unis (Minnesota).
Nexo. L. Danemark (Ile Bornholm).
Neyland. L. Iles Britanniques (Angleterre).
Nezamisslitz L. Autriche-Hongrie (Moravie).
Ngawie. L. Ile de Java. ES.
Niagara. Amérique anglaise (Ontario).
Niagara Falls. États-Unis (New-York).
Niantic. États-Unis (Illinois).
Nibe. Danemark (Jutland).
Nicastro. L. Italie (Catanzaro).
Nich (Nissa). N. Turq. d'Europe. A1. B3. C2. D3.
Nichcs. États-Unis (Texas).
Nicholas. États-Unis (Iowa).
Nicholasville. États-Unis (Kentucky).
Nicholson. États-Unis (Pensylvanie).
Nicolausdorf. F. Allemagne (Prusse). EW.
Nicolai. L. Allemagne (Prusse). EW.
Nicolaiewsk. Russie d'Asie (Sibérie, 3e région).
Nicolaistadt. L. Russie d'Europe (Wasa).
Nicolajew. N. Russie d'Europe (Kherson).
Nicolet. Amérique anglaise (Québec).
Nicosia. L. Italie (Catane).
Nicosie. Turquie d'Asie (Ile de Chypre).
Nicotera. L. Italie (Catanzaro).
Nidau. L. Suisse (Berne).
Nidda. L. Allemagne (Hesse-Darmstadt). OW.
Niederau. F. Allemagne (Saxe). EW.
Niederbiegen. Allemagne (Wurtemberg).
Niederbipp. L. Suisse (Berne).
Niederbronn. L. Allemagne (Alsace-Lorraine).
Niederdorf. L. Autriche-Hongrie (Tyrol).
Niederfinow. F. Allemagne (Prusse). EW.
Nieder Florsheim. F. Allem. (Hesse-Darmstadt). OW
*Niederfulbach. F. Allemagne (Saxe-Cobourg-Gotha). EW.
Niedergrundb. Warnsdorf. FL. Autriche-Hongrie Bohême).
Niederhelfenschwyl. L. Suisse (Saint-Gall).
Niederlahnstein. F. Allem. (Prusse; Nassau). *OW.
Niederlindhard. PF. Allemagne (Bavière).
Nieder-Marsberg. L. Allemagne (Prusse). OW.
*Niedermorschwiller. L. Allem. (Alsace-Lorraine).
Niedernau. Allemagne (Wurtemberg).
Niederndoleben. F. Allemagne (Prusse). EW.
Nieder-Olm. F. Allemagne (Hesse-Darmstadt). OW
Niederpollnitz. F. Allemagne (Saxe-Weimar). EW.
Niederrad. F. Allemagne (Prusse). OW.
Niederramstadt. F. Allem. (Hesse-Darmstadt). OW.
Nieder-Saulhein. F. Allem. (Hesse-Darmstadt). OW
Niedersachswerfen. F. Allemagne (Prusse). EW.
Niederschelden. F. Allemagne (Prusse). OW.
Niederschlema. F. Allemagne (Saxe). EW.
Niederschopfheim. L. Allemagne (Bade).
Niederstetten. F. Allemagne (Wurtemberg).
Niederstotzingen. L. Allemagne (Wurtemberg).
Niederurnen. L. Suisse (Glaris).
Niederuzwyl. L. Suisse (Saint-Gall).
Niederwalluf-a-Rh. F. Allem. (Prusse; Nassau). OW
Niederwiesa. F. Allemagne (Saxe). EW.
Nieder-Wollstadt. F. Allem. (Hesse-Darmstadt). OW
*Nieder-Zarkau. F. Allemagne (Prusse). EW.
Niefern. FL. Allemagne (Bade).
Niégine. Russie d'Europe (Tschernigow).
Niemberg. F. Allemagne (Prusse). EW.
Nièmes. L. Autriche-Hongrie (Bohême).
Nienbourg. Allemagne (Prusse; Hanovre). EW.
Nienburg. F. Allemagne (Anhalt). EW.
Nierenhoff. F. Allemagne (Prusse). OW.
Nierstein. F. Allemagne (Hesse-Darmstadt). OW.
Nieschawa. F. Russie d'Europe (Varsovie).
Niesky. L. Allemagne (Prusse). EW.
Nieukerk. F. Allemagne (Prusse). OW.
Nieuport. L. Belgique (Flandre occidentale).
Nieuwediep. Pays-Bas.
Nieuwerkerk a/d Yssel. P. Pays-Bas.
Nieuwersluis. P. Pays-Bas.
Nieuweschans. P. Pays-Bas.
Nijkerk. L. Pays-Bas.
*Nijne-Beltzowo. Russie d'Asie (Sibérie, 3e région).
*Nijne-Mikhailowskoie. Russie d'Asie (Sibérie, 3e région).
Nijni-Nowogorod. N. Russie d'Europe (Nijni-Nowgorod).
Nikolsburg. L. Autriche-Hongrie (Moravie).
Niles. États-Unis (Californie).
Niles. États-Unis (Michigan).
Niles. États-Unis (Ohio).
Niles-Valley. États-Unis (Pensylvanie).
Nilwood. États-Unis (Illinois).
Nimbora. F. Indes. OC.
Nimburg. L. Autriche-Hongrie (Bohême).
Nimègue. Pays-Bas.
Nimkau. F. Allemagne (Prusse). EW.
Nimptsch. L. Allemagne (Prusse). EW.
Nimy. L. Belgique (Hainaut).
Ninety-Six. États-Unis (Caroline du Sud).
Ninove. Belgique (Flandre orientale).
Niphar. F. Indes. OC.
Nipps. F. Allemagne (Prusse). OW.
Niscemi. L. Italie (Caltanisetta).
Nisi. L. Grèce continentale.
Nissa. N. Turquie d'Europe. A1. B3. C2. D3.
Niton. Iles Britanniques (Ile de Wight).
Nittenau. L. Allemagne (Bavière).
Nittritz. F. Allemagne (Prusse). EW.
Nivelles. Belgique (Brabant).
Niverville. États-Unis (New-York).
Nixdorf. L. Autriche-Hongrie (Bohême)
Nizankowice. FL. Autriche-Hongrie (Galicie).
*Nizniow. L. Autriche-Hongrie (Galicie).
Nizza (Montferrat) L. Italie (Alexandrie).
Nizza-Sicilia (San-Ferdinando). FL. Italie.
Noarlunga. Australie (Australie méridionale).
Nobdenitz. F. Allemagne (Saxe-Altenbourg). EW.
Noble. États-Unis (Illinois).
Noblehouse. Iles Britanniques (Écosse).
Noblestown. États-Unis (Pensylvanie).
Noblesville. États-Unis (Indiana).
Nocera-Pagani. L. Italie (Salerne).
Nocera-Umbria. FL. Italie (Pérouse).
Noci. L. Italie (Bari).
Nodaway. États-Unis (Missouri).
Nœrdlingen. Allemagne (Bavière).
Nœrten. F. Allemagne (Prusse). EW.
Nogalès (Sᵗ-Maria-de-). L. Espagne (Lugo).
Nogara. L. Italie.
Nogoya. Amérique du Sud (3e région).
Noicattaro. L. Italie (Bari).
Noiraigue. L. Suisse (Neuchâtel).
Noirmont. L. Suisse (Berne).
Nokomis. États-Unis (Illinois).
Nola. L. Italie (Caserte).
Noldau. F. Allemagne (Prusse). EW.
Noli. FL. Italie.
Noord-Scharwoude. PL. Pays-Bas.
Noordwijk. L. Pays-Bas.
Nora. États-Unis (Illinois).
Nora. L. Suède.
Nora-Springs. États-Unis (Iowa).
Norberg. L. Suède.
Norborne. États-Unis (Missouri).
Norburg. L. Allemagne (Prusse; Sleswig). EW.
Nord. États-Unis (Californie).
Nordby-auf-Fano. Danemark (Ile de Fano).
Norden. L. Allemagne (Prusse; Hanovre). OW.
Nordenburg. L. Allemagne (Prusse). EW.
Nordendorf. F. Allemagne (Bavière).
Nordenhamm. L. Allemagne (Oldenbourg). OW.
Norderney. L|BC. Allem. (Prusse; Hanovre) OW.
Norderwyck-Morkowen. L. Belgique (Anvers).
Nordhalben. L. Allemagne (Bavière).
Nordhausen. Allemagne (Prusse). EW.
Nordheim. Allemagne (Wurtemberg).
Nordhorn. L. Allemagne (Prusse; Hanovre). OW.
Nordmaling. L. Suède.
Nordstemmen. F. Allem. (Prusse; Hanovre). EW.
Nordstrand. L. Allemagne (Prusse; Sleswig). EW.
Norham. L. Iles Britanniques (Angleterre).
Norf. F. Allemagne (Prusse). OW.
Norfolk. États-Unis (Connecticut).
Norfolk. États-Unis (New-York).
Norfolk. États-Unis (Virginie).
Norkitten. F. Allemagne (Prusse). EW.
Normal. États-Unis (Illinois).
Norman. États-Unis (Minnesota).
Normanby. L. Iles Britanniques (Angleterre).
Normandy. États-Unis (Tennessee).
Normanton. Iles Britanniques (Angleterre).
Normanville. Australie (Australie méridion.).
Norridgewock. États-Unis (Maine).
Norrie. États-Unis (Illinois).
Norris (Fulton Co). États-Unis (Illinois).
Norris City (White Co). Etats-Unis (Illinois).
Norristown. États-Unis (Pensylvanie).
Norrkœping. Suède.
Norrtelje. L. Suède.
North-Abington. États-Unis (Massachusetts).
North-Adams. États-Unis (Massachusetts).
North-Adams. États-Unis (Michigan).
North-Amherst. États-Unis (Ohio).
Northallerton. Iles Britanniques (Angleterre).
Northampton. États-Unis (Massachusetts).
Northampton. Iles Britanniques (Angleterre).
North-Andover. États-Unis (Massachusetts).
North-Anson. États-Unis (Maine).
North-Attleboro. États-Unis (Massachusetts).
North-Bend. États-Unis (Nebraska).
North-Bend. États-Unis (Ohio).
North-Bennington. États-Unis (Vermont).
North-Berwick. États-Unis (Maine).
North-Berwick. L. Iles Britanniques (Écosse).
Northboro. États-Unis (Massachusetts).
North-Branch. Etats-Unis (Minnesota).

North-Branch. États-Unis (New-Jersey).
North-Bridgewater. États-Unis (Massachusetts).
North-Bristol. États-Unis (Ohio).
North-Brookfield. États-Unis (Massachusetts).
North-Broockfield. États-Unis (New-York).
North-Cambridge. États-Unis (Massachusetts).
North-Camp. F. Iles Britanniques (Angleterre).
North-Cave. L. Iles Britanniques (Angleterre).
North-Conway. États-Unis (New-Hampshire).
North-Creek. États-Unis (New-York).
North-Curry. L. Iles Britanniques (Angleterre).
North-Dean. F. Iles Britanniques (Angleterre).
North-Dulvich. F. Iles Britanniques (Angleterre).
North-East. États-Unis (Maryland).
North-East. États-Unis (Pensylvanie).
North-Easton. États-Unis (Massachusetts).
Northeim. Allemagne (Prusse; Hanovre). EW.
North-Elizabeth. États-Unis (New-Jersey).
Northenden. F. Iles Britanniques (Angleterre).
Northfield. États-Unis (Minnesota).
Northfield. États-Unis (New-Hampshire).
Northfield. États-Unis (Vermont).
Northfleet F. Iles Britanniques (Angleterre).
North-Forktown. États-Unis (Territoire indien).
Northford. États-Unis (Connecticut).
North-Glastenbury. États-Unis (Connecticut).
North-Gower. Amérique Anglaise (Ontario).
North-Granville. États-Unis (New-York).
North-Hampton. États-Unis (New-Hampshire).
North-Hatfield. États-Unis (Massachusetts).
North-Henderson. États-Unis (Illinois).
Northhoosick États-Unis (New-York).
Northiam. L. Iles Britanniques (Angleterre).
North-Judson. États-Unis (Indiana).
North-Lansing. États-Unis (Michigan).
Northleach. Iles Britanniques (Angleterre).
North-Leominster. États-Unis (Massachusetts).
North-Lewisburg. États-Unis (Ohio).
Nort-Luffenham. L. Iles Britann. (Angleterre).
North-Madison. États-Unis (Indiana).
North-Manchester. États-Unis (Connecticut).
North-Manchester. États-Unis (Indiana).
North-Megregor. États-Unis (Iowa).
North-Norwich. Etats-Unis (New-York).
North-Ormesby. L. Iles Britann. (Angleterre).
North-Petherton. Iles Britanniques (Angleterre).
North-Platte. États-Unis (Nebraska).
North-Point. États-Unis (Pensylvanie).
Northport-Dépôt. I.I. États-Unis (New-York).
North-Pownal. États-Unis (Vermont).
North-Prairie. États-Unis (Wisconsin).
North-Queensferry. L. Iles Britanniques (Écosse).
North-Robinson. États-Unis (Kansas).
North-Shields. Iles Britanniques (Angleterre).
North-Somercotes. L. Iles Britann. (Angleterre).
North-Star. Etats-Unis (Utah).
North-Stockton. F. Iles Britanniques (Angleterre).
North Stratford. L. États-Unis (New-Hampshire).
North-Sunderland. L. Iles Britann. (Angleterre).
North Sydney. Amérique anglaise (Cap Breton).
North-Tawton. L. Iles Britanniques (Angleterre).
North-Thetford. États-Unis (Vermont).
North-Troy. États-Unis (Vermont).
Northumberland. États-Unis (Pensylvanie).
North-Vernon. États-Unis (Indiana).
Northville. États-Unis (Michigan).
North-Wakefield. Amérique anglaise (Québec).
North-Wales. États-Unis (Pensylvanie).
North-Walsham. L. Iles Britann. (Angleterre).
North-West. États-Unis (Caroline du Nord).
Northwich. Iles Britanniques (Angleterre).
Northwold. L. Iles Britanniques (Angleterre).
North-Yarmouth. États-Unis (Maine).
Norton. Amérique anglaise (New-Brunswick).
Norton. États-Unis (Massachusetts).
Norton. États-Unis (Vermont).
Norton-Bridge. F. Iles Britanniques (Angleterre).
Norton-Mills. États-Unis (Vermont).
Nortorf. L. Allemagne (Prusse). EW.
Nortonsville. Etats-Unis (Kentucky).
Nortonville. États-Unis (Kansas).
Norval. Amérique anglaise (Ontario).
Norvell. Amérique anglaise (Michigan).
Norwalk. États-Unis (Connecticut).
Norwalk. États-Unis (Ohio).
Norway. États-Unis (Iowa).
Norwich. Amérique anglaise (Ontario).
Norwich. États-Unis (Connecticut).
Norwich. États-Unis (New-York).
Norwich. États-Unis (Ohio).
Norwich. N. Iles Britanniques (Angleterre).
Norwood. Etats-Unis (Massachusetts).
Norwood. Amérique anglaise (Ontario).
Nossen. F. Allemagne (Saxe). EW.
Nostell. FL. Iles Britanniques (Angleterre).
Noto. L. Italie (Syracuse).
Nottawa. Amérique anglaise (Ontario).
Nottingham-Colliery. États-Unis (Pensylvanie).
Nottingham. N. Iles Britanniques (Angleterre).
Notts (s. Nottingham). Iles Britann. (Angleterre).
Noukha. N. Russie du Caucase (Élizab.).
Noutonic. FL. Autriche-Hongrie (Bohême).
Nouvelle. Amérique anglaise (Québec).
Nouvelle-Orléans. États-Unis (Louisiane).
Novar. F. Iles Britanniques (Écosse).
Novare. Italie (Novare).
Novéant. F. Allemagne (Alsace-Lorraine).
Novellara. L. Italie (Nouvelle-Émilie).
Novgorod. Russie d'Europe (Novgorod).
Novi. L. Autriche-Hongrie (Littoral hongrois).
Novi. États-Unis (Michigan).
Novi (Gênes). L. Italie.
Novi-Ligure. L. Italie (Alexandrie).
Novoalexandria. Russie d'Europe (Lublin).
Novorosiisk. Russie du Caucase (Couban).
Nowoguéorguiewsk. Russie d'Europe. (Kherson).
Nowogeorgiewsk. L. Russie d'Europe (Plotz).
Nowogradwolynsk. N. Russie d'Eur. (Wolhynie).
Nowokhopersk. Russie d'Europe (Woronesch).
Nowoselica. L. Autriche-Hongrie (Bukowine).
Nowoseltzy. Russie d'Europe (Bessarabie).
Nowotscherkask. N. Russie d'Europe (Don).
Nowsaree. F. Indes. OC.
Nowshera. L. Indes. OC.
No 12, Water Sta, West. États-Unis (Virginie).
N. P. R. R. Junction. États-Unis (Minnesota).
Nuenen. P. Pays-Bas.
Nulhattee. F. Indes. OC.
Nulwar. F. Indes. OC.
Nuncherla. F. Indes. OC.
Nunda. États-Unis (New-York).
Nundaloor. F. Indes. OC.
Nuneaton. Iles Britanniques (Angleterre).
Nunica. États-Unis (Michigan).
Nunningen. L. Suisse (Soleure).
Nunspeet. P. Pays-Bas.
*Nunziatella (La). FL. Italie.
Nuoro L. Italie (Ile de Sardaigne; Sassari).
Nuremberg (Nurnberg). N. Allemagne (Bavière).
Nuriootpa. Australie (Australie méridionale).
Nurschan. F. Autriche-Hongrie (Bohême).
Nursingpore. F. Indes. OC.
Nurtingen. Allemagne (Wurtemberg).
Nussdorf. FL. Autriche-Hongrie (sous l'Enns).
Nuzsdorf (Naszod-Nezenda). L. Autriche-Hongrie (Transylvanie).
Nusseerabad. L. Indes. OC.
Nyack. États-Unis (New-York).
Nyaradto. FL. Autriche-Hongrie (Transylvanie).
Nya-Warfvet. L. Suède.
Nyborg. Danemark (Ile de Fionie).
Nycarleby. L. Russie d'Europe (Wasa).
Nyek. F. Autriche-Hongrie (Hongrie).
Nyek-Ladhaza. FL. Autriche-Hongrie (Hongrie).
Nyhuttie. F. Indes. OC.
Nyitra (Neutra). Autriche-Hongrie (Hongrie).
Nyirbator. L. Autriche-Hongrie (Hongrie).
Nyiregyhaza. Autriche-Hongrie (Hongrie).
Nyitra-Zsambokret. L. Autriche-Hongrie (Hongrie).
Nykæping. Suède.
Nykjæbing. L. Danemark (Ile de Zélande).
Nykjæbing-en-Falster. Danemark (Ile de Falster).
Nykjæbing-Mors. Danemark (Jutland).
Nyland L. Suède.
Nynee-Tal. L. Indes. OC.
Nynee. F. Indes. OC.
Nyon. Suisse (Vaud).
Nystad. L. Russie d'Europe (Abo-Bjorneborg).
Nysted. L. Danemark (Ile de Lolland).

O

Oakamor. F. Iles Britanniques (Angleterre).
Oak-Cliff. États-Unis (New-Jersey).
Oak-Creek. États-Unis (Wisconsin).
Oakdale. États-Unis (Pensylvanie).
Oakengates. L. Iles Britanniques (Angleterre).
Oakfield. États-Unis (Wisconsin).
Oakham. L. Iles Britanniques (Angleterre).
Oak-Harbor. États-Unis (Ohio).
Oak-Hill. États-Unis (Illinois).
Oak-Hill. États-Unis (Ohio).
Oakland. États-Unis (Californie).
Oakland (Coles Co). États-Unis (Illinois).
Oackland. Etats-Unis (Maryland).
Oakland. États-Unis (Minnesota).
Oakland. États-Unis (Mississipi).
Oakland. États-Unis (Orégon).
Oakland. États-Unis (Pensylvanie).
Oakley. F. Iles Britanniques (Angleterre).
Oakleys. États-Unis (Michigan).
Oak-Park. États-Unis (Illinois).
Oaktown. États-Unis (Indiana).

Oakville. Amérique anglaise (Ontario).
Oak-Wood. États-Unis (Illinois).
Oakwood. Amérique anglaise (Ontario).
Oakwood. États-Unis (Texas).
Oakwood. États-Unis (Wisconsin).
Oamaru. Nouvelle-Zélande.
O' Arad (Alt-Arad). FL. Autr.-Hong. (Hongrie).
Oatlands. Tasmanie.
Oban. L. Iles Britanniques (Écosse).
O' Becse (Alt-Becse). Autriche-Hongrie (Hongrie).
Oberageri. L. Suisse (Zug).
Oberaudorf. F. Allemagne (Bavière).
Oberbruck. L. Allemagne (Alsace-Lorraine).
Obercassel (près Bonn). L. Allem. (Prusse). OW.
Obercassel. F. Allemagne (Prusse). OW.
Oberdachstetten. F. Allemagne (Bavière).
Oberdiessbach. L. Suisse (Berne).
Oberdischingen. L. Allemagne (Wurtemberg).
Oberdorf. F. Allemagne (Bavière).
Oberdorf. FL. Autriche-Hongrie (Styrie).
Oberdorf. L. Suisse (Soleure).
Oberdorf-bei-Kaufbeuren. L. Allem. (Bavière).
Ober-Draubourg. FL. Autr.-Hongrie (Carinthie).
Oberegg. L. Suisse (Appenzell Rh. Int.).
Ober-Eggendorf. FL. Autr. Hongrie (sous l'Enns).
Ober-Ehnheim (Obernai). L. All. (Alsace-Lorraine).
Oberentfelden. L. Suisse (Argovie).
Obergeorgenthal. FL. Aut.-Hong. (Bohême).
Ober-Gerspitz. F. Autriche-Hongrie (Moravie).
Ober-Glogau. L. Allemagne (Prusse). EW.
Obergunzbourg. L. Allemagne (Bavière).
Oberhaid. F. Allemagne (Bavière).
Oberhausen. Allemagne (Prusse). OW.
Oberhof. L. Allem. (Saxe-Cobourg-Gotha). EW.
Oberhofen. L. Suisse (Berne).
Oberhollabrunn. L. Autr.-Hongr. (sous l'Enns).
Ober-Ingelhein. L. Allem. (Hesse-Darmstadt). OW
Oberkirch. L. Allemagne (Bade).
Oberkotzau. F. Allemagne (Bavière).
Oberlahnstein. L. Allem. (Prusse; Nassau). OW.
Oberland. FL. Autriche-Hongrie (sur l'Enns).
Oberlauchringen. FL. Allemagne (Bade).
*Oberlauringen. L. Allemagne (Bavière).
Oberleitensdorf. FL. Autriche-Hong. (Bohême).
Oberlesece. F. Autriche-Hongrie (Carniole).
Oberlichtenau. F. Allemagne (Saxe). EW.
Oberlin. États-Unis (Ohio).
Obermoschel. L. Allemagne (Bavière).
Obernai (Ober-Ehnheim). L. Allem. (Alsace-Lorr.).
Obernberg. L. Autriche-Hongrie (sur l'Enns).
Obernburg. L. Allemagne (Bavière).
Oberndorf. Allemagne (Wurtemberg).
Oberneisen. F. Allemagne (Prusse). OW.
Obernigk. F. Allemagne (Prusse). EW.
Obernitz. FL Autriche-Hongrie (Bohême).
Obernjesa. F. Allemagne (Prusse). EW.
*Obernzell. L. Allemagne (Bavière).
Oberoderwitz. F. Allemagne (Saxe). EW.
Ober-Olm (Klein-Winternhein). F. Allemagne (Hesse-Darmstadt). OW.
Oberplan. L. Autriche-Hongrie (Bohême).
Ober-Ramstadt. F. Allem. (Hesse-Darmstadt). OW
Oberreitnau. F. Allemagne (Bavière).
Oberriet. FL. Suisse (Saint-Gall).
Ober-Roeblingen. F. Allemagne (Prusse). EW.
Oberrohrdorf. L. Suisse (Argovie).
Oberroth, p. Gailsdorf. L. Allem. (Wurtemberg.)

Oberscheden. F. Allemagne (Prusse). EW.
Obersontheim. L. Allemagne (Wurtemberg).
Oberstaufen. F. Allemagne (Bavière).
Oberstdorf. L. Allemagne (Bavière).
Oberstein. F. Allemagne (Prusse). OW.
Oberstein. L. Allemagne (Oldenbourg). OW.
Oberstrass. L. Suisse (Zurich).
Ober-Tarvis. FL. Autriche-Hongrie (Carinthie).
Oberthcres. F. Allemagne (Bavière).
Obertraubling. PF. Allemagne (Bavière).
Oberturkheim. Allemagne (Wurtemberg).
Oberursel. L. Allemagne (Prusse; Nassau). OW.
Oberuzwyl. L. Suisse (Saint-Gall).
Oberwald. L. Suisse (Valais).
Oberweis. L. Autriche-Hongrie (sur l'Enns).
Oberweissbach. L. Allemagne. (Schwarzbourg-Rudolst.) EW.
Oberwern. F. Allemagne (Bavière).
Oberwesel. L. Allemagne (Prusse). OW.
Oberwiechtach. L. Allemagne (Bavière).
Obesenyo (S. Alt. Besenowa). F. Aut.-Hong. (Hong.).
Obfelden. L. Suisse (Zurich).
Obornik. L. Allemagne (Prusse). EW.
Obourg. L. Belgique (Hainaut).
Obrenovatz. L. Serbie.
Obristvy-Klomin. FL. Autriche-Hongrie (Bohême).
Obrovazzo. L. Autriche-Hongrie (Dalmatie).
O' Buda (Budapest-O'Buda Budapest-Altofen). L. Autriche-Hongrie (Hongrie).
Ocala. L. États-Unis (Floride).
Occhiobello. L. Italie (Rovigo).
Ocean-Grove. États-Unis (New-Jersey).
Ocean-House, Rye-Beach. États-Unis (New-Hampshire).
Ocean-Mines. États-Unis (Maryland).
Ocean-Springs. États-Unis (Mississipi).
Ochenbruck. PF. Allemagne (Bavière).
Ochsenfurth. L. Allemagne (Bavière).
Ochsenhausen. L. Allemagne (Wurtemberg).
Ochtmersleben. F. Allemagne (Prusse). EW.
Ochtrup. L. Allemagne (Prusse). OW.
Ockbrook. L. Iles Britanniques (Angleterre).
Ockley. F. Iles Britanniques (Angleterre).
Ocna. L. Roumanie.
Oconce. États-Unis (Illinois).
Oconomowoc. États-Unis (Wisconsin).
Oconto. États-Unis (Wisconsin).
Odder. L. Danmark (Jutland).
Odell. États-Unis (Illinois).
Odenkirchen. L. Allemagne (Prusse). OW.
Odenheim. L. Allemagne (Bade).
Odense. Danemark (Fionie).
Odenwelder. États-Unis (Pensylvanie).
Oderberg. Autriche-Hongrie (Silésie).
Oderzo. L. Italie (Trévise).
Odessa. Amérique anglaise (Ontario).
Odessa. N. Russie d'Europe (Kherson).
Odiham. L. Iles Britanniques (Angleterre).
Odin. États-Unis (Illinois).
Odrau. Autriche-Hongrie (Silésie).
Oebisfelde. F. Allemagne (Prusse). EW.
Oedenbourg (S. Soprong). N/2. Aut.-Hong. (Hong.).
Oederan. L. Allemagne (Saxe). EW.
Oedt. F. Allemagne (Prusse). OW.
Oeffelt. P. Pays-Bas.
Oehringen. Allemagne (Wurtemberg).
Oelde. F. Allemagne (Prusse). OW.

Oels. Allemagne (Prusse). EW.
Oelsnitz. L. Allemagne (Saxe). EW.
Oerebro. Suède.
Oeregrund. Suède.
*Oerlenbach. F. Allemagne (Bavière).
Oerlikon. L. Suisse (Zurich).
Oerlinghausen. L. Allemagne (Prusse). OW.
Oermezœ. FL. Autriche-Hongrie (Hongrie).
Oernskoldswik. Suède.
Oertzenhof. F. All. (Mecklembourg-Strélitz). EW.
Oeslau. F. Allem. (Saxe-Cobourg-Gotha). EW.
Oester-Risoer (S. Risoer). Norwège.
Oestersund. Suède.
Oestrich-Winkel. F. Allemagne (Prusse). OW.
Oetrange. FL. Luxembourg.
Oettingen. L. Bavière.
Oetweil. L. Suisse (Zurich).
Oeventrop. F. Allemagne (Prusse). OW.
Oexna. F. Norwége.
Oeynhausen. L. Allemagne (Prusse). OW.
O'Fallons. États-Unis (Illinois).
O'Fallon. États-Unis (Missouri).
O'Fallons. États-Unis (Nebraska).
Ofen ou Bude. N. Autriche-Hongrie (Hongrie).
Offenbach. Allemagne (Hesse-Darmstadt). OW.
Offenbourg. Allemagne (Bade).
Offingen. F. Allemagne (Bavière).
Offleben. F. Allemagne (Prusse). EW.
*Offord. F. Iles Britanniques (Angleterre).
Oftringen. L. Suisse (Argovie).
Ogallalla. États-Unis (Nebraska).
Ogden. États-Unis (Iowa).
Ogden. États-Unis (Kansas).
Ogden. États-Unis (Utah).
Ogdensburg. États-Unis (New-York).
Ogdensburg. États-Unis (Wisconsin).
Oggersheim. L. Allemagne (Bavière).
Oggionno. L. Italie (Côme).
O'Gradiska (Alt-Gradiska). L. Autriche-Hongrie (Confins militaires).
Ogulin. L. Autriche-Hongrie (Confins militaires).
*Ohababistra. L. Autriche-Hongrie (Confins militaires).
Ohio. États-Unis (Illinois).
Ohlau. L. Allemagne (Prusse). EW.
Ohligs. L. Allemagne (Prusse). OW.
Ohrdruff. L. Allem. (Saxe-Cobourg-Gotha). EW.
Oil City. États-Unis (Pensylvanie).
Oil Springs. Amérique anglaise (Ontario).
Oisterwyk. P. Pays-Bas.
Oitavos (1) (Cabo-da-Roca). Sém. Portugal (Lisbonne).
O'Kane. États-Unis (Arkansas).
O'Kanisa (Alt-Kanizsa). L. Autriche-Hongrie (Hongrie).
Okarah. F. Indes. OC.
Okawville. États-Unis (Illinois).
Okehampton. L. Iles Britanniques (Angleterre).
Okemos. États-Unis (Michigan).
Oker. F. Allemagne (Brunswick). EW.
O'ker. L. Autriche-Hongrie (Hongrie).
Okna (Salzburg, Vizakna). FL. Autriche-Hongrie (Transylvanie).
Okocim. L. Autriche-Hongrie (Galicie).
Okolona. États-Unis (Mississipi).
Okopy. L. Autriche-Hongrie (Galicie).
Okrisko. FL. Autriche-Hongrie (Moravie).

(1) Ouvert depuis le point du jour jusqu'à la nuit.

Okrouhlitz. FL. Autriche-Hongrie (Bohême).
Olakilpatrick. L. Iles Britanniques (Écosse).
Olang. FL. Autriche-Hongrie (Tyrol).
Olathe. États-Unis (Kansas).
Olbersdorf. L. Autriche-Hongrie (Silésie).
Olching. F. Allemagne (Bavière).
Old-Bridge. États-Unis (New-Jersey).
*Oldbury. L. Iles Britanniques (Angleterre).
Oldcastle. L. Iles Britanniques (Irlande).
Old-Durham. Amérique anglaise (Québec).
Oldenbourg. Allemagne (Oldenbourg). OW.
Oldenburg. L. Allemagne (Prusse; Holstein). EW.
Oldenzaal. P. Pays-Bas.
Oldersum. F. Allemagne (Prusse). OW.
Oldesloe. L. Allemagne (Prusse). EW.
Oldfield-Road. F. Iles Britanniques (Angleterre).
Oldham. Iles Britanniques (Angleterre).
Oldisleben. L. Allemagne (Saxe-Weimar-Eisenach). EW.
Oldkent-Road. F. Iles Britanniques (Angleterre).
Old-Meldrum. L. Iles Britanniques (Écosse).
Old-Durham. Amérique anglaise (Québec).
Old-Orchard-Beach. États-Unis (Maine).
Old-Swett-Springs. États-Unis (Virginie).
Old-Swinford. L. Iles Britanniques (Angleterre).
Oldtown. États-Unis (Maine).
Old-York-Road. États-Unis (Pensylvanie).
Olean. États-Unis (New-York).
Oleggio. FL. Italie (Novare).
Oleopolis. États-Unis (Pensylvanie).
Olewein. États-Unis (Iowa).
Olhao. L. Portugal (Faro).
Olin. États-Unis (Iowa).
Oliva. F. Allemagne (Prusse). EW.
*Olive (L'). L. Belgique (Hainaut).
Olive-Bridge. États-Unis (New-York).
Oliveira-d'Azemeis. L. Portugal (Aveiro).
Olivero. Amérique du Sud (4ᵉ région).
Olivet. États-Unis (Michigan).
Olivone. L. Suisse (Tessin).
Olivos. Amérique du Sud (8ᵉ région).
Olkousch. L. Russie d'Europe (Keltze).
Ollerton. L. Iles Britanniques (Angleterre).
Ollon. L. Suisse (Vaud).
Olmenetta. FL. Italie (Crémone).
Olmsted Falls. États-Unis (Ohio).
Olmutz. N. Autriche-Hongrie (Moravie).
Olney. États-Unis (Illinois).
Olney. L. Iles Britanniques (Angleterre).
Olpe. L. Allemagne (Prusse). OW.
Olsberg. F. Allemagne (Prusse). OW.
Olsene. L. Belgique (Flandre orientale).
Olst. P. Pays-Bas.
Olszanika. FL. Autriche-Hongrie (Galicie).
Olten. N/2. Suisse (Soleure).
Oltenitza. L. Roumanie.
Olympia. États-Unis (Washington territoire).
Olyphant. États-Unis (Pensylvanie).
Omagh. Iles Britanniques (Irlande).
Omaha. États-Unis (Illinois).
Omaha. États-Unis (Nebraska).
Omaha-Junction. États-Unis (Nebraska).
Omar (Jefferson Co). États-Unis (New-York).
Omemee. Amérique anglaise (Ontario).
Omemee-Station. Amérique anglaise (Ontario).
Omerkote. L. Indes. OC.

O'Moldova (Alt-Moldova). L. Autriche-Hongrie (Confins militaires).
Omro. États-Unis (Wisconsin).
Omsk. N. Russie d'Asie (Sibérie, 1ʳᵉ région).
Onarga. États-Unis (Illinois).
Onawa. États-Unis (Iowa).
Once-Setiembre. Amérique du Sud (4ᵉ région).
Oneco. États-Unis (Connecticut).
Oneglia (S. Oneille). L. Italie (Port-Maurice).
Onehunga. Nouvelle-Zélande.
Oneida. États-Unis (Illinois).
Oneida. États-Unis (New-York).
Oneonta. États-Unis (New-York).
Oneota. États-Unis (Minnesota).
Ongar. L. Iles Britanniques (Angleterre).
*Onlwyn. F. Iles Britanniques (Angleterre).
Onondaga. États-Unis (Michigan).
Ononwa. États-Unis (Iowa).
Onslow. États-Unis (Iowa).
Ontario. États-Unis (New-York).
Ontario. États-Unis (Ohio).
Oodwara. F. Indes. OC.
Oojein. L. Indes. OC.
Oomrawutee. Indes. OC.
Oonao. F. Indes. OC.
Oorvolee. F. Indes. OC.
Oos. FL. Allemagne (Bade).
Oostburg. L. Pays-Bas.
Oosterhout. L. Pays-Bas.
Oostkamp. L. Belgique (Flandre occidentale).
Oostmahorn. L. Pays-Bas.
Oostmalle. L. Belgique (Anvers).
Oostvleteren. L. Belgique (Flandre occidentale).
Ootacamund. Indes. OC.
Opalenica. F. Allemagne (Prusse). EW.
Opatow. L. Russie d'Europe (Radom).
Opatowitz. FL. Autriche-Hongrie (Bohême).
O'Pazua (Alt-Pazua). L. Autriche-Hongrie (Confins militaires).
Opelika. États-Unis (Alabama).
Ophir. États-Unis (Utah).
Opimoka. Nouvelle-Zélande.
Opladen. L. Allemagne (Prusse). OW.
Opocno. L. Autriche-Hongrie (Bohême).
Opole. Russie d'Europe (Lublin).
Oporto ou Porto. N. Portugal (Porto).
Opostchna. L. Russie d'Europe (Radom).
Oppeln. Allemagne (Prusse). EW.
Oppenau. L. Allemagne (Bade).
Oppenheim. L. Allem. (Hesse-Darmstadt). OW.
Oppido-Mamertina. L. Italie (Reggio de Calabre).
Oppurg. F. Allemagne (Saxe-Weimar). EW.
Oquawka. États-Unis (Illinois).
Orange. Australie (Nouvelle-Galles du Sud).
Orange. États-Unis (Massachusetts).
Orange. États-Unis (New-Jersey).
Orange. États-Unis (Texas).
Orangeburg. États-Unis (Caroline du Sud).
Orangeville. Amérique anglaise (Ontario).
Orangeville. États-Unis (Ohio).
Oranienbaum. Russie d'Eur. (Saint-Pétersbourg).
Oranmore. L. Iles Britanniques (Irlande).
Orawitza. L. Autriche-Hongrie (Hongrie).
Orbach (S. Orbe). L. Suisse (Vaud).
Orbe. L. Suisse (Vaud).
Orbetello. Italie (Grosseto).
Orczifalva (Orezidorf). FL. Autriche-Hongrie (Hongrie).

Orc. L. Iles Britanniques (Angleterre).
Oreana. États-Unis (Nevada).
Orebic. L. Autriche-Hongrie (Dalmatie).
Oregon. États-Unis (Wisconsin).
Oregon-City. États-Unis (Oregon).
Orel. N. Russie d'Europe (Orel).
Orenburg. Russie d'Europe (Orenburg).
Orense. N. Espagne (Orense).
Oret. L. Belgique (Namur).
*Orfa. (S. Ourfa). L. Turquie d'Asie. A3. B2. C2. D2.
Orford. États-Unis (New-Hampshire).
Orford. États-Unis (Wisconsin).
Orford. L. Iles Britanniques (Angleterre).
Orguéef. Russie d'Europe (Bessarabie).
Orient. États-Unis (Michigan).
Orihuela. Espagne (Murcie).
Orillia. Amérique anglaise (Ontario).
Orion. États-Unis (Illinois).
Oriskany. États-Unis (New-York).
Oriskany-Falls. États-Unis (New-York).
Oristano. Italie (Cagliari).
Orléans. États-Unis (Indiana).
Orléans. États-Unis (Massachusetts).
Orlow. F. Autriche-Hongrie (Hongrie).
*Orlowskoie. Russie d'Asie (Sibérie, 3ᵉ région).
Ormara. L. Beloutchistan.
Ormont-Dessu (Diablerets). L. Suisse (Vaud).
Ormskirk. L. Iles Britanniques (Angleterre).
Ormstown. Amérique anglaise (Québec).
Oron. L. Suisse (Vaud).
Orono. Amérique anglaise (Ontario).
Orono. États-Unis (Maine).
*Oropa. BL. Italie.
Orosei. L Italie (Sassari).
Oroshaza. F. Autriche-Hongrie (Hongrie).
Oroszlamos. FL. Autriche-Hongrie (Hongrie).
Oroville. États-Unis (Californie).
Orpington. F. Iles Britanniques (Angleterre).
Orpira. Russie du Caucase (Koutaïs).
Orp-le-Grand. L. Belgique (Brabant).
Orrell F. Iles Britanniques (Angleterre).
Orrick. États-Unis (Missouri).
Orroir. L. Belgique (Flandre orientale).
Orschweier. FL. Allemagne (Bade).
Orsett. L. Iles Britanniques (Angleterre).
Orsières. L. Suisse (Valais).
Orsowa. N. Autriche-Hongrie (Hongrie).
Orsoy. L. Allemagne (Prusse). OW.
Orta-Nova. FL. Italie (Foggia).
Orte. FL. Italie (Rome).
Ortelsburg. L. Allemagne (Prusse). EW.
Ortenberg. L. Allemagne (Hesse-Darms.). OW.
Orton. L. Iles Britanniques (Angleterre).
Ortona. L. Italie (Chieti).
Ortrand. F. Allemagne (Prusse). EW.
Orvieto. L. Italie (Pérouse).
Orville. États-Unis (Ohio).
Orwigsburg. États-Unis (Pensylvanie).
Orzinuovi. L. Italie.
Orzesche. F. Allemagne (Prusse). EW.
Osaga. États-Unis (Kansas).
Osage. États-Unis (Iowa).
Osage. États-Unis (Missouri).
Osage City. États-Unis (Kansas).
Osage Mission. États-Unis (Kansas).
Osaki. Japon.
Osborn. États-Unis (Missouri).

Osborne. États-Unis (Ohio).
Osborne. Iles Britanniques (Angleterre).
Osceola. États-Unis (Indiana).
Osceola. États-Unis (Iowa).
Osceola. États-Unis (Pensylvanie).
Oschatz. F. Allemagne (Saxe). EW.
Oschersleben. Allemagne (Prusse). EW.
Oschiri. L. Italie (Sassari).
Osco. États-Unis (Illinois).
Oscoda. États-Unis (Michigan).
Osgood. États-Unis (Indiana).
Osgoode. Amérique anglaise (Ontario).
Oshawa. Amérique anglaise (Ontario).
Oshawa G. T. R. Amérique anglaise (Ontario).
Oshkosh. États-Unis (Wisconsin).
Oshtemo. États-Unis (Michigan).
Osimo. L. Italie (Ancône).
Oskaloosa. États-Unis (Iowa).
Oskarshamm. L. Suède.
Osogna. L. Suisse (Tessin).
Osnabrück. Allemagne (Prusse; Hanovre). OW.
Ospedaletto-Lodigiano. FL. Italie (Milan).
Ospitaletto-Bresciano. FL. Italie (Brescia).
Oss. Pays-Bas.
Ossegg. FL. Autriche-Hongrie (Bohême).
Ossero. L. Autriche-Hongrie (Istrie).
Osset. L. Iles Britanniques (Angleterre).
Ossiach. FL. Autriche-Hongrie (Carinthie).
Ossian. États-Unis (Indiana).
Ossian. États-Unis (Iowa).
Ossiek. F. Allemagne (Prusse). EW.
Ossineka. États-Unis (Michigan).
Ossipee. États-Unis (New-Hampshire).
Ostende. Belgique (Flandre occidentale).
Osterburg. L. Allemagne (Prusse). EW.
Osterburken. FL. Allemagne (Bade).
Osterhagen. F. Allemagne (Prusse). EW.
Osterhofen. PF. Allemagne (Bavière).
Osterholz-Scharmbeck. F. Allem. (Prusse; Hanovre). EW.
Ostermunchen. F. Allemagne (Bavière).
Osterode (A. d. Drevenz). L. Allem. (Prusse; Hanovre). EW.
Osterode-am-Harz. L. Allemagne (Prusse). EW.
Osterrath. F. Allemagne (Prusse). OW.
Oster-Risoer (S. Risoer). Norwége.
Osterspai. F. Allemagne (Prusse; Nassau). OW.
Ostheim. L. Allemagne (Saxe-Weimar). EW.
Osthofen. F. Allemagne (Hesse-Darms.). OW.
Ostiglia. L. Italie (Mantoue).
Ostrander. États-Unis (Ohio).
Ostrau. F. Allemagne (Saxe). EW.
Ostrau (S. Mahrisch-Ostrau). Autr.-Hong. (Moravie).
Ostrog. L. Russie d'Europe (Wolhynie).
Ostrolenka. L. Russie d'Europe (Lombska).
Ostrowetz. Russie d'Europe (Radom).
Ostrowo. Allemagne (Prusse). EW.
Ostrowo. F. Russie d'Europe (Varsovie).

Ostuni. L. Italie (Lecce).
Oswaldtwistle. L. Iles Britanniques (Angleterre).
Oswego. États-Unis (Illinois).
Oswego. États-Unis (Kansas).
Oswego. États-Unis (New-York).
Oswestry. Iles Britanniques (Angleterre).
Oswieczim. L. Autriche-Hongrie (Galicie).
Osyka. États-Unis (Mississipi).
Otaki. Nouvelle-Zélande.
Otego. États-Unis (New-York).
Othmarsingen. L. Suisse (Argovie).
Otisville. États-Unis (Michigan).
Otisville. États-Unis (New-York).
Otley. États-Unis (Iowa).
Otley. L. Iles Britanniques (Angleterre).
Otloczin. F. Allemagne (Prusse). EW.
Otrante. N. Italie (Lecce).
Otrante (Sém.). Italie (Lecce).
Otsego (Allegan Co). États-Unis (Michigan).
Otsego Lake (Otsego Co). États-Unis (Michigan).
Otsego. États-Unis (Wisconsin).
Ottange. FL. Luxembourg.
Ottawa. Amérique anglaise (Ontario).
Ottawa. Amérique anglaise (Ontario).
Ottawa. États-Unis (Illinois).
Ottawa. États-Unis (Kansas).
Ottawa Lake. États-Unis (Michigan).
Ottawa. États-Unis (Minnesota).
Ottawa. États-Unis (Ohio).
Ottenbach. L. Suisse (Zurich).
Ottenhofen. F. Allemagne (Bavière).
Ottensoos. PF. Allemagne (Bavière).
Otterberg. L. Allemagne (Bavière).
Otterbien. États-Unis (Indiana).
Otterburn. L. Iles Britanniques (Angleterre).
Otter Lake. États-Unis (Michigan).
Otterndorf. L. Allemagne (Prusse; Hanovre). EW.
Ottersweier. FL. Allemagne (Bade).
Otterville. Amérique anglaise (Ontario).
Otterville. États-Unis (Missouri).
Ottery-Road. F. Iles Britanniques (Angleterre).
Ottery-Saint-Mary. L. Iles Britann. (Angleterre).
Ottignies. Belgique (Brabant).
Ottmachau. L. Allemagne (Prusse). EW.
* Ottobeuren. L. Allemagne (Bavière).
Ottocac. L. Autriche-Hongrie (Confins militaires).
* Ottringham. F. Iles Britanniques (Angleterre).
* Ottrott. L. Allemagne (Alsace-Lorraine).
Ottumwa. États-Unis (Iowa).
Ottweiler. L. Allemagne (Prusse). OW.
Ottynia. F. Autriche-Hongrie (Galicie).
Otuz. F. Allemagne (Prusse). EW.
Otzenrath. F. Allemagne (Prusse). OW.
Oube (S. Ub.). L. Serbie.
Ouchy (S. Beaurivage). Suisse (Vaud).
Oudbeijerland. PL. Pays-Bas.
Oudenarde (S. Audenarde). Belg. (Flandre orient.).
Oudenbosch. P. Pays-Bas.

Oude-Pekela. L. Pays-Bas.
Oude-Tonge. L. Pays-Bas.
Oudewater. L. Pays-Bas.
Oufa (S. Ufa). N. Russie d'Europe (Oufa).
Oughterard. L. Iles Britanniques (Irlande).
Ougree. FL. Belgique (Liége).
Oujitzé. Serbie.
* Oukir. Russie d'Asie (Sibérie, 3° région).
Oulton. L. Iles Britanniques (Angl.; Yorkshire).
Oulx. FL. Italie.
Ouman (S. Uman). L. Russie d'Europe (Kiew).
Oundle. L. Iles Britanniques (Angleterre).
Ouralsk. Russie d'Europe (Orenbourg).
*Ourfa (Orfa). L. Turquie d'Asie A3 B2 C2 D2
Ourga (par Kiachta). Chine.
Ourinoves. FL. Autriche-Hongrie (Bohême).
* Oustekara. Russie d'Asie (Sibérie, 3° région).
Ovalle. Amérique du Sud (10° région).
Ovelgonne. L. Allemagne (Prusse). OW.
Overbrook. États-Unis (Pensylvanie).
Over-Darwen. F. Iles Britanniques (Angleterre).
Overton. États-Unis (Texas).
Overton. L. Iles Britanniques (Angleterre).
Ovid. États-Unis (Michigan).
Ovid. États-Unis (New-York).
Oviedo. N. Espagne (Oviedo).
Oviglio. FL. Italie (Alexandrie).
Ovoca. L. Iles Britanniques (Irlande).
Owasso. États-Unis (Michigan).
Owatonna. États-Unis (Minnesota).
Owego. États-Unis (New-York).
Owen. L. Allemagne (Wurtemberg).
Owensboro. États-Unis (Kentucky).
Owen-Sound. Amérique anglaise (Ontario).
Owston-Ferry. L. Iles Britanniques (Angleterre).
Oxford. Amérique anglaise (Ontario).
Oxford. États-Unis (Alabama).
Oxford. États-Unis (Maine).
Oxford. États-Unis (Maryland).
Oxford. États-Unis (Massachusetts).
Oxford. États-Unis (Mississipi).
Oxford. États-Unis (New-Jersey).
Oxford. États-Unis (Nouvelle-Écosse).
Oxford. États-Unis (Pensylvanie).
Oxford (Benton Co). États-Unis (Indiana).
Oxford (Butler Co). États-Unis (Ohio).
Oxford (Chenango Co). États-Unis (New-York).
Oxford (Johnson Co). États-Unis (Iowa).
Oxford Junc. (Jones Co). États-Unis (Iowa).
Oxford-Mills. États-Unis (Iowa).
Oxford. N. Iles Britanniques (Angleterre).
Oxoé. S. Norwége.
Oyster-Bay. L. I. États-Unis (New-York).
Ozaukee. États-Unis (Wisconsin).
Ozieri. L. Italie (Sardaigne).
Ozydow. FL. Autriche-Hongrie (Galicie).
Ozzano-Monferrato. FL. Italie (Alexandrie).

P

Pabellon. Amérique du Sud (10° région).
Pabos. Amérique anglaise (Québec).
Pabroo. N. Indes. EC.
Pacheo. États-Unis (Californie).
Pachino. L. Italie (Palerme).

Pachora. F. Indes. OC.
Pacific-Junction (Mills Co). États-Unis (Iowa).
Paco-d'Arcos (1). L. Portugal (Lisbonne).
Pacosc. L. Allemagne (Prusse). EW.
Padang. Sumatra. OS.

Paddock-Wood. F. Iles Britann. (Angleterre).
Paderborn. Allemagne (Prusse). OW.
Padiham. L. Iles Britanniques (Angleterre).
Padoue. N/2. Italie (Padoue).
Padoung. L. Indes. EC.

(1) Ouvert depuis le point du jour jusqu'à la nuit.

Padron. L. Espagne (Corona).
Padstow. L. Iles Britanniques (Angleterre).
Paducah. États-Unis (Kentucky).
Pagani. L. Italie (Salerne).
Paganico. FL. Italie.
Pagdar. F. Indes. OC.
Pago. L. Autriche-Hongrie (Dalmatie).
Pahadee. F. Indes. OC.
Paharee. F. Indes. OC.
Paierbach. F. Autriche-Hongrie (sous l'Enns).
Paignton. L. Iles Britanniques (Angleterre).
Painesville. États-Unis (Ohio).
Painsec-Junction. Amér. angl. (Nouveau-Brunswick).
Painswick. L. Iles Britanniques (Angleterre).
Painted-Post. États-Unis (New-York).
Painter (Mifflin Co). États-Unis (Pensylvanie).
Paisley. Amérique anglaise (Ontario).
Paisley. Iles Britanniques (Écosse).
Pajarès (Venta de). Espagne (Léon).
Paka. F. Autriche-Hongrie (Bohême).
Pakenham. Amérique anglaise (Ontario).
Pakrac. L. Autriche-Hongrie (Esclavonie).
Paks. L. Autriche-Hongrie (Hongrie).
Palagonia. L. Italie (Catane).
Palamcotta. L. Indes. OC.
Palanka. L. Autriche-Hongrie (Hongrie).
Palanka. L. Serbie.
Palatine. États-Unis (Illinois).
Palatine-Bridge. États-Unis (New-York).
Palatka. États-Unis (Floride).
* **Palau.** Italie.
Palazzo-Adriano. L. Italie (Palerme).
Palazzolo. L. Italie (Brescia).
Palazzolo-Acreide. L. Italie (Palerme).
Palazzo-S.-Gervazio. L. Italie (Potenza).
Palembang. L. Sumatra.
Palencia. N. Espagne (Palencia).
Palerme. N. Italie (Palerme).
Palestine. États-Unis (Indiana).
Palestine. États-Unis (Missouri).
Palestine. États-Unis (Ohio).
Palestine. États-Unis (Texas).
Palézieux. FL. Suisse (Vaud).
Palfalva. F. Autriche-Hongrie (Hongrie).
Palghaut. F. Indes. OC.
Palghur. F. Indes. OC.
Palics. F. Autriche-Hongrie (Hongrie).
Palisade. États-Unis (Nevada).
Paliseul. L. Belgique (Luxembourg).
Palizzi. FL. Italie (Reggio di Calabrio).
Pallanza. L. Italie (Novare).
Pallasgreen. L. Iles Britanniques (Irlande).
Pallaskenry. L. Iles Britanniques (Irlande).
Pallee. L. Indes. OC.
Pallej. F. Indes. OC.
Pallum. F. Indes. OC.
Palma. N. Espagne (Majorque).
Palma-Campania. FL. Italie (Caserte).
Palma-di-Montechiaro. L. Italie (Girgenti).
Palmanova. Italie (Udine).
Palmaria (Ile de). Sem. Italie (Gênes).
Palmer. États-Unis (Massachusetts).
Palmers's Falls. États-Unis (New-York).
Palmerston. Nouvelle-Zélande.
Palmetto. États-Unis (Géorgie).
Palmi. Italie (Reggio de Calabre).
Palmyra. États-Unis (Missouri).
Palmyra. États-Unis (New-Jersey).
Palmyra. États-Unis (New-York).
Palmyra. États-Unis (Wisconsin).
Palo. États-Unis (Iowa).
Palo. FL. Italie.
Palo-Alto. États-Unis (Pensylvanie).
Palo-del-Colle. L. Italie (Bari).
Paloma. États-Unis (Illinois).
Palota. F. Autriche-Hongrie (Hongrie).
Pampelune. N. Espagne (Navarre).
Pampigny. L. Suisse (Vaud).
Pamplin's. États-Unis (Virginie).
Pamrapo. États-Unis (New-Jersey).
Pana. États-Unis (Illinois).
Panacca. États-Unis (Utah).
Panama. États-Unis (New-York).
Panama. Amérique du Sud (Nouvelle-Grenade).
Pancsowa. Autriche-Hongrie (Confins militaires).
Pandooah. F. Indes. OC.
Paneeghur. F. Indes. OC.
Pangbourne. L. Iles Britanniques (Angleterre).
Pange. FL. Allemagne (Alsace-Lorraine).
Pangsa. F. Indes. OC.
Panolee. F. Indes. OC.
Pansdorf. F. Allemagne (Oldenbourg). EW.
* **Pant.** L. Iles Britanniques (Angleterre).
Pantyffynon. F. Iles Britanniques (Angleterre).
Paola. États-Unis (Kansas).
Paola. Italie (Cosenza).
Paoli. États-Unis (Pensylvanie).
Papa. Autriche-Hongrie (Hongrie).
Papenbourg. L. Allem. (Prusse; Hanovre). OW.
Paphoond. F. Indes. OC.
Papiermühle. L. Suisse (Berne).
Papineau. États-Unis (Illinois).
Papineauville. Amérique anglaise (Québec).
Pappenheim. L. Allemagne (Bavière).
Pappillion. États-Unis (Nebraska).
Par. L. Iles Britanniques (Angleterre).
Para (S. Belem). Amérique du Sud (Brésil).
Parabiago. FL. Italie (Milan).
Paralta. États-Unis (Iowa).
Parana. Amérique du Sud (3e région).
Paratchin. L. Serbie.
Parchim. L. Allemagne (Mecklembourg). EW.
Parchwitz. L. Allemagne (Prusse). EW.
Pardany. L. Autriche-Hongrie (Hongrie).
Pardee. F. Indes. OC.
Pardeeville. États-Unis (Wisconsin).
Pardoe's. États-Unis (Pensylvanie).
Pardubitz. N. Autriche-Hongrie (Bohême).
* **Parede.** Sém. Portugal (Lisbonne).
Paredes. L. Portugal (Porto).
Parell. Indes. OC.
Parenzo. L. Autriche-Hongrie (Istrie).
Paris. États-Unis (Illinois).
Paris. États-Unis (Kentucky).
Paris. États-Unis (Michigan).
Paris. États-Unis (Missouri).
Paris. G. W. R. États-Unis (Ontario).
Paris. États-Unis (Tennessee).
Paris. États-Unis (Texas).
Paris. États-Unis (Utah).
Paris. G. T. R. Amérique anglaise (Ontario).
Paris Town. Amérique anglaise (Ontario).
Parish. États-Unis (New-York).
Park. F. Iles Britanniques (Angleterre).
Park. F. Iles Britanniques (Écosse).
Parker. États-Unis (Kansas).
Parkersburg. États-Unis (Iowa).
Parkersburg. États-Unis (Virginie).
Parker's-Landing. États-Unis (Pensylvanie).
Parkesburg. États-Unis (Pensylvanie).
Parkgate. L. Iles Britanniques (Angleterre).
Park-Hill. Amérique anglaise (Ontario).
Park-Hill-Station. Amérique anglaise (Ontario).
Parkhill. L. Iles Britanniques (Écosse).
Park's-Fort. États-Unis (Kansas).
Parkstein-Hutten. PF. Allemagne (Bavière).
Parkville. États-Unis (Missouri).
Parma. États-Unis (Michigan).
Parme. N/2. Italie (Parme).
Parnassus. États-Unis (Pensylvanie).
Parndorf. F. Autriche-Hongrie (Hongrie).
Parona-All-Adige. FL. Italie (Vérone).
Parowan. États-Unis (Utah).
Parpan. L. Suisse (Grisons).
Parral. Amérique du Sud (10e région).
Parramatta. Australie (Nouvelle-Galles du Sud).
Parry-Sound. Amérique anglaise (Ontario).
Parryville. États-Unis (Pensylvanie).
Parsberg. L. Allemagne (Bavière).
Parsberg. PF. Allemagne (Bavière).
Parschnitz. FL. Autriche-Hongrie (Bohême).
Parscov. L. Roumanie (Buzeu).
Parson's. États-Unis (Kansas).
Parsonstown. L. Iles Britanniques (Irlande).
Partanna. L. Italie.
Partenkirchen. L. Allemagne (Bavière).
Partenstein. F. Allemagne (Bavière).
Partick. L. Iles Britanniques (Écosse).
Partinico. L. Italie (Palerme).
Partridge-Green. F. Iles Britann. (Angleterre).
Parus. F. Indes. OC.
Pasbebiac. Amérique anglaise (Québec).
Pascagoula. États-Unis (Mississipi).
Pasewalk. Allemagne (Prusse). EW.
Pasian-Schiavonesco. FL. Italie (Udine).
Pasing. F. Allemagne (Bavière).
Paso-Real. Amérique centrale (île de Cuba).
Paspebiac. Amérique anglaise (Québec).
Passage-East. L. Iles Britanniques (Irlande).
Passage-West. L. Iles Britanniques (Irlande).
Passaic. États-Unis (New-Jersey).
Pass a l'Outre. États-Unis (Louisiane).
Passaroeang. Java. ES.
Passau. N/2. Allemagne (Bavière).
Pass-Christian. États-Unis (Mississipi).
Passignano. FL. Italie (Pérouse).
Passo-Coreze. FL. Italie (Pérouse).
Passoor. F. Indes. OC.
Passow. F. Allemagne (Prusse). EW.
Paszthoe. F. Autriche-Hongrie (Hongrie).
Patarlogele. L. Roumanie (Buzeu).
Pataskala. États-Unis (Ohio).
Patea. Nouvelle-Zélande.
Pateley-Bridge. L. Iles Britanniques (Angleterre).
Paternion-Feistritz. FL. Autriche-Hongrie (Carinthie).
Paterno. L. Italie (Catane).
Paterson. États-Unis (New-Jersey).
Pathhead. L. Iles Britanniques (Écosse).
Patna. F. Indes. OC.
Patoka. États-Unis (Illinois).
Patoka. États-Unis (Indiana).
Patona États-Unis (Alabama).
Patras. N. Grèce continentale.

Patree. F. Indes. OC.
Patrington. L. Iles Britanniques (Angleterre).
Patricroft. L. Iles Britanniques (Angleterre).
Patroha. FL. Autriche-Hongrie (Hongrie).
Patschkau. L. Allemagne (Prusse). EW.
Patterdale. L. Iles Britanniques (Angleterre).
Patterson. États-Unis (New-York).
Patterson. Amérique anglaise (Ontario).
Patti. L. Italie (Messine).
Pattie. Java. ES.
Paturages. L. Belgique (Hainaut).
Patus. F. Indes. OC.
Patzau. L. Autriche-Hongrie (Bohême).
Paulinenaue. F. Allemagne (Prusse). EW.
Paulowsk. L. Russie d'Europe (St.-Pétersbourg).
Paul-Smith's (Summer office). États-Unis (New-York).
Paulton. L. Iles Britanniques (Angleterre).
Paumben. N. Indes. OC.
Pavie. L. Italie (Pavie).
Pavillon-Stave. L. Belgique (Namur).
Pavullo-nel-Frignano. L. Italie (Modène).
Pawkoor. F. Indes. OC.
Pawlet. États-Unis (Vermont).
Pawlings. États-Unis (New-York).
Pawlowitz. L. Autriche-Hongrie (Moravie).
Pawnee. Etats-Unis (Kansas).
Paw Paw. États-Unis (Illinois).
Pawtucket. États-Unis (Rhode Island).
Paxton. États-Unis (Illinois).
Paxton-House. États-Unis (Pensylvanie).
Payerne. L. Suisse (Vaud).
Payson. États-Unis (Utah).
Paz (La). Amérique du Sud (3ᵉ région).
Peabody. Etats-Unis (Kansas).
Peabody. États-Unis (Massachusetts).
Peace. États-Unis (Kansas).
Peacedale. États-Unis (Rhode-Island).
Peak-Forest. F. Iles Britanniques (Angleterre).
Pearl. États-Unis (Illinois).
Pecatonika. États-Unis (Illinois).
Pecek. L. Autriche-Hongrie (Bohême).
Peche. Amérique anglaise (Québec).
Peckelsheim. L. Allemagne (Prusse). OW.
Peckville. États-Unis (Pensylvanie).
Pecs (Funfkirchen). N. Aut.-Hongrie (Hongrie).
Pecs-Banya (Funfkirchengrube). F. Autriche-Hongrie (Hongrie).
Peczel. F. Autriche-Hongrie (Hongrie).
Pedaso. FL. Italie (Ascoli-Piceno).
Peebles. L. Iles Britanniques (Écosse).
Peekskill. États-Unis (New-York).
Peel. L. Iles Britanniques (Angleterre).
Peer. L. Belgique (Limbourg).
Peerpointee. F. Indes. OC.
Pegau. F. Allemagne (Saxe) EW.
Peggau. F. Autriche-Hongrie (Styrie).
Pegli. L. Italie (Gênes).
Pegnitz. L. Allemagne (Bavière).
Peine. F. Allemagne (Prusse-Hanovre). EW.
Peirce City. Etats-Unis (Missouri).
Peissant. L. Belgique (Hainaut).
Peiskretcham. L. Allemagne (Prusse). EW.
Peitz. L. Allemagne (Prusse). EW.
Pekalongan. Java. OS.
Pekin. États-Unis (Illinois).
Pékin (par Kiachta). Chine.

Pelham. États-Unis (Alabama).
Pelham. États-Unis (Caroline du Nord).
Pella. États-Unis (Iowa).
Pelplin. L. Allemagne (Prusse). EW.
Pelsal. L. Iles Britanniques (Angleterre).
Pelsdorf. FL. Autriche-Hongrie (Bohême).
Pelsoecz (Pleisnitz). L. Autr.-Hongrie (Hongrie).
Peltres. F. Allemagne (Alsace-Lorraine).
Pelworm. L. Allemagne (Prusse-Sleswig). EW.
Pemberton. États-Unis (New-Jersey).
Pemberton. L. Iles Britanniques (Angleterre).
Pembina. États-Unis (Dacotah).
Pembrey. F. Iles Britanniques (Angleterre).
Pembridge. L. Iles Britanniques (Angleterre).
Pembrok. L. Iles Britanniques (Angleterre).
Pembroke. Amérique anglaise (Ontario).
Pembroke. États-Unis (Kentucky).
Pembroke. Etats-Unis (Maine).
Pembroke-Dock. L. Iles Britann. (Angleterre).
Pembury. L. Iles Britanniques (Angleterre).
Penafiel. L. Espagne (Valladolid).
Penafiel. L. Portugal (Porto).
Penang. Ile de Penang.
Penaranda-de-Bracamonte. L. Espagne (Salamanque).
Penarth. L. Iles Britanniques (Angleterre).
Penarth-Dock. F. Iles Britanniques (Angleterre).
Penarth-Harbour. Iles Britanniques (Angleterre).
Penarth (Shipping office). F. Iles Britan. (Anglet.)
Penataquit. L. I. Etats-Unis (New-York).
* Pencader. F. Iles Britanniques (Angleterre).
Pendlebury. L. Iles Britanniques (Angleterre).
Pendleton. États-Unis (Caroline du Sud).
Pendleton. États-Unis (Indiana).
Pendleton. États-Unis (Ohio).
* Pendleton. F. Iles Britanniques (Angleterre).
Penetanguisheno. Amérique anglaise (Ontario).
Peniche (1) L. Portugal (Leria).
Penig. Allemagne (Saxe). EW.
Peninsula-Gaspe. Amérique anglaise (Québec).
Peninsula. Australie (Australie méridionale).
Penistone. L. Iles Britanniques (Angleterre).
Penkridge. L. Iles Britanniques (Angleterre).
Penmaenmawr. L. Iles Britanniques (Angleterre).
Penn. États-Unis (Pensylvanie).
Penn. L. Iles Britanniques (Angleterre).
Penne. L. Italie (Teramo).
Penn-Haven. États-Unis (Pensylvanie).
Penn-Haven-Junction. Etats-Unis (Pensylvanie).
Pennington. États-Unis (New-Jersey).
Penningtonville. États-Unis (Pensylvanie).
Pennsylvania-Furnace. États-Unis (Kentucky).
Pennycuik. L. Iles Britanniques (Ecosse).
Penn-Yan. États-Unis (New-York).
Penobscot (Luzerne Co). États-Unis (Pensylvanie).
Penobsquis. Amérique angl. (Nouveau-Brunswick).
Penola. Australie (Australie méridionale).
Penrhyndeudrath. F. Iles Britann. (Angleterre).
Penrith. Australie (Nouvelle-Galles du Sud).
Penrith. Iles Britanniques (Angleterre).
Penruddock. F. Iles Britanniques (Angleterre.)
Penryn. L. Iles Britanniques (Angleterre).
Pensacola. Etats-Unis (Floride).
Pensacola-Junction. États-Unis (Alabama).
Pensaukee. États-Unis (Wisconsin).
Pensberg. F. Allemagne (Bavière).
Pensford. L. Iles Britanniques (Angleterre).

Penshurst. Australie (Victoria).
Penshurst. L. Iles Britanniques (Angleterre).
Pensnett. L. Iles Britanniques (Angleterre).
Pentre. L. Iles Britanniques (Angleterre).
Pentwater. Etats-Unis (Michigan).
* Penwyllt. F. Iles Britanniques (Angleterre).
Pen-y-gross. L. Iles Britanniques (Angleterre).
Penza. N. Russie d'Europe (Penza).
Penzance. Iles Britanniques (Angleterre).
Penzberg. F. Allemagne (Bavière).
Penzig. F. Allemagne (Prusse). EW.
Penzing. FL. Autr.-Hongrie (sous l'Enns).
Peoria. Etats-Unis (Illinois).
Peosta. Etats-Unis (Iowa).
Peotone. Etats-Unis (Illinois).
Peperia. F. Indes. OC.
Pepinster. Belgique (Liége).
Pepperell. États-Unis (Massachusetts).
Pequot-House. Etats-Unis (Connecticut).
Pera (Constantinople). Turq. d'Eur. A1, B1. C1. D3.
Perambore. F. Indes. OC.
Perach. F. Allemagne (Bavière).
Peranduray. F. Indes. OC.
Perarolo. L. Italie (Bellune).
Perbenyik. FL. Autriche-Hongrie (Hongrie).
Perbete. F. Autriche-Hongrie (Hongrie).
Perce. Amérique anglaise (Québec).
Perch. Amérique anglaise (Ontario).
Percival. Etats-Unis (Iowa).
Percy. Etats-Unis (Wyoming).
Perdido. États-Unis (Alabama).
Perejaslaw. Russie d'Europe (Poltawa).
Perekop. Russie d'Europe (Tauride).
Pergamino. Amérique du Sud (2ᵉ région).
Perg. L. Autriche-Hongrie (sur l'Enns).
Pergine. L. Autriche-Hongrie (Tyrol).
Pergola. L. Italie (Pesare et Urbin).
Perham. États-Unis (Minnesota).
Peri. FL. Italie (Vérone).
Perjamos. L. Autriche-Hongrie (Hongrie).
Perl. L. Allemagne (Prusse). OW.
Perleberg. L. Allemagne (Prusse). EW.
Perlen. L. Suisse (Lucerne).
Perm. N. Russie d'Europe (Perm).
Pernambouc. Amérique du Sud. (Brésil.)
Pernau. Russie d'Europe. (Livonie).
Pernegg. F. Autriche-Hongrie (Styrie).
Perosa-Argentina. L. Italie (Turin).
Perpengaddy. F. Indes. OC.
Perranarworthal. L. Iles Britann. (Angleterre).
Perranwell. F. Iles Britanniques (Angleterre).
Perry. États-Unis (Iowa).
Perry. États-Unis (Kansas).
Perry. États-Unis (New-York).
Perry. États-Unis (Ohio).
Perry-Barr. L. Iles Britanniques (Angleterre).
Perryman's. États-Unis (Maryland).
Perrysburg. États-Unis (New-York).
Perrysburg. États-Unis (Ohio).
Perrysville. Etats-Unis (Indiana).
Perrysville. États-Unis (Pensylvanie).
Perryville. États-Unis (Maryland).
Pershore. L. Iles Britann. (Angleterre).
Pertengo. FL. Italie (Novare).
Perth. Amérique anglaise (Ontario).
Perth. Iles Britanniques (Écosse).
Perth-Amboy. États-Unis (New-Jersey).

(1) Ouvert depuis le point du jour jusqu'à la nuit.

Pertusola L. Italie.
Péru. États-Unis (Illinois).
Péru. États-Unis (Indiana).
Péru. États-Unis (New-York).
Peruc. FL. Autriche-Hongrie. (Bohême).
Perugia (Pérouse). N/2. Italie (Pérouse).
Peruwelz. Belgique (Hainaut).
Perwez. L. Belgique (Brabant).
Perzagno. L. Autriche-Hongrie (Dalmatie).
Pesaro. Italie (Pesaro et Urbin).
Pescadero. États-Unis (Californie).
Pescara. Italie (Chieti).
Peschiera-sul-Lago-di-Garda. FL. Italie (Vérone).
Peschici. L. Italie.
Pescia. L. Italie (Lucques).
Pescina. L. Italie.
Peshawar. Indes. OC.
Peshtigo. États-Unis (Wisconsin).
Peso-da-Regua. Portugal (Villa-Real).
Pesotum. Etats-Unis (Illinois).
Pesqueira (v. Saint-Jean de Pesqueira). Port (Viseu).
Pessione FL. Italie (Turin).
Pesth (Budapesth). N. Autr.-Hong. (Hongrie).
Petaluma. États-Unis (Californie).
Peteghem p. Audenaerde. L. Belgique (Flandre orientale).
Peterboro. Amérique anglaise (Ontario).
Peterboro. États-Unis (New-Hampshire).
Peterborough. N. Iles Britanniques (Angleterre).
Peterhead. Iles Britanniques (Écosse).
Peterlingen (S. Payerne). L. Suisse (Vaud).
Peters. Etats-Unis (Californie).
*Petersaurach. F. Allemagne (Bavière).
Petersburg (S. St-Petersburg) N. Russie d'Europe.
Petersburg. Amérique anglaise (Ontario).
Petersburg. États-Unis (Illinois).
Petersburg. États-Unis (Kansas).
Petersburg. États-Unis (Kentucky).
Petersburg. États-Unis (Michigan).
Petersburgh. États-Unis (New-York).
Pertersburg (Huntingdon Co). États-Unis (Pensylv.).
Petersburg. États-Unis (Virginie).
Pétersburg-Jechnitz. FL. Autr.-Hong. (Bohême).
Petersfield. Iles Britanniques (Angleterre).
Petersham. L. Iles Britanniques (Angleterre).
Petershausen. F. Allemagne (Bavière).
Petersthal (1). BL. Allemagne (Bade).
Peterswaldau. L. Allemagne (Prusse). EW.
Peterwarad (Peterwardin). Autriche-Hongrie (Confins militaires).
Peterwardein. N. Autriche-Hongrie (Confins militaires).
Peterwitz. F. Allemagne (Prusse). EW.
Peterzell. L. Suisse (Saint-Gall).
Peterzell-Kœnigsfeld. FL. Allemagne (Bade).
Petewawa. Amérique anglaise (Québec).
Peticodiac. Amérique angl. (Nouv.-Brunswick).
Petorca. Amérique du Sud (10e région).
Petrea. États-Unis (Ohio).
Petrinia. L. Autriche-Hongrie (Confins militaires).
Petrokow. F. Russie d'Europe (Petrokow).
Petroleum. États-Unis (Virginie).
Petroleum-Centre. États-Unis (Pensylvanie).
Petrolia. Amérique anglaise (Ontario).
Petrolia City. États-Unis (Pensylvanie).
Petroliopolis. États-Unis (Californie).
*Petropawloskoie. Russie d'Asie (Sibérie, 3e région).
Petroszeny. FL. Autriche-Hongrie (Transylvanie).
Petrovatz. L. Serbie.
Petrowitz. F. Autriche-Hongrie (Silésie).
*Petrowsk. Russie d'Asie (Sibérie, 3e région).
Petrowsk. Russie du Caucase (Daghestan).
Petschau. L. Autriche-Hongrie (Bohême).
Pettau. L. Autriche-Hongrie (Styrie).
Pettigo. L. Iles Britanniques (Irlande).
Petworth. L. Iles Britanniques (Angleterre).
Peuerbach. L. Autriche-Hongrie (sur l'Enns).
Pevely. États-Unis (Missouri).
Pevensey. F. Iles Britanniques (Angleterre).
Pewamo. États-Unis (Michigan).
Pewaukee. États-Unis (Wisconsin).
Pewée-Valley. États-Unis (Kentucky).
Pewsey. L. Iles Britanniques (Angleterre).
Pewsum. L. Allemagne (Prusse). OW.
Pfaeffikon. L. Suisse (Zurich).
Pfaffenhofen. F. Allemagne (Bavière).
Pfalzgrafenweiler. L. Allemagne (Wurtemberg).
Pfalzbourg (Phalsbourg) L. Allemagne. (Alsace-Lorraine).
Pfarrkirchen. L. Allemagne (Bavière).
Pfeddersheim. F. Allem. (Hesse-Darmst.). OW.
Pfeffenhausen. L. Allemagne (Bavière).
Pfifflichheim. F. Allemagne (Hesse-Darsmst.). OW.
Pflaumloch. Allemagne (Wurtemberg).
Pforzen. F. Allemagne (Bavière).
Pforzheim. Allemagne (Bade).
Pfreimt. PL. Allemagne (Bavière).
Pfungen. L. Suisse (Zurich).
Pfullendorf. L. Allemagne (Bade).
Pfullingen. L. Allemagne (Wurtemberg).
Pfungstadt. L. Allemagne (Hesse-Darmstadt). OW.
Phalanx-Station. Etats-Unis (Ohio).
Phalsbourg (Phalzbourg). L. Allemagne. (Alsace-Lorraine).
Phelps. Etats-Unis (Missouri).
Phelps. Etats-Unis (New-York).
Phelps. États-Unis (Texas).
Phenix-Station. Etats-Unis (Maryland).
Phila, Wilmington and Balto. R. R. États-Unis (Pensylvanie).
Philadelphia. Etats-Unis (New-York).
Philadelphia. États-Unis (Pensylvanie).
Philippeville. L. Belgique (Namur).
Philippopoli. L. Turq. d'Eur. A1. B3. C2. D3.
Philippsburg. L. Allemagne (Bade).
Philippsburg. F. Allemagne (Alsace-Lorraine).
Philippsheim. F. Allemagne (Prusse). OW.
Phillipsburg. Etats-Unis (New-Jersey).
Philippsburg. États-Unis (Ohio).
Philippsburg. Amérique anglaise (Ontario).
Phillipsburg (Cent. county). Etats-Unis (Pensylvanie).
Phillipsburg (Clarion Co). États-Unis (Pensylvanie).
Phillipsport. Etats-Unis (New-York).
Philipstown. L. Iles Britanniques (Irlande).
Phillipsville. Etats-Unis (New-York).
Phillour. F. Indes. OC.
Philmont. États-Unis (New-York).
Philo. Etats-Unis (Illinois).
Phil-Sheridan. Etats-Unis (Kansas).
Phœnix. Etats-Unis (New-York).
Phœnixville. Etats-Unis (Pensylvanie).
Phonecia. États-Unis (New-York).
Phugwarah. F. Indes. OC.
Piacenza (S. Plaisance) N/2. Italie (Plaisance).
Piadena. L. Italie (Crémone).
Pianerottolo-d'Ariano. FL. Italie (Avellino).
Piano-di-Sorrento. L. Italie (Naples).
*Pianzano. F. Italie.
Piatigorsk. Russie du Caucase (Stawropol).
Piatra. N. Roumanie.
Piave. FL. Italie (Trévise).
Piazza-Armerina. L. Italie (Caltanisetta).
Pickens. Etats-Unis (Mississipi).
Pickering. L. Iles Britanniques (Angleterre).
Pickering. États-Unis (Missouri).
Pickets. États-Unis (Wisconsin).
Picton. Amérique anglaise (Ontario).
Picton. Australie (Nouvelle-Galles du Sud).
Picton. F. Iles Britanniques (Angleterre).
Picton. Nouvelle-Zélande.
Pictou. Amérique anglaise (Nouvelle-Écosse).
Pictou-Landing. Amér. anglaise (Nouvelle-Écosse).
Piddletown. L. Iles Britanniques (Angleterre).
Piding. F. Allemagne (Bavière).
*Piediluco. L. Italie (Pérouse).
Piedimonte-d'Alife. L. Italie (Caserte).
Piedimonte-Etneo. FL. Italie (Catane).
Piedimulera. L. Italie.
Piedmont. Etats-Unis (Missouri).
Piedmont. Etats-Unis (Virginie).
Piedmont. États-Unis (Wyoming).
Piedmont (Fauquier Co). Etats-Unis (Virginie).
Piel. F. Iles Britanniques (Angleterre).
Pierce-Bridge. F. Iles Britanniques (Angleterre).
Pierce City. États-Unis (Missouri).
Pierceton. Etats-Unis (Indiana).
Piermont. États-Unis (New-York).
Pierrepont-Manor. Etats-Unis (New-York).
Pierreville-Mills. Amérique anglaise (Québec).
Pierreville-Village. Amérique anglaise (Québec).
Pierson. États-Unis (Michigan).
Piesberg. F. Allemagne (Prusse). OW.
Piet-Gyzenburg. PL. Pays-Bas.
Picton. L. Belgique (Hainaut).
Pietra-Ligure. L. Italie. (Gênes).
Pietraperzia. L. Italie (Caltanisetta).
Pietra-Santa. L. Italie (Lucques).
Pieve-a-Nievole. FL. Italie (Lucques).
*Pieve-di-Cadore. L. Italie (Bellune).
Pieve-di-Soligo. L. Italie (Trévise).
Pievepelago. L. Italie (Modène).
Pigeon-Cove. États-Unis (Massachusetts).
Pignataro. FL. Italie (Caserte).
Pignerol (Pinerolo). L. Italie (Turin).
Pike. Etats-Unis (Illinois).
Pike-Station. Etats-Unis (Ohio).
Pikeville. Etats-Unis (Ohio).
Pilate Hôtel (Alpnach). BL. Suisse (Unterwald).
Pilgram. L. Autriche-Hongrie (Bohême).
Pilis. F. Autriche-Hongrie (Hongrie).
Pilitza. L. Russie d'Europe (Keltze).
*Pill. F. Iles Britanniques (Angleterre).
Pillau. Allemagne (Prusse). EW.
Pilling. PF. Allemagne (Bavière).
Pilkallen. L. Allemagne (Prusse). EW.
Pillnitz. EN. Allemagne (Saxe). EW.
Pilnikau. FL. Autriche-Hongrie (Bohême).
Pilot-Station. Australie (Queensland).
Pilsen. N. Autriche-Hongrie (Bohême).
Piltown. L. Iles Britanniques (Irlande).
Pilzno. L. Autriche-Hongrie (sur l'Enns).

(1) Ouvert du 1er juin au 30 septembre.

Pimbo-Lane. F. Iles Britanniques (Angleterre).
Pinar-del-Rio. Amérique centrale (île de Cuba).
Pinckneyville. États-Unis (Illinois).
Pinconning. Etats-Unis (Michigan).
Pine-Bluff. États-Unis (Arkansas).
Pine-Bluffs. États-Unis (Wyoming).
Pine-City. États-Unis (Minnesota).
Pine-Grove (Cumberland Co). États-Unis (Pensylv.)
Pine-Grove (Mercer Co). États-Unis (Pensylvanie).
Pine-Grove (Schuylkill-County). États-Unis (Pensylvanie).
Pine-House. Etats-Unis (Caroline du Sud).
Pine-Island. Etats-Unis (Floride).
Pine-Island. États-Unis (New-York).
Pine-Lake County. États-Unis (Indiana).
Pine-Plains. Etats-Unis (New-York).
Pine-Run. États-Unis (Michigan).
Pine-Valley. États-Unis (New-York).
Pine-Valley. Etats-Unis (Utah).
Pinerole (S. Pignerol). L. Italie (Turin).
Pinhao. L. Portugal (Villa-Real).
Pinne. L. Allemagne (Prusse). EW.
Pinneberg. L. Allemagne (Prusse; Holstein). EW
Pinsk. Russie d'Europe (Minsk).
Pinson. États-Unis (Tennessee).
Pinte (La). L. Belgique (Flandre orientale).
Pintschow. L. Russie d'Europe (Keltzc).
Pioche. États-Unis (Nevada).
Pioche-City. États-Unis (Utah).
Piombino. Italie (Pise).
Piombino (Sem). Italie (Pise).
Pioneer. États-Unis (Pensylvanie).
Piove-di-Sacco. L. Italie (Padoue).
Piovene. L. Italie (Vicence).
Piper-City. États-Unis (Illinois).
Piqua. États-Unis (Ohio).
Pirano. L. Autriche-Hongrie (Istrie).
Pirée (Le). Grèce continentale.
Pirmasens. L. Allemagne (Bavière).
Pirna. F. Allemagne (Saxe). EW.
Pise. N/2. Italie (Pise).
Pisek. L. Autriche-Hongrie (Bohême).
Pisino. Autriche-Hongrie (Istrie).
Piski. F. Autriche-Hongrie (Transylvanie).
Pisogne. L. Italie (Brescia).
Pisticci. L. Italie (Potenza).
Pistoia. Italie (Florence).
Pistyan. L. Autriche-Hongrie (Hongrie).
Pitcaple. F. Iles Britanniques (Écosse).
Pitéa. Suède.
Piteccio. FL. Italie (Florence).
Pitesci. N. Roumanie.
Pit-Hole. États-Unis (Pensylvanie).
Pitigliano. L. Italie (Grosseto).
Pitlochry. L. Iles Britanniques (Écosse).
Pitschen. L. Allemagne (Prusse). EW.
Pitten. L. Autriche-Hongrie (sous l'Enns).
Pittenweem. L. Iles Britanniques (Écosse).
Pittsburg. États-Unis (Pensylvanie).
Pittsfield. États-Unis (Illinois).
Pittsfield. États-Unis (Maine).
Pittsfield. États-Unis (Massachusetts).
Pittsfield. États-Unis (New-Hampshire).
Pittsfield (Warren Co). États-Unis (Pensylvanie).
Pittsford. États-Unis (Michigan).
Pittsford. États-Unis (New-York).
Pittsford. États-Unis (Vermont).
Pittston. États-Unis (Pensylvanie).
Pizzighetone. FL. Italie (Crémone).
Pizzo. Italie (Catanzaro).
Placentia. Amérique anglaise (Terre-Neuve).
Placerville. États-Unis (Californie).
Pladen. FL. Autriche-Hongrie (Bohême).
Plagwitz-Lindenau. F. Allemagne (Saxe). EW.
* Plaine (La). FL. Suisse (Genève).
Plaine (La). Suisse (Genève).
Plainfield. États-Unis (Connecticut).
Plainfield. États-Unis (Indiana).
Plainfield. États-Unis (Iowa).
Plainfield. États-Unis (New-Jersey).
Plains. Etats-Unis (Virginie).
Plainsboro. Etats-Unis (New-Jersey).
Plainville. États-Unis (Connecticut).
Plainville États-Unis (Georgie).
Plainville. États-Unis (Ohio).
Plainwell. États-Unis (Michigan).
Plaisance. N/2. Italie (Plaisance).
Plaistow. États-Unis (New-Hampshire).
Plan. L. Autriche-Hongrie (Bohême).
Plana. F. Autriche-Hongrie (Bohême).
Plane N° 4. États-Unis (Maryland).
Planegg. L. Allemagne (Bavière).
Plankstadt. FL. Allemagne (Bade).
Plano. États-Unis (Illinois).
Plano. Etats-Unis (Texas).
Plantagenet. Amérique anglaise (Ontario).
Plantersville. États-Unis. (Alabama).
Plantsville. États-Unis (Connecticut).
Plasc. F. Autriche-Hongrie (Croatie).
Plasencia. Espagne (Caceres).
Plashetts. F. Iles Britanniques (Angleterre).
Plass. FL. Autriche-Hongrie (Bohême).
Plasschendaele. Belgique (Flandre occidentale).
Platte-City. Etats-Unis (Missouri).
Plathe. L. Allemagne (Prusse). EW.
Plattling.P. Allemagne (Bavière).
Plattsburg. États-Unis (Missouri).
Plattsburg. États-Unis (New-York).
Plattsmouth. États-Unis (Nebraska).
Plattsville. Amérique anglaise (Ontario).
Platz. L. Autriche-Hongrie (Bohême).
Plau. L. Allemagne (Pr.; Meck.-Schwerin). EW.
Plauen. Allemagne (Prusse; Saxe). EW.
Plazza-Constitucion. Amér. du Sud (4e région).
Pleasant-Green. États-Unis (Missouri).
Pleasant-Grove. États-Unis (Utah).
Pleasant-Hill. États-Unis (Caroline du Nord).
Pleasant-Hill. Etats-Unis (Illinois).
Pleasant-Hill. États-Unis (Missouri).
Pleasanton. États-Unis (Californie).
Pleasanton. États-Unis (Kansas).
Pleasant-Plains. États-Unis (Illinois).
Pleasant-Valley. États-Unis (Idaho).
Pleasant-Valley. États-Unis (New-York).
Pleasant-Valley. États-Unis (Ohio).
Pleasantville. États-Unis (Pensylvanie).
Pleinfeld. L. Allemagne (Bavière).
Pleinting. PF. Allemagne (Bavière).
Pleisnitz (Pelsoecz). L. Autriche-Hongrie (Hongrie)
Pleschen. Allemagne (Prusse). EW.
Pless. L. Allemagne (Prusse). EW.
Plessis. États-Unis (New-York).
Plettenberg. F. Allemagne (Prusse). OW.
Plochingen. Allemagne (Wurtemberg).
Ploen. L. Allemagne (Prusse; Holstein). EW.
Ploeschti. N. Roumanie.
Plonsk. Russie d'Europe (Plotzk).
Plotzk. Russie d'Europe (Plotzk)
Plover. États-Unis (Wisconsin).
Pluckley. F. Iles Britanniques (Angleterre).
Pluderhausen. Allemagne (Wurtemberg).
Plum-Creek. États-Unis (Nebraska).
Plumpton. F. Iles Britann. (Angleterre).
Plymouth. N. Iles Britanniques (Angleterre).
Plymouth. États-Unis (Connecticut).
Plymouth. États-Unis (Illinois).
Plymouth. États-Unis (Indiana).
Plymouth. États-Unis (Iowa).
Plymouth. États-Unis (Massachusetts).
Plymouth. États-Unis (Michigan).
Plymouth. États-Unis (New-Hampshire).
Plymouth. États-Unis (Ohio).
Plymouth. États-Unis (Pensylvanie).
Plymouth. États-Unis (Wisconsin).
Plympton F. Iles Britanniques (Angleterre).
Plytzwia F. Russie d'Europe (Varsovie.)
Plzenec. FL. Autriche-Hongrie (Bohême).
Pniewo. F. Russie d'Europe (Varsovie).
Pocahontas. États-Unis (Tennessee).
Pocatek. L. Autriche-Hongrie (Bohême).
Pocklington. L. Iles Britanniques (Angleterre).
Podelzig. F. Allemagne (Prusse). EW.
Podersam. L. Autriche-Hongrie (Bohême).
Podgorze. Autriche-Hongrie (Galicie).
Podhayce. L. Autriche-Hongrie (Galicie).
Podiebrad. L. Autriche-Hongrie (Bohême).
Podlèze. F. Autriche-Hongrie (Galicie).
Po-di-Primaro (Sém.). Italie (Ravenne).
Podnart. FL. Autriche-Hongrie (Carniole).
Podwoloczyska. Autriche-Hongrie (Galicie).
Podzamcze. FL. Autriche-Hongrie (Galicie).
Poechlarn. L. Autriche-Hongrie (sous l'Enns).
Poelfing. FL. Autriche-Hongrie (Styrie).
Poelitz. L. Allemagne (Prusse). EW.
Poellau. L. Autriche-Hongrie (Styrie).
Poeltschach. F. Autriche-Hongrie (Styrie).
Pœrwakarta. L. Java. OS.
Pœrworedjo. Java. OS.
Poesing. F. Allemagne (Bavière).
Poessneck. L. Allemagne (Saxe-Mein). EW.
Pœssnitz. F. Autriche-Hongrie (Styrie).
Pœstyen (Pistyan). L. Autr.-Hongrie (Hongrie).
Poggibonzi. L. Italie (Sienne).
*Poggio-Imperiale. FL. Italie (Foggio).
Poggio-Myrteto. L. Italie (Pérouse).
Poggio-Renatico. FL. Italie (Catane).
Pohl. F. Autriche-Hongrie (Moravie).
Pohrlitz. L. Autriche-Hongrie (Moravie).
Poing. F. Allemagne (Bavière).
Point-Breeze, Phila. États-Unis (Pensylvanie).
Point-Claire. Amérique anglaise (Québec).
Pointe-à-Pître. Amérique centrale (Guadeloupe).
Pointe-de-Galles. Indes (île de Ceylan).
Point-Elliott. États-Unis (Washington territoire).
Point-Farm. Amérique anglaise (Ontario).
Point-Fortune. Amérique anglaise (Québec).
Point-Levi. Amérique anglaise (Québec).
Point-Lonsdale. Australie (Victoria).
Point-of-Rocks. États-Unis (Maryland).
Point-of-Rocks. Etats-Unis (Wyoming).
Point-Pleasant. États-Unis (Ohio).
Point-Saint-Peter. Amérique anglaise (Québec).
Poix. L. Belgique (Luxembourg).
*Pojana. F. Italie.

Pokemouche. Amérique angl. (New-Brunswick).
*Pokrowskoë. BL. Russie d'Asie (Sibérie, 3e région).
Pola. N. Autriche-Hongrie (Istrie).
Polangen. L. Russie d'Europe (Courlande).
Polegate. F. Iles Britanniques. (Angleterre).
Polesella. L. Italie. (Rovigo).
Policastro. L. Italie (Catanzaro).
Policka. L. Autriche-Hongrie (Bohême).
Polignano-a-Mare. L. Italie (Bari).
Polistena. L. Italie. (Reggio de Calabre).
Pôlitz. L. Allemagne (Prusse). EW.
Politz. L. Autriche-Hongrie (Bohême).
Politz-Sandau. FL. Autriche-Hongrie (Bohême).
Polk. États-Unis (Ohio).
Polkwitz. L. Allemagne (Prusse). EW.
Polla. L. Italie (Salerne).
Pollard. États-Unis (Alabama).
*Pollenza. Espagne (Majorque).
Pollockshaws. L. Iles Britanniques (Écosse).
Pollone. L. Italie.
Polmont. L. Iles Britanniques (Écosse).
Polna. L. Autriche-Hongrie (Bohême).
Polna. FL. Autriche-Hongrie (Bohême).
Polnisch (S. Wartemberg). Allem. (Prusse). EW.
Polnisch-Crone. L. Allemagne (Prusse). EW.
Polnow. L. Allemagne (Prusse). EW.
Polo. États-Unis (Illinois).
Polotzk. Russie d'Europe (Witebsk).
Polstrau. F. Autriche-Hongrie (Styrie).
Poltava. Russie d'Europe (Poltawa).
Polzin. L. Allemagne (Prusse). EW.
Pomarao. PL. Portugal (Ojeja).
Pomarico. L. Italie. (Potenza).
Pomathorn. F. Iles Britanniques (Écosse).
Pombal. Portugal (Leiria).
Pomeroy. États-Unis (Iowa).
Pomeroy. États-Unis (Ohio).
Pomeroy. L. Iles Britanniques (Irlande).
Pommelsbrunn. PF. Allemagne (Bavière).
Pommerensdorf. L. Allemagne (Prusse). EW.
Pommerœul. F. Belgique (Hainaut).
Pommritz. F. Allemagne (Saxe). EW.
Pomono. États-Unis (New-Jersey).
Ponce. Amérique centrale (Porto-Rico).
Ponchatoula. États-Unis (Louisiane).
Pond-Creek. États-Unis (Illinois).
Pond-Eddy. États-Unis (Pensylvanie).
Pont-Eddy. Etats-Unis (New-York).
Ponder's-End. L. Iles Britanniques (Angleterre)
Pondichéry. Indes. OC.
Ponewege. L. Russie d'Europe (Kowno).
Ponferrada. L. Espagne (Léon).
Ponholz. PF. Allemagne (Bavière).
Ponigl. FL. Autriche-Hongrie (Styrie).
Pont (Le). L. Suisse (Vaud).
Pont-à-Celles. L. Belgique (Hainaut).
Pontardawe. L. Iles Britanniques (Angleterre).
Pontardulais. F. Iles Britanniques (Angleterre).
Pontassiève. FL. Italie (Florence).
Pontebba. L. Italie (Udine).
Ponte-Campovasto. L. Suisse (Grisons).
Pontecurone. FL. Italie (Alexandrie).
Pontedecimo. L. Italie (Gênes).
Pont-Eddy. États-Unis (New-York).
Ponte-de-Lima. L. Portugal (Vianna-di-Castello).
Pontedera. L. Italie (Pise).
*Ponte-di-Benevento. FL. Italie (Bénévent).
*Ponte-di-Maggio. L. Italie. (Udine).
Pontefract. Iles Britanniques (Angleterre).
Ponte-in-Valtellina. L. Italie.
Pontelagoscuro. L. Italie. (Ferrare).
Ponteland. Iles Britanniques (Angleterre).
Pontenure. FL. Italie (Plaisance).
Ponte-S.-Giovanni. FL. Italie (Pérouse).
Ponte-S.-Marco. FL. Italie. (Brescia).
Ponte-S.-Pietro. FL. Italie (Bergame).
Pontesbury. L. Iles Britanniques (Angleterre).
Pontetresa. L. Suisse (Tessin).
Pontevedra. N. Espagne (Pontevedra).
Pontiac. États-Unis (Illinois).
Pontiac. États-Unis (Michigan).
Ponticino. FL. Italie (Arezzo).
Pontremoli. L. Italie (Massa).
Pontresina. L. Suisse (Grisons).
Pontrilas-Station. L. Iles Britanniques (Angleterre).
Ponts-de-Martel (Les). L. Suisse (Neuchâtel).
Pontybodkin. L. Iles Britanniques (Angleterre).
Pontypool Town. Iles Britanniques (Angleterre).
Pontypridd. L. Iles Britanniques (Angleterre).
Pontypridd (Newbridge). F. Iles Britanniques (Angleterre).
Ponza. Sém. Italie (Caserte).
Ponzana. FL. Italie (Novare).
Poody. F. Indes. OC.
Poogalore. F. Indes. OC.
Pool. F. Iles Britanniques (Angleterre).
Poole. Iles Britanniques (Angleterre).
Poolewe. L. Iles Britanniques (Écosse).
Poolgaum. F. Indes. OC.
Poomulwaree. F. Indes. OC.
Poona. N. Indes. OC.
Poperinghe. F. Belgique (Flandre Occidentale).
Popes. Etats-Unis (Mississipi).
Poplar-Bluff. États-Unis (Missouri).
Poplar-Grove. États-Unis (Illinois).
Popoli. L. Italie (Aquilée).
Poppenhausen. F. Allemagne (Bavière).
Poppi. L. Italie (Arezzo).
Poprad-Felka. FN. Autriche-Hongrie (Hongrie).
Poprad. L. Autriche-Hongrie (Hongrie).
Porai. F. Russie d'Europe (Petrokow).
Pordenone. L. Italie (Udine).
Porer. S. Autriche-Hongrie (Istrie).
Porrentruy. L. Suisse (Berne).
Porretta. L. Italie (Bologne).
Porsgrund. Norwége.
Porta. F. Allemagne (Prusse). EW.
Port-Adélaïde. Australie (Australie méridionale).
Portadown. L. Iles Britanniques (Irlande).
Portaferry. L. Iles Britanniques (Irlande).
Portage. États-Unis (New-York).
Portage-City. États-Unis (Wisconsin).
Portage-du-Fort. Amérique anglaise (Québec).
Port-Albert. Australie (Victoria).
Portalègre. L. Portugal (Portalègre).
Port-Alleghany. États-Unis (Pensylvanie).
Port-Allen. États-Unis (Iowa).
Portaskaig. L. Iles Britanniques (Écosse).
Port-au-Basque. Amérique anglaise (Terre-Neuve).
Portarlington. L. Iles Britanniques (Irlande).
Port-Augusta. Australie (Australie mérid.).
Port-Austin. États-Unis (Michigan).
Port-Blankly. États-Unis (Washington territoire).
Port-Burwell. Amérique anglaise (Ontario).
Portbury. F. Iles Britanniques (Angleterre).
Port-Byron. États-Unis (Illinois).
Port-Byron. États-Unis (New-York).
Port-Carbon. États-Unis (Pensylvanie).
Port-Chalmers. Nouvelle-Zélande.
Port-Chester. États-Unis (New-York).
Port-Clarence. L. Iles Britanniques. (Angleterre).
Port-Clinton. États-Unis (Ohio).
Port-Colborne. Amérique anglaise (Ontario).
Port-Crane. États-Unis (New-York).
Port-Credit. Amérique anglaise (Ontario).
Port-Crescent. États-Unis (Michigan).
Port-Dalhousie. Amérique anglaise (Ontario).
Port-Daniel. Amérique anglaise (Québec).
Port-Darlington (Summer office). Amérique anglaise (Ontario).
Port-Darwin. Australie (Australie méridionale).
Port-Deposit. États-Unis (Maryland).
Port-Dinorwic. L. Iles Britanniques (Angleterre).
Port-Dover. Amérique anglaise (Ontario).
Port-Elgin. Amérique anglaise (Ontario).
Port-Élizabeth. Colonie du Cap.
Port-Ellen. L. Iles Britanniques (Écosse).
Port-Elliot. Australie (Australie méridionale).
Portenau (voir Pordenone). L. Italie (Udine).
Porter. États-Unis (Indiana).
Porter. États-Unis (Michigan).
Portersville. États-Unis (Californie).
Port-Gamble. États-Unis (Washington territoire).
Port-Gibson. États-Unis (Mississipi).
Port-Glascow. Iles Britanniques (Écosse).
Portglenone. L. Iles Britanniques (Irlande).
Port-Gordon. L. Iles Britanniques (Écosse).
Porth. F. Iles Britanniques (Angleterre).
Port-Hastings. Amérique anglaise (Cap Breton).
Porthcawl. L. Iles Britanniques (Angleterre).
Port-Henry. États-Unis (New-York).
Port-Hill. États-Unis (Ile du Prince Édouard).
Port-Hood. Amérique anglaise (Cap Breton).
Port-Hope. Amérique anglaise (Ontario).
Port-Hope. États-Unis (Michigan).
Port-Hope G. T. R. Amérique anglaise (Ontario).
Port-Huron. États-Unis (Michigan).
Portici. FL. Italie (Naples).
Portimao. Portugal (Faro).
Port-Isaac. L. Iles Britanniques (Angleterre).
Portishead. L. Iles Britanniques (Angleterre).
Port-Jervis. États-Unis (New-York).
Port-Johnson. États-Unis (New-Jersey).
Portland. Australie (Victoria).
Portland. États-Unis (Connecticut).
Portland. États-Unis (Indiana).
Portland. États-Unis (Maine).
Portland. États-Unis (Michigan).
Portland. États-Unis (Orégon).
Portland (Jefferson Co). États-Unis (Ohio)
Portland. États-Unis (Pensylvanie).
Portland. F. Iles Britanniques (Angleterre).
Port-Law. L. Iles Britanniques (Irlande).
Portlethen. F. Iles Britanniques (Écosse).
Port-Leyden. États-Unis (New-York).
Port-Ludlow. États-Unis (Washington territoire).
Port-Madison. États-Unis (Washington territoire).
Portmadoc. F. Iles Britanniques. (Angleterre).
Portmahomack. L. Iles Britanniques (Écosse).
Port-Monmouth. États-Unis (New-Jersey).
Port-Mulgrave. Amérique anglaise (Nouvelle-Écosse).
Port-Neuf. Amérique anglaise (Québec).
Port-Norris. États-Unis (New-Jersey).

Porto. N. Portugal (Porto).
Portobello. L. Iles Britanniques (Écosse).
Porto-Civitanuova. F. Italie (Macerata).
Porto-Corsini. L. Italie (Ravenne).
Porto-de-San-Martinho. L. Portugal.
Porto-Empedocle. L. Italie (Girgenti).
Porto-Ferrajo. L. Italie (Livourne).
Portofino. Sém. Italie (Gênes).
Port-of-Mouteith. Iles Britanniques (Écosse).
Portogruaro. L. Italie (Venise).
Portolongone. L. Italie (Florence).
Portomaggiore. L. Italie (Ferrare).
Porto-Maurizio (Port-Maurice) Italie (Port-Maurice).
Porto-Ré. L. Autriche-Hongrie (Litt. hongrois).
Porto-Recanati. FL. Italie (Macerata).
Porto-Rico. Amérique centrale (Antilles).
Porto-san-Elpidio. FL. Italie (Ascoli-Piceno).
Porto-san-Giorgio. F. Italie (Ascoli-Piceno).
Portoscuso. L. Italie (Cagliari).
Portotorres. L. Italie (Sassari).
Porto-Vesme. FL. Italie.
Port-Patryck. L. Iles Britanniques (Écosse).
Port-Perry. Amérique anglaise (Ontario)
Port-Perry. États-Unis (Pensylvanie).
Portreath. L. Iles Britanniques (Angleterre).
Portree. L. Iles Britanniques (Écosse).
Port-Richmond, Phila. États-Unis (Pensylvanie).
Port-Robinson. Amérique anglaise (Ontario).
Port-Rowan. Amérique anglaise (Ontario).
Port-Royal. États-Unis (Caroline du Sud).
Portrush. L. Iles Britanniques (Irlande).
Port-Ryerse. Amérique anglaise (Ontario).
Port-Saïd. Égypte (Isthme de Suez).
Port-Saint-Mary. L. Iles Britanniques (île de Man).
Port-Sanilac. États-Unis (Michigan).
Portscatho. L. Iles Britanniques (Angleterre).
Portsea. F. Iles Britanniques (Angleterre).
Portskewet. F. Iles Britanniques (Angleterre).
Portslade. F. Iles Britanniques (Angleterre).
Port-Stanley. Amérique anglaise (Ontario).
Portsmouth. États-Unis (Michigan)
Portsmouth. Amérique anglaise (Ontario).
Porthsmouth. États-Unis (New-Hampshire).
Porthsmouth. États-Unis (Ohio).
Porthsmouth. États-Unis (Virginie).
Porthsmouth. Iles Britanniques (Angleterre; Hampshire).
Porthsmouth. F. Iles Britanniques (Angleterre; Lancashire).
Portsoy. L. Iles Britanniques (Écosse).
Port-Stanley. Amérique anglaise (Ontario).
Port-Stephen. Australie (N.-Galles du Sud).
Port-Stewart. L. Iles Britanniques (Irlande).
Port-Talbot. F. Iles Britanniques (Angleterre).
Port-Townsend. États-Unis (Washington territ.).
Portumna. L. Iles Britanniques (Irlande).
Port-Union. Amérique anglaise (Ontario).
Portville. États-Unis (New-York).
Port-Wakefield. Australie (Australie méridionale).
Port-Washington. États-Unis (Ohio).
Port-William. L. Iles Britanniques (Écosse).
Port-Whitby. Amérique anglaise (Ontario).
Poschiavo. L. Suisse (Grisons).
Posega. L. Autriche-Hongrie (Esclavonie).
Posen. Allemagne (Prusse). EW.
Possenhofen. F. Allemagne (Bavière).
Possiete. Russie d'Asie (Sibérie, 3ᵉ région).
Possitz-Joslowitz. FL. Autriche-Hongrie (Moravie).
Postbauer. PF. Allemagne (Bavière).
Postelberg. L. Autriche-Hongrie (Bohême).
Postville. États-Unis (Iowa).
Potangow. F. Allemagne (Prusse). EW.
Potenza. Italie (Potenza).
Poti. N. Russie du Caucase (Koutaïss).
Potschappel. F. Allemagne (Saxe). EW.
Potscherad. FL. Autriche-Hongrie (Bohême).
Potsdam. Allemagne (Prusse). EW.
Potsdam. États-Unis (New-York).
Potsdam-Junction. États-Unis (New-York).
Pottenbrunn. FL. Autriche-Hongrie (sous-l'Enns).
Pottendorf. L. Autriche-Hongrie (sous l'Enns).
Pottendorf-Landegg. FL. Autriche-Hongrie (sous l'Enns).
Pottenstein. L. Allemagne (Bavière).
Potter. États-Unis (Nebraska).
Potter. États-Unis (Ohio).
Potter-Place, Andover. États-Unis (New-Hampshire).
Potters-Bar. L. Iles Britanniques (Angleterre).
Pottersville. États-Unis (New-York)
Potterville. États-Unis (Michigan).
Potto. F. Iles Britanniques (Angleterre).
Potton. L. Iles Britanniques (Angleterre).
Pottstown (Montgomery Co). États-Unis (Pensylvanie).
Pottsville. États-Unis (Pensylvanie).
Poughkeepsie. États-Unis (New-York).
Poulkowo. Russie d'Europe (Saint-Pétersbourg).
Poulseur. L. Belgique (Liége).
Poultney. États-Unis (Vermont).
Poulton-le-Fyld. Iles Britanniques. (Angleterre).
Poultousk. L. Russie d'Europe (Lomscha).
Poutroye (La). (Schnierlach). L. Allemagne (Alsace-Lorraine).
Pouzzoles. L. Italie (Naples).
Povoa-de-Varzim. L. Portugal (Porto).
Powayen. F. Allemagne (Prusse). EW.
Powhattan. États-Unis (Virginie).
Pownall. États-Unis (Vermont).
Pownar. F. Indes. OC.
Poyntou. L. Iles Britanniques (Angleterre).
Poyntzpass. L. Iles Britanniques (Irlande).
Pozallo. L. Italie (Syracuse).
Pozarevatz. N. Serbie.
Pozega. L. Serbie.
Pozsega. L. Autriche-Hongrie (Esclavonie).
Pozsony (Presbourg). N. Autriche-Hongrie (Hongrie).
Pozzuoli (S. Pouzzoles). L. Italie (Naples).
Pracchia. FL. Italie (Florence).
Prachatitz. L. Autriche-Hongrie (Bohême).
Pracsa (S. Weinern). F. Autr.-Hongrie (Hongrie).
*Prad. L. Autriche-Hongrie (Tyrol).
Praegarten. FL. Autriche-Hongrie (sur l'Enns).
Praestoe. Danemark.
Pragerhof. FN. Autriche-Hongrie (Styrie).
Prague. N. Autriche-Hongrie (Bohême).
Prairie. États-Unis (Missisipi).
Prairie City. États-Unis (Illinois).
Prairie City. États-Unis (Territoire indien).
Prairie City. États-Unis (Iowa).
Prairie-du-Chien. États-Unis (Wisconsin).
Pram. FL. Autriche-Hongrie (Sous l'Enns).
Prato. L. Italie (Florence).
Prato-Sornico. L. Suisse (Tessin).
Pratt's-Junction. États-Unis (Massachusetts).
Praust. L. Allemagne (Prusse). EW.
Preble. États-Unis (New-York).
Predeal. L. Roumanie.
Predmeritz. FL. Autriche-Hongrie (Bohême).
Prees. L. Iles Britanniques (Angleterre).
Preetz. L. Allemagne (Prusse; Holstein). EW.
Preganziol. FL. Italie (Trévise).
Premstaetten Doblbad. FL. Autriche-Hongrie (Styrie).
Prentice. États-Unis (Illinois).
Prenzlau. Allemagne (Prusse). EW.
Prerau. N. Autriche-Hongrie (Moravie).
Prerow. L. Allemagne (Prusse). EW.
Presbourg (S. Pozsony). N. Autriche-Hongrie (Hongrie).
Preschen-Bilin. FL. Autriche-Hongrie (Bohême).
Prescot. Iles Britanniques (Angleterre).
Prescott. Amérique anglaise (Ontario).
Prescott (Adam's Co). États-Unis (Iowa.)
Prescott. États-Unis (Wisconsin).
Prescott-Junc. Amérique anglaise (Ontario).
Prescott-Wharf. Amérique anglaise (Ontario).
Prese (Le). BL. Suisse (Grisons).
Presenzano. FL. Italie (Campobasso).
Pressath. F. Allemagne (Bavière).
Pressbaum. FL. Autriche-Hongrie (sous l'Enns).
Pressnitz i/Bohmen. L. Autr.-Hongrie (Bohême).
Pressnitz-Reichsdorf. FL. Autr.-Hongr. (Bohême).
Prestbury. L. Iles Britanniques (Angleterre).
Presteign. L. Iles Britanniques (Angleterre).
Prestic. L. Autriche-Hongrie (Bohême).
Preston. Amérique anglaise (Ontario).
Preston. États-Unis (Iowa).
Preston. États-Unis (Pensylvanie).
Preston. Iles Britanniques (Angleterre; Lancastre).
Preston. F. Iles Britanniques (Angleterre; Sussex).
Preston-Brook. L. Iles Britanniques (Angleterre).
Preston-Junction. F. Iles Britanniques (Angleterre; Durham).
Preston-Junction. F. Iles Britanniques (Angleterre; Lancashire).
Prestonkirk. L. Iles Britanniques (Écosse).
Preston-Pans. L. Iles Britanniques (Écosse).
Preston-Road (Walton). F. Iles Britann. (Angleterre).
*Prestranek. F. Autriche-Hongrie (Carniole).
Pretzfeld. L. Allemagne (Bavière).
Prevali. FL. Autriche-Hongrie (Carinthie).
*Prévésa. L. Turquie d'Europe. A1. B3. C2. D3.
Pribram. L. Autriche-Hongrie (Bohême).
Prichsenstadt. L. Allemagne (Bavière).
Prieborn. L. Allemagne (Prusse). EW.
Prien. F. Allemagne (Bavière).
Priesen. FL. Autriche-Hongrie (Bohême).
Priglevicza-Szent-Ivan FL. Autriche-Hongrie (Hongrie).
Prince-Albert. Amérique anglaise (Ontario).
Princes-Risborough. L. Iles Britann. (Angleterre).
Princess-Anne. États-Unis (Maryland).
Princeton. Amérique anglaise (Ontario).
Princeton. États-Unis (Arkansas).
Princeton. États-Unis (Californie).
Princeton. États-Unis (Caroline du Nord).
Princeton. États-Unis (Illinois).
Princeton. États-Unis (Indiana).
Princeton. États-Unis (Massachusetts).
Princeton. États-Unis (Missouri).
Princeton. États-Unis (New-Jersey).

Princeton. États-Unis (Wisconsin).
Princeton-Junction. États-Unis (New-Jersey).
Prince-Town. L. Iles Britanniques (Angleterre).
Princeville. États-Unis (Illinois).
Prinzersdorf. FL. Autriche-Hongrie (sous l'Enns).
'Prisrend. L. Turquie d'Europe. A1. B3. C2. D3.
Pristewitz. F. Allemagne (Saxe). EW.
Pristina. Turquie d'Europe. A1. B3. C2. D3.
Pritzier. F. Allemagne (Mecklembourg). EW.
Pritzwalk. L. Allemagne (Prusse). EW.
Privigye (Privitz). L. Autriche-Hongrie (Hongrie).
Privitz (Privigye). L. Autriche-Hongrie (Hongrie).
Prizzi. L. Italie (Palerme).
Prjasnisch. L. Russie d'Europe (Plotzk).
Probolingo. L. Java. ES.
Probus. L. Iles Britanniques (Angleterre).
Procida (1). L. Italie (Naples).
Procida. (Sém.). Italie (Naples).
Proctorsville. États-Unis (Vermont).
Prœculs. L. Allemagne (Prusse). EW.
Prome. N. Indes. EC.
Promontor. F. Autriche-Hongrie (Hongrie).
Prophetstown. États-Unis (Illinois).
Prosecco. F. Autriche-Hongrie (litt. d'Illyrie).
Proskourow. L. Russie d'Europe (Podolie).
Prospect. États-Unis (Tennessee).
Prospect (Chautauque Co). États-Unis (New-York).
Prospect-House, Upper-Saranac-Lake. États-Unis (New-York).
Prossnitz. L. Autriche-Hongrie (Moravie).
Prostken. F. Allemagne (Prusse). EW.
Protection. États-Unis (New-York).
Protiwin. FL. Autriche-Hongrie (Bohême).
Prouschkow. F. Russie d'Europe (Varsovie).
Providence. États-Unis (Indiana).
Providence. États-Unis (Pensylvanie).
Providence. États-Unis (Rhode-Island).
Provincetown. États-Unis (Massachusetts).
Provo. États-Unis (Utah).
Pruchna. F. Autriche-Hongrie (Silésie).
Prudhoe. L. Iles Britann. (Angleterre).
Prüfening. PF. Allemagne (Bavière).
Prum. L. Allemagne (Prusse). OW.
Pruntrut (S. Porrentruy). Suisse (Berne).
Prusa (S. Brousse). Turquie d'Asie. A3. B2. C2. D2.
Pryor's-Station. États-Unis (Géorgie).
Przelauc. F. Autriche-Hongrie (Bohême).
Przemysl. N. Autriche-Hongrie (Galicie).
Przemyslany. FL. Autriche-Hongrie (Galicie).
Przeworsk. Autriche-Hongrie (Galicie).
Pskow. N. Russie d'Europe (Pskow).
Puch. FL. Autriche-Hongrie (Salzbourg).
Pucischie. L. Autriche-Hongrie (Dalmatie).
Puckeridge L. Iles Britann. (Angleterre).
Pudewitz. F. Allemagne (Prusse). EW.
Pudsey. L. Iles Britanniques (Angleterre).
Puebla-de-Sanabria. L. Espagne (Valladolid).
Pueblo. États-Unis (Colorado).
Puentedeume. L. Espagne (Coruna).
Puente-Genil. L. Espagne (Cordoue).
Puers. L. Belgique (Anvers).
Puerto-de-Santa-Maria. Espagne (Cadix).
Puerto-Principe. Amér. centrale (île de Cuba).
Puerto-Reale. L. Espagne (Cadix).
Pugwash. Amérique anglaise (Nouvelle-Écosse).
Puj. FL. Autr.-Hongrie (Transylvanie).
Pulaski. États-Unis (Illinois).
Pulaski. États-Unis (New-York).
Pulaski. États-Unis (Pensylvanie).
Pulaski. États-Unis (Tennessee).
Pulborough. L. Iles Britanniques (Angleterre).
Pulloor. F. Indes. OC.
Pulsnitz. F. Allemagne (Saxe). EW.
Punduracolum. F. Indes. OC.
Punganore. F. Indes. OC.
Punta Imp. in Ischia (v. Forio d'Ischia). S. Italie (Naples).
Punta-Rassa. États-Unis (Floride).
Puntigam F. Autriche-Hongrie (Styrie).
Purbach-Schrems. FL. Autriche-Hongrie (sous l'Enns).
Purfleet. L. Iles Britanniques (Angleterre).
Purkersdorf. F. Autriche-Hongrie (sous l'Enns).
Purley. F. Indes. OC.
Purmerende. Pays-Bas.
Purneah. Indes. OC.
Purodah. F. Indes. OC.
Purstein-Tschirnitz. FL. Autr.-Hongrie (Bohême).
Purton. L. Iles Britanniques (Angleterre).
Puschdorf. F. Allemagne (Prusse). EW.
Puschlaw (Poschiavo). L. Suisse (Grisons).
Pusnee. L. Belouchistan.
Puspok-Ladany. L. Autriche-Hongrie (Hongrie).
Puszta-Paka. F. Autriche-Hongrie (Hongrie).
Puszta-Peteri. F. Autriche-Hongrie (Hongrie).
Puszta-Po. F. Autriche-Hongrie (Hongrie).
Putbus. L. Allemagne (Prusse). EW.
Putignano. L. Italie (Bari).
Putnam. États-Unis (Connecticut).
Putney. F. Iles Britanniques (Angleterre).
Putnok. FL. Autriche-Hongrie (Hongrie).
Putoor. F. Indes OC.
Puttamby. F. Indes. OC.
Puttelange (Püttlingen). Allem. (Alsace-Lorraine).
Putten. P. Pays-Bas.
Puttiala. N. Indes. OC.
Putzig. L. Allemagne (Prusse). EW.
Puyallup. États-Unis (Washington territoire).
Pwllheli. L. Iles Britanniques (Angleterre).
Pye-Bridge. F. Iles Britanniques (Angleterre).
'Pyle. L. Iles Britanniques (Angleterre).
Pylos (S. Navarin). L. Grèce continentale.
Pyrgos. Grèce continentale.
Pyritz. Allemagne (Waldeck). OW.
Pyrmont. L. Allemagne (Prusse). EW.

Q

Quadrelle. L. Italie.
Quakake-Junc. États-Unis (Pensylvanie).
Quackenbruck. L. Allem. (Prusse; Hanovre) OW.
Quaker-Street. États-Unis (New-York).
Quakertown. États-Unis (Pensylvanie).
Quantico. États-Unis (Virginie).
Quarantine S. I. États-Unis (New-York).
Quaregnon. Belgique (Hainaut).
Quaritz. F. Allemagne (Prusse). EW.
Quarry. États-Unis (Iowa).
Quarry-Bank. L. Iles Britann. (Angleterre).
Queanbeyan. Australie (N.-Galles du Sud).
Québec. Amérique anglaise (Québec).
Quechee. États-Unis (Vermont).
Quedlinbourg. Allemagne (Prusse). EW.
Queenborough. L. Iles Britanniques (Angleterre).
Queencamel L. Iles Britanniques (Angleterre).
Queen-City. États-Unis (Missouri).
Queensbury. L. Iles Britanniques. (Angleterre).
Queenscliffe. Australie (Victoria).
Queenston. Amérique anglaise (Ontario).
Queenstown. N. Iles Britanniques (Irlande).
Queenstown. Nouvelle-Zélande.
Queensville. Amérique anglaise (Ontario).
Querfurt. L. Allemagne (Prusse). EW.
Quesnelle. Amérique anglaise (Colombie anglaise).
Quévy. Belgique (Hainaut).
Quiévrain. Belgique (Hainaut).
Quillon. Indes. OC.
Quillota. Amérique du Sud (10e région).
Quilpue. Amérique du Sud (10e région).
Quincy. États-Unis (Floride).
Quincy. États-Unis (Illinois).
Quincy. États-Unis (Massachusetts).
Quincy. États-Unis (Michigan).
Quincy (Owen Co). États-Unis (Indiana).
Quint. F. Allemagne (Prusse). OW.
Quinzano-d'Oglio. L. Italie.
Quio. Amérique anglaise (Québec).
Quitman. États-Unis (Géorgie).
Quitman. États-Unis (Mississipi).
Quorndon. Iles Britanniques (Angleterre).

R

Raab. N. Autriche-Hongrie (Hongrie).
Raba-Szent-Mihaly. FN. Autr.-Hongrie (Hongrie).
Rabishau. F. Allemagne (Prusse). EW.
Rabstein. FL. Autriche-Hongrie (Bohême).
Raca. L. Autriche-Hongrie (Confins militaires).
Racalmuto. L. Italie (Girgenti).
Racconigi. L. Italie (Coni).
Raceland. États-Unis (Louisiane).
Racine. États-Unis (Wisconsin).
Rackwitz. L. Allemagne (Prusse). EW.
Rackwitz p. Delitzsch. F. Allemagne (Prusse). EW.
'Raczalmas. L. Autriche-Hongrie (Hongrie).
Racz-Szent-Peter. FL. Autriche-Hongrie (Hongrie).
Radautz. L. Autriche-Hongrie (Bukowine).
Radcliffe. F. Iles Britanniques (Angleterre).
Radclif-on-Trent. L. Iles Britann. (Angleterre).
Radde (Radiewo). Russie d'Asie (Sibérie, 3e rég.).
Raddusa. FL. Italie (Palerme).
Radeberg. F. Allemagne (Saxe). EW.
Rade-devant-Forêts. L. Allemagne (Prusse). OW.
Radegund. L. Autriche-Hongrie (Styrie).

(1) En cas d'interruption du câble de Miniscala à Procida, les dépêches pour Procida sont envoyées gratuitement par poste de Naples.

Radford. F. Iles Britanniques (Angleterre).
Radicena. L. Italie (Reggio di Calab.).
Radiewo-Radde. Russie d'Asie (Sibérie, 3e région).
Radine. L. Russie d'Europe (Seldze).
Radkersburg. L. Autriche-Hongrie (Styrie).
Radldorf. PF. Allemagne (Bavière).
Radlet. F. Iles Britanniques (Angleterre).
Radmannsdorf. L. Autriche-Hongrie (Carniole).
Radmannsdorf-Lees. FL. Autriche-Hongrie (Carniole).
Radmer. FL. Autriche-Hongrie (Styrie).
Radna. FL. Autriche-Hongrie (Hongrie).
Radnitz. FL. Autriche-Hongrie (Bohême).
Radolfzell. L. Allemagne (Bade).
Radom. Russie d'Europe (Radom).
Radomsk. F. Russie d'Europe (Petrokow).
Radomysl. L. Autriche-Hongrie (Galicie).
Rados (Rhodes). Turquie d'Asie (île de Rhodes).
Radotin. FL. Autriche-Hongrie (Bohême).
Radstadt. L. Autriche-Hongrie (Salzbourg).
Radstock. L. Iles Britanniques (Angleterre).
Radvany. FL. Autriche-Hongrie. (Hongr. Ungarn).
Radymno. F. Autriche-Hongrie (Galicie).
Radziwilow. N. Russie d'Europe (Wolhynie).
Radziwilow. F. Russie d'Europe (Varsovie).
Raesan (Riasan). Russie d'Europe (Riasan).
Raffadali. L. Italie.
Rafz. L. Suisse (Zurich).
Ragaz. Suisse (Saint-Gall).
Raglan. Australie (Victoria).
Raglan. L. Iles Britanniques (Angleterre).
Ragnit. L. Allemagne (Prusse). EW.
Raguhn. F. Allemagne (Anhalt-Dessau). EW.
Ragusa. L. Italie (Syracuse).
Ragusavecchia. Autriche-Hongrie (Dalmatie).
Raguse (Ragusa). N. Autriche-Hongrie (Dalmatie).
Rahway. Etats-Unis (New-Jersey).
Raichore. F. Indes. OC.
Raigern. F. Autriche-Hongrie (Moravie).
Rain. L. Allemagne (Bavière).
Rainford. L. Iles Britanniques (Angleterre).
Rainham. L. Iles Britanniques (Angleterre; Essex).
Rainham. L. Iles Britanniques (Angleterre; Kent).
Rainhill. L. Iles Britanniques (Angleterre).
Raiwind. F. Indes. OC.
Raitz. F. Autriche-Hongrie (Moravie).
Rajahmundry. L. Indes. OC.
Rajampett. F. Indes. OC.
Rajbaree. F. Indes. OC.
Rajevoselo. L. Autriche-Hongrie (Confins militaires).
Rajghaut. L. Indes. OC.
Rajgown. F. Indes. OC.
Rajkote. L. Indes. OC.
Rajmehal. F. Indes. OC.
Rajpore. F. Indes. OC.
Rajunpore. L. Indes. OC.
Rakasdia. F. Autriche-Hongrie (Hongrie).
Rakek. F. Autriche-Hongrie (Carniole).
Rakhni. Russie d'Europe (Podolie).
Rakonitz. Autriche-Hongrie (Bohême).
Rako-Pribocz. FL. Autriche-Hongrie (Hongrie).
Rakos. F. Autriche-Hongrie (Hongrie).
Raleigh. États-Unis (Caroline du Nord).
Ralston. Etats-Unis (Pensylvanie).
Ramapo. Etats-Unis (New-York).
Ramelton. L. Iles Britanniques (Irlande).
Ramillies. Belgique (Brabant).
Ramnagar. F. Indes OC.
Ramnuggur. F. Indes. OC.
Ramoo. Indes. EC.
Ramos-Mejia. Amérique du Sud (4e région.)
Rampore. F. Indes. OC.
Rampore-Hant. F. Indes. OC.
Ramsay. Iles Britanniques (Angleterre; I. Man).
Ramsey. Etats-Unis (Illinois).
Ramsey. États-Unis (Minnesota).
Ramsey. États-Unis (New-Jersey).
Ramsbottom. L. Iles Britanniques (Angleterre).
Ramsbury. L. Iles Britanniques (Angleterre).
Ramsey. L. Iles Britanniques (Angleterre).
Ramsgate. Iles Britanniques (Angleterre).
Ranaghat. F. Indes. OC.
Rancagna. Amérique du Sud (10e région).
Rance. L. Belgique (Hainaut).
Ranchos. Amérique du Sud (9e région).
Randall. États-Unis (Ohio).
Randalstown. L. Iles Britanniques (Irlande).
Randazzo. L. Italie.
Randegg. L. Allemagne (Bade).
Randers. Danemark (Jutland).
Randolph. Etats-Unis (Alabama).
Randolph. Etats-Unis (Massachusetts).
Randolph. États-Unis (New-York).
Randolph. Etats-Unis (Wisconsin).
Randsfjorden. F. Norwége.
Ranea. L. Suède.
Raneegunge. Indes. OC.
Ranen. L. Norwége.
Randon-Lake. Etats-Unis (Wisconsin).
Ranis. L. Allemagne (Prusse). EW
Rangamuttee. L. Indes. OC.
Rangoon. N. Indes. EC.
Rankin. États-Unis (Illinois).
Rankweil. F. Autriche-Hongrie (Vorarlberg).
Rannoch. L. Iles Britanniques (Écosse).
*Ranskill. F. Iles Britanniques (Angleterre).
Rantoul. États-Unis (Illinois).
Rapallo. FL. Italie (Gênes).
Rapallo. FL. Italie. (Turin).
Raphoe. L. Iles Britanniques (Irlande).
Rapolano. FL. Italie (Sienne).
Rappenau. L. Suisse (Saint-Gall).
Rapperschwyl. B/F. Allemagne (Bade).
Rappoldsweiler (Ribeauvillé). Allemagne (Alsace-Lorraine).
Raritan. Etats-Unis (New-Jersey).
*Rasdolnaïa. Russie d'Asie (Sibérie, 3e région).
Raspberry. États-Unis (Nevada).
Rastatt. Allemagne (Bade).
Rastède. F. Allemagne (Oldenbourg). OW.
Rastède. EL. Allemagne (Oldenbourg) OW.
Rastenburg. Allemagne (Prusse). EW.
Rastrick. L. Iles Britanniques (Angleterre).
Ratcha. L. Serbie.
Rath. F. Allemagne (Prusse). OW.
Rathan. L. Suède.
Rathangan. L. Iles Britanniques (Irlande).
Rathboneville. États-Unis (New-York).
Rathbun. États-Unis (Pensylvanie).
Rathcoole. L. Iles Britanniques (Irlande).
Rathcormack. L. Iles Britanniques (Irlande).
Rathdowney. L. Iles Britanniques (Irlande).
Rathdrum. L. Iles Britanniques (Irlande).
Rathenow. L. Allemagne (Prusse). EW.
Rathfarnham. L. Iles Britanniques (Irlande).
Rathfriland. L. Iles Britanniques (Irlande).
Rathkeale. L. Iles Britanniques (Irlande).
Rathmines. L. Iles Britanniques (Irlande).
Rathmullen. L. Iles Britanniques (Irlande).
Ratho. L. Iles Britanniques (Écosse).
Rathoven. L. Iles Britanniques (Irlande).
Ratibor. Allemagne (Prusse). EW.
Ratingen. L. Allemagne (Prusse). OW.
Ratisbonne (Regensburg). Allemagne (Bavière).
Ratschach. FL. Autriche-Hongrie (Carniole).
Ratzeburg. L. Allem. (Prusse; Lauenbourg). EW.
Ratzebuhr. L. Allemagne (Prusse). EW.
Ratzersdorf (Recse) F. Autr.-Hong. (Hongr. Ungarn).
Raub. États-Unis (Indiana).
Raubling. F. Allemagne (Bavière).
Rauden. L. Allemagne (Prusse). EW.
Raudnitz. L. Autriche-Hongrie (Bohême).
Raudten. F. Allemagne (Prusse). EW.
Raumo. L. Russie d'Europe (Abo-Bjorneborg).
Raunds. L. Iles Britanniques (Angleterre).
Raunheim. F. Allem. (Hesse-Darmstadt) OW.
Rauscha. F. Allemagne (Prusse). EW.
Ravenglass. L. Iles Britanniques (Angleterre).
Ravenna. États-Unis (Ohio).
Ravenne. N/2. Italie (Ravenne).
Raven-Run. Etats-Unis (Pensylvanie).
Ravensburg. Allemagne (Wurtemberg).
Ravensthorpe. L. Iles Britanniques (Angleterre).
Rawa. L. Russie d'Europe (Petrokow).
Rawa-Ruska. L. Autriche-Hongrie (Galicie).
Rawcliffe. L. Iles Britanniques (Angleterre).
Rawdon. L. Iles Britanniques (Angleterre).
Rawicz. Allemagne (Prusse). EW.
Rawley. États-Unis (Iowa).
Rawlings. Etats-Unis (Wyoming).
Rawtenstall. L. Iles Britanniques (Angleterre).
Rawul-Pindee. Indes. OC.
Ray. Etats-Unis (Illinois).
Rayleigh. L. Iles Britanniques (Angleterre).
Raymilton. Etats-Unis (Pensylvanie).
Raymond. États-Unis (Iowa).
Raymond. États-Unis (Kansas).
Raymond. États-Unis (New-Hampshire).
Raymondville. États-Unis (New-York).
Raymore. États-Unis (Missouri).
Raysville. États-Unis (Ohio).
Raz-el-Ech. Egypte (Isthme de Suez).
Readfield. États-Unis (Maine).
Reading. États-Unis (Kansas).
Reading. Etats-Unis (Massachusetts).
Reading. États-Unis (Michigan).
Reading. Etats-Unis (Pensylvanie).
Reading. Iles Britanniques (Angleterre).
Readville. États-Unis (Massachusetts).
Ream's-Station. États-Unis (Virginie).
Rearsby. L. Iles Britanniques (Angleterre).
Rebecq-Rognon. L. Belgique (Brabant).
Rebstein. FL. Suisse (Saint-Gall).
Recanati. L. Italie (Macerata).
Recco. L. Italie (Gênes).
Recht. Perse.
Reckawinkel. F. Autriche-Hongrie (sous l'Enns).
Reckendorf. L. Allemagne (Bavière).
Recklinghausen. L. Allemagne (Prusse). OW.
Recoaro. L. Italie (Vicence).
Recse (Ratzersdorf). F. Aut.-Hong. (Hongrie).
Rectorville. États-Unis (Illinois).
Redange (Redingen). L. Luxembourg.
Redbank. Australie (Victoria).

Red-Bank. États-Unis (New-Jersey).
Red-Bank. Etats-Unis (Pensylvanie).
Red-Bank, Phila. Etats-Unis (Pensylvanie).
Red-Bluff. Etats-Unis (Californie).
Redbridge. F. Iles Britanniques (Angleterre).
Red-Buttes. Etats-Unis (Wyoming).
Redcar. L. Iles Britanniques (Angleterre).
Red-Creek. Etats-Unis (New-York).
Red-Desert. Etats-Unis (Wyoming).
Redding. Etats-Unis (Californie).
Reddipully. F. Indes. OC.
Redditch. Iles Britanniques (Angleterre).
Reden. F. Allemagne (Prusse). OW.
Redford. États-Unis (New-York).
Redheugh. F. Iles Britanniques (Angleterre).
Redhill. Iles Britanniques (Angleterre).
Red-House. États-Unis (New-York).
Redingen (Redange). L. Luxembourg.
Redl. FL. Autriche-Hongrie (sur l'Enns).
Redmon. États-Unis (Illinois).
Red-Oak. États-Unis (Iowa).
Red-River-City. Etats-Unis (Texas).
Redruth. Australie (Australie méridionale).
Redruth. L. Iles Britanniques (Angleterre).
Red-Wing. États-Unis (Minnesota).
Redwitz. L. Allemagne (Bavière).
Redwitz, p. Lichtenfels. F. Allemagne (Bavière).
Redwood. États-Unis (New-York).
Redwood City. Etats-Unis (Californie).
Reed City. États-Unis (Michigan).
Reedham. F. Iles Britanniques (Angleterre).
Reedsburg. Etats-Unis (Wisconsin).
Reed's-Landing. États-Unis (Minnesota).
Reedsmouth. F. Iles Britanniques (Angleterre).
Reelsville. États-Unis (Indiana).
Reepham. L. Iles Britanniques (Angleterre).
Rees. L. Allemagne (Prusse). OW.
Reeth. L. Iles Britanniques (Angleterre).
Reetz. L. Allemagne (Prusse). EW.
Regalbuto. L. Italie (Catane).
Regen. L. Allemagne (Bavière).
Regensberg. L. Suisse (Zurich).
Regensburg (v. Ratisbonne). Allemagne (Bavière).
Regenstauf. PF. Allemagne (Bavière).
Regenwalde. L. Allemagne (Prusse). EW.
Reggio-nell'-Emilia. N/2. Italie (Emilie; Reggio).
Reggio-di-Calabria. N. Italie (Reggio di Calabria).
Regitza. L. Russie d'Europe (Witebsk).
Rehau. F. Allemagne (Bavière).
Rehburg. L. Allemagne (Prusse). EW.
Rehmsdorf. F. Allemagne (Prusse). EW.
Rehtobel. L. Suisse (Appenzell).
Reibnitz. F. Allemagne (Prusse). EW.
Reichelsdorf. F. Allemagne (Bavière).
Reichenau. L. Allemagne (Prusse). EW.
Reichenau. L. Autriche-Hongrie (Bohême).
Reichenau. L. Autriche Hongrie (sous l'Enns).
Reichenau. L. Suisse (Grisons).
Reichenau-in-Baden. L. Allemagne. (Bade.)
Reichenbach. Allemagne (Prusse; Silésie). EW.
Reichenbach. F. Allemagne (Saxe; Oberl). EW.
Reichenbach. Allemagne (Saxe; Voigtland). EW.
Reichenbach. L. Suisse (Berne).
Reichenbach, p. Freudenstadt. L. Allemagne (Wurtemberg).
Reichenberg. N. Autriche-Hongrie (Bohême).
Reichenburg. F. Autriche-Hongrie (Styrie).
Reichenhall. Allemagne (Bavière).
Reichenstein. L. Allemagne (Prusse). EW.
Reichenweier. L. Allemagne (Alsace-Lorraine).
Reichertshausen. F. Allemagne (Bavière).
Reichertshofen. F. Allemagne (Bavière).
Reicholzheim. FL. Allemagne (Bade).
Reichramming. FL. Autr.-Hongrie (sous l'Enns).
Reichshofen. L. Allemagne (Alsace-Lorraine).
Reichstadt. EL. Autriche-Hongrie (Bohême).
Reichstadt-Niemes. FL. Autr.-Hongrie (Bohême).
Reiden. L. Suisse (Lucerne).
Reidsville. Etats-Unis (Caroline du Nord).
Reifnig-Fresen. FL. Autriche-Hongrie (Styrie).
Reifnitz. L. Autriche-Hongrie (Carniole).
Reigate. Iles Britanniques (Angleterre).
Reimersburg. États-Unis (Pensylvanie).
Reimertou. Etats-Unis (Pensylvanie).
Reinach-Menzikon. L. Suisse (Argovie).
Reinbeck. F. Allemagne (Prusse). EW.
Reinerz. L. Allemagne (Prusse). EW.
Reinfeld. F. Allemagne (Prusse). EW.
Reinhardsbrünn EL. Allemagne (Saxe-Cobourg-Gotha). EW.
Reinheim. F. Allemagne (Hesse-Darmstadt). OW.
Reinosa. Espagne (Santander).
Reisen. F. Allemagne (Prusse). EW.
Relay-House. Etats-Unis (Maryland).
Relay-Station. Etats-Unis (Pensylvanie).
Remagen. L. Allemagne (Prusse). OW.
Rembang. Java. ES.
Remedios. Amérique centrale (île de Cuba).
Remich. L. Luxembourg (Grand-Duché).
Remilly. F. Allemagne (Alsace-Lorraine).
Remington. Etats-Unis (Indiana).
Remscheid. L. Allemagne (Prusse). OW.
Remus. L. Suisse (Grisons).
Remsen. États-Unis (New-York).
Rena. F. Norwége.
Renaix. Belgique (Flandre orientale).
Renan. L. Suisse (Berne).
Renchen. L. Allemagne (Bade).
Rendsbourg. Allemagne (Prusse; Holstein). EW.
Renfrew. Amérique anglaise (Ontario).
Renfrew. L. Iles Britanniques (Écosse).
Rengo. Amérique du Sud (10e région).
Reni. N. Roumanie.
Renick. Etats-Unis (Missouri).
Renningen. Allemagne (Wurtemberg).
Reno. Etats-Unis (Indiana).
Reno. Etats-Unis (Nevada).
Reno. États-Unis (Pensylvanie).
Renovo. Etats-Unis (Pensylvanie).
Rensalier. États-Unis (Missouri).
Rensselaer. États-Unis (Indiana).
Rensselaer Falls. Etats-Unis (New-York).
Rentsch. FL. Autriche-Hongrie (Bohême).
Renzendorf. F. Allem. (Hesse-Darmstadt). OW.
Repentigny (Summer office.) Amérique anglaise (Québec).
Reppen. F. Allemagne (Prusse). EW.
Reps. L. Autriche-Hongrie (Transylvanie).
Repton. L. Iles Britanniques (Angleterre).
Repy. FL. Autriche-Hongrie (Bohême).
Reschitza. L. Autriche-Hongrie (Hongrie).
Resina. L. Italie (Naples).
Reston. F. Iles Britanniques (Écosse).
Reszege-Szanislo. FL. Autr.-Hongrie (Hongrie).
Retford. L. Iles Britanniques (Angleterre).
Rethen. F. Allemagne (Prusse). EW.
Retiro. Amérique du Sud (8e région).
Retz. L. Autriche-Hongrie (sous l'Enns).
Retzbach. F. Allemagne (Bavière).
Reuchenette. L. Suisse (Berne).
Reuden. F. Allemagne (Anhalt). EW.
Reus. Espagne (Tarragone).
Reuth. PF. Allemagne (Bavière).
Reuth. F. Allemagne (Saxe). EW.
Reutlingen. Allemagne (Wurtemberg).
Reutte. L. Autriche-Hongrie (Tyrol).
Reuver. P. Pays-Bas.
Rev. FL. Autriche-Hongrie (Hongrie).
Revel ou Reval. N. Russie d'Europe (Esthonie).
Revere. F. Indes. OC.
Revere. L. Italie.
Revnik. FL. Autriche-Hongrie (Bohême).
Rewarree. F. (Indes). OC.
Reynolds. Etats-Unis (Indiana).
Rezzato. FL. Italie (Brescia).
Rhayader. L. Iles Britanniques (Angleterre).
Rheda. L. Allemagne (Prusse). OW.
Rheda près Danzig. F. Allemagne (Prusse). EW.
Rheinau. L. Suisse (Zurich).
Rheinberg. L. Allemagne (Prusse). OW.
Rheinbischofsheim. L. Allemagne (Bade).
Rheine. Allemagne (Prusse). OW.
Rheineck. L. Suisse (Saint-Gall).
Rheinfelden. FL. Suisse (Argovie).
Rheinfelden. FL. Allemagne (Bade).
Rheinhausen. F. Allemagne (Prusse). OW.
Rheinweiler. FL. Allemagne (Bade).
Rheinzabern. L. Allemagne (Bavière).
Rhetimo. Turquie (île de Crète).
Rheydt. Allemagne (Prusse). OW.
Rheydt-Geneiken. F. Allemagne (Prusse). OW.
Rhinebeck. Etats-Unis (New-York).
Rhisnes. L. Belgique (Namur).
Rho. FL. Italie (Milan).
Rhode-Saint-Genese L. Belgique (Brabant).
Rhodes (Rados). Turquie (île de Rhodes).
Rhyl. Iles Britanniques (Angleterre).
Rhymney. L. Iles Britanniques (Angleterre).
Rhynie. L. Iles Britanniques (Écosse).
Riardo. FL. Italie (Caserte).
Riasan (S. Raesan). Russie d'Europe (Riasan).
Ribe. Danemark (Jutland).
Ribeauvillé (Rapoldsweiler). Allemagne (Alsace-Lorraine).
Ribera. L. Italie.
Ribnitz. L. Allem. (Mecklembourg-Schwérin). EW.
Rican. L. Autriche-Hongrie (Bohême).
Riccarton. F. Iles Britanniques (Écosse).
Rice Station. États-Unis (Texas).
Riceville. Etats-Unis (Pensylvanie).
Richfield. États-Unis (Utah).
Richfield. Etats-Unis (Wisconsin).
Richfield-Springs. Etats-Unis (New-York).
Richford. États-Unis (Vermont).
Richford (Tioga Co). Etats-Unis (New-York).
Rich-Hill. L. Iles Britanniques (Irlande).
Richibucto. Amér. anglaise (Nouveau-Brunswick).
Richland. Etats-Unis (Missouri).
Richland. Etats-Unis (New-York).
Richmond. Amérique anglaise (Nouvelle-Écosse.
Richmond. Amérique anglaise (Québec).
Richmond. États-Unis (Indiana).
Richmond. États-Unis (Maine).
Richmond. Etats-Unis (Massachusetts).

Richmond. États-Unis (Michigan).
Richmond. États-Unis (Missouri).
Richmond. États-Unis (Texas).
Richmond. Etats-Unis (Utah).
Richmond. États-Unis (Vermont).
Richmond. États-Unis (Virginie).
Richmond. Iles Britanniques (Angleterre; Surrey).
Richmond. Iles Britann. (Angleterre; Yorkshire).
Richmond and Lexington-Junct. Ét.-Un. (Missouri).
Richmond-Furnace. États-Unis (Pensylvanie).
Richmond-Hill. Amérique anglaise (Ontario).
Richmond-Hill Station. Amérique angl. (Ontario).
Richmond-Junction. Etats-Unis (Kentucky).
Richmond-Switch. États-Unis (Rhode Island).
Richmondville. Etats-Unis (Michigan).
Richmondville. Etats-Unis (New-York).
Richtenberg. L. Allemagne (Prusse). EW.
Richterschwyl. L. Suisse (Zurich).
Richview. États-Unis (Illinois).
Richville. Etats-Unis (New-York).
Richwood. Etats-Unis (Ohio).
Rickelshausen. FL. Allemagne. (Bade).
Rickmansworth. Iles Britanniques (Angleterre).
Ridderkerk. L. Pays-Bas.
Riddings. F. Iles Britanniques (Écosse).
Riddings. L. Iles Britanniques (Angleterre).
Riddlesburg. Etats-Unis (Pensylvanie).
Ridge-Farm. États-Unis (Illinois).
Ridgefield. Etats-Unis (Connecticut).
Ridgeville. Etats-Unis (Indiana).
Ridgeville. États-Unis (Ohio).
Ridgeway. Etats-Unis (Caroline du Nord).
Ridgeway. États-Unis (Illinois).
Ridgeway. Etats-Unis (Iowa).
Ridgeway. États-Unis (Ohio).
Ridgeway. États-Unis (Pensylvanie).
Ridgeway Station. États-Unis (Michigan).
Ridgley. Etats-Unis (Maryland).
Riding-Mill. L. Iles Britanniques (Angleterre).
Ridley-Park. États-Unis (Pensylvanie).
Riedau. F. Autriche-Hongrie (sur l'Enns).
Riedenbourg. L. Allemagne (Bavière).
Ried près Landeck. L. Autriche-Hongrie (Tyrol).
Ried près Wels. L. Autr.-Hong. (sur l'Enns).
Riedlingen. Allemagne (Wurtemberg).
Riedselz. FL. Allemagne (Alsace-Lorraine).
Riegel. L. Allemagne (Bade).
Riegelsville. Etats-Unis (New-Jersey).
Riem. F. Allemagne (Bavière).
Rieneck. PF. Allemagne (Bavière).
Rienzi. Etats-Unis (Mississipi).
Riesa. Allemagne (Saxe). EW.
Riesenburg. L. Allemagne (Prusse). EW.
Riesi. L. Italie (Caltanisetta).
Riestedt. F. Allemagne (Prusse). EW.
Rietheim, p. Tuttlingen. Allem. (Wurtemberg).
Rieti. L. Italie (Pérouse).
Rietschen. Allemagne (Prusse). EW.
Rifle-Lumber-Boom. États-Unis (Michigan).
Rifle-River. États-Unis (Michigan).
Riga. États-Unis (Michigan).
Riga. N. Russie d'Europe (Livonie).
Rigaud. Amérique Anglaise (Québec).
Riggisberg. L. Suisse (Berne).
Rigikaltbad. BL. Suisse (Lucerne).
Rigi-Kulm. BL. Suisse (Schwyz).
Rigi-Scheideck. BL. Suisse (Schwyz).
Rigi-Staffel. BL. Suisse (Schwyz).
Rigi-Vaudois. BL. Suisse (Vaud).
Rignano. FL. Italie (Florence).
Rigolets. Etats-Unis (Louisiane).
Rijp (De). L. Pays-Bas.
Rijssen. L. Pays-Bas.
Rillington. F. Iles Britanniques (Angleterre).
Rima-Szombath. L. Autriche-Hongrie (Hongrie).
Rimini. Italie (Forli).
Rimnicu-Sarat. N. Roumanie.
Rimnicu-Vilci. N. Roumanie.
Rimouski. Amérique anglaise (Québec).
Rincon. Amérique du Sud (3ᵉ région).
Ringelheim. Allemagne (Brunswick). EW.
Ringkjoebing. Danemark (Jutland).
Ringleben. F. Allemagne (Prusse). EW.
Ringsted. Danemark (Ile de Zélande).
Ringwood. L. Iles Britanniques (Angleterre).
* Rinholec. FL. Autriche-Hongrie (Bohême).
Rinkerode. F. Allemagne (Prusse). OW.
Rinteln. Allemagne (Prusse). OW.
Rio (2ᵉ) Amérique du Sud (6ᵉ région).
Rio (4ᵉ) Amérique du Sud (9ᵉ région).
Rio. États-Unis (Illinois).
Rio. États-Unis (Wisconsin).
Rio-de-Janeiro. Amérique du Sud (Brésil).
* Rio-nell'-Elba. L. Italie (Livourne).
Riola. FL. Italie (Bologne).
Rionero. L. Italie (Potenza).
Rioseco. Espagne (Valladolid).
Ripafratta. L. Italie (Lucques).
* Ripalta. FL. Italie (Campobasso).
Ripen (S. Ribe). Danemark. (Jutland).
Ripley. États-Unis (New-York).
Ripley. États-Unis (Ohio).
Ripley. L. Iles Britanniques (Derby).
Ripley. L. Iles Britanniques (Surrey).
Ripley. L. Iles Britanniques (Yorkshire).
Ripon. États-Unis (Wisconsin).
Ripon. L. Iles Britanniques (Angleterre).
Riposto. L. Italie (Catane).
Rippey. Etats-Unis (Iowa).
Rippoldsau (1). BL. Allemagne (Bade).
Ripponden. L. Iles Britanniques (Angleterre).
Risano. L. Autriche-Hongrie (Dalmatie).
Risca. L. Iles Britanniques (Angleterre).
Rishton. L. Iles Britanniques (Angleterre).
Rising Sun. États-Unis (Indiana).
Rising Sun. États-Unis (Maryland).
Rising Sun, Phila. Etats-Unis (Pensylvanie).
Risoer ou Osterrisoer. Norwége.
Risstissen. Allemagne (Wurtemberg).
Ritterhausen près Barmen F. Allem. (Prusse). OW.
Riva. L. Autriche-Hongrie (Tyrol).
Rivadavia. L. Espagne (Orense).
Rivadeo. Espagne (Lugo).
Rivadesella. L. Espagne (Oviedo).
Rivarolo-Ligure. L. Italie (Gênes).
Rivaz. FL. Suisse (Vaud).
River-Beaudette. Amérique anglaise (Québec).
River Bend. États-Unis (Colorado).
River (David). Amérique anglaise (Québec).
Riverdale. États-Unis (New-York).
River-du-Loup-en-Bas. Amérique angl. (Québec).
River-du-Loup-en-Haut. Amérique angl. (Québec).
River-du-Loup G. T. R. Amérique angl. (Québec).
River-Falls. États-Unis (Wisconsin).
River-Head. L. I. États-Unis (New-York).
River-John. Amérique anglaise (Nouv.-Écosse).
River-Point. États-Unis (Rhode-Island).
Riversdale. Colonie du Cap.
Riverside. États-Unis (Illinois).
Riverside. Etats-Unis (New-York).
Riverside. États-Unis (Pensylvanie).
Riverside. Etats-Unis (Texas).
Riverside-Press. États-Unis (Massachusetts).
River-Sioux. États-Unis (Iowa).
Riverton. Australie (Australie méridionale).
Riverton. États-Unis (Iowa).
Riverton. États-Unis (Kentucky).
Riverton. États-Unis (New-Jersey).
Riverton. Nouvelle-Zélande.
Rives-Junction. Etats-Unis (Michigan)
Riviere-Quelle. États-Unis (Québec).
Rixensart. L. Belgique (Brabant).
Rixheim. F. Allemagne (Alsace-Lorraine).
Rixingen. F. Allemagne (Alsace-Lorraine).
Rjeka. L. Montenegro.
Rjew. Russie d'Europe (Twer).
Roache's-Point. Amérique anglaise (Ontario).
Roanoke. États-Unis (Indiana).
Roanoke. États-Unis (Virginie).
Roaring-Branch. Etats-Unis (Pensylvanie).
Roaring-Springs. États-Unis (Pensylvanie).
Robecco-Ponte-Vico. FL. Italie (Brescia).
Roberts. États-Unis (Illinois).
Robertsbridge. L. Iles Britanniques (Angleterre).
Robertsholm. FL. Suède.
Robe Town. Australie (Australie méridionale).
Robier. FL. Allemagne (Prusse). EW.
Robin-Hood's-Bay. L. Iles Britann. (Angleterre).
Robinson. États-Unis (Michigan).
Roby. L. Iles Britanniques (Angleterre).
*Rocca-d'Anfo. Italie.
Rocca-d'Evandro. FL. Italie (Caserte).
Rocca-Imperiale. Fl. Italie (Cosenza).
Roccapalumba. Fl. Italie (Palerme).
Roccaraso. L. Italie (Aquilée).
Rocca-S.-Casciano. L. Italie (Florence).
Roccasecca. FL. Italie.
Roccastrada. FL. Italie.
Rocella-Jonica. FL. Italie (Reggio di Calabre.).
Rocester. L. Iles Britanniques (Irlande).
Rochdale. États-Unis (Massachusetts).
Rochdale. Iles Britanniques (Angleterre).
Roche (La). Suisse (Fribourg).
Rochefort. L. Belgique (Namur).
Rochelle. États-Unis (Illinois).
Roches-Point. Iles Britanniques (Irlande).
Rochester. États-Unis (Illinois).
Rochester. États-Unis (Indiana).
Rochester. États-Unis (Minnesota).
Rochester. Etats-Unis (New-Hampshire).
Rochester. Etats-Unis (New-York).
Rochester. États-Unis (Pensylvanie).
Rochester. Iles Britanniques (Angleterre).
Rochford. L. Iles Britanniques (Angleterre).
Rochlitz. L. Autriche-Hongrie (Bohême).
Rochlitz. Allemagne (Prusse; Saxe). EW.
Rockaway. Etats-Unis (New-Jersey).
Rockbridge (Alum Springs, Summer office). États-Unis (Virginie).
Rockbridge-Baths (Summer office). États-Unis (Virginie).

(1) Ouvert du 1ᵉʳ juin au 30 septembre.

Rock-City. États-Unis (Illinois).
Rock-Creek. États-Unis (Ohio).
Rock-Creek. Etats-Unis (Wyoming).
Rockdale (Delaware Co). États-Unis (Pensylvanie).
Rockenhausen. L. Allemagne (Bavière).
Rockingham. L. Iles Britanniques (Angleterre).
Rock-Falls. États-Unis (Illinois).
Rock-Falls. Etats-Unis (Iowa).
Rock-Falls. Etats-Unis (Michigan).
Rockfield. États-Unis (Indiana).
Rockfish. États-Unis (Virginie).
Rockford. Etats-Unis (Illinois).
Rockford. États-Unis (Iowa).
Rockford. États-Unis (Michigan).
Rockhampton Australie (Queensland).
Rock-Haven. Etats-Unis (Kentucky).
Rock-Hill. États-Unis (Caroline du Sud).
Rockingham. États-Unis (Caroline du Nord).
Rockingham. Amérique anglaise (Ontario).
Rock-Island. Etats-Unis (Illinois).
Rock-Island-Junction (Cooke Co). Etats-Unis (Illinois).
Rock-Island-Junc. (Whitesides Co). Ét.-Un. (Illin.)
Rockland. Amérique anglaise (Ontario).
Rockland. Etats-Unis (Maine).
Rockland. États-Unis (Michigan).
Rocklenge. L. Belgique (Limbourg).
Rock-Point. États-Unis (Orégon).
Rockport. États-Unis (Illinois).
Rockport. États-Unis (Indiana).
Rockport. États-Unis (Kentucky).
Rockport. États-Unis (Maine).
Rockport. États-Unis (Massachusetts).
Rockport. États-Unis (Ohio).
Rockport. États-Unis (Pensylvanie).
Rockport. États-Unis (Texas).
Rock-River-Junction. États-Unis (Illinois).
Rock-Springs. États-Unis (Wyoming).
Rockton. États-Unis (Illinois).
Rockville. États-Unis (Connecticut).
Rockville. États-Unis (Indiana).
Rockville. États-Unis (Maryland).
Rockville. États-Unis (Missouri).
Rockville. États-Unis (Pensylvanie).
Rockville. États-Unis (Utah).
Rockwood. Amérique anglaise (Ontario).
Rockwood. États-Unis (Michigan).
Rocky-Hill. États-Unis (Connecticut).
Rocky-Mount. États-Unis (Caroline du Nord).
Rocky-Point. États-Unis (Caroline du Nord).
Rocky-Point. États-Unis (Rhode Island).
Rocky-Ridge. États-Unis (Ohio).
Rocour. Belgique (Liége).
Roda. L. Allem. (Prusse; Saxe-Altenbourg). EW.
Rodi. L. Italie (Foggia).
Roding. PF. Allemagne (Bavière).
Rodney. États-Unis (Mississipi).
Rodosto (Tekfour-dagbi). Turq. d'Eur. A1.B2.C1.D3.
Rodriguez. Amérique du Sud (4e région).
Roebel. L. Allemagne (Prusse; Mecklembourg-Schwérin). EW.
Roedby. L. Danemark (île de Lolland).
Roederau. F. Allemagne (Prusse; Saxe). EW.
Roehrmoos. L. Allemagne (Bavière).
Roehrsdorf-Zwickau. FL. Autr.-Hongr. (Bohême).
Roeken. F. Norwége.
Roemerbad (1). BL. Autriche-Hongrie (Styrie).
Roemerstadt. L. Autriche-Hongrie (Moravie).
Roende. L. Danemark (Jutland).
Roenne. Danemark (Bornholm).
Roennede. Danemark (Zélande).
Roermonde. Pays-Bas.
Roeskilde. Danemark (Zélande).
Rœssel. L. Allemagne (Prusse). EW.
Rœthenbach (près Lindau). F. Allem. (Bavière).
Rœthenbach (près Lauf). PF. Allem. (Bavière).
Rœthenbach. L. Suisse (Berne).
Roettingen. L. Allemagne (Bavière).
Roetz. L. Allemagne (Bavière).
Roeulx. L. Belgique (Hainaut).
Rœvaer. BL. Norwége.
Rogart. F. Iles Britanniques (Écosse).
Rogasen. L. Allemagne (Prusse). EW.
Roger's City. États-Unis (Michigan).
Rogersville-Junc. États-Unis (Tennessee).
Roggenbourg. L. Allemagne (Bavière).
Rogliano. L. Italie (Cosenza).
Rogoonathpore. F. Indes. OC.
Rogoredo. FL. Italie (Milan).
Rogow. F. Russie d'Europe (Petrokow).
Rohatetz. L. Autriche-Hongrie (Moravie).
Rohatyn. L. Autriche-Hongrie (Galicie).
Rohitsch-Markt. Autriche-Hongrie (Styrie).
Rohrbach. L. Autriche-Hongrie (sur l'Enns.)
Rohrbach. Allem. (Alsace-Lorraine).
Rohrbach p. Seelowitz. FL. Autr.-Hong. (Moravie).
Roisdorf. F. Allemagne (Prusse). OW.
Roitzsch. F. Allemagne (Prusse). EW.
Rojas. Amérique du Sud (2e région).
Rokietnice. F. Allemagne (Prusse). EW.
Rokitnitz. L. Autriche-Hongrie (Bohême).
Rokitzan. F. Autriche-Hongrie (Bohême).
Rokitziny. F. Russie d'Europe (Petrokow).
Rolandseck. L. Allemagne (Prusse). OW.
Rolla. États-Unis (Missouri).
Rolle. L. Suisse (Vaud).
Rolleston (S. Southwell). F. Iles Britan. (Angl.).
Rolling-Prairie. États-Unis (Indiana).
Rolling-Prairie. États-Unis (Wisconsin).
Rollingsford. États-Unis (New-Hampshire).
Rolvenden. L. Iles Britanniques (Angleterre).
Roma. Australie (Queensland).
Romagnano-Sesia. L. Italie (Novare).
Romainmotier. L. Suisse (Vaud).
Roman. N. Roumanie.
Romanshorn. Suisse (Thurgovie).
Rome. États-Unis (Géorgie).
Rome (Henry Co). États-Unis (Iowa).
Rome. États-Unis (New-York).
Rome. N. Italie.
Romedenne. L. Belgique (Namur).
Romeo. Etats-Unis (Michigan).
Romerée. L. Belgique (Namur).
Romford. Iles Britanniques (Angleterre).
Romont. L. Suisse (Fribourg).
Romsey. L. Iles Britanniques (Angleterre).
Ronceverte. Etats-Unis (Virginie).
Ronciglione. L. Italie.
Ronco-Scrivia. FL. Italie.
Rondez. L. Suisse (Berne).
Rondout. États-Unis (New-York).
Ronehamm. L. Suède (île de Gotland).
Ronnebourg. L. Allem. (Pr.; Saxe-Altemb.). EW.
Ronneby. L. Suède.
Ronneburg. F. Allemagne (Prusse). EW.
Ronsdorf. L. Allemagne (Prusse). OW.
Ronsse (S. Renaix). Belgique (Flandre Orientale).
Rood-House. Etats-Unis (Illinois).
Roodt. FL. Luxembourg.
Roorah. F. Indes. OC.
Roorkee. Indes. OC.
Roosendaal. Pays-Bas.
Rootstown. États-Unis (Ohio).
Ropczyce. F. Autriche-Hongrie (Galicie).
Rorbas. L. Suisse (Zurich).
Rorschach. Suisse (Saint-Gall).
Rosario (Oriental). Amérique du Sud (1re région).
Rosario-Santa-Fe. Amérique du Sud (5e région).
Rosarno. L. Italie (Reggio de Calabre).
Rosas. Amérique du Sud (9e région).
Roscommon. L. Iles Britanniques (Irlande).
Roscrea. L. Iles Britanniques (Irlande).
Rose. États-Unis (New-York).
Rose-Blanche. Amérique anglaise (Terre-Neuve).
Roseburg. États-Unis (Oregon).
Rosedale. Australie (Victoria).
Rosedale-Abbey. Iles Britanniques (Angleterre).
Rosegrove. F. Iles Britanniques (Angleterre).
Rosehearty. L. Iles Britanniques (Écosse).
Rose-Hill. Etats-Unis (Illinois).
Roselle. Etats-Unis (Illinois).
Roselle. États-Unis (New-Jersey).
Rosemount. États-Unis (Minnesota).
Rosenau. Autriche-Hongrie (Hongrie).
Rosenau i/Oesterreich. FL. Autriche-Hongrie (sous l'Enns).
Rosenberg (Rozsahegy). Autr.-Hongrie (Hongrie).
Rosenberg. PF. Allemagne (Bavière).
Rosenberg. FL. Allemagne (Bade).
Rosenberg. L. Allemagne. (Prusse; Silésie). EW.
Rosenberg-i-Westpreussen. L. Allem. (Pr.). EW.
Rosendale. États-Unis (Missouri).
Rosendale. États-Unis (New-York).
Rosendale. États-Unis (Wisconsin).
Roseneath. L. Iles Britanniques (Écosse).
Rosenfeld. L. Allemagne (Wurtemberg).
Rosengarten. F. Allem. (Hesse-Darmstadt). OW.
Rosenheim. Allemagne (Bavière).
Rosenhöhe. F. Allem. (Hesse-Darmstadt). OW.
Rosenthal. FL. Autriche-Hongrie (Bohême).
Roseto-Capo-Spulico. L. Italie.
Roseville. Etats-Unis (Californie).
Roseville. États-Unis (Illinois).
Roseville. Etats-Unis (New-Jersey).
Roseville. Etats-Unis (Ohio).
Rosewortny. Australie (Australie méridionale).
Rosheim. L. Allemagne (Alsace-Lorraine).
Rosignano. FL. Italie.
Roslawl. N. Russie d'Europe (Smolensk).
Roslyn. L. I. États-Unis (New-York).
Rosprja. Russie d'Europe (Varsovie).
Ross. États-Unis (Indiana).
Ross. F. Iles Britanniques (Angleterre).
Ross. Tasmanie.
Rossano. L. Italie (Cosenza).
Rossbach. L. Autriche-Hongrie (Bohême).
Rossbegh (Glenbegh) L. Iles Britanniques (Irlande).
Rosscarberry. L. Iles Britanniques (Irlande).
Rosseau. Amérique anglaise (Ontario).
Rossi-de-Vede. L. Roumanie.
Rossieny. L. Russie d'Europe (Kowno).

(1) Ouvert du 15 mai au 15 septembre.

Rossington. F. Iles Britanniques (Angleterre).
Rossinières. L. Suisse (Vaud).
*Rossitz. F. Autriche-Hongrie (Moravie).
Rossitz (près Pardubitz). FL. Autr.-Hongr. (Bohême).
Rossla. F. Allemagne (Prusse). EW.
Rosslau. F. Allemagne (Prusse). EW.
Rossleben. L. Allemagne (Prusse). EW.
*Rosstall. L. Allemagne (Bavière).
Rosstrevor. L. Iles Britanniques (Écosse).
Rossville. Etats-Unis (Illinois).
Rosswein. F. Allemagne (Saxe). EW.
Rosswein. L. Allemagne (Saxe). EW.
Rostock. Allemagne (Mecklembourg). EW.
Rostock-bei-Prag. F. Autriche-Hongrie (Bohême).
Rostow-sur-Don. Russie d'Europe (Ekaterinoslaw).
Roszahegy (S. Rosenberg). Autr.-Hongrie (Hongrie).
Rotenburg. L. Allem. (Prusse; Hesse-Cassel). OW.
Rotenburg-in-Hannover. L. Allem. (Prusse). EW.
Roth. F. Allemagne (Bavière).
Roth-am-See. Allemagne (Wurtemberg).
Rothau. L. Allemagne (Alsace-Lorraine).
Rothbury. L. Iles Britanniques (Angleterre).
Rothe-Erde b. Aachen. F. Allem. (Prusse). OW.
Rothenbourg-ander-Tauber. L. Allem. (Bavière).
Rothenbourg-sur-Oder. F. Allem. (Prusse). EW.
Rothenbuch. L. Allemagne (Bavière).
Rothenburg (près Gorlitz). L. Allem. (Prusse). EW.
Rothenburg. FL. Suisse (Lucerne).
Rothenburg, e. d. Saale. L. Allens (Prusse). EW.
Rothenfels. L. Allemagne (Bade).
Rothenfels. FL. Allemagne (Bavière).
Rothenthurm. FL. Autriche-Hongrie (Carinthie).
Rotherfield. L. Iles Britanniques (Angleterre).
Rotherham. Iles Britanniques (Angleterre).
Rothes. L. Iles Britanniques (Écosse).
Rothesay. Amérique anglaise (New-Brunswick).
Rothesay. L. Iles Britanniques (Écosse).
Rothflies. FL. Allemagne (Prusse). EW.
Rothiemay. F. Iles Britanniques (Écosse).
Rothienorman. F. Iles Britanniques (Écosse).
Roth-Malsch. F. Allemagne (Bade).
Rothschild (Roeskilde). Danemark (île de Zélande).
Rothsürben. F. Allemagne (Prusse). EW.
Rothwell. L. Iles Britanniques (Angleterre).
Rotonda. L. Italie (Potenza).
Rotorua. Nouvelle-Zélande.
Rotslaer. Belgique (Brabant).
Rottenbourg. Allemagne (Wurtemberg).
Rottenbourg. L. Allemagne (Bavière).
Rottendorf. F. Allemagne (Bavière).
Rottenmann. L. Autriche-Hongrie (Styrie).
Rottenstein (près Meran). EN. Autr.-Hongr. (Tyrol).
Rotterdam. N. Pays-Bas.
Rotthalmünster. L. Allemagne (Bavière).
Rottingdean. L. Iles Britanniques (Angleterre).
Rottofreno. FL. Italie (Plaisance).
Rottweil. Allemagne (Wurtemberg).
Rotweil a/ Kayserstuhl. L. Allemagne (Bade).
Rouda. F. Russie d'Europe (Varsovie).
Roudniki. Russie d'Europe (Varsovie).
Rouffach. L. Allemagne (Alsace-Lorraine).
Rougemont. L. Suisse (Vaud).
Rough and Ready (Siskiyou County). États-Unis (Californie).
Roulands Castle. F. Iles Britann. (Angleterre).
Roulers. Belgique (Flandre occidentale).
Round-Grove. États-Unis (Missouri).
Round-Island. États-Unis (Pensylvanie).
Round-Oak. F. Iles Britanniques (Angleterre).
Roundstone. L. Iles Britanniques (Irlande).
Rousbrugge. L. Belgique (Flandre occidentale).
Rouse's-Point. États-Unis (New-York).
Rouselaere (S. Roulers). Belg. (Flandre occid.).
Rouseville. États-Unis (Pensylvanie).
Roustchouk. L. Turquie d'Europe A1.B3.C2.D5.
Roux. Belgique (Hainaut).
Roveredo. Autriche-Hongrie (Tyrol).
Roveredo. L. Suisse (Grisons).
Rovereilh (S. Roveredo). Autr.-Hongrie (Tyrol).
Rovigno. L. Autriche-Hongrie (Istrie).
Rovigo. Italie (Rovigo).
Rowfant. F. Iles Britanniques (Angleterre).
Rowland. États-Unis (Pensylvanie).
Rowlandsville. États-Unis (Maryland).
Rowlesburg. États-Unis (Virginie).
Rowley-Springs. États-Unis (Virginie).
Rowley-Regis. L. Iles Britanniques (Angleterre).
Rowno. Russie d'Europe (Wolhynie).
Rowsley. F. Iles Britanniques (Angleterre).
Roxborough, Phila. États-Unis (Pensylvanie).
Roxburgh. F. Iles Britanniques (Écosse).
Roxburgh. Nouvelle Zélande.
Roxbury. États-Unis (New-York).
Roxbury. États-Unis (Vermont).
Roxton-Falls. Amérique anglaise (Québec).
Royal-Centre. États-Unis (Indiana).
Royalcherroo. F. Indes. OC.
Royal Hotel, Niagara (Summer office). Amérique anglaise (Ontario).
Royal Oak. États-Unis (Michigan).
Royalston. États-Unis (Massachusetts).
Royers' Fort. États-Unis (Pensylvanie).
Royston. L. Iles Britanniques (Angleterre).
Royton. L. Iles Britanniques (Angleterre).
Roznau. L. Autriche-Hongrie (Moravie).
Roznyœ (Rosenau). Autriche-Hongrie (Hongrie)
Rozsahegy (Rosenberg). Autr.-Hongrie (Hongrie).
Rozwadow. L. Autriche-Hongrie (Galicie).
Ruabon. Iles Britanniques (Angleterre).
Rubbiera. FL. Italie (Reggio di Emilia).
Rubicon. États-Unis (Wisconsin).
Ruda. F. Allemagne (Prusse). EW.
Rudauli. F. Indes. OC.
Rudd. États-Unis (Iowa).
Ruddington. L. Iles Britanniques (Angleterre).
Rudd's. États-Unis (Wisconsin).
Rudenhausen. L. Allemagne (Bavière).
Ruderatshofen. F. Allemagne (Bavière).
Rudersdorf. F. Allemagne (Prusse). EW.
Rudesheim (A. Rh.). L. All. (Prusse; Nassau). OW.
Rudesheim-Dromersheim. F. Allemagne (Hesse-Darmstadt). OW.
Rudgwick. F. Iles Britanniques (Angleterre).
Rudig. FL. Autriche-Hongrie. (Bohême.).
Rudkjobing. Danemark (Langeland).
Rudnick. L. Autriche-Hongrie (Galicie).
Rudolfswerth. Autriche-Hongrie (Carniole).
Rudolstedt. L. Allemagne (Schwarzbourg). EW.
Rudzinitz. F. Allemagne (Prusse). EW.
Rueggisberg. L. Suisse (Berne).
Ruffort. F. Iles Britanniques (Angleterre).
Rugby. N/2. Iles Britanniques (Angleterre).
Rugeley. Iles Britanniques (Angleterre).
Rugenwalde. Allemagne (Prusse). EW.
Ruhbank. F. Allemagne (Prusse). OW.
Ruhla. L. Allemagne (Saxe-Weimar-Eisenach). OW.
Ruhland. F. Allemagne (Prusse). EW.
Ruhrort. Allemagne (Prusse). OW.
Rukkelingen (Roclenge). L. Belgique (Limbourg).
Rulzheim. L. Allemagne (Bavière).
Ruma. L. Autriche-Hongrie (Esclavonie).
Rumbourg. Autriche-Hongrie (Bohême).
Rummelsburg. L. Allemagne (Prusse). EW.
Rummelsburg p. Berlin. F. Allem. (Prusse). EW.
Rumney. États-Unis (New-Hampshire).
Runcorn. L. Iles Britanniques (Angleterre).
Runkel. F. Allemagne (Prusse; Nassau). OW.
Runnymede. Australie (Victoria).
Rupert. États-Unis (Pensylvanie).
Rupert. États-Unis (Vermont).
Ruprechtsau. L. Allemagne (Alsace-Lorraine).
Ruremonde (voir Roermonde). Pays-Bas.
Rus. FL. Autriche-Hongrie (Transylvanie).
Rush. L. Iles Britanniques (Irlande).
Rush City. États-Unis (Minnesota).
Rushdale. États-Unis (Pensylvanie).
Rushden. L. Iles Britanniques. (Angleterre.)
Rushford. États-Unis (Minnesota).
Rush Lake. États-Unis (Wisconsin).
Rush Run. États-Unis (Ohio).
Rushville. États-Unis (Illinois).
Rushville. États-Unis (Indiana).
Rushville. États-Unis (Missouri).
Ruskington. L. Iles Britanniques (Angleterre).
Russ. L. Allemagne. (Prusse.) EW.
Russell. États-Unis (Iowa).
Russell. États-Unis (Kansas).
Russell. États-Unis (Massachusetts).
Russell. États-Unis (New-York).
Russell. États-Unis (Ohio).
Russellburg. États-Unis (Pensylvanie).
Russellville. États-Unis (Kentucky).
Russelsheim. Allemagne (Hesse-Darmstadt). OW.
Russi. L. Italie (Ravenne).
Russia. États-Unis (New-York).
Russikon. L. Suisse (Zurich).
Russo. L. Suisse (Tessin).
Russwyl. L. Suisse (Lucerne).
Ruszkberg. L. Autr.-Hongrie (Confins militaires).
Rutherford Park. États-Unis (New-Jersey).
Rutherglen. Australie (Victoria).
Rutherglen. L. Iles Britanniques (Écosse).
Ruthin. L. Iles Britanniques (Angleterre).
Ruthy. FL. Suisse (Saint-Gall).
Ruti. L. Suisse (Zurich).
Rutigliano. L. Italie (Bari).
Rutino. L. Italie (Salerne).
Rutlam. Indes. OC.
Rutland. États-Unis (Illinois).
Rutland. États-Unis (Vermont).
Rutledge. États-Unis (Géorgie).
Ruttcck (S. Ruttka). F. Autr.-Hongrie (Hongrie).
Ruttka (S. Ruttcck). F. Autr.-Hongrie (Hongrie).
Ruvo (di Puglia). L. Italie (Bari).
Ruysbroeck. Belgique (Brabant).
Rybinsk. Russie d'Europe (Jaroslaw).
Rybnik. L. Allemagne (Prusse). EW.
Ryde. Iles Britanniques (Ile de Wight).
Ryde-Pier-Gates. F. Iles Brit. (Ile de Wight).
Ryde Pier Head. F. Iles Brit. (Ile de Wight, Anglet.).
Rye. États-Unis (New-York).
Rye. Iles Britanniques (Angleterre).
Rye House. F. Iles Britanniques (Angleterre).
Rylsk. Russie d'Europe (Koursk).
Rymanow. L. Autriche-Hongrie (Galicie).
Rynd Farm. États-Unis (Pensylvanie).
Rzeszow. Autriche-Hongrie (Galicie).

SAINT, SAINTE, SAN, SANTA, SANTI, SANTO.

Santa-Agata-Bolognese. L. Italie. (Bologne.)
Santa-Agata-dei-Goti. L. Italie.
Santa-Agata-di-Militello-Rosmarino. L. Italie (Messine).
Santa-Agata-di-Puglia. L. Italie (Foggia).
San-Agnello. L. Italie (Naples).
Sainte-Agnès. L. Iles Britanniques (Angleterre).
Saint-Albans. Iles Britanniques (Angleterre).
Saint-Alban's. États-Unis (Vermont).
Saint-Alban's. États-Unis (Virginie).
Saint-Alban's-Bay. États-Unis (Vermont).
Saint-Alberto-di-Ravenna L. (Italie).
Saint-Alexander. Amérique anglaise (Québec).
Saint-Amarin. F. Allemagne (Alsace-Lorraine).
Saint-Andrae-Woerden. FL. Autriche-Hongrie (sous l'Enns).
Saint-André (Szentandras). FL. Autr.-Hong (Hong).
San-Andreas. États-Unis (Californie).
Saint-Andrews. Amér. angl. (Nouveau-Brunswick).
Saint-Andrews. Amérique anglaise (Québec).
Saint-Andrews. Iles Britanniques (Écosse).
San-Angelo-di-Lombardi. L. Italie (Avellino).
Saint-Ann. États-Unis (Illinois).
Sainte-Anne-la-Parade. Amér. ang. (Québec).
Sainte-Anne Bout de l'Isle. (Summer office). Am. Ang. (Québec).
Sainte-Anne-Bout-de-l'Isle Station. Amér. angl. (Québec).
Saint-Anne's-Hill. L. Iles Britanniques (Irlande).
Sainte-Anne-la-Pocatière. Amérique anglaise (Québec).
Saint-Ansgar. États-Unis (Iowa).
Saint-Anthony. États-Unis (Minnesota).
San-Antimo. L. Italie.
San-Antonino-di-Susa. FL. Italie (Turin).
San-Antonio. Amérique centrale (Ile de Cuba).
San-Antonio. États-Unis (Texas).
San-Antonio (près Mantoue). FL. Italie (Mantoue).
San-Arcangelo. L. Italie (Potenza).
San-Arcangelo-di-Romagna. L. Italie (Forli).
Saint-Armand. Amérique anglaise (Québec).
Saint-Arnaud. Australie (Victoria).
Saint-Asaph. L. Iles Britanniques (Angleterre).
Saint-Aubert. États-Unis (Missouri).
Saint-Aubin. L. Suisse (Neuchâtel).
Saint-Aubin's. Iles Brit. (Angl., I. de la Manche)'
Sainte-Augustine. États-Unis (Floride).
Sainte-Augustine. États-Unis (Illinois).
Saint-Austell. L. Iles Britanniques (Angleterre).
Saint-Avold. L. Allemagne (Alsace-Lorraine).
Santa-Barbara. États-Unis (Californie).
San-Bartolomeo-in-Galdo. L. Italie (Benevent).
Saint-Bees. L. Iles Britanniques (Angleterre).
St-Benedetto-del-Tronto. L. Italie (Ascoli Piceno).
San Benigno. FL. Italie (Gênes).
San-Benigno. S. Italie (Gênes).
Saint-Bernard. L. Belgique (Anvers).
San-Bernardino. États-Unis (Californie).
San-Bernardo. Amérique du Sud (10e région).
Saint-Bernhardin. L. Suisse (Grisons).
Saint-Blaise. L. Suisse (Neuchâtel).
Saint-Blasien. L. Allemagne (Bade).
Saint-Blazey. L. Iles Britanniques (Angleterre).
San-Bonifacio. FL. Italie (Vérone).
Saint-Boswell's. L. Iles Britanniques (Écosse).
San-Buenaventura. États-Unis (Californie).
San-Carlos. Amérique du Sud (10e région).
San-Cataldo L. Italie (Caltanisetta).
Ste-Caterina-Villarmosa. L. Italie. (Caltanisetta).
Sainte-Catherine. Amérique anglaise (Ontario).
Sainte-Catherine. États-Unis (Missouri).
Saint-Celestin. Amérique anglaise (Québec).
Saint-Cergues. L. Suisse (Vaud).
St-Christophe (S. Kitts). Amér. centrale (Antilles).
Saint-Charles. États-Unis (Michigan).
Saint-Charles. États-Unis (Minnesota).
Saint-Charles. États-Unis (Missouri).
Saint-Charles. Amérique anglaise (Québec).
Saint-Charles-en-Bas. Amérique anglaise (Québec).
Saint-Clair. États-Unis (Michigan).
Saint-Clair. États-Unis (Missouri).
Saint-Clair (Schuylkill Co). États-Unis (Pensylvanie).
Saint-Clairsville. États-Unis (Ohio).
Santa Clara. États-Unis (Californie).
Saint-Clears. L. Iles Britanniques (Angleterre).
Saint-Cloud. États-Unis (Minnesota).
Saint-Columb. L. Iles Britanniques (Angleterre).
San-Croce-di-Magliano. L. Italie (Campobasso).
Sainte-Croix. L. Suisse (Vaud).
* Sainte-Croix-aux-Mines. L. All. (Alsace-Lorraine).
Santa Cruz. États-Unis (Californie).
Santa-Cruz-de-Mudela. Espagne (Ciudad Réal).
Santa-Cruz-del-Retamar. L. Espagne (Tolède).
Saint-Cuthbert. Amérique anglaise (Québec).
San-Damiano-d'Asti. FL. Italie.
San-Daniele-del-Fruili. L. Italie (Udine).
Saint-Davids. L. Iles Britanniques (Angleterre)
Saint-Day. L. Iles Britanniques (Angleterre).
Saint-Denis-Bovesse. L. Belgique (Namur).
Saint-Denis-Westrem. L. Belgique (Flandre or.).
San-Diego. États-Unis (Californie).
San-Diego-de-Nunez. Amérique centrale (Cuba).
Saint-Dogmaels. L. Iles Britanniques (Angleterre).
Santo-Domingo (colonie espagnole). Amér. centrale (Ile de Cuba).
Saint-Dominique. Amérique anglaise (Québec).
San-Dona. L. Italie (Venise).
Saint-Edouard. Amérique anglaise (Québec).
Saint-Egidien. F. Allemagne (Saxe). EW.
Saint-Egyden. FL. Autr.-Hongrie (sous l'Enns).
Santa-Eléna-d'Este. FL. Italie (Padoue).
San-Elia-Fiume-Rapido. L. Italie.
Saint-Elmo. États-Unis (Alabama).
San-Elpidio-a-Mare. FL. Italie.
San-Eramo-in-Colle. L. Italie (Bari).
Saint-Eufemia. L. Italie (Reggio di Calabre).
Saint-Eustache. Amérique anglaise (Québec).
Santa-Fe. Amérique du Sud (3e région).
Santa-Fe. États-Unis (New-Mexico).
Saint-Felice-sul-Panaro. L. Italie.
San-Felipe. Amérique du Sud (10e région).
San-Ferdinando (Nizza Sicilia). FL. Italie (Messine).
San-Fernando. N. Espagne (Cadix).
San-Fernando (Chili). Amér. du Sud (10e région).
San-Fernando (Northern Rail). Am. du Sud (8e rég.).
Saint-Fiden L. Suisse (Saint-Gall).
Saint-Field. L. Iles Britanniques (Irlande).
Saint-Flavie. Amérique anglaise (Québec).
Saint-Francis. G. T. R. Amérique angl. (Québec).
San-Francisco. États-Unis (Californie).
Saint-François-du-Lac. Amérique anglaise (Québec).
Saint-Gal (Szent-Gal). FL. Autr.-Hongrie (Hongrie).
Saint-Gall. N. Suisse (Saint-Gall).
San-Gavino-Monreale. FL. Italie.
Saint-George. Amér. angl. (Nouveau-Brunswick).
Saint-George. États-Unis (Utah).
Saint-Georgen. L. Allemagne (Bade).
Saint-Georgen-bei-Cilli. F. Autr.-Hongrie (Styrie).
Saint-Georgen-bei-Judenburg. FL. Autriche-Hongrie (Styrie).
Saint-Georges (Szent-Gyorgy). F. Autriche-Hongrie (Hongrie).
Saint-Georges. L. Iles Britanniques (Angleterre).
Saint-Georges. L. Suisse (Vaud).
San-Germano-Cassino. L. Italie.
San-Germano-Vercellese. FL. Italie (Novare).
Saint-Germans. L. Iles Britann. (Anglet.; Norfolk).
Saint-Germans. F. Iles Brit. (Anglet.; Cornouailles).
Saint-Ghislain. Belgique (Hainaut).
S.-Giacomo-Calopezzati. FL. Italie.
Saint-Gilgen. L. Autriche-Hongrie (Salzbourg).
Saint-Gilles-Waes. L. Belgique (Flandre orientale).
Saint-Gingolph. L. Suisse (Valais).
San-Giorgio-di-Piano. FL. Italie (Bologne).
San-Giorgio. L. Autriche-Hongrie (Dalmatie).
San-Giorgio-Montferrato. FL. Italie (Alexandrie).
San-Giovanni-di-Manzano. FL. Italie (Udine).
San-Giovanni-in-Val-d'Arno. L. Italie (Arezzo).
San-Giovanni-della-Brazza. L. Autriche-Hongrie (Dalmatie).
San-Giovanni-in-Persiceto. L. Italie (Bologne).
San-Giovanni-Rotondo. L. Italie.
Santa-Giuletta. FL. Italie (Pavie).
San-Giuliano. FL. Italie (Alexandrie).
San-Giuliano. F/BL. Italie (Pise).
Saint-Goar. L. Allemagne (Prusse). OW.
Saint-Goarshausen. F. All. (Prusse; Nassau). OW.
Saint-Gothard. L. Suisse (Tessin).
Saint-Gotthard FL. (Szent-Gotthard). FL. Autriche-Hongrie (Hongrie).
Saint-Grégoire. Amérique anglaise (Québec).
Saint-Guillaume. Amérique anglaise (Québec).
Saint-Helena. États-Unis (Californie).
Saint-Helens. États-Unis (Michigan).
Saint-Helens. Iles Britanniques (Ang.; Lancashire).
Saint-Helens. L. Iles Britanniques (Ile de Wight).
Saint-Henri. Amér. angl. (Québec).
Saint-Hilaire. Amérique anglaise (Québec).
Saint-Hubert L. Belgique (Luxembourg).
Saint-Hubert. Amérique anglaise (Québec).
Saint-Hubert (S. Szent-Hubert). L. Autriche-Hongrie (Hongrie).
Saint-Hyacinthe. Amérique Anglaise (Québec).
San-Ilario-d'Enza. FL. Italie (Reggio d'Emilia).
Saint-Ildefonse. L. Espagne (Ségovie).
Saint-Ilgen. FL. Allemagne (Bade).
Saint-Imier. L. Suisse (Berne).
Saint-Ingbert. L. Allemagne (Bavière).
Santa-Isabel. Portugal (Lisbonne).
San-Isidro. Amérique du Sud (8e région).
Saint-Ivan. FL. Autriche-Hongrie (Hongrie).
Saint-Ivan (Szent-Ivan, Sveti-Ivan). L. Autriche-Hongrie (Croatie).
Saint-Ives. Iles Britann. (Anglet.; Cornouailles).

Saint-Ives. Iles Britanniques (Angl.; Huttingdon)
Saint-Jacob's. Amérique anglaise (Ontario).
Saint-James. États-Unis (Minnesota).
Saint-James. États-Unis (Missouri).
St-James-Deeping F. Iles Britann. (Angleterre).
San-Janos. F. Autriche-Hongrie (Hongrie).
San-Javier. Amérique du Sud (10e région).
Saint-Jean-de-Pesquiera. L. Portugal (Vizeu).
Saint-Jean-d'Acre. Turquie d'Asie. Az. Be. C. D.
Saint-Jean-Port-Joli. Amérique anglaise (Québec).
Saint-Johann. F. Allemagne (Prusse). O.V.
Saint-Johann-Kufstein. L. Autr.-Hongrie (Tyrol).
St-Johann i/Pongau. L. Autr.-Hongr. (Salzbourg).
Saint-John. Am. anglaise (Nouveau-Brunswick).
Saint-Johns. Amérique anglaise (Québec).
Saint-Johns. Amérique anglaise (Terre-Neuve).
Saint-John's. États-Unis (Michigan).
Saint-Johnsbury. États-Unis (Vermont).
Saint-John's-Chapel. L. Iles Britann. (Angleterre).
Saint-Johnsville. États-Unis (New-York).
Saint-Joori's-Weert. L. Belgique (Brabant).
San-Jose. Amérique du Sud (1re région).
San-Jose. États-Unis (Californie).
San-Jose. États-Unis (Illinois).
Saint-Joseph. États-Unis (Illinois).
Saint-Joseph. États-Unis (Minnesota).
Saint-Joseph. États-Unis (Missouri).
Saint-Joseph. États-Unis (Orégon).
Saint-Joseph's. États-Unis (Michigan).
San-Juan-Island. États-Unis (Wasinghton territ.).
San-Juan, North. États-Unis (Californie).
San-Juan, South. États-Unis (Californie).
San-Juan (par poste de Mendoza) Amérique du Sud.
San-Juan-Capistrano. États-Unis (Californie).
San-Juliao (Sém). Portugal (Lisbonne).
Saint-Just. Iles Britanniques (Angleterre).
St-Kitts (S.-Christophe). Amér. centrale (Antilles).
Saint-Lambert. L. Belgique (Namur).
Saint-Lambert. Amérique anglaise (Québec).
Saint-Lawrence. L. Australie (Queensland).
St-Lawrence-Junction. F. Iles Brit. (Angleterre).
San-Leandro. États-Unis (Californie).
Saint-Léger. L. Belgique (Luxembourg).
Saint-Leonards. Iles Britanniques (Angleterre).
Saint-Lorenzen-bei-Marburg. FL. Autriche-Hongrie (Styrie).
Saint-Lorentzen i/Murthal FL. Autriche-Hongrie (Styrie).
San-Lorenzo. Amérique du Sud (3e région).
San-Lorenzo-de-l'Escurial. Espagne (Madrid).
Saint-Louis. États-Unis (Missouri).
Saint-Louis. L. Allemagne (Alsace-Lorraine).
San-Lucar. Espagne (Cadix).
Sainte-Lucie. Amérique centrale (Antilles).
San-Luis. Amérique du Sud (10e région).
San-Luis Ranch. États-Unis (Californie).
San-Luis-Rey. États-Unis (Californie).
San-Marcello-Pistoiese. L. Italie (Florence).
San-Marco-in-Lamis. L. Italie (Foggia).
San-Marcos. États-Unis (Texas).
Saint-Margarethen. L. Suisse (Saint-Gall).
Saint-Margaret's. F. Iles Britann. (Angleterre).
Santa-Margherita-Ligure. FL. Italie (Gênes).
Saint-Maria. L. Suisse (Grisons).
Santa-Maria-Capua-Vetere. L. Italie (Caserte).
Santa-Maria-de-Nogales. L. Espagne.
Santa-Maria-di-Leuca (Sém.). Italie (Lecce).
Santa-Maria-Lierde. L. Belgique (Flandre Or.).
*Santa-Maria-Maddalena. L. Italie (Rovigo).
Ste-Marie-aux-Mines (Markirch) (Allemagne) (Alsace-Lorraine).
*Santa-Maria-Élisabetta-del-Lido. BL. Italie.
Saint-Mark's. États-Unis (Floride).
St-Martinho (Porto de). L. Portugal (Leria).
San-Martino. Veneto. FL. Italie (Vérone).
Saint-Mary. États-Unis (Illinois).
Saint-Mary. États-Unis (Texas).
Saint-Mary-Church. L. Iles Britann. (Angleterre).
Saint-Mary's. Amérique anglaise (Ontario).
Saint-Mary's G.T.R. Amérique anglaise (Ontario).
Saint-Mary's. États-Unis (Kansas).
Saint-Mary's. États-Unis (Pensylvanie).
Saint-Mary's. États-Unis (Wyoming).
Saint-Mary's. Iles Brit. (île de Scilly; Angleterre).
Saint-Mary's-Cray. L. Iles Britann. (Angleterre).
San-Mateo. États-Unis (Californie).
Saint-Maure (Ile). Grèce (Iles).
Saint-Maurice. L. Suisse (Valais).
San-Maurizio-Canaveze. FL. Italie (Turin).
Saint-Mawes. L. Iles Britanniques. (Angleterre).
Saint-Michael. L. Autriche-Hongrie (Salzbourg).
Saint-Michael. FL. Autriche-Hongrie (Styrie).
Saint-Michel. L. Russie d'Europe (San-Michel).
Saint-Michele. FL. Autriche-Hongrie (Tyrol).
Saint-Mihaly. FL. Autriche-Hongrie (Hongrie).
San-Miniato. L. Italie (Florence).
Saint-Monance. L. Iles Britanniques (Écosse).
Saint-Moritz (Bains). BL. Suisse (Grisons).
Saint-Moritz (Village.) L. Suisse (Grisons).
Saint-Neot's. Iles Britanniques (Angleterre).
San-Nicandro-Garganico. L. Italie (Foggia).
San-Niccola-di-Casole. S. Italie (Lecce).
Saint-Nicholas (Summer office). Amérique anglaise (Québec).
Saint-Nicolas. Belgique (Flandre orientale).
Saint-Nicolas. L. Suisse (Valais).
St-Nicolas-di-Tremiti (Isola di) Sém. Italie (Foggia)
San-Nicolas. (National Tel) Amér. du Sud (3e rég.)
San-Nicolo. FL. Italie (Plaisance).
Saint-Octave. Amérique anglaise (Québec).
Santa-Olalla. Espagne (Huelva).
San-Osyth. L. Iles Britanniques. (Angleterre).
Saint-Ours. Amérique anglaise (Québec).
Saint-Owen. Iles Britanniques (Iles de la Manche).
San-Pablo. États-Unis (Californie).
Saint-Pancras. F. Iles Britanniques (Angleterre).
Saint-Paris. États-Unis (Ohio).
Saint-Paschal. Amérique anglaise (Québec).
Saint-Paul. Amérique anglaise (Québec).
Saint-Paul. États-Unis (Indiana).
Saint-Paul. États-Unis (Minnesota).
Saint-Paul. États-Unis (Missouri).
Saint-Paul Junc. États-Unis (Minnesota).
San Pedro. Amérique du Sud (9e région).
Saint-Pedro-de-Masnon. L. Espagne (Barcelone).
Saint-Peter. États-Unis (Minnesota).
Saint-Peter, près Linz. F. Autriche-Hongrie (sous l'Enns).
St-Peter, près Trieste. F. Autr.-Hong. (Carniole).
Saint-Peters. Amérique anglaise (Cap-Breton).
Saint-Peter's. L. Iles Britanniques (Angleterre).
Saint-Peters. L. Iles Britann; (Angleterre; Kent).
Saint Petersburg. États-Unis (Pensylvanie).
Saint-Petersbourg. N. Russie d'Europe.
San-Pier-d'Arena. Italie (Gênes).
San-Piero-a-Sieve. L. Italie. (Florence.)
Saint-Piero-in-Bagno. L. Italie.
Saint-Pierre. Amérique centrale. (Martinique).
San-Pierre. États-Unis (Indiana).
Saint-Pierre. Ile Saint-Pierre-Miquelon.
San-Pietro-Apostolo. L. Italie (Catanzaro).
San-Pietro-della-Brazza. Autr.-Hongrie (Dalmatie).
San-Pietro-in-Casale. FL. Italie (Bologne).
*San-Pietro-Vernotico. FL. Italie (Lecce).
Saint-Poelten. Autriche-Hongrie (sous l'Enns).
Saint-Prex. L. Suisse (Vaud).
San-Rafael. États-Unis (Californie).
San-Remo. Italie (Port-Maurice).
Saint-Renelde. L. Belgique (Brabant).
San-Romano. FL. Italie (Florence).
Saint-Romuald. Amérique anglaise (Québec).
San-Roque. Espagne (Cadix).
Santa-Rosa. Amérique du Sud (10e région).
Santa-Rosa. États-Unis (Californie).
Saint-Samson. Iles Britanniques (Iles de la Manche).
Saint-Scholastique. Amérique anglaise (Québec).
San-Sébastien. N. Espagne (Guipuzcoa).
San-Severino-Marche. L. Italie (Macerata).
San-Severino (Mercato di). FL. Italie (Salerne).
San-Severo. Italie (Foggia).
Santa-Sofia. L. (Italie).
*San-Spirito-Bitonto. FL. Italie (Bari).
*San-Spirito-di-Puglia. FN. Italie (Avellino).
Santo-Spiritu. Amérique centrale (Ile de Cuba).
San-Stefano-Belbo. L. Italie.
San-Stefano-di-Camastra. L. Italie (Messine).
San-Stefano-di-Piacenza. FL. Italie (Plaisance).
Saint-Stephan. L. Suisse (Berne).
Saint-Stephen. Amér. angl. (Nouveau-Brunswick).
Saint-Stephen. États-Unis (Caroline du Sud).
Saint-Sulpice. Suisse (Neuchâtel).
Saint-Tamas. L. Autriche-Hongrie (Hongrie).
San-Teodoro. S. Italie (Trapani).
Santa-Teresa-di-Riva. FL. Italie. (Messine).
Santa-Teresa-Gallura. N. Italie (Sassari).
Saint-Thomas. Amérique centrale (Antilles).
Saint-Thomas. Amérique anglaise (Ontario).
Saint-Thomas. Amérique anglaise (Québec).
Saint-Toenis. F. Allemagne (Prusse). OW.
Saint-Trond. F. Belgique (Limbourg).
St-Truyjen (voir St-Trond) Belgique (Limbourg).
Saint-Ubes (voir Setubal) Portugal (Lisbonne).
San-Urban. L. Suisse (Lucerne).
Saint-Ursanne. L. Suisse (Berne).
Saint-Valentin. FL. Autr.-Hongrie (sous l'Enns).
Saint-Vallière. Amérique anglaise (Québec).
Saint-Veit. FL. Autriche-Hongrie (Carinthie).
Saint-Veit (Stadt). FL. Autr.-Hongrie (Carinthie).
Saint-Vincent-de-Paul. Amérique angl. (Québec).
San-Vicente. Amérique du Sud (9e région).
San-Vicente-de-la-Barquera. Espagne (Santander).
Saint-Vincent. Amérique centrale (Antilles).
Saint-Vincent. BL. Italie (Turin).
Saint-Vincent. Portugal (Iles du cap Vert).
San-Vincenzo. FL. Italie (Pise).
Saint-Vith. L. Allemagne (Prusse). OW.
San-Vito-Chietino. L. Italie.
*San-Vito-Chietino. FL. Italie (Chieti).
San-Vito-del-Tagliamento. L. Italie (Udine).
*San-Vito-d'Otrante. FL. Italie (Lecce).
San-Vizmarje. FL. Autriche-Hongrie (Carniole).
Saint-Wendel. L. Allemagne (Prusse). OW.
Saint-Williams. Amérique anglaise (Ontario).

S

Saagh. F. Autriche-Hongrie (Hongrie).
Saales. L. Allemagne (Alsace-Lorraine).
Saalfeld. L. Allemagne (Prusse). EW.
Saalfeld Allemagne (Prusse; Saxe-Meiningen). EW.
Saalfelden. L. Autriche-Hongrie (Salzbourg).
Saanen. L. Suisse (Berne).
Saap. FL. Autriche-Hongrie (Hongrie).
Saar. L. Autriche-Hongrie (Moravie).
Saaralben (S. Saralbe). Allem. (Alsace-Lorraine).
Saarau F. Allemagne (Prusse). EW.
Saarebourg (Sarrebourg). L. Allem. (Alsace-Lorraine).
Saarbrück. Allemagne (Prusse). OW.
Saarburg. L. Allemagne (Prusse). OW.
Saargemund (Sarreguemines). All. (Alsace-Lorr.).
Saarlouis. L. Allemagne (Prusse). OW.
Saarunion. F. Allemagne (Alsace-Lorraine).
Saaz. Autriche-Hongrie (Bohême).
Sabadell. L. Espagne (Barcelone).
Sabattus. États-Unis (Maine).
Sabetha. États-Unis (Kansas).
Sabina. États-Unis (Ohio).
Sabli-Road. F. Indes. OC.
Sabula. États-Unis (Iowa).
Saburmuttee. F. Indes. OC.
Saccarappa. États-Unis (Maine).
Sachseln. L. Suisse (Unterwald).
Sacketts Harbor. États-Unis (New-York).
Sackville. Amérique angl. (Nouveau-Brunswick).
Sacile. L. Italie (Udine).
Saco. États-Unis (Maine).
Sacramento. États-Unis (Californie).
Sadagora. L. Autriche-Hongrie (Bukowine).
Saddleworth. Australie (Australie méridionale).
Sadorus. États-Unis (Illinois).
Sadowa-Wisznia. F. Autriche-Hongrie (Galicie).
Sachsenbourg. FL. Autriche-Hongrie (Carinthie).
Saeby. L. Danemark.
Saeckingen. L. Allemagne (Bade).
Saeterstoen. F. Norwége.
Safenwyl. L. Suisse (Argovie).
Safford. États-Unis (Kansas).
Saffron-Walden. L. Iles Britann. (Angleterre).
Saftargunge. F. Indes. OC.
Sagan. L. Allemagne (Prusse). EW.
Sagard. L. Allemagne (Prusse). EW.
Sagertown. États-Unis (Pensylvanie).
Sagetown. États-Unis (Illinois).
Sag-Harbor. LI. États-Unis (New-York).
Saginaw-City. États-Unis (Michigan).
Sagne (La). L. Suisse (Neuchâtel).
Sagor. F. Autriche-Hongrie (Carinthie).
Sagrado. FL. Autriche-Hongrie (Littoral illyrien).
Sagres. (Sém.) Portugal.
Sagua. Amérique centrale (Île de Cuba).
Sagunto (Murviedro). N. Espagne (Valence).
Sahagun. Espagne (Leon).
Sahapoor. F. Indes. OC.
Saharunpore. L. Indes. OC.
Sahibgunge. Indes. OC.
Saignelier. L. Suisse (Berne).
Saintes. L. Belgique (Brabant).
***Saipore.** F. Indes. OC.
Saitz. F. Autriche-Hongrie (Moravie).
Sajo-Szent-Peter. FL. Autr.-Hongrie (Hongrie).
Sakitz (Chio). Turquie (Iles).
Saktighur. F. Indes. OC.
Sala. PL. Suède (Iles).
Sala-Consilina. Italie (Salerne).
Salado. Amérique du Sud (9ᵉ région).
Salamanca. États-Unis (New-York).
Salamanque. N. Espagne (Salamanque).
Salamungalum. F. Indes. OC.
Salatiga. Java. ES.
Salbertrand. FL. Italie (Turin).
Salcombe. L. Iles Britanniques (Angleterre).
Saldenhofen. FL. Autriche-Hongrie (Styrie).
Sale. Australie (Victoria).
Sale. Iles Britanniques (Angleterre).
Salem. L. Allemagne (Bade).
Salem. États-Unis (Alabama).
Salem. États-Unis (Illinois).
Salem. États-Unis (Indiana).
Salem. États-Unis (Massachusetts).
Salem. États-Unis (Nebraska).
Salem. États-Unis (New-Jersey).
Salem. États-Unis (New-York).
Salem. États-Unis (Orégon).
Salem. États-Unis (Virginie).
Salem. États-Unis (Virginie).
Salem (Columbiana Co). États-Unis (Ohio).
Salem. F. Indes. OC.
Sale-Marasino. L. Italie (Brescia).
Salemi. L. Italie (Palerme).
Salerne N/2. Italie (Salerne).
*Salford. F. Iles Britanniques (Angleterre).
Salgo-Tarjan. L. Autriche-Hongrie (Hongrie).
Salgo-Tarjan-Banya. F. Autr.-Hongrie (Hongrie).
Salice-Salentino. L. Italie.
Salina. États-Unis (Kansas).
Salina. États-Unis (New-York).
Salina (Athens Co). États-Unis (Ohio).
Salina's-City. États-Unis (Californie).
Saline. FL. Italie. (Livourne).
Salineville. États-Unis (Ohio).
Salisbury Amérique angl. (Nouveau-Brunswick).
Salisbury. Australie (Australie méridionale).
Salisbury. États-Unis (Caroline du Nord).
Salisbury. États-Unis (Maryland).
Salisbury. États-Unis (Missouri).
Salisbury (Orange Co). États-Unis (New-York).
Salisbury. Iles Britanniques (Angleterre).
Salloch. F. Autriche-Hongrie (Carniole).
Salmon-Falls. États-Unis (New-Hampshire).
Salmonier. Amérique anglaise (Terre-Neuve).
Salmunster. F. Allemagne (Prusse). OW.
Salo. L. Italie (Brescia).
Salonique. N. Turq. d'Europe A1. B2. C1. D3.
Salsomaggiore. L. Italie (Parme).
Saltaire. L. Iles Britanniques (Angleterre; Yorks).
Saltash L. Iles Britanniques (Angleterre).
Saltburn-by-the-Sea. L. Iles Britanniques (Angleterre).
Saltcoats L. Iles Britanniques (Écosse).
Saltersville. États-Unis (New-Jersey).
Saltillo. États-Unis (Mississipi).
Saltillo. États-Unis (Nebraska).
Salt-Lake City États-Unis (Utah).
Saltley. L. Iles Britanniques (Angleterre).
Saltney. L. Iles Britanniques (Angleterre).
Salto. Amérique du Sud (2ᵉ région).
Saltsburg. États-Unis (Pensylvanie).
Salt-Wells. États-Unis (Wyoming).
Saluces (Saluzzo). Italie (Coni).
Saluggia. FL. Italie (Novare).
Saluru. F. Autriche-Hongrie (Tyrol).
Saluzzo. L. Italie (Coni).
Saluzzola. FL. Italie (Novare).
Salzbergen. F. Allemagne (Prusse; Hanovre). OW.
Salzbourg (Okna, Vizakna). FL. Autriche-Hongrie (Transylvanie).
Salzbourg. N. Autriche-Hongrie (Salzbourg).
Salzbourg (Château-Salins). L. Alle. (Alsace-Lorr.).
Salzbrunn L. Allemagne (Prusse). EW.
Salzderhelden. F. Allem. (Prusse; Hanovre). EW.
Salzgitter. F. Allemagne (Brunswick). EW.
Salzhemmendorf. L. Allemagne. (Prusse). EW.
Salzkotten. L. Allemagne (Prusse). OW.
Salzmunde. L. Allemagne (Prusse). EW.
*Salzschlirf. F. Allemagne (Prusse). OW.
Salzuflen. L. Allemagne (Prusse). OW.
Salzungen. L. Allemagne (Saxe-Meiningen). EW.
Salzwedel. L. Allemagne (Prusse). EW.
Samac. L. Autriche-Hongrie (Confins militaires).
Samaden. Suisse (Grisons).
Samara. Russie d'Europe (Samara).
Samarang. Java. OS.
Samassi. FL. Italie.
Sambor. Autriche-Hongrie (Galicie).
Samnuggur. F. Indes. OC.
Samobor. L. Autriche-Hongrie (Croatie).
Samoczin. L. Allemagne (Prusse). EW.
Samoggia. FL. Italie (Bologne).
Sampford-Peverill. L. Iles Britann. (Angleterre).
Samsoun. L. Turquie d'Asie. A2. B2. C1. D1.
Samsun. FL. Autriche-Hongrie (Hongrie).
Samter. L. Allemagne (Prusse). EW.
Samulpatty. F. Indes. OC.
San (voir Saint, page 173.)
Sanborn. États-Unis (Illinois).
Sanborn. États-Unis (New-York).
Sandal and Walton. F. Iles Brit. (Angleterre).
Sandau. L. Allemagne (Prusse). EW.
Sandau. FL. Autriche-Hongrie. (Bohême).
Sandbach. PF. Allemagne (Bavière).
Sandbach. L. Iles Britanniques. (Angleterre).
Sand-Bank. États-Unis (New-York).
Sande. F. Allem. (Oldenbourg). OW.
Sande. F. Norwége.
Sandefjord. Norwége.
Sander. F. Norwége.
Sandersleben. F. Allemagne (Prusse). EW.
Sanderson. États-Unis (Floride).
Sandford. F. Iles Britanniques. (Angleterre).
Sandgate. Iles Britanniques. (Angleterre).
Sandhamn. L. Suède.
Sandhead. L. Iles Britanniques (Écosse).
Sandilla. F. Indes OC.
Sand-Hill. États-Unis (New-York).
Sandhills. F. Iles Britann. (Angleterre).
Sandhurst. Australie (Victoria).
Sandhurst. L. Iles Britanniques (Angleterre).
Sandnaes. L. Norwége.
Sandoesund. L. Norwége.
Sandomir. L. Russie d'Europe (Radomsk).

Sandon. F. Iles Britanniques (Angleterre).
Sandoval. États-Unis (Illinois).
Sandown. L. Iles Britann (Île de Wight).
Sand-Patch. États-Unis (Pensylvanie).
Sand-Point. Amérique Anglaise (Ontario).
Sand-Prairie. États-Unis (Iowa).
Sandridge. Australie (Victoria).
Sand-Ridge. Etats-Unis (Illinois).
Sandringham. E. Iles Britanniques (Angleterre).
Sandshavn HL. Norwége.
Sand-Spring. États-Unis (Iowa).
Sandtorv. Norwége.
Sandusky. États-Unis (Ohio).
Sandwiken. F. Norwége.
Sandviken. FL. Suède.
Sandwich. Amérique anglaise (Ontario).
Sandwich. États-Unis (Illinois).
Sandwich. États-Unis (Massachusetts).
Sandwich. Iles Britanniques (Angleterre).
Sandy. L. Iles Britanniques (Angleterre).
Sandy-Bay. Amérique anglaise (Québec).
Sandy-Creek. États-Unis (New-York).
Sandy-Hill. États-Unis (New-York).
Sandy-Hook. États-Unis (New-Jersey).
Sandymount. L. Iles Britanniques (Irlande)
Sandy-Ridge. États-Unis (Pensylvanie).
Sandy-Station. Etats-Unis (Utah).
Sanford's. Etats-Unis (Indiana).
Sanford's. États-Unis (Michigan).
Sangerberg. L. Autriche-Hongrie (Bohême).
Sangerhausen. Allemagne (Prusse). EW.
Sanguinetto. L. Italie (Verone).
Sanluri. L. Italie.
Sannaessœn. L. Norwége.
Sannazzaro-Burgondi. L. Italie (Pavie).
Sanok. Autriche-Hongrie (Galicie).
Sanquhar. Iles Britanniques (Écosse).
Santander. N. Espagne (Santander).
Santarem. Portugal (Santarem).
Santheodoro. Sém. Italie.
Santhia. F. Italie (Novare).
Santhiago-do-Cacem. L. Portugal (Lisbonne).
Santi (voir Saint, page 173).
Santiago. Amér. centr. (Île de Cuba).
Santiago. Amérique du Sud (3ᵉ région).
Santiago (Chili). Amérique du Sud (10ᵉ région).
Santiago. Espagne (Coruna).
Santo (voir Saint, page 173).
Santona. Espagne (Santander).
Sanund. F. Indes. OC.
Sapiane. FL. Autriche-Hongrie (Istrie).
Saponara-di-Grumento. L. Italie.
Sapri. L. Italie (Salerne).
Saragosse. N. Espagne (Saragosse).
Saranac. États-Unis (Michigan).
Saranac. États-Unis (New-York).
• Sarapoulskoié. Russie d'Asie (Sibérie, 3ᵉ rég.).
Saratoga. États-Unis (New-York).
Saratow. N. Russie d'Europe. (Saratow).
Sardam. Pays-Bas.
Sardis. Etats-Unis (Mississipi).
Sarepta. Russie d'Europe (Saratow).
Sargans. L. Suisse (Saint-Gall).
Sargents. Etats-Unis (Californie).
Sari. Perse.
Sarinena. Espagne (Huesca).
Sarkad. FL. Autriche-Hongrie (Hongrie).
Sarkozujlak. L. Autriche-Hongrie (Hongrie).
Sarmato. FL. Italie. (Plaisance).
Sarnano. L. Italie. (Macerata.)
Sarnen. L. Suisse (Unterwald).
Sarnia. Amérique anglaise (Ontario).
Sarnia G. T. R. Amérique anglaise (Ontario).
Sarno. FL. Italie (Salerne).
Saro. BL. Suède.
Saros Patak. L. Autriche-Hongrie (Hongrie).
Sarpsborg. C/HL. Norwége.
Sarralbe (Saaralbe). L. Allemagne (Alsace-Lorraine)
Sarraz (La). L. Suisse. (Vaud).
Sarrebourg (Saarbourg). L. All. (Alsace-Lorraine).
Sarrebrück (Saarbrück). Allemagne (Prusse). OW.
Sarreguemines (Saargemund). All. (Alsace-Lorr.)
Sarrion. L. Espagne (Teruel).
Sarstedt. F. Allem. (Prusse; Hanovre). EW.
Sartirana-Lomellina. FL. Italie (Pavie).
Sarvar. FL. Autriche-Hongrie (Hongrie).
Sarzane. L. Italie (Florence).
Sassafras (Island). États-Unis (Louisiane).
Sassari. Italie (Sassari).
Sassendorf. F. Allemagne (Prusse). EW.
Sasso (près Bologne). FL. Italie (Bologne).
Sasso-Ferrato. L. Italie. (Ancône).
Sas-van-Gent. PL. Pays-Bas.
Sassuolo. L. Italie.
Satigny (village).* L. Suisse (Genève).
Sator Alha-Ujhely. Autriche-Hongrie (Hongrie).
Sattara. Indes. OC.
Satzvey. F. Allemagne (Prusse). OW.
Saubraz. L. Suisse (Vaud).
Sauerbrunn (près Wiener-Neustadt) FL. Autriche-Hongrie (Hongrie).
Sauerbrunn (près Rohitsch) (1) BL. Autriche-Hongrie (Styrie).
Sauerlach. F. Allemagne (Bavière).
Saugatuck. Etats-Unis (Connecticut).
Saugatuck. États-Unis (Michigan).
Saugerties. Etats-Unis (New-York).
Saugor. L. Indes. OC.
Saugor (Island) Indes. OC.
Sauk Centre. États-Unis (Minnesota).
Sauk-Rapids. Etats-Unis (Minnesota).
Saukville. Etats-Unis (Wisconsin).
Sauldorf. FL. Allemagne (Bade).
Saulgau. Allemagne (Wurtemberg).
Saulsbury. Etats-Unis (Tennessee).
Sault-Saint Marie. Etats-Unis (Michigan).
Saundersfoot. L. Iles Britann. (Angleterre).
Sausenberg. F. Allemagne (Prusse). EW.
Sava. F. Autriche-Hongrie (Carniole).
Savanna. Etats-Unis (Illinois).
Savannah. Etats-Unis (Georgie).
Savannah. Etats-Unis (Missouri).
Savannah. Etats-Unis (New-York).
Saventhem. Belgique (Brabant).
Savernake. Iles Britann. (Angleterre).
Saverne (Zabern). Allemagne (Alsace-Lorraine).
Savigliano. L. Italie (Coni).
Savignano-di-Romagna. L. Italie (Forli).
Savignano-di-Puglia. L. Italie.
Savona. Etats-Unis (New-York).
Savone. Italie (Gênes).
Sawbridgeworth. Iles Britann. (Angleterre).
Sawston. L. Iles Britanniques. (Angleterre).
Saxabec. Amérique anglaise (Québec).
Saxilby. L. Iles Britann. (Angleterre).
Saxkjœbing. Danemark (Ile de Loland).
Saxmundham. Iles Britann. (Angleterre).
Saxon. L. Suisse (Valais).
Saxonburg. Etats-Unis (Pensylvanie).
Saxton. Etats-Unis (Pensylvanie).
Saybrook. Etats-Unis (Connecticut).
Saybrook. Etats-Unis (Illinois).
Saybrook-Point. Etats-Unis (Connecticut).
Saybusch. L. Autriche-Hongrie (Galicie).
Scafati. FL. Italie (Saverne).
Scagen. Danemark (Jutland).
Scagen (Scaw). S. Danemark (Jutland).
Scala-Nuova (Kouche Adassi) Turq. d'As. A2. B2. C1. D1.
Scaletta. FL. Italie (Messine).
Scales-Mound. Etats-Unis (Illinois).
•Scalloway. Iles Brit. (Shetland, 1ʳᵉ région).
Scandiano. L. Italie. (Reggio d'Emilie.).
Scandinavia. États-Unis (Wisconsin).
Scanfs. L. Suisse (Grisons).
Scanzano. L. Italie (Grosseto).
Scarboro. Amérique anglaise (Ontario).
Scarboroug. Iles Britann. (Angleterre).
Scardona L. Autriche-Hongrie (Dalmatie).
Scariff. L. Iles Britanniques (Irlande).
Scaw (Skagen). S. Danemark (Jutland).
Schabatz (Chabatz) N. Serbie.
Schaboglück. FL. Autriche-Hongrie (Bohême).
Schaennis. F. Suisse (Saint-Gall).
Schaerbeek. Belgique (Brabant).
Schaerding. L. Autr.-Hongrie (sous l'Enns).
Schaessburg. L. Autr.-Hongrie (Transylvanie).
Schaffhausen-in-Wurtemberg. All. (Wurtemberg).
Schaffhouse. N/2 Suisse (Schaffouse).
Shafstedt. L. Allemagne (Prusse). EW.
Schagen. PL. Pays-Bas.
Schaghticoke. Etats-Unis (New-York).
Schaidtl. L. Allemagne Bavière).
Schalding. PF. Allemagne (Bavière).
Schalkwyk. P. Pays-Bas.
Schallstadt FL. Allemagne (Bade).
Schandau (voir Krippen). Allemagne (Saxe). EW.
Schandau. L/BC Allemagne (Saxe). EW.
Schandelah. FL. Allemagne (Brunswick). EW.
Scharley. FL. Allemagne (Prusse). EW.
Scharzfeld-Lauterberg. F. Allem. (Prusse). EW.
Schatzlar. L. Autriche-Hongrie (Bohême).
Schattau. FL. Autriche-Hongrie (Moravie).
Schatzk. Russie d'Europe (Bambow).
Schauenstein. Allemagne (Bavière).
Schauerfeld. FL. Autriche-Hongrie (Styrie).
Schawly. Russie d'Europe (Kowno).
Schebitz. F. Allemagne (Prusse). EW.
Scheemda. P. Pays-Bas.
Scheer. L. Allemagne (Wurtemberg).
Scheffienz. FL. Allemagne (Bade).
Scheibbs. L. Autriche-Hongrie (sous l'Enns).
Scheifling. FL. Autriche-Hongrie (Styrie).
Scheinfeld. L. Allemagne (Bavière).
Schellburne. États-Unis (Nevada).
Scheldewindeke. L. Belgique (Flandre orientale).
Scheles. FL. Autriche-Hongrie (Bohême).
Schell City. Etats-Unis (Missouri).
Schellebelle. Belgique (Flandre orientale).
Schelleteau. L. Autriche-Hongrie (Moravie).
Schemakha. L. Russie du Caucase (Bakou).
Schemmerberg. Allemagne (Wurtemberg).

(1) Ouvert du 1ᵉʳ juillet au 31 août.

Schemnitz. L. Autriche-Hongrie (Hongrie).
Schenectady. Etats-Unis (New-York).
Schenevus. Etats-Unis (New-York).
Schenkwitz (Senkwicz). F. Autr.-Hong. (Hongrie).
Scherfede. F. Allemagne (Prusse). OW.
Schesslitz. L. Allemagne (Bavière).
Scheveningue. Pays-Bas.
Schiedam. Pays-Bas.
Schieder. Allemagne (Lippe-Detmold). OW.
Schiers. L. Suisse (Grisons).
Schierstein. Allemagne (Prusse; Nassau). OW.
Schijndel. P. Pays-Bas.
Schikarpore. L. Indes. OC.
Schildau. F. Allemagne (Prusse). OW.
Schildberg. L. Allemagne (Prusse). EW.
Schillingsfürst. L. Allemagne (Bavière).
Schiltach. L. Allemagne (Bade).
Schiltigheim. L. Allemagne (Alsace-Lorraine).
Schinznach. FL. Suisse (Argovie).
Schio. L. Italie (Vicence).
Schippenbeil. L. Allemagne (Prusse). EW.
Schirmeck. L. Allemagne (Alsace-Lorraine).
Schitomir (Gitomir, Jitomir). N. Russie d'Europe (Wolhynie).
Schivelbein. F. Allemagne (Prusse). EW.
Schkeuditz. F. Allemagne (Prusse). EW.
Schkodra (Scutarie d'Albanie). N. Turquie d'Europe. A1. B3. C2. D3.
Schlachters. F. Allemagne (Bavière).
Schlackenwerth. FL. Autriche-Hongrie (Bohême).
Schladen. F. Allemagne (Brunswick). EW.
Schladern. Allemagne (Prusse). OW.
Schlaggenwald. L. Autriche-Hongrie (Bohême).
Schlan. L. Autriche-Hongrie (Bohême).
Schlanders. L. Autriche-Hongrie (Tyrol).
Schlangenbad. L. Allem. (Prusse; Nassau). OW.
Schlapenz. FL. Autriche-Hongrie(Bohême).
Schlawe. L. Allemagne (Prusse). EW.
Schlebusch. F. Allemagne (Prusse). OW.
Schleiden. L. Allemagne (Prusse). OW.
Schleimbach. FL. Autr.-Hongrie (sous l'Enns).
Schleins. L. Suisse (Grisons).
Schleisinferville. États-Unis (Wisconsin).
Schleissheim. PF. Allemagne (Bavière).
Schleitheim. L. Suisse (Schaffhouse).
Schleitz. L. Allemagne (Prusse; Reuss). EW.
Schlestadt. Allemagne (Alsace-Lorraine).
Schleswig (voir Sleswig). Allem. (Prusse). EW.
Schleusingen. L. Allemagne (Prusse). EW.
Schliengen. FL. Allemagne (Bade).
Schlierbach. FL. Allemagne (Bade).
Schliersee. F. Allemagne (Bavière).
Schlitz. L. Allemagne (Hesse-Darmstadt). OW.
Schlobiten. F. Allemagne (Prusse). EW.
Schlochau. L. Allemagne (Prusse). EW.
Schloppe. L. Allemagne (Prusse). EW.
Schloss-Horskysfeld (Bejchor). L. Autriche-Hongrie (Bohême).
Schloss-Schaumbourg (Balduinstein a. d. Lahn). F. Allemagne (Prusse). OW.
Schluchtern. F. Allemagne (Prusse). OW.
Schluckenau. L. Autriche-Hongrie (Bohême).
Schlusselbourg. Russie d'Europe (St-Pétersbourg).
Schlusselfeld. L. Allemagne (Bavière).
Schmalkalden. L. Allemagne (Prusse). OW.
Schmerikon. L. Suisse (Saint-Gall).
Schmidmulhen. L. Allemagne (Bavière).
Schmidtheim. F. Allemagne (Prusse). OW.
Schmiedeberg. L. Allem. (Prusse; Silésie). EW.
Schmiedeberg. FL. Autriche-Hongrie (Bohême).
Schmiedeberg. L. Allem. (Prusse-Merseburg). EW.
Schmiedefeld. F. Allemagne (Prusse). EW.
Schmiegel. L. Allemagne (Prusse). EW.
Schmitten. F. Suisse (Fribourg).
Schmoelln. F. All. (Prusse; Saxe-Altenbourg). EW.
Schmoellnitz. L. Autriche-Hongrie (Hongrie).
Schmolz. F. Allemagne (Prusse). EW.
Schneeberg. Allemagne (Saxe). EW.
Schneidemuhl. Allemagne (Prusse). EW.
Schnierlach (Lapoutroye). L. Allem. (Als.-Lorr.).
Schoeftland. L. Suisse (Argovie).
Schœlkrippen. L. Allemagne (Bavière).
Schœmberg. L. Allemagne (Wurtemberg).
Schœnau. L. Allemagne (Bade).
Schœnau. L. Allemagne (Prusse). EW.
Schœnau près Heidelberg. L. Allemagne. (Bade).
Schoenbach. L. Autriche-Hongrie (Bohême).
Schœnberg. F. Allemagne (Saxe). EW.
Schœnberg-in-Meckl. F. Allemagne (Mecklembourg-Schwérin). EW.
Schœnbrunn. F. Autriche-Hongrie (Silésie).
Schœnbrunn. BL. Suisse (Zug).
Schœnbrünn. E. Autriche-Hongrie (sous l'Enns).
Schœnbuhl. FL. Suisse (Berne).
Schœnebeck. L. Allemagne (Prusse). EW.
Schœneck. L. Allem. (Prusse). EW.
Schœneck. BL. Suisse (Unterwald).
Schœnenberg. L. Suisse (Zurich).
Schœnengrund-Wald. Suisse (Saint-Gall).
Schœnenwerth. FL. Suisse (Soleure).
Schoenfeld. F. Allemagne (Saxe). EW.
Schœnfeld. FL. Autriche-Hongrie (Bohême).
Schœnfeld-bei-Aussig. FL. Autr.-Hongr. (Bohême).
Schœnfeld-Lassee. FL. Autr.-Hongr. (sous l'Enns).
Schœnfels. B. Suisse (Zug).
Schœnfliess. L. Allemagne (Prusse). EW.
Schoenhausen. F. Allemagne (Prusse). EW.
Schœnheyda. L. Allemagne (Saxe). EW.
Schœningen. F. Allemagne (Brunswick). EW.
Schœnlanke. L. Allemagne (Prusse). EW.
Shœnlinde. L. Autriche-Hongrie (Bohême).
Schœnmunrach. L. Allemagne (Wurtemberg).
Schœnpriessen. FL. Autriche-Hongrie (Galicie).
Schœnsee (Kowalewo). FL. Allem. (Prusse). EW.
Schœnthal. L. Allemagne (Wurtemberg).
Schœnwald. FL. Autriche-Hongrie (Moravie).
Schœppenstaedt. F. Allemagne (Brunswick). EW.
Schoharie. CH. Etats-Unis (New-York).
Schonberg. Autriche-Hongrie (Moravie).
Schongau. Allemagne (Bavière).
Schonungen. F. Allemagne (Bavière).
Schoonhoven. L. Pays-Bas.
Schoolcraft. Etats-Unis (Michigan).
Schooley's-Mountain. Etats-Unis (New-Jersey).
Schopfheim. L. Allemagne (Bade).
Schopfloch. L. Allemagne (Bavière).
Schoppinitz-Rosdzin. F. Allemagne (Prusse). EW.
Schorndorff. Allemagne (Wurtemberg).
Schotten. L. Allemagne (Hesse-Darm.). OW.
Schoumla (Choumla-Chumla). N. Turquie d'Europe. A1. B3. C2. D3.
Schpola. Russie d'Europe (Kiew).
Schramberg. L. Allemagne (Wurtemberg).
Schrimm. L. Allemagne (Prusse). EW.
Schrobenhausen. L. Allemagne (Bavière).
Schroda. L. Allemagne (Prusse). EW.
Schrombehnen. F. Allemagne (Prusse). EW.
Schroon-Lake. États-Unis (New-York).
Schrozberg. Allemagne (Wurtemberg).
Schübben-Zanow. F. Allemagne (Prusse). EW.
Schubin. L. Allemagne (Prusse). EW.
Schuelen. L. Belgique (Limbourg).
Schulitz. F. Allemagne (Prusse). EW.
Schull. L. Iles Britanniques (Irlande).
Schuls (Tarasp). L. Suisse. (Grisons).
Schupfen. FL. Suisse (Berne).
Schupfheim. L. Suisse (Lucerne).
Schussenried. Allemagne (Wurtemberg).
Schuttenhofen. L. Autriche-Hongrie (Bohême).
Schuttorf. L. Allemagne (Prusse). EW.
Schutzen. FL. Autriche-Hongrie (Hongrie).
Schuykill-Haven. Etats-Unis (Pensylvanie).
Schuyler. Etats-Unis (Nebraska).
Schuylerville. Etats-Unis (New-York).
Schwaan. L. All. (Mecklemb.-Schw.). EW.
Schwabach. L. Allemagne (Bavière).
Schwaben. F. Allemagne (Bavière).
Schwabhausen. F. Allemagne (Bavière).
Schwabmünchen. L. Allemagne (Bavière).
Schwackenreuthe. FL. Allemagne (Bade).
Schwadowitz. F. Autriche-Hongrie (Bohême).
Schwalbach (V. Langenschwalbach). Allemagne (Prusse; Nassau). OW.
Schwanberg. FL. Autriche-Hongrie (Styrie).
Schwanden. L. Suisse (Glaris).
Schwandorf. L. Allemagne (Bavière).
Schwanebeck. L. Allemagne (Prusse). EW.
Schwanenstadt. F. Autr.-Hongr. (sur l'Enns).
Schwanheim. F. Allem. (Hesse-Darmstadt). OW.
Schwartau. F. Allemagne (Oldenbourg). EW.
Schwarzach. F. Autriche-Hongrie (Vorarlberg).
Schwarzbourg. L. Al (Schwarzburg-Rudolstadt).EW
Schwarzenau. FL. Autriche-Hongrie (sous l'Enns).
Schwarzenbach. F. Allemagne (Bavière).
Schwarzenbeck. F. Allemagne (Prusse). EW.
Schwarzenberg. L. Allemagne (Saxe). EW.
Schwarzenbourg. L. Suisse (Berne).
Schwarzenegg. L. Suisse (Berne).
Schwarzenfeld. PF. Allemagne (Bavière).
Schwarzkosteletz. L. Autr.-Hongrie (Bohême).
Schwaz. FL. Autriche-Hongrie (Tyrol).
Schwechat. L. Autriche-Hongrie (sous l'Enns).
Schwedt. Allemagne (Prusse). EW.
Schweidnitz. Allemagne (Prusse). EW.
Schweighausen. F. Allemagne (Alsace-Lorraine).
Schweinfurt. Allemagne (Bavière).
Schweissing. FL. Autriche-Hongrie (Bohême).
Schweizerhalle. L. Suisse (Bâle).
Schwellbrunn. L. Suisse (Appenzell).
Schwelm. L. Allemagne (Prusse). OW.
Schweningen. Allemagne (Wurtemberg).
Schwerin. Allemagne (Mecklembourg). EW.
Schwerin-sur-Warthe. L. Allem. (Prusse). EW.
Schwersenz. L. Allemagne (Prusse). EW.
Schwerte. F. Allemagne (Prusse). OW.
Schwetz. L. Allemagne (Prusse). EW.
Schwetzingen. L. Allemagne (Bade).
Schwiebus. L. Allemagne (Prusse). EW.
Schwientochlowitz. F. Allemagne (Prusse). EW.
Schwindegg. F. Allemagne (Bavière).
Schwyz. L. Suisse (Schwyz).
Sciacca. Italie (Girgenti).
Scicli. L. Italie (Syracuse).
Scilla. L. Italie (Reggio di Calabre).

Scilly. L. Iles Britanniques (Angleterre).
Scio. Etats-Unis (New-York).
Sciota. Etats-Unis (Illinois).
Sciotoville. États-Unis (Ohio).
Scipio. États-Unis (New-York).
Scipio. Etats-Unis (Utah).
Scopine. Russie d'Europe (Riasan).
Sclaigneaux. L. Belgique (Namur).
Scole. Iles Britanniques (Angleterre).
Scone. Australie (Nouvelle-Galles du Sud).
Scooba. Etats-Unis (Mississipi).
Scordia. L. Italie (Catane).
Scorrier. L. Iles Britanniques (Angleterre).
Scotland. Amérique anglaise (Ontario).
*Scotswood. L. Iles Britanniques (Angleterre).
Scotts. Etats-Unis (Missouri).
Scottsboro'. États-Unis (Alabama).
Scott's-Landing. Etats-Unis (Ohio).
Scottsville. Etats-Unis (New-York).
Scouliani. Russie d'Europe (Bessarabie).
Scranton. États-Unis (Iowa).
Scranton. États-Unis (Pensylvanie).
Scrub-Grass. Etats-Unis (Pensylvanie).
Scutari (Constantinople). N. Turquie d'Europe. A1. B2. C1. D3.
Scutari d'Albanie (Schkodra). N. Turquie d'Europe. A1. B3. C2. D3.
Seaboard. États-Unis (Caroline du Nord).
Seabright. États-Unis (New-Jersey).
Seacombe. L. Iles Britanniques (Angleterre).
Seaford. Etats-Unis (Delaware).
Seaford. L. Iles Britanniques (Angleterre).
Seaforth. Amérique anglaise (Ontario).
Seaham. L. Iles Britanniques (Angleterre).
Seaham-Harbour. F. Iles Britann. (Angleterre).
Seal. L. Iles Britanniques (Angleterre).
Sealdah. F. Indes. OC.
Sealkote. L. Indes. OC.
Searcy. Etats-Unis (Arkansas).
Searsport. Etats-Unis (Maine).
Searsole. F. Indes. OC.
Seascale. F. Iles Britanniques (Angleterre).
Seaton. F. Iles Britanniques (Angleterre).
Seaton-Carrew. L. Iles Britanniques (Angleterre).
Seaton-Junction. F. Iles Britann. (Angleterre).
Seattle Etats-Unis (Washington territoire).
Sea-View. L. Iles Britanniques (Ile de Wight).
Seaville. États-Unis (New-Jersey).
Sebago-Lake. États-Unis (Maine).
Sebaldsbrück. F. All. (Prusse; Hanovre). EW.
Sébastopol. L. Russie d'Europe (Tauride).
Sébénico. Autriche-Hongrie (Dalmatie).
Sebewaing. Etats-Unis (Michigan).
Seblat. L. Sumatra. OS.
Sebnitz. L. Allemagne (Saxe). EW.
Sebree City. Etats-Unis (Kentucky).
Sechhaus-près-Wien. Autr.-Hongrie (sous l'Enns).
Sechtem. F. Allemagne (Prusse). OW.
Seckach. FL. Allemagne (Bade).
Secor. Etats-Unis (Illinois).
Section 32. États-Unis (Michigan).
Secugnago. FL. Italie (Milan).
Secunderabad. L. Indes (Decan). OC.
Sedalia. Etats-Unis (Missouri).
Sedbergh. L. Iles Britanniques (Angleterre).
Sedgefield. L. Iles Britanniques (Angleterre).
Sedgley. L. Iles Britanniques (Angleterre).
Sedgwick City. Etats-Unis (Kansas).
Sedlze. L. Russie d'Europe (Sedlze).
Sedziszow. F. Autriche-Hongrie (Galicie).
Seegefeld. F. Allemagne (Prusse). EW.
Seehausen-in-der-Altmark. L. All. (Prusse). EW.
Seehausen près Prenzlau. L. Allem. (Prusse). EW.
Seehorn. États-Unis (Illinois).
Seekirchen. FL. Autriche-Hongrie (Salzbourg).
Seeleyville. États-Unis (Indiana).
Seelisberg BL. Suisse (Uri).
Seelow. L. Allemagne (Prusse). EW.
Seelowitz. L. Autriche-Hongrie (Moravie).
Seemultollah. F. Indes. OC.
Seengen-Brestenberg. L. Suisse (Argovie).
*Seepree. L. Indes. OC.
Seesen. Allemagne (Brunswick). EW.
Seeshaupt. F. Allemagne (Bavière).
Seetapore-Road. F. Indes. OC.
Seewen. L. Suisse (Soleure).
Seewis. L. Suisse (Grisons).
Seffle. PL. Suède.
Segeberg. L. Allemagne (Prusse; Holstein). EW.
Segen-Gottes. F. Autriche-Hongrie (Transylvanie).
Segesvar (Schassbourg). Autr.-Hongrie (Moravie).
Segorbe. L. Espagne (Castellon de la Plana).
Ségovie. N. Espagne (Ségovie).
Sehnde. F. Allemagne (Prusse). EW.
Sehome. Etats-Unis (Washington territoire).
Sehora. F. Indes. OC.
Sehora Road. F. Indes. OC.
Seidenberg. L. Allemagne (Prusse). EW.
Seifhennersdorf. L. Allemagne (Saxe). EW.
Seigfried's-Bridge. États-Unis (Pensylvanie).
Sejka-Mare (Markschelken, Nagy-Selyk). FL. Autriche-Hongrie (Transylvanie).
Seisenberg. L. Autriche-Hongrie (Carniole).
Selb. F. Allemagne (Bavière).
Selbitz. L. Allemagne (Bavière).
Selby. Amérique anglaise (Ontario).
Selby. Iles Britanniques (Angleterre).
Selham. F. Iles Britanniques (Angleterre).
Selhurst. F. Iles Britanniques (Angleterre).
Seligenstadt. F. Allemagne (Bavière).
Selin's-Grove. Etats-Unis (Pensylvanie).
Selkirk. L. Iles Britanniques (Écosse).
Sellafied. F. Iles Britanniques (Angleterre).
Sellersville. Etats-Unis (Pensylvanie).
Selley-Oak. L. Iles Britanniques (Angleterre).
Sellindje. L. Iles Britanniques (Angleterre).
*Selling. F. Iles Britanniques (Écosse).
Sellye. F. Autriche-Hongrie (Hongrie).
Selma. États-Unis (Alabama).
Selma. Etats-Unis (Indiana).
Selmeczbanya (Schemnitz). L. Autr-Hong. (Hong).
Seltschan. L. Autriche-Hongrie (Bohême).
Seltz. L. Allemagne (Alsace-Lorraine).
Selve. L. Autriche-Hongrie (Dalmatie).
Selwyn. Nouvelle-Zélande.
Selzaete. Belgique (Flandre orientale).
Selzthal-Liezen. FL. Autriche-Hongrie (Styrie).
*Semavah. Turquie d'Asie. A3. B2. C2. D2.
Sembrancher. L. Suisse (Valais).
Semendria. N. Serbie.
Semil. F. Autriche-Hongrie (Bohême).
Semione. L. Suisse (Tessin).
Semley. F. Iles Britanniques (Angleterre).
Semlin. N. Autr.-Hongrie (Confins militaires).
Semlow. L. Allemagne (Prusse). EW.
Semmering. F. Autriche-Hongrie (sous l'Enns).
Sempach. L. Suisse (Lucerne).
Senatobia. Etats-Unis (Mississipi).
Seneca. Etats-Unis (Kansas).
Seneca. Etats-Unis (Missouri).
Seneca Falls. Etats-Unis (New-York).
Senden. F. Allemagne (Bavière).
Seneffe. L. Belgique (Hainaut).
Seney. États-Unis (Iowa).
Senftenberg. F. Allemagne (Prusse). EW.
Senftenberg. L. Autriche-Hongrie (Bohême).
Senigallia. L. Italie (Ancône).
Senise. L. Italie (Potenza).
Senitze. Turquie d'Europe. A1. B3. C2. D3.
Senkwicz. (Schenkwitz). F. Autr.-Hong. (Hongrie).
Sennheim. F. Allemagne (Alsace-Lorraine).
Sensburg. L. Allemagne (Prusse). EW.
Sentenhart. FL. Allemagne (Bade).
Sentheim. L. Allemagne (Alsace-Lorraine).
Sentier (Le). L. Suisse (Vaud).
Seon. L. Suisse (Argovie).
Seonee. L. Indes. OC.
Seorajpore. F. Indes. OC.
Separation. États-Unis (Wyoming).
Sepey. L. Suisse (Vaud).
Sepsi-Szent-Gyorgy. L. Autr.-Hong (Transylvanie).
Seradze. L. Russie d'Europe (Kalisch).
Seraing. Belgique (Liége).
Serajewo. L. Turquie d'Europe. A1. B3. C2. D3.
Serampore. F. Indes. OC.
Serang. L. Java. OS.
Serapeum. Égypte (Isthme de Suez).
Serathoo. F. Indes. OC.
Seregno. L. Italie (Milan).
Serena. États-Unis (Illinois).
Sereth. L. Autriche-Hongrie (Bukowine).
Sermide. L. Italie.
Serpoukhow. Russie d'Europe (Moscou).
Serracapriola. L. Italie (Foggia).
Serradifalco. L. Italie.
Serra-S.-Quirico. L. Italie (Ancône).
Serravalle-Scrivia. L. Italie (Alexandrie).
Serravalle-Sesia. L. (Italie).
Serravezza. L. Italie (Lucques).
Serrès. L. Turquie d'Europe. A1. B3. C2. D3.
Serrières L. Suisse (Neuchâtel).
Sersheim. Allemagne (Wurtemberg).
Sessa-Aurunca. L. Italie (Caserte).
Sessana. F. Autriche-Hongrie (Littoral d'Illyrie).
Sessanna. L. Autriche-Hongrie (Littoral d'Illyrie)
Sesslach. L. Allemagne (Bavière).
Sesto. FL. Italie (Florence).
Sesto-Calende. FL. Italie (Milan).
Sesto-San-Giovanni. FL. Italie (Milan).
Sestri-Levante. L. Italie (Gênes).
Sestri-Ponente. L. Italie (Gênes).
Sesvete. FL. Autriche-Hongrie (Croatie).
Setarampore. F. Indes. OC.
Settimo-Torinese. FL. Italie (Turin).
Settle. FL. Iles Britanniques (Angleterre).
Setubal. Portugal (Lisbonne).
Seubersdorf. PF. Allemagne (Bavière).
Seui. L. Italie.
Sevastopol (S. Sébastopol). L. R. d'Eur. (Tauride).
Sevenoaks. L. Iles Britanniques (Angleterre).
Severin (Turnu Severin). N. Roumanie.
Severn-Bridge. Amérique anglaise (Ontario).
Séville. N. Espagne (Séville).
Seville. États-Unis (Illinois).

Seville. États-Unis (Ohio).
Sewanee. États-Unis (Tennessee).
Seward. États-Unis (New-York).
Sewell. États-Unis (Virginie).
Sewickley. États-Unis (Pensylvanie).
Sewnee. F. Indes. OC.
Seybothenreuth. PF. Allemagne (Bavière).
Seymour. Australie (Victoria).
Seymour. États-Unis (Connecticut).
Seymour. États-Unis (Indiana).
Seymour. États-Unis (Iowa).
Seymour. États-Unis (Wisconsin).
Sezze. L. Italie.
Sfax. Tunisie.
S'Gravezande. L. Pays-Bas.
*Sguibnewo. Russie d'Asie (Sibérie, 3e région).
Shabbona. États-Unis (Illinois).
Shaftesbury. L. Iles Britanniques (Angleterre).
Shahabad. F. Indes. OC.
Shajapore. L. Indes. OC.
Shajehanpore. L. Indes. OC.
Shaker village. États-Unis (Massachusetts).
Shakopee. États-Unis (Minnesota).
Shakspeare. Amérique anglaise (Ontario).
Shalford. F. Iles Britanniques (Angleterre).
Shamburg. États-Unis (Pensylvanie).
Shamokin. États-Unis (Pensylvanie).
Shandakin-Centre. États-Unis (New-York).
Shaners. États-Unis (Pensylvanie).
Shanghaï. Chine.
Shanklin. L. Iles Britanniques (Angleterre).
Shannon. États-Unis (Illinois).
Shannon. États-Unis (Mississipi).
Shannonville. Amérique anglaise (Ontario).
Shannonville-Sta. Amérique anglaise (Ontario).
Shap. L. Iles Britann. (Angleterre).
Shapore. F. Indes. OC.
Shapwick. F. Iles Britanniques (Angleterre).
Shardlow. L. Iles Britanniques (Angleterre).
Shark'-River. États-Unis (New-Jersey).
Sharnbrook. L. Iles Britanniques (Angleterre).
Sharon. Amérique anglaise (Ontario).
Sharon. Etats-Unis (Massachusetts).
Sharon. États-Unis (New-Jersey).
Sharon. Etats-Unis (Ohio).
Sharon. Etats-Unis (Pensylvanie).
Sharon. Etats-Unis (Vermont).
Sharon. Etats-Unis (Wisconsin).
Sharon Springs (Summer office). Etats-Unis (New-York).
Sharpness-Point. L. Iles Britann. (Angleterre).
Sharpsburg. Etats-Unis (Pensylvanie).
Sharpsburg-Bridge. Etats-Unis (Pensylvanie).
Sharpsville. Etats-Unis. (Pensylvanie).
Shasta. États-Unis (Californie).
Shaw. L. Iles Britanniques (Angleterre).
Shawangunk. États-Unis (New-York).
Shawnee. États-Unis (Kansas).
Shawnee. États-Unis (Ohio).
Shawneetown. États-Unis (Illinois).
Shaws. États-Unis (Pensylvanie).
Sheagaum. F. Indes. OC.
Sheboygan. États-Unis (Wisconsin).
Sheboygan-Falls. États-Unis (Wisconsin).
Shedds. États-Unis (Orégon).
Shédiac. Amérique anglaise (Nouveau-Brunswick).
Sheepshead. L. Iles Britanniques (Angleterre).
Sheerness. L. Iles Britanniques (Angleterre).
Sheffield. États-Unis (Massachusetts).
Sheffield. États-Unis (Pensylvanie).
Sheffield (Bureau Co). États-Unis (Illinois).
Sheffield (Greene Co). États-Unis (Illinois).
Sheffield. N. Iles Britanniques. (Angleterre).
Shefford. L. Iles Britanniques (Angleterre).
Shekoabad. F. Indes. OC.
Shelbina. États-Unis (Missouri).
Shelburn. États-Unis (Indiana).
Shelburne. Amérique anglaise (Nouvelle-Écosse).
Shelburne Falls. États-Unis (Massachusetts).
Shelburne. États-Unis. (Vermont).
Shelby. États-Unis (Iowa).
Shelby (Oceana Co). États-Unis (Michigan).
Shelby. États-Unis (Ohio).
Shelby. États-Unis (Tennessee).
Shelby-City. États-Unis (Kentucky).
Shelby-Iron-Works. États-Unis (Alabama).
Shelbyville. États-Unis (Illinois).
Shelbyville. États-Unis (Indiana).
Shelbyville. États-Unis (Kentucky).
Shelbyville. États-Unis (Tennessee).
Sheldon. États-Unis (Illinois).
Sheldon. États-Unis (Iowa).
Sheldon. États-Unis (Vermont).
Shelf. L. Iles Britanniques. (Angleterre).
Shell-Rock. États-Unis (Iowa).
•Shellsburg. États-Unis (Iowa).
Shelter-Island. LI. États-Unis (New-York).
Shenandoah. Etats-Unis (Iowa).
Shenandoah City. États-Unis (Pensylvanie).
Shenango. États-Unis (Pensylvanie).
Shenley. L. Iles Britanniques (Angleterre).
Shepherd's-Well. F. Iles Britann. (Angleterre).
Shepley. L. Iles Britanniques (Angleterre).
Shepperton. F. Iles Britanniques (Angleterre).
Shepreth. F. Iles Britanniques (Angleterre).
Shepton-Mallet. L. Iles Britann. (Angleterre).
Sherborne. L. Iles Britanniques (Angleterre).
Sherbrooke. Amérique anglaise (Québec).
Sherbrooke Station. Amérique anglaise (Québec).
Sherburn. L. Iles Britanniques (Anglet.; York).
Sherburn. L. Iles Britann. (Angleterre; Durham).
Sherburn près Milford. L. Iles Britann. (Anglet.).
Sherburne. États-Unis (New-York).
Shereville. États-Unis (Indiana).
Sheridan. États-Unis (Californie).
Sheridan. États-Unis (Illinois).
Sheridan. États-Unis (New-York).
Sherman. États-Unis (Illinois).
Sherman. États-Unis (New-York).
Sherman. Etats-Unis (Texas).
Sherman. États-Unis (Wyoming).
Sher-Shad. F. Indes. OC.
Shershah. F. Indes. OC.
Shervary-Hills. F. Indes. OC.
Sherwood. États-Unis (Wisconsin).
Shick-Shinny. États-Unis (Pensylvanie).
Shiere. L. Iles Britanniques (Angleterre).
Shiffnall. L. Iles Britanniques (Angleterre).
Shigawake. Amérique anglaise (Québec).
Shikarpore. L. Indes. EC.
Shildon. L. Iles Britanniques (Angleterre).
Shillington. L. Iles Britanniques (Angleterre).
Shillingstone. F. Iles Britanniques (Angleterre).
Shiney-Row. L. Iles Britanniques (Angleterre).
Shillong. L. Indes. EC.
Shingle-Creek. États-Unis (New-York).
Shingle Springs. États-Unis (Californie).
Shinrone. L. Iles Britanniques (Irlande).
Shipdham. L. Iles Britann. (Angleterre).
Shipley. L. Iles Britanniques (Angleterre).
Shipley Gate. F. Iles Britann. (Angleterre).
Shipman. États-Unis (Illinois).
Shippegan. Amér. angl. (Nouveau-Brunswick).
Shippensburg. États-Unis (Pensylvanie).
Shipston-on-Stour. L. Iles Britann. (Angleterre).
Shipton. F. Iles Britanniques (Angleterre).
Shiraz (S. Chiraz). N. Perse.
Shirland. États-Unis (Illinois).
Shirley. États-Unis (Illinois).
Shirley. États-Unis (Massachusetts).
Shirley-Common. L. Iles Britann. (Angleterre).
Shoals. États-Unis (Indiana).
Shoaygheen. Indes. EC.
Shobdon. L. Iles Britanniques (Angleterre).
Shocks. États-Unis (Iowa).
Shœburynees. L. Iles Britanniques (Angleterre).
Shohola. États-Unis (Pensylvanie).
Shokan. États-Unis (New-York).
Sholapore. Indes. OC.
Sholavandon. F. Indes OC.
Sholinghur. F. Indes. OC.
Shoranoor. F. Indes. OC.
Shoreham. Iles Britanniques (Angleterre; Kent).
Shoreham. Iles Britanniques (Angleterre; Sussex).
Shorncliffe-Camp. Iles Britanniques (Angleterre).
Shortlands. F. Iles Britanniques (Angleterre).
Shotley-Bridge. L. Iles Britanniques (Angleterre).
Shortsville. États-Unis (New-York).
Shotts. Iles Britanniques (Écosse).
Shreve. États-Unis (Ohio).
Shreveport. États-Unis (Louisiane).
Shrewsbury. Iles Britanniques (Angleterre).
Shrivenham. L. Iles Britanniques (Angleterre).
Shubuta. États-Unis (Mississipi).
Shugulak. États-Unis (Mississipi).
Shyenne-Crossing. États-Unis (Dacotah).
Sibley. États-Unis (Iowa).
Sibot. FL. Autriche-Hongrie (Transylvanie).
Sibret. L. Belgique (Luxembourg).
Sibyllenort. F. Allemagne (Prusse). EW.
Sichem. L. Belgique (Brabant).
Sickle. F. Indes. OC.
Sicottes. États-Unis (Minnesota).
Siculiana. L. Italie (Girgenti).
Sid. L. Autriche-Hongrie (Esclavonie).
Sidcup. F. Iles Britanniques (Angleterre).
Siderno. L. Italie (Reggio di Calabre).
Siders (S. Sierre). L. Suisse (Valais).
Sidlesham. L. Iles Britanniques (Angleterre).
Sidmouth. L. Iles Britanniques (Angleterre).
Sidney. États-Unis (Nebraska).
Sidney. États-Unis (New-York).
Sidney. États-Unis (Ohio).
Siebenbrunn. FL. Autriche-Hongrie (sous l'Enns).
Siebnen. L. Suisse (Schwyz).
Siegburg. L. Allemagne (Prusse). OW.
Siegelsdorf. F. Allemagne (Bavière).
Siegen. Allemagne (Prusse). OW.
Siegenburg. L. Allemagne (Bavière).
Siegersdorf. F. Allemagne (Prusse). EW.
Siegmar. F. Allemagne (Saxe). EW.
Sigourney. États-Unis (Iowa).
Siemonsdorf. F. Allemagne (Prusse). EW.
Sieniawa. L. Autriche-Hongrie (Galicie).

Sienne. Italie (Sienne).
Sierentz. F. Allemagne (Alsace-Lorraine).
Sierk. L. Allemagne (Alsace-Lorraine).
Sierndorf. FL. Autriche-Hongrie (sous l'Enns).
Sierre (S. Siders). L. Suisse (Valais).
Sightill. F. Iles Britanniques (Écosse).
Sigmaringen. L. Allemagne (Hohenzollern).
Sigmundsherberg-Horn. L. Aut.-Hong. (sous l'Enns)
Sign. Autriche-Hongrie (Dalmatie).
Signa. FL. Italie (Florence).
Signau. L. Suisse (Berne).
Siguenza. Espagne (Guadalajara).
Siklos. Autriche-Hongrie (Hongrie).
Silanus. L. Italie.
Silchar. L. Indes. OC.
Silecroft. F. Iles Britanniques (Angleterre).
Silenrieux. L. Belgique (Namur).
Siliqua. FL. Italie.
Silistrie. Turquie d'Europe. A1. B3. C2. D3.
Silkeborg. Danemark (Jutland).
Sillein (Zsolna). FL. Autriche-Hongrie (Hongrie).
Sillian. FL. Autriche-Hongrie (Tyrol).
Silloth. L. Iles Britanniques (Angleterre).
Sils. L. Suisse (Grisons).
Silsden. L. Iles Britanniques (Angleterre).
Siluwka. FL. Autriche-Hongrie. (Moravie).
Silvaplana. L. Suisse (Grisons).
Silver-Brook (Schuykill Co). États-Unis (Pensylv.).
Silverdale. L. Iles Britanniques (Angleterre).
Silver-City. États-Unis (Nevada).
Silver-City. États-Unis (Utah).
Silver-Creek. États-Unis (Nebraska).
Silver-Creek. États-Unis (New-York).
Silverlake. États-Unis (Indiana).
Silver-Lake. États-Unis (New-York).
Silver-Springs. États-Unis (Maryland).
Silves. Portugal (Faro).
Silz. L. Autriche-Hongrie (Tyrol).
Simbach. L. Allemagne (Bavière).
Simbach a. d. Inn. L. Allemagne (Bavière).
Simbirsk. Russie d'Europe (Simbirsk).
Simcœ. Amérique anglaise (Ontario).
Simla. Indes. OC.
Simmering. FL. Autriche-Hongrie (sous l'Enns).
Simmern. L. Allemagne (Prusse). OW.
Simonosaki. Japon.
Simon's-Town. Colonie du Cap.
Simonswald. L. Allemagne (Bade).
Simpelveld. P. Pays-Bas.
Simpheropol. N. Russie d'Europe (Tauride).
Simplon-Hospice. L. Suisse (Valais).
Simplon-Village. L. Suisse (Valais).
Simpson's. États-Unis (Californie).
Simpson's-Springs. États-Unis (Utah).
Simpsonville. États-Unis (Kentucky).
Simree. F. Indes. OC.
Simsbury. États-Unis (Connecticut).
Simultola. F. Indes. OC.
Sinalunga. FL. Italie (Sienne).
Sinclairville. États-Unis (New-York).
Sindee. F. Indes. OC.
Sindelfingen. L. Allemagne (Wurtemberg).
Sines. L. Portugal (Lisbonne).
Singapore. Ile de Singapore.
Singen. L. Allemagne (Bade).
Singleton. Australie (Nouvelle-Galles du Sud).
Sing Sing. États-Unis (New-York).
Siniawka. N. Russie d'Europe (Minsk).
Sinn. F. Allemagne (Prusse). OW.
Sins. L. Suisse (Grisons).
Sins. L. Suisse (Argovie).
Sinsheim. L. Allemagne (Bade).
Sinzig. F. Allemagne (Prusse). OW.
Siofok. Autriche-Hongrie (Hongrie).
Sion. F. Indes. OC.
Sion. Suisse (Valais).
Sion-Mills. F. Iles Britanniques (Irlande).
Sioux-City. États-Unis (Iowa).
Sioux-City-Junction. États-Unis (Minnesota).
Siracuse (Syracuse). Italie (Syracuse).
Sirena. Amérique du Sud (10° région).
Sirhind. F. Indes. OC.
Sir-John's-Run. États-Unis (Virginie).
Sirnach. FL. Suisse (Thurgovie).
Sironcha. L. Indes. OC.
Sirsa-Road. F. Indes. OC.
Sirsoul. F. Indes. OC.
Sirswash. F. Indes. OC.
Sisowlee. F. Indes. OC.
Sissach. FL. Suisse (Bâle).
Sissam (S. Samos). Turquie (île de Samos).
Sissek (S. Sziszek). Autriche-Hongrie (Croatie).
Sistow. Turquie d'Europe. A1. B3. C2. D3.
Sitoebondo. L. Java. ES.
Sittard. P. Pays-Bas.
Sitten (S. Sion). Suisse (Valais).
Sittingbourne. Iles Britanniques (Angleterre).
Sivas. N. Turquie d'Asie. A3. B2. C2. D2.
Sivry. L. Belgique (Hainaut).
Six-Mile-Bottom. F. Iles Britann. (Angleterre).
Six-Portages. Amérique anglaise (Québec).
Sixty-two-Mile-Siding. États-Unis (Mississipi).
Skagen (Scaw). Danemark (Jutland).
Skagen (Scaw). S. Danemark (Jutland).
Skala. L. Autriche-Hongrie (Galicie).
Skalitz-bei-Brunn. F. Autriche-Hongrie (Moravie).
Skalitz-bey-Josefstadt. L. Autr.-Hong. (Bohême).
Skandau. FL. Allemagne (Prusse). EW.
Skanderborg. L. Danemark (Jutland).
Skaneateles. États-Unis (New-York).
Skaneateles-Junction. États-Unis (New-York).
Skara. L. Suède.
Skarnaes. F. Norwége.
Skead's-Mills (Summer office). Amérique anglaise (Ontario).
Skellcftea. Suède.
Skenninge. PL. Suède.
Skernewitze. Russie d'Europe (Varsovie).
Skerris. L. Iles Britanniques (Irlande).
Skibbereen. L. Iles Britanniques (Irlande).
Skien. Norwége.
Skinner's-Eddy. États-Unis (Pensylvanie).
Skipton. Iles Britanniques (Angleterre).
Skive (Jutland). Danemark (Jutland).
Skjaerdalen. F. Norwége.
Skjelskoer. Danemark (île de Zélande).
Skodborghuus. L. Danemark (Jutland).
Skoefde. FL. Suède.
Skollenborg. F. Norwége.
Skotschau. L. Autriche-Hongrie (Silésie).
Skotselven. F. Norwége.
Skowhegan. États-Unis (Maine).
Skrad. F. Autriche-Hongrie. (Croatie).
Skrochowitz. FL. Autriche-Hongrie (Silésie).
Skroven (1). HL. Norwége.
Skuc. FL. Autriche-Hongrie (Bohême).
Skudesnaes. L. Norwége.
Skutskar. PL. Suède.
Skwira. Russie d'Europe (Kiew).
Slagesle. Danemark (Zélande).
Slaithwaite. L. Iles Britanniques (Angleterre).
Slamannan. L. Iles Britanniques (Écosse).
Slane. L. Iles Britanniques (Irlande).
Slano. L. Autriche-Hongrie (Dalmatie).
Slateford. L. Iles Britanniques (Écosse).
Slatina. L. Autr.-Hongrie (Esclavonie).
Slatina. N. Roumanie.
Slatinan. FL. Autriche-Hongrie (Bohême).
Slatington. États-Unis (Pensylvanie).
Slaughtersville. États-Unis (Kentucky).
Slaviansk. Russie d'Europe (Kharkow).
Slawentzitz. L. Allemagne (Prusse). EW.
Sleaford. L. Iles Britanniques (Angleterre).
Sleepy-Eye. États-Unis (Minnesota).
Sleemanabad. F. Indes. OC.
Sleswig. Allemagne (Prusse; Sleswig). EW.
Sleydinge. L. Belgique (Flandre orientale).
Sliedrecht. L. Pays-Bas.
Sligo. L. Iles Britanniques (Irlande).
Sligo-Furnace. États-Unis (Pensylvanie).
Slinfold. L. Iles Britanniques (Angleterre).
Slingerland's. États-Unis (New-York).
Slingsby. F. Iles Britanniques (Angleterre).
Slite. PL. Suède (Ile de Gothland).
Sloan. États-Unis (Iowa).
Slonim. L. Russie d'Europe (Grodno).
Slotwinia. F. Autriche-Hongrie (Galicie).
Slough. L. Iles Britanniques (Angleterre).
Sloupzy. L. Russie d'Europe (Kalisch).
Sloutzk. Russie d'Europe (Minsk).
Sluin. L. Autriche-Hongrie (Croatie).
Sluis. L. Pays-Bas.
Smallbridge. L. Iles Britanniques (Angleterre).
Smalley. L. Iles Britanniques (Angleterre; Derby).
Small-Heath. L. Iles Britanniques (Angleterre).
Smarden. L. Iles Britanniques (Angleterre).
Smartsville. États-Unis (Californie).
Smederevo (Semendria). N. Serbie.
Smedjebacken. L. Suède.
Smeeth. F. Iles Britanniques (Angleterre).
Smela. Russie d'Europe (Kiew.)
Smethport. États-Unis (Pensylvanie).
Smethwick. L. Iles Britanniques (Angleterre).
Smichow. FL. Autriche-Hongrie (Bohême).
Smidar. FL. Autriche-Hongrie (Bohême).
Smiritz. L. Autriche-Hongrie (Bohême).
Smithboro. États-Unis (New-York).
Smithfield. Australie (Australie méridionale).
Smithfield. États-Unis (Utah).
Smith's-Basin. États-Unis (New-York).
Smith's-Creek. États-Unis (Michigan).
Smith's-Falls. Amérique anglaise (Ontario).
Smith's-Falls Town. Amérique angl. (Ontario).
Smith's-Ferry. États-Unis (Pensylvanie).
Smith's-Lake. États-Unis (Minnesota).
Smith's-Mills. Amérique anglaise (Québec).
Smith's-Mills. États-Unis (New-York).
Smithton (Pettis Co). États-Unis (Missouri).

(1) Les dépêches sont transmises jusqu'à Bodoe par la voie électrique, de cette ville à Henningswaer ou Svolwaer par la poste, et ensuite jusqu'à destination par le télégraphe. — Le transport postal est gratuit.

Smithville. États-Unis (Géorgie).
Smithville. États-Unis (New-Jersey).
Smolensk. Russie d'Europe (Smolensk).
Smyrna. États-Unis (Delaware).
Smyrne. N. Turquie d'Asie. A2. B2. C1. D1.
Smythesdale. Australie (Victoria).
Snaith. L. Iles Britann. (Angleterre).
Snake-River. États-Unis (Idaho).
Snaresbrook. F. Iles Britanniques (Angleterre).
Snarum. F. Norwége.
Sneek. Pays-Bas.
Sneem. L. Iles Britanniques (Irlande).
Snettisham. F. Iles Britann. (Angleterre).
Sniatyn. L. Autriche-Hongrie (Galicie).
Snodland. L. Iles Britanniques (Angleterre).
Snow-Shoe-City. États-Unis (Pensylvanie).
Snow-Shoe-Intersection. États-Unis (Pensylvanie).
Soave. L. Italie (Vérone).
Sobernheim. F. Allemagne (Prusse). OW.
Sobeslau. L. Autriche-Hongrie (Bohême).
Soborsin. F. Autriche-Hongrie (Hongrie).
Soda Creek. Amériq. anglaise (Colombie anglaise).
Soden. L. Allemagne (Prusse). OW.
Sodepore. F. Indes. OC.
Sodus. États-Unis (New-York).
Soebang. L. Java. OS.
Soederhamn. Suède.
Sœderkœping (1). L/BC. Suède.
Soedertelje. L. Suède.
Soeding. FL. Autriche-Hongrie (Styrie).
Soellingen. FL. Allemagne (Bade).
Soelvesborg. L. Suède.
Soemmerda. L. Allemagne (Prusse). OW.
Soenderho. L. Danemark.
Soerabaja. Java. ES.
Soerakarta. Java. ES.
Soervaagen. HL. Norwége.
Soest. Allemagne (Prusse). OW.
Soestdijk. EL. Pays-Bas.
Sofala. Australie (Nouvelle-Galles du Sud).
Sofia. Turquie d'Europe. A1. B3. C2. D3.
Soggendal. L. Norwége.
Sohagpore. F. Indes. OC.
Soham. Iles Britanniques (Angleterre).
Soho. F. Iles Britanniques (Angleterre).
Sohrau. L. Allemagne (Prusse; Silésie). EW.
Soignies. Belgique (Hainaut).
Soixante. Amérique anglaise (Québec).
Sokal. L. Autriche-Hongrie (Galicie).
Sokolnitz. FL. Autriche-Hongrie (Moravie).
Solarolo. L. Italie (Ravenne).
Soldau. L. Allemagne (Prusse). EW.
Soldier's-Home. États-Unis (Ohio).
Soldin. L. Allemagne (Prusse). EW.
Solero. FL. Italie (Alexandrie).
Sole-Street. F. Iles Britanniques (Angleterre).
Soleure (S. Solothurn). Suisse (Soleure).
Solihull. L. Iles Britanniques (Angleterre).
Solingen. Allemagne (Prusse). OW.
Solka. L. Autriche-Hongrie (Bukovine).
Solleftea. PL. Suède.
* **Soller.** L. Espagne (Majorque).
Sollstedt. F. Allemagne (Prusse). EW.
Solmona. L. Italie (Aquilée).
Solnhofen. F. Allemagne (Bavière).
Solomon. États-Unis (Kansas).
Solomon's-Gap. États-Unis (Pensylvanie).

Solon. États-Unis (Iowa).
Solon. États-Unis (Maine).
Solon. États-Unis (Ohio).
Solopaca. FL. Italie (Bénévent).
Solothurn (S. Soleure). Suisse (Soleure).
Solre-sur-Sambre. L. Belgique (Hainaut).
Soltau. L. Allem. (Prusse; Hanovre). EW.
Solva. L. Iles Britanniques (Angleterre).
Som. FL. Autriche-Hongrie (Hongrie).
Somanoor. F. Indes. OC.
Sombra. Amérique anglaise (Ontario).
Sombreffe. L. Belgique (Namur).
Someo. L. Suisse (Tessin).
Somergem. L. Belgique (Flandre orientale).
Somerleyton. F. Iles Britanniques (Angleterre).
Somerset. Amérique anglaise (Québec).
Somerset. États-Unis (Massachusetts).
Somerset. États-Unis (Michigan).
Somerset. États-Unis (Ohio).
Somerset (Somerset Co). États-Unis (Pensylvanie).
Somersham. F. Iles Britanniques (Angleterre).
Somer's-Point. États-Unis (New-Jersey).
Somerton. L. Iles Britanniques (Angleterre).
Somerville. États-Unis (Massachusetts).
Somerville. États-Unis (New-Jersey).
Somesville. États-Unis (Maine).
Somma. FL. Italie (Milan).
Sommerach. L. Allemagne (Bavière).
Sommerau. FL. Allemagne. (Bade).
Sommerfeld. L. Allemagne (Prusse). EW.
Somna. F. Indes. OC.
Somonauk. États-Unis (Illinois).
Somos-Ujfalu. FL. Autriche-Hongrie (Hongrie).
Sonapore. F. Indes. OC.
Sonceboz. L. Suisse (Berne).
Soncino. L. Italie.
Sonderburg. L. Allemagne (Prusse; Sleswig). EW.
Sondershausen. L. Allemag. (Schwarzburg). EW.
Sondrio. Italie (Sondrio).
Sonman. États-Unis (Pensylvanie).
Sonmeanee. L. Belouchistan.
Sonneberg. F. Allemagne (Saxe-Meiningen). EW.
Sonnenberg. FL. Autriche-Hongrie (Bohême).
Sonoma. États-Unis (Californie).
Sonora. États-Unis (Californie).
Sonthofen. L. Allemagne (Bavière).
Sonvilliers. L. Suisse (Berne).
Soon. L. Norwége.
Sopafla. F. Indes. OC.
Sophiisk. Russie d'Asie (Sibérie, 3e région).
Soprony (Œdenbourg). N/2. Autr-Hong. (Hong.).
Soquel. États-Unis (Californie).
Sora. L. Italie (Caserte).
Sorano. L. Italie.
Sorau. Allemagne (Prusse). EW.
Sorel. Amérique anglaise (Québec).
Sorésina. L. Italie (Crémone).
Soria. N. Espagne (Soria).
Soriano-nel-Cimino. L. Italie.
Soroe. L. Danemark (Zélande).
Soroki. Russie d'Europe (Bessarabie).
Soroksar. Autriche-Hongrie (Hongrie).
Sorquitten. L. Allemagne (Prusse). EW.
Sorrente. L. Italie (Naples).
Sosnowitzy. F. Russie d'Europe (Petrokow).
Sosto. FL. Autriche-Hongrie (Hongrie).
Sottegem. L. Belgique (Flandre orientale).

Soubey. L. Suisse (Berne).
Souder's-Station. États-Unis (Pensylvanie).
Sough. F. Iles Britanniques (Angleterre).
* **Souifoune.** Russie d'Asie (Sibérie, 3e région).
Soukhoum-Kalé. Russie du Caucase (Kouban).
Soulina (Sulina). L. Turq. d'Eur. A1. B2. C1. D3.
Soultz (Bains). F. Allemagne (Alsace-Lorraine).
Soultz-sous-Forêts (Sulz). F. Allem. (Als.-Lorr.).
Soulzmatt. L. Allemagne (Alsace-Lorraine).
Soumy. Russie d'Europe (Kharkow).
Souram. Russie du Caucase (Tiflis).
Sourpi. L. Grèce continentale.
Sousa. Tunisie.
Souste (La). BL. Suisse (Valais).
South-Abington. États-Unis (Massachusetts).
South-Acton. États-Unis (Massachusetts).
South-Adams. États-Unis (Massachusetts).
Southall. L. Iles Britanniques (Angleterre).
Southam. L. Iles Britanniques (Angleterre).
South-Amboy. États-Unis (New-Jersey).
Southampton. Amérique anglaise (Ontario).
Southampton. N. Iles Britanniques (Angleterre).
South-Ashburnham. États-Unis (Massachusetts).
South-Bank. L. Iles Britanniques (Angleterre).
South-Bay. Amérique anglaise (Ontario).
South-Bend. États-Unis (Indiana).
South-Bermondsey. F. Iles Britann. (Angleterre)
South-Berwick-Junction. États-Unis (Maine).
South-Bethlehem. États-Unis (Pensylvanie).
South-Bolton. Amérique anglaise (Québec).
Southborough. L. Iles Britanniques (Angleterre).
South-Boston. États-Unis (Massachusetts).
South-Braintree. États-Unis (Massachusetts).
South-Brent. L. Iles Britanniques (Angleterre).
Southbridge. États-Unis (Massachusetts).
South-Brooklyn. L. I. États-Unis (New-York).
South-Cave. L. Iles Britanniques. (Angleterre).
South-Charleston. États-Unis (Ohio).
South-Chicago. États-Unis (Illinois).
South-Corinth. États-Unis (New-York).
South-Coventry. États-Unis (Connecticut).
South-Croydon. L. Iles Britanniq. (Angleterre
South-Dedham. États-Unis (Massachusetts).
South-Deerfield. États-Unis (Massachusetts).
South-Dennis. États-Unis (Massachusetts).
South-Durham. Amérique anglaise (Québec).
South-Elizabeth. États-Unis (New-Jersey).
South-Elmsall. F. Iles Britann. (Angleterre).
Southend. L. Iles Britanniques (Angleterre).
Southend. L. Iles Britanniques (Écosse).
Southerdown. L. Iles Britanniques (Angleterre).
Southern-Minn-Junction. États-Unis (Minnesota).
Southfields. États-Unis (New-York).
South-Framingham. États-Unis (Massachusetts).
South-Gardiner. États-Unis (Maine).
South-Gate. F. Iles Britanniques (Angleterre).
South-Glastonbury. États-Unis (Connecticut).
South-Head. Australie (Nouvelle-Galles du S.).
Southill. F. Iles Britanniques (Angleterre).
South-Hinchenbrook. Amér. anglaise (Québec).
Southington. États-Unis (Connecticut).
South-Lebanon. États-Unis (Ohio).
South-Lee. États-Unis (Massachusetts).
South-Livonia. États-Unis (New-York).
South-Luffenham. L. Iles Britann. (Angleterre).
South-Manchester. États-Unis (Connecticut).
South-Milford. L. Iles Britanniques (Angleterre).

(1) Ouvert du 1er mai au 30 octobre.

South-Mimms. L. Iles Britanniques (Angleterre).
South-Minster L. Iles Britanniques (Angleterre).
South-Molton. L. Iles Britanniques (Angleterre).
South-New-Market. États-Unis (New-Hampshire).
South-Norwalk. États-Unis (Connecticut).
Southold. L. I. États-Unis (New-York).
South Olive. États-Unis (Ohio).
South-Orange. États-Unis (New-Jersey).
South-Paris. États-Unis (Maine).
South-Pass. États-Unis (Wyoming).
South-Petherton L. Iles Britann. (Angleterre).
South-Port. États-Unis (Connecticut).
Southport. L. Iles Britanniques (Angleterre).
South-Providence. Amér. angl (Rhode-Island).
South-Queensferry. L. Iles Britanniques (Écosse).
South-Royalton. États-Unis (Vermont).
South-Saint-Louis. États-Unis (Missouri).
South-Shore. L. Iles Britanniques (Angleterre)
Southsea-Pier. F. Iles Britanniques (Angleterre).
South-Shields. Iles Britanniques (Angleterre).
South-Side-Oil-City. États-Unis (Pensylvanie).
South-Stockton. L. Iles Britann. (Angleterre).
South-Sydney. Amér. angl. (Cap Breton).
South-Vernon. États-Unis (Vermont).
South-Wales. États-Unis (New-York).
Southwater F. Iles Brit. (Angleterre; Sussex).
South-Waterboro. États-Unis (Maine).
Southwell. L. Iles Brit. (Angleterre; Durham).
South-West-Harbor. États-Unis (Maine).
South-West Pass. États-Unis (Louisiane).
South-Whitley. États-Unis (Indiana).
Southwick. L. Iles Britann. (Angleterre; Sussex).
Southwick. Iles Britanniques (Angl.; Durham).
South Wilkesbarre. États-Unis (Pensylvanie).
South Windham. États-Unis (Connecticut).
Southwold. L. Iles Britanniques (Angleterre).
Southwood. États-Unis (Delaware).
Souwalki. Russie d'Europe (Souwalki).
Soveria-Mannelli. L. Italie (Catanzaro).
Sowda. F. Indes. OC.
Sowerby-Bridge. Iles Britanniques (Angleterre).
Spa. Belgique (Liége).
Spaccaforno. L. Italie (Syracuse).
Spadafora.-S.-Martino. L. Italie.
Spaichingen. Allemagne (Wurtemberg).
Spalato. N. Autriche-Hongrie (Dalmatie).
Spalding. Iles Britanniques (Angleterre).
Spalt. L. Allemagne (Bavière).
Spandau. Allemagne (Prusse). EW.
Spanishtown. États-Unis (Californie).
Sparanise. FL. Italie (Caserte).
Sparkbroock. L. Iles Britanniques (Angleterre).
Sparkill. États-Unis (New-York).
Sparta. États-Unis (Kentucky).
Sparta. États-Unis (Wisconsin).
Spartansburg. États-Unis (Pensylvanie).
Sparte. Grèce continentale.
Speakeville. États-Unis (Texas).
Specht's-Ferry. États-Unis (Iowa).
Speicher. F. Allemagne (Prusse). OW.
Speicher. L. Suisse (Appenzell).
Spello. FL. Italie.
Spencer. États-Unis (Illinois).
Spencer. États-Unis (Indiana).
Spencer. États-Unis (Massachusetts).
Spencer. États-Unis (New-York).
Spencerport. États-Unis (New-York).
Spencer's. États Unis (Ohio).
Spencer-Spring (Summer office). États-Unis (New-York).
Spencerville. Amérique anglaise (Ontario).
Spenny-Moor. Iles Britanniques (Angleterre).
Speyer (S. Spire). Allemagne (Bavière).
Spezzano-Albanese. L. Italie (Cozensa).
Spezzia (Ile de). Grèce (Iles).
Spezzia (La). N. Italie (Gênes).
Spickards. États-Unis (Missouri).
Spiez. L. Suisse (Berne).
Spilsby. L. Iles Britanniques (Angleterre).
Spinazzola. L. Italie (Bari).
Spire ou Speyer. L. Allemagne (Bavière).
Spit. Nouvelle-Zélande.
Spital a/Pyhrn. L. Autr.-Hongrie (sur l'Enns).
Spital-bei-Villach. L. Autr.-Hongrie (Carinthie).
Spital-bei-Wiener-Neustadt. F. Autr.-Hongr. (Styrie).
Spittal-a-Drau. FL. Autriche-Hongrie (Carinthie).
Spittenldorf. L. Allemagne (Prusse). EW.
Spitz. L. Autriche-Hongrie (sous l'Enns).
Splugen. L. Suisse (Grisons).
Spofforth. L. Iles Britanniques (Angleterre).
Spolète (Spoleto). L. Italie (Pérouse).
Spoudon. L. Iles Britanniques (Angleterre).
Spon-Lane. F. Iles Britanniques (Angleterre).
Spotorno. FL. Italie.
Spottswood. États-Unis (New-Jersey).
Spragueville. États-Unis (Pensylvanie).
Spraker's. États-Unis (New-York).
Spremberg. L. Allemagne (Prusse). EW.
Sprendlingen. F. Allem. (Hesse-Darmstadt). OW.
Spresiano. FL. Italie (Trévise).
Spring. États-Unis (Pensylvanie).
Spring-Creek. États-Unis (Pensylvanie).
Springdale. États-Unis (Pensylvanie).
Springe. F. Allemagne (Prusse). EW
Springfield. États-Unis (Dacotah).
Springfield. États-Unis (Illinois).
Springfield. États-Unis (Massachusetts).
Springfield. États-Unis (Missouri).
Springfield. États-Unis (Pensylvanie).
Springfield. États-Unis (Tennessee).
Springfield. États-Unis (Vermont).
Springfield. États-Unis (Wisconsin).
Springfield Centre. États-Unis (New-York).
Springfield (Clark Co). États-Unis (Ohio).
Spring-Green. États-Unis (Wisconsin).
Spring-Grove. États-Unis (Ohio).
Spring-Hill. Amérique anglaise (Nouv.-Écosse)
Spring-Hill. États-Unis (Kansas).
Spring-Hill. États-Unis (Tennessee).
Spring-Lake. États-Unis (Michigan).
Springport. États-Unis (Michigan).
Spring-Station. États-Unis (Texas).
Springtown. États-Unis (Utah).
Springvale. États-Unis (Maine).
Spring-Valley. États-Unis (Minnesota).
Spring-Valley. États-Unis (New-York).
Springville. États Unis (Alabama).
Springville. États-Unis (Iova).
Springville. États-Unis (Utah).
Springwater. États-Unis (New-York).
Sprogoe (1). H. Norwége.
Sprottau. L. Allemagne (Prusse). EW.
Spruce-Creek. États-Unis (Pensylvanie).
Spurn-Head. L. Iles Britanniques (Angleterre).
Spuyten-Duyvil. États-Unis (New-York).
Squankum. États-Unis (New-Jersey).
* Squinzano. FL. Italie (Lecce).
Sretensk. Russie d'Asie (Sibérie, 2e région).
Staab. FL. Autriche-Hongrie (Bohême).
Staad. L. Suisse (Saint-Gall).
Staatsburg. États-Unis (New-York).
Staatz. FL. Autriche-Hongrie (sous l'Enns).
Stabio. L. Suisse (Tessin).
Stablo (Stavelot). L. Belgique (Liége).
Stacksteads. L. Iles Britanniques (Angleterre).
Staddlethorpe. F. Iles Britanniques (Angleterre).
Stade. Allemagne (Prusse; Hanovre). EW.
Staden. L. Belgique (Flandre occid.).
Stadlau. FL. Autriche-Hongrie (sous l'Enns).
Stadtamhof. L. Allemagne (Bavière).
Stadthagen. F. Allem (Lippe-Schaambourg). EW.
Stadtilm. L. Allemagne (Schwarzbourg). EW.
Stadt-Liebau. L. Autriche-Hongrie (Moravie).
Stadtlohn. L. Allemagne (Prusse). OW.
Stadtoldendorf. F. Allemagne (Brunswick). EW.
Stadtprozelten. L. Allemagne (Bavière).
Stadtsteinach. L. Allemagne (Bavière).
Stafa. L. Suisse (Zurich).
Staffel. F. Allemagne (Prusse). EW.
Staffelbach. F. Allemagne (Bavière).
Staffelstein. F. Allemagne (Bavière).
Staffis (Estavayer). L. Suisse (Fribourg).
Stafford. États-Unis (Connecticut).
Stafford. Iles Britanniques (Angleterre).
Stagno. L. Autriche-Hongrie (Dalmatie).
Stahringen. FL. Allemagne (Bade).
Staindrop. L. Iles Britanniques (Angleterre).
Staines. L. Iles Britanniques (Angleterre).
Stainland. L. Iles Britanniques (Angleterre).
Stainz. L. Autriche-Hongrie (Styrie).
Staithes. L. Iles Britanniques (Angleterre).
Stalbridge. F. Iles Britanniques (Angleterre).
Stalybridge. L. Iles Britanniques (Angleterre).
Stalham. L. Iles Britanniques (Angleterre).
Stalle (Forest). L. Belgique (Brabant).
Stallupœnen. L. Allemagne (Prusse). EW.
Staltach.F. Allemagne (Bavière).
Stambach. F. Allemagne (Bavière).
Stamboul (Constantinople, Galata, Istambol, Pera, Scutari). N. Turquie d'Europe. A1. B2. C1. D3.
Stamford. États-Unis (Connecticut).
Stamford. États-Unis (New-York).
Stamford. Iles Britanniques (Angleterre).
Stamford-Bridge. L. Iles Britann. (Angleterre).
Stamfordham. L. Iles Britanniques (Angleterre).
Stammbach. F. Allemagne (Bavière).
Stammheim. L. Suisse (Zurich).
Stamsund. H. Norwége.
Stanbridge-Station. Amérique anglaise (Québec).
Standish. États-Unis (Michigan).
Stanfold. Amérique anglaise (Québec).
Stanford. États-Unis (Illinois).
Stanford. États-Unis (Kentucky).
Stanfordville. États-Unis (New-York).
Stanghella. L. Italie (Padoue).
Stanhope. États-Unis (New-Jersey).
Stanhope. L. Iles Britanniques (Angleterre).
Stanislau. N. Autriche-Hongrie (Galicie).
Stankau. FL. Autriche-Hongrie (Bohême).

(1) Ouvert pendant le temps de la débâcle.

Stanley. L. Iles Britanniques (Écosse).
Stanmore. L. Iles Britanniques (Angleterre).
Stanninggley. L. Iles Britanniques (Angleterre).
Stanstead. Amérique anglaise (Québec).
Stanstead. L Iles Britanniques (Angleterre).
Stanstead (Saint-Margarets). L. Iles Brit. (Angl.).
Stanton. États-Unis (Delaware).
Stanton. Etats-Unis (Tennessee).
Stantonbury. L. Iles Britanniques (Angleterre).
Stanwood. Etats-Unis (Iowa).
Stanwood. États-Unis (Michigan).
Stanz. L. Suisse (Unterwald).
Staplecross. L. Iles Britanniques (Angleterre).
Stapleford. L. Iles Britanniques (Angleterre).
Staplehurst. L. Iles Britanniques (Angleterre)
Staraïa-Roussa. Russie d'Europe (Nowgorod).
Starbeck. F. Iles Britanniques (Angleterre).
Starcross. L. Iles Britanniques (Angleterre).
Staremiasto. L. Autriche-Hongrie (Galicie).
Staresiolo. F. Autriche-Hongrie (Galicie).
Stargard. L. Allemagne (Prusse; Poméranie). EW.
Stargard (Preussich). L. Allemagne (Prusse). EW.
Starke. États-Unis (Floride).
Starkenbach. L. Autriche-Hongrie (Bohême).
Starkey. Etats-Unis (New-York).
Stark, water station. Etats-Unis (New-Hampshire).
Starnberg. L. Allemagne (Bavière).
Staroconstantinow. L. Russie d'Eur. (Volhynie).
Staroï-Oscol. Russie d'Europe (Koursk).
Starrucca. Etats-Unis (Pensylvanie).
*Starza. FL. Italie (Avellino).
Staschow. L. Russie d'Europe (Radom.).
Stassfurt. L. Allemagne (Prusse). EW.
State Bridge Station. Etats-Unis (New-York).
State Centre. Etats-Unis (Iowa).
State Line. Etats-Unis (Illinois).
State Line. États-Unis (Massachusetts).
State Line. États-Unis (Mississipi).
State Line. États-Unis (Missouri).
State Line. États-Unis (New-Hampshire).
State Line. États-Unis (New-York).
State Line (Bedfort Co). États-Unis (Pensylvanie).
State Line (Mitchell Co). États-Unis (Iowa).
State Line (Newton Co). Etats-Unis (Indiana).
State Line (Warren Co). Etats-Unis (Indiana).
Stauchitz. F. Allemagne (Saxe). EW.
Staudernheim. F. Allemagne (Prusse). OW.
Stauding. F. Autriche-Hongrie (Silésie).
Staufen. L. Allemagne (Bade).
Staufen (voir Oberstaufen). Allemagne (Bavière).
Staunton. États-Unis (Illinois).
Staunton. États-Unis (Indiana).
Staunton. États-Unis (Virginie).
Stavanger. Norwége.
Staveley. F. Iles Britanniques (Angleterre).
Stavelot. L. Belgique (Liége).
Stavenhagen. F. Allemagne (Mecklembourg). EW
Stawell. Australie (Victoria).
Stawropol. N. Russie du Caucase (Stawropol).
Stayner. Amérique anglaise (Ontario).
Steamboat-Springs. Etats-Unis (Nevada).
Steamburg. Etats-Unis (New-York).
Steben. L. Allemagne (Bavière).
Steckborn. L. Suisse (Thurgovie).
Steeg. P. Pays-Bas.
Steele. L. Allemagne (Prusse). OW.
Steele-Road. F. Iles Britanniques (Écosse).
Steel's-Mills. États-Unis (Illinois).

Steenbergen. L. Pays-Bas.
Steenwijk. L. Pays-Bas.
Steeple-Aston. L. Iles Britanniques (Angleterre).
Steeple-Claydon. L. Iles Britann. (Angleterre).
Steeton. F. Iles Britanniques (Angleterre).
Stefanau. F. Autriche-Hongrie (Moravie).
Steffisbourg. L. Suisse (Berne).
Stege. Danemark (I. de Moen).
Steglitz. F. Allemagne (Prusse). EW.
Steilacoom. Etats-Unis (Washington territoire).
Stein. F. Allemagne (Saxe). EW.
Stein. L. Suisse (Appenzell).
Stein. L. Suisse (Argovie).
Stein. L. Suisse (Saint-Gall).
Steinach. L. Allemagne (Bavière).
Steinach. FL. Autriche-Hongrie (Tyrol).
Steinamanger (Szombathely). Autriche-Hongrie (Hongrie).
Steinburg. F. Allemagne (Alsace-Lorraine).
Stein-am-Rhein. L. Suisse (Schaffouse).
Steinau. F. Allemagne (Prusse). OW.
Steinau sur Oder. L. Allemagne (Prusse). EW.
Steinbach. L. Allemagne (Bade).
Steinbruch (Budapest Steinbruch, Budapest, Kocbania). L. Autriche-Hongrie (Hongrie).
Steinbrucken L. Autriche-Hongrie (Styrie).
Steinen. L. Allemagne (Bade).
Steingaden L. Allemagne (Bavière).
Steinheim. F. Allemagne (Prusse). OW.
Stein i/ Krain. L. Autriche-Hongrie (Carniole).
Steinitz. L. Autriche-Hongrie (Moravie).
Steinkirchen. EL. Autriche-Hongrie (Bohême.
Steinort. L. Allemagne (Prusse). EW.
Steinrain. PF. Allemagne, (Bavière.)
Steinsberg. L. Suisse (Grisons).
Steinschonau. L. Autriche-Hongrie (Bohême).
Steinsfurth. FL. Allemagne (Bade).
Stellarton. Amérique anglaise (Nouvelle-Ecosse).
Stellata. L. Italie.
Stelle. F. Allemagne (Prusse). EW.
Stempton. (Northampton Co). Etats-Unis (Pensylvanie).
Stendal. Allemagne (Prusse). EW.
Stenkjær. Norwége.
Stenschewo. L. Allemagne (Prusse). EW.
Stentsch F. Allemagne (Prusse). EW.
Stephanshütte (Istvanfalu). F. Autriche-Hongrie (Hongrie).
Stephanskirchen. F. Allemagne (Bavière).
Stephansposching. PF. Allemagne (Bavière).
Stephensport. États-Unis (Kentucky).
Stephentown. États-Unis (New-York).
Stepney. États-Unis (Connecticut).
Sterbfritz. F. Allemagne (Prusse). OW.
Sterkrade. F. Allemagne (Prusse). OW.
Sterling. États-Unis (Illinois).
Sterling. États-Unis (Nebraska).
Sterling. États-Unis (Pensylvanie).
Sterling-Junction. Etats-Unis (Massachusetts).
Sterling-Junction. États-Unis (New-York).
Sterling-Sta (Cayuga Co) États-Unis (New-York).
Sternberg. L. Allemagne (Meckl.-Schwe.). EW.
Sternberg. N. Allemagne (Prusse). EW.
Sternberg. Autriche-Hongrie (Moravie).
Sterpenich. FL. Belgique (Luxembourg).
Sterzing. FL. Autriche-Hongrie (Tyrol).
Stetten. L. Allemagne (Bade).
Stettin. N. Allemagne (Prusse). EW.

Steubenville. Etats-Unis (Ohio).
Stevenage. Iles Britanniques (Angleterre).
Stevenson. États-Unis (Alabama).
Stevens's-Point. États-Unis (Wisconsin).
Stevenston. L. Iles Britanniques (Écosse).
Stewarton. L. Iles Britanniques (Écosse).
Stewart's Sta. États-Unis (Tennessee).
Stewartstown. L. Iles Britanniques (Irlande).
Stewartsville. Etats-Unis (Missouri).
Stewiacke. Amérique anglaise (Nouvelle-Ecosse).
Steyning L. Iles Britanniques (Angleterre).
Steyr. Autriche-Hongrie (sur l'Enns).
Steyrling. L. Autriche-Hongrie (sur l'Enns).
Stiahlau. FL. Autriche-Hongrie (Bohême).
Stickhausen F. Allemagne (Prusse). OW.
Stierhoff. F. Allemagne (Bavière).
Stiles. Etats-Unis (New-York).
*Stillington. F. Iles Britanniques (Angleterre).
Stillwater. États-Unis (Minnesota).
Stillwater. Etats-Unis (Nevada).
Stillwater Junction. États-Unis (Minnesota).
Stilton. L. Iles Britanniques (Angleterre).
Stilwell. États-Unis (Illinois).
Stimigliano. FL. Italie (Pérouse).
Stirling. Amérique anglaise (Ontario).
Stirling. Iles Britanniques (Écosse).
Stissing. États-Unis (New-York).
Stittsville. Amérique anglaise (Ontario).
Stockach. Allemagne (Bade).
Stockbridge. F. Iles Britanniques (Angleterre).
Stockbridge. États-Unis (Massachusetts).
*Stockenchurch. L. Iles Britann. (Angleterre).
Stockerau. L. Autr.-Hongrie (sous l'Enns).
Stockhausen-sur-Lahn. F. Allemagne (Prusse; Nassau). OW.
Stockheim. F. Allemagne (Bavière).
Stockheim-im-Hessen. F. Allemagne (Hesse-Darmstadt). OW.
Stockholm N. Suède.
Stockholm-Depot. États-Unis (New-York).
Stockport. Australie (Australie méridionale).
Stockport. Iles Britanniques (Angleterre).
Stockport (Columbia Co) États-Unis (New-York).
Stockport (Delaware Co). États-Unis (New-York).
Stocksfield. L. Iles Britanniques (Angleterre).
Stockstadt-sur-Rhin. F. Allemagne (Prusse). OW.
Stockton. États-Unis (Californie).
Stockton. États-Unis (Maine).
Stockton. États-Unis (New-Jersey).
Stockton. États-Unis (Utah).
Stockton. F. Iles Britanniques (Angleterre).
Stockton-on-Tees. L. Iles Britann. (Angleterre).
Stockwell. États-Unis (Indiana).
Stoeren. F. Norwége.
Stogumber. L. Iles Britanniques (Angleterre).
Stogursey. L. Iles Britanniques (Angleterre).
*Stoke-Canon. Iles Britanniques (Angleterre).
Stoke-Edith. F. Iles Britanniques (Angleterre).
Stoke-Ferry. L. Iles Britanniques (Angleterre).
Stoke-on-Trent Iles Britanniques (Angleterre).
*Stokes-Bay. F. Iles Britanniques (Angleterre).
Stokesley. L. Iles Britanniques (Angleterre).
Stocke-under-Ham L. Iles Britann. (Angleterre).
Stoke-Works. F. Iles Britanniques (Angleterre).
Stokmarknoes. L. Norwége.
Stolberg (p. Aix-la-Chap.). L. Allem. (Prusse). OW.
Stolberg-am-Harz. L. Allemagne (Prusse). EW.
Stollberg. L. Allemagne (Saxe). EW.

Stolp. Allemagne (Prusse). EW.
Stolpmunde. L. Allemagne (Prusse). EW.
Stone. Iles Britanniques (Angleterre).
Stoneboro. États-Unis (Pensylvanie).
Stoneclough. F. Iles Britanniques (Angleterre).
Stonefield. Amérique anglaise (Québec).
Stoneham. États-Unis (Massachusetts).
Stonehaven. L. Iles Britanniques (Écosse).
Stonehouse (Gloucester). Iles Brit. (Angleterre).
Stonehouse. F. Iles Britanniques (Écosse).
Stone-Mountain (Summer office). États-Unis (Georgie).
Stonewall. États-Unis (Alabama).
Stonewall. États-Unis (Mississipi).
Stoneyford. L. Iles Britanniques (Irlande).
Stoney-Stratford. L. Iles Britann. (Angleterre).
Stonham. L. Iles Britanniques (Angleterre).
Stonington. États-Unis (Connecticut).
Stony-Creek. États-Unis (Connecticut).
Stony-Creeck. États-Unis (New-York).
Stony-Creek. États-Unis (Virginie).
Stoos. B. Suisse (Schwyz).
Stopnitza. L. Russie d'Europe (Keltze).
Store. F. Autriche-Hongrie (Styrie).
Storchedinge. L. Danemark (Ile de Zélande).
Storm-Lake. Etats-Unis (Iowa).
Stornoway. L. Iles Britanniques (Écosse).
Storozynetz. L. Autr.-Hongrie (Bukowine).
Storrington. L. Iles Britanniques (Angleterre).
Storrs. États-Unis (Ohio).
Storvik. Suède.
Stottsville. Amérique anglaise (Québec).
Stouffville. Amérique anglaise (Ontario).
Stoughton. États-Unis (Massachusetts).
Stoughton. États-Unis (Wisconsin).
Stourbridge. Iles Britanniques (Angleterre).
Sourport. Iles Britanniques (Angleterre).
Stoutsville. États-Unis (Missouri).
Stow. L. Iles Britanniques (Écosse).
Stowe. États-Unis (Vermont).
Stowmarket. Iles Britanniques (Angleterre).
Stow-on-the-Wold. L. Iles Britann. (Angleterre).
Stoystown. États-Unis (Pensylvanie).
Strabane F. Iles Britanniques (Irlande).
Stradbally. L. Iles Britanniques (Irlande).
Stradam. F. Allemagne (Prusse). EW.
Stradbroke. L. Iles Britanniques (Angleterre).
Stradella. L. Italie (Pavie).
Stradone. L. Iles Britanniques (Irlande).
Straffan-Station. L. Iles Britanniques (Irlande).
Strakonitz. Autriche-Hongrie (Bohême).
Stralsund. Allemagne (Prusse). EW.
Strambino. FL. Italie (Turin).
Stranger. États-Unis (Kansas).
Strangford. L. Iles Britanniques (Irlande).
Stranorlar. L. Iles Britanniques (Irlande).
Stranowkrusko. FL. Autr.-Hongrie (Bohême).
Stranraer. L. Iles Britanniques (Écosse).
Strasbourg. N. Allemagne (Alsace-Lorraine).
Strasburg. L. Allem. (Prusse; Marienw). EW.
Strasburg. L. Allem. (Prusse; Silésie). EW.
Strasburg. Etats-Unis (Virginie).
Strassenhaus. F. Autriche-Hongrie (Vorarlberg).
Strassgang. FL. Autriche-Hongrie (Styrie).
Straassgraebchen. F. Allemagne (Saxe). EW.
Strass-Kirchen. PF. Allemagne (Bavière).
Strass-Lomereim. F. Autriche-Hongrie (Hongrie).
Strassnitz. L. Autriche-Hongrie (Moravie).
Strasswalchen. F. Autr.-Hongrie (Salzbourg).
Strathcarron. F. Iles Britanniques (Écosse).
Stratford. G. T. R. Amérique anglaise (Ontario).
Stratford. Amérique anglaise (Ontario).
Stratford. États-Unis (Connecticut).
Stratford-près-Londres. Iles Britann. (Angleterre). Taxe de Londres.
Stratford-sur-Avon. L. Iles Britann. (Angleterre).
Strathalbyn. Australie (Australie méridionale).
Strathaven. L. Iles Britanniques (Écosse).
Stratthpeffer. L. Iles Britanniques (Écosse).
Strathpeffer. F. Iles Britanniques (Écosse).
Strathroy. Amérique anglaise (Ontario).
Strathroy-Station. Amérique anglaise (Ontario).
Stratton. L. Iles Britanniques (Angleterre).
Straubing. Allemagne (Bavière).
Strausberg. L. Allemagne (Prusse). EW.
Straussfurt. F. Allemagne (Prusse). EW.
Straussnitz-Neustadtl. FL. Autr.-Hongr. (Bohême).
Streatham. Australie (Victoria).
Streator. Etats-Unis (Illinois).
Street. L. Iles Britanniques (Angleterre).
Street-Road. États-Unis (Pensylvanie).
Streetsville. Amérique anglaise (Ontario).
Strehlen. L. Allemagne (Prusse). EW.
Streitberg. L. Allemagne (Bavière).
Strelna. E. Russie d'Europe (Saint-Pétersbourg).
Strengnaes. L. Suède.
Strésa. L. Italie (Novare).
Stretensk. Russie d'Asie (Sibérie, 3e région).
Stretford. L. Iles Britanniques (Angleterre).
Strevi. L. Italie.
Strichen. F. Iles Britanniques (Écosse).
Striegau. L Allemagne (Prusse). EW.
Strœmmen. F. Norwége.
Strœmsholm. PL. Suède.
Strœmstad. Suède.
Strokestown. L. Iles Britanniques (Irlande).
Stromberg. L. Allemagne (Prusse). OW.
Strome-Ferry. F. Iles Britanniques (Écosse).
Stromness. Iles Britanniques (Orcades).
Stronc. L. Iles Britanniques (Écosse).
Strongoli. L. Italie.
Strontian. L. Iles Britanniques (Écosse).
Stroud. Iles Britanniques (Angleterre).
Stroud. Iles Britanniques (Angleterre; Kent).
Stroud. Iles Britanniques (Angleterre; Gloucester).
Stroudsburg. Etats-Unis (Pensylvanie).
Struan. F. Iles Britanniques (Écosse).
Struer. Danemark (Jutland).
Stry. Autriche-Hongrie (Galicie).
Stryker. Etats-Unis (Ohio).
Strzalkowo. L. Allemagne (Prusse). EW.
Strzelno. L. Allemagne (Prusse). EW.
Stuart. Etats-Unis (Iowa).
Stubbekjœbing. Danemark.
Stubben. F. Allemagne (Prusse; Hanovre). EW.
Stubing. F. Autriche-Hongrie (Styrie).
Studenzen. FL. Autriche-Hongrie (Styrie).
Studley. Iles Britanniques (Angleterre).
Stuhlingen. L. Allemagne (Bade).
Stuhlweissembourg. N. Autr.-Hongrie (Hongrie).
Stuhm. L. Allemagne (Prusse). EW.
Stumsdorf. F. Allemagne (Prusse). EW.
Stupcic. F. Autriche-Hongrie (Bohême).
Sturgeon. Etats-Unis (Missouri).
Sturgeon-Bay. États-Unis (Wisconsin).
Sturgis. Etats-Unis (Michigan).
Sturminster-Newton. L. Iles Britann. (Angleterre).
Sturry. F. Iles Britanniques (Angleterre).
Stuttgart. N. Allemagne (Wurtemberg).
Stuyvesant. États-Unis (New-York).
Stylis. L. Grèce continentale.
Styringen (Styring). L. Allem. (Alsace-Lorraine).
Styrlach. F. Allemagne (Prusse). EW.
Subathoo. L. Indes. OC.
Suben. L. Autriche-Hongrie (sur l'Enns).
Suberg. F. Suisse (Berne).
Subiaco. L. Italie (Rome).
Subigen. FL. Suisse (Soleure).
Sucheen. F. Indes. OC.
Suchenthal. F. Autriche-Hongrie (Bohême).
Suchopolje (Teresovac). L. Autriche-Hongrie (Esclavonie).
Suchteln. L. Allemagne (Prusse). OW.
Süchteln-Vorst. F. Allemagne (Prusse). OW.
Sucker-Flat. Etats-Unis (Californie).
Suczawa. Autriche-Hongrie (Bukowine).
Sudbury. L. Iles Britanniques (Anglet. Suffolk).
Sudbury. L. Iles Britann. (Angleterre; Derby.)
Sudenburg. L. Allemagne (Prusse). EW.
Suderbourg. F. Allem. (Prusse; Hanovre). EW.
Suderode (1). BL. Allemagne (Prusse). EW.
Sudomeric-Hostic. F. Autriche-Hongrie (Bohême).
Suez. Egypte.
Sufferns. Etats-Unis (New-York).
Suffield. Etats-Unis (Connecticut).
Suffolk. États-Unis (Virginie).
Sugar-Grove. Etats-Unis (Ohio).
Sugar-Notch. Etats-Unis (Pensylvanie).
Sugar-Walley. États-Unis (Géorgie).
Suhl. L. Allemagne (Prusse). EW.
Suisun. États-Unis (Californie).
Sukkur. Indes. OC.
Sukuldeah. F. Indes. OC.
Sulgen. FL. Suisse (Thurgovie).
Sulina. L. Turquie d'Europe. A1. B2. C1. D3.
Sulingen. L. Allemagne (Prusse). OW.
Sullivan. Etats-Unis (Indiana).
Sullivan. Etats-Unis (Missouri).
Sulphur-Springs. Etats-Unis (Indiana).
Sulphur-Springs. États-Unis (Missouri).
Sultangunge. F. Indes. OC.
Sulz-am-Neckar. Allemagne (Wurtemberg).
Sulz (Bad). F. Allemagne (Alsace-Lorraine).
Sulz (Soultz). F. Allemagne (Alsace-Lorraine).
Sulza. F. Allemagne (Saxe-Weimar). EW.
Sulzbach. PF. Allemagne (Bavière).
Sulzbach. F. Allemagne (Prusse). EW.
Sulzbach. L. Allemagne (Wurtemberg).
Sulzburg. L. Allemagne (Bade).
Sulzdorf. Allemagne (Wurtemberg).
Sulzfed. L. Allemagne (Bade).
Sulzmatt (S. Soultzmatt). L. Allem. (Alsace-Lorraine).
Sulz-Unter'm-Walde (Soultz-sous-Forêts). F. Allem. (Alsace-Lorraine).
Sumegh. L. Autriche Hongrie (Hongrie).
Sumiswald. L. Suisse (Berne).
Summerau. FL. Autriche-Hongrie (sur l'Enns.)
Summerseat. F. Iles Britanniques (Angleterre).
Summerside. Amér. angl. (Ile du Prince-Édouard).
Summerstown. Amérique anglaise (Ontario).

(1) Ouvert du 1er mai au 30 septembre.

Summit. États-Unis (Mississipi).
Summit (Clinton Co). États-Unis (New-York).
Summit. États-Unis (New-Jersey).
Summit. États-Unis (Rhode-Island).
Summit. États-Unis (Vermont).
Summit (Cook Co). États-Unis (Illinois).
Summit (Knox Co). États-Unis (Illinois).
Summit (Van Buren Co). États-Unis (Iowa).
Summit (Licking Co). États-Unis (Ohio).
Summit Hill (Carbon Co). États-Unis (Pensylvanie).
Summit Station. États-Unis (Michigan).
Summitville. États-Unis (Ohio).
Sumner. États-Unis (Illinois).
Sumter. États-Unis (Caroline du Sud).
Sumterville. États-Unis (Floride).
Sunbury. Australie (Victoria).
Sunbury. États-Unis (Pensylvanie).
Sunching. PF. Allemagne (Bavière).
Suncook. États-Unis (New-Hampshire).
Sund. HL. Norwége.
Sunderland. Amérique anglaise (Ontario).
Sunderland. Iles Britanniques (Angleterre).
Sundswall. N/2. Suède.
Sunjan. F. Indes. OC.
Sunkery Droog. F. Indes. OC.
Sunman's. États-Unis (Indiana).
Sunnehwal. F. Indes. OC.
Sunningdale. F. Iles Britanniques (Angleterre).
Sunninghill. L. Iles Britanniques (Angleterre).
Sunnyside-Junction. F. Iles Britann. (Écosse).
Sun Prairie. États-Unis (Wisconsin).
Surahammar. L. Suède.
Surat. L. Indes. OC.
Surbiton (Kingston). F. Iles Britann. (Angleterre).
Surfleet. F. Iles Britanniques (Angleterre).
Sursée. L. Suisse (Lucerne).
Suse. Italie (Turin).
Suspension Bridge. États-Unis (New-York).
Susquehannah. États-Unis (Pensylvanie).
Suss. L. Suisse (Grisons).
Sussen. Allemagne (Wurtemberg).
Sussex. Amérique Anglaise (N.-Brunswick).
Susteren. P. Pays-Bas.
Sutna. F. Indes. OC.
Sutoor. F. Indes. OC.
Sutter Creek. États-Unis (Californie).
Sutterton. L. Iles Britanniques (Angleterre).
Sutton. Amérique anglaise (Ontario).
Sutton. Amérique anglaise (Québec).
Sutton. L. Iles Britanniques (Anglet.; Camb.).
Sutton. L. Iles Britanniques (Surrey).
Sutton. L. I. Britanniques (Angleterre; Cheshire).
Sutton Benger. L. Iles Britanniques (Angleterre).
Sutton-Bridge. L. Iles Britanniques (Angleterre).
Sutton Coldfield. L. Iles Britann. (Angleterre).
Sutton Flats sta. Amérique Anglaise (Québec).
Sutton-in-Asfield. L. Iles Britann. (Angleterre).
Sutton (Lock). L. Iles Britanniques (Angleterre).
Sutton Oak. L. Iles Britann. (Angleterre-Lancas.).
Sutton-Valence. L. Iles Britanniques (Angleterre).
Sutton's. États-Unis (Pensylvanie).
Svaneke. L. Danemark (Ile Bornholm).
Svelvik. L. Norwége.
Svendborg. Danemark (Ile de Fionie).
Svenstorp. F. Suède.
Sveti Ivan (St-Ivan, Szent Ivan). L. Autr.-Hongrie (Croatie).

Svilaynatz. L. Serbie.
Svinninge. L. Danemark (Zélande).
Svolwaer. (1) L/HC. Norwége.
Swadlincote. L. Iles Britanniques (Angleterre).
Swaffham. L. Iles Britanniques (Angleterre).
Swain's. États-Unis (New-York).
Swampscott. États-Unis (Massachusetts).
Swan Creek. États-Unis (Illinois).
Swanley. F. Iles Britanniques (Angleterre).
Swanage. L. Iles Britanniques (Angleterre).
Swan Hill. Australie (Victoria).
Swanlinbar. L. Iles Britanniques (Irlande).
Swan's. États-Unis (Indiana).
Swansea. Iles Britanniques (Angleterre).
Swanton. États-Unis (Ohio).
Swanton. États-Unis (Vermont).
Swan-Village. F. Iles Britanniques (Angleterre).
Swaroczin. FL. Allemagne (Prusse). EW.
Swarthmore. États-Unis (Pensylvanie).
Swedesboro'. États-Unis (New-Jersey).
Sweetsburg. Amérique Anglaise (Québec).
Sweetspring (Summer Office). États-Unis (Virginie).
Sweetwater. États-Unis (Tennessee).
Swellendam. Colonie du Cap.
Sweveghem. L. Belgique (Flandre Occidentale).
Swietla. FL. Autriche-Hongrie (Bohême).
Swijan-Podol. FL. Autriche-Hongrie (Bohême).
Swindon. Iles Britanniques (Angleterre).
Swinemünde. Allemagne (Prusse). EW.
Swineshead. L. Iles Britanniques (Angleterre).
Swinford. L. Iles Britanniques (Irlande).
Swinton. L. Iles Britanniques (Angleterre; York).
Swinton. L. Iles Brit. (Angleterre; Lancas.).
Switz City. États-Unis (Indiana).
Swolenowes. L. Autriche-Hongrie (Bohême).
Swords. L. Iles Britanniques (Irlande).
Sycamore. États-Unis (Californie).
Sycamore. États-Unis (Illinois).
Sydapore. F. Indes. OC.
Sydney. Australie (Nouvelle-Galles du Sud).
Syke. F. Allemagne (Prusse). OW.
Sykesville. États-Unis (Maryland).
Sylhet. L. Indes. OC.
Sylvania. États-Unis (Ohio).
Symington-Junction. F. Iles Britann. (Écosse).
Synghem. L. Belgique (Flandre Orientale).
Synthea. F. Indes. OC.
Syra (Ile de). N. Grèce (Iles).
Syracuse. Italie (Sicile; Syracuse).
Syracuse. États-Unis (Missouri).
Syracuse. États-Unis (New-York).
Syston. F. Iles Britanniques (Angleterre).
Syzran. N. Russie d'Europe (Simbirsk).
Szabadka (Thérésiopol). Autr.-Hongr. (Hongrie).
Szabadszallas. L. Autriche-Hongrie (Hongrie).
Szajol. FL. Autriche-Hongrie (Hongrie).
Szakalhaza. F. Autriche-Hongrie (Hongrie).
Szala Egerszeg. L. Autriche-Hongrie (Hongrie).
Szalancz. F. Autriche-Hongrie (Hongrie).
Szalatna. L. Autriche-Hongrie (Hongrie).
Szalonta. FL. Autriche-Hongrie (Hongrie).
Szamos-Ujvar. L. Autr.-Hongrie (Transylvanie).
Szanto (Alpcz - Szanto). F. Autriche - Hongrie (Hongrie).
Szantod. F. Autriche-Hongrie (Hongrie).
Szaravola. FL. Autriche-Hongrie (Hongrie).
Szarvas. FL. Autriche-Hongrie (Esclavonie).

Szasz-Regen. L. Autriche-Hongrie (Transylvanie).
Szasz-Sebs (Mühlenbach). L. Autriche-Hongrie (Transylvanie).
Szaszvar-Maza. FL. Autriche-Hongrie (Hongrie).
Szasz-Varos (Broos). L. Autriche-Hongrie (Transylvanie).
Szathmar-Nemethi. Autriche-Hongrie (Hongrie).
Szatymas. F. Autriche-Hongrie (Hongrie).
Szczakowa. F. Autriche-Hongrie (Galicie).
Szczawne. FL. Autriche-Hongrie (Galicie).
Szczawnica. BL. Autriche-Hongrie (Galicie).
Szczerzec. FL. Autriche-Hongrie (Galicie).
Szecseny. L. Autriche-Hongrie (Hongrie).
Szegedin. N. Autriche-Hongrie (Hongrie).
Szegszard. L. Autriche-Hongrie (Hongrie).
* **Szegvar.** L. Autriche-Hongrie (Hongrie).
Szekeli Keresztur (Szilas-Keresztur). L. Autriche-Hongrie (Transylvanie).
Szekeli Udwarhely. Autr.-Hongrie (Transylvanie).
Szekes - Fehervar (Alba, Stuhlweissenbourg). N. Autriche-Hongrie (Hongrie).
Szemere. PL. Autriche-Hongrie (Hongrie).
Szempcz (Wartberg). F. Autr.-Hongrie (Hongrie).
Szent-Andras. FL. Autriche-Hongrie (Hongrie).
* **Szentes.** L. Autriche-Hongrie (Hongrie).
Szent Gal (Saint-Gal). FL. Autriche - Hongrie (Hongrie).
Szent Gotthard (Saint-Gotthard). FL. Autriche-Hongrie (Hongrie).
Szent Gyorgy. L. Autriche-Hongrie (Croatie).
Szent Gyorgy (Bega-Szent-Gyorgy). L. Autriche-Hongrie (Hongrie).
Szent Gyorgy (Saint-Georges). F. Autr.-Hongrie (Hongrie).
Szent Hubert (St-Hubert). L. Autriche-Hongrie (Hongrie).
Szent Ivan (Saint-Ivan). FL. Autriche-Hongrie (Hongrie).
Szent Ivan (Saint-Ivan, Sveti Ivan). L. Autriche-Hongrie (Croatie).
Szent Janos (Saint-Janos). F. Autriche-Hongrie (Hongrie).
Szent Lovincz. F. Autriche-Hongrie (Hongrie).
Szent Mihaly (Saint-Mihaly). FL. Autriche-Hongrie (Hongrie).
Szent Tamas. L. Autriche-Hongrie (Hongrie).
Szepes-Olaszi (Wallendorf). F. Autriche-Hongrie (Hongrie).
* **Szepes-Szombat** (Georgenberg). L. Autriche-Hongrie (Hongrie).
Szepes-Varalja (Kirchdrauf). L. Autriche-Hongrie (Hongrie).
Szerb-Ittebe. L. Autriche-Hongrie (Hongrie).
Szered. Autriche-Hongrie (Hongrie).
Szerencs. L. Autriche-Hongrie (Hongrie).
Szigethvar. L. Autriche-Hongrie (Hongrie).
Szikszo. FL. Autriche-Hongrie (Hongrie).
Szylagy-Somlyo. L. Autriche-Hongrie (Hongrie).
Szilas-Keresztur (Szekely- Keresztur). Autriche-Hongrie (Hongrie).
Szillen. F. Allemagne (Prusse). EW.
Sziner Varalja. L. Autriche-Hongrie (Hongrie).
Sziszek-Civil. L. Autriche-Hongrie (Croatie).
Szliacs. BL. Autriche-Hongrie (Hongrie).
Szobb. F. Autriche-Hongrie (Hongrie).
Szoboszlo. FL. Autriche-Hongrie (Hongrie).
Szobrancz. L. Autriche-Hongrie (Hongrie).

(1) Les dépêches sont transmises par la voie électrique jusqu'à Bodoe et de cette ville à Svolwaer par la poste. — Le transport postal est gratuit.

Szolnok. N/2. Autriche-Hongrie (Hongrie).
Szombathely (Steinamanger). Autriche-Hongrie (Hongrie).
Szomolnok (Schmoellnitz). L. Autr.-Hong. (Hongrie).
Szomothor. FL. Autriche-Hongrie (Hongrie).
Szonta. FL. Autriche-Hongrie (Hongrie).
Szoregh. F. Autriche-Hongrie (Hongrie).
Szurthe. FL. Autriche-Hongrie (Hongrie).
Szynyer-Varalja. L. Autriche-Hongrie (Hongrie).

T

Table Grove. États-Unis (Illinois).
Table Rock. États-Unis (Nebraska).
Table Rock. États-Unis (Wyoming).
Tabor. Autriche-Hongrie (Bohême).
Tabreez (S.-Tauris). Perse.
Tachau. L. Autriche-Hongrie (Bohême).
Tacoma. États-Unis (Washington Territoire).
Tacony. États-Unis (Pensylvanie).
Tadcaster. L. Iles Britann. (Angleterre).
Tadputrie. F. Indes. OC.
Taegerweilen. L. Suisse (Thurgovie).
Tafalla. L. Espagne (Navarre).
Taffswell. L. Iles Britanniques (Angleterre).
Tagal Java. OS.
Taganrog. Russie d'Europe (Ekaterinoslaw).
Taggia. FL. Italie.
Taghmon. L. Iles Britanniques (Irlande).
Tagliacozzo. L. Italie (Aquilée).
Taibach. L. Iles Britanniques (Angleterre).
Taimering. PF. Allemagne (Bavière).
Tain. L. Iles Britanniques (Écosse).
Tala. Amérique du Sud (3ᵉ région).
Talamone. FL. Italie (Grosseto).
Talavera de la Reina. Espagne (Tolède).
Talbot. Australie (Victoria).
Talca. Amérique du Sud (10ᵉ région).
Talcahuano. Amérique du Sud (10ᵉ région).
Talcott. États-Unis (Virginie).
Talgarth. F. Iles Britanniques (Angleterre).
Talladega. États-Unis (Alabama).
Tallaght. L. Iles Britanniques (Irlande).
Tallahassee. Etats-Unis (Alabama).
Tallahassee. États-Unis (Floride).
Talley Road. F. Iles Britanniques (Angleterre).
Tallington. F. Iles Britanniques (Angleterre).
Tallow. L. Iles Britanniques (Irlande).
Tallula. États-Unis (Illinois).
Talmadge. États-Unis (Ohio).
Talsen. Russie d'Europe (Courlande).
Talybont. F. Iles Britanniques (Angleterre).
Talywain. L. Iles Britanniques (Angleterre).
Tama. États-Unis (Iowa).
Tamane. Russie du Caucase (Couban).
Tamanend. Etats-Unis (Pensylvanie).
Tamaqua. États-Unis (Pensylvanie).
Tamaroa. États-Unis (Illinois).
Tambach. L. Allem. (Saxe-Cobourg-Gotha). EW.
Tambaroora. Australie (Nouvelle-Galles du Sud).
Tambow. N. Russie d'Europe (Tambow).
Tamines. Belgique (Namur).
Tamise. Belgique (Flandre Orientale).
Tammerfors. L. Russ. d'Eur. (Abo-Bjorneborg).
Tampico. États-Unis (Illinois).
Tamsel. F. Allemagne (Prusse). EW.
Tamswey. L. Autriche-Hongrie (Salzbourg).
Tamworth. Amérique Anglaise (Ontario).
Tamworth. Australie (Nouvelle-Galles du Sud).
Tamworth. L. Iles Britanniques (Angleterre).
* Tancos. Portugal.
Tandragee. L. Iles Britanniques (Irlande).
Tangerhutte. F. Allemagne (Prusse). EW.
Tangermunde. L. Allemagne (Prusse). EW.
Tangipahoa. États-Unis (Louisiane).
Tanjore. F. Indes. OC.
Tanna. F. Indes. OC.
Tannenberg. FL. Autriche-Hongrie (Bohême).
Tannhausen. L. Allemagne (Prusse). EW.
Tannwald. L. Autriche-Hongrie (Bohême).
Tanoor. F. Indes. OC.
Tanque Carisitas. Etats-Unis (Texas).
Tansoe. HL. Norwége.
Tantah. Égypte (Basse-Égypte).
Tantalon. États-Unis (Tennessee).
Tantow. F. Allemagne (Prusse). EW.
Tanunda. Australie (Australie Méridionale).
Tapiau. L. Allemagne (Prusse). EW.
Tapio-Gorgye. FL. Autriche-Hongrie (Hongrie).
Taplow. F. Iles Britanniques (Angleterre).
Tapolcza. L. Autriche-Hongrie (Hongrie).
Tapolcsan. L. Autriche-Hongrie (Hongrie).
Tara. Amérique Anglaise (Ontario).
Tara. États-Unis (Iowa).
Taradale. Australie (Victoria).
Tarançon. L. Espagne (Cuença).
Tarasp-les-Bains (Nairs). BL. Suisse (Grisons).
Tarastscha. Russie d'Europe (Kiew).
Tarawera. Nouvelle-Zélande.
Tarbert. L. Iles Britanniques (Écosse).
Tarbert. L. Iles Britanniques (Irlande).
Tarbolton. L. Iles Britanniques (Écosse).
Tarboro. États-Unis (Caroline du Nord).
Tardosked. F. Autriche-Hongrie (Hongrie).
Tarente. Italie (Lecce).
Tarentum. États-Unis (Pensylvanie).
Tarff. F. Iles Britanniques (Écosse).
Tarifa. N. Espagne (Cadix).
Tarifa. S. Espagne (Cadix).
Tarland. L. Iles Britanniques (Écosse).
Tarlee. Australie (Australie Méridionale).
Tarm. L. Danemark (Jutland).
Tarnagulla. Australie (Victoria).
Tarnobrzeg. L. Autriche-Hongrie (Galicie).
Tarnok. F. Autriche-Hongrie (Hongrie).
Tarnopol. N. Autriche-Hongrie (Galicie).
Tarnow. N. Autriche-Hongrie (Galicie).
Tarnowitz. Allemagne (Prusse). EW.
Taroom. Australie (Queensland).
Tarporley. L. Iles Britanniques (Angleterre).
Tarr Farm. États-Unis (Pensylvanie).
Tarragone. N. Espagne (Tarragone).
Tarrasa. L. Espagne (Barcelone).
Tarrytown. États-Unis (New-York).
Tartigou. Amérique anglaise (Québec).
Tarvis. L. Autriche-Hongrie (Carinthie).
Taschkent. Russie d'Asie (Sibérie, 1ʳᵉ région).
Tasnad. L. Autriche-Hongrie (Hongrie).
Tata (Totis). L. Autriche-Hongrie (Hongrie).
Tatamagouche. Amérique Anglaise (Nouv.-Écosse).
Tatarbounar. Russie d'Europe (Bessarabie).
Tatteepore. F. Indes. OC.
Tattenhall. Iles Britanniques (Angleterre).
Tauberbischoffsheim. L. Allemagne (Bade).
Taufkirchen. F. Autr.-Hongrie (Sur l'Enns).
Taunton. Iles Britanniques (Angleterre).
Taunton. Etats-Unis (Massachusetts).
Taupo. Nouvelle-Zélande.
Tauranga. Nouvelle-Zélande.
Tauris (S. Tabreez). Perse.
Taurogen. Russie d'Europe (Kowno).
Taus. Autriche-Hongrie (Bohême).
Tavannes (Dachsfelden). L. Suisse (Berne).
Tavazzano. FL. Italie (Milan).
Tavernelle. FL. Italie (Vicence).
Tavier. L. Belgique (Namur).
Tavira. Portugal (Faro).
Tavistock. L. Iles Britanniques (Angleterre).
Tavistock. Amérique Anglaise (Ontario).
Tawas-City. États-Unis (Michigan).
Tawastguss. L. Russie d'Europe (Tawastguss).
*Tay-di-Pieve-di-Cadore. L. Italie (Bellune).
Tayinloan. L. Iles Britanniques (Écosse).
Taylors. États-Unis (Mississipi).
Taylorville. États-Unis (Illinois).
Taynuilt. L. Iles Britanniques (Écosse).
Tayport. F. Iles Britanniques (Écosse).
Tchanak-Kalessi (Dardanelles; Kalei-Sultanié). Turquie d'Asie. A2. B2. C1. D1.
Tchernavoda (Boghaz-Kemy). L. Turquie d'Europe. A1. B3. C2. D3.
Tchesmé. L. Turquie d'Asie. A2. B2. C1. D1.
Tchongouief. Russie d'Europe (Kharkow).
*Tchorlou. Turquie d'Europe. A1. B3. C2. D3.
Teano. L. Italie (Caserte).
Tebay. F. Iles Britanniques (Angleterre).
Tebeauville. États-Unis (Georgie).
Tebing-Tinggi. L. Sumatra. OS.
Tecklenburg. L. Allemagne (Prusse). OW.
Tecoma. États-Unis (Nevada).
Tecsoe (Tyacsovo). L. Autr.-Hongrie (Hongrie).
Tecuci (Tecoutch; Tekatsch). N. Roumanie.
Tecumseh. États-Unis (Alabama).
Tecumseh. États-Unis (Michigan).
Tecumseh. États-Unis (Nebraska).
Teddington. L. Iles Britanniques (Angleterre).
Teenpahar. F. Indes. OC.
Teeswater. Amérique Anglaise (Ontario).
Tegernsee. L. Allemagne (Bavière).
Tehama. États-Unis (Californie).
Teheran. N. Perse.
Tehuacana. États-Unis (Texas).
Teignmouth. L. Iles Britanniques (Angleterre).
Teinach. BL. Allemagne (Wurtemberg).
Teisendorf. F. Allemagne (Bavière).
*Tekendorf. L. Autr.-Hongr. (Transylvanie).
Tekfour-Daghi (Rodosto). Turquie d'Europe. A1. B2. C1. D3.
Tekonsha. Etats-Unis (Michigan).
Tekutsch. N. Roumanie.
Tel-el-Kebir. Égypte (Isthme de Suez).
Telese. F/BL. Italie (Naples).
Telfs. L. Autriche-Hongrie (Tyrol).
Telgte. L. Allemagne (Prusse). OW.
Tell-City. États-Unis (Indiana).

Tellicherry. Indes. OC.
Telock-Betong. L. Sumatra.
Telschi L. Russie d'Europe (Kowno).
Teltsch. L. Autriche-Hongrie (Moravie).
Temblèque. Espagne (Tolède).
Temesvar. N. Autriche-Hongrie (Hongrie).
Temir-Kanschoura. N. Russie du C. (Daghestan).
Tempelburg. L. Allemagne (Prusse). EW.
Tempio. L. Italie (Sassari).
Temple. États-Unis (Pensylvanie).
Temple-Cloud. L. Iles Britann. (Angleterre).
Templecombe. F. Iles Britanniques (Angleterre).
Templeton. États-Unis (Indiana).
Templemore. L. Iles Britanniques (Irlande).
Templeton-Depot. États-Unis (Massachusetts).
Templeuve. L. Belgique (Hainaut).
Templin. L. Allemagne (Prusse). EW.
Tempo. L. Iles Britanniques (Irlande).
Temsche (S. Tamise). Belgique (Flandre Orient.).
Temuka. Nouvelle-Zélande.
Tenant's-Harbor. États-Unis (Maine).
Tenbury. L. Iles Britanniques (Angleterre).
Tenby. L. Iles Britanniques (Angleterre).
Teninio. États-Unis (Washington Territoire).
Tennstedt. L. Allemagne (Prusse). EW.
Tenterden. L. Iles Britanniques (Angleterre).
Tenterfield. Australie (Nouvelle-Galles du Sud).
Tepl. L. Autriche-Hongrie (Bohême).
Tepla. F. Autriche-Hongrie (Hongrie).
Teplitz. Autriche-Hongrie (Bohême).
Teplitz près Trencsin. BL. Autr.-Hong. (Hongrie).
Teplitz-Stuben. FL. Autriche-Hongrie (Hongrie).
Teramo. Italie (Teramo).
Terdonck. L. Belgique (Flandre Orientale).
Teresovac (Suchopolje). L. Autr.-Hong. (Hongrie).
Terespol. F. Allemagne (Prusse). EW.
Terhulpen (V. la Hulpe). L. Belgique (Brabant).
Terlizzi. L. Italie (Bari).
Termini-Imerese. L. Italie (Palerme).
Termoli. L. Italie (Campobasso).
Termonde. Belgique (Flandre Orientale).
Ternath. L. Belgique (Brabant).
Ternberg. FL. Autriche-Hongrie (Sur l'Enns).
Terneuzen. Pays-Bas.
Terni. Italie (Pérouse).
Ternitz. FL. Autriche-Hongrie (Sous l'Enns).
Ternova (S. Tirnova). L. Turquie d'Europe. A1. B3. C2. D3.
Teroovembore. F. Indes. OC.
Terracine. L. Italie (Rome).
Terranova-di-Sicilia. L. Italie (Caltanisetta).
Terranova-Monferrato FL. Italie (Alexandrie).
Terranuova-Pausania. Italie (Sassari).
Terrebonne. Amérique Anglaise (Québec).
Terre-Haute. Etats-Unis (Indiana).
Terrils. États-Unis (Texas).
Terry. États-Unis (Mississipi).
Terryville. Etats-Unis (Connecticut).
Teruel. N. Espagne.
Tervueren. L. Belgique (Brabant).
Terwagne. L. Belgique (Liège).
Teschen. Autriche-Hongrie (Silésie).
Teschnitz. FL. Autriche-Hongrie (Bohême).
Tessin. L. Allemagne (Meck.-Schw.). EW.
Tetbury. L. Iles Britanniques (Angleterre).
Tetbury-Road. F. Iles Britanniques (Angleterre).
Tête-de-Flandre (La). Belgique (Flandre Orient.).
Teteny. F. Autriche-Hongrie (Hongrie).
Teterow. L. Allemagne (Mecklembourg). EW.
Tetschen a. d. Elbe. N. Autr-Hongrie (Bohême).
Tetschitz. F. Autriche-Hongrie (Moravie).
Tetsworth. L. Iles Britanniques (Angleterre).
Tettnang. L. Allemagne (Wurtemberg).
Teuchern. F. Allemagne (Prusse). EW.
Teufen. L. Suisse (Appenzell).
Teuplitz. F. Allemagne (Prusse). EW.
Teuschnitz. L. Allemagne (Bavière).
Teutschenthal. F. Allemagne (Prusse). EW.
Tewkesbury. L. Iles Britanniques (Angleterre).
Texarkana. États-Unis (Texas).
Texas. États-Unis (Virginie).
Texel. L. Pays-Bas.
Teynham. F. Iles Britanniques (Angleterre).
Thal. FL. Autriche-Hongrie (Tyrol).
Thal. L. Suisse (Saint-Gall).
Thale. L. Allemagne (Prusse). EW.
Thalham. F. Allemagne (Bavière).
Thalhausen am Neckar. Allem. (Wurtemberg).
Thalheim. FL. Autriche-Hongrie (Styrie).
Thalkirchdorf. F. Allemagne (Bavière).
Thalkirchen F. Allemagne (Bavière).
Thalmaessing L. Allemagne (Bavière).
Thalweil. L. Suisse (Zurich).
Thame. L. Iles Britanniques (Angleterre).
Thames-Haven. L. Iles Britann. (Angleterre).
Thamesville. Amérique Anglaise (Ontario).
Thames-Ditton. L. Iles Britanniques (Angleterre).
Thann. Allemagne (Alsace-Lorraine).
Tharandt. F. Allemagne (Saxe). EW.
Tharau. F. Allemagne (Prusse). EW.
Tharfield. L. Iles Britanniques (Angleterre).
Thatcham. F. Iles Britanniques (Angleterre).
Thaxted. L. Iles Britanniques (Angleterre).
Thayer. États-Unis (Kansas).
Thayngen. FL. Suisse (Schaffhouse).
Theale. L. Iles Britanniques (Angleterre).
Thèbes. Grèce Continentale.
The Glen. États-Unis (New-York).
Themar. F. Allemagne (Saxe Meiningen). EW.
Thengenstadt. L. Allemagne (Bade).
Théodosie. Russie d'Europe (Tauride).
Theresa. États-Unis (New-York).
Theresienstadt. L. Autriche-Hongrie (Bohême).
Theresienstadt. (Forteresse). L. Autriche-Hongrie (Bohême).
Thérésiopol. Autriche-Hongrie (Hongrie).
Theruvellum. F. Indes. OC.
Therwyl. L. Suisse (Bâle).
Thetford. Iles Britanniques (Angleterre).
Theux. L. Belgique (Liège).
The Valley. L. Iles Britanniques (Angleterre).
Thielt. Belgique (Flandre Occidentale).
Thiene. L. Italie (Vicence).
Thienem (S. Tirlemont). Belgique (Brabant).
Thiengen. L. Allemagne (Bade).
Thiensville. États-Unis (Wisconsin).
Thiersheim. L. Allemagne (Bavière).
Thiessow. L. Allemagne (Prusse). EW.
Thionville (Diedenhofen). All. (Alsace-Lorr.).
Thirsk. L. Iles Britanniques (Angleterre).
Thisselt. L. Belgique (Anvers).
Thistedt. Danemark (Jutland).
Tholen. L. Pays-Bas.
Thomar. L. Portugal (Santarem).
Thomaston. États-Unis (Connecticut).
Thomaston. États-Unis (Maine).
Thomastown. Iles Britanniques (Irlande).
Thomasville. États-Unis (Caroline du Nord).
Thomasville. États-Unis (Georgie).
Thompson. États-Unis (Georgie).
Thompson. États-Unis (Illinois).
Thompsons. États-Unis (Pensylvanie).
Thompsontown. États-Unis (Pensylvanie).
Thompsonville. États-Unis (Connecticut).
Thomson. États-Unis (Minnesota).
Thonnley. L. Iles Britanniques (Angleterre).
Thorl-Maglern. FL. Autriche-Hongrie (Carinthie).
Thorn. Allemagne (Prusse). EW.
Thornbury. Amérique Anglaise (Ontario).
Thornbury. L. Iles Britanniques (Angleterre).
Thorndale. Amérique Anglaise (Ontario).
Thorne. L. Iles Britanniques (Angleterre).
Thorney. L. Iles Britanniques (Angleterre).
Thornhill. Amérique Anglaise (Ontario).
Thornhill Village. Amérique anglaise (Ontario).
Thornhill. L. Iles Britann. (Écosse; Dumfries).
Thornhill. L. Iles Britann. (Écosse; Stirling).
Thornhill. F. Iles Britann. (Angleterre; Yorkshire).
Thornley. F. Iles Britanniques (Angleterre).
Thornport. États-Unis (Ohio).
Thornton. L. Iles Britanniques (Angleterre).
Thornton. F. Iles Britanniques (Écosse).
Thornton-Heath. F. Iles Britann. (Angleterre).
Thorntown. États-Unis (Indiana).
Thorold. Amérique Anglaise (Ontario).
Thorpe Arch. F. Iles Britanniques (Angleterre).
Thorverton. L. Iles Britanniques (Angleterre).
Thourout. Belgique (Flandre Occidentale).
Thrapstone. L. Iles Britanniques (Angleterre).
Three-Bridges. F. Iles Britann. (Angleterre).
Three Cocks. F. Iles Britanniques (Angleterre).
Three Oaks. États-Unis (Michigan).
Three Rivers. Amérique Anglaise (Québec).
Three Rivers. États-Unis (Michigan).
Threlkeld. F. Iles Britanniques (Angleterre).
Throndhjem (Drontheim). Norwége.
Thuin. Belgique (Hainaut).
Thulin. L. Belgique (Hainaut).
Thun ou Thoune. Suisse (Berne).
Thüngen. L. Allemagne (Bavière).
Thungersheim. F. Allemagne (Bavière).
Thurdossin. FL. Autriche-Hongrie (Hongrie).
Thurles. Iles Britanniques (Irlande).
Thurlow's. États-Unis (Pensylvanie).
Thurman. États-Unis (New-York).
Thurnau. L. Allemagne (Bavière).
Thuroe. Danemark (Thuroe).
Thurso. Amérique Anglaise (Québec).
Thurso. Iles Britanniques (Écosse).
Thusis. L. Suisse (Grisons).
Thyetmyo. Indes. EC.
Tibbee. États-Unis (Mississipi).
Ticehurst. L. Iles Britanniques (Angleterre).
Tichau. F. Allemagne (Prusse). EW.
Tickfaw. États-Unis (Louisiane).
Tickhill. L. Iles Britanniques (Angleterre).
Ticonderoga. États-Unis (New-York).
Tideswell. L. Iles Britanniques (Angleterre).
Tidioute. États-Unis (Pensylvanie).
Tiefenkasten. L. Suisse (Grisons).
Tiefenstein. L. Allemagne (Bade).
Tiegenhoff. L. Allemagne (Prusse). EW.
Tiel. Pays-Bas.
Tienen (S. Tirlemont). Belgique (Brabant).

Towcester. Iles Britanniques (Angleterre).
Tower Hill. États-Unis (Illinois).
Tow Law. L. Iles Britanniques (Angleterre).
Towner's. États-Unis (New-York).
Townley. F. Iles Britanniques (Angleterre).
Town Line. États-Unis (New-York).
Townsend. Etats-Unis (Delaware).
Townsend Centre. États-Unis (Massachusetts).
Towsonton. États-Unis (Maryland).
Towyn. L. Iles Britanniques (Angleterre).
Trabitz. PF. Allemagne (Bavière).
Tracadie. Amérique anglaise (Nouv.-Brunswick).
Tracey City. États-Unis (Tennessee).
Trachenberg. L. Allemagne (Prusse). EW.
Tracy. Amérique Anglaise (Nouveau-Brunswick).
Tradate. L. Italie (Côme).
Traetto. L. Italie (Caserte).
Trakehnem. F. Allemagne (Prusse). EW.
Tralee. L. Iles Britanniques (Irlande).
Tramelan. L. Suisse (Berne).
Tramore. L. Iles Britanniques (Irlande).
Trampke. F. Allemagne (Prusse). EW.
Tramutola. L. Italie.
Tranebjerg. L. Danemark (ile Samso).
Tranent. L. Iles Britanniques (Écosse).
Trani. Italie (Bari).
Tranoe. Norwége.
Transfer. États-Unis (Pensylvanie).
Trapani. N/2. Italie (Trapani).
Trapezunt (Trébizonde). L. Turquie d'Asie. A2. B1. C1. D1.
Trappano. L. Autriche-Hongrie (Dalmatie).
Trarbach. L. Allemagne (Prusse). OW.
Trau. L. Autriche-Hongrie (Dalmatie).
Traunkirchen. L. Autriche-Hongrie (sur l'Enns).
Traunstein. L. Allemagne (Bavière).
Trautenau. Autriche-Hongrie (Bohême).
Trautmannsdorf. F. Autr.-Hongrie (sous l'Enns).
Travemünde. Allemagne (Ville de Lubeck). EW.
Travers. L. Suisse (Neuchâtel).
Trazegnies. L. Belgique (Hainaut).
Tréaman. F. Iles Britanniques (Angleterre).
Trebbin. F. Allemagne (Prusse). EW.
Trebgast. F. Allemagne (Bavière).
Trebisacce. FL. Italie (Cosenza).
Trebitsch. L. Autriche-Hongrie (Moravie).
Trébizonde. L. Turquie d'Asie. A2. B1. C1. D1.
Trebnitz. L. Allemagne (Prusse). EW.
Trebnitz (près Muncheberg). F. All. (Prusse). EW.
Trecate. FL. Italie (Novare).
Trecenta. L. Italie (Rovigo).
Tredegar. L. Iles Britanniques (Angleterre).
Treffen. L. Autriche-Hongrie (Carniole).
Treforest. L. Iles Britanniques (Angleterre).
Tregaron. L. Iles Britanniques (Angleterre).
Treherbert. L. Iles Britanniques (Angleterre).
Treibach. FL. Autriche-Hongrie (Carinthie).
Treichler's. États-Unis (Pensylvanie).
Trelex. L. Suisse (Vaud).
Trelleborg. Suède.
Trembowla. L. Autriche-Hongrie (Galicie).
Tremesna. FL. Autriche-Hongrie (Bohême).
Tremiti (Isola di). V. S. Nicola di Tremiti. Sem. L. Italie (Foggia).
Tremont. États-Unis (Illinois).
Tremont. États-Unis (Massachusetts).
Tremont. États-Unis (New-York).
Tremont. États-Unis (Pensylvanie).
Trempleau. États-Unis (Wisconsin).
Tremosna. FL. Autriche-Hongrie (Bohême).
Trencsin.-Teplitz. BL. Autr.-Hongrie (Hongrie).
Trencsin. N. Autriche-Hongrie (Hongrie).
Trendelburg. F. Allemagne (Prusse). OW.
Trent (long Eaton). F. Iles Britann. (Angleterre).
Trente (Trento, Trident, Trient). N. A.-Hong. (Tyrol).
Trentham. L. Iles Britanniques (Angleterre).
Trenton. Amérique Anglaise (Ontario).
Trenton. GTR. Amérique Anglaise (Ontario).
Trenton. États-Unis (Georgie).
Trenton. États-Unis (Illinois).
Trenton. États-Unis (Kentucky).
Trenton. États-Unis (Louisiane).
Trenton. États-Unis (Michigan).
Trenton. États-Unis (Missouri).
Trenton. États-Unis (New-Jersey).
Trenton. États-Unis (New-York).
Trenton. États-Unis (Tennessee).
Trent Vale. L. Iles Britanniques (Angleterre).
Treorchy. L. Iles Britanniques (Angleterre).
Treptow-sur-Rega. L. Allemagne (Prusse). EW.
Tresckow. États-Unis (Pensylvanie).
Treuchtlingen. L. Allemagne (Bavière).
Treuen. F. Allemagne (Saxe). EW.
Treuenbrietzen. L. Allemagne (Prusse). EW.
Trevandrum. Indes. OC.
Trèves (Trier, Tiers). Allemagne (Prusse). OW.
Trevi. L. Italie (Pérouse).
Treviglio. L. Italie (Bergame).
Trévise. Italie (Trévise).
Trexlertown. États-Unis (Pensylvanie).
Treysa. F. Allemagne (Prusse; Hesse-Cassel). OW.
Trezevant. États-Unis (Tennessee).
Triberg. L. Allemagne (Bade).
Tribe's Hill. États-Unis (New-York).
Tribsees. L. Allemagne (Prusse). EW.
Tricala. L. Turquie d'Europe. A1. B3. C2. D3.
Tricarico. L. Italie (Potenza).
Trichinopoly. F. Indes. OC.
Trident (S. Trente). N. Autriche-Hongrie (Tyrol).
Trieben. FL. Autriche-Hongrie (Styrie).
Triebitz. F. Autriche-Hongrie (Bohême).
Triengen. L. Suisse (Lucerne).
Trient (S. Trente). N. Autriche-Hongrie (Tyrol).
Trier (S. Trèves). Allemagne (Prusse). OW.
Triesch. L. Autriche-Hongrie (Moravie).
Triesdorf. F. Allemagne (Bavière).
Trieste. N. Autriche-Hongrie (Littoral Illyrique).
Trifail. F. Autriche-Hongrie (Styrie).
Triggiano. L. Italie.
Trillick. L. Iles Britanniques (Irlande).
Trim. L. Iles Britanniques (Irlande).
Trimdon-Grange. L. Iles Britann. (Angleterre).
Trincomalee. L. Indes (Ile de Ceylan).
Tring. Iles Britanniques (Angleterre).
Trinidad. Amérique centrale (Ile de Cuba).
Trinidad. États-Unis (Colorado).
Trinitapoli. FL. Italie (Foggia).
Trinité (La). Amérique centrale (Antilles).
Trinity. États-Unis (Texas).
Trinity Centre. États-Unis (Californie).
Trins. L. Suisse (Grisons).
Tripatoor. F. Indes. OC.
Tripolitza. N. Grèce Continentale.
Triptis. L. Allemagne (Saxe-Weimar). EW.
Triumph. États-Unis (Pensylvanie).
Trivalore. F. Indes. OC.
Trivellore. F. Indes. OC.
Trnowan. FL. Autriche-Hongrie (Bohême).
Troedyrhiew. L. Iles Britanniques (Angleterre).
Troegstadt. F. Norwége.
Troensoe. L. Danemark (Ile de Taasinge).
Trofaiach. FL. Autriche-Hongrie (Styrie).
Trofarello. F. Italie (Turin).
Trogen. L. Suisse (Appenzell).
Troia. L. Italie (Foggia).
Troisdorf. F. Allemagne (Prusse). OW.
Trois-Épis (Les) (Drei Achren). L. Allemagne (Alsace-Lorraine).
Trois-Pistoles. Amérique Anglaise (Québec).
Trois-Vierges (Ulflingen). L. Luxembourg.
* Troitzkoie. Russie d'Asie (Sibérie, 3e région).
Troitz-Ktsawsk (S. Kiachta). Russie d'Asie (Sibérie, 2e région).
Trollhatan. L. Suède.
Trompet. F. Allemagne (Prusse). OW.
Tromsoe. Norwége.
Tronchiennes. L. Belgique (Flandre Orientale).
Trondhjem (Drontheim). Norwége.
Tronzano-Vercellese. L. Italie.
Troon. L. Iles Britanniques (Écosse).
Trooz. Belgique (Liége).
Tropea. L. Italie (Catanzaro).
Troppau. N. Autriche-Hongrie (Silésie).
Trostberg. L. Allemagne (Bavière).
Trotha. F. Allemagne (Prusse). EW.
Troupe. États-Unis (Texas).
Troutbeck. F. Iles Britanniques (Angleterre).
Trout Run. États-Unis (Pensylvanie).
Trowbridge L. Iles Britanniques (Angleterre).
Troy. États-Unis (New-Hampshire).
Troy. États-Unis (New-York).
Troy. États-Unis (Ohio).
Troy. États-Unis (Pensylvanie).
Troy Centre. États-Unis (Wisconsin).
Troy-Junction. États-Unis (Kansas).
Troy-Station. États-Unis (Tennessee).
Trstenik. L. Serbie.
Truckee. États-Unis (Californie).
Truesdell. États-Unis (Wisconsin).
Trujillo. N. Espagne (Cacérès).
Trumansburg. États-Unis (New-York).
Trunkeyville. États-Unis (Pensylvanie).
Truns. L. Suisse (Grisons).
Truro. Amérique Anglaise (Nouvelle-Écosse).
Truro. Australie (Australie Méridionale).
Truro. L. Iles Britanniques (Angleterre).
Truskawiec. BL. Autriche-Hongrie (Galicie).
Tryonville. États-Unis (Pensylvanie).
Trzciana. F. Autriche-Hongrie (Galicie).
Trzebinia. F. Autriche-Hongrie (Galicie).
Trzemeszno. L. Allemagne (Prusse). EW.
Trzynitz. FL. Autriche-Hongrie (Silésie).
Tschatschak (Tšatjak, Cacak). Serbie.
Tschemin. L. Autriche-Hongrie (Bohême).
Tscherkassi. Russie d'Europe (Kiew).
Tschernembel. L. Autriche-Hongrie (Carniole).
Tschernigow. Russie d'Europe (Tschernigow).
Tscherni-Yar. Russie d'Europe (Astrakan).
Tschernowitz. FL. Autriche-Hongrie (Bohême).
Tschiguérine. Russie d'Europe (Kiew).
Tschita. Russie d'Asie (Sibérie, 3e région).
Tsimlianskaïa. Russie d'Europe (Don).
Tuam. L. Iles Britanniques (Irlande).
Tubbercury. L. Iles Britanniques (Irlande).

Tubbermore. L. Iles Britanniques (Irlande).
Tubingen. Allemagne (Wurtemberg).
Tubize. Belgique (Brabant).
Tuchel. L. Allemagne (Prusse). EW.
Tuckerton. États-Unis (New-Jersey).
Tuckertown. États-Unis (Floride).
Tucuman. Amérique du Sud (3e région).
Tudela. N. Espagne (Navarre).
Tüffer (1) (Bains). BL. Autriche-Hongrie (Styrie).
Tüffer-Markt. FL. Autriche-Hongrie (Styrie).
Tulare. États-Unis (Californie).
Tulla. L. Iles Britanniques (Irlande).
Tullahoma. États-Unis (Tennessee).
Tullamore. L. Iles Britanniques (Irlande).
Tullgarn. E. Suède.
Tulligum. F. Indes. OC.
Tulln. FL. Autriche-Hongrie (sous l'Enns).
Tullow. L. Iles Britanniques (Irlande).
Tully. États-Unis (New-York).
Tullytown. Etats-Unis (Pensylvanie).
Tultscha (S. Toultcha). Turquie d'Europe. A1. B2. C1. D3.
Tulumba. Amérique du Sud (3e région).
Tümen. N. Russie d'Asie (Sibérie, 1re région).
Tumut. Australie (Nouvelle-Galles du Sud).
Tunas (Las). Amérique centrale (Ile de Cuba).
Tunbridge. Iles Britanniques (Angleterre).
Tunbridge Wells. Iles Britanniques (Angleterre).
Tunis. Tunisie.
Tunkhannock. États-Unis (Pensylvanie).
Tunnell-Station. États-Unis (New-York).
Tunnelton. États-Unis (Indiana).
Tunnelton. États-Unis (Virginie).
Tunstal. L. Iles Britanniques (Angleterre).
Tuoro. FL. Italie (Pérouse).
Tupelo. Etats-Unis (Mississipi).
Tupria. L. Serbie.
Tur. FL. Autriche-Hongrie (Bohême).
Tura. F. Autriche-Hongrie (Hongrie).
Turany. F. Autriche-Hongrie (Hongrie).
Turbenthal. L. Suisse (Zurich).
Turckheim. F. Allemagne (Alsace-Lorraine).
Turosek. FL. Autriche-Hongrie (Hongrie).
Turczno. FL. Allemagne (Prusse). EW.
Turgi. FL. Suisse (Argovie).
Turin. États-Unis (New-York).
Turin. N. Italie (Turin).
Turkenfeld. F. Allemagne (Bavière).
Turkey City. Etats-Unis (Pensylvanie).
Turkey River. États-Unis (Iowa).
Turkheim. L. Allemagne (Bavière).
Türkismühle F. Allemagne (Prusse). OW.
Turlocks. États-Unis (Californie).
Turmitz. L. Autriche-Hongrie (Bohême).
Turnau. L. Autriche-Hongrie (Bohême).
Turner's. États-Unis (New-York).
Turners-Hill. L. Iles Britanniques (Angleterre).
Turner's-Junction. États-Unis (Illinois).
Turney. États-Unis (Missouri).
Turnhout. Belgique (Anvers).
Turnitz. L. Autriche-Hongrie (sur l'Enns).
Turnu-Magurele. Roumanie.
Turnu-Severin. N. Roumanie.
Turocz-Szt-Marton. L. Autr.-Hong. (Hongrie).
Turriff. Iles Britanniques (Écosse).
Tursi. L. Italie (Potenza).
Turton. L. Iles Britanniques (Angleterre).
Turvey. L. Iles Britanniques (Angleterre).
Tuscaloosa. Etats-Unis (Alabama).
Tuscarora. États-Unis (Maryland).
Tuscarora (Schuylkill Co). États-Unis (Pensylvanie).
Tuschkau. L. Autriche-Hongrie (Bohême).
Tuschmitz. FL. Autriche-Hongrie (Bohême).
Tuscola. Etats-Unis (Illinois).
Tuscumbia. États-Unis (Alabama).
Tuskegee. Etats-Unis (Alabama).
Tuskevar. FL. Autriche-Hongrie (Hongrie).
Tutburry. L. Iles Britanniques (Angleterre).
Tuticorin. N. Indes. OC.
Tuttlingen. Allemagne (Wurtemberg).
Tutz. L. Allemagne (Prusse). EW.
Tutzing. L. Allemagne (Bavière).
Tuxford. L. Iles Britanniques (Angleterre).
Tuy. N. Espagne (Pontevedra).
Tuzser. FL. Autriche-Hongrie (Hongrie).
Tvedestrand (2). Norwége.
T' Vlaamsch Hoofd (la Tête de Flandre). Belgique (Flandre Orientale).
Twann (Douane). FL. Suisse (Berne).
Tweed. Amérique anglaise (Ontario).
Tweedmouth. F. Iles Britanniques (Angleterre).
Twer. N. Russie d'Europe (Twer).
Twerton. L. Iles Britanniques (Angleterre).
Twickenham. L. Iles Britanniques (Angleterre).
Twin Lake. Etats-Unis (Michigan).
Twistringen. F. Allemagne (Prusse). OW.
Two Creeks. États-Unis (Wisconsin)
Tworog. F. Allemagne (Prusse). EW.
Two Rivers. États-Unis (Wisconsin).
Twycross. L. Iles Britanniques (Angleterre).
Twyford. L. Iles Britanniques (Angleterre).
Tyascowo (Tecsoe). L. Autr.-Hongrie (Hongrie).
Tyendinaga. Amérique Anglaise (Ontario).
Tyldesley. L. Iles Britanniques (Angleterre).
Tyler. États-Unis (Texas).
Tynan. L. Iles Britanniques (Irlande).
Tyndrum. F. Iles Britanniques (Écosse).
Tyne-Docks. F. Iles Britanniques (Angleterre).
Tynemouth L. Iles Britanniques (Angleterre).
Tyran (Tiran). L. Turq. d'Europe. A1. B3. C2. D3.
Tyrrels Pass. L. Iles Britanniques (Irlande).
Tyrnau (Nagy-Szombat). Autr.-Hongrie (Hongrie).
Tyrone. États-Unis (Pensylvanie).
Tyskestranden. F. Norwége.
Tysmienica. L. Autriche-Hongrie (Galicie).
Tzaritzin. N. Russie d'Europe (Saratow).
Tzarskoie Selo (S. Zarskoie Selo). Russie d'Europe (Saint-Pétersbourg).
Tzechotzinsk. F. Russie d'Europe (Varsovie).
* Tzimmermanowskaia. Russie d'Asie (Sib., 3e rég.).

U

Ube (Oube). L. Serbie.
Ubeda. L. Espagne (Jaen).
Ubstadt. F. Allemagne (Bade).
Uccle. L. Belgique (Brabant).
*Uckange. Allemagne (Alsace-Lorraine).
Uckfield. Iles Britanniques (Angleterre).
Udbyhoei. Danemark (Jutland).
Uddingstone. L. Iles Britanniques (Écosse).
Uden. P. Pays-Bas.
Udevalla. Suède.
Udine. N/2. Italie (Udine).
Udny. F. Iles Britanniques (Écosse).
Udvard. F. Autriche-Hongrie (Hongrie).
Udvarhely. L. Autr.-Hongrie (Transylvanie).
Udwitz-Gorkau. FL. Autriche-Hongrie (Bohême).
Ueberlingen. L. Allemagne (Bade).
Ueberruhr. F. Allemagne (Prusse). OW.
Uebersée. F. Allemagne (Bavière).
Ueckermunde. L. Allemagne (Prusse). EW.
Uehlfeld. L. Allemagne (Bavière).
Uelzen. Allemagne (Prusse; Hanovre). EW.
Uerdingen. L. Allemagne (Prusse). OW.
Ueszeg. F. Autriche-Hongrie (Hongrie).
Uetersen. L. Allemagne (Prusse; Holstein). EW.
Ufa (S. Oufa). N. Russie d'Europe (Oufa).
Uffculme. L. Iles Britanniques (Angleterre).
Uffenheim. L. Allemagne (Bavière).
Ukersko. F. Autriche-Hongrie (Bohême).
Uhingen. Allemagne (Wurtemberg).
Uhsmansdorf. F. Allemagne (Prusse). EW.
Uig. L. Iles Britanniques (Écosse).
Uillo. F. Autriche-Hongrie (Hongrie).
Uintah. États-Unis (Utah).
Uitenhage. Colonie du Cap.
Uitgeest. PL. Pays-Bas.
Uj-Arad (Neu-Arad). L. Autr.-Hongrie (Hongrie).
Uj-Becse (Neu-Becse, Torok-Becse). Autriche-Hongrie (Hongrie).
Ujest. L. Allemagne (Prusse). EW.
Uj-Feherto. FL. Autriche-Hongrie (Hongrie).
Uj-Gradisca (Neu-Gradisca). N. Autriche-Hongrie (Confins militaires).
Uj-Pecs. L. Autriche-Hongrie (Hongrie).
Uj-Pest (Neu-Pest). L. Autr.-Hongrie (Hongrie).
Ujszasz. FL. Autriche-Hongrie (Hongrie).
Uj-Szivacz. L. Autriche-Hongrie (Hongrie).
Uj-Szony (S. Neu-Szony). Autr.-Hongrie (Hongrie).
Uj-Verbasz (Neu-Verbasz). L. Autriche-Hongrie (Hongrie).
Uj-Videk (Nesatz). N. Autr.-Hongrie (Hongrie).
Ulaszkowce. L. Autriche-Hongrie (Galicie).
Ulceby. L. Iles Britanniques (Angleterre).
Uleaborg. Russie d'Europe (Uleaborg).
Uley. Iles Britanniques (Angleterre).
Ulflingen (Trois-Vierges). L. Luxembourg.
Ullapool. L. Iles Britanniques (Ecosse).
Ullersater. FL. Suède.
Ullersdorf. FL. Autriche-Hongrie (Bohême).
Ulleskelf. F. Iles Britanniques (Angleterre).
Ullesthorpe. F. Iles Britanniques (Angleterre).
Ulm. N. Allemagne (Wurtemberg).
Ulmerfeld. FL. Autriche-Hongrie (sous l'Enns).
Ulpianum (Kustendil, Justiniana secunda). Turquie d'Europe. A1. B3. C2. D3.
Ulricehamn. L. Suède.
Ulriksdal. E. Suède.

(1) Ouvert du 1er juin au 30 septembre.
(2) Ouvert du 15 mai au 15 septembre.

Ulrichen. L. Suisse (Valais).
Ulster. États-Unis (Pensylvanie).
Ulverstone. L. Iles Britanniques (Angleterre).
Ulwar. L. Indes. OC.
Umago. L. Autriche-Hongrie (Istrie).
Uman (S. Ouman). L. Russie d'Europe (Kiew).
Umatilla. États-Unis (Orégon).
Umballa. N. Indes. OC.
Umballa cantonnement. F. Indes. OC.
Umballa city. F. Indes. OC.
Umberleig. F. Iles Britanniques (Angleterre).
Umbertide. L. Italie (Pérouse).
Umea. Suède.
Umlowitz. FL. Autriche-Hongrie (Bohême).
Ummendorf. Allemagne (Wurtemberg).
Umritsur. L. Indes. OC.
Umstadt. L. Allemagne (Hesse-Darmstadt). OW.
Umulsar. F. Indes. OC.
Unadilla. États-Unis (New-York).
Unclesur. F. Indes. OC.
Undal. F. Indes. OC.
Undarah. F. Indes. OC.
Undervelier. L. Suisse (Berne).
Underwood. Amérique anglaise (Ontario).
Ungarisch-Altenbourg (Magyar-Ovar). L. Autriche-Hongrie (Hongrie).
Ungarisch-Brood. L. Autriche-Hongrie (Moravie).
Ungarisch-Hradisch. L. Autr.-Hongrie (Moravie).
Ungarisch-Ostrau. L. Autriche-Hongrie (Moravie).
Unghvar. Autriche-Hongrie (Hongrie).
Ungoor. F. Indes. OC.
Unhoscht. FL. Autriche-Hongrie (Bohême).
Union. Amérique anglaise (Ontario).
Union. États-Unis (New-Hampshire).
Union. États-Unis (New-York).
Union. États-Unis (Pensylvanie).
Union-City. États-Unis (Indiana).
Union-City. États-Unis (Michigan).
Union-City. États-Unis (Tennessee).
Uniondale. États-Unis (Pensylvanie).
Union de Reyes. Amér. centrale (Ile de Cuba).
Union-Drove-Yards (W. Phi). États-Unis (Pensylvanie).
Union Grove. États-Unis (Wisconsin).
Union (Licking-Co). États-Unis (Ohio).
Union-Point. États-Unis (Georgie).
Union-Springs. États-Unis (Alabama).
Union-Springs. États-Unis (New-York).
Union-Square. États-Unis (New-York).
Union-Stock-Yards. États-Unis (Illinois).
Uniontown. États-Unis (Alabama).
Uniontown. États-Unis (Kentucky).
Uniontown (Fayette County). États-Unis (Pensylvanie).
Unionville. Amérique Anglaise (Ontario).
Unionville. États-Unis (Connecticut).
Unionville. États-Unis (Iowa).
Unionville. États-Unis (Michigan).
Unionville. États-Unis (Nevada).
Unionville. États-Unis (Ohio).
University of Virginia. États-Unis (Virginie).
Unkel. F. Allemagne (Prusse). EW.
Unna L. Allemagne (Prusse). OW.
Unrubstadt. L. Allemagne (Prusse). OW.
Unsleben. L. Allemagne (Bavière).
Unterach. L. Autriche-Hongrie (sur l'Enns).
Unteraegeri. L. Suisse (Zug).
Unterberkowitz F. Autriche-Hongrie (Bohême).
Unterbœbingen. Allemagne (Wurtemberg).
Unterboihingen. Allemagne (Wurtemberg).
Unterdraubourg. FL. Autriche (Carinthie).
Untergrœningen. L. Allemagne (Wurtemberg).
Untergrombach. FL. Allemagne (Bade).
Unterhallau. L. Suisse (Schaffhouse).
Unterkulm (S. Kulm). L. Suisse (Argovie).
Unterluss. F. Allemagne (Prusse; Hanovre). EW.
Unter-Metzenseifen. L. Autr.-Hongrie (Hongrie).
Unterpeissenberg. L. Allemagne (Bavière).
Unterrodach. L. Allemagne (Bavière).
Unterschupf. FL. Allemagne (Bade).
Untersteinach. F. Allemagne (Bavière).
Unterstrass. L. Suisse (Zurich).
Untertürkheim. Allemagne (Wurtemberg.)
Unter-Waltersdorf (Waltersdorf-Unter). Autriche-Hongrie (sous l'Enns).
Unterwasser. L. Suisse (Saint-Gall).
Unterwellenborn. F. Allem. (Saxe-Mein.). EW.
Unzmarkt. FL. Autriche-Hongrie (Styrie).
Uphall. F. Iles Britanniques (Écosse).
Upper Big Rapids. États-Unis (Michigan).
Upper-Lehigh. États-Unis (Pensylvanie).
Upper-Sandusky. États-Unis (Ohio).
Upper Wakefield. Amérique anglaise (Québec).
Uppingham. L. Iles Britanniques (Angleterre).
Upsala. Suède.
Upton. Amérique Anglaise (Québec).
Upton-on-Severn. L. Iles Britanniques (Angleterre).
Upway. L. Iles Britanniques (Angleterre).
Upwell. L. Iles Britanniques (Angleterre).
Urach. L. Allemagne (Wurtemberg).
Uralla. Australie (Nouvelle-Galles du Sud).
Urana. Australie (Nouvelle-Galles-du-Sud).
Uras. FL. Italie.
Urbais. L. Allemagne (Alsace-Lorraine).
Urbana. États-Unis (Ohio).
Urbana (Champagne Co). États-Unis (Illinois).
Urbino. L. Italie (Pesaro et Urbin).
Urchara. F. Indes. OC.
*Urgnano. L. Italie.
Urlatzi. Roumanie.
Urmitz. F. Allemagne (Prusse). OW.
Urnasch. L. Suisse (Appenzell).
Ursa. Etats-Unis (Illinois).
Urspring. L. Allemagne (Wurtemberg).
Ursvik. PL. Suède.
Urzitscheni. L. Roumanie.
Uschitze. L. Serbie.
Uscie-Biscupie. L. Autriche-Hongrie (Galicie).
Uscz. L. Allemagne (Prusse). EW.
Usedom. L. Allemagne (Prusse). EW.
Usingen. L. Allem. (Prusse; Nassau). OW.
Usk. L. Iles Britanniques (Angleterre).
Uskup. Turquie d'Europe. A1. B3. C2. D3.
Uslar. L. Allemagne (Prusse; Hanovre). EW.
Uster. L. Suisse (Zurich).
Ustrzyki. L. Autriche-Hongrie (Galicie).
Utchuddah. F. Indes. OC.
Utah North Junction. Etats-Unis (Utah).
Utica. États-Unis (Illinois).
Utica. États-Unis (Michigan).
Utica. États-Unis (Minnesota).
Utica. États-Unis (Missouri).
Utica. États-Unis (New-York).
Utica. États-Unis (Ohio).
Utica. États-Unis. (Pensylvanie).
Utica Plank. États-Unis (Michigan).
Utrecht. Pays-Bas.
Utrera. L. Espagne (Séville).
Utsalady. États-Unis (Washington Territoire).
Utsire. HL. Norwége.
Uttenweiler. Allemagne (Wurtemberg).
Uttoxeter. F. Iles Britanniques (Angleterre).
Utweil. FL. Suisse (Thurgovie).
Utzenstorf. L. Suisse (Berne).
Uxbridge. Amérique Anglaise (Ontario).
Uxbridge. États-Unis (Massachusetts).
Uxbridge. Iles Britanniques (Angleterre).
Uya-Sound. I. Brit. (Iles Schetland, 2ᵉ région).
Uznach. L. Suisse (Saint-Gall).
Uzwyl. F. L. Suisse (Saint-Gall).

V

Vaagen. H. Norwége.
Vaca-Station. États-Unis (Californie).
Vacaville. États-Unis (Californie).
Vacha. L. Allemagne (Saxe-Weimar). OW.
Vado. FL. Italie.
Vacz-Waitzen. Autriche-Hongrie (Hongrie).
Vadna. FL. Autriche-Hongrie (Hongrie).
Vadsœ. Norwége.
Vaduz. L. Autr.-Hong. (Principauté de Lichtenstein).
Vag-Besztercze (Waag-Besztercze, Bistritz-a/Waag). L. Autriche-Hongrie (Hongrie).
Vag-Ujhely (Waag-Ujhely, Neustadt-a/Waag). L. Autriche-Hongrie (Hongrie).
Vaiden. États-Unis (Mississipi).
Vaihingen a. d. Enz. L. Allem. (Wurtemberg).
Vail. États-Unis (Iowa).
Vail's Gate. États-Unis (New-York).
Valatie. États-Unis (New-York).
Valdagno. L. Italie (Vicence).
Valdepeñas. L. Espagne (Ciudad-Réal).
Valdobbiadene. L. Italie.
Valdosta. États-Unis (Georgie).
Valença do Minho. Portugal (Vianna do Castello).
Valencia. N. Espagne (Valencia).
Valeni de Munte. L. Roumanie.
Valentia. L. Iles Britanniques (Irlande).
Valenza. L. Italie (Alexandrie).
Valette (La). Ile de Malte.
Valguarnera (Caropepe). L. Italie (Caltanisetta).
Valievo. Serbie.
Valkany. F. Autriche-Hongrie (Hongrie).
Valkenburg. P. Pays-Bas.
Valkenswaard. P. Pays-Bas.
Valladolid. N. Espagne (Valladolid).
* Vallecas. Espagne (Madrid).
Vallejo. États-Unis (Californie).
Valle Lomellina. FL. Italie (Pavie).
Vallenar. Amérique du Sud (10ᵉ région).
Vallendar. L. Allemagne (Prusse). OW.
Vallerotonda. L. Italie (Caserte).
Valle San Bartolomeo. L. Autriche-Hongrie (Littoral Illyrique).

Valley. États-Unis (Nebraska).
Valley-Falls. États-Unis (New-York).
Valleyfield. Amérique Anglaise (Québec).
Valley Head. États-Unis (Alabama).
Valley-Junction. États-Unis (Iowa).
Vallo della Lucania. L. Italie (Salerne).
Valloe. L. Norwége.
Vallona (Avlona, Holona). N. Turquie d'Europe. A1. B2. C1. D3.
Vallorbes. L. Suisse (Vaud).
Valls. Espagne (Tarragone).
Valmadonna. FL. Italie (Alexandrie).
Valmadrera. L. Italie (Côme).
Valmontone. FL. Italie (Rome).
Valparaiso. Amérique du Sud (10e région).
Valparaiso. États-Unis (Indiana).
Valpassos. L. Portugal (Villaréal).
Valpo. L. Autriche-Hongrie (Esclavonie).
Val-Strigno. L. Autriche-Hongrie (Tyrol).
* Valtos. L. Grèce.
Vamos-Gyork. FL. Autriche-Hongrie (Hongrie).
Vamos-Percs. FL. Autriche-Hongrie (Hongrie).
Van Alstine. États-Unis (Texas).
Vanceboro. États-Unis (Maine).
Vancouver. États-Unis (Washington Territoire).
Vandalia. États-Unis (Illinois).
Vandalia. États-Unis (Michigan).
Vandalia. États-Unis (Missouri).
Vandœuvres. L. Suisse (Genève).
Vandsburg. L. Allemagne (Prusse). EW.
Van-Dusenville. États-Unis (Massachusetts).
Van Ettenville. États-Unis (New-York).
Vaniembaddy. F. Indes. OC.
Vankleek-Hill. Amérique Anglaise (Ontario).
Van Wert. États-Unis (Ohio).
Varalja. FL. Autr.-Hongrie (Transylvanie).
Varallo. Italie (Novare).
Varasd-Toplice. BL. Autriche-Hongrie (Croatie).
Varasd (Warasdin). Autriche-Hongrie (Hongrie).
Varazze. L. Italie (Gênes).
Varde. Danemark (Jutland).
Vardœ. Norwége.
Varel. Allemagne (Oldenbourg). OW.
Varenna. L. Italie (Côme).
Varèse. L. Italie (Côme).
* Varignano. L. Italie (Gênes).
Varna (Warin). F. Autriche-Hongrie (Hongrie).
Varna. Amérique Anglaise (Ontario).
Varna. États-Unis (Illinois).
Varna. N. Turquie d'Europe. A1. B2. C1. D3.
Varos-Loed. FL. Autriche-Hongrie (Hongrie).
Var-Palota. FL. Autriche-Hongrie (Hongrie).
Varsovie (S. Warsaw, Warschau). N. Russie d'Europe (Varsovie).
Varzin. L. Allemagne (Prusse). EW.
Vasecz. F. Autriche-Hongrie (Hongrie).
Vaslui. N. Roumanie.
Vassalboro. États-Unis (Maine).
Vasto. L. Italie (Chieti).
Vaszar. FL. Autriche-Hongrie (Hongrie).
Vathi. Turquie d'Asie (Ile de Samos).
Vaudreuil. Amérique Anglaise (Québec).
Vaughan's. États-Unis (Mississipi).
Vaulx (près Tournay). L. Belgique (Hainaut).
Veblungsnaes. L. Norwége.
Vechelde. F. Allemagne (Brunswick). EW.
Vechta. L. Allemagne (Oldenbourg). OW.
Vecses. F. Autriche-Hongrie (Hongrie).
Vedbaek. B. Danemark (Ile de Zélande).
Vedrin. L. Belgique (Namur).
Veedersburg. États-Unis (Indiana).
Veendam. L. Pays-Bas.
Veenenburg. PL. Pays-Bas.
Veenendaal. P. Pays-Bas.
*Veenwouden. P. Pays-Bas.
Veerapore. F. Indes. OC.
Veere. L. Pays-Bas.
Veerinjipouram. F. Indes. OC.
Veerungaum. F. Indes. OC.
Vefsen. L. Norwége.
Veger. L. Espagne (Cadix).
Vegesack. Allemagne (Ville de Brême). EW.
Veghel. L. Pays-Bas.
Vegles-Szalatna. FL. Autriche-Hongrie (Hongrie).
Veglia. L. Autriche-Hongrie (Istrie).
Vehrte. F. Allemagne (Prusse). OW.
Veile. Danemark (Jutland).
Veitshochheim. F. Allemagne (Bavière).
Velbourg. L. Allemagne (Bavière).
Velden. FL. Autriche-Hongrie (Carinthie).
Velden-bei-Hersbruck. L. Allemagne (Bavière).
Veldes. BL. Autriche-Hongrie (Carniole).
Velejte. L. Autriche-Hongrie (Hongrie).
Velez-Malaga. Espagne (Malaga).
Velim. FL. Autriche-Hongrie (Bohême).
Velletri. L. Italie (Rome).
Vellore. Indes. OC.
Velonia (Summer Office). États-Unis (Indiana).
Velp. P. Pays-Bas.
Velpe. F. Allemagne (Prusse). OW.
Veltheim. L. Suisse (Argovie).
Venafro. L. Italie (Campobasso).
Venango (Crawford Co). États-Unis (Pensylvanie).
Venaria Reale. FL. Italie (Turin).
Vendas-Novas. L. Portugal (Évora).
Vendenheim (Wendenheim). L. Allemagne (Alsace-Lorraine).
Venezia (S. Venise). N. Italie (Venise).
Venneday. États-Unis (Illinois).
Venedig (S. Venise). N. Italie (Venise).
Veneria Reale. FL. Italie.
Venice. États-Unis (Illinois).
Venice. États-Unis (Ohio).
Venise. N. Italie (Venise).
Venlo. Pays-Bas.
Venosa. L. Italie (Potenza).
Venray. L. Pays-Bas.
Ventimiglia. L. Italie (Port-Maurice).
Ventnor. L. Iles Britanniques (I. de Wight).
Ventotene. SL. Italie (Naples).
Vep (Vittendorf). FL. Autriche-Hongrie (Hongrie).
Vera. L. Espagne (Almeria).
Veraur. F. Indes. OC.
Verbank. États-Unis (New-York).
Verbosko. F. Autriche-Hongrie (Croatie).
Verbovetz. FL. Autriche-Hongrie (Croatie).
Verceil (Vercelli). Italie (Novare).
Verdello. FL. Italie (Bergame).
Verden. L. Allemagne (Prusse; Hanovre). EW.
Verebely. L. Autriche-Hongrie (Hongrie).
Vergara. Espagne (Guipuzcoa).
Vergato. FL. Italie (Bologne).
Vergennes. États-Unis (Vermont).
Vergiate. FL. Italie (Milan).
Vergoraz. L. Autriche-Hongrie (Dalmatie).
Vérin. L. Espagne (Orense
Verlicca. L. Autriche-Hongrie (Dalmatie).
Vermillion. États-Unis (Dacotah).
Vermillion. États-Unis (Ohio).
Vermilon Bayou. États-Unis (Louisiane).
Vermont. États-Unis (Illinois).
Vermont. États-Unis (Missouri).
Vermontville. États-Unis (Michigan).
Vernayaz. L. Suisse (Valais).
Vernon. États-Unis (Connecticut).
Vernon. États-Unis (Ohio).
Vernon's. Etats-Unis (Michigan).
Verocze-Vaczna1. F. Autriche-Hongrie (Hongrie).
Verocze (S. Verovitic). Autr.-Hongrie (Esclavonie).
Verolanuova. L. Italie (Brescia).
Veroli. L. Italie (Rome).
Verona. États-Unis (Mississipi).
Verona. États-Unis (Missouri).
Verona. États-Unis (New-York).
Vérone. N. Italie (Vérone).
Verovitic (Verocze). Autr.-Hongrie (Esclavonie).
Verrière (La). L. Suisse (Neuchâtel).
Verrières (Les). Suisse (Neuchâtel).
Versailles. États-Unis (Illinois).
Versailles. États-Unis (Ohio).
Versecz (Werschetz). Autriche-Hongrie (Hongrie).
Versmold. L. Allemagne (Prusse). OW.
Versoix. L. Suisse (Genève).
Vertryck. L. Belgique (Brabant).
Verviers. N. Belgique (Liége).
Verwood. F. Iles Britanniques (Angleterre).
Vespolate. FL. Italie (Novare).
Vestfossen. F. Norwége.
Veszprim. Autriche-Hongrie (Hongrie).
Vestervig. L. Danemark (Jutland).
Vetralla. L. Italie (Rome).
Vetschau. L. Allemagne (Prusse). EW.
Vettweis. F. Allemagne (Prusse). OW.
Veurne (S. Furnes). Belgique (Flandre Occidentale).
Vevey. N/2. Suisse (Vaud).
Vevey-Grand hôtel. L. Suisse (Vaud).
Vex. L. Suisse (Valais).
Veytaux. L. Suisse (Vaud).
Viadana. L. Italie (Mantoue).
Vianden. L. Luxembourg.
Vianen. L. Pays-Bas.
Vianna-do-Castello. S. Portugal (Vianna do Castello).
Viareggio. Italie (Lucques).
Vibbard. États-Unis (Missouri).
Viborg. Danemark (Jutland).
Vicence. Italie (Vicence).
Vichte. L. Belgique (Flandre Occidentale).
Vicksburg. États-Unis (Michigan).
Vicksburg. États-Unis (Mississipi).
Vico del Gargano. L. Italie (Foggia).
Vico-Equense. L. Italie (Naples).
Vicosoprano. L. Suisse (Grisons).
Vic-sur-Seille. L. Allemagne (Alsace-Lorraine).
Victor. États-Unis (Iowa).
Victor. États-Unis (New-York).
Victor-Harbour. L. Australie (Australie Méridionale).
Victoria. Amérique Anglaise (Ile de Vancouver).
Victoria. Amérique du Sud (3e région).
Victoria. États-Unis (Texas).
Videm-Gurkfeld. F. Autriche-Hongrie (Styrie).
Viechtach. L. Allemagne (Bavière).
Viège (Visp). L. Suisse (Valais).
Viele. Etats-Unis (Iowa).

Vielsalm. L. Belgique (Luxembourg).
Vienenbourg. F. Allemagne (Brunswick). EW.
Vienna. Amérique Anglaise (Ontario).
Vienna. États-Unis (Illinois).
Vienna. États-Unis (Louisiane).
Vienna. États-Unis (Michigan).
Vienna. (Rush Co.) États-Unis (Indiana).
Vienna (Scott Co). États-Unis (Indiana).
Vienne (Wien). N. Autr.-Hongrie (sous l'Enns).
Viersen. L. Allemagne (Prusse). OW.
Vierves. L. Belgique (Namur).
Vieselbach. F. Allemagne (Saxe-Weimar). EW.
Viesti. L. Italie (Foggia).
Viesti (Sém.). Italie (Foggia).
Vietri-di-Potenza. L. Italie (Potenza).
Vietri-sul-Mare. L. Italie (Salerne).
Vietz. F. Allemagne (Prusse). EW.
Vieux-Dieu. Belgique (Anvers).
Vigevano. L. Italie (Pavie).
Viggiano. L. Italie (Potenza).
Vigo. N. Espagne (Pontevedra).
Vikersund. F. Norwége.
Vilbel. F. Allemagne (Prusse). OW.
Villach. N/2. Autriche-Hongrie (Carinthie).
Villach Bad. FL. Autr.-Hongrie (Carinthie).
Villa Clara. Amérique Centrale (Ile de Cuba).
Villa do Conde. L. Portugal (Porto).
Villa Flor. L. Portugal (Bragance).
Villafranca d'Asti. F. Italie (Alexandrie).
Villafranca-del-Panadas. L. Espagne (Barcelone).
Villafranca del Vierzo. Espagne (Léon).
Villa-Franca de Xira. Portugal (Lisbonne).
Villafranca-di-Verona. FL. Italie (Vérone).
Villagarcia. Espagne (Pontevedra).
Villamaggiore. FL. Italie (Turin).
Villa-Maria. Amérique du Sud (6e région).
Villa-Mercedes. Amérique du Sud (9e région).
Villa-Nova d'Asti. FL. Italie (Alexandrie).
Villanova de Famalição. L. Portugal (Bragance).
Villa-Nova de Fozcoa. Portugal (Guarda).
Villa-Nova de Portemão. Portugal (Faro).
Villanueva. Amérique du Sud (9e région).
Villanueva y Geltru. L. Espagne (Barcelone).
Villany. F. Autriche-Hongrie (Hongrie).
Villa-Pouça d'Aguiar. L. Portugal (Villaréal).
Villa-Réal. Portugal (Villaréal).
Villaréal de Santo-Antonio. Portugal (Faro).
Villarosa. L. Italie (Caltanisetta).
Villars-sous-Mont. L. Suisse (Fribourg).
Villasor. FL. Italie.
Villa San Giovanni. L. Italie (Reggio de Calabria).
Villastellone. FL. Italie (Turin).
Villaviciosa. L. Espagne (Oviedo).
Villa Viçosa. L. Portugal (Évora).
Villena. Espagne (Alicante).
Villeneuve. L. Suisse (Vaud).
Villers-la-Tour. L. Belgique (Hainaut).
Villers-la-Ville (Hollers). L. Belgique (Brabant).
Villers-le-Gambon. L. Belgique (Namur).
Villingen. L. Allemagne (Bade).
Villisca. États-Unis (Iowa).
Villmar a. d. Lahn. F. Allem. (Pr.; Nassau). OW.
Villmergen. L. Suisse (Argovie).
Vilsbibourg. L. Allemagne (Bavière).
Vilsek. L. Allemagne (Bavière).
Vilshofen. L. Allemagne (Bavière).
*Vilswerth. L. Allemagne (Bavière).
Vilvorde. Belgique (Brabant).
Vinaroz. N. Espagne (Castellon de la Plana).
Vincennes. États-Unis (Indiana).
Vincentown. États-Unis (New-Jersey).
Vincent's. Etats-Unis (Ohio).
Vineland. États-Unis (New-Jersey).
Vinga. FL. Autriche-Hongrie (Hongrie).
Vingorla. Indes. OC.
Vinhaes. L. Portugal (Bragance).
Vinita. États-Unis (territoire indien).
Vinkovce. Autriche-Hongrie (Confins milit.).
Vintl. FL. Autriche-Hongrie (Tyrol).
Vinton. États-Unis (Iowa).
Vinzelberg. F. Allemagne (Prusse). EW.
Viola. Etats-Unis (Illinois).
Viragosvolgy. FL. Autr.-Hongrie (Transylvanie).
Virden. États-Unis (Illinois).
Virduputty. F. Indes. OC.
Virginia. L. Iles Britanniques (Irlande).
Virginia. États-Unis (Illinois).
Virginia City. États-Unis (Montana).
Virginia City États-Unis (Nevada).
Virginia-Water. F. Iles Britanniques (Angleterre).
Virogwa. États-Unis (Iowa).
Visco. L. Autriche-Hongrie (Littoral d'Illyrie).
Virton. L. Belgique (Luxembourg).
Visalia. États-Unis (Californie).
Visé. L. Belgique (Liége).
Visinada. L. Autriche-Hongrie (Istrie).
Visp (Viége). L. Suisse (Valais).
Visselhovede. L. Allemagne (Prusse). EW.
Vissoye. L. Suisse (Valais).
Viterbe. Italie (Rome).
Vitigudino. L. Espagne (Salamanque).
Vitis. FL. Autriche-Hongrie (sous l'Enns).
Vitoria. N. Espagne (Alava).
Vittoria. Amérique Anglaise (Ontario).
Vittoria. L. Italie (Syracuse).
Vittorio. L. Italie (Trévise).
Vittuone. FL. Italie (Milan).
Vitznau. FL. Suisse (Lucerne).
Vivero. Espagne (Lugo).
Vivis (Vevey). N/2. Suisse (Vaud).
Vizagapatam. Indes. OC.
Vizakna (Salzbourg, Okna). FL. Autriche-Hongrie (Transylvanie).
Vizeu. Portugal (Vizeu).
Vizianagram. L. Indes. OC.
Vizvar. FL. Autriche-Hongrie (Hongrie).
Vizzini. L. Italie (Catane).
Vlaardingen. Pays-Bas.
Vlamertinghe. L. Belgique (Flandre Occidentale).
Vlieland (Ile de). L. Pays-Bas.
Vlissingen (V. Flessingue). Pays-Bas.
Vlotho. L. Allemagne (Prusse). OW.
Vœhrenbach. L. Allemagne (Bade).
Vœklabruck. L. Autr.-Hongrie (sur l'Enns).
Vœklamarkt. Autriche-Hongrie (sur l'Enns).
Vœlkermarkt. L. Autriche-Hongrie (Carinthie).
Vœlklingen. F. Allemagne (Prusse). OW.
Voelpke. F. Allemagne (Prusse). EW.
Vœslau. L/BC. Autriche-Hongrie (sous l'Enns).
Vogelenzang. PL. Pays-Bas.
Voghera. FN. Italie (Pavie).
Vohburg. L. Allemagne (Bavière).
Vohenstrauss. L. Allemagne (Bavière).
Vohwinkel. F. Allemagne (Prusse). OW.
Voitsberg. FL. Autriche-Hongrie (Styrie).
Vojtek. F. Autriche-Hongrie (Hongrie).
Volcano. États-Unis (Californie).
Volcano. États-Unis (Virginie).
Volkach. L. Allemagne (Bavière).
Volkmarsen. L. Allemagne (Prusse). OW.
Vollmerz. F. Allemagne (Prusse). OW.
Volo. N. Turquie d'Europe. A1. B2. C1. D3.
Volsk. Russie d'Europe (Saratow).
Volterra. L. Italie (Pise).
Voltri. L. Italie (Gênes).
Vonitza. L. Grèce (Continentale).
Voorburg. P. Pays-Bas.
Voorschoten. PL. Pays-Bas.
Vorau. L. Autriche-Hongrie (Styrie).
Vordernberg. L. Autriche-Hongrie (Styrie).
Vordingborg. Danemark (Ile de Zélande).
Vorlik (Worlik). L. Autriche-Hongrie (Bohême).
Vorsfelde. F. Allemagne (Prusse). EW.
Vorst. F. Allemagne (Prusse). OW.
Vorwohle F. Allemagne (Brunswick). EW.
Vossevangen. L. Norwége.
Vossowska. F. Allemagne (Prusse). EW.
Vostitza. L. Grèce (Continentale).
Vouvry. L. Suisse (Valais).
Vrbno. FL. Autriche-Hongrie (Bohême).
Vreeland. P. Pays-Bas.
Vught. P. Pays-Bas.
Vukovar. Autriche-Hongrie (Esclavonie).
Vulpera. L. Suisse (Grisons).

W

Waag Besztercze (Vag Besztercze, Bistritz a/Waag). Autriche-Hongrie (Hongrie).
Waalwijk. L. Pays-Bas.
Wabash. États-Unis (Indiana).
Wabasha Etats-Unis (Minnesota).
Wabern. F. Allemagne (Prusse; H. Cassel). OW.
Wachenheim. L. Allemagne (Bavière).
Wachenheim-Molsheim. F. Allemagne (Hesse-Darmstadt). OW.
Waco. États-Unis (Texas).
Waddesdon. L. Iles Britanniques (Angleterre).
Waddington. Etats-Unis (New-York).
*Waddington. F. Iles Britanniques (Angleterre).
Waddon. F. Iles Britanniques (Angleterre).
Wadebridge. L. Iles Britanniques (Angleterre).
Wadena. États-Unis (Minnesota).
Wadenhoe. L. Iles Britanniques (Angleterre).
Wadesboro. États-Unis (Caroline du Nord).
Wadhurst. L. Iles Britanniques (Angleterre).
Wadowice. L. Autriche-Hongrie (Galicie).
Wadstena. Suède.
Wadsworth. Etats-Unis (Illinois).
Wadsworth. États-Unis (Nevada).
Wadsworth. Etats-Unis (Ohio).
Waechtersbach. F. Allemagne (Prusse). OW.
Waeldchen (Bohrau). FL. Allemagne (Prusse). EW.
Waengi. L. Suisse (Thurgovie).
Waereghem. Belgique (Flandre Occidentale).
Waerschoot. L. Belgique (Flandre Orientale).
Waes (Saint-Gills). Belgique (Flandre Orientale).

Waesdenschwyl. L. Suisse (Zurich).
Wageningen. L. Pays-Bas.
Waga Waga. Australie (Nouvelle-Galles du Sud).
Waghausel. FL. Allemagne (Bade).
Wagram. F. Autriche-Hongrie (sous l'Enns).
Wagstadt. L. Autriche-Hongrie (Silésie).
Wahalak. États-Unis (Mississipi).
Wahgunyah. Australie (Victoria).
Wahlwies. FL. Allemagne (Bade).
Wahn. F. Allemagne (Prusse). OW.
Waiblingen. Allemagne (Wurtemberg).
Waibstadt. FL. Allemagne (Bade).
Waidbruck. FL. Autriche-Hongrie (Tyrol).
Waidhofen près Thaya. L. Autr.-Hong. (sous l'Enns)
Waidhofen a/Ybs. L. Autr.-Hongrie (sous l'Enns).
Waikonaiti. Nouvelle-Zélande.
Waimate. Nouvelle-Zélande.
Wainfleet. L. Iles Britanniques (Angleterre).
Waipawa. Nouvelle-Zélande.
Waipukurau. Nouvelle-Zélande.
Waitzen (Vacs). L. Autriche-Hongrie (Hongrie).
Wakefield. Iles Britanniques (Angleterre).
Wakefield. États-Unis (Massachusets).
Wakefield. États-Unis (New-Hampshire).
Wakeman. États-Unis (Ohio).
Wakenda. États-Unis (Missouri).
Walburg (Walbourg). F. Allemagne (Alsace-Lorraine).
Walcot. États-Unis (Iowa).
Walcott. États-Unis (Vermont).
Walcottville. États-Unis (Connecticut).
Walcourt. L. Belgique (Namur).
Wald. L. Allemagne (Prusse). OW.
Wald. FL. Autriche-Hongrie (Styrie).
Wald. L. Suisse (Appenzell).
Wald. L. Suisse (Zurich).
Waldbockelheim. F. Allemagne (Prusse). OW.
Waldemarsvik. L. Suède.
Walden. États-Unis (New-York).
Walden. États-Unis (Vermont).
Waldenbourg. L. Suisse (Bâle).
Waldenburg in Schlesien. Allemagne (Prusse; Silésie). EW.
Waldenburg in Sachsen L. Allem. (Saxe). EW.
Waldenburg (près Oehringen). Allemagne (Wurtemberg).
Waldfischbach. L. Allemagne (Bavière).
Waldhausen a. d. Rems. Allem. (Wurtemberg).
Waldheim. L. Allemagne (Saxe). EW.
Waldkirch. L. Allemagne (Bade).
Waldkirch. L. Suisse (Saint-Gall).
Waldkirchen. L. Allemagne (Bavière).
Waldkirchen. F. Allemagne (Saxe). EW.
Waldmohr. L. Allemagne (Bavière).
Waldmünchen. L. Allemagne (Bavière).
Waldo. États-Unis (Floride).
Waldo. États-Unis (Wisconsin).
Waldoboro. États-Unis (Maine).
Waldron. États-Unis (Illinois).
Waldron. États-Unis (Missouri).
Waldsassen. PF. Allemagne (Bavière).
Waldsée. Allemagne (Wurtemberg).
Waldshut. Allemagne (Bade).
Waldstatt. L. Suisse (Appenzell).
Walferdange (Walferdingen). FL. Luxembourg.
Walhallastrasse. PF. Allemagne (Bavière).
Waljevo (Valievo). Serbie.
Walk. L. Russie d'Europe (Livonie).

Walkenried. F. Allemagne (Brunswick). EW.
Walker. L. Iles Britanniques (Angleterre).
Walker. États-Unis (Iowa).
Walker's. États-Unis (Missouri).
Walkerton. Amérique anglaise (Ontario).
Walkerton. États-Unis (Indiana).
Walkerville. Amérique Anglaise (Ontario).
Walkringen. L. Suisse (Berne).
Wall. F. Iles Britanniques (Angleterre).
Wallace. Amérique Anglaise (Nouv.-Écosse).
Wallace. États-Unis (Kansas).
Wallace. États-Unis (New-York).
Wallaceburg. Amérique Anglaise (Ontario).
Wallachisch-Meseritsch. L. Autriche-Hongrie (Moravie).
Wallaroo. Australie (Australie Méridionale).
Walla Walla. États-Unis (Washington Territoire).
Walldorf. F. Allemagne (Saxe-Meiningen). OW.
Walldurn. L. Allemagne (Bade).
Wallendorf (Szepes-Olaszi). F. Autriche-Hongrie (Hongrie).
Wallenstadt L. Suisse (Saint-Gall).
Wallern. FL. Autriche-Hongrie (sur l'Enns).
Wallern. L. Autriche-Hongrie (Bohême).
Wallertheim. F. Allem. (Hesse-Darmstadt). OW.
Wallhalla. États-Unis (Caroline du Sud).
Wallhausen. F. Allemagne (Prusse). EW.
Walliar. F. Indes. OC.
Wallingford. Iles Britanniques (Angleterre).
Wallingford. États-Unis (Connecticut).
Wallingford. États-Unis (Vermont).
Wallingford Depot. États-Unis (Connecticut).
Wallingford. États-Unis (Connecticut).
Wallington. États-Unis (New-York).
Wallington. F. Iles Britanniques (Angleterre).
Wallischbirken. L. Autriche-Hongrie (Bohême).
Wallisellen. L. Suisse (Zurich).
Wallula. États-Unis (Washington Territoire).
Wallwitz. F. Allemagne (Prusse). EW.
Wallsend. L. Iles Britanniques (Angleterre).
Walmer. L. Iles Britanniques (Angleterre).
Walmer Road. L. Iles Britanniques (Angleterre).
Walnut. États-Unis (Illinois).
Walnut Port. États-Unis (Pensylvanie).
Walnut Tree-Junction. F. Iles Britanniques (Angleterre).
Walpole. États-Unis (Massachusetts).
Walpole. États-Unis (New-Hampshire).
Walsall. L. Iles Britanniques (Angleterre).
Walschleben. F. Allemagne (Prusse). EW.
Walsden. L. Iles Britanniques (Angleterre).
Walsham-le-Willows. L. Iles Britann. (Angleterre).
Walsingham F. Iles Britanniques (Angleterre).
Walskog. FL. Suède.
Walsoorde. L. Pays-Bas.
Walsrode L. Allemagne (Prusse; Hanovre). EW.
Waltenhofen. F. Allemagne (Bavière).
Waltersdorf. F. Allemagne (Prusse). EW.
Waltersdorf-Unter (Unter-Waltersdorf). FL. Autriche-Hongrie (sous l'Enns).
Waltershausen. L. Allemagne (Saxe-Cobourg-Gotha). EW.
Waltham. L. Iles Britanniques (Angleterre; Essex).
Waltham. États-Unis (Massachusetts).
Waltham-Abbey. L. Iles Britann. (Angleterre).
Waltham-Cross. Iles Britanniques (Angleterre).
Walton. Amérique anglaise (Ontario).
Walton. États-Unis (Indiana).

Walton. États-Unis (Kentucky).
Walton. L. Iles Britanniques (Angleterre).
Walton-le-Dale. L. Iles Britann. (Angleterre).
Walton-on-the-Naze. L. Iles Britann. (Angleterre).
Walton-on-Thames. F. Iles Britann. (Angleterre).
Waltz. États-Unis (Michigan).
Walzenhausen. L. Suisse (Appenzell).
Wamberg. L. Autriche-Hongrie (Bohême).
Wamego. États-Unis (Kansas).
Wanamie. États-Unis (Pensylvanie).
Wanatah. États-Unis (Indiana).
Wandre. L. Belgique (Liége).
Wandsbeck. L. Allemagne (Prusse). EW.
Wanfried. L. Allemagne (Prusse). EW.
Wanganui. Nouvelle-Zélande.
Wangaratta. Australie (Victoria).
Wangaum. F. Indes. OC.
Wangen. L. Suisse (Berne).
Wangen i Allgaü. L. Allemagne (Wurtemberg).
Wangerin L. Allemagne (Prusse). EW.
Wangeroog. L. Allemagne (Oldenbourg). OW.
Wangeroog. S. Allemagne (Oldenbourg). OW.
Wangford. Iles Britanniques (Angleterre).
Wanford. L. Iles Britanniques (Angleterre).
Wanne. F. Allemagne (Prusse). OW.
Wanradharam. F. Indes. OC.
Wantage. L. Iles Britanniques (Angleterre).
Wanzleben. L. Allemagne (Prusse). EW.
Wapaca. États-Unis (Wisconsin).
Wapakonetah. Etats-Unis (Ohio).
Wapella. États-Unis (Illinois).
Wapella. États-Unis (Iowa).
Wapeton. États-Unis (Dacotah).
Wapoltenreith. FL. Autr.-Hongrie (sous l'Enns).
Warasdin (Varasd). Autriche-Hongrie (Croatie).
Warberg. Suède.
Warbourg. L. Allemagne (Prusse). OW.
Warcop. Iles Britanniques (Angleterre).
Wardsville. Amérique Anglaise (Ontario).
Ware. États-Unis (Massachusetts).
Ware. Iles Britanniques (Angleterre).
Wareham. États-Unis (Massachusetts).
Wareham. L. Iles Britanniques (Angleterre).
Warehouse Point. Etats-Unis (Connecticut).
Waremme. Belgique (Liége).
Waren. L. Allemagne (Mecklembourg). EW.
Warendorf. L. Allemagne (Prusse). OW.
Waretown. États-Unis (New-Jersey).
Warffum. L. Pays-Bas.
Warin. L. Allem. (Mecklembourg-Schwerin). EW.
Warin (Varna). F. Autriche-Hongrie (Hongrie).
Wark. F. Iles Britanniques (Angleterre).
Warkhaus. Russie d'Europe (Kouoppio).
Warkworth. Amérique Anglaise (Ontario).
Warley Common. L. Iles Britann. (Angleterre).
Warlingham. F. Iles Britanniques (Angleterre).
Warlubien. L. Allemagne (Prusse). EW.
Warmbrunn. L. Allemagne (Prusse). EW.
Warminster. L. Iles Britanniques (Angleterre).
Warnambool. Australie (Victoria).
Warnemünde. L. Allem. (Mecklembourg). EW.
Warner. Etats-Unis (New-Hampshire).
Warnham. F. Iles Britanniques (Angleterre).
Warnsdorf. Autriche-Hongrie (Bohême).
Warren. États-Unis (Illinois).
Warren. États-Unis (Massachusetts).
Warren. États-Unis (New-Hampshire).
Warren (Trumbull Co). Etats-Unis (Ohio).

Warren. États-Unis (Pensylvanie).
Warren. États-Unis (Rhode-Island).
Warenpoint. L. Iles Britanniques (Irlande).
Warrens. États-Unis (Indiana).
Warren's. États-Unis (Wisconsin).
Warrensburg. États-Unis (Illinois).
Warrensburg. États-Unis (Missouri).
Warrensburg. États-Unis (New-York).
Warrenton. États-Unis (Caroline du Nord).
Warrenton. États-Unis (Missouri).
Warrenton. États-Unis (Virginie).
Warrenton-Junction. États-Unis (Virginie).
Warrington. Iles Britanniques (Angleterre).
Warrior. États-Unis (Alabama).
Warsaw. États-Unis (Illinois).
Warsaw. États-Unis (Indiana).
Warsaw. États-Unis (New-York).
Warsaw (S. Varsovie). N. Rus. d'Eur. (Varsovie).
Warschau (S. Varsovie). N. Rus. d'Eur. (Varsovie)
Warsop. L. Iles Britanniques (Angleterre).
Warstein. L. Allemagne (Prusse). OW.
Warta-Hauenstein. FL. Autr.-Hongrie (Bohême).
Wartberg. F. Autriche-Hongrie (Hongrie).
Wartburg, près Eisenach. EL. Allemagne (Saxe-Weimar). EW.
Wartenberg (Bad). L. Autr.-Hongrie (Bohême).
Wartenberg (Polnisch). L. Allemagne (Prusse). EW.
Wartenbourg. F. Allemagne (Prusse). EW.
Wartha. F. Allemagne (Prusse). EW.
Warthausen. Allemagne (Wurtemberg).
Wartrace. États-Unis (Tennessee).
Warwick. Amérique Anglaise (Québec).
Warwick. Australie (Queensland).
Warwick. États-Unis (New-York).
Warwick. États-Unis (Ohio).
Warwick Iles Britanniques (Angleterre).
Walpertskirchen. F. Allemagne (Bavière).
Wasatch. États-Unis (Utah).
Wasen. L. Suisse (Berne).
Wasen. L. Suisse (Uri).
Washakie. États-Unis (Wyoming).
Washford. L. Iles Britanniques (Angleterre).
Washburn. États-Unis (Illinois).
Washington. États-Unis (Distr. de Colomb.).
Washington. États-Unis (Georgie).
Washington (Tazewell Co). États-Unis (Illinois).
Washington. États-Unis (Massachusetts).
Washington. États-Unis (Missouri).
Washington. États-Unis (Rhode-Island).
Washington. États-Unis (Utah).
Washington (Daviess Co). États-Unis (Indiana).
Washington (Fayette Co). États-Unis (Ohio).
Washington (Guernsey Co). États-Unis (Ohio).
Washington (Warren Co). États-Unis (New-Jersey).
Washington (Washington Co). États-Unis (Iowa).
Washington (Washington Co). États-Unis (Pensylvanie).
Washington-Depot. États-Unis (Distr. de Colomb.).
Washington-Heights. États-Unis (Illinois).
Washington Mills. États-Unis (New-York).
Washington-Station. L. Iles Britanniques (Angleterre).
Washington's Crossing. États-Unis (New-Jersey).
Washingtonville. États-Unis (New-York).
Washoe-City. États-Unis (Nevada).
Waskerley. F. Iles Britanniques (Angleterre).
Wasley's. Australie (Australie Méridionale).
Wasmes. L. Belgique (Hainaut).
Wasseca. États-Unis (Minnesota).
Wasselonne (Wasselnheim) L. Allemagne (Alsace-Lorraine).
Wasseralfingen. Allemagne (Wurtemberg).
Wasserbillig. FL. Luxembourg.
Wasserbourg. L. Allemagne (Bavière).
Wasserleben. F. Allemagne (Prusse). EW.
Wasserthaleben. F. Allemagne (Schwartzburg-Sondershausen). EW.
Wassertrüdingen. L. Allemagne (Bavière).
Wassind. F. Indes. OC.
Wassud. F. Indes. OC.
Wasungen. F. Allem. (Saxe-Meiningen). EW.
Wataga. États-Unis (Illinois).
Watchet. L. Iles Britanniques (Angleterre).
Watch Hill. États-Unis (Rhode-Island).
Waterbeach. L. Iles Britanniques. (Angleterre).
Waterbury. États-Unis (Connecticut).
Waterbury. États-Unis (Vermont).
Waterdown. Amérique Anglaise (Ontario).
Waterfoot. L. Iles Britanniques (Angleterre).
Waterford. Amérique Anglaise (Ontario).
Waterford. États-Unis (Michigan).
Waterford. États-Unis (Mississipi).
Waterford. États-Unis (New-Jersey).
Waterford. États-Unis (New-York).
Waterford. États-Unis (Pensylvanie).
Waterford. Iles Britanniques (Irlande).
Water Gap. États-Unis (Pensylvanie).
Wateringbury. L. Iles Britanniques (Angleterre).
Wateringen. L. Pays-Bas.
Waterloo. Amérique Anglaise (Ontario).
Waterloo. L. Amérique Anglaise (Québec).
Waterloo. Belgique (Brabant).
Waterloo. États-Unis (Indiana).
Waterloo États-Unis (Iowa).
Waterloo. États-Unis (New-York).
Waterloo. États-Unis (Pensylvanie).
Waterloo. États-Unis (Wisconsin).
Waterloo-Station. Amérique Anglaise (Québec).
Watertown. États-Unis (Connecticut).
Watertown. États-Unis (Massachusetts).
Watertown. États-Unis (New-York).
Watertown. États-Unis (Wisconsin).
Waterwale. Australie (Australie Méridionale).
Water Valley. États-Unis (Mississipi).
Waterville. Amérique Anglaise (Nouvelle-Écosse).
Waterville. Amérique Anglaise (Québec).
Waterville. États-Unis (Maine).
Waterville. États-Unis (New-York).
Watervliet. États-Unis (Michigan).
Watford. Amérique Anglaise (Ontario).
Watford. Iles Britanniques (Angleterre).
Wathena. États-Unis (Kansas).
Wath-on-Dearn L. Iles Britanniques (Angleterre).
Watkins. États-Unis (New-York).
Watlington. L. Iles Britanniques (Angleterre).
Watra-Dorna. L. Autriche-Hongrie (Bukowine).
Watseka. États-Unis (Illinois).
Watson. États-Unis (Missouri).
Watsontown. États-Unis (Pensylvanie).
Watsonville. États-Unis (Californie).
Wattenheim. L. Allemagne (Bavière).
Wattenscheid. F. Allemagne (Prusse). OW.
Wattenwyl. L. Suisse (Berne).
Watton. L. Iles Britanniques (Angleterre; Herefordshire).
Watton. L. Iles Britanniques (Angleterre, Norfolk).
Wattwyl. L. Suisse (Saint-Gall).
Waubashene. Amérique Anglaise (Ontario).
Wauhatchie. États-Unis (Tennessee).
Waukau. États-Unis (Wisconsin).
Waukee. États-Unis (Iowa).
Waukegan. États-Unis (Illinois).
Waukesha États-Unis (Wisconsin).
Waumakee. États-Unis (Wisconsin).
Waupaton. États-Unis (Iowa).
Waupun. États-Unis (Wisconsin).
Wauseon. États-Unis (Ohio).
Wauwatosa. États-Unis (Wisconsin).
Wauzeka. États-Unis (Wisconsin).
Waveland. États-Unis (Indiana).
Waverley. États-Unis (Tennessee).
Waverley. Amérique Anglaise (Ontario).
Waverley. États-Unis (Tennessee).
Waverly. États-Unis (Iowa).
Waverly. États-Unis (Massachusetts).
Waverly. États-Unis (Minnesota).
Waverly. États-Unis (Nebraska).
Waverly. États-Unis (New-York).
Waverly. États-Unis (Ohio).
Wavre (Waveren). L. Belgique (Brabant.
Waxholm. L. Suède.
Wayawega. États-Unis (Wisconsin).
Wayland. États-Unis (Michigan).
Wayland. États-Unis (New-York).
Waymart États-Unis (Pensylvanie).
Wayne. États-Unis (Michigan).
Waynesboro. États-Unis (Georgie).
Waynesboro. États-Unis (Mississipi).
Waynesboro. États-Unis (Virginie).
Waynesburgh. États-Unis (Ohio).
Waynesburgh Junc. États-Unis (Pensylvanie).
Waynetown. États-Unis (Indiana).
Wayzata. États-Unis (Minnesota).
Weatherly. États-Unis (Pensylvanie).
Weaver. États-Unis (Minnesota).
Weaverham. L. Iles Britanniques (Angleterre).
Weaverton. États-Unis (Maryland).
Weavertown. États-Unis (New-York).
Weber. États-Unis (Utah).
Webster. États-Unis (Massachusetts).
Webster. États-Unis (Missouri).
Webster. États-Unis (Ohio).
Webster City. États-Unis (Iowa).
Wecker. FL. Luxembourg.
Wedmore. L. Iles Britanniques (Angleterre).
Wednesbury. Iles Britanniques (Angleterre).
Weedon. Iles Britanniques (Angleterre).
Weedsport. États-Unis (New-York).
Weehawken. États-Unis (New-Jersey).
Weelde-Merxplas. L. Belgique (Anvers).
Weeley. L. Iles Britanniques (Angleterre).
Weener. L. Allemagne (Prusse; Hanovre). OW.
Weerde. L. Belgique (Brabant).
Weert. L. Pays-Bas.
Weert-Saint-Georges (Jooris-Weert). L. Belgique (Hainaut).
Weesen. L. Suisse (Saint-Gall).
Weesp. L. Pays Bas.
Weetzen. F. Allemagne (Prusse). EW.
Weeze. F. Allemagne (Prusse). OW.
Wefensleben. F. Allemagne (Prusse). EW.
Wegeleben. F. Allemagne (Prusse). EW.
Wegersleben. F. Allemagne (Brunswick). EW
Weggis. L. Suisse (Lucerne).

Wegscheid. L. Allemagne (Bavière).
Wegstadtl. F. Autriche-Hongrie (Bohême).
Wehingen. L. Allemagne (Wurtemberg).
Wehlau. L. Allemagne (Saxe). EW.
Wehr. L. Iles Britanniques. (Angleterre).
Wehrsdorf. L. Allemagne (Prusse). EW.
Weida. L. Allemagne (Saxe-Weimar). EW.
Weiden. L. Bavière.
Weidenau. L. Autriche-Hongrie (Silésie).
Weidenbach. F. Allemagne (Bavière).
Weidenberg. L. Allemagne (Bavière).
Weidlingau. FL. Autr.-Hongrie (sous l'Enns).
Weier im Thal. F. Allemagne (Alsace-Lorraine).
Weigolshausen. F. Allemagne (Bavière).
Weikersheim. Allemagne (Wurtemberg).
Weilbourg a/Lahn. L. Allem. (Prusse; Nassau). OW.
Weildiestadt. Allemagne (Wurtemberg).
Weiler. L. Allemagne (Bavière).
Weiler (Willer). L. Allemagne (Alsace-Lorraine).
Weilerthal. F. Allemagne (Alsace-Lorraine).
Weilheim. L. Allemagne (Bavière).
Weilheim A. d. Teck. L. Allem. (Wurtemberg).
Weilmunster L. Allemagne (Prusse). OW.
Weimar. Allemagne (Saxe-Weimar). EW.
Weinern (Pracsa). F. Autriche-Hongrie (Hongrie).
Weinfelden. L. Suisse (Thurgovie).
Weingarten. FL. Allemagne (Bade).
Weingarten près Ravensbourg. L. Allemagne (Wurtemberg).
Weinheim. FL. Allemagne (Bade).
Weinsberg. Allemagne (Wurtemberg).
Weipert. FL. Autriche-Hongrie (Bohême).
Weirs. États-Unis (New-Hampshire).
Weissandt. F. Allemagne (Prusse). EW.
Weissenbach Saint-Gallen. FL. Autriche-Hongrie (Hongrie).
Weissenbourg (Wissembourg). Allemagne (Alsace-Lorraine).
Weissenburg. L. Allemagne (Bavière).
Weissenburg. L. Suisse (Berne).
Weissenfels. Allemagne (Prusse). EW.
Weissenhorn. L. Allemagne (Bavière).
Weissensee. L. Allemagne (Prusse). EW.
Weissenstadt. L. Allemagne (Bavière).
Weissenstein. BL. Suisse (Soleure).
Weissenstein. Russie d'Europe (Esthonie).
Weissenstein a/Albula. L. Suisse (Grisons).
Weisskirchen (Fehertemplom). Autriche-Hongrie (Confins militaires).
Weisskirchen. L. Autriche-Hongrie (Moravie).
Weissmain. L. Allemagne (Bavière).
Weissport. Etats-Unis (Pensylvanie).
Weisswasser. F. Allemagne (Prusse). EW.
Weisswasser. FL. Autriche-Hongrie (Bohême).
Weisweiler. F. Allemagne (Prusse). OW.
Weiterstadt. F. Allemagne (Hesse-Darms.). OW.
Weitra. L. Autriche-Hongrie (sous l'Enns).
Weitz. L. Autriche-Hongrie (Styrie).
Wejhybka. F. Autriche-Hongrie (Bohême).
Weldon. États-Unis (Caroline du Nord).
Weldon. Etats-Unis (Illinois).
Weldon. L. Iles Britanniques (Angleterre).
Welford. L. Iles Britanniques (Angleterre).
Welgesheim-Zotzenheim. F. Allemagne (Hesse-Darmstadt). OW.
Welland. Amérique Anglaise (Ontario).
Wellesley. Amérique Anglaise (Ontario).
Wellesley. États-Unis (Massachusetts).
Wellfleet. États-Unis (Massachusetts).
Wellin. L. Belgique (Luxembourg).
Wellingborough. Iles Britanniques (Angleterre).
Wellington. Amérique Anglaise (Ontario).
Wellington. Australie (Australie Méridionale).
Wellington. Australie (Nouvelle-Galles du Sud).
Wellington. États-Unis (Illinois).
Wellington. États-Unis (Ohio).
Wellington. Iles Britann. (Angleterre; Salop).
Wellington. Iles Britann. (Angleterre; Somerset).
Wellington. Iles Britanniques (Angleterre).
Wellington. Nouvelle-Zélande.
Wellington Collége. F. Iles Britann. (Angleterre).
Wellington Square. Amérique Anglaise (Ontario).
Wellmitz. F. Allemagne (Prusse). EW.
Wells. États-Unis (Michigan).
Wells. États-Unis (Nevada).
Wells. États-Unis (Minnesota).
Wells. L. Iles Britanniques (Angleterre; Norfolk).
Wells. L. Iles Britanniques. (Angleterre; Somerset).
Wellsboro'. États-Unis (Pensylvanie).
Wellsburg. États-Unis (New-York).
Wellsford. Amér. Angl. (Nouveau-Brunswick).
Wellspoint. États-Unis (Texas).
Well's River. États-Unis (Vermont).
Wellsville. États-Unis (Kansas).
Wellsville. États-Unis (Missouri).
Wellsville. Etats-Unis (New-York).
Wellsville. États-Unis (Ohio).
Wellsville. États-Unis (Utah).
Wellwood. États-Unis (Minnesota).
Wels. Autriche-Hongrie (sur l'Enns).
Welsberg. FL. Autriche-Hongrie (Tyrol).
Welschennest. F. Allemagne (Prusse). OW.
Welshpool. Iles Britanniques (Angleterre).
Weltervreden. Java.
Weltrus. F. Autriche-Hongrie (Bohême).
Welune. L. Russie d'Europe (Kalisch).
Welver. F. Allemagne (Prusse). OW.
Welweyn. L. Iles Britanniques (Angleterre).
Welzheim. L. Allemagne (Wurtemberg).
Wem. L. Iles Britanniques (Angleterre).
Wemding. L. Allemagne (Bavière).
Wemyss-Bay. L. Iles Britanniques (Écosse).
Wendelstein. L. Allemagne (Bavière).
Wenden. L. Russie d'Europe (Livonie).
Wendenheim. F. Allemagne (Alsace-Lorraine).
Wendisch-Warnow. F. Allemagne (Prusse). EW.
Wendling. L. Iles Britanniques (Angleterre).
Wendover. Amérique Anglaise (Ontario).
Wendover. L. Iles Britanniques (Angleterre).
Wenersborg. N. Suède.
Wennemen. F. Allemagne (Prusse). OW.
Wennington. F. Iles Britanniques (Angleterre).
Wenona. Etats-Unis (Illinois).
Wenona. États-Unis (Michigan).
Wenona. Etats-Unis (New-Jersey).
Wentworth. Australie (Nouvelle-Galles du Sud).
Wentworth. États-Unis (New-Hampshire).
Wentzville. États-Unis (Missouri).
Werdau. F. Allemagne (Saxe). EW.
Weobly. L. Iles Britanniques (Angleterre).
Werden-s-Ruhr. L. Allemagne (Prusse). OW.
Werder. F. Allemagne (Prusse). EW.
Werdohl. F. Allemagne (Prusse). OW.
Werkendam. L. Pays-Bas.
Werkhneoudinsk. N. Russie d'As.; Sibérie, 2e région, Baykal.
* Werkhné-Romanowo. Russie d'Asie (Sibérie, 3e région).
* Werkhné-Tambowskaia. Russie d'Asie (Sibérie, 3e région).
Werl. L. Allemagne (Prusse). OW.
Wermelskirchen. L. Allemagne (Prusse). OW.
Wernamo. PL. Suède.
Wernberg. PF. Allemagne (Bavière).
Werneck. L. Allemagne (Bavière).
Wernersville. États-Unis (Pensylvanie).
Wernfeld. F. Allemagne (Bavière).
Wernigerode. L. Allemagne (Prusse). EW.
Wernoï. Russie d'Asie (1re région).
Wernshausen. F. Allem. (Saxe-Meiningen). EW.
Wernstein. FL. Autriche-Hongrie (sur l'Enns).
Werribee. Australie (Victoria).
Werschbolowo. N. Russie d'Europe (Kowno).
Werro. Russie d'Europe (Esthonie).
Werschetz (S. Wersecz). Autr.-Hongrie (Hongrie).
Wertach. L. Allemagne (Bavière).
Wertheim. L. Allemagne (Bade).
Werther. L. Allemagne (Prusse). OW.
Wertingen. L. Allemagne (Bavière).
Wervick. Belgique (Flandre Occidentale
Wesel. L. Allemagne (Prusse). OW.
Wesenberg. L. Russie d'Europe (Esthonie).
Weser-Leuchtthurm. Allemagne (Prusse; Oldenbourg). EW.
Weseritz. L. Autriche-Hongrie (Bohême).
Wesley. Etats-Unis (Iowa).
Wespelaer. Belgique (Brabant).
Wesselburen. L. Allemagne (Prusse; Sleswig). EW.
Wessely. L. Autriche-Hongrie (Bohême).
Wessely. L. Autriche-Hongrie (Moravie).
Wesserling. L. Allemagne (Alsace-Lorraine).
Wesson. États-Unis (Mississipi).
West Amesbury. Etats-Unis (Massachusetts).
West Andover. États-Unis (New-Hampshire).
West Auckland. L. Iles Britann. (Angleterre).
West Baldwin. États-Unis (Maine).
West Bend. Etats-Unis (Wisconsin).
West Bergen. Etats-Unis (New-Jersey).
Westbevern. F. Allemagne (Prusse). OW.
Westboro. Etats-Unis (Massachusetts).
West Boyleston. États-Unis (Massachusetts).
West Branch. Etats-Unis (Iowa).
West Branch. États-Unis (Michigan).
West Brome. Amérique Anglaise (Québec).
West Bromwich. Iles Britanniques (Angleterre).
Westbrook. États-Unis (Connecticut).
West Brookfield. Etats-Unis (Massachusetts).
West Burke. Etats-Unis (Vermont).
Westbury. L. Iles Britanniques (Angleterre).
Westbury on Trym. L. Iles Britann. (Angleterre).
West Calder. L. Iles Britanniques (Écosse).
West Camden. États-Unis (New-York).
West Canaan. États-Unis (New-Hampshire).
West Charlotte. États-Unis (Vermont).
West Chester. États-Unis (New-York).
West Chester. États-Unis (Pensylvanie).
West Chester intersection. États-Unis (Pensylvanie).
West Clayton. L. Iles Britanniques (Angleterre).
West Cornforth. L. Iles Britanniques (Angleterre).
West Cornwall. États-Unis (Connecticut).
West Creek (Ocean Co). Etats-Unis (New-Jersey).
West Drayton. L. Iles Britanniques (Angleterre).
West End. Etats-Unis (New-Jersey).

Wiebelsbach-Heubach. F. Allemagne (Hesse-Darmstadt). OW.
Wiedenbruck. L. Allemagne (Prusse). OW.
Wieliczka. F. Autriche-Hongrie (Galicie).
Wien (Vienne). N. Autr.-Hongrie (sous l'Enns).
Wiener-Neustadt Autr.-Hongrie (sous l'Enns)
Wieren. F. Allemagne (Prusse). EW.
Wies. FL. Autriche-Hongrie (Styrie).
Wiesau. PF. Allemagne (Bavière).
Wiesbaden. C/B N/2. Allem. (Prusse; Nassau). OW.
Wiese. FL. Autriche-Hongrie (Moravie).
Wieselburg. L. Autriche-Hongrie (Hongrie).
Wieselsdorf. FL. Autriche-Hongrie (Styrie).
Wiesenberg. L. Autriche-Hongrie (Moravie).
Wiesenbourg. F. Allemagne (Saxe). EW.
Wiesensteig. L. Allemagne (Wurtemberg).
Wiesenthal. L. Autriche-Hongrie (Bohême).
Wiesentheid. L. Allemagne (Bavière).
Wiesloch. L. Allemagne (Bade).
Wiflisbourg (S. Avenches). Suisse (Vaud).
Wifstavarf. PL. Suède.
Wigan. Iles Britanniques (Angleterre).
Wigmael. L. Belgique (Brabant).
Wigstadtl. L. Autriche-Hongrie (Silésie).
Wigston. L. Iles Britanniques (Angleterre).
Wigton. L. Iles Britanniques (Angleterre).
Wigtown. L. Iles Britanniques (Écosse).
Wijhe. P. Pays-Bas.
Wijk-bij-Duurstede. L. Pays-Bas.
Wijlre. P. Pays-Bas.
Wilbraham. États-Unis (Massachusetts).
Wilcox. États-Unis (Pensylvanie).
Wildbad. Allemagne (Wurtemberg).
Wildberg. L. Allemagne (Wurtemberg).
Wildegg. L. Suisse (Argovie).
Wildenfels. L. Allemagne (Saxe). EW.
Wildenschwert. L. Autriche-Hongrie (Bohême).
Wildhaus. L. Suisse (Saint-Gall).
Wildon. F. Autriche-Hongrie (Styrie).
Wildpolsried. F. Allemagne (Bavière).
Wildstein. L. Autriche-Hongrie (Bohême).
Wildungen. L. Allemagne (Waldeck). OW.
Wilferdingen. FL. Allemagne (Bade).
Wilfleinsdorf. FL. Autr.-Hongrie (sous l'Enns).
Wilhelmsburg. L. Autr.-Hongrie (sous l'Enns).
Wilhemsbruck. F. Allemagne (Prusse). EW.
Wilhemshaven. L. Allemagne (Prusse). EW.
Wilhelmshohe. F. Allem. (Prusse; H. Cassel). OW.
Wilhelmsthal. F. Allemagne (Saxe-Weimar). EW.
Wilhermsdorf. L. Allemagne (Bavière).
Wilhites. États-Unis (Alabama).
Wilkau. F. Allemagne (Saxe). EW.
Wilkesbarre. États-Unis (Pensylvanie).
Wilkomir. Russie d'Europe (Kowno).
Willebadessen. F. Allemagne (Prusse). OW.
Willebroeck. L. Belgique (Anvers).
Willemstead. L. Pays-Bas.
Willenberg. L. Allemagne (Prusse). EW.
Willenhall. L. Iles Britanniques (Angleterre).
Willer (Weiler). L. Allemagne (Alsace-Lorraine).
Willesden. F. Iles Britanniques (Angleterre).
Williams. États-Unis (Illinois).
Williams. États-Unis (Iowa).
Williams Bridge. États-Unis (New-York).
Williamsburg. Amérique Anglaise (Ontario).
Williamsburg. États-Unis (Massachusetts).
Williamsburgh. LI. États-Unis (New-York).
Williamsfield. États-Unis (Ohio).
Williamson. États-Unis (New-York).
Williamsport. États-Unis (Pensylvanie).
Williamston. États-Unis (Michigan).
Williamston. États-Unis (Caroline du Sud).
Williamstown. Australie (Victoria).
Williamstown. États-Unis (Massachusetts).
Williamstown. États-Unis (New-York).
Williamstown. États-Unis (Pensylvanie).
Williamsville. États-Unis (Illinois).
Willimantic. États-Unis (Connecticut).
Willington. L. Iles Britanniques (Angleterre).
Willington-Quay. L. Iles Britann. (Angleterre).
Willis. États-Unis (Texas).
Willisau. L. Suisse (Lucerne).
Williton. L. Iles Britanniques (Angleterre).
Willoughby. États-Unis (Ohio).
Willow-Island. États-Unis (Nebraska).
Willow-Springs. États-Unis (Illinois).
Willsbach. Allemagne (Wurtemberg).
Willunga. Australie (Australie Méridionale).
Wilmanstrand. L. Russie d'Europe (Wiborg).
Wilmar. États-Unis (Minnesota).
Wilmcote. F. Iles Britanniques (Angleterre).
Wilmersdorf. F. Allemagne (Prusse). EW.
Wilmington. États-Unis (Californie).
Wilmington. États-Unis (Caroline du Nord).
Wilmington. États-Unis (Delaware).
Wilmington. États-Unis (Illinois).
Wilmington. États-Unis (Ohio).
Wilmington. F. Iles Britanniques (Angleterre).
Wilmore. États-Unis (Pensylvanie).
Wilmslow. L. Iles Britanniques (Angleterre).
Wilna. N. Russie d'Europe (Wilna).
Wilryck. L. Belgique (Anvers).
Wilsborough. États-Unis (New-York).
Wilsnack. F. Allemagne (Prusse). EW.
Wilson. États-Unis (Caroline du Nord).
Wilsonville. États-Unis (Alabama).
Wilster. L. Allemagne (Prusse; Holstein). EW.
Wiltingen. F. Allemagne (Prusse). OW.
Wilton. États-Unis (New-Hampshire).
Wilton. États-Unis (Wisconsin).
Wilton. L. Iles Britanniques (Angleterre).
Wilton-Junction. États-Unis (Iowa).
Wiltz. L. Luxembourg.
Wilzhofen. F. Allemagne (Bavière).
Wimbledon. F. Iles Britanniques (Angleterre).
Wimborne. L. Iles Britanniques (Angleterre).
Wimmerby. L. Suède.
Wimmis. L. Suisse (Berne).
Wimpfen. FL. Allemagne (Hesse-Darmst.). OW.
Winamac. États-Unis (Indiana).
Wincanton. L. Iles Britanniques (Angleterre).
Winchburgh. Iles Britanniques (Écosse).
Winchcombe. L. Iles Britanniques (Angleterre).
Winchelsea. F. Iles Britanniques (Angleterre).
Winchendon. États-Unis (Massachusetts).
Winchester Springs. Amérique Anglaise (Ontario).
Winchester. États-Unis (Illinois).
Winchester. États-Unis (Indiana).
Winchester. États-Unis (Kentucky).
Winchester. États-Unis (Massachusetts).
Winchester. États-Unis (Mississipi).
Winchester. États-Unis (New-Hampshire).
Winchester. États-Unis (Virginie).
Winchester. Iles Britanniques (Angleterre).
Winchfield. F. Iles Britanniques (Angleterre).
Windau. L. Russie d'Europe (Courlande).
Windermere. L. Iles Britanniques (Angleterre).
Windfall. États-Unis (Indiana).
Windham. États-Unis (Ohio).
Windisch-Eschenbach. PF. Allemagne (Bavière).
Windisch-Feistritz. L. Autriche-Hongrie (Styrie).
Windisch-Garstein. L. Autr.-Hongrie (sur l'Enns).
Windischgratz. L. Autriche-Hongrie (Styrie).
Windom. États-Unis (Wisconsin).
Windsbach. L. Allemagne (Bavière).
Windsfeld. F. Allemagne (Bavière).
Windsheim. L. Allemagne (Bavière).
Windsor. Amérique Anglaise (Nouvelle-Écosse).
Windsor. Amérique Anglaise (Ontario).
Windsor. Amérique Anglaise (Québec).
Windsor. Australie (Nouvelle-Galles du Sud).
Windsor. États-Unis (Californie).
Windsor. États-Unis (Connecticut).
Windsor. États-Unis (Illinois).
Windsor. États-Unis (Missouri).
Windsor. États-Unis (Ohio).
Windsor. États-Unis (Vermont).
Windsor. L/EC. Iles Britanniques (Angleterre).
Windsor-Junction. Amér. Angl. (Nouvelle-Écosse).
Windsor-Locks. États-Unis (Connecticut).
Windygates. L. Iles Britanniques (Écosse).
Wingate. L. Iles Britanniques (Angleterre).
Wingham. Amérique Anglaise (Ontario).
Wingham Oestrich. L. Iles Britann. (Angleterre).
Winkel (Ostrich) F. Allemagne (Prusse). OW.
Winkeln. FL. Suisse (Saint-Gall).
* Winkfield. Iles Britanniques (Angleterre).
Winkleigh. L. Iles Britanniques (Anglet.; Devon).
Winn. États-Unis (Maine).
Winnebago. États-Unis (Illinois).
Winnebago City. États-Unis (Minnesota).
Winneconne. États-Unis (Wisconsin).
Winnemucca. États-Unis (Nevada).
Winnenden. L. Allemagne (Wurtemberg).
Winnetka. États-Unis (Illinois).
Winnipeg (Manitoba). Am. Angl. (Colombie angl.).
Winnitza. Russie d'Europe (Podolie).
Winnsboro. États-Unis (Caroline du Sud).
Winnweiler. L. Allemagne (Bavière).
Winona. États-Unis (Minnesota).
Winona. États-Unis (Mississipi).
Winona Junction. États-Unis (Wisconsin).
Winooski. États-Unis (Vermont).
Winschoten. L. Pays-Bas.
Winscombe. F. Iles Britanniques (Angleterre).
Winsen. F. Allemagne (Prusse; Hanovre). EW.
Winsford. Iles Britanniques (Angleterre).
Winslow. États-Unis (New-Jersey).
Winslow. L. Iles Britanniques (Angleterre).
Winsted. États-Unis (Connecticut).
Winster. L. Iles Britanniques (Angleterre).
Winston. F. Iles Britanniques (Angleterre).
Winterbach. Allemagne (Wurtemberg).
Winterberg. L. Autriche-Hongrie (Bohême).
Winterhausen. F. Allemagne (Bavière).
Winterport. États-Unis (Maine).
Wintersett. États-Unis (Iowa).
Winterswijk. L. Pays-Bas.
Winterthur. N/2. Suisse (Zurich).
Winterton. L. Iles Britanniques (Angleterre).
Winthorp. États-Unis (Maine).
Winthrop. États-Unis (Iowa).
Winthrop. États-Unis (Missouri).
Winzenheim. L. Allemagne (Alsace-Lorraine).

Winzig. L. Allemagne (Prusse). EW.
Wipfeld. L. Allemagne (Bavière).
Wipperfurth. L. Allemagne (Prusse). OW.
Wirdum. P. Pays-Bas.
Wirksworth. L. Iles Britanniques (Angleterre).
Wirsitz. L. Allemagne (Prusse). EW.
Wisbeach. Iles Britanniques (Angleterre).
Wisby. Suède.
Wiscassett. États-Unis (Maine).
Wischau. L. Autriche-Hongrie (Moravie).
Wiseman's Ferry. Australie (N.-Galles du Sud).
Wishaw. L. Iles Britanniques (Écosse).
Wiskwitz-Welchau. FL. Autr.-Hongrie (Bohême).
Wismar. Allemagne (Prusse; Mecklembourg). EW.
Wisner. États-Unis (Nebraska).
Wissahickon, Philad. États-Unis (Pensylvanie).
Wissembourg (Weissenbourg). L. Allemagne (Alsace-Lorraine).
Wissen. F. Allemagne (Prusse). OW.
Wisznitz. L. Autriche-Hongrie (Bukowine).
Witchampton. L. Iles Britanniques (Angleterre).
Witebsk. N. Russie d'Europe (Witebsk).
Witegra. N. Russie d'Europe (Olonetz).
Witham. Iles Britanniques (Angleterre).
Withe. États-Unis (Tennessee).
Witheridge. L. Iles Britanniques (Angleterre).
Withernsea. L. Iles Britanniques (Angleterre).
Withington. États-Unis (Minnesota).
Withington. L. Iles Britanniques (Angleterre).
Withington. F. Iles Britanniques (Angleterre).
Withyham. L. Iles Britanniques (Angleterre).
Witley. F. Iles Britanniques (Angleterre).
Witney. Iles Britanniques (Angleterre).
Wittelsheim. FL. Allemagne (Alsace-Lorraine).
Witten. Allemagne (Prusse). OW.
Wittenberg. Allemagne (Prusse). EW.
Wittenberge. Allemagne (Prusse). EW.
Wittenburg. L. Allem. (Meckl.-Schwérin). EW.
Wittendorf (Vep). FL. Autr.-Hongrie (Hongrie).
Wittersham. L. Iles Britanniques (Angleterre).
Wittighausen. L. Allemagne (Bade).
Wittingau. L. Autriche-Hongrie (Bohême).
Wittgensdorf. F. Allemagne (Saxe). EW.
Wittlich. L. Allemagne (Prusse). OW.
Wittmund. L. Allemagne (Prusse; Hanovre). OW.
Witton Park. L. Iles Britanniques (Angleterre).
Wittower Posthaus. L. Allemagne (Prusse). EW.
Wittstock. L. Allemagne (Prusse). EW.
Witzenhausen. L. Allemagne (Prusse). OW.
Wiveliscombe. L. Iles Britanniques (Angleterre).
Wivenhoe. L. Iles Britanniques (Angleterre).
Wixom. États-Unis (Michigan).
Wladikawkas. N. Russie du Caucase (Tersk).
Wladimir. Russie d'Europe (Wladimir).
Wladimir-Wolynsk. L. Russie d'Eur. (Wolhynie).
Wladivostock. Russie d'Asie (Sibérie, 3e région).
Wlakawa. FL. Autriche-Hongrie (Hongrie).
Wlasim. L. Autriche-Hongrie (Bohême).
Wlotslawsk. Russie d'Europe (Varsovie).
Woburn. États-Unis (Massachusetts).
Woburn Green. F. Iles Britanniques (Angleterre).
Woburn Sand. L. Iles Britanniques (Angleterre).
Wodford Green. L. Iles Britann. (Angleterre).
Wodnian. L. Autriche-Hongrie (Bohême).
Wœlchingen. FL. Allemagne (Bade).
Wœllstadt Nieder (Nieder Wœllstadt). F. Allemagne (Hesse-Darmstadt). OW.
Wœllstein. Allemagne (Hesse-Darmstadt). OW.

Wœrden. P. Pays-Bas.
Wœrgl. FL. Autriche-Hongrie (Tyrol).
Wœrrstadt. L. Allem. (Hesse-Darmstadt). OW.
Wœrth. L. Allemagne (Bavière).
Wœterkeim. F. Allemagne (Prusse). EW.
Wohlau. L. Allemagne (Prusse). EW.
Wohlen. L. Suisse (Argovie).
Woinowitz. F. Allemagne (Prusse). EW.
Woken. FL. Autriche-Hongrie (Bohême).
Woking. L. Iles Britanniques (Angleterre).
Wokingham. L. Iles Britanniques (Angleterre).
Wolcott. États-Unis (Indiana).
Wolcott. États-Unis (New-York).
Woldegk. L. Allemagne (Mecklembourg). EW.
Woldenberg. L. Allemagne (Prusse). EW.
Wolfach. L. Allemagne (Bade).
Wolfboro. États-Unis (New-Hampshire).
Wolfboro Junction. États-Unis (New-Hampshire).
Wolfegg. L. Allemagne (Wurtemberg).
Wolfe Island (Summer Office). Amérique Anglaise (Ontario).
Wolfenbuttel. Allemagne (Prusse). EW.
Wolfhagen. L. Allemagne (Prusse). OW.
Wolfhalden. L. Suisse. (Appenzell).
Wolframitz. FL. Autriche-Hongrie (Moravie).
Wolframitzkirchen. FL. Autr.-Hongrie (Moravie).
Wolfrathshausen. L. Allemagne (Bavière).
Wolfsberg. L. Autriche-Hongrie (Carinthie).
Wolfsgetärth. F. Allemagne (Saxe-Weimar). EW.
Wolfskehlen. F. Allem. (Hesse-Darmstadt). OW.
Wolfskirchen. F. Allemagne (Alsace-Lorraine).
Wolfstein. L. Allemagne (Bavière).
Wolfville. Amérique Anglaise (Nouvelle-Écosse).
Wolgast. Allemagne (Prusse). EW.
Wolhausen. L. Suisse (Lucerne).
Wolin. L. Autriche-Hongrie (Bohême).
Wolittnick. F. Allemagne (Prusse). EW.
Wolkenstein. F. Allemagne (Saxe). EW.
Wolkersdorf. FL. Autr.-Hongrie. (sous l'Enns).
Wolkowisk. L. Russie d'Europe (Grodno).
Wolkramshausen. F. Allemagne (Prusse). EW.
Wolleran. L. Suisse (Schwyz).
Wollin. Allemagne (Prusse). EW.
Wollishofen. L. Suisse (Zurich).
Wollmirstedt. L. Allemagne (Prusse). EW.
Wollombi. Australie (Nouvelle-Galles du Sud).
Wollongong. Australie (Nouvelle-Galles du Sud).
Wollsjoe. FL. Suède.
Wollstein. L. Allemagne (Prusse). OW.
Wolmar. L. Russie d'Europe (Livonie).
Wolnzach. L. Allemagne (Bavière).
Wologda. N. Russie d'Europe (Wologda).
Wolschan. FL. Autriche-Hongrie (Bohême).
Wolsingham. L. Iles Britanniques (Angleterre).
Wolvega. P. Pays-Bas.
Wolverhampton. Iles Britanniques (Angleterre).
Wolverley. Iles Britanniques (Angleterre).
Wolverthem. L. Belgique (Brabant).
Wolverton. Iles Britanniques (Angleterre).
Womborne. L. Iles Britanniques (Angleterre).
Wombwell. L. Iles Britanniques (Angleterre).
Womelsdorf. États-Unis (Pensylvanie).
Wonewoc. États-Unis (Wisconsin).
Wongrowiec. L. Iles Britanniques (Angleterre).
Wontimettah. F. Indes. OC.
Wooburn. L. Iles Britanniques (Angleterre).
Woodbine. États-Unis (Iowa).
Woodbine. États-Unis (New-Jersey).

Woodborough. F. Iles Britanniques (Angleterre).
Woodbridge. Amérique Anglaise (Ontario).
Woodbridge. Iles Britanniques (Angleterre).
Woodburn. Iles Britanniques (Angleterre).
Woodburn. États-Unis (Indiana).
Woodburn. L. États-Unis (Iowa).
Woodburn. États-Unis (Ohio).
Woodbury. États-Unis (New-Jersey).
Woodchester. L. Iles Britanniques (Angleterre).
Woodchurch. L. Iles Britanniques (Angleterre).
Woodend. Australie (Victoria).
Woodford. L. Iles Britanniques (Angleterre).
Woodford. L. Iles Britanniques (Irlande).
Woodford-Green. L. Iles Britann. (Angleterre).
Woodhull. États-Unis (Illinois).
Woodland. États-Unis (Californie).
Woodland. États-Unis (Wisconsin).
Woodland. F. Iles Britanniques (Angleterre).
Woodlawn. États-Unis (New-York).
Woodlesford L. Iles Britanniques (Angleterre).
Woodley. L. Iles Britanniques (Angleterre).
Woodman. États-Unis (Wisconsin).
Wood-River. États-Unis (Nebraska).
Wood's Hole. États-Unis (Massachusetts).
Woodside. Australie (Australie Méridionale).
Woodside. États-Unis (Pensylvanie).
Woodside. L. Iles Britanniques (Écosse).
Wood's Point. Australie (Victoria).
Woodstock. Amér. Angl. (Nouveau-Brunswick).
Woodstock. Amérique Anglaise (Ontario).
Woodstock. États-Unis (Alabama).
Woodstock. États-Unis (Illinois).
Woodstock. États-Unis (New-York).
Woodstock. États-Unis (Ohio).
Woodstock. États-Unis (Vermont).
Woodstock. États-Unis (Virginie).
Woodstock. L. Iles Britanniques (Angleterre).
Woodstock-Road. F. Iles Britann. (Angleterre).
Woodstone. L. Iles Britanniques (Angleterre).
Woodsville. États-Unis (New-Hampshire).
Woodville. Amérique Anglaise (Ontario).
Woodville. Australie (Australie Méridionale).
Woodville. États-Unis (Iowa).
Woodville. États-Unis (Mississipi).
Woodville. États-Unis (Ohio).
Woodville. L. Iles Britanniques (Angleterre).
*Woofferton. F. Iles Britanniques (Angleterre).
Woogaroo. Australie (Queensland).
Wool. F. Iles Britanniques (Angleterre).
Wooler. L. Iles Britanniques (Angleterre).
Woolhampton. L. Iles Britanniques (Angleterre).
Woolpit. L. Iles Britanniques (Angleterre).
Woolstone. L. Iles Britanniques (Angleterre).
Woolton. L. Iles Britanniques (Angleterre).
Woolton-Hill. L. Iles Britanniques (Angleterre).
Woonsocket. États-Unis (Rhode-Island).
Woore. L. Iles Britanniques (Angleterre).
Wooster. États-Unis (Ohio).
Wootapollium. F. Indes. OC.
Worb. FL. Suisse (Berne).
Worbis. L. Allemagne (Prusse). EW.
Worcester. États-Unis (Massachusetts).
Worcester. États-Unis (New-York).
Worcester. Iles Britanniques (Angleterre).
Wordesley. L. Iles Britanniques (Angleterre).
Working-Station. Iles Britanniques (Angleterre).
Workington. Iles Britanniques (Angleterre).
Worksburg. États-Unis (New-York).

Worksop. L. Iles Britanniques (Angleterre).
Workum. L. Pays-Bas.
Worlik (Vorlik). L. Autriche-Hongrie (Bohême).
Wormditt. L. Allemagne (Prusse). EW.
Wormerveer. Pays-Bas.
Worms. Allemagne (Hesse-Darmstadt). OW.
Worms-Hafen. F. Allem. (Hesse-Darmstadt). OW.
Woronesch. N. Russie d'Europe (Woronesch).
Worringen. F. Allemagne (Prusse). OW.
Worsborough-Dale. L. Iles Britann. (Angleterre).
Worsley. L. Iles Britanniques (Angleterre).
Wortendyke. États-Unis (New-Jersey).
Worthing. Iles Britanniques (Angleterre).
Worthington. États-Unis (Indiana).
Worthington. États-Unis (Iowa).
Worthington. États-Unis (Minnesota).
Worthville. États-Unis (Kentucky).
Wortley. Iles Britanniques (Angleterre).
Wostromer. FL. Autriche-Hongrie (Bohême).
Wottitz. L. Autriche-Hongrie (Bohême).
Wotton under Edge. L. Iles Britann. (Angleterre).
*Woudrichem. L. Pays-Bas.
Wouw. P. Pays-Bas.
Wragby. L. Iles Britanniques (Angleterre).
Wrbatek. FL. Autriche-Hongrie (Moravie).
Wrentham. L. Iles Britanniques (Angleterre).
Wreschen.. L. Allemagne (Prusse). EW.
Wrexham. Iles Britanniques (Angleterre).
Wrietzen. L. Allemagne (Prusse). EW.
Wrights. États-Unis (Wisconsin).
Wright's City. États-Unis (Missouri).
Wrightstown. États-Unis (New-Jersey).
Wrightstown. États-Unis (Wisconsin).
Wrightsville. États-Unis (Pensylvanie).
Wrington. L. Iles Britanniques (Angleterre).
Writtle. L. Iles Britanniques (Angleterre).
Wronke. L. Allemagne (Prusse). EW.
Wrotham. L. Iles Britanniques (Angleterre).
Wroughton. L. Iles Britanniques (Angleterre).
Wroxeter. Amérique Anglaise (Ontario).
Wrutic. L. Autriche-Hongrie (Bohême).
Wuchern-Mahrenberg. FL. Autr.-Hongr. (Styrie).
Wudwan. L. Indes. OC.
Wulfel. F. Allemagne (Prusse). EW.
Wulfen. F. Allemagne (Prusse). EW.
Wulflingen. L. Suisse (Zurich).
Wunsiedel. L. Allemagne (Bavière).
Wunstorf. F. Allemagne (Prusse; Hanovre). EW.
Wupperfeld. L. Allemagne (Prusse). OW.
Wurbenthal. L. Autriche-Hongrie (Silésie).
Wurdah. L. Indes. OC.
Wurdha. F. Indes. OC.
Wurmlingen-Tuttlingen. Allem. (Wurtemberg).
Wurrengaum. F. Indes. OC.
Wurtsboro. États-Unis (New-York).
Wurtzbourg. Allemagne (Bavière).
Wurzach. L. Allemagne (Wurtemberg).
Wurzen. L. Allemagne (Saxe). EW.
Wustegiersdorf près Waldenbourg. L. Allemagne (Prusse). EW.
Wustenbrand. F. Allemagne (Saxe). EW.
Wusterhausen a. d. Dosse. L. Allem. (Prusse). EW.
Wustermark. F. Allemagne (Prusse). EW.
Wusterwitz. F. Allemagne (Prusse). EW.
Wusterwitz p. Francfort. S/o. L. All. (Prusse). EW.
Wustewaltersdorf. L. Allemagne (Prusse). EW.
Wutkallee. F. Indes. OC.
Wutschdorf. F. Allemagne (Prusse). EW.
Wutzelhofen. F. Allemagne (Bavière).
Wuzeerabad. L. Indes. OC.
Wyalusing. États-Unis (Pensylvanie).
Wyandotte. États-Unis (Kansas).
Wyandotte. États-Unis (Michigan).
Wyanet. États-Unis (Illinois).
Wybranowka. F. Autriche-Hongrie (Galicie).
Wybre (Wijbre). Pays-Bas.
Wychmael. L. Belgique (Limbourg).
Wyck. L. Allemagne (Prusse; Ile de Sylt). EW.
Wycombe. F. Iles Britanniques (Angleterre).
Wye. L. Iles Britanniques (Angleterre).
Wyebridge. Amérique anglaise (Ontario).
Wyhe. P. Pays-Bas.
Wyhlen. FL. Allemagne (Bade).
Wykoff. États-Unis (Minnesota).
Wyl. L. Suisse (Saint-Gall).
Wymondham. L. Iles Britanniques (Angleterre).
Wynigen. L. Suisse (Berne).
Wyocena. États-Unis (Wisconsin).
Wyoming. Amérique Anglaise (Ontario).
Wyoming (Summer Office). États-Unis (Delaware).
Wyoming. États-Unis (Illinois).
Wyoming. États-Unis (Iowa).
Wyoming. États-Unis (Minnesota).
Wyoming. États-Unis (Pensylvanie).
Wyoming. États-Unis (Wyoming).
Wytheville. Etats-Unis (Virginie).

X

Xanten. L. Allemagne (Prusse). OW.
Xenia. États-Unis (Illinois).
Xenia. États-Unis (Indiana).
Xenia. États-Unis (Ohio).
Xeres de la Frontera (Jeres). Espagne (Cadix).

Y

Yackandandah. Australie (Victoria).
Yagodina (Jagodina). N. Serbie.
Yalding. L. Iles Britanniques (Angleterre).
Yamachiche. Amérique Anglaise (Québec).
Yamaska. Amérique Anglaise (Québec).
Yampol. Russie d'Europe (Podolie).
Yankee-Jim's. États-Unis (Californie).
Yankton. États-Unis (Dacotah).
Yardleyville. États-Unis (Pensylvanie).
Yarm. L. Iles Britanniques (Angleterre).
Yarmouth. Amér. Anglaise (Nouvelle-Écosse).
Yarmouth. États-Unis (Maine).
Yarmouth. Iles Britanniques (Angleterre).
Yarmouth. L. Iles Britanniques (Ile de Wight).
Yarmouth-Junction. États-Unis (Maine).
Yarmouth-Port. États-Unis (Massachusetts).
Yass. Australie (Nouvelle-Galles du Sud).
Yates-City. États-Unis (Illinois).
Yatesville (Schuylkill Co). États-Unis (Pensylvanie).
Yatton. Iles Britanniques (Angleterre).
Yatton-Keynell. F. Iles Britann. (Angleterre).
Yazoo-City. États-Unis (Missisipi).
Yeadon. L. Iles Britanniques (Angleterre).
Yealmpton L. Iles Britanniques (Angleterre).
Yedaghurry. F. Indes. OC.
Yeddo. Japon.
Yeisk (S. Eysk). Russie d'Europe (Couban).
Yellow-Springs. États-Unis (Ohio).
Yemassee. États-Unis (Caroline du Sud).
Yenicheir (Larisse). L. Turq. d'Eur. A1. B3. C2. D3.
Yeni-Zaara. Turquie d'Europe. A1. B3. C2. D3.
Yens. L. Suisse (Vaud).
Yeoford. F. Iles Britanniques (Angleterre).
Yeovil. L. Iles Britanniques (Angleterre).
Yeovil-Junction. F. Iles Britanniques (Angleterre).
Yerragoontha. F. Indes. OC.
Yetholm. L. Iles Britanniques (Écosse).
Yewwe. Russie d'Europe (Esthonie).
Yferten (S. Yverdon). Suisse.
Yokohama. Japon.
Yongesboro. États-Unis (Alabama).
Yonkers. États-Unis (New-York).
York. États-Unis (Alabama).
York. États-Unis (Maine).
York. États-Unis (Ohio).
York. États-Unis (Pensylvanie).
York. N/2. Iles Britanniques (Angleterre).
York-Road. F. Iles Britanniques (Angleterre).
Yorkshire Centre. États-Unis (New-York).
York-Town. L. Iles Britanniques (Angleterre).
Yorkville. Amérique Anglaise (Ontario).
Yorkville. États-Unis (Illinois).
Yorkville. États-Unis (New-York).
Yosemite Valley (Sum. Office). Etats-Unis (Californie).
Youghall. L. Iles Britanniques (Irlande).
Young. Australie (Nouvelle-Galles du Sud).
Young-America. États-Unis (Illinois).
Young-America. États-Unis (Minnesota).
Youngstown. États-Unis (Ohio).
Yoxford. L. Iles Britanniques (Angleterre).
Ypres. Belgique (Flandre Occidentale).
Ypsilanti. États-Unis (Michigan).
Yreka. États-Unis (Californie).
Yrun (Irun). N. Espagne (Guipuzcoa).
Ystad. Suède.
*Ystalyfera. L. Iles Britanniques (Angleterre).
Ystrad. FL. Iles Britanniques (Angleterre).
Ystradgynlais. L. Iles Britanniques (Angleterre).
Ystrad-Rhondda. L. Iles Britanniques (Angleterre).
Yuba City. États-Unis (Californie).
Yverdon (Iferten). Suisse (Vaud).
Yvoir. L. Belgique (Namur).
Yzendijke. L. Pays-Bas.

Z

Zaandam (Sardam). Pays-Bas.
Zaandijk. PL. Pays-Bas.
Zabern (Saverne). Allemagne (Alsace-Lorraine).
Zabierzow. F. Autriche-Hongrie (Galicie).
Zablolow. F. Autriche-Hongrie (Galicie).
Zablotce. FL. Autriche-Hongrie (Galicie).
Zabrze. L. Allemagne (Prusse). EW.
Zadonsk. Russie d'Europe (Voronège).
Zadworze. FL. Autriche-Hongrie (Galicie).
Zaetjar (Zajetschar). Serbie.
Zafra. Espagne (Badajoz).
Zagazig. Égypte (Isthme de Suez).
Zagorz. FL. Autriche-Hongrie (Galicie).
Zagrab (Zagreb, Agram). N. Autriche-Hongrie (Croatie).
Zagubitza. L. Serbie.
Zahna. F. Allemagne (Prusse). EW.
Zakany. FL. Autriche-Hongrie (Hongrie).
Zakolan. FL. Autriche-Hongrie (Bohême).
Zala-Egerszeg. L. Autriche-Hongrie (Hongrie).
Zaleski. États-Unis (Ohio).
Zalesl. F. Autriche-Hongrie (Bohême).
Zaleszezyki. Autriche-Hongrie (Galicie).
Zaluz. FL. Autriche-Hongrie (Galicie).
Zam. FL. Autriche-Hongrie (Transylvanie).
Zamora. Espagne (Zamora).
Zamosz. Russie d'Europe (Lublin).
Zanesville. États-Unis (Ohio).
Zanow. L. Allemagne (Prusse). EW.
Zante. Grèce (Ile de Zante).
Zantoch. F. Allemagne (Prusse). EW.
Zapfendorf. F. Allemagne (Bavière).
Zapiola. Amérique du Sud (4e région).
Zapresic. F. Autriche-Hongrie (Croatie).
Zara. N. Autriche-Hongrie (Dalmatie).
Zaragoza (Saragosse). N. Espagne (Saragosse).
Zarate. Amérique du Sud (3e région).
Zarskoie Sélo (S. Tzarskoie Sélo). Russie d'Europe (Saint-Pétersbourg).
Zartlesdorf. FL. Autriche-Hongrie (Bohême).
Zaslaw. L. Russie d'Europe (Volhynie).
Zauchtl. F. Autriche-Hongrie (Moravie).
Zavalje. L. Autriche-Hongrie (Croatie).
Zaviertzie. F. Russie d'Europe (Keltse).
Zawądski. F. Allemagne (Prusse). EW.
Zawichost. L. Russie d'Europe (Radomsk).
Zbaraz. L. Autriche-Hongrie (Galicie).
* Zbeschau. F. Autriche-Hongrie (Moravie).
Zbirow. FL. Autriche-Hongrie (Bohême).
Zborow. FL. Autriche-Hongrie (Galicie).
Zbraslawitz. L. Autriche-Hongrie (Bohême).
Zdirec. FL. Autriche-Hongrie (Bohême).
Zditz. FL. Autriche-Hongrie (Bohême).
Zduny. L. Allemagne (Prusse). EW.
Zeeben (Kis-Szeben). F. Autr.-Hongrie (Hongrie).
Zegwaard. P. Pays-Bas.
Zehdenick. L. Allemagne (Prusse). EW.
Zehlendorff. F. Allemagne (Prusse). EW.
Zeil. F. Allemagne (Bavière).
Zeilhard. F. Allemagne (Hesse-Darmstadt). OW.
Zeil-im-Allgau. L. Allemagne (Wurtemberg).
Zeist. L. Pays-Bas.
Zeitlofs. L. Allemagne (Bavière).
Zeitz. Allemagne (Prusse). EW.
Zejkafa. FL. Autr.-Hongrie (Transylvanie).
Zele. Belgique (Flandre Orientale).
Zell. L. Suisse (Lucerne).
Zella. L. Allemagne. (Saxe-Cobourg-Gotha). EW.
Zell-am-Harmersbache. L. Allemagne (Bade).
Zell-am-Sée. L. Autriche-Hongrie (Salzbourg).
Zellerndorf. FL. Autriche-Hongrie (sous l'Enns).
Zell-im-Wiesenthal. L. Allemagne (Bade).
Zell in Oberhessen. F. Allemagne (Hesse-Darmstadt). OW.
Zell-Romrod. F. Allem. (Hesse-Darmstadt). OW.
Zell-sur-Moselle. L. Allemagne (Prusse). OW.
Zelonic. FL. Autriche-Hongrie (Bohême).
Zeltweg. FL. Autriche-Hongrie (Styrie).
Zendjau. Perse.
Zengg. Autriche-Hongrie (Confins militaires).
Zenta. F. Autriche-Hongrie (Hongrie).
Zerbst. L. Allemagne (Anhalt-Dessau). EW.
Zermatt. L. Suisse (Valais).
Zernetz. L. Suisse (Grisons).
Zernitz. F. Allemagne (Prusse). EW.
Zetel. L. Allemagne (Oldenbourg). OW.
Zeulenroda. L. Allemagne (Reuss Schleiz). EW.
Zevenaar. P. Pays-Bas.
Zevenbergen. L. Pays-Bas.
Zguersche. Russie d'Europe (Petrokow).
Zieditz. FL. Autriche-Hongrie (Bohême).
Ziegenhals. L. Allemagne (Prusse). EW.
Ziegenort. L. Allemagne (Prusse). EW.
Zielenzig. L. Allemagne (Prusse). EW.
Zierikzée. Pays-Bas.
Ziersdorf. FL. Autriche-Hongrie (sous l'Enns).
Zihlschlacht. L. Suisse (Thurgovie).
Zilah. L. Autriche-Hongrie (Hongrie).
Zillis. L. Suisse (Grisons).
Zillisheim. F. Allemagne (Alsace-Lorraine).
Zilwaukie. États-Unis (Michigan).
Zimmern. FL. Allemagne (Bade).
Zimmersroda. F. Allem. (Pr.; Hesse-Cassel). OW.
Zimmerwald. BL. Suisse (Berne).
Zimnicesa. L. Roumanie.
Zimony (Semlin). N. Autriche-Hongrie (Confins militaires).
Zinghian. Perse.
Zingst. L. Allemagne (Prusse). OW.
Zinkendorf. FL. Autriche-Hongrie (Hongrie).
Zinten. L. Allemagne (Prusse). EW.
Zionsville. États-Unis (Indiana).
Zipf. L. Autriche-Hongrie (sur l'Enns).
Zirke. L. Allemagne (Prusse). EW.
Zittau. Allemagne (Saxe). EW.
Zitzewitz. F. Allemagne (Prusse). EW.
Zizelitz. FL. Autriche-Hongrie (Bohême).
Zizenhausen. FL. Allemagne (Bade).
Zlabings. L. Autriche-Hongrie (Moravie).
Zloczow. L. Autriche-Hongrie (Galicie).
*Zlotnik. F. Allemagne (Prusse). EW.
Znaim. Autriche-Hongrie (Moravie).
Zœrbig. L. Allemagne (Prusse). EW.
Zœptau. L. Autriche-Hongrie (Moravie).
Zofingue. Suisse (Argovie).
Zolkiew. L. Autriche-Hongrie (Galicie).
Zollhaus. F. Allemagne (Prusse). EW.
Zolotonoscha. Russie d'Europe (Pultava).
Zolyom (Alt Sohl). N. Autriche-Hongrie (Hongrie).
Zombkowitzé. F. Russie d'Europe (Keltze).
Zombor. N/2. Autriche-Hongrie (Hongrie).
Zombor (Kis Zombor). L. Autriche-Hongrie (Hongrie).
Zonhofen. L. Belgique (Limbourg).
Zoppot. L. Allemagne (Prusse). EW.
Zorneding. F. Allemagne (Bavière).
* Zornhoff-Monsviller (Monsviller). Allemagne (Alsace-Lorraine).
Zsadany. FL. Autriche-Hongrie (Hongrie).
Zschackau. F. Allemagne (Prusse). EW.
Zschopau. Allemagne (Saxe). EW.
Zschortau. F. Allemagne (Prusse). EW.
Zsebely. F. Autriche-Hongrie (Hongrie).
Zsolna (Sillen). Autriche-Hongrie (Hongrie).
Zsombolya (Hatszfeld). L. Autriche-Hongrie (Hongrie).
Zuckmantel. L. Autriche-Hongrie (Silésie).
Zuffenhausen. Allemagne (Wurtemberg).
Zug. Suisse (Zug).
Zuidbroek. P. Pays-Bas.
Zuidhorn. P. Pays-Bas.
Zuidlaren. P. Pays-Bas.
Zullichau. L. Allemagne (Prusse). EW.
Zulpich. F. Allemagne (Prusse). OW.
Zulz. L. Allemagne (Prusse). EW.
Zumuneah. F. Indes. OC.
Zupanje. L. Autriche-Hongrie (Confins militaires).
Zuppino. L. Italie (Salerne).
Zurany (Zurndorf). F. Autr.-Hongrie (Hongrie).
Zurawno. L. Autriche-Hongrie (Galicie).
Zurich. Amérique anglaise (Ontario).
Zurich. N. Suisse (Zurich).
Zuryn. L. Autriche-Hongrie (Bukowine).
Zurzach. L. Suisse (Argovie).
Zusmarshausen. L. Allemagne (Bavière).
Zussow. F. Allemagne (Prusse). EW.
Zutlingen. Allemagne (Wurtemberg).
Zutphen. Pays-Bas.
Zutz. L. Suisse (Grisons).
Zuzenhausen. FL. Allemagne (Bade).
Zwartluis. L. Pays-Bas.
Zweibrucken. L. Allemagne (Bavière).
Zweisimmen. L. Suisse (Berne).
Zwenigorodka. Russie d'Europe (Kiew).
Zwettl. L. Autriche-Hongrie (sous l'Enns).
Zwischenahm. F. Allemagne (Oldenbourg). OW.
Zwischenwassern. FL. Autr.-Hongrie (Carniole).
Zwickau. Allemagne (Saxe). EW.
Zwickau. L. Autriche-Hongrie (Bohême).
Zwiefalten. L. Allemagne (Wurtemberg).
Zwiefaltendorf. Allemagne (Wurtemberg).
Zwiesel. L. Allemagne (Bavière).
Zwingenberg. F. Allem. (Hesse-Darmstadt). OW.
Zwijndrecht. L. Pays-Bas.
Zwittau. F. Autriche-Hongrie (Moravie).
Zwolle. Pays-Bas.

www.ingramcontent.com/pod-product-compliance
Ingram Content Group UK Ltd.
Pitfield, Milton Keynes, MK11 3LW, UK
UKHW022100260726
13993UKWH00001B/237

9 782329 277554